司法解释理解与适用丛书

《刑法修正案（九）》条文及配套司法解释理解与适用

沈德咏 主编

最高人民法院研究室
最高人民法院刑法修改工作小组办公室 编著

人民法院出版社
PEOPLE'S COURT PRESS

图书在版编目（CIP）数据

《刑法修正案（九）》条文及配套司法解释理解与适用/沈德咏主编；最高人民法院研究室，最高人民法院刑法修改工作小组办公室编著．—北京：人民法院出版社，2015.11
（司法解释理解与适用丛书）
ISBN 978-7-5109-1368-6

Ⅰ.①刑… Ⅱ.①沈… ②最… ③最… Ⅲ.①刑法-法律解释-中国 ②刑法-法律适用-中国 Ⅳ.①D924.05

中国版本图书馆 CIP 数据核字（2015）第 259157 号

《刑法修正案（九）》条文及配套司法解释理解与适用
沈德咏　主编
最高人民法院研究室、最高人民法院刑法修改工作小组办公室　编著

责任编辑　兰丽专　赵作栋
出版发行　人民法院出版社
地　　址　北京市东城区东交民巷27号（100745）
电　　话　（010）67550626（责任编辑）　67550558（发行部查询）
65223677（读者服务部）
客服 QQ　2092078039
网　　址　http://www.courtbook.com.cn
E-mail　courtpress@sohu.com
印　　刷　三河市国英印务有限公司
经　　销　新华书店

开　　本　787×1092 毫米　1/16
字　　数　564 千字
印　　张　40.5
版　　次　2015 年 11 月第 1 版　2016 年 5 月第 4 次印刷
书　　号　ISBN 978-7-5109-1368-6
定　　价　108.00 元

《〈刑法修正案(九)〉条文及配套司法解释理解与适用》

编 撰 人

主　　编　沈德咏(最高人民法院党组副书记、常务副院长)

副 主 编　胡云腾(最高人民法院审判委员会专职委员、第二巡回法庭庭长、原研究室主任)

审 稿 人　颜茂昆(最高人民法院研究室主任)

　　　　　胡伟新(最高人民法院研究室副主任)

撰 稿 人　周加海(最高人民法院研究室刑事处处长、法学博士)

　　　　　黄应生(最高人民法院研究室刑事处副处长、法学博士生)

　　　　　李洪江(最高人民法院研究室刑事处法官、法学博士)

　　　　　周海洋(最高人民法院研究室刑事处法官、法学博士)

　　　　　喻海松(最高人民法院研究室刑事处法官、法学博士)

凡　例

1. 本书中法律文件名称全称为《中华人民共和国××法》的，均简称为××法。例如：《中华人民共和国刑法》简称为刑法。

2.《中华人民共和国刑法修正案》简称为《刑法修正案》。

3.《中华人民共和国刑法修正案（二）》简称为《刑法修正案（二）》。

4.《中华人民共和国刑法修正案（三）》简称为《刑法修正案（三）》。

5.《中华人民共和国刑法修正案（四）》简称为《刑法修正案（四）》。

6.《中华人民共和国刑法修正案（五）》简称为《刑法修正案（五）》。

7.《中华人民共和国刑法修正案（六）》简称为《刑法修正案（六）》。

8.《中华人民共和国刑法修正案（七）》简称为《刑法修正案（七）》。

9.《中华人民共和国刑法修正案（八）》简称为《刑法修正案（八）》。

10.《中华人民共和国刑法修正案（九）》简称为《刑法修正案（九）》。

目　　录

第一部分　《刑法修正案（九）》条文的理解与适用

第二部分 《刑法修正案(九)》配套司法解释及其理解与适用

第三部分　附　录

谈《刑法修正案（九）》的理论与实践创新

胡云腾

备受关注的《中华人民共和国刑法修正案（九）》（下称《刑法修正案（九）》）终于出台了，这是我国刑法发展完善过程中的一件大事。《刑法修正案（九）》共52个条文，是1997年刑法施行以来条文最多的修正案。其中，为刑法新增15个条文，另在原条文中新增8款，删除原条文中的两款，对33个条文作出修改。从范围看，本次修正涉及面相当广泛，尤其对刑法分则的修改力度很大。从内容看，本次修正针对我国当前经济社会发展和社会治安形势，对有关惩治恐怖主义、极端主义犯罪、网络犯罪、腐败犯罪、扰乱社会秩序犯罪等刑法规范作了大幅度修改完善，内容丰富且非常重要。从理论看，本次修正敢于突破传统刑法理论的条条框框，大胆进行制度创新，在立法理念、刑事政策、罪刑设置等方面有诸多创新，给人眼睛一亮、耳目一新之感。从实践看，本次修正坚持问题导向和改革精神，果断对一些长期困扰司法实践的敏感问题动手，充分体现了解决实践难题的责任担当，切实贯彻了全面深化改革和全面推进依法治国的精神。

刑法是国家的基本法律，依据刑法惩治预防犯罪是社会治理的重要一环。认真学习领会《刑法修正案（九）》，确保《刑法修正案（九）》全面正确实施，确保刑事审判职能充分有效发挥，是各级人民法院、广大刑事法官的重要职责使命。这里仅从《刑法修正案

(九)》所体现的改革创新精神角度，谈几点学习体会。

一、《刑法修正案（九)》落实了党的十八届三中全会提出的逐步减少死刑适用罪名的要求

《刑法修正案（九)》是党中央提出“四个全面”战略布局后出台的第一个刑法修正案，是贯彻落实全面推进依法治国的重要刑事法律文件。党的十八届三中全会《关于全面深化改革若干重大问题的决定》（以下简称“三中全会决定”）提出了336项深化改革任务，其中有20多项属于法治改革举措。党的十八届四中全会《关于全面推进依法治国若干重大问题的决定》（以下简称“四中全会决定”）系统部署了190项法治改革任务，明确提出全面推进依法治国，总目标是建设中国特色社会主义法治体系，建设社会主义法治国家；要“完善以宪法为核心的中国特色社会主义法律体系”。刑法作为支撑我国社会主义法律体系架构的基本大法之一，必然要适应党和国家事业发展的新要求、经济社会发展的新形势、人民群众对于公平正义的新期待，适时加以修改完善，以更加有效地惩治和预防犯罪，切实维护国家安全、社会秩序和人民权益。从此意义上说，《刑法修正案(九)》的制定非常必要、非常及时，是贯彻落实两个决定、完善社会主义法律体系的重要成果，对于保障、促进“四个全面”战略布局的落实具有重大现实意义和深远历史意义。

《刑法修正案（九)》对三中全会精神的贯彻，主要体现在减少死刑罪名的修改上。保留死刑但严格控制和慎重适用死刑，是我国长期以来一贯坚持的死刑政策。三中全会决定提出要“逐步减少适用死刑罪名”，在党中央的重要文件中明确提出要减少死刑罪名，这在我们党的历史上是第一次。为落实这项改革要求，《刑法修正案(九)》取消了9个罪名的死刑配置，分别为走私武器、弹药罪，走私核材料罪，走私假币罪，伪造货币罪，集资诈骗罪，组织卖淫罪，强迫卖淫罪，阻碍执行军事职务罪，战时造谣惑众罪。9个罪名约占原有55个死刑罪名总数的16.3%，在进一步贯彻严格控制死刑政策

的道路上又迈出了一大步。

逐步减少死刑罪名，严格控制死刑适用，既符合宪法有关“国家尊重和保障人权”的规定和三中、四中全会决定提出的加强人权司法保障的要求，有助于彰显国家对生命至高无上价值的尊重，也符合联合国《公民权利和政治权利国际公约》第六条第二款规定的“在未废除死刑的国家，死刑只能是作为对最严重罪行的惩罚”的精神，进一步向国际社会宣示我国致力于从立法上严格控制死刑、逐步减少死刑的态度，有助于推进我国的刑事立法与司法标准的现代化和轻缓化，加强我国同其他废除死刑国家和地区在人权领域进行平等互利的交流与合作。

需要指出的是，在《刑法修正案（九）》起草过程中，对于是否应当取消走私武器、弹药，走私核材料，集资诈骗，强迫卖淫等罪名的死刑，曾有过激烈争论。有的部门和群体强烈要求保留有关罪名的死刑，他们或者认为取消死刑的时机尚不成熟，担心一旦取消死刑，这类犯罪会增多，对某些群体保护的力度会下降；或者认为取消这些犯罪的死刑会严重影响刑罚公正，导致量刑失衡。尽管存在激烈争论，立法机关在广泛听取意见、认真调查研究、科学审慎论证后，最终还是取消了包括上述罪名在内的9个罪名的死刑。笔者认为，如果立法机关没有贯彻三中全会要求的坚决态度和担当精神，就很难想象在《刑法修正案（八）》取消13个罪名死刑之后，时隔不久又能一次性取消这么多的死刑罪名。为此，我们应当为立法机关、为《刑法修正案（九）》点赞。

尤为值得注意的是，与《刑法修正案（八）》不同，本次取消的9个死刑罪名已不限于非暴力性犯罪，有少数已涉及暴力性犯罪，如强迫卖淫罪和阻碍执行军事职务罪，这是颇具创新意义的。理论界在讨论减少死刑的路径时，多数主张目前应首先致力于削减非暴力犯罪的死刑，而后再视情况取消暴力性犯罪的死刑。《刑法修正案（九）》取消强迫卖淫罪和阻碍执行军事职务罪的死刑，实际标志着我国死刑罪名减少已进入新阶段，即废除暴力性犯罪死刑的新阶段。实践证明，在经济持续发展、社会稳定和谐的大背景下，适时取消一些暴力性犯罪的死刑配置，并不会影响社会秩序的稳定。取消死刑后，有关犯罪的法定最高刑是无期徒刑，随着无期徒刑实际执行刑期的延长和减刑、假释的严格规范，仍能够收到严厉惩治、有效威慑之效。

二、《刑法修正案（九）》贯彻了党的十八届四中全会决定提出的刑法改革要求

四中全会决定对完善刑事立法提出了一系列要求，有关要求在《刑法修正案（九）》中得到了充分贯彻，主要表现在以下几个方面：

（一）贯彻维护司法权威的要求

四中全会决定指出："完善惩戒妨碍司法机关依法行使职权、拒不执行生效裁判和决定、藐视法庭权威等违法犯罪行为的法律规定。"为此，《刑法修正案（九）》作了两个方面的重要修改：

1. 完善扰乱法庭秩序罪。当前，实践中出现一些诉讼参与人和旁听人员无视法庭权威、不遵守法庭秩序，甚至打砸抢占法庭、在法庭上行凶伤人、杀人等现象。鉴于此种实际情况，《刑法修正案（九）》第三十七条对扰乱法庭秩序罪作了必要完善，将以下三种行为增加纳入刑法规制范围：一是殴打诉讼参与人的（原刑法第三百零九条只规定了"殴打司法工作人员"）；二是侮辱、诽谤、威胁司法工作人员或者诉讼参与人，不听法庭制止，严重扰乱法庭秩序的；三是有毁坏法庭设施，抢夺、损毁诉讼文书、证据等扰乱法庭秩序行为，情节严重的。针对实践问题，对扰乱法庭秩序罪作出上述完善，对于有效维护法庭安全和秩序，维护法庭和司法权威，维护法治尊严，具有重大现实意义。

需要说明的是，在起草过程中，有的人提出本条修改旨在针对某些特定的出庭人员，这是没有根据的臆想和曲解。法庭是诉讼参与人讲理的地方，惩治扰乱法庭秩序、维护法庭权威只会有利于诉讼参与人行使诉讼权利，只会有利于诉讼参与人所讲的道理更好地被人听

清、被人接受。从历史经验看，越是法庭权威高的地方，诉讼参与人的地位才越高，诉讼权利才越能得到保障。从实践看，相对于法官、检察官而言，律师往往更容易成为扰乱法庭秩序行为的受害者，因为律师总是千方百计为一方当事人说话，免不了会触怒对方当事人。有些对方当事人眼见要输了官司，便迁怒于律师，甚至对律师大打出手，很多律师正是因为法庭的有力保护才得以安全退庭。因此，法庭越有权威、越有秩序，诉讼参与人、特别是出庭律师的人身安全才越有保障。

遗憾的是，由于修法过程中的误解乃至杂音较多，本次修改还有不到位之处，需要进一步总结经验，继续完善。比如，四中全会决定提出的是“藐视法庭权威”，而扰乱法庭秩序固然是藐视法庭权威的重要表现，但并不当然包括各类藐视法庭权威行为。同时，对于发生在法官眼皮底下甚至直接针对法官实施的藐视法庭权威行为，也没有必要交给公安机关侦查、检察机关起诉，而由法官直接判决更符合逻辑和实际。特别是，目前各级法院已经建成了数字化法庭，可以做到开庭时全程录音录像，任何藐视法庭权威的行为都会有录像记录在案，根本不需要侦查机关侦查、检察机关起诉，由法官对藐视法庭权威的行为当庭裁判定罪，不会导致法官滥用职权，更不可能制造冤假错案。因此，如果在修改过程中能够大胆借鉴其他国家的普遍做法，直接按照四中全会决定表述将扰乱法庭秩序罪修改为“藐视法庭罪”或者“藐视法庭权威罪”，将常见、严重的藐视法庭权威的行为纳入刑法规制的范围，规定对本罪可处管制、拘役或者一年以下有期徒刑的刑罚，由法官根据藐视法庭行为的情节直接裁决，效果会更好，更有利于树立法治、法律、司法、法院和法官的权威，保障诉讼参与人特别是律师的诉权和人权，维护良好的法庭秩序。

2. 完善拒不执行判决、裁定罪。为了解决长期以来存在的执行难问题，加大对“老赖”的打击力度，确保人民法院裁判得到有效执行，确保胜诉当事人的权益得以切实维护，《刑法修正案（九）》第三十九条对拒不执行判决、裁定罪作了两方面重要修改：一是增设了“情节特别严重”的量刑档次，将本罪的最高刑由三年有期徒刑提高到七年。随着经济社会发展，实践中民事、行政案件的诉争金额越来越高，动辄上亿元甚至数十亿元，拒不执行此类案件的生效裁判，给权利人造成的损害，乃至对社会秩序的潜在威胁，无疑是十分严重的。适应形势发展，提高本罪的法定刑，能够更好地体现罪责刑相适应的刑法原则，更加有力、有效地惩治、震慑抗拒执行的被执行人。二是将本罪的主体由自然人扩大到单位。规定单位犯拒不执行判决、裁定罪的，对单位判处罚金，并对其直接负责的主管人员和其他直接责任人员定罪处罚。这一修改极具针对性。实践中的“老赖”，不少是公司、企业、事业单位甚至团体、机关，而且越是单位，对抗执行的“能量”往往越大，将单位增加规定为本罪的主体，能够给那些负有执行义务的单位以极大的威慑和警示，同时也能为惩治单位抗拒执行提供法律利器。

值得一提的是，在修法过程中，有关方面鉴于拒不执行判决、裁定刑事案件移送难、立案难的实践问题，曾建议将本罪明确为可自诉犯罪，即在有关司法机关对追究被执行人刑事责任不积极、不作为的情况下，给申请执行人开辟一个特殊的救济渠道，赋予其直接向人民法院提起刑事自诉的权利，以为其提供一个更加有效、顺畅的维权途径。笔者认为，这个意见值得进一步考虑和研究，如果能作出这样的修改，则能为破解执行难现象普遍、问题严重，而拒不执行判决、裁定罪名适用率却很低的“怪相”提供有效手段①，将来再次修改刑法时不妨在这个问题上也作一些突破。对此，司法解释已经先行作了尝试。2015 年 7 月 20 日最高人民法院发布的《关于审理拒不执行判

---

① 2012 年全国法院共受理拒不执行判决、裁定一审刑事案件 642 件，生效判决人数为 550 人；2013 年受理 679 件，判决 591 人；2014 年受理 851 件，判决 696 人。拒不执行判决、裁定刑事案件数占执行结案总数的比例一直偏低。据对全国法院 2008 年至 2012 年有关情况的统计分析，拒不执行判决、裁定刑事案件数量占执行结案总数的比例平均为 0.26%。参见胡云腾、崔亚东主编：《拒不执行判决、裁定罪审判实务与典型案例》，法律出版社 2014 年版，第 4 页。

决、裁定刑事案件适用法律若干问题的解释》第三条规定："申请执行人有证据证明同时具有下列情形，人民法院认为符合《刑事诉讼法》第二百零四条第三项规定的，以自诉案件立案审理：（一）负有执行义务的人拒不执行判决、裁定，侵犯了申请执行人的人身、财产权利，应当依法追究刑事责任的；（二）申请执行人曾经提出控告，而公安机关或者人民检察院对负有执行义务的人不予追究刑事责任的。"司法解释的施行情况，可以为将来的修法积累实践经验。

（二）贯彻从严惩治腐败犯罪的要求

四中全会决定指出，要"加快推进反腐败国家立法，完善惩治和预防腐败体系，形成不敢腐、不能腐、不想腐的有效机制，坚决遏制和预防腐败现象。完善惩治贪污贿赂犯罪法律制度，把贿赂犯罪对象由财物扩大为财物和其他财产性利益"。决定还提出了从严治党、党规党纪严于国家法律等重要观点。《刑法修正案（九）》切实贯彻了中央依法严厉惩治贪腐和全面从严治党的要求，回应了人民群众的期待和呼声。

1. 修改了贪污、受贿犯罪的定罪量刑标准。《刑法修正案（九）》第四十四条作了一个十分具有创新意义的规定，即将原来的对贪污、受贿犯罪定罪量刑的刚性数额标准，调整为概括性的数额加情节的定罪量刑标准。随着社会经济的发展，贪污、受贿犯罪的涉案数额越来越大，原先的固定数额标准所造成的量刑拉不开档次的问题已经越来越突出，不适应反腐败斗争深入开展的实际需要；贪污罪与受贿罪的社会危害存在一定差异，贪污的危害主要取决于贪污数额，对受贿而言，不只受贿数额，是否利用职权为他人谋取利益、谋取多大利益、谋取的是正当利益还是不正当利益，也是衡量、判断其社会危害性程度所应考量的重要因素。将贪污、受贿犯罪的定罪量刑标准改为概括性的数额加情节模式，有助于更好落实罪责刑相适应原则，同时也为司法解释针对贪污、受贿危害性质的不同，就有关数额、情节制定有差别的认定标准提供了空间。

难能可贵的是，《刑法修正案（九）》对贪污、受贿罪定罪量刑标准的修改，是顶着巨大争议和冒着一定风险进行的。争议和风险主要来自两个方面：一方面，有人担心取消明确数额标准后，必然会提高贪污、受贿的入罪门槛，而这容易让人产生党和国家要放松打击腐败力度的误解；另一方面，对司法机关而言，立法取消贪污、受贿犯罪定罪量刑的数额标准后，为了确保法律统一实施、刑罚均衡适用，肯定还需要通过司法解释对法律规定的概括性的数额和情节的具体认定标准作出明确，而如果司法解释将入罪标准提高了，因此引发社会公众的广泛质疑，则将使司法机关面临“不能承受之重”的政治责任。所以，在改与不改、如何修改的问题上，很长一段时间争议很大。令人欣喜的是，在关键节点上，立法机关还是坚定了信心，顶住了压力，体现了担当。实践必将证明这是一个正确的、重大的抉择，对于更好实现量刑公正、严惩腐败必将发挥重要作用。

2. 创造性地对贪污、受贿犯罪设立了终身监禁的规定。根据《刑法修正案（九）》第四十四条的规定，犯贪污、受贿罪，数额特别巨大，并使国家和人民利益遭受特别巨大损失，被判处死刑缓期执行的，人民法院根据犯罪情节等情况可以同时决定在其死刑缓期二年执行期满依法减为无期徒刑后，终身监禁，不得减刑、假释。这是本次刑法修正的重大制度创新，兼顾了贯彻严格控制死刑政策与从严惩处腐败犯罪的两方面现实需要。一方面，贪污、受贿犯罪尽管危害严重，但毕竟属于经济性非暴力犯罪，应当更加严格地控制死刑适用；同时，近年来，随着“保留死刑，严格控制和慎重适用死刑”政策的不断深入贯彻落实，从实践看，对贪污、受贿犯罪适用死刑事实上也得到了严格控制。而另一方面，目前贪污、受贿犯罪仍然高发、多发，特别是涉案数额持续攀升，上千万甚至过亿的案件屡见不鲜，又必须继续毫不动摇地坚持从严惩处的方针。为此，必须找到一个既能控制、减少死刑适用又能有效制裁、震慑腐败犯罪的替代性措施。终身监禁正是在这样一种现实背景下孕育的。这一制度的创设对于进一步贯彻死刑政策，有效落实从严惩治腐败犯罪的方针，具有重大意义。

3. 加大了对行贿犯罪的惩治力度。长期以来，在惩治腐败犯罪中，一直存在重受贿、轻行贿问题。一些办案机关为了顺利查证受贿犯罪，通常与行贿人作“辩诉交易”，以对行贿犯罪网开一面或者大幅宽大为交换条件，鼓励行贿人认罪和揭发受贿人犯罪，导致人民法院每年判处的行贿罪犯和受贿罪犯相差悬殊。行贿与受贿系对象犯，行贿是受贿的重要诱因，如不能使行贿罪受到应有的法律制裁，就会让社会公众以及行贿人产生“行贿无罪”的错觉，行贿人就会有恃无恐甚至变本加厉，[①] 就不可能从源头上有效遏制受贿犯罪。有鉴于此，《刑法修正案（九）》从三个方面作出重要修改，强化了对行贿犯罪的打击。

一是为各类行贿犯罪普遍增设了罚金刑。从立法精神和实践需要看，毫无疑问，这一修改是要加重行贿人的刑事责任。但也有人担忧，实践中会不会出现悖离立法初衷的情况，即被用作以罚代刑。因为一旦规定罚金刑以后，对行贿人的刑罚种类更加多元，罚金可能成为实际适用率最高的刑种，自由刑适用的可能会更少。这样的担心是多余的。刑法规定的是“并处罚金”而非“并处或者单处罚金”，只要严格执法、公正司法，就不可能出现以罚代刑的情况。

二是限制了对主动交待行贿犯罪的从宽处罚幅度。将刑法第三百九十条第二款规定的“行贿人在被追诉前主动交待行贿行为的，可以减轻处罚或者免除处罚”，修改为“行贿人在被追诉前主动交待行贿行为的，可以从轻或者减轻处罚。其中，犯罪较轻的，对侦破重大案件起关键作用的，或者有重大立功表现的，可以减轻或者免除处罚”。这主要是为了解决过去对行贿人从宽处理存在的无边、无度问题，防止再出现行贿几百万、几千万也未依法追诉的不正常情况。法律修改后，有关部门应当深入研究如何在查处受贿犯罪中摆脱对行贿

① 参见李少平：《行贿犯罪执法困局及其对策》，载《中国法学》2015 年第 1 期，第 6～24 页。

人配合的过度依赖，如何更好利用现代科技手段侦查收集证据，以为确保依法追究行贿犯罪的同时，对受贿犯罪的打击力度、打击效果不受影响。

三是新增为利用影响力行贿罪。实践中，为谋取不正当利益，而向国家工作人员的近亲属、身边人，或者向离职的国家工作人员或者其近亲属、身边人行贿的现象客观存在，而且相当普遍、危害严重。将此类行为补充纳入刑法规制范围，对于严密刑事法网，彻底堵住行贿者的“生存、活动空间”，十分必要；同时，也有利于与《联合国反腐败公约》第十八条要求缔约国将“影响力交易”行为入罪的要求进一步对接，更好地履行公约规定的缔约国义务。

（三）贯彻了打击虚假诉讼的要求

四中全会决定提出：“加大对虚假诉讼、恶意诉讼、无理缠诉行为的惩治力度。”这是决定在推进立案登记制、充分保障当事人诉权的基础上，为促进诚信诉讼、善意诉讼和理性诉讼而特别提出的要求，也是在全社会践行和培育社会主义核心价值观的必然要求，具有重大的现实意义。为落实这一要求，《刑法修正案（九）》第三十五条增加了虚假诉讼的规定。理解适用《刑法修正案（九）》这一规定，应注意以下几点：（1）《刑法修正案（九）》只是将虚假诉讼入罪，未将恶意诉讼、无理诉讼入罪，对这两种行为只能依法视情给予司法拘留、罚款等处理。（2）根据《刑法修正案（九）》的规定，只有“以捏造的事实提起民事诉讼的”，才有可能构成虚假诉讼罪。捏造是无中生有、凭空编造。如果纠纷客观存在，只是对部分事实、证据作隐瞒或者虚构的，或者滥用诉权、漫天要价的，都不是捏造，不能构成本罪。捏造的必须是民事诉讼领域的事实。在刑事诉讼、行政诉讼等领域也可能存在捏造事实的情况，对此，可以诬告陷害罪等论处，或者以妨害诉讼活动处理。（3）虚假诉讼罪是结果犯，不是行为犯。不仅要有捏造事实提起民事诉讼的行为，还要有“妨害司法秩序或者严重侵犯他人合法权益”的后果。“妨害司法秩序”，主要是指无端挑起诉讼，导致司法机关多次进行审理，或者调查取证，耗费了大量司法资源，甚至导致人民法院作出错误裁判；“严重侵害他人合法权益”，一般是指造成对方当事人为了应诉而花费巨额诉讼费、律师费、鉴定费等，或者对方当事人因错误判决而造成生产经营困难、破产等。（4）根据《刑法修正案（九）》的规定，实施虚假诉讼行为，非法占有他人财产或者逃避合法债务，又构成其他犯罪的，依照处罚较重的规定定罪从重处罚。这里的“其他犯罪”，主要是指诈骗罪、贪污罪、职务侵占罪等。通过虚假诉讼侵财或者逃债的，不仅损害他人的财产所有权，还严重扰乱了司法秩序，因此，法律规定对此类行为要实行“从一重罪处断”原则，这与通常的对牵连犯实行“从一重处断”的原则有所不同。（5）虚假诉讼既可能是一方当事人实施，也可能是双方当事人串通实施，极端情况下，还可能有司法工作人员参与其中。为从严惩治司法工作人员滥用职权，与当事人勾结，共同制造虚假诉讼的行为，《刑法修正案（九）》明确规定，司法工作人员利用职权，与他人共同实施虚假诉讼行为的，从重处罚，同时构成其他犯罪的，依照处罚较重的规定定罪，并从重处罚。

（四）落实了严厉打击恐怖主义犯罪的要求

四中全会决定多次提及要打击恐怖主义和宗教极端势力，明确要求“贯彻落实总体国家安全观，加快国家安全法治建设，抓紧出台反恐怖等一批急需法律，推进公共安全法治化，构建国家安全法律制度体系”。近年来，恐怖袭击活动不时在一些公共场所出现，在新疆地区更是多发、频繁，严重危害了人民群众的人身财产安全和社会秩序稳定。基于严峻的反恐斗争形势，《刑法修正案（九）》的重点之一就是加大了对恐怖主义犯罪的惩罚力度。

1. 一次性地增加了5个条文，将准备实施恐怖活动，宣扬恐怖主义、极端主义、煽动实施恐怖活动，利用极端主义煽动、胁迫群众破坏婚姻、司法、教育、社会管理等法律制度实施，强制他人在公共场所穿戴宣扬恐怖主义、极端主义服饰、标志，非法持有宣扬恐怖主义、极端主义物品纳入刑法规制范围。

2. 完善了组织、领导、参加恐怖活动组织罪、资助恐怖活动罪等4个犯罪的构成要件或法定刑。一是为组织、领导、参加恐怖活动组织罪增设财产刑；二是将资助恐怖活动培训，以及为恐怖活动组织、实施恐怖活动或者恐怖活动培训招募、运送人员纳入刑法规制范围；三是将拒不提供恐怖主义、极端主义犯罪证据纳入刑法规制范围；四是为偷越国（边）境罪增设一档刑，规定“为参加恐怖活动组织、接受恐怖活动培训或者实施恐怖活动”偷越国（边）境的，处一年以上三年以下有期徒刑，并处罚金。

上述修改对当前我国反恐斗争面临的实践问题给予了极具针对性的回应，使得我国的反恐刑事立法更加细密，必将在依法打击恐怖主义、极端主义犯罪中发挥重要作用，同时也会为我国与其他国家更好开展反恐合作创造条件。

三、《刑法修正案（九）》充分体现了理论和实践创新

坚持改革创新，是立法机关一贯重视的立法指导思想之一。这一点，在《刑法修正案（九）》中得到了充分贯彻。从理论和实践的视角看，本次刑法修正在很多规定上都体现了创新思维，此处只择其要者略述一二。

（一）更加重视发挥刑法的警示教育功能

长期以来，我国的刑法理论和实践一贯强调刑法谦抑原则，强调刑法的“最后手段性”，强调要适当控制“犯罪圈”。体现在立法层面，对是否将某一行为入罪往往会特别审慎，要反复权衡其社会危害性程度是否确实已严重到不动用刑罚不可的程度。应当说，这样的理念和选择基本是与我国的传统以及社会现实相适应的。历史上，我国一直有区分犯罪与违法的传统。刑事责任与民事、行政等其他法律、纪律责任不仅在严厉程度方面存在质的差异，“附随后果”也有显著

差别。如果只是承担民事、行政等责任，通常并不会影响个人的后续发展，而如果承担刑事责任，则在就业、入学、生活等方方面面都要受到影响，原来是公务员的会丢掉“饭碗”，原来能开车的要吊销执照等；在社会交往中，一般社会公众对有犯罪前科的人通常也会心怀戒备，有的甚至排斥、歧视。因此，为了尽可能减少因认定犯罪、追究刑责而可能造成的社会对立面增加的问题，继续坚持刑法谦抑原则，适度控制刑法打击面，仍然有其现实必要性。

但是，应当看到，片面强调、一味固守谦抑，也制约了刑法本应具有的引导、教育功能的发挥，或者导致一些普遍的、严重的违法行为难以有效遏制，或者极大地增加了社会治理的成本。正是基于这样的现实，《刑法修正案（八）》率先在醉驾入刑等方面作出探索尝试。醉驾入刑之后，尽管法定最高刑只是拘役，但随着“醉驾要坐牢”为社会公众所广泛知晓，“喝酒不开车，开车不喝酒”的观念已深入人心，酒驾、醉驾这一治理多年但成效甚微的“普遍违法”现象终于得到有效遏制，因酒驾、醉驾导致的交通事故、死伤人数相应也大幅下降。[①] 实践充分证明，刑罚所具有的独特的威慑、警示、引导、教育功能，是其他社会治理手段无法替代、难以比拟的。

受醉驾入刑所取得的良好效果启发，《刑法修正案（九）》在充分发挥刑法的警示、教育功能方面又有了新的尝试，包括进一步扩大危险驾驶的入罪情形，将使用假证入刑、将替考入刑等。以替考入刑为例。在《刑法修正案（九）》起草过程中，对于是否应将替考，也就是代替他人或者让他人代替自己参加法律规定的考试入刑，曾有分歧意见。有观点认为，对替考的可以通过取消考试成绩、限考、禁考等方式处理，同样也足以达到惩戒效果，从刑法谦抑性的角度考虑，

---

① 自 2011 年“醉驾入刑”后 3 年间，全国因酒驾、醉驾导致交通事故起数和死亡人数较《刑法修正案（八）》实施前分别下降 25% 和 39.3%。参见《公安部交管局：“醉驾入刑”三年来酒驾事故下降四分之一》，载新华网，访问时间：2014 年 10 月 19 日。

不作为犯罪处理为妥。[①] 立法机关经反复研究，最终仍然作出了将替考入刑，同时配置较轻刑罚（与危险驾驶罪一样，法定最高刑为拘役）的决定。对此，笔者完全赞成。首先，“枪手”往往是有组织考试作弊中不可或缺的重要角色，不有效打击“枪手”，就很难禁绝考试作弊。其次，“枪手”往往以在校大学生为主，这类人员本应具有更强的法制道德观念，却为蝇头小利替人考试，将来如何能以诚信品质服务社会？最后，多年来的实践证明，仅靠取消考试成绩、禁考的处罚根本不足以形成有效震慑。

在积极评价《刑法修正案（八）》《刑法修正案（九）》重视发挥刑法警示教育功能的同时，有必要指出的是：其一，仍应坚持强调社会治安的综合治理。对于能够通过其他相对宽缓的手段有效惩戒的行为，仍应坚持将刑罚作为最后手段，以尽可能减少社会对立面，避免有关机关日常社会管理中的怠惰，防止事实上的“刑法万能”倾向。其二，将传统的、带有普遍性的一般违法行为纳入犯罪圈，是刑事政策、社会治理战略的重大调整。理论和实务应当加强对相关问题的研究，注意总结梳理规律性认识。例如，在立法层面，究竟是什么样的标准来确定违法与犯罪的界限？哪些类型的违法行为有必要纳入刑法规制范围？如何科学设定其构成要件和法定刑，等等。

（二）及时回应风险社会的新挑战

风险社会是近年来的流行提法，国内外有关风险社会的法律研究很盛行，笔者赞同风险社会已经到来的观点，且感到我国公民对风险社会的认识还不深入，对风险社会的警惕性还不够高。据国外有关学者的描述，工业革命和现代科技的发展在很大程度上已经颠覆了传统的社会秩序，在从现代社会向后现代社会迈进的过程中，当今世界已

---

① 参见雷建斌主编：《〈中华人民共和国刑法修正案（九）〉释解与适用》，人民法院出版社 2015 年版，第 272 页。

经步入了风险社会的时代。[①] 大而言之，现代社会在为人们营造安逸舒适的生存环境的同时，也带来了核危机、生态危机、恐怖主义威胁等足以毁灭人类社会的巨大风险，现代社会已总体上处于风险社会的历史进程之中；小而言之，个人和家庭在日常的生产生活中，也都面临着犯罪高发、灾害事故频发等带来的各种风险。我国目前正处于全面转型的新时期，也正面临着国外学者所说的风险社会问题。如恐怖主义活动猖獗所带来的各种社会风险和安全威胁，高速公路、高速铁路所伴生的重特大事故风险，工业化、城镇化快速推进所带来的大规模的生态环境破坏和污染风险，资源开发、工程建筑和危险品管理等生产经营活动所带来的安全风险等。为对各种新型社会风险进行及时有效的刑事管控，满足人民群众对国家安全、社会安全、个人安全日益强烈的要求和期待，《刑法修正案（九）》积极施策，从诸多方面对现行刑法作了修改，其中，最突出的体现在有关惩治恐怖主义、极端主义犯罪和网络犯罪刑法规范的完善上。

在惩治恐怖主义、极端主义犯罪方面，《刑法修正案（九）》第七条新增的刑法第一百二十条之二专门规定了准备实施恐怖活动罪，明确："有下列情形之一的，处五年以下有期徒刑、拘役、管制或者剥夺政治权利，并处罚金；情节严重的，处五年以上有期徒刑，并处罚金或者没收财产：（一）为实施恐怖活动准备凶器、危险物品或者其他工具的；（二）组织恐怖活动培训或者积极参加恐怖活动培训的；（三）为实施恐怖活动与境外恐怖活动组织或者人员联络的；（四）为实施恐怖活动进行策划或者其他准备的。有前款行为，同时构成其他犯罪的，依照处罚较重的规定定罪处罚。"将本属犯罪预备的行为上升为实行行为，规定为独立犯罪，并配置较重的法定刑，充分体现、贯彻了"打早打小打苗头"反恐斗争方针和提前防卫、重视预防的刑事政策思想。又如，《刑法修正案（九）》新增的第一百

---

① 参见［德］乌尔里希·贝克：《世界风险社会》，吴英姿、孙淑敏译，南京大学出版社2004年版，第18页。

二十条之六规定了非法持有宣扬恐怖主义、极端主义物品罪，明确："明知是宣扬恐怖主义、极端主义的图书、音频视频资料或者其他物品而非法持有，情节严重的，处三年以下有期徒刑、拘役或者管制，并处或者单处罚金。"尽管非法持有宣扬恐怖主义、极端主义物品与恐怖活动的危害后果尚有一段距离，但从实践看，非法持有上述物品，特别是大量持有，往往是为了传播、扩散，极易引发关联的恐怖主义犯罪，因此，增设持有型犯罪，规定堵截性罪名，对于周延法益保护、严密刑事法网、严格刑事责任以及减轻控方证明责任等①具有重大现实意义。

在惩治网络犯罪方面，《刑法修正案（九）》第二十九条新增的刑法第二百八十七条之一专门规定了非法利用信息网络犯罪，实际也是网络犯罪的预备行为上升为实行行为；新增的《刑法》第二百八十七条之二专门规定了帮助信息网络犯罪活动罪，则是将帮助行为正犯化，也均蕴含着"打早打小"、提前防卫、强化打击的政策思想。当前，随着信息网络对现实社会的介入越来越深、影响越来越大，有效打击和预防网络违法犯罪、确保网络安全和秩序的重要性日益凸显，对刑法作出这样的修改完善也是完全必要的。

《刑法修正案（九）》对于风险社会的介入和干预很有新意，值得理论和实务界重点关注。相信这只是一个开始。现代社会面临的风险是全方位的。将来，能否将、怎样将风险社会的理念更多地引入其他社会管理领域，包括腐败治理、金融管理等，以更加全面地体现和贯彻打早打小、防患于未然的政策思想，减少犯罪造成的实害，降低社会治理的成本，需要我们认真思考和研究。

（三）创新网络共同犯罪处理规则

随着社会分工的细化，网络犯罪也呈现出专业化、链条化、分工合作的特点，这是当前网络犯罪泛滥的重要原因之一。根据传统刑法

---

① 参见梁根林：《持有型犯罪的刑事政策分析》，载《现代法学》2014年第1期。

理论和现行刑法规定，对于处于共同犯罪链条中的各犯罪人，要根据其在共同犯罪中所处地位、所起作用，按照主犯对全案负责，从犯、胁从犯视情从宽的规则予以处理。但网络共同犯罪与传统共同犯罪存在明显差别，上述处理规则往往难以适用。一方面，网络犯罪通常具有跨地域特点，主犯往往分散在全国各地，甚至境外，抓获主犯十分困难，在主犯不能到案的情况下，对帮助犯的追究就会陷入被动。另一方面，传统共犯一般是“一对一”的关系，而网络共犯通常表现为“一对多”的关系。由于帮助对象的数量庞大，网络犯罪利益链条中的帮助行为实际上往往成为获利最大的环节，按照共犯处理，也难以体现其独特危害性。鉴此，《刑法修正案（九）》第二十九条创设性地提出了网络帮助行为正犯化的处理规则，将明知他人利用信息网络实施犯罪，为其犯罪提供互联网接入、服务器托管、网络存储、通讯传输等技术支持，或者提供广告推广、支付结算等帮助，情节严重的行为规定为专门犯罪。这一修改完善，不仅会为惩治网络犯罪提供了更为有力的利器，具有重大实践意义，同时也丰富、发展了共同犯罪处理规则，具有重要的理论研究价值。

第一部分

《刑法修正案（九）》条文的理解与适用

【条文一】〔增加禁止从事相关职业的规定〕

一、在刑法第三十七条后增加一条，作为第三十七条之一："因利用职业便利实施犯罪，或者实施违背职业要求的特定义务的犯罪被判处刑罚的，人民法院可以根据犯罪情况和预防再犯罪的需要，禁止其自刑罚执行完毕之日或者假释之日起从事相关职业，期限为三年至五年。

"被禁止从事相关职业的人违反人民法院依照前款规定作出的决定的，由公安机关依法给予处罚；情节严重的，依照本法第三百一十三条的规定定罪处罚。

"其他法律、行政法规对其从事相关职业另有禁止或者限制性规定的，从其规定。"

【条文主旨】

《刑法修正案（九）》完善预防性措施的规定，对因利用职业便利实施犯罪，或者实施违背职业要求的特定义务的犯罪被判处刑罚的，人民法院可以根据犯罪情况和预防再犯罪的需要，禁止其自刑罚执行完毕之日或者假释之日起从事相关职业，期限为三年至五年。

【理解与适用】

一、修改的背景、内容和意义

关于从业禁止的规定，1997 年刑法规定的剥夺政治权利有所涉及。第五十四条规定："剥夺政治权利是剥夺下列权利：（一）选举权和被选举权；（二）言论、出版、集会、结社、游行、示威自由的权利；（三）担任国家机关职务的权利；（四）担任国有公司、企业、事业单位和人民团体领导职务的权利。"由于剥夺政治权利的刑期从徒刑、拘役执行完毕之日或者假释之日起计算，因此，剥夺政治权利可以视为对受过主刑的人从业禁止的规定。[①] 为加强对管制犯、缓刑犯的监管，促进犯罪分子教育矫正，同时，有效保护被害人、证人等人员的安全，维护正常社会秩序，《刑法修正案（八）》新增了有关对管制犯、缓刑犯可以适用禁止令的规定。由于禁止令可以禁止犯罪分子在管制执行期间、缓刑考验期限内从事特定活动，故实际上也涉及从业禁止措施。

从司法适用来看，剥夺政治权利和禁止令所涉及的从业禁止措施难以满足实践所需，亟需增设关于从业禁止措施的专门规定：一是适用对象有限，如禁止令仅适用于管制犯、缓刑犯。二是从业禁止内容过窄，如剥夺政治权利所禁止的仅是特定公职或者领导职务。三是从业禁止期限过短，如禁止令只能适用于管制执行期间、缓刑考验期限内，无法适用于刑罚执行完毕后。

基于有效预防犯罪的现实需要，对于犯罪分子、特别是实施与职业相关的犯罪的，不能"一判了之"，在其刑罚执行完毕或者假释后放任不管，而是应当采取必要的从业禁止措施。在《刑法修正案（九）（草案）》研拟过程中，立法工作机关提出，对于实施与职务相关的犯罪的，可以根据犯罪情况，同时，禁止其在刑罚执行完毕后一定期限内从事相关职业或者担任特定职务。有关部门赞同增设这一制度，但是建议从立法技术层面进一步厘清有关问题：该项制度与其他法律法规规定的行政处罚的关系；具体适用是否以刑法分则有明确规定为前提；等等。

---

① 虽然剥夺政治权利的刑期从徒刑、拘役执行完毕之日或者假释之日起计算，但就属性而言，其是一种附加刑，与基于预防犯罪需要适用的非刑罚的预防性措施明显不同。

根据上述意见，立法工作机关提出具体方案，即在刑法第三十七条之后增加一条，作为第三十七条之一：“因利用职务、业务便利实施犯罪，或者实施违背职务、职业要求的特定义务的犯罪，依法被判处三年有期徒刑以下刑罚或者被免予刑事处罚的，可以根据犯罪情况和预防犯罪的需要，决定禁止犯罪分子在一定期限内继续担任相关职务、从事相关职业。禁止的期限不超过三年，自判决确定之日起计算；对判处有期徒刑、拘役的，自刑罚执行完毕之日起计算。”“其他法律、行政法规对其担任相关职务、从事相关职业有禁止或者限制性规定的，依照规定处理。”“违反人民法院依照第一款规定做出的禁止担任相关职务、从事相关职业的决定，情节严重的，由公安机关依照《中华人民共和国治安管理处罚法》第六十条的规定处罚。”可见，这一方案有如下几点值得注意：其一，将预防性措施的适用情形限于轻罪，即因利用职务、业务便利实施犯罪，或者实施违背职务、职业要求的特定义务的犯罪，被判处三年有期徒刑以下刑罚或者被免予刑事处罚的情形。其二，明确其他法律法规对从业禁止有规定的，从其规定。其三，明确从业禁止措施的执行问题。对此，有关部门和专家学者赞同，但建议对预防性措施的适用范围（是否应扩大适用于被判处三年有期徒刑以上刑罚的情形）、期限起算（对缓刑犯、管制犯，如何计算禁止的期限）、执行机构以及与禁止令的关系等问题作出进一步研究。

根据上述意见，立法工作机关作了进一步调整，从而形成《刑法修正案（九）（草案）》第一条，即在刑法第三十七条后增加一条，作为第三十七条之一：“因利用职业便利实施犯罪，或者实施违背职业要求的特定义务的犯罪被判处刑罚的，人民法院可以根据犯罪情况和预防再犯罪的需要，禁止其自刑罚执行完毕之日或者假释之日起五年内从事相关职业。”“被禁止从事相关职业的犯罪分子违反人民法院依照前款规定作出的决定的，由公安机关依法给予处罚；情节严重的，依照本法第三百一十三条的规定定罪处罚。”“其他法律、行政法规对其从事相关职业另有禁止或者限制性规定的，从其规定。”可见，与此前方案相比，这一写法的特点在于调整了适用范围，不再限于轻罪案件；而且，将该项制度定位于根据预防犯罪需要适用的措施(预防性措施)，而非新的刑罚种类。

在《刑法修正案（九）（草案)》审议过程中，有意见提出，这一制度是否属于新增的刑罚种类，建议在刑法总则附加刑相关条文中作出规定。此外，违反法院决定从事相关职业的处罚，可能涉及其他行政机关的职责范围，需要作出明确。经研究，草案二次审议稿对从业禁止措施的期限作了调整，从“五年内”修改为“三年至五年”。审议过程中，有意见提出，建议将利用职业便利、禁止从事相关职业中的“职业”限定为具有较高行业标准和涉及公共利益的职业，防止从业禁止措施适用泛化。也有意见提出，罪犯在刑罚执行完毕后就是正常公民，建议修改第二款中“犯罪分子的表述”。草案三次审议稿采纳部分意见，将“被禁止从事相关职业的犯罪分子”修改为“被禁止从事相关职业的人”，从而使表述更为严谨。《刑法修正案(九)》第一条最后沿用草案三次审议稿的写法，增加规定从业禁止措施。

二、对修改内容的理解和适用

《刑法修正案（九)》增设从业禁止的专门规定，进一步完善了预防性措施。这是本次刑法修正的重要制度创新。依法正确适用从业禁止措施，对于进一步贯彻宽严相济刑事政策，有效防范利用职业便利实施犯罪，或者实施违背职业要求的特定义务的犯罪，切实保障社会公共安全和维护社会公众利益，具有十分重要的意义。考虑到从业禁止措施是一项新制度，尚缺乏充分的实践经验，在办理具体案件的过程中，宜依据刑法的有关规定，稳妥、审慎地适用，确保这一新增制度的有效施行。

（一）从业禁止措施的性质

对于修正后刑法第三十七条之一规定的措施的性质，在《刑法修正案（九）（草案）》研拟和审议过程中即存在不同认识。为此，刑法在表述上有所考虑，专门作了“根据犯罪情况和预防再犯罪的需要”表述，旨在表明该项措施并非新的刑罚种类，而只是刑罚执行完毕或者假释之后的预防性措施。全国人大常委会法工委刑法室有关人员在回答记者提问时专门强调：“从业禁止的措施不是一个新的刑种”，“主要是防止犯罪分子利用职业和职务之便再次进行犯罪，从预防犯罪角度赋予法院按照犯罪情况可以对这类犯罪采取一个预防性措施”。①

（二）从业禁止措施的适用对象

根据修正后刑法第三十七条之一的规定，从业禁止措施的适用对象为因利用职业便利实施犯罪，或者实施违背职业要求的特定义务的犯罪被判处刑罚的人。据此，预防性措施的适用对象主要有两类：（1）因利用职业便利实施犯罪被判处刑罚的人；（2）实施违背职业要求的特定义务的犯罪被判处刑罚的人。对于实施其他犯罪被判处刑罚的人，不能适用从业禁止措施。此外，需要注意的是，对于依照刑法第三十七条规定予以定罪，但免予刑事处罚的，也不能适用从业禁止措施。

（三）从业禁止措施的适用条件

根据修正后刑法第三十七条之一的规定，因利用职业便利实施犯罪，或者实施违背职业要求的特定义务的犯罪被判处刑罚的，人民法院可以根据犯罪情况和预防再犯罪的需要适用从业禁止措施，而非一律必须适用。因此，司法适用中，人民法院根据犯罪情况，认为从预防再犯罪、有效维护社会秩序的需要出发，确有必要禁止有关人员自刑罚执行完毕之日或者假释之日起从事相关职业的，可以依法适用从

① 参见中国人大网，网址为：http://www.npc.gov.cn/npc/zhibo/zzzb34/node_5826.htm，最后访问时间：2015年8月29日。

业禁止措施。适用中应当注意，从立法精神上看，从业禁止措施的主要目的在于防止有关人员再次犯罪，危害社会。因此，在斟酌是否适用从业禁止措施时，要根据有关人员的犯罪情况和个人情况进行综合分析，具体包括犯罪原因、犯罪性质、犯罪手段、犯罪后的悔罪表现、个人一贯表现等，准确判断其有无再次危害社会的人身危险性，进而作出决定，而不能片面依据其所犯罪行的客观危害大小决定是否适用从业禁止措施。

（四）从业禁止措施的适用例外

修正后刑法第三十七条之一第三款规定：“其他法律、行政法规对其从事相关职业另有禁止或者限制性规定的，从其规定。”据此，对于其他法律、行政法规对从事相关职业已有禁止或者限制性规定的，不能再适用预防性措施予以禁止。据统计，目前大约有二十几部法律和有关法律问题的决定对受过刑事处罚人员的资格禁止或者限制作了规定，根据所禁止的内容不同，可以大致分为三类：（1）禁止担任一定公职。公务员、警察、检察官、法官、驻外外交人员等特定公职均禁止受过刑事处罚的人员担任。例如，公务员法第二十四条规定：“下列人员不得录用为公务员：（一）曾因犯罪受过刑事处罚的；（二）曾被开除公职的；（三）有法律规定不得录用为公务员的其他情形的。”（2）禁止从事特定职业。教师、律师、拍卖师、公证员、会计执业人员、执业医师等特定职业禁止或者限制受过刑事处罚的人员从事。例如，教师法第十四条规定：“受到剥夺政治权利或者故意犯罪受到有期徒刑以上刑事处罚的，不能取得教师资格；已经取得教师资格的，丧失教师资格。”（3）禁止从事特定活动。例如，道路交通安全法第一百零一条规定：“违反道路交通安全法律、法规的规定，发生重大交通事故，构成犯罪的，依法追究刑事责任，并由公安机关交通管理部门吊销机动车驾驶证。造成交通事故后逃逸的，由公安机关交通管理部门吊销机动车驾驶证，且终生不得重新取得机动车驾驶证。”因此，对于其他法律、行政法规对从事相关职业已有禁止或者限制性规定的，不应再适用从业禁止措施，而应依照有关法律、行政法规的规定由相关部门作出处理，如开除公职，或者取消从事特定职业或者特定活动的资格。

（五）从业禁止措施的期限

根据修正后刑法第三十七条之一第一款的规定，从业禁止措施的期限为三年至五年，从刑罚执行完毕或者假释之日起计算。当然，这里的“刑罚执行完毕”应当是指主刑执行完毕。此外，还有两个问题值得进一步研究：（1）从业禁止措施的效力是否当然适用于刑罚执行期间。对此，刑法未作明确规定。但是，如前所述，从业禁止措施适用的目的在于预防再犯罪。从这一角度出发，宜认为从业禁止措施当然适用于刑罚执行期间。（2）从业禁止措施的期限能否缩短。在决定适用从业禁止措施后，被禁止从事相关职业的人认真接受教育改造，通过适用从业禁止措施防范其再犯罪已无必要的，是否可以申请缩短期限，值得进一步探讨。我们认为，从鼓励相关人员认真接受教育改造的角度，顾及我国已有的减刑制度，可以考虑在司法适用中允许缩短从业禁止措施的期限。当然，上述两个问题最终需要由有关司法解释或者规范性文件作出明确。

（六）违反从业禁止措施的法律后果

根据修正后刑法第三十七条之一第二款的规定，被禁止从事相关职业的人违反人民法院依照第一款规定作出的决定的，由公安机关依法给予处罚；情节严重的，依照刑法第三百一十三条的规定定罪处罚。据此，对于违反从业禁止措施的，根据情节可能引发不同的法律后果：（1）违反从业禁止措施的，由公安机关依法给予处罚。目前看来，公安机关给予处罚的依据尚不明确，亟需在治安管理处罚法中作出相应规定，或者明确适用依据。（2）从业禁止措施属于判决确定的内容，故而，被禁止从事相关职业的人违反预防性措施的，属于对人民法院的判决有能力执行而拒不执行，情节严重的，可以构成拒不执行判决罪。

（七）从业禁止措施的适用建议

人民检察院在提起公诉时，对因利用职业便利实施犯罪，或者实施违背职业要求的特定义务的犯罪的被告人，可以根据犯罪情况和预防再犯罪的需要，提出适用从业禁止措施的建议。当事人、辩护人、诉讼代理人可以就应否对被告人适用从业禁止措施提出意见，并说明理由。公安机关在移送审查起诉时，也可以根据犯罪情况和预防再犯罪的需要，就应否适用从业禁止措施，向人民检察院提出意见。

（八）从业禁止措施的裁判文书格式

考虑到司法惯例，借鉴禁止令的裁判文书格式，从业禁止措施宜在裁判文书主文部分作为一项单独内容予以宣告，即不宜在裁判文书之外另行制定从业禁止措施文书。具体可考虑采取以下方式：

“一、被告人×××犯××罪，判处……（写明主刑、附加刑）。(刑期从判决执行之日起计算。判决以前先行羁押的，羁押一日折抵刑期一日，即自××××年××月××日起至××××年××月××日止)。

“二、禁止被告人×××在×××（写明期限）内……（写明禁止从事相关职业）（从业禁止期限从刑罚执行完毕或者假释之日起计算)。”

此外，适用从业禁止措施的，裁判文书应当引用相关法律条文，并说明理由。

【条文二】〔修改死刑缓期执行的罪犯执行死刑的条件及程序的规定〕

二、将刑法第五十条第一款修改为：“判处死刑缓期执行的，在死刑缓期执行期间，如果没有故意犯罪，二年期满以后，减为无期徒刑；如果确有重大立功表现，二年期满以后，减为二十五年有期徒刑；如果故意犯罪，情节恶劣的，报请最高人民法院核准后执行死刑；对于故意犯罪未执行死刑的，死刑缓期执行的期间重新计算，并报最高人民法院备案。”

【条文主旨】

本条对死缓罪犯执行死刑的有关规定作了完善，进一步严格了死缓罪犯执行死刑的条件，进一步贯彻了“保留死刑，严格控制和慎重适用死刑”的政策。

【理解与适用】

一、修改的背景、内容和意义

死刑缓期执行是我国特有的死刑执行方式。被判处死刑缓期执行的罪犯，根据其在缓期执行期间的表现，存在着执行死刑和不再执行死刑两种可能性。自1979年刑法制定以来，随着“保留死刑，严格控制和慎重适用死刑”政策越来越严格的贯彻，刑法对死刑缓期执行制度作了多次修改，对死缓犯执行死刑的条件作了越来越严格的设定。

1979年刑法第四十六条规定：“判处死刑缓期执行的，在死刑缓期执行期间，如果确有悔改，二年期满以后，减为无期徒刑；如果确有悔改并有立功表现，二年期满以后，减为十五年以上二十年以下有期徒刑；如果抗拒改造情节恶劣、查证属实的，由最高人民法院裁定或者核准，执行死刑。”根据该法规定，死缓期间故意犯罪执行死刑的条件是“抗拒改造情节恶劣”。

1997 年修订刑法时，考虑到“抗拒改造情节恶劣”的规定没有具体的法律标准，实践中难以掌握、不便执行，对 1979 年刑法第四十六条作了修改完善。修订后刑法第五十条规定：“判处死刑缓期执行的，在死刑缓期执行期间，如果没有故意犯罪，二年期满以后，减为无期徒刑；如果确有重大立功表现，二年期满以后，减为十五年以上二十年以下有期徒刑；如果故意犯罪，查证属实的，由最高人民法院核准，执行死刑。”

将对死缓犯执行死刑的条件修改为“故意犯罪”后，标准固然明确具体、易于把握，但是，不考虑死缓期间故意犯罪的起因、性质、情节、后果以及原判的具体情况，一律核准并执行死刑，不符合宽严相济刑事政策和“严格控制和慎重适用死刑”政策，也不能适应司法实践的复杂情况。具体而言，有关规定在两类案件中难以适用：一类案件是，犯罪分子虽在死缓期间故意犯罪，但犯罪性质、后果等一般，特别是有可以宽宥的因素，若执行死刑明显失之过严。如罪犯虽在死缓期间又犯故意伤害罪，但系事出有因，被害人存在过错（先动手），且后果并不严重（打中被害人鼻梁，致轻伤）。案发后，被害人对死缓犯表示谅解，主动要求不对死缓犯执行死刑，检察机关也认为可以不执行死刑。对此类死缓犯如执行死刑，显然过于严厉。另一类案件是，罪犯虽在死缓期间故意犯罪，但经审查其原死缓判决，发现在事实认定、证据采信等方面存在瑕疵，尚未达到适用死刑的证明标准。对此类案件，如因罪犯在死缓期间故意犯罪就要“依法”执行死刑，则要面临错杀风险，明显不可取。

正是因此，《刑法修正案（九)》采纳了最高人民法院提出的建议，将刑法第五十条第一款规定的对死缓犯执行死刑的条件由原“故意犯罪，查证属实”修改为“故意犯罪，情节恶劣”。同时，规定“对于故意犯罪未执行死刑的，死刑缓期执行的期间重新计算，并报最高人民法院备案。”

对死缓犯执行死刑的条件作出上述修改，进一步落实了宽严相济刑事政策以及严格控制和慎重适用死刑政策精神，进一步贯彻了罪责刑相适应原则，对于确保死刑的依法严格、正确适用，意义重大。

二、对修改内容的理解和适用

对修改后刑法第五十条第一款的理解和适用，主要需注意以下两个问题：

（一）“情节恶劣”的认定标准

早在《刑法修正案（九）》起草过程中，即有意见提出，将对死缓犯执行死刑的条件修改为“故意犯罪，情节恶劣”，存在标准不明确、难把握，容易导致自由裁量失当的问题，建议根据对死缓犯所犯故意犯罪应判处的刑罚轻重，设定具体、统一的执行死刑的条件，以方便实务操作，同时确保公正司法。如可规定死缓期间故意犯罪，被判处五年（或者三年）有期徒刑以上刑罚的，即应报请最高人民法院核准后执行死刑；反之，如被判处的刑罚在五年（或者三年）有期徒刑以下的，即对死缓犯所犯新罪与原被判死缓之罪实行数罪并罚，其后重新计算死缓考验期。上述意见具有一定的合理性。但是，其一，如上所述，死缓期间故意犯罪的情况复杂。按该观点，无疑能减少对上述第一类案件（虽在死缓期间故意犯罪但情节一般的案件）处理中的困难和争议，但却无法解决上述第二类案件（虽在死缓期间故意犯罪但原死缓判决存在问题）的妥当处理问题。其二，从实践看，死缓期间故意犯罪的案件总量极少。即使下级法院相关案件的认定处理把握失当，由于要统一报最高人民法院核准或者备案，仍可通过法定程序予以纠正。正是因此，《刑法修正案（九）》未采纳上述意见，而仍将对死缓犯执行死刑的条件修改为“故意犯罪，情节恶劣”的。

回顾法律修改研究论证过程，结合司法实践情况，在理解和适用修改后刑法第五十条规定中的“情节恶劣”时，总体应注意把握以下两点：一是对该条规定中的“情节”应作广义理解，亦即应从死缓期间故意犯罪的性质、后果、起因以及罪犯犯罪前后的表现等方面，综合判断该故意犯罪是否属于“情节恶劣”，死缓罪犯是否不堪改造。二是需区分案件不同情况，综合考虑原死缓判决的正当性和死缓期间故意犯罪的严重程度，把握“情节恶劣”的准确认定。

具体而言：（1）一般可根据对死缓期间故意犯罪所应判处的刑罚把握其是否属于“情节恶劣”。经初步研究，笔者认为，可考虑将判处五年有期徒刑以上刑罚作为“情节恶劣”的认定标准之一。主要考虑：理论上、实践中，五年有期徒刑以上刑罚属重刑，死缓期间又犯应处五年有期徒刑以上刑罚的重罪的，可说明罪犯已不堪改造；《刑法修正案（九）》对死缓故意犯罪执行死刑的规定作出修改，目的是要进一步落实严格控制和慎重适用死刑政策，以又犯重罪作为“故意犯罪，情节恶劣”的具体认定标准，能够较好体现立法精神。

（2）对两类特殊案件要作特别考虑和处理。一类是死缓期间故意犯罪，被判处的刑罚虽在五年有期徒刑以下的，但综合考虑罪犯实施犯罪的性质、后果、起因等，能够明显表征其实施犯罪是出于抗拒改造、能够明显说明其已不堪改造的，也可认定其故意犯罪“情节恶劣”。如在死缓期间为抗拒改造，无故伤害他人，致多人轻伤的，尽管根据刑法第二百三十四条规定和“判前同种数罪不并罚”的司法实践，对其所犯之罪最重只能判处三年有期徒刑，但考虑案件起因和危害后果，仍可考虑认定其所犯之罪“情节恶劣”。又如在死缓期间曾经故意犯罪，未被执行死刑，此后不思悔改，再次故意犯罪的，也可考虑认定其所犯之罪属于“情节恶劣”。另一类是虽在死缓期间故意犯罪，但此前死缓判决存在问题的。对此类案件，除非死缓犯又犯的故意犯罪已达到判处死刑立即执行的标准，否则不能认定为“情节恶劣”，不能对其执行死刑。

（二）对死缓期间故意犯罪案件的处理程序

根据修改后刑法第五十条的规定，在死缓期间，如果故意犯罪，情节恶劣的，报请最高人民法院核准后执行死刑；对于故意犯罪未执行死刑的，死刑缓期执行的期间重新计算，并报最高人民法院备案。

在理解和适用这一规定时，应当注意：

（1）如果在死缓期间故意犯罪的，无论情节是否恶劣，都应当由罪犯服刑地的中级人民法院依法审判，所作的判决可以上诉、抗诉。对于死缓期间故意犯罪案件的审理程序，刑事诉讼法未作明确，《最高人民法院关于适用〈中华人民共和国刑事诉讼法〉的解释》第四百一十五条第一款规定：“被判处死刑缓期执行的罪犯，在死刑缓期执行期间故意犯罪的，应当由罪犯服刑地的中级人民法院依法审判，所作的判决可以上诉、抗诉。”考虑到死缓期间故意犯罪，最终处刑结果至少为死刑缓期二年执行，因此，在刑法修改后，仍应执行上述规定，即应当由死缓犯服刑地的中级人民法院对其在死缓期间所犯故意犯罪进行一审。

（2）经审理，如死缓犯所犯故意犯罪属于“情节恶劣”的，应按《最高人民法院关于适用〈中华人民共和国刑事诉讼法〉的解释》第三百四十四条的规定，报请最高人民法院核准后执行死刑，即：一审判决后，被告人未上诉、人民检察院未抗诉的，在上诉、抗诉期满后十日内，中级人民法院应当将该案报请高级人民法院复核，高级人民法院同意判处死刑的，应当在作出裁定后十日内报请最高人民法院核准，不同意的，应当依照第二审程序提审或者发回重新审判；如一审判决后，被告人上诉或者人民检察院抗诉，高级人民法院裁定维持的，应当在作出裁定后十日内报请最高人民法院核准。

（3）经审理，如认定死缓犯故意犯罪成立，但不属于“情节恶劣”的，则应根据刑法第七十一条规定，将对死缓犯新犯之罪所判处的刑罚与原判死缓刑，依照刑法第六十九条的规定予以并罚，并在该裁判生效层报最高人民法院备案。如层报后，高级人民法院或者最高人民法院认为原判确有错误的，应当依照审判监督程序予以纠正。

（4）经审理，如认为原死缓判决确有错误的，则应启动审判监督程序，对原死缓判决进行再审，并对被告人在死缓期间所犯之罪一并进行审理。需要注意的是，由于需对死缓期间所犯之罪一并作出处理，为保障被告人的审级利益，对此类案件进行重审时，应当依照第一审程序进行，所作的判决可以上诉，人民检察院也可以提起抗诉。

三、需要注意的问题

依照修改后刑法第五十条的规定，对于死缓期间故意犯罪未执行死刑的，“死刑缓期执行的期间重新计算”。这里的“死刑缓期执行的期间重新计算”，应当是指对死缓犯新犯之罪所判处的刑罚与原判死缓刑进行并罚，再次判处死缓的判决生效后，重新计算罪犯的死刑缓期执行期间，已经执行的死缓期间不应计算在新判决的死刑缓期执行期间以内。

【条文三】〔修改罚金缴纳的规定〕

三、将刑法第五十三条修改为：“罚金在判决指定的期限内一次或者分期缴纳。期满不缴纳的，强制缴纳。对于不能全部缴纳罚金的，人民法院在任何时候发现被执行人有可以执行的财产，应当随时追缴。

“由于遭遇不能抗拒的灾祸等原因缴纳确实有困难的，经人民法院裁定，可以延期缴纳、酌情减少或者免除。”

【条文主旨】

针对司法实践中的情况，《刑法修正案（九）》对罚金刑执行制度作出完善：一是将变更事由扩大为“由于遭遇不能抗拒的灾祸等原因”，二是在罚金减免之外增加延期缴纳的规定。

【理解与适用】

一、修改的背景、内容和意义

(一) 刑法关于罚金刑的规定

为了使犯罪分子在经济上占不到便宜，同时也为了剥夺其再次实施犯罪的经济能力，刑法规定了财产刑，包括没收财产和罚金刑。其中，罚金刑是指强制犯罪分子向国家缴纳一定数量金钱的刑罚方法。罚金刑主要适用于贪财图利以及与财产有关的犯罪。

刑法关于罚金刑的规定包括总则和分则两部分。第五十二条规定："判处罚金，应当根据犯罪情节决定罚金数额。"在我国刑法分则中，有的条文明确规定罚金的幅度，此种情况下应当在规定的幅度内判处罚金；有的条文没有明确规定具体的罚金幅度。无论刑法分则是否明确规定罚金幅度，判处罚金时都应当根据犯罪情节决定罚金的数额。关于罚金的缴纳执行，刑法原第五十三条规定："罚金在判决指定的期限内一次或者分期缴纳。期满不缴纳的，强制缴纳。对于不能全部缴纳罚金的，人民法院在任何时候发现被执行人有可以执行的财产，应当随时追缴。如果由于遭遇不能抗拒的灾祸缴纳确实有困难的，可以酌情减少或者免除。"据此，司法实践中对于罚金的缴纳，可以是一次缴纳，也可以是分期缴纳，还可以随时缴纳。而且，在执行过程中，还可以根据特殊情况予以酌情减免。

(二) 罚金刑执行难的司法应对

随着经济犯罪、侵财类犯罪的增多，司法实践中适用罚金刑的案件逐年增加。罚金刑的扩大适用是刑法日益文明和轻缓的重要体现，但在这一过程中所暴露出来的执行难、空判问题却亟需引起各方关注。概言之，"适用率高，执行率低"。例如，重庆市第一中级人民法院课题组随机调查了16家法院2002年审结的刑事案件，判处财产刑的案件比例高达53%，而执行财产刑的案件比例不到20%。[①] 而单就罚金刑而言，有统计称全国范围的执行比例大约为20%。[②] 而且，相比较于没收财产而言，罚金刑的执行率更低。以上海第一中级人民法院课题组对上海法院财产刑执行情况的调研为例，2003年至2004年上海法院申请执行罚金刑的标的总额为22210.2301万元，执结金额为7470.9568万元，执行到位率为33.6%，而同期的没收财产执行到位率为65.4%。[③]

虽然从法律规定而言，对于未缴纳的罚金可以随时追缴可供执行的财产，这是罚金刑执行的重要保障。然而，从实施情况来看，在罪犯服刑阶段尚可通过严格审核减刑、假释条件督促其自觉履行财产刑，而对于刑满释放者则难以通过有效措施对其未执行完毕的罚金刑随时追缴：一方面，对未履行完毕财产刑的刑满释放者尤其是外地人员的财产情况掌握难度较大，既缺乏相关组织进行监控，也无可供有效利用的金融资讯系统；另一方面，法院执行机构力量有限，难以有效应对难度较大的刑满释放者财产刑执行案件。结局是，在近70%的财产刑执行中止案件中，基本上没有案件因为发现被执行人有可供执行的财产而恢复执行。[④]

罚金刑的执行难是一个综合问题，成因较为复杂。有实务工作者曾将罚金刑执行率不高归因于如下几点：[⑤]（1）以罚代刑思想作祟。一些人认为交钱就不应该判处其他刑罚，或者说不判其他刑罚才交钱。因此，一些犯罪人逃避缴纳罚金的义务，家属配合隐瞒、转移财

① 参见重庆市第一中级人民法院课题组：《财产刑执行情况的调查报告》，载姜兴长主编：《刑事审判指导》2004年第1辑。

② 参见熊选国：《刑法刑事诉讼法实施中的疑难问题》，中国人民公安大学出版社2005年版，第88页。

③④ 参见上海市第一中级人民法院课题组：《财产刑执行机制之构建——以上海法院财产刑执行情况的实证分析为基础》，载《人民司法》2006年第6期。

⑤ 参见熊选国：《刑法刑事诉讼法实施中的疑难问题》，中国人民公安大学出版社2005年版，第88~89页。

产，增加执行的难度。（2）不少被告人确实无财产可供执行。刑法规定对一些犯罪必须判处罚金。以盗窃罪为例，刑法规定必须判处罚金（数额特别巨大或者有其他特别严重情节的，罚金或者没收财产必选其一）。盗窃案件占了全部刑事案件的1/5左右，但盗窃案件的被告人大多无财产可供执行。这些人本因贫穷而去盗窃，由于自身经济基础较差，没有财产可供执行，所判处罚金的执行难是必然结局。（3）流动人口犯罪增加，其被执行的财产在异地，使得执行的难度加大。

面对罚金刑执行所面临的现实困难及其成因，绝不能“因噎废食”，减少罚金刑的适用，而是要健全罚金刑适用及其执行机制，强化罚金刑的执行力度，维护法律和生效裁判的权威。基于此，司法机关从多个角度对罚金刑执行难问题提出对策：

1. 统一罚金刑适用标准。从实践来看，有必要对罚金刑的裁判标准作出进一步统一。《最高人民法院关于适用财产刑若干问题的规定》（以下简称《适用财产刑规定》）第二条规定：“人民法院应当根据犯罪情节，如违法所得数额、造成损失的大小等，并综合考虑犯罪分子缴纳罚金的能力，依法判处罚金。刑法没有明确规定罚金数额标准的，罚金的最低数额不能少于一千元。”“对未成年人犯罪应当从轻或者减轻判处罚金，但罚金的最低数额不能少于五百元。”从上述规定可以看出，审判过程中确定罚金刑数额时应考虑犯罪分子缴纳罚金的能力，特别是未成年犯罪人大多无经济能力，对其应当从轻或者减轻判处罚金。

2. 规范财产刑执行主体。罚金以强制犯罪分子缴纳金钱为内容，必须归于人民法院的某个部门执行。然而，长期以来，财产刑执行的主体不明确，从而导致司法实践中财产刑执行的部门不统一，执行局执行、刑事审判庭执行以及上述部门混合执行的情况都存在。例如，前述上海一中院课题组的调研发现，2003年至2004年上海法院财产刑执行绝大多数法院由执行庭负责执行，少数法院由刑庭负责执行，个别法院实际上无具体部门负责执行。[①] 这就使得财产刑执行工作中经常出现推诿现象，导致财产刑执行效率较低，“空判”现象突出。

财产刑多头执行的局面，影响执行规范性和有效性，亟需予以规范。实际上，基于审执分离的原则，审判权与执行权应当由人民法院内部不同的主体行使，以优化司法职权配置。财产刑也不例外，不应当由刑事审判部门执行，而应当由其他机构执行。而从人民法院内部来看，负责裁判执行的机构在执行方面具有专业优势和力量优势，有能力妥善处理财产刑执行过程中可能出现的各种矛盾，提高财产刑的执行效率。因此，由人民法院负责裁判执行的机构统一执行罚金和没收财产，是司法实践的必要要求。经深入调研和慎重研究，《最高人民法院关于财产刑执行问题的若干规定》（以下简称《财产刑执行规定》）对此作了统一规定：（1）明确财产刑执行的法院级别，同《适用财产刑规定》一致，规定由第一审人民法院执行；（2）统一人民法院负责财产刑执行的机构，由人民法院负责裁判执行的机构执行。

3. 规范财产刑执行程序。《财产刑执行规定》将规范财产刑执行的程序作为重要内容之一。例如，第二条规定，第一审人民法院应当在本院作出的刑事判决、裁定生效后，或者收到上级人民法院生效的刑事判决、裁定后，对有关财产刑执行的法律文书立案执行。特别是，第十二条首次明确人民法院办理财产刑执行案件，《财产刑执行规定》没有规定的，参照适用民事执行的有关规定，从而彻底解决了司法实践中长期存在的财产刑执行法律依据不明的困扰。

（三）罚金刑执行难的立法破解

应当说，通过司法的不懈努力，近年来罚金刑的适用进一步规范，执行取得一定成效，功能作用得以进一步发挥。但是，综观司法实践中存在的问题，刑法关于罚金刑的规定仍有进一步完善的空间，

① 参见上海市第一中级人民法院课题组：《财产刑执行机制之构建——以上海法院财产刑执行情况的实证分析为基础》，载《人民司法》2006年第6期。

以从根本上保证司法的正确适用，有效破解罚金刑执行难。具体而言：

1. 判处罚金应当同时考虑犯罪分子个人的经济状况。根据刑法第五十二条的规定，判处罚金，应当根据犯罪情节决定罚金数额。对于这里规定的“犯罪情节”，无疑主要是指罪行的严重程度、主观恶性的大小、手段是否恶劣、非法所得多少、后果是否严重等。但是，罪犯的经济状况无疑应当属于罚金数额确定的考量因素之一。正如全国人大常委会法工委刑法室有关人员所指出的，“犯罪分子的经济负担能力也是一个考虑的因素。如果罚金数额过多，超过了犯罪分子的实际负担能力，犯罪分子无法交纳，对教育改造犯罪分子不利，同时由于罚金刑无法得到实际执行，也损害了法律的严肃性；如果罚金数额过少，则会使犯罪分子感受不到经济惩罚，起不到惩戒作用。”① 刑法专家同样认为：“在确立罚金数额的时候，既要考虑犯罪情节的轻重，还要考虑犯罪人的实际缴纳能力，只有这样才能使罚金起到应起的作用。”② 而在司法实践中，有关司法解释也持此种立场。如前所述，《适用财产刑规定》第二条明确规定法院应当综合考虑犯罪分子缴纳罚金的能力依法判处罚金。然而，从实施的情况来看，判处罚金对被告人经济状况及实际承受能力的考虑，仍有待进一步加强。特别是，当前对被告人经济状况调查的操作难度较大。正如有调研报告所提及的：“法院要在判处财产刑时考虑犯罪分子缴纳罚金的能力难度较大，因为这涉及到对犯罪分子经济情况的调查。法院作为审判机关，对被告人财产情况另行进行调查显然投入的司法成本很高，不具有可操作性，大多数情况下还是根据其犯罪情节进行判决。”③

---

① 全国人大常委会法工委刑法室编：《中华人民共和国刑法·条文说明·立法理由及相关规定》，北京大学出版社 2009 年版，第 67 页。

② 参见王作富主编：《刑法》（第五版），中国人民大学出版社 2011 年版，第 180 页。

③ 参见上海市第一中级人民法院课题组：《财产刑执行机制之构建——以上海法院财产刑执行情况的实证分析为基础》，载《人民司法》2006 年第 6 期。

从世界范围来看，不少国家明确要求对财产刑的适用要考虑被告人的经济状况。特别是，德国采取日额罚金制，就是在确定罚金数额时充分考虑行为人的经济状况，根据其日均收入的情况和财产状况确定日额，并最终决定判处的罚金数额。日额罚金刑制的好处显而易见，主要在于使得罚金确定的数额与被告人的经济状况相适应，避免出现过高或者过低的罚金数额，既避免罚金刑的空判，也使得罚金刑对犯罪人的惩罚和教育功能能够充分发挥。

综上，在确定罚金刑数额时充分考虑被告人的经济状况，既是罪责刑相适应原则的基本要求，也是避免罚金刑空判的重要保证。故而，从立法完善的角度，有必要将被告人的经济状况明确列为罚金刑数额确定的因素之一。

2. 罚金刑执行制度亟需作出修改完善。刑法分则规定对部分犯罪必须判处罚金，司法实践只能据此判处，对于明知被告人无执行能力导致判决必然无法执行的情形，也只能先判处而后执行终结或者减免。1999 年 10 月 27 日《全国法院维护农村稳定刑事审判工作座谈会纪要》规定：“凡法律规定并处罚金或者没收财产的，均应当依法并处，被告人的执行能力不能作为是否判处财产刑的依据。确实无法执行或不能执行的，可以依法执行终结或者减免。”但是，深入分析可以得知，上述做法实际上有损生效判决的权威和稳定，是当前司法实践囿于法律规定不得已而为之的做法。实践中，确实存在罪犯无财产可供执行的情况，一些案件罪犯主观上表示愿意履行，但其经济状况决定客观上无法履行。

此外，从实施效果来看，罚金刑执行减免的条件过于严苛。根据刑法原第五十三条的规定，罚金在执行过程中“由于遭遇不能抗拒的灾祸缴纳确实有困难的”，可以酌情减少或者免除。《适用财产刑规定》对适用条件作了具体解释，归纳为遭遇自然灾害丧失财产、因重病伤残丧失劳动能力、因抚养的近亲属重病需支付巨额医药费等三种情形。相对于刑法第五十三条的原则规定，司法解释已经尽可能地根据司法实践的情况予以扩大解释，但适用范围过窄的情况并未得到根本改变。因此，从司法实践来看，罪犯向人民法院申请减免罚金刑的情况较为少见。例如，广东省佛山市中级人民法院调研发现，涉及西南、华南、华北、华东七家中级法院及下辖的12家基层法院，从1997年刑法施行以来，从未办理过一件财产刑减免的案件，亦未有一个罪犯或者家属向负责执行的人民法院提出申请，请求减免财产刑。①

综上，为了有效破解罚金刑执行难，亟需在立法上作出相应完善：其一，在判决确定罚金刑的数额时考虑犯罪分子个人的经济状况；其二，对罚金刑执行制度作出修改完善，扩大罚金刑减免的事由范围。

在《刑法修正案（九）（草案）》研拟过程中，立法工作机关提出增设罚金数额的确定标准，以有效解决罚金刑裁量随意性较大，空判率较高的问题。最初考虑为："判处罚金应当根据犯罪情节，同时考虑犯罪分子个人的经济状况决定罚金数额。""对于经营性或者牟利性犯罪，有违法所得的，依照违法所得的一定比例确定罚金刑上下限；没有违法所得或者违法所得无法计算的，依照经营数额或者销售数额的一定比例确定上下限。对于非经营性或者非牟利性犯罪，依照其收入的一定比例确定罚金刑的上下限，没有收入或者不能确定收入的，依照犯罪分子居住地所在省、自治区、直辖市前一年度居民平均收入的一定比例确定上下限。"对此，多数意见赞同明确判处罚金时应考虑犯罪分子个人经济状况的规定。② 同时，建议不对罚金数额的确定原则作出具体规定，确需规定的，也应赋予人民法院一定的自由裁量权。主要考虑：司法实践的情况非常复杂，如作"一刀切"的规定，一方面，可能会带来下限偏高以致罚金刑"空判"进一步增

① 参见《关于财产刑执行问题的调研报告》，载朱和庆、赵秉志主编：《财产刑执行的调查与研究》，人民法院出版社2007年版。

② 也有意见认为，规定判处罚金要考虑犯罪分子个人的经济状况，这与刑法第六十一条关于应当"根据犯罪的事实、犯罪的性质、情节和对于社会的危害程度"量刑的规定是否一致，值得研究。

多的问题。根据刑法规定，犯罪分子违法所得的一切财物应当予以追缴或者责令退赔，实践中，违法所得被追缴或责令退赔后，大多数犯罪分子往往无力再缴纳罚金。另一方面，也可能带来上限偏低导致无法有效惩治犯罪、体现罪责刑相适应原则的问题。如根据刑法规定，对污染环境罪要并处或者单处罚金。考虑到这类犯罪的主体多为单位，动机主要是为了降低生产经营成本，实践中往往要判处高额罚金，如对罚金上限设置偏低，将给这类案件的处理带来影响。此外，还有意见提出：（1）实践中罚金刑的“空判”主要是针对自然人犯罪而言，对于单位犯罪判处罚金刑的力度还不够。（2）刑法分则中，有的不是经济犯罪，配置了罚金刑；有的属经济犯罪，却未配置罚金刑。建议对刑法分则的罚金刑配置作系统梳理，将罚金刑限制适用于经济犯罪和其他以谋取经济利益为目的的犯罪。

经研究，立法工作机关舍弃了判处罚金应考虑犯罪分子个人的经济状况的方案，转而从罚金刑执行的角度提出了新的方案。即将刑法第五十三条修改为：“罚金在判决指定的期限内一次或者分期缴纳。期满不缴纳的，强制缴纳。对于不能全部缴纳罚金的，人民法院在任何时候发现被执行人有可以执行的财产，应当随时追缴。如果由于遭遇不能抗拒的灾祸或者其他原因，缴纳确实有困难的，可以酌情减少、免除或者暂缓缴纳。”研究过程中，有意见建议恢复此前的方案，即明确判处罚金应当同时考虑犯罪分子个人的经济状况，以从根本上解决罚金刑“空判”的问题；增加规定在判决生效后暂缓缴纳罚金（以及原规定的减免罚金），似有损裁判的严肃性，且易引发其他问题。也有意见认为，上述修改很有必要，有利于解决罚金“打白条”现象，同时建议借鉴国外立法例，进一步规定罚金刑易科制度。

可见，在《刑法修正案（九）（草案）》研拟过程中，关于罚金刑的修改存有两种不同思路：（1）规范罚金刑的适用，即对罚金刑的数额确定明确具体规则，使得罚金刑在判处时同被告人的犯罪情节及经济状况相适应，以从根本上避免罚金刑陷入执行难的局面。（2）

对罚金刑的适用规则不作修改，但将解决罚金刑执行难的重心放在执行阶段，通过扩大罚金刑变更事由和形式，解决罚金刑的“空判”问题。从《刑法修正案（九）（草案)》研拟过程中提出的方案来看，两种思路交替出现后，甚至也出现过两种思路并存的方案（即同时修改罚金刑适用规定和罚金刑执行规定)。

但是，《刑法修正案（九）（草案)》采纳了第二种思路，方案为将刑法第五十三条修改为：“罚金在判决指定的期限内一次或者分期缴纳。期满不缴纳的，强制缴纳。对于不能全部缴纳罚金的，人民法院在任何时候发现被执行人有可以执行的财产，应当随时追缴。”“由于遭遇不能抗拒的灾祸等原因缴纳确实有困难的，经人民法院决定，可以延期缴纳、酌情减少或者免除。”审议过程中，有意见提出，执行过程中免除罚金是重要的司法裁决，以“决定”形式作出不妥，建议修改为“裁定”。经研究，草案二次审议稿采纳了上述意见，将“经人民法院决定”调整为“经人民法院裁定”。审议过程中，有意见建议删除“免除”的规定；还有意见提出，当前正在推动审判权和执行权分离改革，罚金的延期、减免或缴纳属于执行权范围，为适应改革后的情况，建议将“经人民法院裁定”修改为“经执行机构决定”。经慎重研究，《刑法修正案（九)》第三条最后沿用草案二次审议稿的写法，对罚金刑执行制度作出修改完善。

二、对修改内容的理解与适用

（一）罚金刑的缴纳

根据修正后刑法第五十三条第一款的规定，罚金应当在判决指定的期限内缴纳，可以一次缴纳，也可以分期缴纳。人民法院在判决罚金时，应当同时载明缴纳的期限，并明确是一次缴纳还是分期缴纳。

（二）罚金刑的追缴

根据修正后刑法第五十三条第一款的规定，对于期满不缴纳罚金，包括未缴纳完毕的，由人民法院强制缴纳。需要注意的是，强制缴纳只对有能力而不缴纳罚金的被执行人适用。针对被执行人一时不能缴纳或者全部缴纳罚金，但事后有了执行能力的情形，刑法专门规定对于不能全部缴纳罚金的，人民法院在任何时候发现被执行人有可以执行的财产，应当随时追缴。

（三）罚金刑的变更

《刑法修正案（九）》关于罚金刑执行的修改主要是完善罚金刑变更制度。根据修正后刑法第五十三条第二款的规定，由于遭遇不能抗拒的灾祸等原因缴纳确实有困难的，经人民法院裁定，可以延期缴纳、酌情减少或者免除。需要注意如下问题：（1）罚金刑变更的缘由扩展为“由于遭遇不能抗拒的灾祸等原因缴纳确实有困难的”情形。由于遭遇不能抗拒的灾祸缴纳确实有困难的，主要是因遭受火灾、水灾、地震等灾祸而丧失财产；因重病、伤残等而丧失劳动能力，或者需要其抚养的近亲属患有重病，需支付巨额医药费等，确实没有财产可供执行的情形。对于灾祸以外的其他原因确实没有财产可供执行的，也可以依据修正后刑法的规定向人民法院提出申请罚金刑变更。（2）罚金刑变更方式在原规定的“酌情减少”“免除”之外增加了“延期缴纳”。所谓“延期缴纳”，是指对罚金刑的数额不作变更的，但是对判决确定的罚金刑的具体缴纳日期往后推延。

需要注意的是，罚金刑的延期缴纳、酌情减少或者免除，均需由人民法院以裁定方式作出。具体而言，具有修正后刑法第五十三条规定“可以延期缴纳、酌情减少或者免除”事由的，由罪犯本人、亲属或者犯罪单位向负责执行的人民法院提出书面申请，并提供相应的证明材料。人民法院审查以后，根据实际情况，认为符合法定条件的，应当裁定延期缴纳、酌情减少或者免除；认为不符合法定条件的，裁定驳回申请。

三、需要注意的问题

（一）罚金刑的适用

1. 刑法关于“并处”“可以并处”的规定把握。刑法规定“并处”罚金的犯罪，人民法院在对犯罪分子判处主刑的同时，必须依法判处相应的罚金；刑法规定“可以并处”罚金的犯罪，人民法院应当根据案件具体情况及犯罪分子的财产状况，决定是否适用罚金。有两点值得特别注意：（1）对于刑法规定并处罚金的犯罪，即使被告人经济状况决定了罚金实际上无法执行的，目前仍应当判处，而不能突破法律现有规定不判处罚金。但是，此种情况下，在确定具体的罚金数额时要充分考虑被告人的经济状况，原则上按照下限确定罚金数额，以降低将来执行的难度。（2）对于刑法规定可以并处罚金的犯罪，只要被告人有财产，或者以牟利为目的的，一般也要判处罚金。但是，在确定具体罚金数额时应当要考虑到经济状况。对于确因被告人经济状况无法缴纳罚金的案件，可以考虑不判处罚金。

2. 被告人经济状况的调查。《刑法修正案（九）》未明确罚金刑判处应当考虑被告人的经济状况。需要注意的是，罚金刑与有期徒刑、无期徒刑等自由刑不同，由于罪犯的财产状况不同，刑罚所发挥的作用会有显著差异。无论罪犯的情况如何，自由刑都会剥夺其人身自由，刑罚的作用是相近的。但是，对于有数千万财产的罪犯和数万财产的罪犯，均判处 10 万元的罚金，对于罪犯的影响会完全不同。不考虑经济状况裁量罚金刑，会使得罚金刑的适用陷入实质不公正的局面。因此，基于罪责刑相适应的原则和罚金刑执行的需要，在判处罚金前宜对被告人的经济状况进行调查。

在具体的实践操作中，在考虑犯罪情节的基础上，如何根据被告人的经济状况合理确定具体罚金数额呢？笔者认为，应当考虑如下因素：（1）被告人当前的财产状况，即被告人个人全部财产的数额，这对于确定罚金数额有关键作用。（2）被告人的收入状况，对于被告人虽然财产较少，但正常收入较多的，对于罚金数额的确定也会有影响。因为，罚金一次难以缴纳的，可以分期缴纳，在确定具体数额时也可以适当考虑罪犯的预期收入。（3）其他对被告人经济状况有影响的因素。除了被告人的财产状况和收入状况外，其他的因素也可能对其经济状况有影响，应当在确定罚金数额时综合考虑。例如，被告人需要抚养年幼的孩子和无经济来源的老人的，被告人身患重病的，这些因素也应当作为确定罚金刑数额的因素。

就实践操作而言，对被告人经济状况的调查可以通过以下两个途径实现：（1）由公检法机关对被告人的经济状况进行调查。实际上，对被告人经济状况的调查，最适宜在审判前，即在侦查、审查起诉阶段进行。主要考虑是：其一，在审判阶段进行调查，由于审限的限制，人民法院很难自行或者委托部门提供一份客观全面、确有价值的调查报告，容易导致调查流于形式，甚至失真失实。其二，公安机关在对犯罪嫌疑人的犯罪事实进行调查取证时，可以顺带对其经济状况进行调查。其三，检察机关对罚金刑适用提出量刑建议的，就应当同时提供调查报告，因为这是其提出量刑建议的重要参考。在实践中，法院应当加强与公安、检察机关的沟通、协调，促进他们更多承担起这方面工作，减轻审判的压力，也确保罚金刑裁判更符合被告人的经济状况和罪责刑相适应原则的要求。（2）注意听取辩方关于被告人经济状况的反映和相关材料。对于被告人及其辩护人提供的关于被告人经济状况的材料，人民法院应当接受，并进行审查。需要注意的是，基于利益考虑，此种材料必然会反映被告人的经济状况有限，一定程度上真实性难以保证，实践中要慎重审查，以免采信失实的材料，从而导致罚金数额过低的情况出现。

3. 无罚金数额标准犯罪的罚金刑的确定。对于刑法分则规定的有罚金刑幅度的犯罪，判处罚金时直接按照比例、倍数、数额，综合考虑犯罪情节和被告人的经济状况，确定罚金刑数额，可操作性较强。实践中，对于未规定罚金限额的犯罪，如何确定罚金刑数额，操作难度相对较大。在此主要对此种情形予以探讨：（1）无限额罚金的底限。根据规定，刑法没有明确规定罚金数额标准的，罚金的最低数额不能少于1000元，对未成年人犯罪的，罚金的最低数额不能少于500元。（2）无限额罚金的上限。目前，对于刑法没有明确规定罚金数额标准的犯罪，适用罚金的最高数额没有限制。但是，笔者认为，从法定刑轻重的角度而言，无限额罚金的上限不能超过被告人个人全部财产。主要考虑如下：其一，根据刑法规定和通行法理，罚金刑的严厉程度轻于没收个人全部财产。而如果对被告人判处超过其个人全部财产的罚金，则在强制缴纳其个人全部财产后还需要随时缴纳未执行完毕的罚金，这明显不合理。其二，此种不合理的数额的罚金判处，会进一步导致罚金刑的执行难和“空判”。实际上，通过追缴被告人全部财产后，再执行剩余的罚金，基本上没有可能，这样的判决陷入“空判”恐怕是必然的。法院在裁量罚金刑数额时应当尽力避免这种结局。

（二）对单位犯罪直接负责的主管人员和其他直接责任人员的罚金刑适用

1. 对直接负责的主管人员和其他直接责任人员应否判处罚金？

刑法分则对一些单位犯罪直接负责的主管人员和其他直接责任人员明确了具体罚则，如刑法第一百六十二条之二规定，犯虚假破产罪的，“对其直接负责的主管人员和其他直接责任人员，处五年以下有期徒刑或者拘役，并处或者单处二万元以上二十万元以下罚金。”此类条文明确对单位犯罪直接负责的主管人员和其他直接责任人员应当判处罚金，适用中并无争议。

而在刑法分则其他一些条文中，对应否对直接负责的主管人员和其他直接责任人员并处罚金没有单独表述，既没有明确并处罚金，也没用明确不处罚金，导致司法适用中出现分歧。例如，刑法第二百二十五条规定，犯非法经营罪的，处五年以下有期徒刑或者拘役，并处或者单处违法所得一倍以上五倍以下罚金；而刑法第二百三十一条规定，单位犯非法经营罪的，“对单位判处罚金，并对其直接负责的主管人员和其他直接责任人员，依照本节各该条的规定处罚”。此种情况下，对于单位犯非法经营罪的，在对单位判处罚金的同时，是否还需对主要负责的主管人员和其他直接责任人员判处罚金，存在不同认识。有观点认为，此种情形下，直接负责的主管人员和其他直接责任人员只需要承担自由刑，而无须再承担罚金刑。此种观点的主要理由是：“单位犯罪案件和自然人犯罪案件有本质的不同，单位犯罪案件中单位是真正的犯罪主体，既然对单位已经判处了罚金刑，就不能基于同一事实再对个人判处罚金刑。从单位犯罪的特点考虑，个人行为是为单位谋取利益，获利都归单位，与自然人为个人利益而犯罪有本质不同，如果按照个人犯罪的标准对单位犯罪中直接负责的主管人员和其他直接责任人员判处罚金，抹杀了单位犯罪与个人犯罪的区别。”①

经研究认为，综观刑法条文之间的关系，难以得出上述结论。以非法经营罪为例，刑法第二百三十一条明确规定，除对单位判处罚金外，对直接负责的主管人员和其他直接责任人员“依照本节各该条的规定”（即刑法第二百二十五条）处罚。而刑法第二百二十五条明确规定，犯非法经营罪的，除自由刑外，“并处或者单处违法所得一倍以上五倍以下罚金”。因此，没有理由在对单位判处罚金的情形下不再对单位直接负责的主管人员和其他直接责任人员判处罚金。基于此，《全国法院审理金融犯罪案件工作座谈会纪要》规定：“单位金融犯罪中直接负责的主管人员和其他直接责任人员，是否适用罚金刑，应当根据刑法的具体规定。刑法分则条文规定有罚金刑，并规定对单位犯罪中直接负责的主管人员和其他直接责任人员依照自然人犯罪条款处罚的，应当判处罚金刑。”这一原则不仅适用于单位金融犯罪领域，对于其他单位犯罪也可以参照适用。

---

① 参见熊选国：《刑法刑事诉讼法实施中的疑难问题》，中国人民公安大学出版社2005年版，第84～85页。

2. 对直接负责的主管人员和其他直接责任人员如何确定罚金数额?

司法实践中需要注意的是，对于单位犯罪中直接负责的主管人员和其他直接责任人员的罚金数额，应当低于对单位判处的罚金。究其原因，“这是考虑到单位犯罪是体现了单位意志，个人只是代表单位行事，其所获取的非法利益基本由单位所有，个人所得非常有限。”[①]而从罚金刑的本质来思考，其主要是为了惩罚犯罪人通过犯罪获取非法经济利益，剥夺其再犯罪的经济能力。从该角度出发，对于非法获利较少的单位犯罪直接负责的主管人员和其他直接责任人员，自然应当少判罚金。基于此，《全国法院审理金融犯罪案件工作座谈会纪要》规定：“对直接负责的主管人员和其他直接责任人员判处罚金的数额，应当低于对单位判处罚金的数额。”这一原则不仅适用于单位金融犯罪领域，在其他单位犯罪案件中对直接负责的主管人员和其他直接责任人员确定罚金数额时也应当遵循这一规则。

【条文四】〔增加对有期徒刑和拘役、有期徒刑和管制、拘役和管制的并罚的规定〕

四、在刑法第六十九条中增加一款作为第二款：“数罪中有判处有期徒刑和拘役的，执行有期徒刑。数罪中有判处有期徒刑和管制，或者拘役和管制的，有期徒刑、拘役执行完毕后，管制仍须执行。”

原第二款作为第三款。

---

① 参见熊选国：《刑法刑事诉讼法实施中的疑难问题》，中国人民公安大学出版社2005年版，第86页。

【条文主旨】

数罪中有被判处有期徒刑、拘役、管制的，如何并罚，是司法实践中长期存在的难题。《刑法修正案（九)》完善数罪判处不同刑种的执行制度，对有期徒刑和拘役的并罚采用吸收原则，对有期徒刑和管制，或者拘役和管制的并罚采用并科原则。

【理解与适用】

一、修改的背景、内容和意义

（一）我国刑法关于数罪并罚的规定

刑法分则通常规定的是单一犯罪的法定刑，一人犯一罪，可以按照刑罚裁量的一般原则和刑法分则的具体规定判处刑罚。然而，司法实践的情况往往比较复杂，经常出现一人犯有两个甚至更多罪的情形，即一人犯有数罪。在这种情况下，对犯罪人如何裁量刑罚，就是数罪并罚所要解决的问题。

数罪并罚的原则，即对一人犯数罪合并处罚所依据的基本准则，从各国的刑法规定来看，大致有如下四种：一是并科原则，即对数罪分别量刑，然后将各罪所判之刑相加，执行总和刑期；二是吸收原则，即以重罪之刑罚吸收轻罪之刑罚，只执行其中的一个刑罚；三是限制加重原则，即对数罪分别宣告刑罚后，以其中最重的刑罚作为基础，再加重一定的刑罚作为执行的刑罚，或者在数罪的总和刑期以下、数罪中最高刑期以上酌情决定执行的刑罚；四是折中原则，即以上述各原则中的一种原则为主，以其他原则作为补充。由于刑罚的多样性和司法实践的复杂性，各国很少采用单一原则，多数采用折中原则，以适应不同类型的情况，兼顾各种刑罚的特点，充分实现刑罚的目的。

我国刑法也不例外，第六十九条、第七十条、第七十一条分别规定了数罪并罚的三种情况，体现了以限制加重原则为基础，以吸收原则和并科原则为补充的折中原则。第六十九条规定了数罪并罚的一般原则，即对犯数罪的死刑犯和无期徒刑犯采用吸收原则，只执行死刑或者无期徒刑；对犯数罪的有期徒刑犯、拘役犯、管制犯采用限制加重原则，即在数罪中最高刑期以上、总和刑期以下确定执行的刑期，但是管制、拘役、有期徒刑均有最高刑期的限制；对附加刑与主刑的执行采用并科原则，不论犯罪人被判处何种主刑，均不影响附加刑的执行。为进一步贯彻宽严相济刑事政策，适当调整刑罚结构，《刑法修正案（八）》对刑法第六十九条进行了两处修改：一是适当延长数罪并罚有期徒刑的执行上限，将原来规定的“有期徒刑最高不能超过二十年”修改为“有期徒刑总和刑期不满三十五年的，最高不能超过二十年，总和刑期在三十五年以上的，最高不能超过二十五年”；二是为了明确实践中判处多个附加刑如何并罚的问题，增加“其中附加刑种类相同的，合并执行，种类不同的，分别执行”的规定。

（二）异种有期自由刑的并罚难题

从司法实践来看，刑法总则第四章“刑罚的具体运用”第四节“数罪并罚”的规定在实务操作中仍存在不少难题，有进一步完善的必要，集中表现为有期徒刑、拘役、管制的并罚规则亟需加以明确。这一问题一直困扰司法适用，但由于刑法欠缺明文规定，司法实务部门一直采取回避态度，即在对数罪裁量刑罚时尽量不对被告人科处异种自由刑，以避免出现有期徒刑、拘役、管制并存的情形。[①] 但是，在两种情形下，司法实务无法避免有期徒刑、拘役、管制并存的情

---

① 这在审判实践中已形成一定共识，甚至有文件对此提出意见。例如，江苏省高级人民法院《关于审理刑事案件中具体应用法律的若干问题的意见（试行)》（苏高法〔2000〕174 号）提出：“对犯罪的被告人应避免同时判处被告人有期徒刑、拘役、管制等刑罚。”

况：（1）人民法院对罪犯判处拘役或者管制，在拘役或者管制执行期间，发现漏罪或者又犯新罪，对漏罪或者新罪依法无法判处与前罪刑罚同种类的自由刑。[①] 例如，罪犯犯盗窃罪，被判处五个月拘役，在判决宣告以后拘役执行完毕以前，发现罪犯还犯有抢劫罪。根据刑法第二百六十三条的规定，抢劫罪的起点刑即为三年以上有期徒刑，无法再对罪犯判处拘役。此种情形下，判决就不可避免地需要对前罪盗窃罪所判处的拘役和后罪抢劫罪判处的有期徒刑进行并罚。（2）《刑法修正案（八）》增设危险驾驶罪，配置“处拘役，并处罚金”。在《刑法修正案（八）》施行后，对于危险驾驶罪只能科处拘役，而如果行为人同时犯有其他依法应当判处拘役以外的刑罚的犯罪，则实际上无法回避拘役与其他自由刑并罚的难题。例如，被告人蒋某因涉嫌危险驾驶罪，于2013年3月3日被取保候审。同年4月19日23时许其驾驶二轮摩托车，在城区某路段与同方向行驶的被害人徐某所骑电动车发生交通事故，致被害人徐某当场死亡，被告人蒋某逃离事故现场。经交警部门认定，被告人蒋某负该交通事故的主要责任。同年5月6日，被告人蒋某主动到公安机关投案并如实交代了犯罪事实。在法院审理期间，被告人的亲属与被害人亲属达成刑事和解，履行了全部民事赔偿义务。本案中，由于被告人蒋某在判决宣告以前一人犯数罪，需要对其实行数罪并罚，其所犯两个罪行依法分别应当判处拘役和有期徒刑，故有期徒刑与拘役的并罚问题是本案不得不解决的问题，但合议庭对本案的处理方式尤其是判决主文的表述方式存在争议。[②]

关于异种有期自由刑如何合并处罚决定执行的刑期，我国刑法学

---

① 在《刑法修正案（八）》施行前，对于前罪判处有期徒刑的案件，即使罪犯在判决宣告后刑罚执行完毕前发现漏罪或者再犯新罪的，司法实务部门基本上可以对漏罪或者新罪判处有期徒刑，从而使得需要并罚的是同种自由刑，避免出现异种自由刑并罚的难题。

② 参见焦立颖、仇兆敏：《关于拘役和有期徒刑实行数罪并罚问题的思考————从一起缓刑适用案件说起》，载北大法律网，http：//article. chinalawinfo. com/ArticleHtml/Article_ 81637. shtml，最后访问时间：2014年2月22日。

界和司法实务部门主要存在六种不同主张[①]：（1）折算说（折抵说）。此种观点主张将不同种有期自由刑折算为同一种较重的刑种，即将管制、拘役折算为有期徒刑或者将管制折算为拘役，而后按限制加重原则决定应执行的刑期。具体折算方法是管制二日折算有期徒刑或者拘役一日，拘役一日折算有期徒刑一日。（2）吸收说。此种观点主张对不同种有期自由刑合并处罚，采用重刑吸收轻刑的规则决定应执行的刑期，即有期徒刑吸收拘役或者管制，只执行有期徒刑；或者拘役吸收管制，只执行拘役。（3）分别执行说。此种观点主张对判决宣告的不同种有期自由刑，先执行较重的刑种，再执行较轻的刑种，即先执行有期徒刑，再执行拘役、管制；或者先执行拘役，再执行管制。（4）折中说。主张对判决宣告的不同种有期自由刑，不应仅绝对地采用某一种方法进行并罚，而应依具体情况或者根据一定的标准加以区分，分别适用不同的方法予以并罚。具体又有不同观点：有人主张，根据能否达到罪刑相适应为标准，分别采用吸收说和分别执行说的方法进行并罚；有人主张，根据具体宣告刑的结构，分别适用折算说和分别执行说的方法予以并罚；有人主张，对不同种有期自由刑，分别采取折算说和吸收说的方法实行并罚。（5）按比例分别执行部分刑期说。此种观点认为，对于不同种有期自由刑，应当从重到轻分别予以执行，但并非分别执行不同种有期自由刑的全部刑期，而是分别执行不同种有期自由刑的一定比例的部分刑期。（6）有限制的酌情（酌量）分别执行说。此种观点认为，对不同种的有期自由刑，应当采用体现限制加重原则的方法予以并罚，即在不同种有期自由刑的总和刑以下、最高刑以上，酌情决定执行的刑罚，从而仅执行其中一种最高刑的刑种，或者酌情分别执行不同种的自由刑。

对于有期徒刑、拘役、管制的并罚问题，最高人民法院有关文件的立场一直较为明确：（1）有期徒刑、拘役、管制的性质不同，不

---

① 参见高铭暄主编：《刑法专论》（上编），高等教育出版社 2002 年版，第 617 ~ 619 页。

宜将拘役、管制折抵为有期徒刑。1958年4月7日《最高人民法院关于管制期间可否折抵徒刑刑期问题的复函》提出："关于管制的刑期可否折抵徒刑刑期的问题。我们的意见，徒刑的刑罚较管制的刑罚为重，徒刑和管制的执行方法也不同，徒刑是在劳动改造机关监管执行，而管制并不这样执行。因此，管制的刑期不宜折抵徒刑的刑期。"1963年7月27日《最高人民法院关于管制的刑期可否折抵有期徒刑刑期问题的批复》提出："经与最高人民检察院和公安部研究认为，管制的刑期不能折抵有期徒刑的刑期。至于罪犯马永康被判处管制后，由公安机关送往酒泉夹边沟劳教农场劳动的一段时间，仍属执行管制的刑期，同样不能折抵有期徒刑的刑期。"1986年10月6日《最高人民法院研究室关于管制刑期能否折抵有期徒刑刑期问题的电话答复》针对内蒙古高院刑二庭的请示[①]提出："你庭《关于管制刑期能否折抵有期徒刑刑期的电话请示》已悉。经研究，答复如下：1958年我院曾以法研字58号批复答复辽宁、安徽省高级法院：'管制的刑期不宜折抵徒刑的刑期。'故该犯已执行的管制刑期，不宜折抵为有期徒刑的刑期。但是，在改判时，考虑到被告人已执行管制一年的实际情况，可适当酌情从轻处罚。"（2）由于有期徒刑、拘役、管制的性质不同，三种自由刑并存时，应当分别执行。1981年7月27日《最高人民法院关于管制犯在管制期间又犯新罪被判处拘役或有期徒刑如何执行的问题的批复》（法研字第18号）提出："由于管制和拘役、有期徒刑不属于同一刑种，执行的方法也不相同，如何按照数罪并罚的原则决定执行的刑罚，在刑法中尚无具体规定。因此，仍可按照本院1957年2月16日法研字第3540号复函的意见办理，即'在对新罪所判处的有期徒刑或拘役执行完毕后，再执行前罪所没有执行完的管制。'对于管制犯在管制期间因发现判决时没有

① 1986年9月29日《内蒙古高院刑二庭关于管制刑期能否折抵有期徒刑刑期》的电话请示内容为："最高人民法院研究室：我们受理一起流氓案件，原判管制一年。自治区检察院提出抗诉，认为应定为强奸未遂。区高级法院审理后认为检察院抗诉有理，改判有期徒刑三年。现管制刑期已满，刑期如何折抵？"

发现的罪行而被判处拘役或有期徒刑应如何执行的问题，也可按照上述意见办理。”1984 年 9 月 17 日《最高人民法院研究室关于对拘役犯在缓刑期间发现其隐瞒余罪判处有期徒刑应如何执行问题的电话答复》提出：“判决前羁押一日折抵刑罚拘役一日，我国刑法第三十九条有明文规定，但拘役是否能折抵有期徒刑，我国刑法尚无明文规定。关于不同刑种如何换算、如何实行数罪并罚的问题，目前我国刑法也还没有具体的规定。这些问题我们已报请全国人大常委会研究解决。因此，将有限制的剥夺人身自由的刑罚拘役一日，换算为完全剥夺人身自由的刑罚有期徒刑一日的作法，我们现在还不能同意，须由全国人大常委会作决定。根据刑法第六十五条、第七十条的有关规定，对拘役犯在缓刑期间发现有隐瞒的罪行，应撤销缓刑，将根据确认的前罪所判拘役与隐瞒的后罪所判刑罚，按刑法第六十四条关于数罪并罚的规定，决定应执行的刑罚。如对所隐瞒的罪判处有期徒刑，需对罪犯合并执行拘役和有期徒刑时，我们认为，以先执行有期徒刑、后执行拘役为宜，即在有期徒刑执行完毕后再执行拘役，以免在对罪犯先执行拘役时，罪犯为逃避有期徒刑而发生逃跑等意外情况。”1988 年 3 月 24 日《最高人民法院研究室关于被判处拘役缓刑的罪犯在考验期内又犯新罪应如何执行问题的电话答复》针对陕西高院的请示①提出：“经研究，同意你院意见，即：被判处拘役宣告缓刑的犯罪分子，在缓刑考验期限内，如果再犯新罪被判处有期徒刑

---

① 1987 年 12 月 1 日《陕西省高级人民法院关于被判处拘役缓刑的罪犯在考验期内又犯新罪应如何执行的请示》（陕高法研〔1987〕55 号）内容为：“最高人民法院：西安市中级法院就有一罪犯原以盗窃罪被判处拘役六个月、缓刑一年，在缓刑考验期内又犯应判处有期徒刑的盗窃罪，应如何执行的问题请示我院。经我们研究意见：根据刑法第七十条规定，对该罪犯应由负责审判的人民法院对前罪所判拘役的缓刑宣告撤销，对新罪判处有期徒刑。关于刑罚执行问题，由于拘役和有期徒刑不属于同一刑种，执行的方法也不完全相同，如何按数罪并罚的原则决定执行的刑罚，刑法中尚无具体的规定，可参照你院（81）法研字第 18 号《关于管制犯在管制期间又犯新罪被判处拘役或有期徒刑应如何执行的问题的批复》的精神办理，即在对新罪所判处的有期徒刑执行完毕后，再执行前罪所判处的拘役。以上意见妥否，请批示。”

的，应根据刑法第七十条的规定，撤销缓刑，对新罪判处有期徒刑。因拘役和有期徒刑在执行方法上不完全相同，故可参照我院（81）法研字第18号批复的精神办理，即在对新罪所判处的有期徒刑执行完毕后，再执行前罪所判处的拘役。”此外，一些地方法院针对审判实践中有关问题的处理也提出了意见，如江苏省高级人民法院《关于审理刑事案件中具体应用法律的若干问题的意见（试行）》（苏高法〔2000〕174号）提出：“对确需判处有期徒刑、拘役、管制等刑罚的在实行数罪并罚时，应当先执行有期徒刑再执行拘役、管制等刑罚。”

实际上，司法实务中的相关案件也基本上按照上述原则处理。例如，黄某因贩卖毒品罪、销售赃物罪于2009年5月10日被上海市某区人民法院判处拘役四个月，缓刑四个月，并处罚金人民币1000元。2009年7月，被告人黄某伙同他人贩卖毒品摇头丸1290余粒，重400余克，其行为均已构成贩卖毒品罪。黄某系再次犯贩卖毒品罪，依法予以从重处罚，且是在其前罪刑罚的缓刑考验期内，依法应撤销缓刑，将前后两罪并罚。故上海市第二中级人民法院撤销原审人民法院对黄某宣告缓刑四个月的刑事判决，以贩卖毒品罪判处黄某有期徒刑十二年，剥夺政治权利三年，并处罚金人民币3万元。本案的争议焦点在于对被告人黄某的量刑合并执行问题，即前罪没有执行的四个月拘役与后罪所判处的十二年有期徒刑如何并罚。对此，存在不同观点：有观点认为应当将拘役四个月折算为有期徒刑四个月，然后依照限制加重的原则决定应执行的刑期；有观点主张将本案的有期徒刑十二年吸收拘役四个月，决定执行有期徒刑十二年；还有观点主张分别执行有期徒刑与拘役，即执行有期徒刑十二年、拘役四个月。显然，第三种观点同前述最高人民法院有关文件的立场一致。本案最终采纳了第三种观点主张的分别执行原则，对黄某决定执行有期徒刑十二年，拘役四个月，剥夺政治权利三年，并处罚金人民币31000元。[①]

然而，最高人民法院的上述文件均发布于1997年刑法施行前（多数发布于1979年刑法施行前），且司法实务和理论对于这一问题始终争议不断，迫切需要立法通过适当方式对此问题作出明确。正如有论者所指出的："在刑法对不同种有期自由刑如何并罚未作明确规定，而理论界和司法界难以形成统一、合理、合法的主张的情况下，我们认为，这一问题的最终解决，必须以新的刑事立法作出专门规定为基础。"[②]

（三）异种有期自由刑并罚规则的确立

《刑法修正案（九）（草案）》研拟过程中，有关方面拟增设异种有期自由刑并罚的规定，以解决实践中存在的数罪被判处有期徒刑、拘役、管制如何并罚的难题。最初提出如下几种方案：（1）方案一："数罪中有被判处有期徒刑、拘役的，在有期徒刑执行完毕后，按照原判刑期的三分之二在监狱执行拘役。数罪中有判处有期徒刑、管制或者判处拘役、管制的，分别执行。"（2）方案二："数罪中有判处有期徒刑、拘役的，拘役三日执行两日，合并执行。数罪中有判处有期徒刑、管制或者判处拘役、管制的，分别执行。"（3）其他方案。有意见认为，可以由有期徒刑吸收拘役，不再执行拘役；也有意见认为，应当将拘役一日折抵有期徒刑一日。显而易见，方案一采取了分别执行说；方案二针对不同情形兼采折算说和分别执行说；其他方案则有吸收说，也有折算说（具体折算规则不同于方案二）。研究中，有关部门均赞同方案二，主要考虑是：拘役与有期徒刑系剥夺人身自由的自由刑，属性上较为接近，按照三分之二的比例折算较为妥当；而管制与拘役、有期徒刑，前者系限制自由刑，后者系剥夺

① 参见黄伯青：《不同种有期自由刑并罚如何执行》，载《人民法院报》2010年1月28日第7版。

② 参见高铭暄主编：《刑法专论》（上编），高等教育出版社2002年版，第621页。

自由刑，属性有别，宜分别执行。

经综合有关部门的意见，形成的方案为，在刑法第六十九条中增加二款，作为第二款、第三款："数罪中有判处有期徒刑、拘役的，分别执行，但在决定执行刑期时，可以根据情况减少拘役刑期或者免除拘役刑罚。""数罪中有判处有期徒刑、管制或者拘役、管制的，分别执行。"原第二款作为第四款。可见，这一方案实际上对有期徒刑与拘役的并罚采取了分别执行说，但可以由法院根据具体情况酌情减免拘役刑期；由于管制与拘役、有期徒刑性质不同，采用分别执行说。对上述条文，有专家建议对不同主刑不实行并科规则，可以考虑吸收规则，以免有违主刑唯一原则的刑法理论；也有专家主张采用限制加重原则。多数部门提出，对于有期徒刑与拘役并罚不宜采取分别执行说，建议对有期徒刑和拘役的并罚采用吸收原则或者对拘役按照三分之二的比例折算成有期徒刑（或者采用限制加重原则进行折算）。还有部门提出，为解决劳教废止后劳教场所的闲置问题，目前正在进行拘役执行改革。如对于有期徒刑和拘役并罚采用吸收或者限制加重原则，则拘役的适用范围会大幅减少，不符合拘役执行改革的趋势。

经综合研究上述意见，对方案作了进一步调整，即在刑法第六十九条中增加一款作为第二款、第三款："数罪中有判处有期徒刑、拘役的，执行有期徒刑。数罪中有判处有期徒刑、拘役和管制的，有期徒刑、拘役执行完毕后，管制仍须执行。"原第二款作为第三款。可见，这一方案对有期徒刑与拘役的并罚采用吸收原则①，对有期徒刑

① 据全国人大常委会法工委刑法室有关人员的著述，之所以对有期徒刑和拘役的并罚采用吸收原则，系"考虑到根据罪责刑相适应原则，依法被判处拘役的都是情节较轻、社会危害性相对较小的犯罪，在因犯数罪被同时判处有期徒刑、拘役的情况下，采取吸收原则，只执行有期徒刑，可以实现判处拘役时所期待的惩戒效果和刑罚目的，同时也可以较好地处理执行环节的衔接问题，节约司法资源"。参见雷建斌主编：《〈中华人民共和国刑法修正案（九）〉释解与适用》，人民法院出版社2015年版，第15～17页。

或者拘役与管制的并罚采用并科原则[①]。对此，多数意见建议对有期徒刑、拘役、管制的并罚实行按比例折抵规则。但是，由于各种原因，上述意见未获采纳。《刑法修正案（九）（草案）》第四条以上述方案为基础，只对表述进行了微调，即将“数罪中有判处有期徒刑、拘役和管制的”调整为“数罪中有判处有期徒刑和管制，或者拘役和管制的”，以使表述更为准确。审议过程中，有意见提出，拘役是比管制更重的刑罚，有期徒刑与管制并罚时，有期徒刑执行完毕后，管制仍须执行，而比管制更重的拘役与有期徒刑并罚时，却只需执行有期徒刑，两种规定不平衡。此外，刑法分则中大量罪名规定了拘役，还有个别罪名最高自由刑就是拘役，如果有期徒刑与拘役并罚不执行拘役，将导致大量判处拘役的犯罪分子实际上未执行刑罚。建议采用折算的方法，规定拘役三日折抵有期徒刑二日，管制三日折抵有期徒刑一日，或者统一采用并罚规则，规定数罪中判处有期徒刑和拘役的，有期徒刑执行完毕后，拘役仍须执行，或者统一采用吸收原则。由于各种原因，上述意见未获采纳，草案二次审议稿沿用上述写法。审议过程中，仍有意见质疑这一方案违反刑法公平原则，建议采取统一规则，要么统一采取吸收原则，要么统一采取并科原则，分别执行。经研究，未采纳上述意见。《刑法修正案（九）》第四条最后沿用这一写法，增设刑法第六十九条第二款，明确有期徒刑、拘役、管制的并罚规则。

---

① 据全国人大常委会法工委刑法室有关人员的著述，之所以对有期徒刑或者拘役与管制的并罚采用并科原则，其一，管制是限制人身自由同时又设置了有针对性的教育改造措施的刑罚，与有期徒刑、拘役在性质上有根本差异，其特殊的教育改造效果也难以通过其他途径实现。如果采取吸收原则不再执行管制，不利于对罪犯的教育改造。其二，管制的刑期较长，为三个月以上二年以下；判处数个管制并罚的，最高可达三年。有期徒刑的起刑点仅为六个月，拘役的期限仅为一个月以上六个月以下，被判处数个拘役的，拘役最高也只是一年。如果采用吸收原则，在一些案件中，就要由刑期几个月的有期徒刑或者拘役吸收最高刑期可达三年的管制，在理论和逻辑上很难说得通。参见雷建斌主编：《〈中华人民共和国刑法修正案（九）〉释解与适用》，人民法院出版社 2015 年版，第 17 ~ 18 页。

二、修改内容的理解与适用

根据刑法第六十九条第二款的规定，对于有期徒刑、拘役、管制的并罚应当采取不同规则，分别采取吸收或者并科原则。具体而言：(1) 数罪中有判处有期徒刑和拘役的，应当采取吸收原则，即只执行有期徒刑，拘役不再执行。(2) 数罪中有判处有期徒刑和管制，或者拘役和管制的，应当采取并科原则，即应当分别执行有期徒刑和管制，或者拘役和管制。就具体操作而言，应当在有期徒刑、拘役执行完毕后，再执行管制。

三、需要注意的问题

(一) 数罪并罚判决宣告后刑罚执行完毕前发现漏罪的并罚

在数罪并罚判决宣告以后，刑罚执行完毕以前，发现被判刑的犯罪分子在判决宣告以前还有其他罪没有判决的，应当如何并罚？对此问题，存在不同看法：有观点认为，原判决是已经发生法律效力的判决，如果对漏罪所判的刑罚不与原判决决定执行的刑罚实行并罚，而是与原判决对数罪分别所宣告的刑罚进行并罚，则意味着推翻了前一判决或者否定前一判决已发生的法律效力，势必影响刑事判决的严肃性。因此，应当对漏罪判处刑罚，并将其与原数罪并罚判决决定执行的刑罚进行并罚，依照相应的规则决定执行的刑罚。[①] 另一种观点则认为，判决宣告以前发现数罪的并罚与刑罚执行过程中发现漏罪的并罚，只是并罚的时间不同，所采用的原则和结果都应当是相同的，所实际执行的刑罚也应当相同。而如果按照前一种观点，则可能会出现对有漏罪事实者实施的数罪两次适用限制加重原则进行并罚，进而轻纵犯罪之弊。正确的作法是将原判数罪的宣告刑与漏罪的宣告刑进行并罚，决定执行的刑罚，这并非完全否定前一判决的法律效力，而是

① 参见姜伟：《犯罪形态通论》，法律出版社1994年版，第498页。

强化其准确程度和稳定性。①

经研究认为，第一种观点更为可取。主要考虑如下：（1）原判决依照刑法第六十九条的规定对判决宣告以前一人犯数罪的情形进行并罚，决定执行的刑罚，并无不当。而主张将漏罪与原判决对数罪的宣告刑进行并罚、而非决定执行的刑罚，无疑是对已生效的原判决的否定，对于维护生效裁判的稳定性不利。（2）从实证的角度很难说将漏罪宣告的刑罚与原判数罪并罚决定执行的刑罚并罚会出现轻纵犯罪的结果。诚然，此种并罚可能导致总和刑期降低，如出现司法者滥用法律的情况，不排除极少数情况下可能出现轻纵犯罪的情况。但是，任何规则都不可能是完美的，都需要司法者的妥当把握。如果将漏罪宣告的刑罚与原判决对数罪的宣告刑并罚，虽然使得总和刑期升高，但最低刑期却可能降低，如果司法者滥用，在不少情形下可能出现重罪轻判或者轻罪重判的现象。而且，将漏罪宣告的刑罚与原判数罪并罚决定执行的刑罚并罚，多数情况下会将最高刑期上升，一定程度上会约束司法者滥用这一规则轻纵犯罪。因此，权衡利弊，这一规则更为适宜。（3）最高人民法院有关司法文件实际上可资借鉴。如后所述，《最高人民法院关于判决宣告后又发现被判刑的犯罪分子的同种漏罪是否按数罪并罚处理的批复》对于判决宣告并已发生法律效力后，刑罚执行完毕前发现的同种漏罪，确立了数罪并罚的规则。从常理而言，此漏罪如果在判决宣告前发现，不少情况下是无须数罪并罚的。但是，基于维护生效判决确定性和稳定性的角度，该司法文件仍然规定了并罚，并未对原判决进行改变。可见，在数罪并罚司法适用中，维护生效判决的稳定性是一贯的司法立场。基于此，对于数罪并罚判决宣告以后刑罚执行完毕以前发现漏罪的并罚，也应当充分考虑原判决的稳定性，直接将漏罪的宣告刑与原判决决定执行的刑罚并罚即可。

---

① 参见唐大森主编：《现代刑法学》，安徽人民出版社 1991 年版，第 291 页；赵秉志主编：《刑罚总论问题探索》，法律出版社 2003 年版，第 491 ~ 492 页。

(二) 判决宣告后发现同种漏罪的并罚

关于同种数罪的并罚问题，司法实务界和理论界均存在不同认识。一般认为，对于刑法分则已将多次犯罪规定为法定刑升档情节的罪名（如刑法第二百三十六条将“强奸妇女、奸淫幼女多人的”规定为法定刑升档情节），以及刑法分则根据数额、数量设定不同量刑档次的数额犯、数量犯（如刑法第二百六十六条针对诈骗数额较大、数额巨大、数额特别巨大配置了不同的法定刑），即使在判决宣告前发现同种数罪的，也无须数罪并罚。对于实施其他的同种数罪，是否需要并罚，则应当根据罪责刑相适应原则灵活处理。

司法实践中需要注意的是判决宣告后发现同种漏罪的处理问题。对此，《最高人民法院关于判决宣告后又发现被判刑的犯罪分子的同种漏罪是否按数罪并罚处理的批复》（法复〔1993〕3号）规定：“人民法院的判决宣告并已发生法律效力以后，刑罚还没有执行完毕以前，发现被判刑的犯罪分子在判决宣告以前还有其他罪没有判决的，不论新发现的罪与原判决的罪是否属于同种罪，都应当依照刑法第六十五条的规定实行数罪并罚。但如果在第一审人民法院的判决宣告以后，被告人提出上诉或者人民检察院提出抗诉，判决尚未发生法律效力的，第二审人民法院在审理期间，发现原审被告人在第一审判决宣告以前还有同种漏罪没有判决的，第二审人民法院应当依照刑事诉讼法第一百三十六条第（三）项的规定，裁定撤销原判，发回原审人民法院重新审判，第一审人民法院重新审判时，不适用刑法关于数罪并罚的规定。”此司法解释虽然是1997年刑法施行前作出的，但在新的司法解释出台前，其中的精神仍可在具体案件处理中作为参考。

(三) 判决宣告后刑罚执行完毕前发现数种漏罪的并罚

判决宣告以后，刑法执行完毕以前，发现被判刑的犯罪分子在判决宣告以前还有其他数个罪没有判决的，如何进行并罚，存在不同认识：有观点认为，应当在对数个漏罪分别定罪量刑的基础上，首先对漏判的数罪合并处罚，然后将所决定执行的刑罚与原判决定执行的刑罚进行并罚，决定执行的刑罚；也有观点认为，应当首先对数个漏罪分别定罪量刑，然后将判决所宣告的数个刑罚与原判决决定执行的刑罚进行并罚，决定执行的刑罚。

经研究，我们赞同第二种观点，即主张以一次并罚的方式对判决宣告后刑罚执行完毕前发现数种漏罪的情况进行处理。主要考虑如下：（1）根据刑法第七十条的规定，对于判决宣告后刑罚执行完毕前发现漏罪的情形，“应当对新发现的罪作出判决，把前后两个判决所判处的刑罚，依照本法第六十九条的规定，决定执行的刑罚。”从整个操作过程来看，宜认为法律要求进行一次并罚，而非两次并罚。而第一种观点无疑是进行了两次并罚，与刑法的有关规定存在不一致之处。（2）第二种观点更符合对刑法进行体系解释得出的结论。从立法表述来看，刑法第七十条规定的“前后两个判决所判处的刑罚”应当根据刑法第六十九条的规定进行并罚。而刑法第六十九条“所谓的数刑均是指宣告刑，因此，应当认定第七十条所规定的‘前后两个判决所判处的刑罚’，就是对新发现的数罪分别作出的宣告刑”。[①]（3）第二种观点更便于司法实践操作。如果按照第一种观点，对于判决宣告后刑罚执行完毕前发现数种漏罪的，需要作两次数罪并罚，才能确定决定执行的刑罚。而按照第二种观点进行操作，只需要进行一次并罚，且更能兼顾司法实践的复杂情况，自由裁量的幅度较大，罪责刑相适应原则能够得以充分贯彻、体现。

（四）判决宣告后刑罚执行完毕前又犯数种新罪的数罪并罚

根据刑法第七十一条的规定，判决宣告以后，刑罚执行完毕以前，被判刑的犯罪分子又犯罪的，应当“先减后并”，即对新犯的罪作出判决，把前罪没有执行的刑罚和后罪所判处的刑罚，依照刑法第

---

① 参见刘志伟：《数罪并罚若干争议问题研讨》，载《法学杂志》2009 年第 4 期。

六十条的规定，决定执行的刑罚。对于在判决宣告以后，刑罚执行完毕以前，再犯一种新罪的，实践操作中并无障碍，直接依照上述规定处理即可。然而，司法实践中还存在在判决宣告以后，刑罚执行完毕以前再犯数种新罪的情况，如何“先减后并”，实践中存在认识问题，有必要作进一步研究。

例如，张某于2011年因犯盗窃罪而被判处有期徒刑二年，其因病而被予以监外执行。监外执行一年后，张某又触犯两个新罪：故意伤害罪和抢夺罪。从其犯罪情节看，故意伤害罪应被判处有期徒刑一年，而抢夺罪应被判处有期徒刑三年。本案中，张某在判决宣告以后，刑罚执行完毕以前，再犯故意伤害罪和抢夺罪两种新罪，如何适用刑法第七十一条关于数罪并罚的规定，则存在不同认识：（1）一种观点主张两次数罪并罚的计算方式，即应当首先对两个新罪按照刑法第六十九条的规定数罪并罚后，再将并罚后的结果与张某未执行完毕的刑期进行并罚。换言之，即对新发现的两个罪并罚后决定执行三年零六个月，随后再将三年零六个月的刑期与前罪未执行完毕的刑期一年进行并罚，因此，决定执行的刑期应当在三年零六个月以上，四年零六个月以下。（2）另一种观点主张一次数罪并罚的计算方式，即根据两个新罪各自的情节分别量刑后，直接与张某未执行完毕的刑期进行并罚。因此，数罪并罚后决定执行的刑期应当在三年以上，五年以下。①

经研究认为，第二种观点更为适宜，更符合刑法第七十一条的立法精神。主要考虑如下：

其一，第二种观点更契合刑法的语义。根据刑法第七十一条规定，应当首先对新犯的罪作出判决，再对前罪没有执行的刑罚和新犯的罪所判处的刑罚进行并罚。需要注意的是，刑法第七十一条的表述是“被判刑的犯罪分子又犯罪”，并未明确限定此处的“又犯罪”是

---

① 参见龙玉梅：《监外执行后犯数种新罪应如何进行数罪并罚》，载《人民法院报》2014年2月12日第6版。

只犯一种新罪，从解释论的角度不妨理解为可以包括犯数罪的情形。接下来，刑法第七十一条要求“对新犯的罪作出判决”，也未限定为只能作出一个判决，且未明确对新犯罪的罪可以依照刑法第六十九条并罚的规定，则应当理解为在数个新罪的前提下，只能是对数种新罪分别作出判决，但尚不能直接并罚。最后，根据刑法第七十一条的规定，应当“把前罪没有执行的刑罚和后罪所判处的刑罚，依照本法第六十九条的规定，决定执行的刑罚”，即进行一次数罪并罚。对此，已有论者指出：“从刑法条文表述来看，其只规定要进行一次数罪并罚，而第一种计算方式显然需要进行两次数罪并罚，且第一种方式所得的刑期的上限也显然不是三罪的总和刑期，因此，第二种方式更为符合刑法的规定。”①

其二，第二种观点更符合刑法的精神。刑法第七十一条“先减后并”的规定，“是因为犯罪人在刑罚执行期间又犯新罪，说明其再犯罪的可能性很大，需要给予更重的刑罚。此外，先减后并的方法还有一个特点：犯罪人在刑罚执行期间所犯新罪的时间距离前罪所判处刑罚执行完毕的期间越近（即犯罪人再犯新罪时前罪所刑罚的残余刑期越短），数罪并罚时决定执行刑罚的最低期限，以及实际执行的刑期的最低期限就越长。这对巩固教育改造成果、提高刑罚执行效益，具有重要意义。”② 无疑，按照第二种观点所得出的并罚结果更能体现刑法对刑罚执行期间犯新罪的犯罪分子从严惩处精神。正如有论者所指出的：“就本案而言，若设张某三罪最后的执行刑期为 X，张某后触犯的两个新罪的并罚结果为 Y（$3 \leqslant Y \leqslant 4$），那么按照第一种方式所得出的结果为：$Y \leqslant X \leqslant Y+1$；而第二种方式的计算结果是：$3 \leqslant X \leqslant 5$。可见，第一种计算方式得出的犯罪人的总和刑期是小

---

① 参见龙玉梅：《监外执行后犯数种新罪应如何进行数罪并罚》，载《人民法院报》2014 年 2 月 12 日第 6 版。

② 参见张明楷：《刑法学》（第四版），法律出版社 2011 年版，第 540 页。

于第二种方式的。”① 虽然就最高刑期而言，第二种方式可能等于低于第一种方式，但总和刑期则基本上会高于第一种方式，从而使得确定宣告刑时根据案件具体情况裁量的空间更大，更为合适。

其三，第二种观点更便于司法实践操作。如果按照第一种观点，对于判决宣告后刑罚执行完毕前又犯数种新罪的，需要作两次数罪并罚，才能确定宣告刑。而且，在第一次对所犯数种新罪并罚的过程中，需要考虑多种因素，以防止第一次并罚结果与余刑并罚时出现量刑过低的不合理现象。相反，按照第二种观点，只需要进行一次并罚，且如前所述，裁判者具有较大的裁量空间，更能实现罪责刑相适应原则。因此，从实践操作的角度而言，第二种观点亦更为可取。

（五）缓刑考验期内漏罪与新罪系同种数罪的处理

杨某某因伙同他人于 2010 年采用神医消灾手法诈骗他人财物 48791.8 元，被法院以诈骗罪判处有期徒刑三年，缓刑四年，缓刑考验期自 2011 年 5 月 3 日至 2015 年 5 月 2 日止。此外，杨某某于 2008 年 10 月伙同他人采用神医消灾手法骗取他人财物 89379.68 元（同案犯已于 2009 年被法院定罪判刑），于 2013 年 4 月伙同他人采用同样手法骗取他人财物 9300 余元。根据刑法第七十七条的规定，在缓刑考验期内犯新罪或者发现判决宣告前还有其他罪没有判决的，应当撤销缓刑，对新犯的罪或者新发现的罪作出判决，把前罪和后罪所判处的刑罚，依照刑法第六十九条的规定，决定执行的刑罚。那么，就上述案件而言，被告人杨某某在缓刑考验期内既有新发现的罪又有新犯的罪，且漏罪与新罪均属诈骗罪，撤销缓刑后应当如何并罚，存在不同认识：第一种意见认为，应当依照刑法第七十七条的规定对被告人撤销缓刑，对新犯的诈骗罪和新发现的诈骗罪分别作出判决，然后依照刑法第六十九条的规定，决定执行的刑罚；第二种意见认为，应将

---

① 参见龙玉梅：《监外执行后犯数种新罪应如何进行数罪并罚》，载《人民法院报》2014 年 2 月 12 日第 6 版。

新犯的诈骗罪和新发现的诈骗罪作为一罪进行判罚，然后根据刑法第六十九条的规定，与前罪判决所判处的刑罚进行并罚。

经研究，我们赞同第二种意见，即在缓刑考验期内既有新犯的诈骗罪又有新发现的诈骗罪的，宜将新犯的诈骗罪和新发现的诈骗罪作为一罪进行判罚，然后依据刑法第六十九条的规定，与前罪所判处的刑罚进行并罚。主要考虑如下：

其一，根据刑法第七十七条的规定，对于缓刑考验期内犯新罪或者有漏罪的，应当根据刑法六十九条的规定进行并罚。而且，根据刑法规定，判决宣告前一人犯数罪的，应当按照刑法第六十九条规定并罚。而根据司法惯例①和理论通说，对判决宣告前一人犯同种数罪的，不必实行数罪并罚。就杨某某诈骗案而言，杨某某在缓刑考验期内所新犯的诈骗罪和新发现的诈骗罪，对本次诉讼而言，无疑属于判决前所犯数罪，根据判决宣告前同种数罪不并罚的原则，应当将新犯的诈骗罪和新发现的诈骗罪作为一罪进行判罚，然后依据刑法第六十九条的规定，与前罪所判处的刑罚进行并罚。

其二，诈骗罪属于数额犯，对多次诈骗的，累计诈骗数额，将新犯的诈骗罪和新发现的诈骗罪作为一罪进行判罚，在刑罚裁量时完全可以体现罪责刑相适应原则，不会导致量罚失轻。

其三，刑法及其司法解释对此种情形的并罚规则并未作出明确规定，在具体处理上应当充分考虑司法实践的一般理念和司法适用的简便性。在司法实践中，对同种数罪按照一罪处理，对数额犯以数额相加量刑，非数额犯以情节轻重量刑，所体现的正是刑法适用的简便性。那么对于缓刑考验期内既有新犯的罪又有新发现的罪，如果系同

---

① 以往司法解释和司法实践通常秉持“同种数罪原则上不并罚”的立场。例如，《最高人民法院关于人民法院审判严重刑事犯罪案件中具体应用法律的若干问题的答复（三）》（法（研）字〔1985〕第18号）规定：“在处理被告人刑满释放后又犯罪的案件时，发现他在前罪判决宣告以前，或者在前罪判处的刑罚执行期间，犯有其他罪行，未经过处理，并且依照刑法的规定应当追诉……如果漏罪与新罪属于同一种罪，可以判处一罪从重处罚，不必实行数罪并罚。”而如前所述，《最高人民法院关于判决宣告后又发现被判刑的犯罪分子的同种漏罪是否按数罪并罚处理的批复》亦有相同精神。

种数罪的，在同一个诉讼程序中按照一罪处理，无论是对于刑期的计算还是裁判文书的表述都更为简便。

其四，缓刑考验期内既有漏罪又有新罪的，行为人的社会危害性相对较大，应当依法予以严惩，而依照前一种观点可能会导致对犯罪打击的不力。例如，将新发现的犯罪行为和新实施的犯罪行为分别处理，可能出现某一个行为未达到犯罪数额而无法追究刑事责任的情形，或者在量刑时无法上升一个法定刑幅度进行处罚的问题，而按照一罪处理则可以有效解决这些问题，体现对犯罪的从重打击。

（六）原判死缓或者无期徒刑的罪犯被减为有期徒刑后发现漏罪的并罚

关于原判刑罚为死缓或者无期徒刑的罪犯，被减为有期徒刑后发现漏罪如何并罚的问题，在司法实践中早已存在并较为多发。虽然此次刑法修改未能明确这一问题，但从司法适用的角度，有必要进行探讨：

1. 问题的由来。刑法第七十条规定：“判决宣告以后，刑罚执行完毕以前，发现被判刑的犯罪分子在判决宣告以前还有其他罪没有判决的，应当对新发现的罪作出判决，把前后两个判决所判处的刑罚，依照本法第六十九条的规定，决定执行的刑罚。已经执行的刑期，应当计算在新判决决定的刑期以内。”这实际上确立了对判决宣告后发现漏罪的情形实行“先并后减”的并罚规则。这对于前罪为有期自由刑的案件自然没有问题，但是，对于前罪为死刑缓期执行或者无期徒刑的案件而言，适用这一规则则会出现明显不合理的情形。刑法第七十条“已经执行的刑期，应当计算在新判决决定的刑期以内”的规定，实际上是针对数罪并罚后为有期徒刑的情形设计的。但是，如果最终决定执行的刑罚为死缓或者无期徒刑，无法扣除已经执行的刑期，上述规定实际无法操作，被告人需要重新执行死缓或者无期徒刑。因计算上的无法操作而违背法律规定的原意，或者因法律设计上的疏漏而让行为人承担不利的后果，是否有违法律的公正，值得探讨。申言之，如果罪犯因有重大立功表现或者主动交待漏罪而使得其漏罪被发现，此时漏罪与减为有期徒刑的原判死缓或者无期徒刑进行并罚，执行原判刑罚，其中存在的不合理性更为突出。

2. 司法的立场。关于这一问题，1992 年 8 月 29 日《最高人民法院研究室关于罪犯在死刑缓期执行期间因有漏罪被判决后仍决定死刑缓期执行的是否需要重新核准死缓期间从何时起计算问题的电话答复》提出："对于被判处死刑缓期二年执行的犯罪分子，在死刑缓期执行期间，发现他在判决宣告以前还有其他罪没有判决的，应当根据刑法第六十五条的规定，对新发现的罪作出判决。判决后，仍决定执行死刑缓期二年执行的，需报高级人民法院再次核准。死刑缓期二年执行的期间，从新判决确定之日起计算，已经执行的死缓期间不应计算在新判决的死刑缓期执行期间以内。"①

2011 年 12 月 30 日《最高人民法院研究室关于被判处死缓的罪犯减为有期徒刑后发现漏罪如何并罚的答复》（法研〔2011〕182 号）提出："被判处死刑缓期执行的犯罪分子，在被减为有期徒刑后，发现其在判决宣告以前还有其他罪没有判决的，应当对新发现的罪作出判决，依照刑法第六十九条、第七十条的规定，决定执行死刑缓期执行。但是，在刑罚执行期间，对犯罪分子减刑时，应当考虑其已经执行的刑期，在减刑幅度、起始时间、间隔时间等方面予以适当体现，以确保罪责刑相适应。"

综上可以看出，对于原判死缓或者无期徒刑的罪犯被减为有期徒刑后发现漏罪的并罚规则，最高人民法院研究室的态度一直十分明确，且一以贯之，即在刑法未作明确规定前，应当适用刑法第七十条确立的并罚规则，即"先并后减"，将漏罪判处的刑罚与原判死缓或者无期徒刑并罚，仍然决定执行死缓或者无期徒刑。但是，考虑到罪

① 如后所述，按照当前的立场，此电话答复"死刑缓期二年执行的期间，从新判决确定之日起计算，已经执行的死缓期间不应计算在新判决的死刑缓期执行期间以内"的应作相应调整，即无须再重新执行死刑缓期考验期。

犯之前已由死缓或者无期徒刑减为有期徒刑，在对其并罚决定执行死缓或者无期徒刑后，下一步对犯罪分子减刑时，应当考虑其已经执行的刑期，在减刑幅度、起始时间、间隔时间等方面予以适当体现，以确保罪责刑相适应。

此外，最高人民法院刑事审判庭主办的《刑事审判参考》曾以答读者来信的方式对此问题作了进一步明确。被告人王某某因犯故意伤害罪，于1999年被某中级人民法院判处无期徒刑，剥夺政治权利终身。2001年，省高级人民法院裁定将王某某的刑期减为有期徒刑十八年，剥夺政治权利八年。2006年，某市人民检察院发现王某某在1998年还犯有强奸罪，遂向某市中级人民法院提起公诉。某市中级人民法院经审理后，认为对王某某所犯的强奸罪应判处有期徒刑四年。但在数罪并罚时，存在不同认识。一种观点认为，应当根据刑法第七十条的规定，将前后两个判决所判处的刑罚，依照刑法第六十九条的规定，决定执行的刑罚，即对王某某判处无期徒刑，剥夺政治权利终身。但根据这种观点判决所带来的问题是，王某某已经执行的刑期，如何计算在新判决的刑期以内？第二种观点认为，省高级人民法院的减刑裁定是发生法律效力的裁定，应当得到执行，因此，王某某前罪即故意伤害罪所判处的刑罚可以理解为有期徒刑十八年，剥夺政治权利八年。对其数罪并罚，应依照刑法第六十九条规定，在有期徒刑十八年以上二十年以下酌情决定执行的刑期，已经执行的刑期，从2001年起至新判决宣告日止的刑期，应当计算在新判决决定的刑期以内。《刑事审判参考》编辑部经研究，同意来信中的第一种观点。理由如下：（1）刑法第七十条明确规定，是将前后两个判决所判处的刑罚，依照刑法第六十九条的规定，决定执行的刑罚。来信所述案例中前一判决所判处的刑罚，是指对王某某故意伤害行为所判处的无期徒刑刑罚，而不是第二种观点所说的有期徒刑十八年。有期徒刑十八年是在无期徒刑执行期间裁定减刑后的刑罚，不是判决所判处的刑罚。（2）关于王某某已经执行的刑期，如何计算在新判决的刑期以内的问题。经研究认为，由于新判决数罪并罚后决定执行的刑罚为无期徒刑，因而在新判决中不存在如何计算已经执行刑期的问题。(3)关于减刑裁定是否需要撤销的问题。经研究认为，不必撤销减刑裁定。减刑裁定的事实依据是罪犯在服刑期间的悔改表现，不是罪犯的犯罪行为。新判决作出后，减刑裁定的效力自然消失。(4)对原判无期徒刑减刑后，实际执行时间较长或者新发现漏罪较轻的，考虑到新判决确定的刑罚为无期徒刑且从新判决确定之日起重新计算无期徒刑的服刑期限，对被告人可能有所不利，可以在执行期间减刑时充分考虑这一因素。①

3. 实践操作问题。对原判死缓或者无期徒刑的罪犯被减为有期徒刑后发现漏罪的并罚，在实际操作中还应当注意以下几个问题：

(1)漏罪的范围。对于判决宣告后发现的漏罪在范围上是否需要作出限制，存在不同认识。特别是，以下几种情形较为棘手：①被告人在前罪侦查期间已作供述，由于侦查机关未能收集到足够证据，未起诉而形成漏罪的。②被告人所犯数罪中部分轻罪当时因证据不足而没有一并审理，后又经补充侦查起诉而形成漏罪的。③被告人所犯数罪中的部分轻罪因证据不足而由人民法院作出证据不足、指控的犯罪不能成立的判决而形成漏罪的情形。经研究认为，对于漏罪的范围作出限制，尚无法律依据。刑法第七十条规定的情形是“发现被判刑的犯罪分子在判决宣告以前还有其他罪没有判决的”，而没有规定为还有其他罪没有被立案侦查或者限定情形。因此，对于漏罪形成的原因不影响漏罪的认定，只要是该罪未为生效判决所确定即可。

(2)原判死缓的罪犯被减为有期徒刑后发现漏罪，并罚决定执行死缓的，是否仍需执行死缓考验期？立法工作机关针对《最高人民法院关于死缓减为无期徒刑或减为有期徒刑后又发现漏罪，数罪并罚决定执行死缓，对原已执行完毕的死缓二年考验期是否应重新执行问题征求意见的函》提出：“来函所提问题涉及刑法总则规定的数罪

---

① 参见最高人民法院各刑庭主编：《刑事审判参考》2006 年第 6 集（总第 53 集），第 115 ~ 116 页。

并罚制度的适用原则和减刑后发现漏罪在程序上如何处理的问题，情况比较复杂，需要总结经验，进一步深入研究，统一考虑解决办法。建议对来函所附案件作个案处理，先不作一般性批复。关于如何具体处理，我们倾向于同意第二种意见，即原判死刑缓期执行减为无期徒刑或者有期徒刑后发现漏罪，数罪并罚仍决定执行死缓的，可不再重新执行已经执行完毕的死缓二年考验期。”

（3）原判无期徒刑的罪犯被减为有期徒刑后发现漏罪，并罚决定执行无期徒刑的，已经执行的刑期是否计入执行的刑期？对此，实践中存在不同认识。有意见认为，对于原判无期徒刑的案件，与漏罪并罚重新执行死缓或者无期徒刑后，应当从新判决确定之日起计算无期徒刑执行期间。但是，2007年8月11日《最高人民法院关于刘文占减刑一案的答复》（〔2006〕刑监他字第7号）提出：“河北省高级人民法院：你院〔1999〕冀刑执字第486号刑事裁定，没有法定程序、法定理由撤销。罪犯刘文占犯盗窃罪被判处无期徒刑，被减为有期徒刑十八年之后，发现其在判决宣告之前犯有强奸罪、抢劫罪。沧州市中级人民法院作出新的判决，对刘文占以强奸罪、抢劫罪分别定罪量刑，数罪并罚，决定对罪犯刘文占执行无期徒刑是正确的。现监狱报请为罪犯刘文占减刑，你院在计算刑期时，应将罪犯刘文占第一次减为有期徒刑十八年之后至漏罪判决之间已经执行的刑期予以扣除。”

（七）死缓执行期间又犯应判处死刑之罪的应否数罪并罚

根据修正后刑法第五十条第一款的规定，判处死刑缓期执行的，在死刑缓期执行期间，如果故意犯罪，情节恶劣的，报请最高人民法院核准后执行死刑。司法实务中必须解决的问题是，对于死缓考验期内再犯应当判处死刑之罪的，在对新罪判处死刑之后，应否将原判死缓与新罪所判处的死刑并罚，抑或按照其他规则作出处理？

例如，被告人夏某因犯抢劫罪被判处死刑，缓期二年执行，剥夺政治权利终身，并处没收个人全部财产。判决生效后，夏某于2011

年4月4日趁外出就医脱逃。当日中午，夏某为筹集潜逃资金，伺机作案，在踩点时与某窗帘城营业员周某某发生争执。夏某恐其脱逃罪行败露，用胶带缠绕周颈部，并持刀捅刺其十余刀，致其当场死亡。2011年4月6日，夏某被抓获归案。重庆第一中级人民法院经审理认为，被告人夏某犯脱逃罪，判处有期徒刑四年；犯故意杀人罪，判处死刑，剥夺政治权利终身。本案的争议焦点在于，夏某在死缓执行期间又犯应当判处死刑之罪时，应当对新罪和原罪进行并罚，还是应当仅对新罪判处死刑，再逐级核准？对此，存在不同认识：一种意见认为，应当对新罪判处刑罚，再对新罪和原判确定的刑罚进行并罚，新罪死刑吸收原判的死缓，合并决定执行死刑，再层报最高人民法院核准。另一种意见认为，应对新罪判处死刑，同时将新罪死刑和原判死缓变更死刑层报最高人民法院核准。①

就本案而言，无疑属于判决宣告后又犯新罪的情形，依照刑法第七十一条的规定，应当“先减后并”。然而，本案所涉情形的特殊性在于，原判死缓变更为死刑的前提为“故意犯罪，查证属实”，即新罪的犯罪事实为生效裁判确认。在新罪为生效裁判文书确认前，尚不能对原判死缓变更死刑立即执行。而且，根据最高人民法院制定的关于死缓执行期间故意犯罪一审适用普通程序的刑事诉讼文书格式的规定，一审法院只需对死缓期间所犯新罪作出判决，在交代上诉权后，另起一段写明死缓变更死刑的相关规定。据此，一审法院只能逐级报请新罪死刑和原判死缓变更死刑。② 高级法院在收到一审法院的两个报请核准死刑的报告后，无权在此阶段进行数罪并罚，如果高级人民

---

① 参见陈义熙、张红：《死缓期间又犯应判处死刑之罪的数罪并罚》，载《人民司法》2014年第4期。

② 重庆第一中级人民法院将新罪所判处的刑罚与原判合并执行，决定执行死刑，剥夺政治权利终身，并处没收个人全部财产。重庆高级人民法院认为一审判决适用法律不当，裁定撤销原判，发回重审。重庆第一中级人民法院重审后对新罪作出与原审一致判决，决定执行死刑、剥夺政治权利终身；同时注明，依照刑法第五十条第一款等相关规定，本判决生效后，经最高人民法院核准，对被告人夏某应当执行死刑。

法院同意判处死刑的，在作出裁定后十日内报请最高人民法院核准。[①] 有论者进而认为，最高人民法院在分别核准新罪死刑和原判死缓变更死刑的裁定后，实际上通过执行死刑命令对两个死刑并罚，即只执行一次死刑。[②] 我们认为，此种情况下不宜认为进行了数罪并罚。主要考虑：新罪实际上是原罪死缓变更死刑的前提，即新罪实际上在原判死缓变更死刑的过程中已作评价，如果认为在此后再对两个死刑进行并罚，则对新罪无疑有重复评价的嫌疑。因此，不妨认为，死缓执行期间又犯应判处死刑之罪的，由于刑法第五十条第一款已作例外规定，不再适用刑法第七十一条判决宣告后又犯新罪应当“先减后并”的规定，即无须再数罪并罚。实际上，推而广之，死缓执行期间又故意犯罪的，对新罪应当查证属实，但无需对新罪与原判作数罪并罚，直接适用刑法第五十条第一款的规定即可。

【条文五】〔增加规定组织、领导、参加恐怖组织罪的财产刑〕

五、将刑法第一百二十条修改为：“组织、领导恐怖活动组织的，处十年以上有期徒刑或者无期徒刑，并处没收财产；积极参加的，处三年以上十年以下有期徒刑，并处罚金；其他参加的，处三年以下有期徒刑、拘役、管制或者剥夺政治权利，可以并处罚金。

“犯前款罪并实施杀人、爆炸、绑架等犯罪的，依照数罪并罚的规定处罚。”

---

① 重庆高级人民法院裁定：（1）同意对夏某所犯新罪决定执行死刑，剥夺政治权利终身的刑事判决。（2）同意以夏某在死缓执行期间犯脱逃罪、故意杀人罪，决定执行死刑，剥夺政治权利终身的刑事判决。同时，依法报请最高人民法院核准。

② 最高人民法院于2013年9月3日作出裁定，核准了重庆高级人民法院作出的上述两项决定执行死刑的刑事裁定书。同日，最高人民法院发布了对夏某执行死刑的命令。参见陈义熙、张红：《死缓期间又犯应判处死刑之罪的数罪并罚》，载《人民司法》2014年第4期。

【条文主旨】

针对当前恐怖活动犯罪猖獗、危害极其严重的实际，为有效打击恐怖活动犯罪，铲除其经济支撑，斩断支持恐怖活动犯罪的资金链，断绝其“营养”供应，《刑法修正案（九）》在组织、领导、参加恐怖组织罪的法定刑中增加规定了财产刑。

【理解与适用】

一、修改的背景、内容和意义

恐怖活动是指以制造社会恐慌、危害公共安全或者胁迫国家机关、国际组织为目的，采取暴力、破坏、恐吓等手段，造成或者意图造成人员伤亡、重大财产损失、公共设施损坏、社会秩序混乱等严重社会危害的行为，以及煽动、资助或者以其他方式协助实施上述活动的行为。恐怖活动组织是指为实施恐怖活动而组成的犯罪集团。[①] 一段时间以来，受宗教极端思想和全球恐怖活动频发、境外反华势力宣传和渗透等国际国内诸多因素的影响，以新疆为主要地区的恐怖活动犯罪多发高发，严重危害我国经济社会发展、社会稳定和广大人民群众生命财产安全，威胁着国家安全、统一和民族团结。这些恐怖活动

① 《全国人民代表大会常务委员会关于加强反恐怖工作有关问题的规定》（2011 年 10 月 29 日第十一届全国人民代表大会常务委员会第二十三次会议通过）第二条一款。全国人民代表大会常务委员会正在审议《中华人民共和国反恐怖主义法》（草案），草案拟对恐怖活动和恐怖活动组织的界定进行修改。在反恐怖主义法通过后，应当根据该法的规定认定恐怖活动和恐怖活动组织。

犯罪多数由恐怖活动组织策划实施,[①] 恐怖活动组织是恐怖活动犯罪的策源地、“培训基地”和“人才输出基地”，铲除恐怖活动组织，是打击恐怖活动犯罪最为有效的手段，是维护国家安全和社会稳定、反对民族分裂的迫切需要。我国1997年刑法规定了组织、领导、参加恐怖组织罪，由于当时恐怖活动犯罪和恐怖组织还处于沉寂期，刑法为其配置的最高刑罚为十年有期徒刑，没有规定财产刑，也没有将组织者、领导者和积极参加者的刑罚予以区分。[②] 随着恐怖活动犯罪日趋活跃，恐怖组织增多，危害性加大,[③] 《刑法修正案（三)》加大了对恐怖活动犯罪的打击力度：修改了刑法第一百二十条关于组织、领导、参加恐怖组织罪的规定，提高了法定刑；区分了组织者、领导者和积极参加者的刑罚；对其他参加恐怖组织者的刑罚，增加了剥夺政治权利；并增加规定了资助恐怖活动罪；对刑法关于洗钱罪的

---

① 恐怖活动组织主要有以下几个特点：一是人数较多，为三人以上，多者不限。二是成员有共同的意识形态或者政治目的，这是与一般犯罪集团或者黑社会性质的组织的主要区别。三是成员较为稳定和组织较为严密，有明确的分工，组织者、领导者较为固定。四是准备或者实施杀人、爆炸、绑架等恐怖活动犯罪是恐怖活动组织的主要行为内容。

② 1997年刑法第一百二十条规定：“组织、领导和积极参加恐怖活动组织的，处三年以上十年以下有期徒刑；其他参加的，处三年以下有期徒刑、拘役或者管制。犯前款罪并实施杀人、爆炸、绑架等犯罪的，依照数罪并罚的规定处罚。

③ 据不完全统计，从1990年到2001年，境内外“东突”恐怖势力在新疆地区共制造了200余起带有“圣战”色彩的暗杀、爆炸等恐怖暴力事件，造成各民族群众、基层干部、宗教人士160多人丧生，400余人受伤。参见《“东突”恐怖势力难脱罪责》，载《人民日报》2002年1月22日第6版。

规定予以了修改，将恐怖活动犯罪规定为洗钱罪的上游犯罪。[①]《修法修正案（三)》的出台，对打击恐怖活动犯罪、铲除恐怖组织发挥了重要作用。

2008年以来，暴力恐怖活动犯罪不断升级，重特大案件不断发生，成为了危害我国新疆等地区稳定的最直接、最现实的因素。在新疆地区，已连续发生十多起特大暴力恐怖犯罪案件，造成无辜群众重大伤亡，严重影响了当地经济社会发展和民族团结。[②] 实践证明，打击恐怖活动犯罪，除了对恐怖活动犯罪分子的人身依法处刑外，还要对其所有的财产适用刑罚，以断绝恐怖活动的经济支撑，使恐怖活动组织难以具备实施恐怖活动犯罪的物质条件，发挥釜底抽薪的作用。

---

① 《刑法修正案（三)》(2001年12月29日第九届全国人民代表大会常务委员会第二十五次会议通过）第三条：将刑法第一百二十条第一款修改为："组织、领导恐怖活动组织的，处十年以上有期徒刑或者无期徒刑；积极参加的，处三年以上十年以下有期徒刑；其他参加的，处三年以下有期徒刑、拘役、管制或者剥夺政治权利。"第四条：刑法第一百二十条后增加一条，作为第一百二十条之一："资助恐怖活动组织或者实施恐怖活动的个人的，处五年以下有期徒刑、拘役、管制或者剥夺政治权利，并处罚金；情节严重的，处五年以上有期徒刑，并处罚金或者没收财产。单位犯前款罪的，对单位判处罚金，并对其直接负责的主管人员和其他直接责任人员，依照前款的规定处罚。"第七条：将刑法第一百九十一条修改为："明知是毒品犯罪、黑社会性质的组织犯罪、恐怖活动犯罪、走私犯罪的违法所得及其产生的收益，为掩饰、隐瞒其来源和性质，有下列行为之一的，没收实施以上犯罪的违法所得及其产生的收益，处五年以下有期徒刑或者拘役，并处或者单处洗钱数额百分之五以上百分之二十以下罚金；情节严重的，处五年以上十年以下有期徒刑，并处洗钱数额百分之五以上百分之二十以下罚金：（一）提供资金帐户的；（二）协助将财产转换为现金或者金融票据的；（三）通过转帐或者其他结算方式协助资金转移的；（四）协助将资金汇往境外的；（五）以其他方法掩饰、隐瞒犯罪的违法所得及其收益的来源和性质的。单位犯前款罪的，对单位判处罚金，并对其直接负责的主管人员和其他直接责任人员，处五年以下有期徒刑或者拘役；情节严重的，处五年以上十年以下有期徒刑。"

② 2008年8月4日，新疆喀什边防支队被恐怖分子袭击，当场造成16人死亡，16人受伤；2009年新疆乌鲁木齐"7·5"打砸抢烧严重暴力犯罪案件；2011年7月18日，新疆和田市公安派出所遭受恐怖分子袭击；2011年7月30日，新疆喀什发生恐怖分子劫车冲撞人群恶性案件；2013年4月23日，喀什巴楚县发生严重暴力恐怖事件；2013年10月28日，恐怖分子在北京天安门金水桥驾车冲撞人群恶性案件；2014年3月1日，昆明暴力恐怖恶性事件，等等。参见廖罗德、罗卫东：《暴力恐怖活动的特点及应对策略》，载《江西警察学院学报》2014年第3期。

2009年新疆乌鲁木齐“7·5”打砸抢烧严重暴力犯罪案件，如果没有以热比娅为首的“世维会”给予的财力支持，恐怖活动犯罪分子恐难以多次进行密谋策划，也很难纠集众多的犯罪分子参加。2013年北京“10·28”金水桥事件，恐怖活动犯罪分子如果没有一定的财力，就很难购买汽车和大量的汽油等犯罪工具，当然也就无法造成如此严重的危害。因此，除应依照刑法总则的规定对恐怖活动犯罪分子犯罪所用的财物予以没收外，对于其所有的其他财产也应规定刑罚措施，断绝其再实施或者资助他人实施恐怖活动的经济来源。《全国人民代表大会常务委员会关于加强反恐怖工作有关问题的规定》中虽然规定,[①] 对涉及有关恐怖活动组织及恐怖活动人员的资金或者其他资产予以冻结，但“冻结”仅是针对财产的一种刑事强制措施，还不是一种具体的刑罚种类，案件办结后，如难以查清冻结的财产就是犯罪分子犯罪所用的财物，根据刑事诉讼法的规定，还需要解除冻结，予以归还。

《刑法修正案（九）》起草过程中，部分人大代表和部门提出对恐怖活动犯罪增加规定财产刑。经研究，采纳了上述建议，并根据具体行为的社会危害性，规定了财产刑的区别适用：对组织、领导恐怖活动组织的，应当并处没收财产；对积极参加恐怖活动组织的，应当并处罚金；对于其他参加者，可以并处罚金。这样规定既加重了对恐怖活动犯罪分子的刑罚，也体现了区别对待的政策。根据刑法规定，没收财产是没收犯罪分子个人所有财产的一部或者全部；如能够查清属于供犯罪所用的本人财物，应当直接予以没收，不在没收财产刑的

---

① 《全国人民代表大会常务委员会关于加强反恐怖工作有关问题的规定》（2011年10月29日第十一届全国人民代表大会常务委员会第二十三次会议通过）第五条规定：“国务院公安部门公布恐怖活动组织及恐怖活动人员名单时，应当同时决定对涉及有关恐怖活动组织及恐怖活动人员的资金或者其他资产予以冻结。金融机构和特定非金融机构对于涉及国务院公安部门公布的恐怖活动组织及恐怖活动人员的资金或者其他资产，应当立即予以冻结，并按照规定及时向国务院公安部门、国家安全部门和国务院反洗钱行政主管部门报告。”

适用范围。没收财产由人民法院执行，必要的时候，可以会同公安机关执行。罚金是人民法院判处犯罪分子向国家缴纳一定数额金钱的刑罚方法，罚金也适用于犯罪分子犯罪之外的财物，对于供犯罪分子犯罪所有的财物，应当予以没收，上缴国库。

《刑法修正案（九）》起草过程中，有意见要求增设实施暴力恐怖活动罪。理由是：由于刑法未将实施暴力恐怖活动规定为独立的犯罪，而是根据行为的具体性质分别适用故意杀人罪、放火罪、爆炸罪等罪名定罪处罚，无法体现暴恐活动有别于普通刑事犯罪的特点和危害。经研究，没有采纳这一意见。主要考虑：一是刑法规制的对象是行为，暴恐活动无论具有怎样严重的社会危害性，一定还要通过故意杀人、放火、爆炸、投毒、绑架等具体的犯罪行为体现出来，只不过指向的多是无辜群众或者具有一定影响力的政府首脑、工作人员或者公众人物，其恐怖性更容易扩散而已。就性质而言，体现暴恐活动的杀人、放火、爆炸、投毒等行为与普通刑事犯罪中的杀人、放火、爆炸等行为没有本质上的区别。二是上述具体犯罪都是社会危害性严重的犯罪，刑法本来就为它们配置了很重的刑罚，不单设实施暴力恐怖活动罪，并不会轻纵暴恐犯罪。三是根据刑法第一百二十条的规定，对于通过组织、领导、参加恐怖组织实施具体杀人、放火、爆炸等犯罪行为的，依照数罪并罚的规定处罚，即对组织、领导、参加恐怖活动组织的行为和具体的暴恐犯罪行为都有处罚，这体现了对有组织暴恐犯罪刑罚的严厉性，完全能够做到罪责刑相适应。四是如规定实施暴力恐怖活动罪，则其涵盖的犯罪行为种类过广，难以准确体现各类行为的特征。

二、对修改内容的理解和适用

（一）犯罪客体

组织、领导、参加恐怖组织罪的犯罪客体是公共安全。恐怖活动组织是以暴力犯罪为手段，以制造社会恐慌为目的的犯罪集团，其存在本身就是对社会稳定和广大人民群众生命财产安全的严重威胁，是对公共安全的严重危害。组织、领导、参加恐怖组织是恐怖组织建立、存在、发展、实施恐怖活动犯罪的根基和依赖，这些行为的目的在于通过恐怖组织实施危害公共安全的行为，没有了这些行为，恐怖活动组织及其实施的恐怖活动犯罪就成了无源之水、无本之木。因此，这些行为实质是对公共安全的危害。

（二）客观方面

本罪的客观方面表现为组织、领导、参加恐怖组织的行为。“组织”，是指鼓动、唆使、召集人员建立实施暴力恐怖活动犯罪组织的行为。“领导”，是指指挥、决定、安排、组织恐怖活动组织行动的行为。“积极参加的”，是指主动、自愿参加恐怖活动组织的人员。“其他参加的”，是指除积极参加者以外的一般参加者，包括受他人鼓动、唆使、游说以及裹挟等参加恐怖活动组织的人员。组织、领导、参加恐怖活动组织的人员的分工或者职责并不是一成不变的，有的一开始仅是一般的参加者，后来可能成为组织者或者领导者，对此，应当以组织者、领导者处罚。

（三）犯罪主体

本罪的主体为一般自然人主体，凡年满十六周岁、具有刑事责任能力的自然人均可以构成本罪。

（四）主观方面

本罪的主观方面为故意，即为实施暴力恐怖活动而建立组织或者明知是实施暴力恐怖活动的组织而仍然领导、参加。

（五）刑事责任

本罪的法定刑分为三档：对组织、领导恐怖活动组织的，处十年以上有期徒刑或者无期徒刑，并处没收财产；对积极参加的，处三年以上十年以下有期徒刑，并处罚金；其他参加的，处三年以下有期徒刑、拘役、管制或者剥夺政治权利，可以并处罚金。

三、需要注意的问题

1. 本罪的罪名是一个特殊的选择性罪名，尽管在罪名中“组织”“领导”和“参加”三种行为并列，但是各行为的法定刑并不相同，甚至相差悬殊，这与“非法制造、买卖、运输、邮寄、储存枪支、弹药、爆炸物罪”“盗窃、抢夺枪支、弹药、爆炸物、危险物质罪”等选择性罪名不同，这些罪名尽管行为性质不同，但是对应的法定刑相同。因此，对于本罪，应准确区分恐怖活动组织中各成员的不同地位和作用，以确保刑罚适用的准确性，切实贯彻罪责刑相适应原则和宽严相济的刑事政策。对于非自愿而是受他人蒙蔽、胁迫、欺骗参加恐怖活动组织，一经发现即退出，且没有参与实施具体恐怖犯罪活动的，不应认定为犯罪。

2. 正确认定本罪，需准确把握恐怖活动组织和其他犯罪组织的区别。具有一定的政治目的、政治诉求或者意识形态支撑是恐怖活动组织最为显著的特点，也是其与一般的犯罪集团，特别是与黑社会性质组织的根本区别。恐怖活动组织通过实施暴力恐怖活动，制造社会恐慌，引发社会关注，以宣扬其所秉持的政治理念或者意识形态，进而达到其分裂国家和民族的目的。其他的犯罪集团，尽管也实施暴力犯罪活动，有的还有所谓的理念、纪律等，但其目的在于获取非法利益。

【条文六】〔增加资助恐怖活动培训，为恐怖活动组织、实施恐怖活动或者恐怖活动培训招募、运送人员的犯罪〕

六、将刑法第一百二十条之一修改为：“资助恐怖活动组织、实施恐怖活动的个人的，或者资助恐怖活动培训的，处五年以下有期徒刑、拘役、管制或者剥夺政治权利，并处罚金；情节严重的，处五年以上有期徒刑，并处罚金或者没收财产。

“为恐怖活动组织、实施恐怖活动或者恐怖活动培训招募、运送人员的，依照前款的规定处罚。

“单位犯前两款罪的，对单位判处罚金，并对其直接负责的主管人员和其他直接责任人员，依照第一款的规定处罚。”

【条文主旨】

在恐怖活动犯罪的各种形式中，出现了资助恐怖活动培训和组织、实施恐怖活动或者为恐怖活动培训招募、运送人员的情形，这属于为恐怖活动犯罪提供资助和便利、创造条件的行为，同样具有严重的社会危害性。为有针对性地打击恐怖活动犯罪，《刑法修正案(九)》将上述行为规定为犯罪。

【理解与适用】

一、修改的背景、内容和意义

2001 年 9 月 29 日，联合国安理会通过了第 1373 号决议。根据该决议，成立了联合国反恐怖主义委员会。决议提出，联合国反恐怖主义委员会应致力于提高联合国会员国预防境内外和各区域的恐怖主义行为的能力；并要求各会员国将资助恐怖主义行为定罪。为适应这一要求，我国立法机关于 2001 年 12 月通过的《刑法修正案（三）》规定了资助恐怖活动罪，即刑法原第一百二十条之一。[①] 该条为切断恐怖活动组织、人员实施恐怖活动犯罪的财物来源和物质条件提供了刑法依据。一段时间以来，在适用该条规定打击恐怖活动犯罪和办理相关案件过程中，人们发现对恐怖活动培训予以资助，提供场所、经费、设施设备，以及组织、实施恐怖活动或者为恐怖活动培训招募、运送人员的情形也较为突出。在上述情形中，行为人知道他人在进行恐怖活动培训而给予资助，或者知道恐怖活动组织准备或者正在实施恐怖活动以及正在进行恐怖活动培训而为其招募、运送人员，而提供经费、设施等各种帮助。比如，在新疆的某些地方，一些宗教极端分子大办地下"经文班""讲经点"，这些"经文班""讲经点"在讲授经文、宣扬宗教极端思想的同时，也传授枪支、弹药等武器的制作、使用方法，以及爆炸、绑架、杀害等恐怖活动犯罪的方式、方法，进行具体的恐怖活动犯罪培训，其宣扬的宗教极端思想中也具有"圣战"、杀害异教徒等恐怖活动内容。如果没有一定的场所、器材和经费来源，这些"经文班""讲经点"是难以举办的。再比如，近年来，一些机构和组织，特别是西方国家中的一些反华势力和组织，与我国境内外的东突、藏独等"三股势力"相勾结，大力支持暴力恐怖分子在我国境内进行暴力恐怖活动，积极为我国的恐怖组织捐赠、筹集资金，建立军事训练基地，培训组织成员，为恐怖活动培训提供各种条件，严重扰乱了我国经济社会的发展。[②]

随着我国对暴恐犯罪活动打击力度的加强和对恐怖活动空间的不断压缩，一些恐怖组织被迫移至境外，其对恐怖活动的培训和策划预谋等也不得不在境外进行，由此在境内招募恐怖组织成员和对人员的越境运送就变得极为重要，成为了恐怖组织策划实施恐怖活动的重要

---

① 见《刑法修正案（三）》第四条。该罪是指故意资助恐怖活动组织或者实施恐怖活动的个人的行为，资助的方式包括经费、场所和物质。参见张明楷：《刑法学》，法律出版社 2007 年版，第 527 页。

② 参见廖罗德、罗卫东：《暴力恐怖活动的特点及应对策略》，载《江西警察学院学报》2014 年第 3 期。

一环。打击招募、运送人员的行为，使恐怖组织难以得到充足的人员补充，是铲除恐怖组织，打击恐怖活动的有效手段，因此，将此类行为规定为犯罪非常必要。在研究修改刑法第一百二十条之一的过程中，有意见提出，资助恐怖活动培训的行为可以被资助恐怖组织、资助实施恐怖活动的个人的行为所涵盖，因资助组织和个人，即表明同意组织和个人将资助财物用于组织和个人实施的各种恐怖活动，包括恐怖活动培训，因此没有必要单独规定；招募、运送人员的行为一般由恐怖组织成员实施，有的属于具体恐怖活动的预备行为，可以被具体的恐怖活动犯罪如故意杀人、爆炸等犯罪所包括，亦没有必要单独规定。经研究，修改刑法时没有采纳上述意见。主要考虑：在资助恐怖活动培训的情形中，对于是否属于恐怖组织以及实施恐怖活动个人的认定，应以是否组织、策划或者实施了具体的恐怖犯罪活动作为认定的标准，如没有相关证据证实，则难以认定为恐怖组织或者实施恐怖活动的个人，而恐怖活动培训与实施具体的恐怖活动还存在一定的差异，因此，二者并不能形成涵盖的关系；对招募、运送人员的情形，有的行为人既不是恐怖组织的成员，也不是具体恐怖活动的实施者，因此，将招募、运送行为规定为犯罪也是必要的。

《刑法修正案（九）》对刑法第一百二十条之一的修改有三处：一是在第一款“实施恐怖活动的个人的”后增加了“或者资助恐怖活动培训的”。二是增加了一款作为第二款：“为恐怖活动组织、实施恐怖活动或者恐怖活动培训招募、运送人员的，依照前款的规定处罚。”三是将原第二款调整为第三款，并对个别文字作了修改。

二、对修改内容的理解和适用

（一）犯罪客体

该罪侵害的客体是公共安全。无论是资助恐怖活动培训，还是招募、运送恐怖活动人员，本质上都是恐怖活动行为，都会对公共安全造成侵害和威胁。资助恐怖活动培训的犯罪对象是参加恐怖活动培训的人员；为恐怖活动招募、运送人员的犯罪对象是招募、运送的恐怖组织成员或者实施恐怖活动的人员以及参加恐怖活动培训的人员。

（二）犯罪客观方面

根据《最高人民法院关于审理洗钱等刑事案件具体应用法律若干问题的解释》（法释〔2009〕15 号）第五条第一款对“资助”的解释，“资助恐怖活动培训”的客观方面表现为为恐怖活动培训筹集、提供经费、物资或者提供场所以及其他物质便利的行为。[①] 根据刑法第六条关于犯罪的行为或者结果有一项发生在中华人民共和国境内的，就认定是在中华人民共和国领域内犯罪的规定，在国内提供资助给境外的恐怖活动培训，或者在境外为国内的恐怖活动培训提供资助的，都认为是在国内的犯罪。在境外为境外的恐怖活动培训提供资助，意图在我国境内实施恐怖活动犯罪的，根据我国签署或者参加的国际条约、公约实施管辖。为恐怖活动招募、运送人员表现为组织、实施恐怖活动或者为恐怖活动培训招收、募集、运送人员的行为。“招收、募集”包括宣传、介绍、推荐、鼓动等行为；“运送”包括利用各种交通接收、运输、中转等行为。帮助恐怖活动罪是行为犯，行为人只要实施了刑法第一百二十条之一规定的行为，即构成犯罪，不需要达到情节严重的程度。但根据刑法第十三条的规定，情节显著轻微危害不大的，不认为是犯罪。

（三）犯罪主体

根据刑法第一百二十条之一第三款的规定，帮助恐怖活动罪的主体包括自然人主体和单位，自然人主体为一般主体，凡年满 16 周岁、具有刑事责任能力的自然人均可以构成本罪。

---

① 参见周道鸾、张军主编，熊选国、高憬宏副主编：《刑法罪名精释（上）》，人民法院出版社 2013 年版，第 104 ~ 105 页。

(四)犯罪主观方面

帮助恐怖活动罪在主观方面只能由故意构成，包括直接故意和间接故意，即知道或者应当知道是恐怖组织、实施恐怖活动、进行恐怖活动培训等而仍实施相关行为。从实践来看，通常为直接故意。行为人因受蒙骗不知道而实施相关行为的，不构成犯罪。犯罪动机多种多样，一般是受极端宗教思想、民族分裂主义或者暴力恐怖思想的影响而实施相关行为，也有的是出于对国家、社会的报复和仇视。

(五)刑事责任

根据刑法第一百二十条之一的规定，实施帮助恐怖活动行为的，处五年以下有期徒刑、拘役、管制或者剥夺政治权利，并处罚金；情节严重的，处五年以上有期徒刑，并处罚金或者没收财产。单位犯罪的，对单位判处罚金，并对其直接负责的主管人员和其他直接责任人员，依照本条规定的刑罚定罪处罚。“情节严重”，是指提供巨额财物、多次资助、资助多个组织或者多人、所资助的恐怖组织或者个人实施了严重的犯罪，等等。

三、需要注意的问题

1. 帮助恐怖活动罪的主体不能是被资助的恐怖活动组织本身的成员、具体实施恐怖活动犯罪的个人或者参加恐怖活动培训的人员，个人为自己参加的恐怖活动组织、实施的恐怖活动犯罪或者参加的恐怖活动培训提供资金、物质帮助的，不能作为犯罪单独评价，应当被实施的其他具体恐怖活动犯罪所吸收，应以直接参与的其他恐怖活动犯罪定罪处罚，其提供资助等的行为，可以作为情节考虑。如一个恐怖组织的成员为另一个恐怖组织、个人或者他人组织的恐怖活动培训提供资助的，可以构成本罪，应当与其直接参加的其他恐怖活动犯罪并罚。

2. 资助的表现形式只能是物质性利益。如金钱、房屋、食品、药品、场所、宣传材料、通讯设施设备、生活用品，等等。提供舆论宣传上的帮助、精神上的支持的，不能构成本罪。

【条文七之一】〔增加为实施恐怖活动准备工具、组织培训及与境外联络等准备活动的犯罪〕

七、在刑法第一百二十条之一后增加五条，作为第一百二十条之二、第一百二十条之三、第一百二十条之四、第一百二十条之五、第一百二十条之六：

“第一百二十条之二　有下列情形之一的，处五年以下有期徒刑、拘役、管制或者剥夺政治权利，并处罚金；情节严重的，处五年以上有期徒刑，并处罚金或者没收财产：

“（一）为实施恐怖活动准备凶器、危险物品或者其他工具的；

“（二）组织恐怖活动培训或者积极参加恐怖活动培训的；

“（三）为实施恐怖活动与境外恐怖活动组织或者人员联络的；

“（四）为实施恐怖活动进行策划或者其他准备的。

“有前款行为，同时构成其他犯罪的，依照处罚较重的规定定罪处罚。”

【条文主旨】

打击和预防恐怖活动犯罪，必须坚持打早打小的方针，注重对苗头行为、准备行为的打击，以争取事半功倍的效果。《刑法修正案(九)》贯彻了这一方针，将准备实施恐怖活动的行为规定为犯罪。

【理解与适用】

一、增设本条的背景、内容和意义

我国的恐怖活动犯罪，一般由恐怖组织策划实施，具有明确的政治目的，是以所谓的宗教为旗帜，以分裂国家为目的，以暴力犯罪为手段的恐怖分裂活动，危害性更加严重。从司法实践看，目标明确、行动计划严密、手段方式复杂多样、成员分工细致明确、训练有素是恐怖活动犯罪的显著特点，也是其危害性巨大的一个重要原因。[①] 比如制造北京“10·28”暴力恐怖事件的以玉山江·吾许尔等为首的恐怖活动组织，首要分子玉山江·吾许尔等从 2011 年就与他人谋划实施“迁徙”“圣战”，先后发展成员 20 多人，多次组织成员学习爆炸物的制造、使用方法，观看“迁徙”“圣战”内容的视频，并组织成员自制旗帜，宣誓进行“圣战”。为在北京制造暴力恐怖事件，玉山江·吾许尔等人先后到北京进行谋划，预谋采用汽车冲撞、汽油爆炸、持刀砍杀等方式实施恐怖犯罪，并共同出资购买了吉普越野车、汽油、防毒面罩、打火机、抽油器等作案工具，还几次到天安门广场踩点，可谓长期蓄谋、计划缜密。[②] 再如以阿布都居曼·肉孜托合地和阿布地巴斯依提·喀地尔为首的恐怖组织，该组织通过播放煽动分裂国家的视频，对成员进行讲经、宗教极端思想渗透和“圣战”宣传，灌输暴恐思想，并将进行“圣战”、建立以古兰经为法律的国家和制造恐怖事件作为组织的行为目标。为准备“圣战”，自 2012 年 4 月至 2013 年 6 月，该组织成员每天凌晨进行一个小时左右的体能训练，并准备了头套、迷彩服、手套、鞋子、刀具、钢丝钳、汽油、香

---

① 参见廖罗德、罗卫东：《暴力恐怖活动的特点及应对策略》，载《江西警察学院学报》2014 年第 3 期。

② 参见《玉山江·吾许尔等组织、领导恐怖组织、以危险方法危害公共安全死刑复核刑事裁定书》，载中国裁判文书网，访问时间：2014 年 12 月 3 日。

蕉水等作案工具。[①] 这些准备、谋划活动，本身就具有了严重的社会危害性，不适用刑罚惩治，难以有效遏制、预防重大恶性恐怖事件的发生。尽管根据刑法总则规定，对预备行为可以按照具体恐怖活动犯罪的预备犯罪处罚，但一般情况下刑罚过轻，难以体现对上述行为罪责的评价；有时，具体的恐怖活动犯罪还没有谋划就被发现、侦破，难以认定属于哪种具体犯罪的准备行为，无法定罪处刑。当前还出现了“独狼式”、临时纠合式的恐怖活动团伙，这种团伙难以认定为恐怖活动组织，无法以组织、领导、参加恐怖组织罪的预备犯定罪处罚。因此，适应打击恐怖活动犯罪的需要，《刑法修正案（九）》将准备实施恐怖活动犯罪的行为直接规定为犯罪。根据实践情况，《刑法修正案（九）》将准备实施恐怖活动的四种情形规定为犯罪：一是为实施恐怖活动准备凶器、危险物品或者其他工具的情形。二是组织恐怖活动培训或者积极参加恐怖活动培训的情形。三是为实施恐怖活动与境外恐怖活动组织或者人员联系的情形。四是为实施恐怖活动进行策划或者其他准备的情形。

针对刑法第一百二十条之二，有意见提出，本条的规定属于预备犯罪，刑法总则规定对于预备犯罪可以比照既遂犯从轻、减轻或者免除处罚，但本条规定的刑罚无法体现这一原则，因此，应通过法律修改或者解释明确本条中的“为实施恐怖活动准备凶器、危险物品或者其他工具”是否属于犯罪预备，如属于犯罪预备，应按照刑法总则的规定处理。经研究，最终没有采纳这一意见。主要考虑：从恐怖活动犯罪极其严重的社会危害性出发，除坚持对其打早打小的方针外，还必须坚持严打严防的方针，将恐怖活动犯罪的准备行为直接规定为犯罪，这既是我国当前有效遏制恐怖活动犯罪的需要，也是国际社会的一贯做法。

---

① 参见《阿布地巴斯依提·喀地尔等组织、领导恐怖组织、放火、故意杀人死刑复核刑事裁定书》，载中国裁判文书网，访问时间：2014年10月10日。

二、对增加内容的理解和适用

（一）犯罪客体

本罪的客体为公共安全。准备行为尽管与直接的、具体的恐怖活动犯罪存在差异，但已经对公共安全构成了威胁。

（二）犯罪客观方面

准备实施恐怖活动罪的客观方面表现为四种情形：第一种情形——“为实施恐怖活动准备凶器、危险物品或者其他工具的”，包括制造、购买、运输、储存、实验等一切为实施恐怖活动准备犯罪工具的行为；犯罪工具包括枪支，弹药，爆炸物，管制刀具，汽油，汽车，可燃性、毒害性物品等一切可用于实施恐怖活动犯罪的工具。如果因制造、购买、运输、储存枪支、弹药、爆炸物等又构成相关枪支、弹药、爆炸物犯罪的，根据第一百二十条之二第二款的规定，依照处罚较重的规定定罪处罚。第二种情形——“组织恐怖活动培训或者积极参加恐怖活动培训的”。我国是《上海合作组织反恐怖主义公约》的签署国，该公约明确要求签署国将组织恐怖活动培训或者积极参加恐怖活动培训的行为规定为犯罪。[①]《刑法修正案（九）》规定这一情形，也是对我国加入《上海合作组织反恐怖主义公约》的回应。第二种情形主要包括为恐怖活动培训安排师资、食宿、组织学员、编排培训科目、当面讲授以及利用互联网等信息网络开办培训班、组织讨论，等等。培训内容既包括关于恐怖主义的思想、观念、主张等精神领域的东西，也包括实施具体恐怖活动犯罪的方法、技

① 2014年12月28日，第十二届全国人大常委会第十二次会议通过了《全国人民代表大会常务委员会关于批准〈上海合作组织反恐怖主义公约〉的决定》，《决定》规定：批准2009年6月16日由时任国家主席胡锦涛代表中华人民共和国在叶卡捷琳堡签署《上海合作组织反恐怖主义公约》，同时声明：在中华人民共和国政府另行通知前，《上海合作组织反恐怖主义公约》暂不适用于中华人民共和国香港特别行政区。

能、手段以及体能训练、实战训练、犯罪工具的制造方法，等等。根据此种情形的规定，非组织行为或者仅为恐怖活动培训提供一般性帮助以及被胁迫、诱骗参加恐怖活动培训的，不能以此种情形治罪。在组织恐怖活动培训过程中又提供财物资助培训的，依照准备实施恐怖活动罪定罪处罚。在组织、领导、参加恐怖活动组织的同时，又组织恐怖活动培训或者积极参加恐怖活动培训的，同时构成组织、领导、参加恐怖组织罪和准备实施恐怖活动罪，依照处罚较重的规定定罪处罚。在培训过程中有煽动分裂国家、煽动颠覆国家政权行为的，也依照处罚较重的规定定罪处罚。第三种情形——“为实施恐怖活动与境外恐怖活动组织或者人员联络的”。包括通过电话、邮件、信函以及直接见面等各种方式与境外恐怖组织或者人员直接联系或者通过他人与境外恐怖组织与人员间接联系的行为，联系的目的在于实施恐怖活动，非以此为目的，不能以此种情形治罪。“实施恐怖活动”，不仅包括实施杀人、爆炸、绑架等具体的恐怖活动犯罪，还包括参加恐怖活动培训，为实施恐怖活动犯罪寻求物质帮助、情报信息等。第四种情形——“为实施恐怖活动进行策划或者其他准备的”。包括为实施恐怖活动制定计划、进行人员分工、踩点、明确恐怖活动攻击重点、逃跑路线等各种准备。如是为实施恐怖活动准备工具的，则应适用本条第一款第一种情形。此种情形中的“恐怖活动”亦是广义的恐怖活动，既包括杀人、爆炸等具体的恐怖活动犯罪，也包括组织恐怖活动培训等恐怖活动。本罪的“情节严重”，主要是指长期、纠集多人、多次策划准备，准备的犯罪工具数量大、危险性大，培训的人员众多，与境外联系频繁，为实施重大恐怖活动犯罪而作准备，以学校、医院、幼儿园、养老院、监管场所枪支、弹药库房等为攻击目标进行策划准备，等等。

（三）犯罪主体

本罪的犯罪主体为一般主体，凡年满16周岁、具有刑事责任能力的自然人均可以构成以上犯罪。

（四）犯罪主观方面

本罪在主观方面为故意，且为直接故意，即明知是实施恐怖活动的各种准备行为而仍然实施。

（五）刑事责任

准备实施恐怖活动罪的基本犯的刑罚是五年以下有期徒刑、拘役、管制或者剥夺政治权利，并处罚金；情节严重的，处五年以上有期徒刑，并处罚金或者没收财产。

三、需要注意的问题

准备实施恐怖活动罪仍然存在预备行为。准备实施恐怖活动罪是恐怖活动犯罪预备行为的正犯化，即将恐怖活动犯罪的准备行为规定为犯罪。根据刑法总则及相关刑法理论，任何一种故意犯罪都可能存在预备行为，准备实施恐怖活动罪也不例外，如为购买实施恐怖活动的枪支、弹药而筹集钱款的行为，为与境外恐怖活动组织或者人员进行联系而制作或者购买通讯工具的行为，为策划实施恐怖活动而与相关人员联系的行为，等等。此类行为如能被证实，且具有刑罚可罚性的，应当以准备实施恐怖活动罪（预备）定罪处罚。

【条文七之二】〔增加宣扬恐怖主义、极端主义，煽动实施恐怖活动的犯罪〕

七、在刑法第一百二十条之一后增加五条，作为第一百二十条之二、第一百二十条之三、第一百二十条之四、第一百二十条之五、第一百二十条之六：

“第一百二十条之三　以制作、散发宣扬恐怖主义、极端主义的图书、音频视频资料或者其他物品，或者通过讲授、发布信息等方式宣扬恐怖主义、极端主义的，或者煽动实施恐怖活动的，处五年以下有期徒刑、拘役、管制或者剥夺政治权利，并处罚金；情节严重的，处五年以上有期徒刑，并处罚金或者没收财产。”

【条文主旨】

根据我国恐怖活动犯罪的特点，打击和防范恐怖活动犯罪，必须防止恐怖主义、极端主义思想的传播，解决暴恐行为人的思想认识问题。为此，《刑法修正案（九）》将宣扬恐怖主义、极端主义和煽动实施恐怖活动的行为规定为犯罪。

【理解与适用】

一、增设本条的背景、内容和意义

极端的思想观念导致极端行为，是极端行为的根据和内驱力。根据对当前暴恐犯罪的调查研究，宗教极端分子不一定是暴恐分子，但暴恐分子通常都是具有宗教极端思想的人。宗教极端思想中的杀害异教徒、驱逐汉族人，清除爱党爱国的宗教进步人士，“圣战”“殉教”“上天堂”等都是暴恐分子实施暴恐犯罪行为的思想根源。这些极端思想的形成，无一不是具有恐怖主义、宗教极端主义思想的人别有用心宣扬、煽动、“洗脑”的结果。因此，打击和防范恐怖活动犯罪，必须防止恐怖主义和极端主义思想的传播和蔓延，防止恐怖主义和极端主义控制和影响更多人的思想。从与恐怖活动犯罪长期斗争的角度讲，防范恐怖主义、极端主义思想的传播和蔓延更具有治本的作用，是与恐怖活动犯罪作斗争的重要措施。结合当前我国恐怖活动犯罪的特点，并借鉴国外反对恐怖主义的经验和做法，[①] 根据各方面意见，《刑法修正案（九）》将宣扬恐怖主义、极端主义和煽动实施恐怖活动的行为规定为犯罪。有意见提出将“讲授”修改为“当面讲授”，以限缩打击范围。经研究认为，随着信息技术的发展，“讲授”有多种形式，不仅包括当面讲授，利用电话、网络、报刊杂志等也可以进行讲授，限定为“当面讲授”难以体现当前恐怖活动犯罪的特点，也不符合打击恐怖活动犯罪的需要。经研究，修改刑法时没有采纳这一意见。

二、对增加内容的理解和适用

（一）犯罪客体

本罪的客体是公共安全。宣扬恐怖主义、极端主义和煽动实施恐怖活动都可以直接对公共安全造成侵害。

（二）客观方面

本罪的客观方面表现为以制作、散发物品，讲授、发布信息等各种方式宣扬恐怖主义、极端主义和煽动实施恐怖活动的行为。“宣扬”是指宣传、散布、传播等行为；对象主要是指观念、思想、主张、理念等较为抽象的东西，有时也包括对一个人或事务等的评价。在本罪中，主要是指对恐怖主义、极端主义观念、思想、观点等的散布、传播。“煽动”是指鼓动、怂恿、要求、劝说等行为，意图使他人产生或者形成实施某一行为的想法、打算、意念等。在本罪中，主

① 《上海合作组织反恐怖主义公约》第九条第一款第四项规定：公开煽动或者公开怂恿恐怖主义，即为唆使实施本款第一至三项（恐怖主义行为；各方均参加的国际反恐公约认定为犯罪的行为……）第五至十项（招募他人或者用其他方式使其参与预备或实施本款第一至四项、第六至十项所指的犯罪；训练人员……资助恐怖主义……）所指的犯罪而传播某些言论，或公开呼吁支持和效仿恐怖主义。英国、法国、俄罗斯等国都将煽动、宣扬、教唆恐怖主义、极端主义和恐怖活动规定为犯罪。

要是指使他人产生实施恐怖活动犯罪意图的行为。既可以针对特定具体的人实施煽动行为，也可以针对不特定的人实施。这里的“恐怖活动”也是广义的，既包括组织、领导、参加恐怖活动组织，杀人、爆炸等具体的恐怖活动，也包括资助恐怖活动组织、培训以及预备恐怖活动犯罪等行为。

“制作”是指编写、印制、复制、绘画、出版、录制、摄制、刻录、洗印等行为；“散发”是指发行、传递、邮寄、出售、上传、播放以及发送电子信息等行为。“其他物品”，包括传单、图片、标语、报纸、移动存储介质、货币、标志物、服饰、纪念品、生活用品等一切可以载有恐怖主义、极端主义思想信息的物品。“讲授”，包括当面讲授以及通过电话、利用信息网络建立网站、通信群组等方式讲解、传授。“等方式”则包括呼喊口号、演讲，书写、喷涂、张贴、悬挂横幅、条幅、标语等方式。当前，出现了一种利用“伪基站”设备发送各种信息的行为，这也归属于“等方式”中。本罪中的“情节严重”，主要是指多次实施宣扬、煽动行为，造成恶劣社会影响，在学校内、国家机关内或者向未成年人、国家工作人员宣扬、煽动，向众多人员讲授或者发送相关信息，宣扬、煽动行为已造成重大恐怖活动犯罪发生，等等。

（三）犯罪主体

本罪的主体为一般主体，凡年满16周岁、具有刑事责任能力的自然人均可以构成本罪。

（四）犯罪主观方面

本罪在主观方面为故意，即明知是载有恐怖主义、极端主义观念、思想、信息的物品仍然制作、散发，或者明知是恐怖主义、极端主义的观念、思想、主张、信息而仍然向他人讲授、发布，以及明知自己的煽动行为会使他人产生实施恐怖活动犯罪的意图而仍然实施煽动行为。

（五）刑事责任

犯本罪的，处五年以下有期徒刑、拘役、管制或者剥夺政治权利，并处罚金；情节严重的，处五年以上有期徒刑，并处罚金或者没收财产。

三、需要注意的问题

1. “制作”和“散发”是本罪的两个并列的客观行为，是“宣扬”的表现形式，实施了其中的一个，就构成本罪。有意见认为，从用语本身的含义看，“散发”是宣扬的一种形式，而“制作”则难以认定为“宣扬”，充其量是为“宣扬”作准备，因此，仅制作而不散发的，不能成立本罪的既遂。本书认为这一意见值得商榷：一是基于恐怖活动犯罪具有极其严重的社会危害性，必须将与宣扬恐怖主义、极端主义相关的行为都列入防范范围。二是从刑法的其他规定看，并列的词语具有等量的刑法价值评价，不存在预备、未遂和既遂的区别。如刑法第一百二十五条规定的非法制造、买卖、运输、邮寄、储存枪支、弹药、爆炸物罪，等等。另外，《刑法修正案（九）》第三十二条规定的编造、故意传播虚假恐怖信息罪，可以反证出本罪中“制作”是与“散发”并列的宣扬方式。①

2. 行为人通过破坏广播电视设施、公用电信设施宣扬恐怖主义、极端主义、煽动实施恐怖活动的，如果造成了广播电视设施、公用电信设施的损毁，危害了公共安全，则同时构成了破坏广播电视设施、公用电信设施罪和宣扬恐怖主义、极端主义、煽动实施恐怖活动罪，应当数罪并罚。

3. 由于本条的罪名为选择性罪名，行为人既实施了宣扬行为，

① 《刑法修正案（九）》第三十二条规定：“编造虚假的险情、疫情、灾情、警情，在信息网络或者其他媒体上传播，或者明知是上述虚假信息，故意在信息网络或者其他媒体上传播，严重扰乱社会秩序的，处三年以下有期徒刑、拘役或者管制；造成严重后果的，处三年以上七年以下有期徒刑。”

又实施了煽动行为的，不能数罪并罚。行为人在实施宣扬、煽动行为过程中，又实施了煽动分裂国家、煽动颠覆国家政权以及教唆他人实施恐怖活动犯罪的，依照处罚较重的规定定罪处罚。

【条文七之三】〔增加利用极端主义煽动、胁迫群众破坏国家法律制度实施的犯罪〕

七、在刑法第一百二十条之一后增加五条，作为第一百二十条之二、第一百二十条之三、第一百二十条之四、第一百二十条之五、第一百二十条之六：

"第一百二十条之四　利用极端主义煽动、胁迫群众破坏国家法律确立的婚姻、司法、教育、社会管理等制度实施的，处三年以下有期徒刑、拘役或者管制，并处罚金；情节严重的，处三年以上七年以下有期徒刑，并处罚金；情节特别严重的，处七年以上有期徒刑，并处罚金或者没收财产。"

【条文主旨】

极端主义是恐怖活动犯罪的思想根源，防范和打击恐怖活动犯罪，必须防止极端主义对人民群众日常生活，特别是对法律法规确定的正常社会管理秩序的影响、渗透和破坏，从根源上防范恐怖活动犯罪。为此，《刑法修正案（九）》将利用极端主义煽动、胁迫群众破坏国家法律确定的婚姻、司法、教育、社会管理等制度实施的行为规定为犯罪。

【理解与适用】

一、增设本条的背景、内容和意义

一段时间以来，一些别有用心的恐怖主义、极端主义和分裂主义分子，打着宗教教义、民族传统、风俗习惯等旗号，煽动、胁迫少数民族群众采用极端主义倡导的行为方式、生活方式，排斥和破坏国家法律确立的正常的社会管理制度。这是妄图通过日常行为方式、生活方式的渗透和养成，对广大人民群众灌输极端主义思想，这种行为在本质上是对极端主义的宣扬。比如，煽动、胁迫他人不使用政府发行的货币，强制他人不让孩子上学；对他人之间发生的民事纠纷或者刑事案件，甚至死刑案件也强制他人通过私下谈判或者宗教方式解决，不走司法程序；对信教群众的结婚、离婚事宜，不允许群众履行法律规定的手续，而是通过宗教仪式解决；鼓动他人不接受、不使用政府发放的各种证件，甚至要求他人将各种证件撕毁；对信教群众正常的唱歌跳舞行为，也以宗教名义予以干涉；对其他民族制造的物品，即便符合本民族传统和风俗习惯，也不允许本民族人使用；等等。这些行为方式和生活方式，一方面导致部分本民族群众脱离社会主流、游离于社会管理之外，另一方面制造了民族之间的隔阂、仇视和对抗，破坏了各民族间的平等，为民族间的冲突和国家分裂埋下了隐患，更是恐怖活动犯罪的思想诱因。针对上述泛滥和不断蔓延的势头，《刑法修正案（九）》采纳了各方面意见，将利用极端主义煽动、胁迫群众破坏国家法律确定的婚姻、司法、教育、社会管理等制度实施的行为规定为犯罪，明确：利用极端主义煽动、胁迫群众破坏国家法律确立的婚姻、司法、教育、社会管理等制度实施的，处三年以下有期徒刑、拘役或者管制，并处罚金；情节严重的，处三年以上七年以下有期徒刑，并处罚金；情节特别严重的，处七年以上有期徒刑，并处罚金或者没收财产。

二、对增加内容的理解和适用

(一) 犯罪客体

本罪侵犯的客体是公共安全。从第一百二十条之四的规定看，本罪似扰乱了社会正常秩序，客体应为社会管理制度，但是本罪行为的目的在于宣扬和灌输极端主义思想，制造认识混乱和民族隔阂、对立与矛盾，这种对立和矛盾有随时引发暴力恐怖案件的可能，是对公共安全的危害和威胁。

(二) 犯罪客观方面

本罪的客观方面表现为利用极端主义煽动、胁迫群众不遵守国家法律确立的婚姻、司法、教育、社会管理等制度的行为。利用极端主义和煽动、胁迫群众以及破坏国家法律确立的婚姻、司法、教育等制度的实施是客观方面的三个特点，这三个特点必须同时具备才能构成本罪。“极端主义”，是一种打着宗教旗号的极端主义思潮，是当代国际政治生活中一股邪恶的反动势力。为了达到其恢复神权统治，建立政教合一的国家等目的，极端主义思想对宗教教义任意歪曲篡改，煽动宗教狂热，煽动教派之间、不同信仰之间、不同民族之间的仇恨、制造暴力冲突。极端性、欺骗性、政治性和暴力性是其基本特征，反社会、反科学、反人类是其本质。当前，极端主义与恐怖主义、民族分裂主义勾连结合，给国际秩序、地区稳定、国家安全和广大人民群众生产、财产安全带来了巨大威胁。利用极端主义包括灌输、宣传极端主义思想和推行极端主义的行为方式、生活方式等。“煽动”是指要求、怂恿、鼓动等。“胁迫”是指通过各种方式对他人进行精神挟制而使他人从事或者不从事一定的行为。行为人实施煽动、胁迫行为，不需要达到情节严重的程度或者要求煽动、胁迫成功才能构成本罪。如他人没有受到煽动、胁迫，而是自身出于对极端主义的认识而不遵守国家法律确立的婚姻、司法、教育等制度，如自愿采用宗教仪式订婚、退婚，以达到一夫多妻、随意休妻的目的，对于违法犯罪通过私力救济方式解决等，不能以本罪定罪处罚，构成其他犯罪的，可以其他犯罪惩治。“破坏国家法律确立的婚姻、司法、教育、社会管理等制度实施”，主要是指不遵守国家法律确立的各项制度。本罪中的“情节严重”，主要是指多次或者向多人实施煽动、胁迫行为，煽动、胁迫行为导致他人破坏国家法律实施，构成了违法犯罪，造成了恶劣社会影响，等等。

（三）犯罪主体

本罪的犯罪主体为一般主体，凡年满16周岁、具有刑事责任能力的自然人都可以构成本罪。

（四）犯罪主观方面

本罪的主观方面为故意，即明知自己利用极端主义的煽动、胁迫行为会导致法律制度不能得到实施而仍然实施煽动、胁迫行为。

（五）刑事责任

利用极端主义煽动、胁迫群众破坏国家法律确立的婚姻、司法、教育、社会管理等制度实施的，处三年以下有期徒刑、拘役或者管制，并处罚金；情节严重的，处三年以上七年以下有期徒刑，并处罚金；情节特别严重的，处七年以上有期徒刑，并处罚金或者没收财产。

三、需要注意的问题

1. 本罪只处罚煽动、胁迫者，对于一般群众因为宗教观念错误而不遵守国家法律确立的相关制度的，不能以本罪处罚。对于煽动、胁迫行为，尽管不要求达到情节严重的程度就可以构成本罪，但也要区分情形，对于偶尔实施的劝说行为或者轻微的胁迫行为，情节显著轻微的，不能认定为犯罪，以更好地贯彻刑法规定和宽严相济的刑事政策。

2. 注意本罪与组织、利用会道门、邪教组织、利用迷信破坏法律实施罪的区分。前者主要是通过歪曲、篡改宗教教义，以所谓的宗教“清规戒律”来制造宗教歧视或者民族隔阂，进而达到分裂国家、制造民族对抗等政治目的。后者主要是通过编造鬼神存在、神化首要分子等方式，鼓吹超自然力量的存在，进而达到控制他人、蒙骗钱财等目的。

【条文七之四】〔增加强制他人穿着、佩戴宣扬恐怖主义、极端主义服饰、标志的犯罪〕

七、在刑法第一百二十条之一后增加五条，作为第一百二十条之二、第一百二十条之三、第一百二十条之四、第一百二十条之五、第一百二十条之六：

“第一百二十条之五 以暴力、胁迫等方式强制他人在公共场所穿着、佩戴宣扬恐怖主义、极端主义服饰、标志的，处三年以下有期徒刑、拘役或者管制，并处罚金。”

【条文主旨】

在公共场所穿着、佩戴宣扬恐怖主义、极端主义的服饰、标志，是一种宣扬恐怖主义、极端主义的行为，以暴力、胁迫等方式强制他人在公共场所穿戴的，不仅宣扬了恐怖主义、极端主义，在社会上营造了恐怖主义、极端主义氛围，危害了公共秩序，还直接侵犯了他人的人身权利以及宗教信仰自由，具有严重的社会危害性。《刑法修正案（九）》将强制他人在公共场所穿着、佩戴宣扬恐怖主义、极端主义服饰、标志的行为规定为犯罪。

【理解与适用】

一、增设本条的背景、内容和意义

一段时间以来，随着恐怖主义、极端主义在国际上的蔓延和泛滥，在我国一些地区也出现了以多种形式表现出的恐怖主义、极端主义，其中一个就是在公共场所穿着、佩戴宣扬恐怖主义、极端主义服饰、标志的现象开始出现并逐渐增加。比如，越来越多的少数民族女性开始穿吉里巴甫服[①]，年轻人留大胡子等。这一现象，有些出自对宗教教义有不正确认识的信教群众的自愿，有些则是由于受到了他人的强制。一些恐怖主义、极端主义者利用普通信教群众朴素的宗教情感和对宗教教义的不正确认识，篡改教义，以是否对宗教虔诚等为借口，用暴力、胁迫等方式强制他人在公共场所穿戴宣扬恐怖主义、极端主义的服饰、标志，其实质是将他人作为宣扬恐怖主义、极端主义的工具。强制他人穿戴的行为，不但造成了恐怖主义、极端主义的渗透和蔓延，强化了民族差异，引发宗教狂热，在社会上形成恐怖主义、极端主义氛围，而且由于恐怖主义、极端主义服饰、标志的特殊性，给穿戴者的日常工作和生活带来了不便。更为严重的是，它侵害了穿戴者的人身权利和意志自由，危害严重。因此，适应防范恐怖主义、极端主义传播和渗透的需要，根据各方面意见，《刑法修正案（九）》将以暴力、胁迫等方式强制他人在公共场所穿着、佩戴宣扬恐怖主义、极端主义服饰、标志的行为规定犯罪。《刑法修正案（九）》增加规定的刑法第一百二十条之五规定："以暴力、胁迫等方式强制他人在公共场所穿着、佩戴

---

① 吉里巴甫服，是伊斯兰极端主义女性服饰。特点为：长袍、长头巾，蒙面，面部只露出眼睛，一身黑色。它是上世纪伊斯兰复古运动的产物。此类服饰不是维吾尔族的传统服饰，也不是穆斯林的传统服饰，而是宗教极端势力凸显其极端思想的具体表现。

宣扬恐怖主义、极端主义服饰、标志的，处三年以下有期徒刑、拘役或者管制，并处罚金。”

二、对增加内容的理解和适用

（一）犯罪客体

本罪的客体为公共安全。从罪状看，本罪侵犯的客体似为社会管理制度以及他人的人身权利和穿戴的意志自由，但是，行为人强制他人的目的在于宣扬恐怖主义、极端主义，而恐怖主义、极端主义则是对公共安全的危害和威胁。因此，从恐怖主义、极端主义的本质上分析，本罪的客体是公共安全。

（二）客观方面

本罪的客观方面表现为违背他人意志，以暴力、胁迫等方式强制他人在公共场所穿着、佩戴宣扬恐怖主义、极端主义服饰、标志的行为。“暴力”是指殴打、捆绑、伤害等直接使他人肉体遭受痛苦，使他人不能抗拒的手段。“胁迫”是指威胁、恐吓等使他人在精神上受到强制，不敢抗拒的手段。暴力和胁迫的方式多种多样，程度也会存在差异，但都应当达到强制他人，违背他人意志的程度；如虽实施了强制行为，但没有使他人违背意志穿戴的，不能以本罪定罪处罚。“公共场所”是指居民区、广场、街道、影剧院、商场、车站、学校、寺庙等不特定人员可以进出的场所。机关、团体、企业、事业单位内的办公场所、生产经营场所以及公共交通工具，如公共汽车、火车、轮船、飞机等，由于可以允许不特定的人员进出，也应属于公共场所。“宣扬恐怖主义、极端主义的服饰、标志”是指一切体现恐怖主义、极端主义思想、观念和特点的服装、标识、标志物、徽章、纪念品等。强制他人蓄留具有极端宗教色彩的大胡须等发式的，可以以本罪定罪处罚。从《刑法修正案(九)》规定本罪的目的看，被强制者在公共场所穿着、佩戴了宣扬恐怖主义、极端主义的服饰、标志的，才成立既遂，仅有强迫行为难以认定为既遂。

（三）犯罪主体

本罪的主体为一般主体，凡年满16周岁、具有刑事责任能力的自然人均可以构成本罪。

（四）犯罪主观方面

本罪在主观方面为故意，行为人明知自己的行为会导致他人在公共场所穿着、佩戴体现恐怖主义、极端主义特点的服饰、标志而仍然实施本罪规定的行为。

（五）刑事责任

根据刑法第一百二十条之五的规定，犯本罪的，处三年以下有期徒刑、拘役或者管制，并处罚金。

三、需要注意的问题

1. 关于本罪中的暴力、胁迫程度。本罪中的暴力、胁迫须达到违背被强制者意志的程度，但根据本罪的法定刑，暴力、胁迫的程度不能超出轻伤的程度，即在造成轻伤的程度以内，本罪与故意伤害罪有竞合，根据特别规定优于一般规定的原则，应以本罪论处；在暴力、胁迫的程度超出轻伤的，即造成重伤以上或者其他严重后果的，应当以故意伤害罪或者其他犯罪论处。

2. 与其他恐怖主义犯罪竞合时的处理。恐怖活动组织的领导、组织和参加者强制恐怖活动组织的其他成员穿戴宣扬恐怖主义、极端主义服饰、标志的，或者恐怖活动的培训者强制被培训者穿戴的，对强制穿戴的行为，应被组织、领导、参加恐怖组织犯罪或者培训恐怖活动犯罪吸收，不再对本罪单独定罪处罚。如果恐怖活动组织的领导、组织和参加者以及恐怖活动的培训者，强制恐怖活动组织成员以外的人员以及被培训者以外的人员穿戴的，应当对强制行为单独评价，以本罪定罪处罚。

【条文七之五】〔增加明知是宣扬恐怖主义、极端主义的物品而非法持有的犯罪〕

七、在刑法第一百二十条之一后增加五条，作为第一百二十条之二、第一百二十条之三、第一百二十条之四、第一百二十条之五、第一百二十条之六：

“第一百二十条之六 明知是宣扬恐怖主义、极端主义的图书、音频视频资料或者其他物品而非法持有，情节严重的，处三年以下有期徒刑、拘役或者管制，并处或者单处罚金。”

【条文主旨】

宣扬恐怖主义、极端主义的图书、音频视频资料等，是灌输、传播恐怖主义、极端主义和传授恐怖活动犯罪技能、方法的“教材”，属于违禁品。制作、散发以及非法持有上述物品，都应该被严格禁止。刑法第一百二十条之三将制作、散发上述物品的行为规定犯罪，第一百二十条之六将非法持有上述物品，情节严重的行为规定为犯罪。

【理解与适用】

一、增设本条的背景、内容和意义

根据对当前恐怖活动犯罪案件的分析，暴恐分子通过阅读、观看、收听宣扬恐怖主义、极端主义的图书、音视频资料等，接受恐怖主义、极端主义思想，学习暴恐犯罪技能、方法，然后实施暴恐犯罪，已成为暴恐犯罪案件的一大特点。经查阅，从2014年1月1日到2015年9月28日，中国裁判文书网公布了九份涉及组织、领导、参加恐怖组织犯罪的裁判文书，其中七份中的犯罪分子都是在阅读有关宗教极端思想的书籍，观看、收听宣扬“迁徙”“圣战”等内容的音视频资料后，建立恐怖活动组织或者实施相关恐怖活动犯罪的。恐怖主义、极端主义宣传品已成为暴恐分子对广大信教群众“洗脑”，发展成员，制造暴恐袭击不可缺少的重要工具，特别是当前，互联网、微博、微信、各类聊天软件和移动存储介质等传播速度快、信息容量大的通讯工具的普及，大大助推了恐怖主义、极端主义的传播。防控恐怖主义、极端主义宣传品已成为当前打击恐怖主义、极端主义的一个重要方面。

在打击恐怖活动犯罪过程中，经常发现非法持有大量恐怖主义、极端主义宣传品的情形。对这些宣传品，有时难以证明持有人实施了或者准备实施制作、散发行为，无法以刑法第一百二十条之三规定的宣扬恐怖主义、极端主义罪定罪处罚，但非法持有的行为又确实具有严重的社会危害性，即为宣扬恐怖主义、极端主义储备了“教材”。持有人可以随时实施散发行为，对社会造成更为严重的危害。因此，为有效防范恐怖主义、极端主义蔓延的势头以及煽动恐怖活动的行为，根据各方面意见，《刑法修正案（九）》将明知是恐怖主义、极端主义宣传品而非法持有，情节严重的行为规定为犯罪，明确对此类犯罪处三年以下有期徒刑、拘役或者管制，并处或者单处罚金。《刑法修正案（九）》起草过程中，有意见提出删除“明知”这一限制，以严厉打击非法持有行为。经研究认为，增加“明知”，能够体现犯罪是客观行为与主观意识的结合，因此，修改刑法时没有采纳这一意见。

二、对增加内容的理解和适用

(一) 犯罪客体

本罪的客体是公共安全。恐怖主义、极端主义宣传品是恐怖主义、极端主义的“教材”，明知是宣扬恐怖主义、极端主义的物品而持有的，是对公共安全和社会稳定的严重威胁。因此，本罪的客体应是公共安全。

(二) 犯罪客观方面

非法持有恐怖主义、极端主义物品罪的客观方面表现为明知是宣扬恐怖主义、极端主义的图书、音频视频资料或者其他物品而非法持有，情节严重的行为。“非法持有”是指没有合法根据地实际占有、支配或者控制。随身携带的属于持有；在住处、所开汽车等本人能够控制的地方存放的，也属于非法持有。“明知”是指知道或者应当知道。对“明知”的认定，不能以行为人的供述和认知为标准，根据《最高人民法院、最高人民检察院、公安部关于办理暴力恐怖和宗教极端刑事案件适用法律若干问题的意见》（公通字〔2014〕34 号）的规定，应当结合案件具体情况，坚持重证据，重调查研究，以行为人实施的客观行为为基础，结合其一贯表现，具体行为、程度、手段、事后态度，以及年龄、认知和受教育程度、所从事的职业等综合判断。曾因实施暴力恐怖、宗教极端违法犯罪行为受到行政、刑事处罚、免予刑事处罚，或者被责令改正后又实施的，应当认定为明知。其他共同犯罪嫌疑人、被告人或者其他知情人供认、指证，行为人不承认其主观上“明知”，但又不能作出合理解释的，依据其行为本身和认知程度，足以认定其确实“明知”或者应当“明知”的，应当认定为明知。“情节严重”，是指非法持有的宣传品数量大，因相关恐怖活动违法犯罪行为受到刑事处罚、行政处罚或者宣传品被收缴后仍然非法持有的，等等。

(三) 犯罪主体

本罪的主体是一般主体，凡年满16周岁、具有刑事责任能力的自然人均可以构成本罪。

(四) 犯罪主观方面

本罪在主观方面只能由故意构成，且为直接故意。

(五) 刑事责任

根据刑法第一百二十条之六的规定，非法持有宣扬恐怖主义、极端主义物品罪的刑罚是三年以下有期徒刑、拘役或者管制，并处或者单处罚金。

三、需要注意的问题

非法持有型犯罪是一种补充性犯罪，即刑法为了惩治某类犯罪或者控制某类物品，而将与某类犯罪相关的物品或者意欲控制的物品的不法状态规定为犯罪。如巨额财产来源不明罪，是刑法打击贪污、受贿犯罪的补充，在无法证明行为人存在贪污、受贿行为时，而将行为人对大量不能说明合法来源财物的占有行为规定为犯罪。对这一类型，刑法防控的是物品的不法状态，而非物品本身。另一类型是因对特殊物品的防控而将其不法的状态规定为犯罪，如非法持有枪支罪，如能够证明枪支是行为人非法制造、买卖的，则以非法制造、买卖枪支罪处罚，在无确实、充分证据证明制造、买卖行为存在时，将非法持有枪支的这一状态入罪，目的在于严格管控枪支，类似的还有非法持有国家绝密、机密文件、资料、物品罪。因对非法物品的防控而将其不法状态规定为犯罪的也属于这一类型，如持有伪造的发票罪，非法持有毒品罪，非法持有假币罪，非法持有毒品原植物种子、幼苗罪等。据上，对于非法持有宣扬恐怖主义、极端主义物品的，如能证实物品为持有人制作或者用来散发的，则应以宣扬恐怖主义、极端主义罪定罪处罚，不再对持有行为单独定罪处罚。

【条文八】〔增加危险驾驶机动车的行为，并增加机动车所有人、管理人的刑事责任〕

八、将刑法第一百三十三条之一修改为：“在道路上驾驶机动车，有下列情形之一的，处拘役，并处罚金：

“（一）追逐竞驶，情节恶劣的；

“（二）醉酒驾驶机动车的；

“（三）从事校车业务或者旅客运输，严重超过额定乘员载客，或者严重超过规定时速行驶的；

“（四）违反危险化学品安全管理规定运输危险化学品，危及公共安全的。

“机动车所有人、管理人对前款第三项、第四项行为负有直接责任的，依照前款的规定处罚。

“有前两款行为，同时构成其他犯罪的，依照处罚较重的规定定罪处罚。”

【条文主旨】

《刑法修正案（九）》对危险驾驶罪的修改主要体现在以下两个方面：一是将从事校车业务或者旅客运输，严重超载超速，以及违规运输危险化学品，危及公共安全的行为增加规定为犯罪，扩大危险驾驶罪的适用范围；二是进一步明确机动车所有人、管理人对校车、客运严重超载超速或者违规运输危险化学品的行为负有直接责任的，依照危险驾驶罪追究刑事责任。

【理解与适用】

一、修改的背景、内容和意义

(一) 刑法增设危险驾驶罪

我国当前正处于经济社会快速发展的转型时期，其中一个显著特点就是机动车保有量的高速增长。据公安部交管局的统计数字，截至2014年年底，我国机动车保有量达2.64亿辆，其中汽车1.54亿辆；机动车驾驶人突破3亿人，其中汽车驾驶人超过2.46亿人。[①] 在机动车保有量快速增长与机动车驾驶人大幅增加的同时，无视交通管理法规，违法驾驶机动车的事件也日益增多。

为有效规制驾驶机动车追逐竞驶和醉酒驾驶机动车的情形，《刑法修正案（八)》增设危险驾驶罪，第二十二条规定：在刑法第一百三十三条后增加一条，作为第一百三十三条之一："在道路上驾驶机动车追逐竞驶，情节恶劣的，或者在道路上醉酒驾驶机动车的，处拘役，并处罚金。""有前款行为，同时构成其他犯罪的，依照处罚较重的规定定罪处罚。"《刑法修正案（八)》施行以来，各地严格执行危险驾驶罪的规定，查处了一批驾驶机动车追逐竞驶和醉酒驾驶机动车的案件，取得了良好的法律效果和社会效果。2013年12月18日，最高人民法院、最高人民检察院、公安部联合发布《关于办理醉酒驾驶机动车刑事案件适用法律若干问题的意见》（法发〔2013〕15号)，对惩处醉酒驾驶机动车犯罪的有关法律适用问题作了明确。

(二) 危险驾驶罪有待进一步完善

"他山之石，可以攻玉。"从西方国家刑事立法的情况来看，关

---

① 参见《我国机动车保有量2.64亿辆　汽车1.54亿辆》，载http://auto.qq.com/a/20150128/009460.htm，最后访问时间：2015年8月3日。

于危险驾驶行为的刑事规制要远大于追逐竞驶和醉酒驾驶两种情形。限于篇幅，这里仅对英国、美国、德国、日本等发达国家关于危险驾驶行为的刑事立法情况概述如下：

1. 英国。英国刑法中对于危险驾驶方面的规定主要是放任驾驶罪、体内有过量酒精时驾驶或意欲驾驶罪和在不适宜的状态下驾驶或意欲驾驶罪、在不适宜的状态下控制车辆罪。其中构成放任驾驶罪的，应判处罚金或者二年监禁，或并处罚金和监禁；构成体内有过量酒精时驾驶或意欲驾驶罪或在不适宜的状态下驾驶或者意欲驾驶罪的，应处六个月监禁或 1000 英镑罚金，或者二者并处。①

2. 美国。《美国纽约州车辆与交通法——道路条例》将酗酒、吸毒后驾车，或闯红灯的行为规定为故意犯罪。该条例规定因超速、闯红灯交通肇事的行为可判处一至七年有期徒刑、劳役、罚款、记分、停止或吊销驾照；初次饮酒后或吸毒后驾车的可判处一至七年有期徒刑，第二次的从重处罚，造成事故的可判处十年以上有期徒刑。②

3. 德国。在德国，醉酒驾驶车辆等道路危险驾驶行为③会涉及如下罪名：④（1）刑法典第 316 条的醉酒驾驶（Trunkenheit im Verkehr），根据该条规定，由于饮食酒或者其他麻醉品陷入不能安全驾驶车辆的状况，而驾驶车辆的，将处以一年以下自由刑或者罚金。而且，行为人过失实施上述行为，亦应受到刑罚。此罪为抽象危险犯(abstraktes Gefaehrdungsdelikt)。（2）刑法典第 315 条 c 的危及道路交通安全罪（Gefaehrdung des Strassenverkehrs)，该条规定：有下列行为之一，因而危及他人身体、生命或者贵重物品的，处五年以下自由刑或者罚金：①由于下列轻信而陷入不能安全驾驶车辆状况仍然驾驶的：a. 饮食酒或者其他麻醉品；b. 精神或者身体上有缺陷的。②具

①② 参见孟君：《危险驾驶行为的刑法规制》，载《湖北警官学院学报》2010 年第 2 期。

③ 德国刑法典对醉酒驾驶火车、轮船、飞机等铁路、航运、航空危险驾驶行为亦有规定。

④ Vgl. Wolfgang Joecks，Strafgesetzbuch，8. Aufl.，§316，§315 c，§229.

有下列严重违反交通规则及疏忽情形的：a. 未注意优先行驶权的；b. 错误超车或者在超车时错误驾驶的；c. 在人行横道上错误驾驶的；d. 在不能看清的地方、十字路口、街道、铁路交叉口超速行驶的；e. 在不能看清的地方，未将车停放在车道右侧的；f. 在高速公路或者公路上调头、倒车、逆行，或者试图实施这些行为的；g. 刹车或者停车时未保持交通安全所必需的安全距离的。此罪为具体危险犯(konkretes Gefaehrdungsdelikt)。③行为人的危险驾驶行为如果造成了人身损害等后果，则可能构成第 229 条的过失伤害（Fahrlaessige Koeperverletzung）等其他犯罪。

4. 日本。2001 年，日本对醉酒驾驶罪、疲劳驾驶罪、无执照驾驶罪等违反道路交通法的犯罪加重法定刑。同时，考虑到对酒后驾驶、鲁莽的高速行驶等造成的恶性、重大交通犯罪像以往一样按照以往的业务过失致死罪与违反道路交通法罪并和处理，难以应对这类犯罪频发的现状；而故意实施危险驾驶行为的性质比过失犯严重，同时考虑到被害人的感情与一般预防的观点，增设“危险驾驶致死伤罪”，明文规定有以下五种情形之一，因而致人伤害的，处十年以下惩役；致人死亡的，处一年以上的有期惩役：（1）酩酊驾驶致人死伤。这是指受酒精或药物的影响，处于难以正常驾驶的状态，驾驶四轮以上的汽车，致人死伤的。（2）超速行驶致死伤。这是指以难以控制行驶的高速度驾驶四轮以上汽车，致人死伤的。（3）无技能驾驶致死伤（这是指无驾驶技能而驾驶四轮以上汽车，致人死伤的）。（4）妨害驾驶致死伤（这是指以妨害人或车通行为目的，明显接近通行中的人或者车，并且以可能产生重大交通危险的速度驾驶四轮以上汽车，致人死伤的）。（5）无视信号行驶致死伤（这是指故意无视红色信号或者与之相当的信号，且以可能产生重大交通危险的速度驾驶四轮以上汽车，致人死伤的）。[①]

① 参见［日］西田典之：《日本刑法各论（第三版）》，刘明祥、王昭武译，中国人民大学出版社 2007 年版，第 44～47 页。

实际上，我国危险驾驶的形式同样多种多样，既有追逐竞驶、醉酒驾驶，也有吸毒驾驶、严重超载超速、违规运输危险化学品等其他情形。但是，《刑法修正案（八）》关于危险驾驶罪的规定只针对追逐竞驶和醉酒驾驶两种情形，未涉及吸毒驾驶、严重超载超速、违规运输危险化学品等其他危险驾驶行为，主要考虑是：（1）从当时的司法实践来看，追逐竞驶和醉酒驾驶的行为最为突出，对道路公共安全的危害最大，人民群众反映最为强烈。而诸如吸毒驾驶、严重超载超速、违规运输危险化学品等其他危险驾驶行为，相对而言不是十分明显，刑事惩治的必要性明显不如追逐竞驶和醉酒驾驶。因此，基于刑法的谦抑性考虑，其他的危险驾驶行为宜暂不入罪。（2）从立法的可行性来看，危险驾驶罪的规定是探索性立法，缺乏以往的成熟经验可以直接效仿。因此，先将比较严重和突出的危险驾驶行为入罪，通过司法适用的效果判断立法的科学与否，再考虑其他危险驾驶行为的入罪问题，不失为最妥当的选择。

随着时间推移，从近年来的实践来看，追逐竞驶、醉酒驾驶以外的危险驾驶行为日益突出，严重危害公共安全。其中，超载超速是交通安全的重大隐患，因客运车辆超员、超速引发的重特大交通事故尤其是群死群伤特大交通事故时有发生，引起社会格外关注。当前，部分机动车所有人、驾驶人片面追求利益最大化，严重超员载客运输，对道路交通安全造成严重危害。一方面，超员导致增加行车不稳定性，还会引发爆胎、偏驶、制动失灵、转向失控等危险，易造成群死群伤的重特大道路交通事故。另一方面，超员载客往往会加大事故的伤亡后果。据统计，2011 年至 2014 年，全国发生的道路交通事故中存在营运客车超员的事故 84 起，死亡 278 人，受伤 962 人。其中，死亡 10 人以上事故中存在客运车辆超员的占 14.9%。这类行为严重影响了人民群众的出行安全，社会危害性大，而且都是行为人故意实施，主观恶性强。例如，2007 年 4 月 23 日，重庆发生一起特大交通事故，造成 25 人死亡、6 人受伤，事故主要原因是肇事客车有超载

(核载人数为25人，实载31人)、超速行为。[①] 而客运超速行驶也是导致群死群伤重特大道路交通事故的主要原因。据统计，2011年至2014年，全国营运车辆超速违法导致交通事故14283起，死亡7546人。其中，客运车辆有责任的一次死亡10人以上的重特大道路交通事故中，由于超速行驶的占53%。例如，2013年2月1日，河北衡水运输集团有限公司的一辆大客车从廊坊市驶往甘肃省宁县。当行至转弯下坡道路时，车辆行驶超过限速规定150%，冲出路外坠入坡下林地并起火燃烧，共造成18人死亡，32人受伤。2013年8月9日，合肥市发生10死31人伤重大事故。调查结果显示，事发时肇事大客车行驶车速为每小时115公里至119公里，超速40%。[②]

此外，我国每年运输危险化学品2亿吨，95%以上为异地运输、80%通过道路运输。[③] 由于危险化学品具有易爆、易燃、毒害、腐蚀、放射性等特性，违反安全管理规定运输危险化学品的，极易造成重大人员伤亡和其他严重后果。例如，2014年3月1日，晋济高速公路山西晋城段岩后隧道发生一起特别重大道路交通危险化学品燃爆事故，导致甲醇泄漏爆炸并引发大火，事故共造成40人死亡、12人受伤。[④]2014年7月19日凌晨，沪昆高速湖南省邵阳市境内1309公里处隆回往洞口方向，一辆违法装载疑似酒精易燃品的厢式小货车与一辆大客车发生追尾后燃烧。事故造成1辆大客车、3辆货车、1辆小客车燃烧，43人死亡、6人受伤。[⑤]

---

① 参见《重庆“4·23”特大交通事故原因为超载、超速》，载http://news.sohu.com/20070423/n249629100.shtml，最后访问时间：2015年8月3日。

② 参见《合肥10死31人伤重大事故调查：大客车超速40%》，载http://jaj.cq.gov.cn/html/2013-10-16/ff808081415ad99f0141c0259c0f0b79.html，最后访问时间：2015年8月3日。

③④ 参见《事故启示：危险化学品运输“危”在哪里?》，载http://news.xinhuanet.com/talking/2014-10/21/c_1112909351.htm，最后访问时间：2014年10月27日。

⑤ 参见《国务院成立沪昆“7·19”特大事故调查组》，载http://www.hafxw.cn/Article/fzxw/fzzh/201407/347497.html，最后访问时间：2015年8月3日。

(三) 危险驾驶罪的适度拓展

汽车时代的飞速发展，使得危险驾驶罪的范围势必不断拓展，以更好地维护广大群众的人身和财产安全。在《刑法修正案（九）（草案)》的研拟过程中，未对危险驾驶罪的修改问题进行大范围讨论。但是，根据公安部的建议，草案一次审议稿仍然涉及危险驾驶罪，第七条将刑法第一百三十三条之一修改为："在道路上驾驶机动车，有下列情形之一的，处拘役，并处罚金：（一）追逐竞驶，情节恶劣的；（二）醉酒驾驶机动车的；（三）在公路上从事客运业务，严重超过额定乘员载客，或者严重超过规定时速行驶的；（四）违反危险化学品安全管理规定运输危险化学品的。""有前款行为，同时构成其他犯罪的，依照处罚较重的规定定罪处罚。"审议和征求意见过程中，针对该条提出了较多意见，大致如下：（1）关于客运严重超载超速。有意见认为，对于严重超载和严重超速的入刑须慎重。现在公交客运班车，在上下班高峰时往往大量超载，如果都入刑，存在打击面过大的问题。也有意见建议在"客运"前加"长途"二字。此外，还有意见提出，在公路上从事货运业务严重超载或者严重超速行为的社会危害性很大，大货车超载导致的事故不比客运汽车超载导致的事故少，建议将其规定为犯罪，以有力维护公民人身权利。（2）关于违规运输危险化学品。有意见认为，"违反危险化学品安全管理规定"不够明确，除了国务院《危险化学品安全管理条例》外，还有部门的规章和地方性法规，不宜将所有违反规定的行为都纳入刑法的调整范围，建议限制为"国家规定"。也有意见建议将"危险化学品"修改为"危险品"，因为危险品不仅包括化学品，还包括其他易燃易爆等物品。（3）关于犯罪主体。有意见提出，对客运车辆、危险化学品运输车辆危险驾驶犯罪负有直接责任的机动车所有人、管理人也应增加规定追究刑事责任。[1]（4）关于刑罚配置。有意见提出，客运严重超载超速和违规运输危险化学品的行为，远比追逐竞驶、醉驾行为严重，社会危害性更大，应当区别量刑。也有意见建议加大对危险驾驶行为的处罚力度，将法定刑配置提升至“两年以下有期徒刑或者拘役，并处罚金”。

经综合各方意见，草案二次审议稿第八条将刑法第一百三十三条之一修改为：“在道路上驾驶机动车，有下列情形之一的，处拘役，并处罚金：（一）追逐竞驶，情节恶劣的；（二）醉酒驾驶机动车的；（三）从事校车业务或者旅客运输，严重超过额定乘员载客，或者严重超过规定时速行驶的；（四）违反危险化学品安全管理规定运输危险化学品，危及公共安全的。”“机动车所有人、管理人对前款第三项、第四项行为负有直接责任的，依照前款的规定处罚。”“有前两款行为，同时构成其他犯罪的，依照处罚较重的规定定罪处罚。”可见，草案二次审议稿作了进一步完善：其一，将客运严重超载超速的入罪情形调整为从事校车业务[2][3]或者旅客运输严重超速超载，并调

---

① 参见《刑法修正案（九）草案进入二审》，载中国人大网，http://www.npc.gov.cn/npc/xinwen/lfgz/2015-06/25/content_1939400.htm，最后访问时间：2015年8月4日。

② 有的常委会委员、部门和地方提出，实践中有的接送学生的校车管理不规范，严重超员、超速从而发生恶性事故，严重危及学生的人身安全，社会影响恶劣，应当增加规定为犯罪。参见《刑法修正案（九）草案进入二审》，载中国人大网，http://www.npc.gov.cn/npc/xinwen/lfgz/2015-06/25/content_1939400.htm，最后访问时间：2015年8月4日。

③ 实践中，校车超载超速引发重大伤亡事故的案件屡有发生。例如，2011年11月16日，甘肃省庆阳市发生了一起造成儿童群死群伤的特别重大道路交通事故，肇事人驾驶一辆幼儿园校车严重超员（核载9人，实载64人），与对向行驶的重型货车正面相撞，造成校车驾驶人、1名幼儿园教师和18名幼儿园学生死亡，44名幼儿园学生受伤，危害性特别巨大。

整了相关表述[①]。其二，限定入罪范围，将违规运输危险化学品构成危险驾驶罪限制在“危及公共安全”的情形。其三，明确了机动车所有人、管理人对客运严重超载超速、违规运输危险化学品的行为负有直接责任的，依照危险驾驶罪追究刑事责任。《刑法修正案（九）》第八条最后沿用这一写法，对危险驾驶罪作出修改完善。

近年来，随着吸毒人员的急剧增多[②]，吸毒人员驾驶机动车引发的交通事故呈快速增长态势，严重危害道路交通安全和人民群众生命财产安全，备受社会关注。我国近十年毒驾案件增长迅猛，仅2013年，查获毒驾行为2000余人次，吊销2.4万名吸毒人员驾照。[③] 我们于2015年8月4日在百度中输入“吸毒　交通肇事”，相关搜索结果有179万个，将搜索结果限定为某一天，也可以看到多地都有关于毒驾的事例。在《刑法修正案（九）（草案）》研拟过程中，各方关于毒驾入刑的呼声较高。然而，草案一次审议稿和二次审议稿均未涉及这一问题。但是，公安部一直在积极推动毒驾入刑。[④] 而且，在审议和征求意见过程中，不少意见也直指毒驾入刑问题。[⑤] 例如，有意见

---

① 《刑法修正案（九）（草案）》中“在公路上从事客运业务”的表述存在瑕疵。在刑法第一百三十三条已有“在道路上”规定的基础上，创设出“在公路上”的规定，存在适用上的难题。有意见建议对“在道路上”“在公路上”作出统一，明确二者之间的关系。也有意见主张删除“在公路上”。

② 据公安部禁毒局介绍，截至2014年底，全国累计登记的吸毒人员有295.5万名，但估计实际吸毒人员超过1400万。参见《公安部：正在沟通“毒驾入刑”赴各地开展调研》，载 http://www.zj.chinanews.com/detail/2015/06/24/1578295.html，最后访问时间：2015年8月3日。

③ 参见《正研修相关法律推动“毒驾”入刑》，载 http://www.ycwb.com/ePaper/ycwb/html/2014-06/26/content_478698.htm?div=-1，最后访问时间：2015年8月3日。

④ 参见《“毒驾”严重危害公共安全　公安部正推动“毒驾”入刑》，载 http://china.cnr.cn/yaowen/201412/t20141202_516946027.shtml，最后访问时间：2015年8月3日。

⑤ 在《刑法修正案（九）（草案）》征求意见过程中，有30多个省区市和单位部门提出毒驾入刑。参见《要对“毒驾”零容忍——全国人大常委会组成人员呼吁“毒驾入刑”》，载中国人大网，网址为：http://www.npc.gov.cn/npc/xinwen/lfgz/2015-06/28/content_1939638.htm，最后访问时间：2015年8月4日。

提出，当前吸毒后驾驶机动车的不少，吸毒后容易产生幻觉，其驾驶机动车的危险性与酒驾的危险性相当，甚至更加严重。研究表明，酒后驾车比正常反应时间慢12%，而毒驾比正常反应时间慢21%，特别是毒瘾发作时驾车则更加危险，危害更大。近年来，毒驾已屡见不鲜，毒驾入刑具有现实紧迫性。而且，目前吸毒快速检测技术已获得突破，公安部门采用唾液检测法，在路边就可以进行吸毒筛查，整个检测过程只需要1~2分钟。建议将毒驾入罪，在危险驾驶罪中增加“吸毒驾驶机动车”的情形

特别是，在草案二次审议稿之后，毒驾入刑的问题进一步受到各方关注。需要提及的是，毒驾的危险性不亚于醉驾，问题日趋严重，毒驾入刑必要且迫切，对此各方认识一致。但是，对于毒驾入刑的时机，特别是宜否在《刑法修正案（九）》中作出规定，则存在不同认识。例如，有部门提出毒驾入刑宜缓行，要考虑司法实践中的可操作性：（1）毒驾的认定标准亟需明确。道路交通安全法第二十二条规定，服用国家管制的精神药品或者麻醉药品，不得驾驶机动车。然而，列入国家管制的精神药品和麻醉药品有200余种，但并非所有毒品都会严重影响驾驶人协调能力、反应的准确性和及时性以及辨认、控制能力，吸食、注射哪些品种应该作为毒驾入刑，尚需研究。（2）针对毒驾行为的检测技术手段有待提高。目前，受技术手段的限制，现场检测驾驶人员是否吸毒不能像检验醉驾那样简易快捷。采取唾液检测方法只能简易检测是否吸食吗啡、甲基苯丙胺等常见毒品，如果将唾液检测作为筛查手段，可能会放纵一批毒驾者，带来执法不公的问题，但如果采取验尿、抽血检验等全面检测手段，实践操作困难较大。而且，各类新型毒品层出不穷，检测手段相对滞后，吸食毒品时间、种类、个体差异与毒品检验之间的关系仍需进一步研究。因此，需要先通过广泛的行政执法不断试错，积累经验，同时加强相关技术研发，探索出相对合理有效的执法手段后，再运用到刑事案件的查处上更为妥当。（3）吸食、注射毒品与驾驶机动车之间是否有时间限制，多长时间适宜；毒驾入刑是否有情节限制，哪些应作为行政违法

行为，哪些应纳入刑法规制，也需进一步研究。(4) 控制毒驾重在综合治理。要严格吸毒人员机动车驾驶证的管理，从源头上控制“毒驾”。交通管理部门应当加强对吸毒人员禁止申领驾驶证的管理，并对现有吸毒人员持有机动车驾车证的资格条件进行重新审核，清理整顿，区别情况，分别作出撤销、降照、扣证、限制申领或有条件申领的处理。当然，与之针锋相对的观点认为，对于毒驾的认定标准、毒驾行为的检测技术手段等问题，可以在毒驾入刑后在司法实践中进一步积累经验，适时加以解决。① 经慎重研究，《刑法修正案（九)》最终未将吸食、注射毒品后驾驶机动车的情形纳入危险驾驶罪，正如全国人大常委会法工委刑法室有关人员在回答记者提问时专门强调的，主要缘由就在于顾及司法实务的可操作性。②

此外，审议和征求意见过程中，还有意见建议将疲劳驾驶，驾驶中使用与驾驶无关的通讯工具、电子产品，无牌照、套牌驾驶机动车，高速公路上倒车、逆行等严重违反道路交通安全法的行为纳入危险驾驶罪，以降低事故的发生率，保证乘客和交通参与人的生命安全。由于各种原因，上述建议最终未被采纳。

二、修改内容的理解与适用

（一）犯罪客体

危险驾驶罪侵犯的客体是道路运输的正常秩序和公共安全。近年来，危险驾驶行为呈现高发、多发态势，违反了道路运输法律法规，

① 在《刑法修正案（九）（草案二次审议稿)》审议过程中，有委员明确提出：“因为毒驾的严重社会危害性，我们不能坐等检测手段完善、成熟后再启动毒驾入刑的程序。”参见《人大常委会热议毒驾入刑：检测困难不是理由》，载 http://www.npc.gov.cn/npc/xinwen/lfgz/2015-06/28/content_1939647.htm，最后访问时间：2015 年 8 月 4 日。可见，对于毒驾入刑司法操作上的难题，有关方面是有明确认知的，但认为宜先立法再在适用中解决操作问题。

② 参见中国人大网，网址为：http://www.npc.gov.cn/npc/zhibo/zzzb34/node_5826.htm，最后访问时间：2015 年 8 月 29 日。

侵害了道路运输的正常秩序，而且对道路上其他不特定多数人的生命健康和财产安全具有较大的抽象危险性。此种抽象危险若转化为现实危害，将会给社会和广大人民群众的生命、健康、财产造成严重危害。为了更好地实现刑法的预防功能，刑法实现防线前移，将危险驾驶机动车这种原本由行政管理手段调整的违法行为规定为犯罪，以加强对民生的保护。

（二）犯罪客观方面

危险驾驶罪的客观方面表现为在道路上驾驶机动车追逐竞驶，情节恶劣，或者在道路上醉酒驾驶机动车，或者从事校车业务或者旅客运输，严重超过额定乘员载客，或者严重超过规定时速行驶，或者违反危险化学品安全管理规定运输危险化学品，危及公共安全的行为。根据道路交通安全法第一百一十九条的规定，“道路”是指公路、城市道路和虽在单位管辖范围但允许社会机动车通行的地方，包括广场、公共停车场等用于公众通行的场所。因此，各单位，如校园、小区里允许社会机动车通行的道路都应当认定为“道路”。“机动车”，是指以动力装置驱动或者牵引，上道路行驶的供人员乘用或者用于运送物品以及进行工程专项作业的轮式车辆。需要注意的是，根据国家有关规定，机动车不限于汽车，还包括摩托车和农用车等，但电动自行车等不在其中。特别是，超过国家限速和自重的“超标”电动自行车①是否属于“机动车”，理论界和实务界有不同认识。我们认为，在相关行政法规明确将“超标”电动自行车规定为机动车，并按照机动车的要求进行管理之前，不宜认定“超标”电动自行车属于“机动车”。

本罪在客观方面具体可分为四种情形：（1）追逐竞驶，情节恶

① 道路交通安全法第五十八条规定：“残疾人机动轮椅车、电动自行车在非机动车道内行驶时，最高时速不得超过十五公里。”但从实践来看，电动自行车的最高时速设计时远远超过了15公里，实际行驶时也难以限制在时速15公里的范围内。

劣的。需要注意的是，为了限制入罪范围，秉持刑法的谦抑性，刑法将此种情形构成犯罪限制为情节恶劣，一般的追逐竞驶行为尚不构成犯罪。(2) 醉酒驾驶机动车的。酒后、醉酒驾驶机动车是导致交通事故的重要危险因素之一。刑法将在道路上醉酒驾驶机动车的行为规定为犯罪，以更为有效地惩治和预防醉酒驾驶行为。(3) 从事校车业务或者旅客运输，严重超过额定乘员载客，或者严重超过规定时速行驶的行为。从事校车业务或者旅客运输，不仅涉及自载乘客的安全，还涉及道路上其他参与者的安全，需要予以特别保护。而从实践来看，超过额定成员载客和超过时速行驶是导致校车、客运事故的主要原因。因此，刑法将在道路上从事客运业务，严重超过额定乘员载客，或者严重超过规定时速行驶的行为规定为犯罪。(4) 违反危险化学品安全管理规定运输危险化学品，危及公共安全的行为。危险化学品具有毒害、腐蚀、爆炸、燃烧、助燃等性质，对于危险化学品的运输必须符合相应的安全管理规定，以免危及公共安全。为进一步规范在道路上运输危险化学品的行为，刑法将违反危险化学品安全管理规定运输危险化学品，危及公共安全的情形规定为犯罪。

(三) 犯罪主体

危险驾驶罪的主体为一般主体，凡已满16周岁且具有刑事责任能力的自然人均可以构成本罪主体。实践中主要是机动车驾驶人员。根据修正后刑法第一百三十三条之一第二款的规定，机动车所有人、管理人对从事校车业务或者旅客运输严重超载超速、违反规定运输危险化学品危及公共安全的行为负有直接责任的，也可以成立危险驾驶罪。

(四) 犯罪主观方面

危险驾驶罪的主观方面由故意构成，既可以是直接故意，也可以是间接故意。

（五）刑事责任

依照修正后刑法第一百三十三条之一第一款的规定，犯危险驾驶罪的，处拘役，并处罚金。

根据修正后刑法第一百三十三条之一第三款的规定，有危险驾驶行为，同时构成其他犯罪的，依照处罚较重的规定定罪处罚。

三、需要注意的问题

（一）如何准确理解在道路上驾驶机动车追逐竞驶“情节恶劣”

追逐竞驶是《刑法修正案（八）》创设的一个新概念，在以往的法律法规中尚未出现。因此，有必要对“追逐竞驶”作出明确界定。根据最高人民法院指导案例32号“张某某、金某危险驾驶案”，机动车驾驶人员出于竞技、追求刺激、斗气或者其他动机，在道路上曲折穿行、快速追赶行驶的，属于“追逐竞驶”。而在道路上驾驶机动车追逐竞驶，只有情节恶劣的，才构成危险驾驶罪。一般的追逐竞驶行为，尚不能认定为犯罪。根据最高人民法院指导案例32号“张某某、金某危险驾驶案”，追逐竞驶虽未造成人员伤亡或财产损失，但综合考虑超过限速、闯红灯、强行超车、抗拒交通执法等严重违反道路交通安全法的行为，足以威胁他人生命、财产安全的，属于危险驾驶罪中“情节恶劣”的情形。笔者认为，在道路上驾驶机动车追逐竞驶的“情节恶劣”包括如下情形：

1. 饮酒后在道路上驾驶机动车追逐竞驶的。行为人饮食酒精，会使视觉能力变差，运动反射神经迟钝，对外界的反应能力及控制能力就会下降，处理紧急情况的能力也随之下降。行为人为了寻求刺激，饮酒后在道路上驾驶机动车追逐竞驶，具有较一般追逐竞驶行为更大的社会危害性，对不特定多数人的生命健康和财产安全具有更为严重的危害，应当认定为“情节恶劣”。

2. 无驾驶资格在道路上驾驶机动车追逐竞驶的。具有机动车驾驶资格是驾驶机动车的前提条件，无机动车驾驶资格的人在道路上驾驶机动车追逐竞驶的，比具有驾驶资格的人追逐竞驶具有更为具体的危险性，社会危害更大，应当认定为“情节恶劣”。从实践来看，无驾驶资格包括如下情形：未取得机动车驾驶资格的；被吊销机动车驾驶资格，一定时间内不得驾驶机动车的；驾驶准驾车型以外的机动车的，如持有摩托车驾驶资格的人驾驶汽车。

3. 在道路上驾驶非法改装的机动车追逐竞驶的。非法改装的机动车，是指擅自改变出厂时的结构、构造或特征的机动车，包括改变机动车的动力、灯光、操作、尾气排放、冷却、制动、消音、悬挂、方向系统和外观结构、车胎轮毂等。部分人为了提高车辆的动力，追求更大的惊险刺激，往往擅自对机动车进行改装。在道路上驾驶非法改装的机动车追逐竞驶的，往往会达到很高的时速，发出巨大的噪音，故对其他的交通参与人的危险更大，也严重影响了公众的正常生活。因此，此种行为的社会危害性更为明显，应当认定为“情节恶劣”。

4. 以超过规定时速50%的速度驾驶机动车追逐竞驶的。在追逐竞驶的过程中，行为人为了追求刺激，往往超过规定时速行驶。例如，京城名噪一时的“二环13郎”，就是以每小时150公里的速度，用13分钟在全长32.7公里的北京二环路上行驶一圈，其车速超过二环规定限速60至80公里/小时将近2倍。这种严重超速的追逐竞驶行为较之一般的追逐竞驶行为，对道路公共安全的危险更为具体，应当认定为“情节恶劣”。

5. 在车流量大、行人多的道路上追逐竞驶的。如前所述，道路的范围较为广泛，追逐竞驶在公路、城市道路及其他公众通行的场所均可进行。但是，在车流量不同的道路上追逐竞驶，对公共交通安全的危险程度是不一样的。例如，乡村道路或者在深夜追逐竞驶，由于道路上车辆和行人较少，难以形成对公共安全的危险，不宜认定为“情节恶劣”。从实践来看，由于城市里面的道路路况较好，成为了机动车追逐竞驶的主要场所。例如，北京的一些环路、上海的一些高架路、杭州的跨海湾大桥，成为了追逐竞驶者的“天堂”。在这些车流量大的道路上追逐竞驶，对公共交通安全的危害大，应当认定为“情节恶劣”。

6. 多人或者多次追逐竞驶的。从实践来看，追逐竞驶既可能是一对一的形式，即两个人分别驾驶机动车追逐驾驶；也可以是多人分别驾驶机动车在道路上互相追逐，竞相行驶。显然，多人追逐竞驶行为的情节更为恶劣，而多次追逐竞驶的行为也具有更大的社会危害性，故应当将多人或者多次追逐竞驶的行为认定为“情节恶劣”。

7. 追逐竞驶引起交通严重堵塞或者公众恐慌的。追逐竞驶构成的犯罪属于情节犯，不以发生人员伤亡、财产损失等具体后果为要见，但是其引发的其他后果也可以是判断“情节恶劣”的标准之一。例如，一群年轻人为了寻求刺激，在车流量大和行人较多的闹市区追逐竞驶，引发交通严重堵塞和其他交通参与者恐慌的，应当认定为“情节恶劣”。

8. 使用伪造、变造或者其他机动车号牌，或者故意遮挡、污损、不按规定安装机动车号牌的。有的行为人为了逃避道路交通安全部门的查处，故意使用伪造、变造或者其他机动车号牌，或者故意遮挡、污损、不按规定安装机动车号牌，意图逃脱责任。一旦发生事故，有关部门难以查实相关责任人。此种情形的社会危害性大，应当认定为“情节恶劣”。

9. 因追逐驾驶或者飙车受过行政处罚，又在道路上追逐竞驶的。行为人因为追逐竞驶或者飙车被查处，并受过行政处罚后，仍不遵守道路安全交通法规，又在道路上追逐竞驶的，主观恶性较大，应当认定为“情节恶劣”。

10. 其他应当认定为情节恶劣的情形。司法实践的情形较为复杂，难以一一列举，宜根据具体情形具体分析。例如，行为人以追逐竞驶作为赌博手段的，就较之一般的追逐竞驶行为，动机更为恶劣，危害更大，应当认定为“情节恶劣”。此外，行为人因追逐驾驶发生道路交通事故，但尚未构成交通肇事罪的，驾驶营运车辆追逐竞驶的，这些情形都可以认定为“情节恶劣”。

(二) 如何准确理解在道路上醉酒驾驶机动车的入罪标准

在道路上醉酒驾驶机动车构成的犯罪属于抽象危险犯，即只要行为人实施了醉酒驾驶的行为，不需要发生危害公共安全的具体结果，也不论情节恶劣与否，均构成危险驾驶罪。我们认为，对于在道路上醉酒驾驶机动车的入罪标准要注意把握以下几个问题：

1. 抽象危险是否存在。醉酒驾驶机动车构成的犯罪并非举动犯，而是抽象危险犯，因此在特殊情况下仍需判断抽象危险存在与否。由于机动车行驶速度快，醉酒驾驶机动车难以及时对突发情况作出反应，通常具有危害道路交通安全的抽象危险。而如果通过对特定情况的判断，认为不具备该种抽象危险，即醉酒驾驶的行为根本不会具备危害不特定多数人的生命健康和公共财产安全的危险，则不能认定为危险驾驶罪。例如，行为人醉酒后在空无一人的停车场内短时间驾驶机动车的，就不可能危害公共交通安全，不宜以危险驾驶罪追究刑事责任。再如，行为人醉酒后驾驶“超标”电动自行车，由于该类电动自行车同汽车、摩托车等机动车相比，速度仍然相对较慢，醉酒驾驶该类电动自行车通常不足以危害不特定多数人的生命健康和公共财产安全，难以形成对道路交通安全的抽象危险，不宜以危险驾驶罪追究刑事责任。

2. 呼气酒精含量检验结果不能作为认定为危险驾驶罪的依据。目前，根据《车辆驾驶人员血液、呼气酒精含量阀值与检验标准》(GB19522－2004)(以下简称GB19522－2004)，对饮酒后驾驶机动车的嫌疑人员可以采取呼气酒精含量检验和血液酒精含量检验两种方法。呼气酒精含量检验结果虽然可以折算成血液酒精含量，但由于涉及刑事责任问题，认定醉酒驾驶构成危险驾驶罪应当以血液酒精含量检验结果为依据。公安机关在查处醉酒驾驶机动车的犯罪嫌疑人时，应当对查获经过、呼气酒精测试和抽取血样过程制作调查笔录，有条件的，应当拍照或者录音、录像，并收集证人证言。抽取血样应由专业人员按要求进行，不应采用酒精或者挥发性有机药品对皮肤进行消毒；抽出血样中应添加抗凝剂，防止血液凝固；装血样的容器应洁净、干燥，装入血样后不留空间并密封，低温保存，及时送检。

需要注意的是，在司法实践中，如果犯罪嫌疑人为逃避法律追究，在检查时当场饮酒的，可以其饮酒之后的血液酒精含量检验鉴定结果作为认定醉酒的依据。犯罪嫌疑人经呼气酒精测试达到醉酒驾驶标准，在抽取血样之前脱逃的，可以呼气酒精测试结果作为认定醉酒的依据。

3. 醉酒的界定标准。关于醉酒状态的判断，是认定醉酒驾驶机动车的前提条件。从国外来看，醉酒状态的判断采用的是司法确定标准，并处于不断修正之中。例如，德国关于醉酒状态的判断有相对不能和绝对不能两个标准，机动车驾驶人在血液中酒精含量达到 1.1‰ 时为绝对驾驶不能，即不论身体状况如何均应当认定为醉酒；而血液中酒精含量在此之下的，则需要根据行为人身体的具体状况判断是否属于醉酒。[①] 在我国，实践中对机动车驾驶人员酒后、醉酒驾驶的检验标准是 GB19522 -2004。根据 GB19522 -2004，车辆驾驶人员血液中的酒精含量大于或者等于 20mg/100mL，小于 80mg/100mL 的驾驶行为，为饮酒驾车；车辆驾驶人员血液中的酒精含量大于或者等于 80mg/100mL 的驾驶行为，为醉酒驾车。[②] 从医学的角度来看，每个

① 德国司法实践中关于机动车绝对驾驶不能的血液酒精含量标准主要是通过联邦最高法院的判决确定的，并被多次修改，不断降低入罪门槛：由 1.5‰（BGHSt 5，168）到后来的 1.3‰（BGHSt 21，157），再到目前在适用的 1.1‰（BGHSt 37，89）。而且，德国联邦法院通过判决为醉酒驾驶轮船、航空器等其他交通工作也确定了相应的标准。Vgl. Wolfgang Joecks，Strafgesetzbuch，8. Aufl.，S. 758，766.

② 目前，我国关于判断醉酒驾驶和酒后驾驶的血液中酒精含量的标准低于德国等其他国家（德国的醉酒驾驶标准换算后为：110mg/100mL，而中国的标准为：80mg/100mL）。换言之，采用我国目前现行的标准，醉酒驾驶构成危险驾驶罪的门槛要低于德国等其他国家。考虑到中国酒文化的传统，也考虑到在中国构成犯罪的后果较之德国等其他国家的特别严厉性，采取低于德国等国的醉酒驾驶入罪门槛是否可取，似可进一步深入论证研究。

人对酒精的耐受量是不一样的，故从应然层面而言，采用相对醉酒标准（血液中酒精含量达到此标准时，再辅之以判断行为人的具体状况，以判断是否处于醉酒状态）和绝对醉酒标准（血液中酒精含量达到此标准时，不论行为人的具体状况如何，一律认定为醉酒状态）两个标准是科学合理的。

（三）如何在处理醉酒驾驶机动车案件中把握宽严相济刑事政策

在处理醉酒驾驶机动车案件过程中，应当严格依照刑法规定，把握宽严相济刑事政策的要求，妥善处理相关案件。具体而言：

1. 对情节恶劣、社会危害性大的醉酒驾驶机动车案件从严惩处，以有效遏制醉驾犯罪的高发态势。从司法实践来看，醉酒驾驶机动车，具有下列情形之一的，可以从重处罚：（1）造成交通事故且负事故全部或者主要责任，或者造成交通事故后逃逸，尚未构成其他犯罪的；（2）血液酒精含量在200mg/100mL以上的；（3）在高速公路、城市快速路上驾驶的；（4）驾驶载有乘客的营运机动车的；（5）有严重超员、超载或者超速驾驶，无驾驶资格驾驶机动车，使用伪造或者变造的机动车牌证等严重违反道路交通安全法的行为的；（6）逃避公安机关依法检查，或者拒绝、阻碍公安机关依法检查尚未构成其他犯罪的；（7）曾因酒后驾驶机动车受过行政处罚或者刑事追究的；（8）其他可以从重处罚的情形。

2. 慎重把握醉酒驾驶机动车案件的从宽处理。刑法第一百三十三条之一规定在道路上醉酒驾驶机动车予以追究刑事责任，虽然没有规定情节严重或者情节恶劣的前提条件，但根据刑法第十三条的规定，危害社会行为情节显著轻微危害不大的，不认为是犯罪。根据刑法和道路交通安全法的规定，对在道路上醉酒驾驶机动车的行为需要追究刑事责任的，要注意与行政处罚的衔接，防止可依据道路交通安全法处罚的行为，直接诉至法院追究刑事责任。

需要指出的是，严格依照刑法相关规定和宽严相济刑事政策的要求，对符合规定和政策的醉驾案件从宽处理，并不会影响对醉驾犯罪的打击，不会影响危险驾驶罪适用的社会效果。以浙江为例，该省高级人民法院、省人民检察院、公安厅共同制定了《关于办理“醉驾”犯罪案件若干问题的会议纪要》，要求坚持宽严相济刑事政策惩治醉驾犯罪，明确规定：对酒精含量90mg/100mL以下，无从重情节且认罪的被告人适用免予刑事处罚（不起诉）。对酒精含量在100mg/100mL以下，无从重情节，并有特殊情形的（如抢救危急病人等）极少数案件，也可以免予刑事处罚（不起诉）。对于醉酒驾驶超标两轮电动车，凡是没有发生致他人轻伤以上事故且对事故负有责任的，可以不作为犯罪处理。[①] 而从惩治醉驾犯罪的情况来看，浙江查处的醉驾案件较多，该省法院审理的危险驾驶案件量占全国的将近1/5。这充分说明，规范了醉驾案件中不作为犯罪处理、免予刑事处罚、缓刑适用的具体标准，宽严相济，更有利于对醉驾犯罪的依法查处。

从司法实践来看，出于急救病人等目的而轻微醉驾[②]的，轻微醉驾且刚驶入道路即被查获的，轻微醉驾刚驶入道路，认为自己可能醉酒而停止驾驶，或者在亲友规劝下立即停止驾驶的，这些情形的社会危害不大。对于符合这些情形的醉酒驾驶机动车案件，如果行为人真诚悔罪的，不能不加区别地“一律”追究刑事责任。对于符合上述情形，且被告人真诚悔罪的，根据刑法第三十七条、刑事诉讼法第一百七十三条第二款的规定，对被告人可以依法不起诉或者免予刑事处罚；情节显著轻微危害不大的，可以不作为犯罪处理。

3. 依法适用缓刑。对于醉酒驾驶机动车，符合刑法第七十二条规定的被告人，可以或者应当依法宣告缓刑。但是对于具有前述从重处罚情节的被告人，是否宣告缓刑应当从严掌握。

---

① 当然，我们认为，醉酒驾驶电动自行车（包括超标电动自行车）不构成危险驾驶罪。此处引用这一规定只是为了说明该会议纪要明确了可以不作为犯罪处理的情形，不代表我们赞同这一规定。

② 从实践看，通常指经检验血液中的酒精含量在80mg/100mL以上、120mg/100mL以下的情形。

4. 理性看待危险驾驶入刑的影响。危险驾驶入刑，致使案件大量涌入，对刑事案件整体结构产生影响。2011 年 5 月 1 日至 2013 年 4 月 30 日的两年间，全国法院审理并判决生效危险驾驶罪犯 85260 人。以 2012 年整年统计看，危险驾驶案件收案达 64896 件，占危害公共安全案件的 36.99%，占全部刑事案件的 6.51%，跃居各类刑事案件第四位[①]，危险驾驶案件一定程度上改变了刑事案件的结构。

（四）如何准确理解从事校车业务或者旅客运输，严重超过额定乘员载客，或者严重超过规定时速行驶

根据修正后刑法第一百三十三条之一的规定，从事校车业务或者旅客运输，严重超过额定乘员载客，或者严重超过规定时速行驶的，构成危险驾驶罪。司法实践中应当注意把握以下问题：

1. 从事校车或者客运业务。对于校车业务，实务中把握应无问题。而客运系“旅客运输”的简称，是指以旅客为运输对象，以汽车、轮船、飞机为主要运输工具实施的有目的的旅客空间位移的运输活动。由于修正后刑法第一百三十三条之一限于在道路上从事客运业务，故仅适用于以机动车为运输工具的道路客运业务。

2. 严重超过额定乘员载客。《道路运输条例》第三十五条规定：“道路运输车辆运输旅客的，不得超过核定的人数，不得违反规定载货……”“违反前款规定的，由公安机关交通管理部门依照《中华人民共和国道路交通安全法》的有关规定进行处罚。”道路交通安全法第九十二条第一款规定：“公路客运车辆载客超过额定乘员的，处二百元以上五百元以下罚款；超过额定乘员百分之二十或者违反规定载货的，处五百元以上二千元以下罚款。”考虑到行政处罚与刑事处罚之间的衔接，基于刑法的谦抑性，宜将“严重超过额定乘客载客”

① 2014 年，全国法院新收危险驾驶案件 11.1 万件，比 2013 年上升 22.5%，继续呈大幅上升趋势，跃居各类刑事案件第三位。参见袁春湘：《2014 年全国法院审理刑事案件情况分析》，载《人民法院报》2015 年 5 月 7 日第 5 版。

限制为超过额定乘员20%以上的适当标准（具体标准可以再作斟酌，但应高于20%）。

3. 严重超过规定时速行驶。道路交通安全法第九十九条规定："有下列行为之一的，由公安机关交通管理部门处二百元以上二千元以下罚款……（四）机动车行驶超过规定时速百分之五十的……""行为人有前款第二项、第四项情形之一的，可以并处吊销机动车驾驶证……"考虑到行政处罚与刑事处罚之间的衔接，基于刑法的谦抑性，宜将"严重超过规定时速行驶"设定为超过规定时速50%以上的适当标准（具体标准可以再作斟酌，但应适当高于50%）。①

（五）如何准确把握违反危险化学品安全管理规定运输危险化学品，危及公共安全的情形

根据修正后刑法第一百三十三条之一的规定，违反危险化学品安全管理规定运输危险化学品，危及公共安全的，构成危险驾驶罪。司法实践中应当注意把握以下问题：

1. 危险化学品的范围。依照《危险化学品安全管理条例》第三条的规定，危险化学品，是指具有毒害、腐蚀、爆炸、燃烧、助燃等性质，对人体、设施、环境具有危害的剧毒化学品和其他化学品。危险化学品目录，由国务院安全生产监督管理部门会同国务院工业和信息化、公安、环境保护、卫生、质量监督检验检疫、交通运输、铁路、民用航空、农业主管部门，根据化学品危险特性的鉴别和分类标准确定、公布，并适时调整。现行的《危险化学品目录》涵盖了3000余种化学品。

2. 在道路上运输危险化学品。危险化学品的运输可以采取道路运输、水路运输、铁路运输、航空运输等多种方式。修正后刑法第一

---

① 当然，如果《刑法修正案（九）》施行后，为有序衔接行政处罚和刑事处罚，道路交通安全法作了相应修改，对严重超过额定乘员载客、严重超过规定时速行驶的具体认定则应该作相应调整。

百三十三条之一规定的危险驾驶罪限制为“在道路上驾驶机动车，有下列情形之一”，而该条第四项规定的运输危险化学品的行为无疑应该是在道路上运输危险化学品的情形，而不包括水路运输、铁路运输、航空运输等其他运输方式。

3. 违反危险化学品安全管理规定。加强危险化学品的安全管理，预防和减少危险化学品事故，保障人民群众生命财产安全，国家对危险化学品的生产、储存、使用、经营和运输制定了严格的安全管理规定。需要注意的是，修正后刑法第一百三十三条之一第一款第四项规定的“违反危险化学品安全管理规定”是指违反与运输危险化学品有关的安全管理规定，而非生产、储存、使用、经营等其他方面的安全管理规定。

4. 危及公共安全。考虑到“违反危险化学品安全管理规定运输危险化学品”的情况较为复杂，有的违反上述规定的情节非常轻微（如轻微超载、未悬挂警示标志、申报数量有误等)，通过行政处罚即可达到惩戒教育的目的，故刑法仅将严重危害公共安全的行为纳入刑法调整的范围。因此，违反危险化学品安全管理规定运输危险化学品构成的犯罪并非抽象危险犯，而是具体危险犯，因此需在个案中判断危险存在与否。如果通过对特定情况的判断，认为不具备该种具体危险，即违反危险化学品安全管理规定运输危险化学品的行为不会具备危害不特定多数人的生命健康和公共财产安全的危险，则不能认定为危险驾驶罪。而对于危险的判断，需要对违反道路运输危险化学品安全管理规定的程度进行分析。根据有关规定，道路运输危险化学品安全管理规定涉及面较广，不宜将违反相关规定的行为、特别是违反程度较轻的行为一律入罪处理。例如，依法取得危险货物道路运输许可的企业运输危险化学品，驾驶人员具有从业资格，仅仅是押运人员未依法取得从业资格的，一般不宜认定为具有危险，不宜以危险驾驶罪论处。

一般而言，下列违反道路运输危险化学品安全管理规定的情形，如果情节严重的，可以认为“危及公共安全”:[①]（1）未取得道路危险货物运输许可，擅自从事道路危险货物运输的。根据有关规定，从事危险化学品道路运输的，应当分别依照有关道路运输的法律、行政法规的规定，取得危险货物道路运输许可。（2）使用失效、伪造、变造、被注销等无效道路危险货物运输许可证件从事道路危险货物运输的。(3）超越许可事项，从事道路危险货物运输的。(4）非经营性道路危险货物运输单位从事道路危险货物运输经营的。

（六）如何准确界分危险驾驶罪与以危险方法危害公共安全罪

依照修正后刑法第一百三十三条之一第三款的规定，有危险驾驶行为，同时构成其他犯罪的，依照处罚较重的规定定罪处罚。从司法实践来看，尤需注意准确界分危险驾驶罪与以危险方法危害公共安全罪。我们认为，准确界分两罪需要充分考虑增设危险驾驶罪的立法背景和司法实践的现实情况。

1. 根据刑法第一百一十四条的规定，故意以放火、决水、爆炸、投放危险物质以外的并与之相当的危险方法，足以危害公共安全的，应当以以危险方法危害公共安全罪论处，处三年以上十年以下有期徒刑。这里规定的犯罪属于具体危险犯，即以与放火、决水、爆炸、投放危险物质相当的方法，对不特定多数人的生命健康和财产安全产生了具体危险的，应当构成以危险方法危害公共安全罪。需要注意的是行为人直接以危险驾驶行为危害公共安全的，如行为人出于报复社

---

① 《道路危险货物运输管理规定》第五十九条规定：“违反本规定，有下列情形之一的，由县级以上道路运输管理机构责令停止运输经营，有违法所得的，没收违法所得，处违法所得 2 倍以上 10 倍以下的罚款；没有违法所得或者违法所得不足 2 万元的，处 3 万元以上 10 万元以下的罚款；构成犯罪的，依法追究刑事责任：（一）未取得道路危险货物运输许可，擅自从事道路危险货物运输的；（二）使用失效、伪造、变造、被注销等无效道路危险货物运输许可证件从事道路危险货物运输的；（三）超越许可事项，从事道路危险货物运输的；（四）非经营性道路危险货物运输单位从事道路危险货物运输经营的。”从行政处罚和刑事处罚衔接的角度，对该四种情形，达到情节严重程度的，可以考虑追究刑事责任，但仍然应当为行政处罚留下空间。

会、泄愤等，故意采取危险驾驶机动车的方法，从而危害不特定多数人的生命健康和财产安全，如借酒壮胆之后驾驶机动车在闹市冲撞的，应当认定为以危险方法危害公共安全罪。

2. 根据刑法第一百一十五条的规定，故意以放火、决水、爆炸、投放危险物质以外的并与之相当的危险方法，致人重伤、死亡或者使公私财产遭受重大损失的，处十年以上有期徒刑、无期徒刑或者死刑。这里规定的犯罪属于具体危险转换为现实危害的情形。因此，在道路上驾驶机动车追逐竞驶或者在道路上醉酒驾驶机动车，致人重伤、死亡或者使公私财产遭受重大损失的，如果查实主观上确系故意的，应当在此法定刑幅度范围内量刑。

【条文九】〔取消走私武器、弹药罪，走私核材料罪，走私假币罪的死刑〕

九、将刑法第一百五十一条第一款修改为：“走私武器、弹药、核材料或者伪造的货币的，处七年以上有期徒刑，并处罚金或者没收财产；情节特别严重的，处无期徒刑，并处没收财产；情节较轻的，处三年以上七年以下有期徒刑，并处罚金。”

【条文主旨】

取消走私武器、弹药罪、走私核材料罪、走私假币罪的死刑。

【理解与适用】

《刑法修正案（九）》减少了走私武器、弹药罪、走私核材料罪、走私假币罪、伪造货币罪、集资诈骗罪、组织卖淫罪、强迫卖淫罪、阻碍执行军事职务罪、战时造谣惑众罪共9个死刑罪名，使我国适用死刑的罪名由55个进一步降至46个。

一、减少死刑罪名的总体考虑及相关争议

《刑法修正案（九)》再一次大幅度减少了9个死刑罪名，尤其是废止了部分非致命性暴力犯罪的死刑，使我国的死刑罪名减少进入新的阶段，具有重要的意义。这次减少死刑罪名，总体背景是：(1)贯彻死刑政策的必然要求。“保留死刑，严格控制和慎重适用死刑”是我们党和国家一贯的死刑政策，应当同时贯彻于刑事立法与司法工作中。最高人民法院自2007年1月1日统一行使死刑案件核准权以来，认真执行死刑政策和宽严相济的刑事政策，进一步统一裁判尺度，严格死刑适用标准，确保死刑适用的慎重与公正，死刑适用数量有了明显下降。但是，在当前国情下，单纯通过司法控制死刑的道路还比较艰难曲折，由此导致的上访、闹访问题还比较突出，因此，要从根本上严格控制和慎重适用死刑，还是要在立法层面进行努力。为了从根本上贯彻我们党和国家“保留死刑，严格控制和慎重适用死刑”的一贯政策，党的十八届三中全会审议通过的《中共中央关于全面深化改革若干重大问题的决定》，对“推进法治中国建设”作了总体部署，围绕“完善人权司法保障制度”提出了具体的改革目标和任务，明确提出要“逐步减少适用死刑罪名”。中央关于深化司法体制和社会体制改革的任务也要求，完善死刑法律规定，逐步减少适用死刑的罪名。因此，《刑法修正案（九)》进一步减少死刑罪名，也是立法机关落实党中央关于逐步减少适用死刑罪名的重要举措。(2）经济社会发展的必然要求。通过改革开放后几十年的快速发展，我国的总体经济实力已经跃居世界第二位，其他方面也都有了巨大的进步，社会各方对死刑适用和逐步减少死刑的认识也在不断深化，刑法逐步减少死刑适用能够得到有关方面的认同，尤其是《刑法修正案（八)》减少13个死刑罪名后，社会各界反应平静，进一步减少死刑罪名，拥有广泛的民意基础。(3）司法控制死刑结果的必然要

求。此次取消的9个死刑罪名，在司法实践中已经较少适用死刑，有的罪名近十年来都没有适用过死刑。这些罪名取消死刑后，最高仍然可以判处无期徒刑，可以做到整体惩处力度不减，以确保社会治安整体形势稳定。此外，9个罪名取消死刑后，如出现情节特别恶劣，符合数罪并罚或者其他有关犯罪规定的，还可依法判处更重的刑罚。

当然，在征求意见及审议过程中，也有意见认为不宜取消走私武器、弹药罪、走私核材料罪以及阻碍执行军事职务罪和战时造谣惑众罪的死刑。立法机关经研究认为，“逐步减少适用死刑罪名”是党的十八届三中全会提出的改革任务，取消9个罪名的死刑，是与中央各政法机关反复研究、论证，并广泛听取了人大代表、专家和各有关方面意见的基础上提出的，同时，为防止可能产生的负面影响，事先作了慎重评估，对其中一些严重犯罪，取消死刑后，在法律上还留有从严处罚的余地，如取消了走私武器、弹药罪、走私核材料罪的死刑，仍保留了制造、买卖、运输、储存枪支、弹药、爆炸物犯罪和非法制造、买卖、运输、储存放射性物质犯罪的死刑；取消了以暴力方法阻碍执行军事职务并造成人身伤亡犯罪的死刑，仍保留了故意杀人罪、故意伤害罪的死刑。司法实践中如有走私武器、弹药、核材料、暴力阻碍执行军事职务的犯罪，情节特别恶劣，确需判处极刑的，还可以根据案件情况，依照刑法现有规定判处。其他取消死刑的罪名也都有相应的法律安排，不会出现轻纵犯罪的情形。故未予采纳。

二、我国死刑罪名规定的演变情况

1979年刑法分则103个条文规定了122个罪名。其中，有15个条文规定了27个死刑罪名，其中反革命罪14个，普通刑事犯罪13个。此外，1981年第五届全国人大常委会第十九次会议通过的《中华人民共和国惩治军人违反职责罪暂行条例》规定了11个死刑罪名，当时的死刑罪名为38个。随着社会治安形势的变化，自1982年起，全国人大常委会陆续通过了22个修改刑法的决定和补充规定，其中新增死刑罪名33个，截至1997年全面修订刑法前，我国刑事法律规定的死刑罪名共有 71 个。

1997 年刑法及此后全国人大常委会制定的有关修改刑法的决定和七个刑法修正案未再增加规定死刑。截至《刑法修正案（七）》，刑法及其修正案共规定了 444 个罪名，其中可判处死刑的罪名为 68 个，占刑法规定的罪名总数的 15.315%。《刑法修正案（八）》一次性减少近年来较少适用或者基本未适用过的 13 个经济性非暴力犯罪的死刑，具体是：走私文物罪，走私贵重金属罪，走私珍贵动物、珍贵动物制品罪，走私普通货物、物品罪，票据诈骗罪，金融凭证诈骗罪，信用证诈骗罪，虚开增值税专用发票、用于骗取出口退税、抵扣税款发票罪，伪造、出售伪造的增值税专用发票罪，盗窃罪，传授犯罪方法罪，盗窃古文化遗址、古墓葬罪，盗掘古人类化石、古脊椎动物化石罪。这 13 个死刑罪名，占死刑罪名总数的 19.1%。

《刑法修正案（八）》减少 13 个经济性非暴力犯罪的死刑，社会反应、实际效果良好。《刑法修正案（八）》施行以来，我国社会治安形势总体稳定可控，一些严重犯罪稳中有降。实践表明，取消 13 个罪名的死刑，没有对社会治安形势形成负面影响，社会各方面对减少死刑罪名反应正面。因此，《刑法修正案（九）》进一步减少了 9 个罪名的死刑，占原有 55 个死刑罪名总数的约 16.3%，在减少适用死刑的道路上又迈出了一大步。值得注意的是，本次取消的 9 个死刑罪名已经不限于经济性非暴力犯罪，而是有少数属于非致命暴力性犯罪，如强迫卖淫罪和阻碍执行军事职务罪，这是具有创新意义的。因为理论界在讨论限制死刑的路径时，多数人主张先取消非暴力犯罪的死刑，尔后才视情取消暴力性犯罪的死刑。目前，对于经济性非暴力犯罪，仅贪污罪、受贿罪保留了死刑，但是，近三年来，审判实践中对贪污受贿犯罪未再适用死刑立即执行，《刑法修正案（九）》对贪污受贿犯罪增设终身监禁制度后，对贪污受贿犯罪适用死刑立即执行的司法控制必将进一步加强，我国朝着实质上取消经济性非暴力犯罪死刑的方向又迈进了一大步。

三、取消走私武器、弹药罪、走私核材料罪、走私假币罪的死刑的具体考虑及相关争议

在审议过程中，有意见提出，对取消走私武器、弹药罪、走私核材料罪的死刑需要慎重，主要考虑：（1）走私武器、弹药、核材料的后果较其他走私行为更为严重，不应废除死刑。我国禁止私人持有武器弹药及核材料，而走私武器、弹药、核材料的行为经常是上述物品非法流入社会的源头，且其与恐怖主义犯罪、极端主义犯罪、涉黑犯罪有着密切关系，要从源头上堵住犯罪，就需要严厉打击该犯罪行为，对罪行极其严重的，应当判处极刑，以有效震慑此类犯罪。尤其是，走私核材料就是核扩散，危险性极高、危害性极大，一旦出事后果不堪设想。世界各国都把核材料管制列为最高级别，特别是一定要确保不能落入恐怖分子之手，故对走私核材料罪保留死刑可以保持对犯罪分子的惩处和震慑，而且在国际上也可以彰显我国确保核材料安全的决心。（2）现行刑法对非法制造、买卖、运输、储存枪支、弹药、危险品均规定了死刑，走私武器、弹药罪、走私核材料罪虽然规定在破坏社会主义市场经济秩序罪一章，但与上述行为在本质上并无差异，且走私行为的社会危害性未必小于非法制造、买卖、运输、储存行为，而走私行为又必然包括运输行为，故取消上述罪名的死刑没有实际意义。立法机关基于前述考虑，并未采纳该意见。而且，据了解，近几年来，走私武器、弹药罪、走私核材料罪和走私假币罪均未判处过死刑，该罪死刑备而不用，予以取消不影响对此类犯罪的打击力度。

四、走私武器、弹药、核材料或者伪造的货币犯罪的量刑

修正后刑法第一百五十一条第一款，只是将情节特别严重的法定刑由“处无期徒刑或者死刑”修改为“处无期徒刑”，其他量刑档次并未修改。因此，2014 年 8 月 12 日《最高人民法院、最高人民检察

院关于办理走私刑事案件适用法律若干问题的解释》的相关规定均可参照执行，刑法修正前后的量刑应当总体上保持均衡。

【条文十】〔增加对非国家工作人员行贿罪的罚金刑〕

十、将刑法第一百六十四条第一款修改为："为谋取不正当利益，给予公司、企业或者其他单位的工作人员以财物，数额较大的，处三年以下有期徒刑或者拘役，并处罚金；数额巨大的，处三年以上十年以下有期徒刑，并处罚金。"

【条文主旨】

本条的修改主要是完善对非国家工作人员行贿罪的财产刑规定，加大对行贿犯罪的处罚力度。对非国家工作人员行贿罪中"数额较大"的情形，在现有"处三年以下有期徒刑或者拘役"的基础上，增加规定"并处罚金"，使犯罪分子在受到人身处罚的同时，在经济上也得不到好处。

【理解与适用】

一、修改的背景、内容和意义

（一）修改的背景

十八大以来，党风廉政建设和反腐败斗争取得新进展，受到人民群众的肯定。但反腐败形势依然严峻复杂，反腐败斗争具有长期性、复杂性、艰巨性。新形势下，要准确把握反腐败斗争的形势，深入贯彻党的十八大和十八届二中、三中全会精神，推进改革创新，抓好惩治和预防腐败体系工作的落实，加强反腐败体制创新和制度保障。

按照党的十八届三中全会对加强反腐败工作、完善惩治腐败法律规定的要求，加大惩处腐败犯罪力度。本条完善对非国家工作人员行贿罪的财产刑规定，加大对行贿犯罪的处罚力度，就是完善惩治腐败法律规定的体现之一。

刑法原第一百六十四条第一款规定了两档刑罚，即：数额较大的，处三年以下有期徒刑或者拘役；数额巨大的，处三年以上十年以下有期徒刑，并处罚金。两档刑罚中，第一档刑罚仅是处以“三年以下有期徒刑或者拘役”的自由刑，未规定财产刑，第二档刑罚则是“处三年以上十年以下有期徒刑，并处罚金”，既规定了自由刑，也规定了财产刑。对行贿“数额较大”的情形，刑法缺乏财产刑的规定，不利于从经济上打击此类行贿犯罪。

（二）《刑法修正案（九）》修改的主要内容

《刑法修正案（九）》对刑法第一百六十四条第一款作了修改，对非国家工作人员行贿罪中“数额较大”的情形，在现有“处三年以下有期徒刑或者拘役”自由刑的基础上，增加规定“并处罚金”的财产刑，这就使行贿的犯罪分子在受到人身处罚的同时，在经济上也受到应有的惩罚，从而进一步完善了非国家工作人员行贿罪的法律规定。

二、对修改内容的理解与适用

此次《刑法修正案（九）》对刑法第一百六十四条的修改，主要是完善对非国家工作人员行贿罪的财产刑规定，加大对非国家工作人员行贿罪的惩治力度。这里主要需要准确把握财产刑适用的有关问题，以有效打击此类行贿犯罪，准确实现立法目的。

（一）准确把握财产刑的特点

财产刑是以剥夺犯罪人的财产为惩罚内容的刑种，包括罚金刑和没收财产刑。财产刑作为刑罚方法，具有悠久的历史，其产生远先于自由刑。近代以来，财产刑在刑罚体系中的地位逐渐上升，成为仅次于自由刑的刑罚方法。财产刑作为一种重要的刑罚方法，其在刑事立法中的适用范围、适用方式、适用数额等的规定是否合理，直接关系到财产刑在司法实践中的适用状况，决定着财产刑司法适用的良性运转与否，进而关系着财产刑的刑罚目的是否能够实现。

罚金刑是人民法院判处犯罪人向国家缴纳一定数额金钱的刑罚方法。罚金刑具有自由刑所没有的优点，既可以给犯罪一定的惩戒教育，又可以避免罪犯在关押中受其他罪犯恶习的影响，尤其是适用于处罚经济犯，因此，罚金刑的适用有代替短期自由刑而日益扩大的趋势。

罚金刑的种类包括普通罚金制、倍比罚金制和无限额罚金制。普通罚金制是指刑法规定了罚金数额的上限和下限，人民法院只需要在规定的数额限度内裁量罚金。倍比罚金制，又称比例罚金制，是指刑法规定以某个与犯罪有关的数额为基础，然后以其一定的倍数或几分之一来确定罚金数额的制度，即按照一定数额的比例或者分数确定罚金数额。无限额罚金制，是指法律未明确规定罚金的具体数额，我国刑法中无限额罚金制比较普遍。

从刑罚与犯罪的对应关系来看，罚金刑更适用于处罚涉及财产的犯罪。增设罚金刑也是世界性刑罚改革运动的要求。第二次世界大战以来，随着自由刑向罚金刑的转换，罚金刑在刑罚体系中都占有非常明显的优势。目前，罚金刑在一些西方国家中已被广泛适用。如联邦德国的罚金刑在其全部刑罚中所占的比例，1915 年为 51.8%，1955 年为 70%，1983 年为 81%。法国在轻刑裁判所适用的刑罚中罚金刑所占的比例，1947 年为 39.6%，1955 年是 56.3%。瑞典从 1953 年起达到了 90% 以上。在日本，1980 年至 1985 年，罚金刑超过了 95%；可见，在对非国家工作人员行贿罪的法定刑中增设罚金刑，与当前罚金刑被广泛适用的世界性趋势是相一致的。

(二) 我国刑法中的财产刑立法状况

财产刑在我国刑法中的地位和作用，呈现不断上升趋势。从我国刑法规定看，适用财产刑比例最高的是危害国家安全罪，其次是破坏社会主义市场经济秩序罪，再次是贪污贿赂罪、侵犯财产罪、妨害社会管理秩序罪、危害国防利益罪、危害公共安全罪。渎职罪和军人违反职责罪不适用财产刑。其中，除危害国家安全罪外，适用财产刑比率最高的是破坏社会主义市场经济秩序罪、贪污贿赂罪、侵犯财产罪，其犯罪基本上都与经济、财产有关。总体看，我国刑法立法精神倾向于将财产刑适用于政治罪、贪利性犯罪、重罪和故意犯罪，财产刑适用于轻罪、过失犯罪的立法意图并不明显。

关于罚金刑和没收财产刑的适用范围，从我国刑法规定看，没收财产刑主要适用于危害国家安全罪和严重的贪利性犯罪。罚金刑不适用于危害国家安全罪，在贪利性犯罪上，罚金刑与没收财产刑进行了分工，罚金刑适用于较轻的贪利性犯罪，没收财产刑适用于较严重的贪利性犯罪。

按照我国刑法的规定，所有的单位犯罪都只适用一种刑罚方法，即罚金刑。刑法对于财产刑适用于自然人的情况没有作出区分，财产刑同等适用于未成年人和成年人。在财产刑适用于单位犯罪中的单位主体和自然人主体上来说，还是有所区别的，在有些单位犯罪中，财产刑统一适用于单位主体和自然人主体，即在财产刑的适用上，采用的是双罚制。在有些单位犯罪中，只是对于单位主体适用财产刑，而对于自然人主体则不适用财产刑，而是适用财产刑以外的其他刑罚方法，采用的是单罚制。

(三) 适用财产刑应注意的问题

1. 关于“并处罚金”在适用上的把握

本条增加规定的是“并处罚金”。按照《最高人民法院关于适用财产刑若干问题的规定》第一条规定，刑法规定“并处”没收财产或者罚金的犯罪，人民法院在对犯罪分子判处主刑的同时，必须依法判处相应的财产刑；刑法规定“可以并处”没收财产或者罚金的犯罪，人民法院应当根据案件具体情况及犯罪分子的财产状况，决定是否适用财产刑。因此，对于向非国家工作人员行贿，数额较大的情形，人民法院在定罪的基础上，量刑既要依法判处三年以下有期徒刑或拘役，又必须判处相应的罚金刑。

2. 关于罚金数额的把握

本条仅规定“并处罚金”，未规定罚金的具体数额或者比例，因此属于无限额罚金制。按照《最高人民法院关于适用财产刑若干问题的规定》第二条规定，人民法院应当根据犯罪情节，如违法所得数额、造成损失的大小等，并综合考虑犯罪分子缴纳罚金的能力，依法判处罚金。刑法没有明确规定罚金数额标准的，罚金的最低数额不能少于1000元。未成年人犯罪罚金的最低数额不能少于500元。因此，在判处罚金刑时，要综合考虑犯罪的各种情节，包括违法所得数额、造成损失大小，还要适当考虑犯罪人实际缴纳罚金的经济能力，在此基础上综合确定罚金的具体数额。

【条文十一】〔取消伪造货币罪的死刑〕

十一、将刑法第一百七十条修改为：“伪造货币的，处三年以上十年以下有期徒刑，并处罚金；有下列情形之一的，处十年以上有期徒刑或者无期徒刑，并处罚金或者没收财产：

“（一）伪造货币集团的首要分子；

“（二）伪造货币数额特别巨大的；

“（三）有其他特别严重情节的。”

【条文主旨】

取消伪造货币罪的死刑。

【理解与适用】

修正前刑法第一百七十条规定："伪造货币的，处三年以上十年以下有期徒刑，并处五万元以上五十万元以下罚金；有下列情形之一的，处十年以上有期徒刑、无期徒刑或者死刑，并处五万元以上五十万元以下罚金或者没收财产：……"《刑法修正案（九）》主要是取消了对伪造货币犯罪的死刑规定，同时还对罚金刑作了修改完善，由原来的限额罚金改为无限额罚金。主要考虑是：一是伪造货币犯罪是非暴力性犯罪，主要目的是牟利，最高处以无期徒刑也可以适应打击这类犯罪的实际需要，并作到罪刑相适应。二是其他国家对伪造货币罪也基本上不适用死刑。法国、德国、奥地利、瑞士等国伪造货币罪的法定最高刑分别是三十年徒刑、十五年自由刑、十年自由刑、重惩役（最高刑期为二十年）。日本、俄罗斯伪造货币罪的法定最高刑分别是无期惩役、十五年自由刑。三是实践中已经很少适用死刑。据了解，近年来，全国法院每年只有一人左右因犯伪造货币罪被判处死刑。因此，取消伪造货币犯罪的死刑，基本上不影响对此类犯罪的打击力度。

在征求意见过程中，有专家认为，取消罚金的具体数额不合理，与破坏金融管理秩序罪的总体规定不协调。目前，我国刑法分则规定罚金的罪名中，30%多是有数额或者规定了一定比例的，近70%都没有具体规定。罚金没有数额限制问题很大，可能导致乱判乱罚。罚金的发展趋势应该是尽量有数额限制，不要都是无限额，但在数额的具体规定上可以根据社会发展的需要作一个弹性规定。但该意见未被立法机关采纳。我们认为，根据审判实践，无限额罚金制比倍比罚金制、限额罚金制更加符合实际，更能实现罪刑相当。从近年来的司法实践看，在刑法中规定具体的罚金数额或者倍比，反而容易导致空判，影响法律的严肃性。比如，2011 年的鄂尔多斯中院对销售假冒“鄂尔多斯”“恒源祥”牌羊毛衫的农民李清以假冒注册商标罪判处有期徒刑五年，并处罚金 2151 万元的“天价罚金”案，就引起社会广泛质疑，损害了法院公信力。所以，近年来的刑法修正，都是由原来的具体数额规定改回原则性规定，故罚金的发展趋势不是尽量有数额限制，反而是尽量取消数额限制。

关于修正后伪造货币犯罪的量刑。由于伪造货币犯罪的构成要件未作修改，只是取消了死刑和罚金的具体数额，因此，2000 年通过的《最高人民法院关于审理伪造货币等案件具体应用法律若干问题的解释》的相关规定均可参照执行，刑法修正前后的量刑应当总体上保持均衡。

【条文十二】〔取消集资诈骗罪的死刑〕

十二、删去刑法第一百九十九条。

【条文主旨】

取消集资诈骗罪的死刑。

【理解与适用】

刑法对集资诈骗犯罪的死刑规定，从增加到取消，有一个历史演变的过程。在 1979 刑法中，诈骗罪的法定最高刑是无期徒刑。随着我国的改革开放，市场经济体制的不断确立和金融市场的逐步发达，金融领域犯罪，尤其是集资诈骗犯罪日益猖獗，一些犯罪分子将骗得的巨款卷逃、挥霍的犯罪情况较为突出，严重破坏金融秩序和人民群众的正常生活秩序，影响社会稳定。因此，1995 年《全国人民代表大会常务委员会关于惩治破坏金融秩序犯罪的决定》将使用诈骗方法非法集资的犯罪，作为一种特殊的诈骗犯罪加以规定，并配置了死刑。1997 在修订刑法时，对集资诈骗罪保留了死刑，规定犯集资诈骗罪、票据诈骗罪、金融凭证诈骗罪和信用证诈骗罪，数额特别巨大并且给国家和人民利益造成特别重大损失的，处无期徒刑或者死刑，并处没收财产。在当时的社会经济发展形势下，对于这几种严重破坏国家金融秩序，危害国家和人民利益的金融诈骗犯罪，规定最高可以判处死刑，对于严厉打击和震慑金融诈骗犯罪活动，维护社会主义市场经济秩序，是完全必要的。

2011 年的《刑法修正案（八）》取消了票据诈骗罪、金融凭证诈骗罪和信用证诈骗罪的死刑。同时，不少部门和专家学者建议一并取消集资诈骗罪的死刑。但是，立法机关考虑到《刑法修正案(八)》是 1997 年刑法制定以来第一次较多地取消死刑罪名，其社会效果和法律效果尚需评估、总结。同时考虑到，集资诈骗罪虽然与票据诈骗罪、金融凭证诈骗罪和信用证诈骗罪同属金融诈骗犯罪，但该罪的被害人往往是不特定的人民群众，受害者人数众多，涉案金额惊人，不仅侵犯人民群众的财产权益，扰乱金融秩序，还严重影响社会稳定。这类犯罪在当时尚未得到有效遏制，在一些地方仍然时有发生。因此，在这种情况下，对于集资诈骗数额特别巨大并且给国家和人民利益造成特别重大损失的犯罪，是否取消死刑采取了审慎的态度，故保留了对集资诈骗犯罪可以判处死刑的规定。

起草《刑法修正案（九）》时，对集资诈骗罪的死刑存废问题，再次引起较大的争议。主张取消死刑的理由主要是：（1）符合公平原则。集资诈骗罪的社会危害性未必大于票据诈骗罪、金融凭证诈骗罪和信用证诈骗罪，而后者的死刑已被《刑法修正案（八）》废止，再对集资诈骗犯罪适用死刑，已失去了公正性。尤其是，有学者认为，集资诈骗罪的发生与金融垄断体制有关，卖方市场的银行垄断使经营者逼良为娼，民间集资的发生存在必然性，犯罪原因中有相当多的制度因素，对集资者适用死刑在前提上缺乏正当性。而民众非理智地参与集资与投资渠道狭窄密切相关，资本有逐利性的天性，在通货膨胀、楼市限购、股市低迷、行业垄断的背景下，缺乏释放空间的游资会自动涌向民间融资市场。集资诈骗罪的被害人一般关心的是自己被骗走的资金是否能够追回以及何时能够追回，其欲求主要在于经济赔偿，即便要求对犯罪人予以刑事处罚，也远不至于适用死刑。因为群体事件、考虑社会稳定而对集资诈骗罪保留死刑，是未读懂集资参与人的内心世界——严惩只是口号、保本才是目的。（2）符合司法实际。集资诈骗的得逞与被骗者自身的过错有关，取消集资诈骗罪的死刑符合刑事司法实践中对被害人有明显过错的一般不对犯罪人判处死刑立即执行的司法惯例。有学者认为，相较于多数诈骗罪，集资诈骗罪中的受害人往往具有更大的过错性，被害人追求的是高回报率，具有投机取巧、不劳而获的心理，这种心理不仅违反了"利益与风险同在"的市场基本法则，也违反了"付出与回报对等"的人类基本伦理。尤其是近年来的浙江吴英集资诈骗案、湖北曾成杰集资诈骗案等集资诈骗类案件引起了社会的极大关注，认为放高利贷者得到保护，而借高利贷者却受到严惩并不合理，甚至有人质疑集资诈骗罪的死刑就是为民营企业家量身定做的。（3）符合世界惯例。与世界其他国家相比，我国对金融诈骗犯罪的处罚是最严厉的。如：法国刑法典中第313、312条规定对金融诈骗犯罪和普通诈骗罪都是最高处到七年监禁并科500万法郎罚金。当然，仍然有些部门认为应当保留死刑。最终，立法机关坚决落实党的十八届三中全会提出的"逐步减少适用死刑罪名"的要求，同时考虑到近年来国家对民间集资进行了有效的清理，通过政府加强监管，拓宽民间资本投资渠道，加强对中小企业的资金支持，加大对非法集资的打击力度，已有效遏止了非法集资诈骗犯罪，并且集资诈骗也是非暴力的经济性犯罪，最高处以无期徒刑也可以做到罪刑相适应，故取消了集资诈骗罪的死刑。

取消集资诈骗罪的死刑后，相关司法解释和规范性文件的执行不应受影响，刑法修正前后的量刑也应当总体上保持均衡。

【条文十三】〔增加强制猥亵十四周岁以上男性的犯罪；增加强制猥亵他人、侮辱妇女或者猥亵儿童的加重处罚的情形〕

十三、将刑法第二百三十七条修改为："以暴力、胁迫或者其他方法强制猥亵他人或者侮辱妇女的，处五年以下有期徒刑或者拘役。

"聚众或者在公共场所当众犯前款罪的，或者有其他恶劣情节的，处五年以上有期徒刑。

"猥亵儿童的，依照前两款的规定从重处罚。"

【条文主旨】

《刑法修正案（九）》对强制猥亵、侮辱妇女罪和猥亵儿童罪的修改主要体现在以下两个方面：一是针对实践中出现的性侵年满十四周岁的男性的现象，将强制猥亵的对象由"妇女"修改为"他人"，以扩大适用范围；二是将升档处罚情节，由"聚众或者在公共场所当众犯前款罪的"修改为"聚众或者在公共场所当众犯前款罪的，或者有其他恶劣情节的"，以加大对情节恶劣情形的惩处力度。

【理解与适用】

一、修改的背景、内容和意义

1979年刑法第一百六十条设置了流氓罪，规定："聚众斗殴，寻衅滋事，侮辱妇女或者进行其他流氓活动，破坏公共秩序，情节恶劣的，处七年以下有期徒刑、拘役或者管制。""流氓集团的首要分子，处七年以上有期徒刑。"[①] 从实践来看，由于流氓罪规定的内容庞杂，行为多样，特别是对"其他流氓活动"缺乏统一的法律认定标准，司法实际掌握中任意性较大，成为典型的"口袋罪"。[②] 1997 年刑法将流氓罪分解为猥亵、侮辱妇女的犯罪，聚众淫乱的犯罪、聚众斗殴的犯罪和寻衅滋事的犯罪。

关于猥亵、侮辱妇女的犯罪，1997 年刑法第二百三十七条第一款、第二款规定："以暴力、胁迫或者其他方法强制猥亵妇女或者侮辱妇女的，处五年以下有期徒刑或者拘役。""聚众或者在公共场所当众犯前款罪的，处五年以上有期徒刑。"由于实践中经常发生猥亵儿童的案件，有的案件甚至是猥亵数十人的大案，因此专门增设了猥亵儿童行为的定性和处理，即第三款规定："猥亵儿童的，依照前两款的规定从重处罚。"[③] 上述规定对于有力惩治猥亵、侮辱妇女和猥亵儿童犯罪，依法维护妇女、儿童的合法权益发挥了重要作用。

随着时间推移，从近年来的司法实践来看，强制猥亵、侮辱妇女罪亟需进一步完善，集中表现为性侵男性的行为应否纳入猥亵犯罪中解决。现行刑法第二百三十六条关于强奸罪的规定明确将该罪的对象限于妇女、幼女。司法实践中，对于性侵未满十四周岁的男童的行为，往往适用猥亵儿童罪；但是，从立法层面而言，是否有必要修改、完善刑法关于强奸罪的规定，理论界和实务界也存在一定的争议。而对于性侵年满十四周岁的男性的行为，根据现行刑法规定，无法适用强奸罪，也无法适用其他合适罪名。因此，根据有关方面的建议，《刑法修正案（九）（草案）》拟对性侵男性行为的定性作出明

---

① 1983 年 9 月 2 日《全国人大常委会关于严惩严重危害社会治安的犯罪分子的决定》对该条作了补充：流氓犯罪集团的首要分子或者携带凶器进行流氓犯罪活动，情节严重的，或者进行流氓犯罪活动危害特别严重的，可以在刑法规定的最高刑以上处刑，直至判处死刑。

② 参见高铭暄：《中华人民共和国刑法的孕育诞生和发展完善》，北京大学出版社 2012 年版，第 454 页。

③ 参见高铭暄：《中华人民共和国刑法的孕育诞生和发展完善》，北京大学出版社 2012 年版，第 455 ~456 页。

确规定，基本的解决思路为沿袭司法实践的现有作法，即区分被害对象是否年满 14 周岁：对于性侵未满十四周岁的男性儿童的，适用猥亵儿童罪的规定；对于性侵年满十四周岁的男性的，适用猥亵犯罪予以惩治。为此，有必要对刑法第二百三十七条第一款的规定作出完善，将猥亵犯罪的对象不再限于妇女。研讨中，有关方面对于强奸男性以猥亵论的修改考虑，形成了不同认识：有意见持赞成态度，认为上述考虑充分顾及民众的观念，考虑到民众对强奸对象的传统认识；也有意见认为，女性强奸男性，特别是以诱骗方式与男性儿童发生性行为的案件，以及男性强迫同性口交、肛交的案件，实践中客观存在。对此类案件如以猥亵论，会混淆强奸与猥亵的界限，导致类似行为评价不一，在法理上似有难以说通之处，在刑法适用中也存在不合理之处。因此，建议将强奸罪的犯罪对象也一并由“妇女”扩大为“他人”，将强奸男性的行为以强奸罪定罪处罚，从而实现刑法对男性和女性在性权利方面的平等保护。

经慎重研究，拟将刑法第二百三十七条第一款修改为：“以暴力、胁迫或者其他方法强制猥亵他人或者侮辱妇女的，处五年以下有期徒刑或者拘役。”这一修改方案主要是将强制猥亵罪的对象由“妇女”扩充为“他人”，从而包括男性在内。对于这一修改方案本身，有关方面均持赞成态度，但也有意见建议进一步将强奸罪的犯罪对象也一并由“妇女”扩大为“他人”，以区分强奸男性和猥亵男性的行为，避免强奸与猥亵之间的界限混淆。此外，有专家建议删除“侮辱妇女”的表述，将侮辱妇女的行为一律纳入侮辱罪中予以解决。

经综合研究上述建议，对方案作了进一步调整，即将刑法第二百三十七条修改为：“以暴力、胁迫或者其他方法猥亵他人的，处五年以下有期徒刑或者拘役。”这一方案主要有两方面调整：其一，删除“强制”，即在行为方法上不再限于“强制”；其二，取消侮辱妇女罪的规定，纳入侮辱罪中一并解决。对于前一修改，有关方面认为可能会出现打击面过宽的问题，建议将“其他方法”限定为“违背他人意志”，或者不取消“强制”的表述。对于后一修改，有意见提出，取消单独的侮辱妇女罪，虽说可以按侮辱罪处罚，但处罚较轻，且侮辱罪是自诉案件，明显不利于对妇女的特殊保护，建议再作研究。

此外，关于猥亵犯罪升档处罚情节的规定也亟需修改完善。刑法第二百三十七条第三款规定“猥亵儿童的，依照前两款的规定从重处罚。”这一规定的量刑幅度不明确，且没有针对猥亵儿童的情形单独规定升档处罚情节，无法从重打击司法实践中一些猥亵儿童情节恶劣的案件。在《刑法修正案（九）（草案）》研拟过程中，有关方面建议对刑法第二百三十七条第二款“聚众或者在公共场所当众犯前款罪”的规定作出完善，即删除“在公共场所”的规定，以免实践中出现对集体宿舍等场所是不是公共场所的争议。此外，实践中有的犯罪分子强制猥亵、侮辱多人，特别是猥亵儿童多人，有的长期、多次猥亵、侮辱他人，有的给被害人造成了严重精神伤害的，根据现行刑法规定，均只能处五年以下有期徒刑，明显有违罪责刑相适应原则。因此，有必要对升档处罚情节予以扩充，将其他情节恶劣的情形涵括在内。经研究，拟将刑法第二百三十七条第二款修改为：“聚众或者在公共场所当众犯前款罪的，或者有其他恶劣情节的，处五年以上有期徒刑。”可见，与现行刑法相比，这一方案增加了“有其他恶劣情节”的兜底规定，以适应司法实践中的复杂情况。对于这一修改方案，有关方面均持赞成态度。

经综合各方意见，《刑法修正案（九）（草案）》第十二条拟将刑法第二百三十七条修改为：“以暴力、胁迫或者其他方法强制猥亵他人或者侮辱妇女的，处五年以下有期徒刑或者拘役。”“聚众或者在公共场所当众犯前款罪的，或者有其他恶劣情节的，处五年以上有期徒刑。”“猥亵儿童的，依照前两款的规定从重处罚。”可见，这一方案采纳了有关方面的意见，将猥亵儿童以外的对象的方式仍然限制在“强制”，并保留了侮辱妇女罪。审议过程中，仍然有意见主张将强奸罪的对象由“妇女”修改为“他人”，并作了详细论证。[①] 由于各种原因，上述意见未被采纳。《刑法修正案（九）》第十三条维持了上述方案，最终对猥亵犯罪作出修改。

二、对修改内容的理解和适用

（一）犯罪客体

强制猥亵、侮辱罪侵犯的客体是他人的人格尊严和名誉。强制猥亵罪的对象是已满十四周岁的人，包括妇女和男性在内。强制侮辱罪

---

① 主要考虑如下：一是目前强奸罪的保护对象仅限于妇女，不利于对男性权利的保护。刑法第二百三十六条规定强奸罪的对象限于妇女，意在保护妇女的合法权益，然而，近年来随着性主体和性行为方式的多样化，一些以前鲜见的性侵犯形式和案件开始涌现，这一规定已经不能适应社会发展的需要。对于针对男性性侵犯的行为，由于找不到相应的法律依据，很难被追究刑事责任，使大量的被害人得不到相应的救济。据2013年广东省疾控中心的一项检测报告显示，男生被迫发生性行为的是女生的2.2至2.3倍，2013年备受关注的华东师范大学第二附属中学全国知名的物理教师张某某案，其二十多年来多次以检查身体为由，对多名在校男生实施性侵的犯罪行为的曝光，引发了社会各界对如何保护男性权益，特别是保护未成年男性的高度关注和热议。事实上，男性的性权利应当与女性的性权利一样不可侵犯，应受到法律尤其是刑法的同等保护。然而，目前男性遭遇强奸还属于法律空白，在现行法律规定下，强奸男性无法适用强奸罪，这对于保护男性的人身权益无疑是很不利的。《刑法修正案（九）（草案）》将“强制猥亵妇女”修改为“强制猥亵他人”，扩大了保护对象，填补了我国刑法中性侵男性的法律空白，是一大亮点。然而，由于未对强奸罪一并作出修改，这个进步只是有限的进步。二是从立法技术上说，强奸女性犯罪，强奸男性不犯罪，这是不合理的。从行为特征来说，行为人以发生性关系为目的，违背男性意志，采取暴力手段，实施强奸行为，对被害男性身心造成严重损害，符合犯罪特征。三是1992年12月11日《最高人民法院、最高人民检察院关于执行〈全国人民代表大会常务委员会关于严禁卖淫嫖娼的决定〉的若干问题的解答》规定：“组织、协助组织、强迫、引诱、容留、介绍他人卖淫中的“他人”，主要是指女人，也包括男人。”四是法国、瑞典、芬兰、挪威、丹麦、西班牙等国的刑法典在规定强奸罪及其他侵犯型的性暴力犯罪时都将受害人表述为他人。综上所述，确有必要将强奸罪中的“妇女”修改为“他人”，将男性纳入强奸罪的保护对象，使男性的权利得到有力保障，以适应时代发展的需要，严密和完善刑法对公民权利的保护。

的对象限定为女性。[①] 猥亵儿童罪侵犯的是儿童的人格尊严和身心健康，对象是未满十四周岁的男女儿童。

（二）犯罪客观方面

强制猥亵罪的客观方面表现为以暴力、胁迫或者其他方法强制猥亵他人的行为。所谓“暴力”，是指以对被害人实施殴打、伤害等危害人身安全和人身自由，使被害人不能反抗的行为；所谓“胁迫”，是指对被害人进行威胁、恐吓等精神上的强制，如杀害被害人或者亲友、揭发隐私、毁坏名誉等，以使被害人不敢反抗的行为；所谓“其他方法”，是指暴力、威胁以外使被害人不知反抗、无法反抗的方法，如利用熟睡、患病之机进行猥亵，将被害人麻醉、灌醉之后进行猥亵等。“强制猥亵”的关键在于是否违背被害人的意志，实践中可以表现为抠摸、搂抱、手淫等多种方式。需要注意的是，如前所述，对于强奸男性被害人的行为，应当纳入“强制猥亵”的范围，而不认定为强奸罪。

强制侮辱罪在客观方面表现为以暴力、胁迫或者其他方法强制侮辱妇女的行为。需要注意的是，强制侮辱罪中的“侮辱”与侮辱罪中的“侮辱”有所不同，“是指与猥亵的淫秽性类似的令妇女难堪的其他性骚扰行为，如用淫秽语言调戏妇女；偷剪妇女衣裤、当众强剪妇女发辫，使其出丑；向妇女暴露性器官；强行让妇女抚摸男性性器官；等等。”[②] 对于妇女实施的与淫秽性无关的侮辱行为，不宜认定为强制侮辱罪，符合侮辱罪的构成要件的，可以适用侮辱罪。

---

① 有意见认为，在强制猥亵罪的对象包括男性的情况下，强制侮辱罪不能适应全面保护男性的性尊严和性自主权的需要。法律上应一致保护男女的性权利与性羞耻心，不应对男女在性羞耻心的保护上区别对待，故主张将强制侮辱罪的对象也相应扩展为“他人”，以实现对公民权利的平等保护。对此，我们认为，该问题与民众的观念直接相关，强制侮辱妇女的行为有不同于一般侮辱行为的特殊性，对其作出专门规定并无不当；而对于侮辱男性的行为，可以适用侮辱罪解决。

② 参见王作富主编：《刑法（第五版）》，中国人民大学出版社 2011 年版，第 374 页。

考虑到儿童对性的认识及辨别能力较低，为加强对儿童身心健康的特殊保护，对于猥亵儿童的行为不以强制为前提要件，即不论儿童是否同意，也不论行为人所使用方法的具体类型，不论儿童是否进行了反抗，均可以构成猥亵儿童罪。基于同样的道理，对于实践中发生的性侵男童的案件，也应当纳入猥亵儿童的范围，而不认定为强奸罪。

（三）犯罪主体

强制猥亵罪、侮辱罪和猥亵儿童罪的主体为一般主体，凡年满十六周岁，具有刑事责任能力的人均可以成为本罪的主体。

（四）犯罪主观方面

强制猥亵罪、侮辱罪和猥亵儿童罪的主观方面由故意构成，且为直接故意，并往往具有性刺激、性满足的目的。

（五）刑事责任

根据修正后刑法第二百三十七条第一款、第二款的规定，犯强制猥亵罪、强制侮辱罪的，处五年以下有期徒刑或者拘役；聚众或者在公共场所当众犯该罪，或者有其他恶劣情节的，处五年以上有期徒刑。

根据修正后刑法第二百三十七条第三款的规定，猥亵儿童的，依照上述规定从重处罚。

三、需要注意的问题

（一）猥亵、侮辱犯罪“其他恶劣情节”的把握

修正后刑法第二百三十七条第二款的规定：“聚众或者在公共场所当众犯前款罪的，或者有其他恶劣情节的，处五年以上有期徒刑。”对于“聚众或者在公共场所当众”强制猥亵他人、强制侮辱妇

女、猥亵儿童，对被害人造成的伤害更大，社会影响更为恶劣，故《刑法修正案（九）》维持现行规定，将上述情形规定为加重情节。需要注意的是，根据《最高人民法院、最高人民检察院、公安部、司法部关于依法惩治性侵害未成年人犯罪的意见》的精神，在校园、游泳馆、儿童游乐场等公共场所对未成年人实施强奸、猥亵犯罪，只要有其他多人在场，不论在场人员是否实际看到，均可以认定为在公共场所"当众"强制猥亵他人、强制侮辱妇女、猥亵儿童。

《刑法修正案（九）》将"有其他恶劣情节"增设为新的加重情节。司法实践中对"恶劣情节"可以从以下方面予以把握：（1）猥亵多人的。对于猥亵三人以上的，可以认定为"有其他恶劣情节"。（2）多次猥亵他人的。对于三次以上猥亵他人的，可以认定为"有其他恶劣情节"。（3）造成恶劣社会影响的。实践中，一些猥亵案件，特别是猥亵儿童的案件，造成了恶劣社会影响，引发了强烈民愤，可以认定为"有其他恶劣情节"。

（二）猥亵、侮辱致使被害人伤害、死亡案件的处理

由于在猥亵、侮辱过程中可能会给被害人造成伤害或者死亡的后果，故在司法实践中应当妥善处理猥亵、侮辱致使被害人伤害、死亡的案件。

1. 实施猥亵、侮辱行为，造成轻伤以上后果的，同时符合刑法第二百三十四条或者第二百三十二条的规定，构成故意伤害罪、故意杀人罪的，依照处罚较重的规定定罪处罚。虽然猥亵、侮辱犯罪本身包含暴力、胁迫因素，特别是强制猥亵罪、侮辱罪以暴力、胁迫或者其他强制方法为客观要件，但由于猥亵、侮辱犯罪缺乏强奸罪将"致使被害人重伤、死亡"明确为加重构成要件的规定，故不能认为猥亵、侮辱行为给被害人造成伤害或者死亡的后果已经包含在猥亵犯罪行为之中。因此，可以对伤害行为另行评价，比较其与猥亵、侮辱行为的刑罚轻重，择重罪处断。

2. 《最高人民法院、最高人民检察院、公安部、司法部关于依

法惩治性侵害未成年人犯罪的意见》规定:“对已满十四周岁的未成年男性实施猥亵,造成被害人轻伤以上后果,符合刑法第二百三十四条或者第二百三十二条规定的,以故意伤害罪或者故意杀人罪定罪处罚。”这主要是考虑到当时对于猥亵已满十四周岁的男性的行为无法适用强制猥亵犯罪处理,故而在《刑法修正案(九)》施行后,所涉情形需要根据修改后刑法的规定把握,即应当在强制猥亵罪与故意伤害罪中择一重罪处断。

3. 对于行为人出于报复、灭口、逃跑等动机,在实施猥亵、侮辱行为后,又将被害人伤害或者杀害的,则应当分别认定为强制猥亵罪(或者强制侮辱罪、猥亵儿童罪)、故意杀人罪(或者故意伤害罪),按照数罪并罚的原则处理。此种情形下,行为人主观方面不仅有猥亵、侮辱的故意,而且有伤害或者杀人的故意;客观方面也不仅实施了猥亵、侮辱行为,还实施了伤害或者杀人行为。故基于主客观方面的情况,应当将此种行为评价为两个行为,数罪并罚。

【条文十四】〔修改绑架罪加重处罚的情形〕

十四、将刑法第二百三十九条第二款修改为:“犯前款罪,杀害被绑架人的,或者故意伤害被绑架人,致人重伤、死亡的,处无期徒刑或者死刑,并处没收财产。”

【条文主旨】

本条是完善绑架罪中法定刑升格的相关规定,修改内容主要有两点:一是修改了绑架罪中法定刑升格的事由,将“致使被绑架人死亡或者杀害被绑架人的”修改为“杀害被绑架人的,或者故意伤害被绑架人,致人重伤、死亡的”,适当扩大了事由的范围;二是相应调整了法定刑,由“处死刑,并处没收财产”修改为“处无期徒刑或者死刑,并处没收财产”,由绝对适用死刑调整为无期徒刑或死刑，扩大了量刑的空间，解决了理论和实务部门一直以来关注和争议的问题。

【理解与适用】

一、修改的背景、内容和意义

（一）绑架罪立法情况

1979年刑法没有规定绑架罪的罪名。《全国人民代表大会常务委员会关于严惩拐卖、绑架妇女、儿童的犯罪分子的决定》第二条第三款规定了“绑架勒索罪”。

1997年刑法修订对罪状作了修改和补充，将罪名相应修改为“绑架罪”。1997年刑法第二百三十九条规定：“以勒索财物为目的绑架他人的，或者绑架他人作为人质的，处十年以上有期徒刑或者无期徒刑，并处罚金或者没收财产；致使被绑架人死亡或者杀害被绑架人的，处死刑，并处没收财产。以勒索财物为目的偷盗婴幼儿的，依照前款的规定处罚。”不难看出，该条规定是刑法中量刑最为严厉的犯罪，只要犯绑架罪的，起点就是十年以上有期徒刑，如在绑架过程中，致使被绑架人死亡或者杀害被绑架人的，将绝对适用死刑，没有裁量的空间，体现了立法者从严打击绑架犯罪的取向。

2009年《刑法修正案（七）》第六条将刑法第二百三十九条修改为：“以勒索财物为目的绑架他人的，或者绑架他人作为人质的，处十年以上有期徒刑或者无期徒刑，并处罚金或者没收财产；情节较轻的，处五年以上十年以下有期徒刑，并处罚金。犯前款罪，致使被绑架人死亡或者杀害被绑架人的，处死刑，并处没收财产。以勒索财物为目的偷盗婴幼儿的，依照前两款的规定处罚。”这次修改主要是增加“情节较轻的，处五年以上十年以下有期徒刑，并处罚金”的规定，主要是考虑到实践中有的绑架犯罪情节较轻，判处十年以上有期徒刑过重，不符合刑法的罪刑相适应原则。

（二）关于绑架罪中如何理解“杀害被绑架人”的争议

绑架罪是严重侵犯人身权利的传统犯罪类型，加之刑法对其规定了非常严厉的法定刑，尤其是对于“致使被绑架人死亡”与“杀害被绑架人”两种法定刑升格事由，将绝对适用死刑，而没有任何空间给法官进行裁量。由于这个问题直接关系到行为人的生死，因此，对“致使被绑架人死亡”与“杀害被绑架人”的理解和适用问题，刑法学界和司法实务部门都积极地进行了探讨。

对于如何理解“杀害被绑架人”，即杀人的行为是否要求必须造成被绑架人死亡的后果，刑法学界还存在诸多争论，司法实务部门处理的结果也不完全相同。综合学界和实务部门的观点，对此问题主要有两种不同意见：

一种意见认为，“杀害被绑架人”的“杀害”指的是有杀害行为，不要求必须造成被绑架人死亡的后果。理由为：

1. 刑法规定“致使被绑架人死亡或者杀害被绑架人的”判处死刑，“致使被绑架人死亡”包含绑架者并非故意要造成被绑架人死亡的后果，但客观上导致了被绑架人死亡的情况。从量刑上比较，没有杀死被绑架人的故意，因客观因素造成被绑架人死亡的都要判处死刑，故意杀害被害人的行为罪责更大，更应当判处死刑。

2. 如将刑法第二百三十九条规定中的“杀害”也理解为必须是杀死，那么该条中“或者杀害被绑架人”就是赘文，因“致使被绑架人死亡”已完全能涵盖这种情形。刑法第二百三十九条使用“杀害”这一用语，或是因如规定为“杀被绑架人”不符合表述习惯。

3. 对这个问题的理解关系到对实践中两类极端案件的处理：一是绑架后故意杀人，因意志以外的原因未致被绑架人死亡，但已造成被绑架人严重残疾等严重后果，综合全案情节，依法应判处行为人死刑或死缓的；二是绑架后故意杀人，因意志以外的原因未致被绑架人死亡，且也未造成重伤以上严重后果，甚至在杀人过程中主动中止，没有造成任何损害，综合全案情节，不能或不宜对行为人判处死刑或死缓的。将“杀害”理解为是指杀人行为而不是杀死结果，可以保障上述两类案件依法均能得到稳妥处理。对前一类案件，可依照刑法第二百三十九条的规定，依法判处死刑或死缓；对后一类案件，可根据案件特殊情况，依照刑法第六十三条第二款的规定，在法定刑以下判处刑罚，报请最高人民法院核准。反之，如将“杀害”理解为“杀死”，尽管可以保障后一类案件依法妥当处理，且程序更加便捷，但对前一类案件的处理将陷入被动：如将“杀害”理解为“杀死”，对前一类案件最高就只能判处无期徒刑，难免导致罪刑失衡（单纯的故意杀人未遂但手段特别残忍、致人严重残疾的，都要考虑适用死缓甚至死刑），无法保障案件裁判的法律和社会效果。

另一种意见认为，“杀害被绑架人”是指杀死被绑架人，必须包含死亡结果。理由为：

1. 从文义解释看。相关词典将“杀害”解释为“杀死”，即包含了死亡后果。在法律条文未对用语含义作出特别规定，理论或实践中未对用语的含义达成高度共识的情况下，对“杀害”进行解释不能超出文义，不能脱离人们日常生活使用中所涵盖的范畴。

2. 从立法精神看，因立法规定“杀害被绑架人”应当处死刑，故将“杀害被绑架人”理解为“杀死被绑架人”，即俗称的“撕票”，更符合立法精神，也更符合罪刑相适应原则。全国人大法工委编著的《中华人民共和国刑法释义》认为，“杀害被绑架人”是指在掳走被绑架人后，出于勒索财物或者其他目的得不到实现或者其他原因，故意实施杀害行为，非法剥夺被绑架人生命的行为。可见，立法机关强调的是故意实施“杀害”行为，而不是故意实施“杀人”行为。而且，刑法规定杀害被绑架人为单一刑种死刑，并无其他刑种可以选择，如果将杀害被绑架人理解为不仅包括杀人的后果，还包括杀人的行为，则必然导致只要有杀人的行为，不管结果如何，即使造成轻伤，都只能判处死刑，显然不符合罪刑相适应原则。

3. 从死刑政策看。对“杀害被绑架人”的理解涉及死刑适用，需慎重对待。从死刑适用的角度看，客观上要求造成有死亡后果的才适用死刑。如果“杀害”指杀人行为，不要求死亡结果，则绑架中实施了未遂、中止的杀人行为均应判处死刑，不符合严格限制和慎重适用死刑的政策。刑法规定，对绑架罪中致使被绑架人死亡或者杀害被绑架人的，处死刑。这个规定一方面是对造成被绑架人死亡或撕票的犯罪者进行严惩，另一方面则是最大限度地保障被绑架人生命安全，即犯罪人如未造成被绑架人死亡或者撕票的，可不处死刑。

这个问题的产生是源于立法文字表述产生的歧义，以及绝对适用死刑的规定。对此问题的两种意见其实各有一定的道理，难以简单地说谁对谁错，司法实践中可根据不同情节和后果作出处理。

（三）实践中相关案例的不同观点

最高人民法院主编的《刑事审判参考》先后刊登的第183号案例“吴德桥绑架案”和第299号案例“王建平绑架案”两个案例均涉及这个问题，但两个案例的观点不尽一致。

第183号案例“吴德桥绑架案”的裁判理由认为，所谓“杀害被绑架人”是指故意杀死被绑架人，即所说的“杀害”，不仅要有故意杀人的行为，还要有死亡的后果，不宜将这里的“杀害”理解为仅有故意杀人的行为即可。并认为“杀害被绑架人是指实施了杀害行为但尚未造成死亡”的观点存在不可忽视的缺陷，理由是：

第一，刑法规定杀害被绑架人为单一刑种死刑，并无其他刑种可以选择，因此如果将杀害被绑架人理解为不仅包括杀害后果，还包括杀害行为，必然导致只要有杀害的行为，不管杀害的结果如何，是造成轻伤、重伤、严重残疾还是死亡，都只能判处死刑，这显然不符合罪刑相适应原则，有违立法的真实意图。立法将“致被绑架人死亡或者杀害被绑架人”并列且配置以绝对确定法定刑死刑，其基本精神在于强调必须具有被绑架人死亡的结果。

第二，在法律条文未对条文用语含义作出特别规定时，解释“杀害”一词的含义不能随意脱离人们日常所能理解的范畴，滥作扩大或者限制解释，这是法律解释应遵循的一项基本原则。“杀害”一词作为日常用语的含义，既包括“杀”的行为，更主要是强调出现“害”，即“死”的结果。

第三，“杀害”一词在刑法分则中，不仅出现在本条，在刑法第三百一十八条第二款、第三百二十一条第三款、第三百四十一条第一款中也有使用。尤其从第三百一十八条、第三百二十一条的规定来看，“杀害”是被排除在“造成被组织人、被运送人重伤、死亡”之外的，需要作为另一罪单独评价，实行数罪并罚。而绑架罪中的所谓“杀害”是与绝对确定的法定刑死刑来配置的，因此，对其的解释不能不从严掌握。

第299号案例“王建平绑架案”的裁判理由认为，刑法第二百三十九条规定的“杀害被绑架人”应当包括杀害被绑架人未遂的情况。理由是：

第一，比较其他涉及侵犯公民人身权利的法定刑，刑法对绑架罪规定了最为严厉的法定刑，其最低刑为十年有期徒刑，最高刑是死刑。从法定最低刑看，其严厉性相当于具有加重情形的抢劫罪、强奸罪等，重于故意杀人罪；从法定最高刑看，由于刑法对“致被绑架人死亡或者杀害被绑架人”这两种情形只设置了唯一的即绝对确定的法定刑死刑，明显重于故意杀人罪、具有加重情形的抢劫罪、强奸罪等。这反映了立法者对绑架罪的不同寻常的否定评价。刑法将“致被绑架人死亡或者杀害被绑架人”两种情形归入绑架罪进行综合评价，对其处罚，理所当然地应当重于对这两种行为独立发生时的处罚。如果将杀害被绑架人未遂的情况排除在可判处死刑的情形之外，显然与立法者对故意杀人罪和绑架罪的评价不相符。此外，按照刑法规定，故意伤害他人身体，尽管没有造成被害人死亡，但具有法定情形（以特别残忍手段致人重伤造成严重残疾的），仍可能适用死刑。绑架罪相比故意伤害罪是一种更为严重的犯罪，因此，法定刑的设置比故意伤害罪更为严厉。如果认为“杀害被绑架人”仅指杀人既遂，势必可能出现故意杀害被绑架人未遂，但手段残忍造成被绑架人严重残疾的，量刑反而要比类似情形的故意伤害罪更轻。这显然不是立法者的意图，更不能视为立法可能的疏忽。因此，对“杀害被绑架人”的合理解释，应当是将杀害被绑架人未遂的情况包括进去。

第二，比较“致被绑架人死亡”和“杀害被绑架人”这两类情形的罪过形式看，致被绑架人死亡包括行为人过失致使被绑架人死亡的情形，杀害被绑架人则指对被绑架人实施故意杀害的行为。显然，故意杀害被绑架人的主观恶性程度明显高于过失致被绑架人死亡，对过失致使被绑架人死亡的情形尚需适用死刑，那么对故意杀害被绑架人未遂，特别是手段残忍、后果严重的这类情形，就更没有理由不适用死刑了。

因此，将“杀害被绑架人”扩张解释为包括杀害被绑架人未遂的情况在内，更符合立法本意。而仅按“杀害”的字面含义，贸然断论这里的“杀害”就是仅指“杀死”则未免偏颇。偏颇之处在于这种理解将导致对那些绑架杀害被绑架人未遂，但手段特别残忍、后果特别严重应当判处死刑的情形，则不能直接适用绑架罪的相关条款对其准确定罪量刑。需要特别注意的是，主张将“杀害被绑架人”理解为包括杀害被绑架人未遂这一情形在内，绝不等于说，对所有绑架并杀害被绑架人未遂的情形，都必须一律判处死刑。虽然刑法第二百三十九条规定“杀害被绑架人”，其法定刑为绝对确定的法定刑死刑，但在具体量刑时，还要贯彻不同情况区别对待的原则。就“杀害被绑架人”未遂的情况而言，对其中那些杀害被绑架人手段特别残忍且已造成特别严重后果的，应依法考虑判处死刑。但造成的后果并非特别严重，如没有造成特别严重残疾的，并非不能从轻判处，有的可考虑判处死缓。杀害被绑架人未遂的情形，视作为一个可以酌定从轻或减轻处罚的情节，应当没有疑问。在没有其他法定从轻或减轻处罚情节的条件下，如根据案件特殊情况，确需在法定刑（死刑）以下量刑的，应依照刑法第六十三条的特别情形处理。

鉴于刑法对绑架中“致使被绑架人死亡或者杀害被绑架人的，处死刑”的规定，由于对这种情形规定的是绝对死刑的刑罚，司法机关在量刑时没有余地，不能适应各类案件的复杂情况，有的案件难以体现罪责刑相适应的原则。同时，除致人死亡或者杀害被绑架人的以外，对于故意伤害被绑架人、致人重伤的，也应当根据其犯罪情节，规定相应的刑罚。《刑法修正案（九)》审议过程中，立法机关在会同最高人民法院、最高人民检察院、公安部等实务部门共同研究后，对绑架罪的上述规定进行了修改，并最终在《刑法修正案（九)》中通过。

(四)《刑法修正案（九)》修改的主要内容

《刑法修正案（九)》第十四条将刑法第二百三十九条第二款“致使被绑架人死亡或者杀害被绑架人的，处死刑”的规定修改为：“杀害被绑架人的，或者故意伤害被绑架人，致人重伤、死亡的，处无期徒刑或者死刑，并处没收财产”，完善了法定刑升格的事由及刑罚的有关规定。

本条修改的主要内容有两个：

一是修改了绑架罪中法定刑升格的事由，将“致使被绑架人死亡或者杀害被绑架人的”修改为“杀害被绑架人的，或者故意伤害被绑架人，致人重伤、死亡的”，适当扩大了事由的范围，不仅是致使被绑架人死亡或者杀害被绑架人这两种事由，进一步将故意伤害被绑架人，致人重伤、死亡的情形也包括进来，法定刑升格事由情形的表述也更为具体、明确；

二是相应调整了法定刑，由“处死刑，并处没收财产”修改为“处无期徒刑或者死刑，并处没收财产”，由绝对适用死刑调整为无期徒刑或死刑，扩大了量刑的裁量空间。这就使得司法机关可以根据各类案件后果和情节的实际情况，作出相应量刑，解决了原来量刑没有裁量空间的困境。这是本条修改的最重要的贡献和意义所在，应当说这次修改解决了理论和实务部门一直以来关注和争议的问题。

二、对修改内容的理解与适用

本次修改依然保留“杀害被绑架人”的表述，但因法定刑不再是绝对适用死刑的规定，因此可以理解为，本条规定彰显了立法者严厉打击绑架中可能出现的“撕票”行为的态度。出于对被绑架人的人身保护，只要行为人在绑架过程中实施杀害被绑架人的行为，不管是否造成被绑架人死亡，都要加重处罚，具体根据是否造成被绑架人死亡后果等情节，相应判处无期徒刑或者死刑。[①] 同时，本条增加了故意伤害被绑架人，致人重伤、死亡的情形，亦表明立法者加大保护被绑架人人身安全的立法态度，不仅是“撕票”造成被绑架人死亡的情形要予以严厉处罚，对绑架过程中伤害被绑架人身体健康的情形，同样要加重处罚。因此，本条文的修改，一方面，解决了绝对适用死刑没有量刑裁量空间的困境；另一方面，就是强调和加大对被绑架人人身安全的保护力度。

（一）准确把握故意杀害被绑架人各种情形量刑的界限

被告人在绑架过程中实施“撕票”即杀害被绑架人的行为，可能出现造成被绑架人死亡、重伤、轻伤以及未造成伤害等多种情形，司法实践中要根据具体情况区分情节对待：

一是在绑架过程中实施了杀害被绑架人的行为，致被绑架人死亡的，这就是绑架罪中典型的“撕票”。绑架罪以追求非法利益为目的，直接严重侵害公民的人身权利，而且往往杀害被绑架人或者以杀害被绑架人相威胁，社会影响极其恶劣，社会危害性极大，对此类“撕票”行为必须依法予以严惩。因此，对绑架中杀害被绑架人、致被绑架人死亡的，一般应按照刑法第二百三十九条第二款的规定，处死刑。

---

① 也有观点认为，绑架罪修改后，“杀害被绑架人”是否要求杀死的分歧仍未消除，杀而未死的不能认定为“杀害被绑架人”。

二是行为人在绑架过程中以特别残忍手段致人重伤造成严重残疾的，可以适用死刑。这是考虑在绑架中故意杀害被绑架人，其罪行程度要比单纯的故意伤害行为要严重，按照刑法第二百三十四条第二款规定，故意重伤致人死亡或者以特别残忍手段致人重伤造成严重残疾的，都可以判处死刑，那么在绑架中以特别残忍手段杀害被绑架人致人重伤的，也可以处死刑。

三是在绑架过程中实施了杀害被绑架人的行为，但未造成被绑架人死亡后果的，应当按照刑法第二百三十九条第二款的规定，可以处无期徒刑或者死刑。如仅造成被绑架人普通重伤、轻伤或者未造成伤害后果的，一般可考虑处无期徒刑。①

（二）准确把握绑架过程中故意伤害被绑架人各种情形量刑的界限

实践中要根据案件的具体情况依照刑法第二百三十九条规定予以处罚，一般来说，主要有以下几种情形：

1. 在绑架过程中实施了故意伤害被绑架人的行为，致被绑架人重伤的，符合刑法第二百三十九条第二款的基本规定，按照该条规定，处无期徒刑或者死刑。如果被告人仅是在绑架过程中实施了伤害行为、致被绑架人重伤的，但没有致人死亡或者采用特别残忍手段致人重伤造成严重残疾的，综合全案情节，一般可适用无期徒刑。

2. 在绑架过程中实施了故意伤害被绑架人的行为，致被绑架人死亡，或者采取特别残忍手段致人重伤造成严重残疾的，综合全案情节，可以对被告人处死刑。这是考虑在绑架中故意伤害被绑架人，其罪行程度要比单纯的故意伤害行为要严重，按照刑法第二百三十四条第二款规定，故意重伤致人死亡或者以特别残忍手段致人重伤造成严重残疾的，都可以判处死刑，那么在绑架中伤害被绑架人致人死亡或

---

① 对于杀害被绑架人但未造成伤害后果的，处无期徒刑仍然过重，对此问题如何解决，有待于进一步研究。

者以特别残忍手段致人重伤的，也可以处死刑。

3. 在绑架过程中实施了故意伤害被绑架人的行为，但没有致人重伤的，即被绑架人未受伤或者仅受轻伤的，此时不能适用刑法第二百三十九条第二款处罚，而是应依照刑法第二百三十九条第一款的规定，处十年以上有期徒刑或者无期徒刑。需要指出，刑法第二百三十九条第一款量刑是“十年以上有期徒刑或者无期徒刑”，刑罚比较重，可以对被告人予以有效惩罚，不会放纵被告人。

（三）划清一罪与数罪的界限

在司法实践中，对于以勒索财物为目的绑架他人，将被害人杀害后勒索财物的行为，是定绑架罪一个罪，还是定绑架罪和故意杀人罪两个罪，认识和看法存在分歧。

一种意见主张，定绑架罪一个罪，理由是：被告人在绑架他人之后实施杀人行为，属于“撕票”行为，可作为绑架罪中“杀害被绑架人”的行为予以从重处罚。

另一种意见主张，定绑架罪和故意杀人罪两个罪，实行并罚，理由是：“撕票”是指行为人勒索财物未得逞后杀害人质的行为，而此种情形是在勒索财物之前就杀害了“人质”，杀人是为了灭口。

对此问题，我们赞同前一种观点，主要考虑：

第一，行为人绑架他人的目的虽是为了勒索财物，但绑架罪侵犯的不仅是被害人的财产权利，其首先侵犯的是被害人的人身权利。

第二，使用暴力、胁迫手段绑架他人是本罪在客观方面的重要特征，使用暴力、胁迫手段造成的后果，就包括在绑架人质过程中可能导致人质死亡，或者出于灭口等动机将人质杀害在内，因此绑架罪这种犯罪的人身危险性很大。

第三，本罪在主观方面是故意，但这种故意属概括的故意，既包括勒索财物的故意，也包括杀害人质的故意。概括故意的犯罪对象是不确定的，它只要求行为人对犯罪的事实有概括的认识就可以构成故意犯罪，并不要求行为人明确犯罪结果发生在什么对象上。

第四，鉴于绑架罪的社会危害性很大，因此刑法规定的法定刑很重，基本的量刑是在十年以上，杀害被绑架人的，或者故意伤害被绑架人，致人重伤、死亡的，处无期徒刑或者死刑。至于是在勒索财物以前还是在勒索财物未得逞之后杀害人质，属于犯罪的具体情节，并不影响犯罪性质的认定。所以不能以行为人“撕票”前后杀害人质，作为认定一罪与数罪的标准。对于既绑架他人，又将被绑架人杀害的只能定一个绑架罪，不能定绑架罪和故意杀人罪两个罪。

（四）正确把握绑架罪的既遂标准

关于绑架罪既遂的认定，应以行为人是否将被害人劫持并实际控制为标准，即行为人只要实施了绑架他人的行为，就构成绑架罪的既遂，而不是以勒索的财物是否到手等为标准。

关于绑架罪中杀人未遂的，是否适用刑法关于未遂犯从轻、减轻处罚的规定。有学者认为，可以将绑架杀人理解为结合犯，即绑架杀人罪。所谓结合犯，是指刑法将两个原本独立的犯罪结合在一起，规定为一个新罪的情况。如日本刑法规定了强盗罪和强奸罪，此外还专门规定了强盗强奸罪。因而，在绑架中杀人未遂的，属于绑架杀人罪的未遂。我们认为，这种观点值得商榷和研究。该观点在日本刑法中有足够的法律依据和理论支撑，但在中国刑法中缺乏法律依据。因为中国刑法第二百三十九条明确规定，绑架中杀人的，依然定绑架罪，而不是定绑架杀人罪，即中国刑法中并没有确认绑架杀人罪。对于绑架罪来讲，实施了绑架他人的行为，实际控制被害人，即构成绑架罪的既遂。因此，绑架中杀人未遂的，依然成立绑架罪既遂。

【条文十五】〔修改收买被拐卖的妇女、儿童的行为人在特定条件下从宽处罚的规定〕

十五、将刑法第二百四十一条第六款修改为：“收买被拐卖的妇女、儿童，对被买儿童没有虐待行为，不阻碍对其进行解救的，可以从轻处罚；按照被买妇女的意愿，不阻碍其返回原居住地的，可以从轻或者减轻处罚。"

【条文主旨】

《刑法修正案（九）》将收买被拐卖的妇女、儿童"可以不追究刑事责任"的规定修改为"可以从轻处罚"或者"可以从轻或者减轻处罚"，对收买被拐卖的妇女、儿童的行为一律作出犯罪评价，以切实加大对此类行为的打击力度。

【理解与适用】

一、修改的背景、内容和意义

1979 年刑法规定了拐卖人口罪，第一百四十一条规定："拐卖人口的，处五年以下有期徒刑；情节严重的，处五年以上有期徒刑。"① 随着经济社会发展，一些地方拐卖妇女、儿童的犯罪活动猖獗，严重影响社会稳定和治安状况。为此，1991 年 9 月 4 日通过《全国人民代表大会常务委员会关于严惩拐卖、绑架妇女、儿童的犯罪分子的决定》，第一条专门设置了拐卖妇女、儿童罪，第三条规定对收买被拐卖妇女、儿童罪及关联行为的处理作了规定。

1997 年修改刑法，最初拟在 1997 年刑法规定的基础上设置拐卖人口罪，但后期考虑到拐卖男子属于极其罕见的情况，而直接规定拐卖妇女、儿童罪更具有惩治的针对性，有利于提高立法的威慑力，立

① 1983 年 9 月 2 日《全国人民代表大会常务委员会关于严惩严重危害社会治安的犯罪分子的决定》规定，对于拐卖人口集团的首要分子，或者拐卖人口情节特别严重的，可以在刑法规定的最高刑以上处刑，直至判处死刑。

法工作机关放弃设置拐卖人口罪的方案，转而规定拐卖妇女、儿童罪。[①] 对此，有学者和部门提出，只规定拐卖妇女、儿童罪，完全取代拐卖人口罪，无法处理拐卖妇女、儿童以外的人的行为。实践中也有拐卖男子当劳动力的情况，建议规定拐卖人口罪，对拐卖妇女、儿童的情形从重处罚。[②] 但是，1997 年刑法第二百四十条最终规定了拐卖妇女、儿童罪，未对拐卖妇女、儿童以外的人的处理作出明确。从近年来的司法实践来看，拐卖已满十四周岁男性（尤其是十四周岁至十八周岁），特别是智障男性的案件时有发生，且呈逐渐增多的趋势。在山西、安徽、河北、内蒙古等地发生的“黑砖窑”“黑煤窑”事件表明，存在不少成年男子被拐卖、被收买的现象，后果严重。在《刑法修正案（九）（草案）》研拟过程中，有关部门建议对拐卖妇女、儿童罪作出修改，将犯罪对象恢复为“人口”，扩大到所有人群。相应地对于收买被拐卖的妇女、儿童罪的对象，也应当扩大到所有人群。[③④] 由于各种原因，本次刑法修正未涉及上述问题。

1979 年刑法虽然对拐卖人口罪作了专条规定，但对收买被拐卖

---

① 参见高铭暄：《中华人民共和国刑法的孕育诞生和发展完善》，北京大学出版社 2012 年版，第 460～461 页。

② 参见高铭暄、赵秉志编：《新中国刑事立法文献资料总览（下）》，中国人民公安大学出版社 1998 年版，第 2140 页。

③ 此外，还有意见建议将刑法第二百四十条第二款规定的拐卖妇女、儿童罪中的“以出卖为目的”修改为“以牟利为目的”。近年来，随着社会的转型，拐卖犯罪手段不断升级，除传统的拐卖妇女迫为人妻、拐卖儿童非法收买外，出现了大量的强迫被拐卖妇女、儿童从事劳动、街头卖艺、行乞以及卖淫、偷盗、抢夺等违法犯罪活动，拐卖犯罪的定义中“以出卖为目的”已经无法涵盖所有的犯罪情况。

④ 审议过程中，也有意见建议将拐卖妇女、儿童罪修改为拐卖人口罪，并作了详细论证。主要考虑如下：一是现实中人口贩运的对象不限于妇女和儿童，包括年满十四周岁的未成年男性和成年男子。一些地方出现了以介绍工作为借口，把年轻男子强行拐卖或骗至娱乐场所的案件。由于受害者不属于拐卖妇女、儿童罪的对象，拐卖者无法被治罪，引起社会强烈反响，引发了一片质疑。因此，亟需修改刑法，扩大保护范围，让法律更加严谨。二是 2009 年全国人大批准加入了《联合国打击跨国有组织犯罪公约关于预防、禁止和惩治贩运人口特别是妇女和儿童行为的补充议定书》。根据该补充议定书，人口贩运的对象不局限于妇女和儿童，也包括成年男子。所以，应当根据补充议定书法律精神修改刑法，尽快将拐卖妇女、儿童罪修改为拐卖人口罪。

的妇女、儿童的行为没有规定追究刑事责任。为了有效惩治拐卖妇女、儿童的犯罪活动，铲除“买方市场”，从源头上遏制拐卖妇女、儿童犯罪，在前述全国人大决定的基础上，1997 年刑法第二百四十一条对收买被拐卖的妇女、儿童罪及关联行为的处理作了规定。上世纪八九十年代，我国普法工作尚不够深入，部分群众法律意识比较淡薄，对收买的妇女、儿童采取限制人身自由，迫害致残以及在买入地开展解救工作面临群众围攻的问题比较突出。因此，为减少暴力抗法行为，为解救被拐卖的妇女、儿童创造更好的条件，更好地维护被拐卖的妇女、儿童的权益，1997 年刑法第二百四十一条第六款规定：“收买被拐卖的妇女、儿童，按照被买妇女的意愿，不阻碍其返回原居住地的，对被买儿童没有虐待行为，不阻碍对其进行解救的，可以不追究刑事责任。”这一规定在当时是符合国情和民意的。

随着国家法制建设步伐的加快和人权保护理念的深入，“买人犯罪”的意识深入人心。实践中，收买者、特别是收买儿童者，通常不会对收买对象进行虐待，也不敢阻碍有关部门的解救。因此，司法实践中被拐卖妇女、儿童的买主通常被“网开一面”，实际被追究刑事责任的不多，对“买方市场”的刑事打击力度有限。有关方面反映，拐卖妇女、儿童犯罪屡打不止，重要原因之一是存在着巨大的买方市场，建议加大对收买被拐卖的妇女、儿童犯罪的惩治力度。收买被拐卖妇女、儿童的买主基本不受处罚，对收买者的处罚成为打击拐卖犯罪的“盲区”，使得拐卖妇女、儿童的违法成本过低，形成买卖妇女、儿童的非法市场，致使拐卖犯罪形势严峻。例如，全国妇联副主席陈秀榕指出，针对我国拐卖犯罪高发势头，多部门通过出台政策、多措并举，有力打击了一批拐卖犯罪团伙，解救了大量妇女、儿童。但是，拐卖犯罪案件由于其旺盛的买方市场需求，呈现出屡打屡发、屡禁不止的特点。而刑法第二百四十一条存在“可以不追究刑事责任”的规定成为买方市场的挡箭牌。不追究买主的刑事责任，势必造成买主的侥幸心理，导致买方市场打击不力。建议刑法修改时，能够删除该款，有力打击买孩子的市场需求，从而减少拐卖犯罪。同时，对于买主的刑事处罚形式，应不仅限于有期徒刑、拘役或管制，应根据买方市场的特点给予罚金或其他处罚措施。①

根据有关方面的建议，《刑法修正案（九）（草案）》研拟过程中，拟对收买被拐卖的妇女、儿童罪作出三个方面的修改：（1）提升收买被拐卖的妇女、儿童罪的法定刑，并增设财产刑，从现行刑法规定的“处三年以下有期徒刑、拘役或者管制”修改为“处二年以上五年以下有期徒刑，并处罚金”“情节较轻的，处二年以下有期徒刑、拘役或者管制，并处罚金”。（2）对收买被拐卖的妇女、儿童，按照被买妇女的意愿，不阻碍其返回原居住地的，对被买儿童没有虐待行为，不阻碍对其进行解救行为的处理，从“可以不追究刑事责任”修改为“可以从轻、减轻或者免除处罚”。（3）为加大对相关犯罪的打击力度，明确“收买被拐卖的妇女，组织卖淫或者强迫卖淫的，依照数罪并罚的规定处罚”。对于上述修改考虑，各方基本持赞成态度，但对于第二个方面的修改，即对收买被拐卖的妇女、儿童的特定情形的处理，形成不同意见：第一种意见认为，司法实践中阻碍对被拐卖的妇女、儿童进行解救的现象已不突出，刑法第二百四十一条第六款对收买被拐卖的妇女、儿童“可以不追究刑事责任”的规定已不合时宜，主张予以删除。第二种意见认为，对于收买被拐卖的妇女、儿童，按照被买妇女的意愿，不阻碍其返回原居住地的，对被买儿童没有虐待行为，不阻碍对其进行解救的，不应规定“可以从轻、减轻或者免除处罚”，即不仅应当一律追究刑事责任，而且不应从宽处理。第三种意见认为，直接删除刑法第二百四十一条第六款的规定，导致对收买被拐卖的妇女、儿童的行为一律定罪判刑，特别是对被拐卖的妇女也要求对收买者不予处罚的案件，并不合适。建议对特定情形的收买被拐卖妇女、儿童行为从“可以不追究刑事责任”

---

① 参见《代表建议尽快出台刑法修正案（九）修改五个罪名切实保护儿童权益》，载 http：//news. xinhuanet. com/legal/2014 -03/05/c_ 126225024. htm，最后访问时间：2015年8月4日。

修改为“可以从轻或者免除处罚”，即应当一律追究刑事责任，但可以作出从宽处理。第四种意见认为，对收买被拐卖的妇女与收买被拐卖的儿童，宜作区别对待。对收买被拐卖的儿童的，可加重惩罚力度，但对收买被拐卖的妇女，特别是已满十八周岁的成年妇女的，如按照被买妇女的意愿，不阻碍其返回原居住地的，仍宜保留“可以不追究刑事责任”的规定。主要考虑：从实践情况看，收买被拐卖妇女的案件的发生，与男女比例失调、偏远贫困地区男性娶妻难等社会原因有一定关系；有的妇女自愿被拐卖、收买，或者被拐卖后已与收买人养育子女、形成相对稳定的生活，对此类案件一律追究刑事责任，反而不能适应实践中复杂的情况，影响案件处理的社会效果。第五种意见认为，由于我国经济社会发展不平衡，不少地方客观存在收买被拐卖的妇女、儿童的现象，这是发展过程中存在的问题，不宜通过加重刑事打击的方式实现预防的目的。在现阶段，仍宜维持刑法第二百四十一条对特定情形的收买被拐卖妇女、儿童行为“可以不追究刑事责任”的规定。

经综合各方意见，立法工作机关提出只对收买被拐卖的妇女、儿童的从宽处理规定作出修改，并提出两种供选择的方案：第一种方案为将刑法第二百四十一条第六款修改为：“收买被拐卖的妇女、儿童，按照被买妇女的意愿，不阻碍其返回原居住地的，对被买儿童没有虐待行为，不阻碍对其进行解救的，可以从轻或者免除处罚。”第二种方案为删除刑法第二百四十一条第六款的规定。研讨过程中，多数意见赞同第一种方案。在此基础上，《刑法修正案（九）（草案）》第十三条将刑法第二百四十一条第六款修改为：“收买被拐卖的妇女、儿童，按照被买妇女的意愿，不阻碍其返回原居住地的，对被买儿童没有虐待行为，不阻碍对其进行解救的，可以从轻、减轻或者免除处罚。”[①] 审议过程中，有意见提出，对收买被拐卖的妇女、儿童

---

① 有意见提出，收买被拐卖的妇女、儿童罪只有一档法定刑，实际上无法减轻处罚，故规定“减轻处罚”并不合适。

取消"可以不追究刑事责任"的规定，这是一个很大的进一步。但是，这一进步还不够。考虑到目前拐卖儿童的现象在一些地方还比较严重，而买方市场的存在给拐卖犯罪提供了获利的可能，不严厉惩治收买者难以从源头上真正有力打击拐卖儿童的犯罪行为。建议取消对收买儿童者可以从轻或者免除处罚的规定，或者取消可以免除处罚的规定。[①] 而且，有的常委会组成人员、部门和地方提出，收买被拐卖的妇女和收买被拐卖的儿童情况有所不同，在刑事政策的掌握和处罚上应当有所区别，对后一种情况减轻或者免除处罚应当慎重。[②] 经研究，《刑法修正案（九）（草案二次审议稿）》采纳了上述建议，第十五条针对从宽情形区分收买儿童和收买妇女作了不同规定，即将刑法第二百四十一条第六款修改为："收买被拐卖的妇女、儿童，对被买儿童没有虐待行为，不阻碍对其进行解救的，可以从轻处罚；按照被买妇女的意愿，不阻碍其返回原居住地的，可以从轻、减轻或者免除处罚。《刑法修正案（九）（草案三次审议稿）》审议过程中，有意见提出对收买被拐卖妇女的行为，也不宜免除处罚。最终，《刑法修正案（九）》采纳了上述意见，第十五条规定收买被拐卖的妇女，"按照被买妇女的意愿，不阻碍其返回原居住地的，可以从轻或者减轻处罚"，从而对收买被拐卖的妇女、儿童的行为一律不得免除处罚。

---

① 主要考虑如下：拐卖儿童是家庭之痛、社会之患。有买才有卖，对买者可以从轻或者减轻，甚至免除处罚，无法铲除拐卖儿童的现象。实际情况是，收买儿童的大部分人想作为自己的子女收养，通常情况下不会虐待，也不敢阻碍解救，故如作如上修改，根本不可能有效防范这类案件的发生。因为大部分收买者不会受到处罚，收买拐卖儿童的市场就会仍然存在。被买儿童被收买者照顾得不错，但被买儿童背后的四个老人、一对夫妻一辈子会痛苦不堪。

② 参见《刑法修正案（九）草案进入二审》，载中国人大网，http：//www.npc.gov.cn/npc/xinwen/lfgz/2015－06/25/content_1939400.htm，最后访问时间：2015年8月4日。

二、对修改内容的理解和适用

（一）犯罪客体

收买被拐卖的妇女、儿童罪侵犯的客体是被拐卖的妇女、儿童的人身自由权利和人格尊严。犯罪对象是被拐卖的妇女、儿童。所谓妇女，是指已满十四周岁的女性，既包括具有中国国籍的妇女，也包括具有外国国籍和无国籍的妇女。被拐卖的外国妇女没有身份证明的，不影响对犯罪分子的定罪处罚。所谓儿童，是指未满十四周岁的男女儿童。其中，不满一周岁的为婴儿，一周岁以上不满六周岁的为幼儿。被拐卖的妇女、儿童的精神状况、健康状况如何，生活质量好坏以及与行为人的关系，不影响构成本罪。

（二）犯罪客观方面

收买被拐卖的妇女、儿童罪的客观方面表现为以钱物收买被拐卖的妇女、儿童，并对被害人实施人身控制的行为。

（三）犯罪主体

收买被拐卖的妇女、儿童罪的主体为一般主体，凡年满十六周岁，具有刑事责任能力的人均可以成为本罪的主体。

（四）犯罪主观方面

收买被拐卖的妇女、儿童罪的主观方面由故意构成，且为直接故意，即明知是被拐卖的妇女、儿童而予以收买。

三、需要注意的问题

（一）收买被拐卖的两性人行为的定性

收买被拐卖的妇女、儿童罪的对象，与拐卖妇女、儿童罪的对象相同，均为妇女、儿童。对于行为人误以为在生理上同时具有男女两性特征的“两性人”为妇女加以收买的，应当如何定性，值得探讨。

司法实践中已出现拐卖“两性人”的案件。例如，1990 年 5 月 12 日，被告人张某某伙同竹某某（已判刑），以外出旅游为名，邀约被告人张某某的女朋友李某，并通过李某邀约“女青年”王某一同外出。四人乘汽车、火车到达安徽某县后，张某某、竹某某对王某谎称外出的钱已用完，叫王某到竹某某一朋友家暂住几天，他们去其他地方找到钱后再来接王某，并由竹某某通过其姐夫介绍，将王某卖与谭某为妻，获赃款 1900 元，除去路费，张某某分得赃款 380 元。谭某将王某带回家，当晚同居时发现王某有生理缺陷，遂将王某退回。经检查诊断，王某系“以男性为主之两性人”。[①] 关于此类案件，争议的焦点在于“两性人”是否属于妇女。有观点认为：“虽然对两性人的性别判断是医学要回答的问题，但既然涉及到如何定罪，则应当从法学的立场加以考虑。在刑法领域，判断两性人性别的标准应予医学有所不同，对两性人在刑法中的定位不能单纯地依据其体内的染色体类型来判定，还要考虑行为人的行为特征。虽然两性人不是纯粹意义上的妇女，但既然行为人是将其作为妇女加以拐卖的，而且他（她）还具有妇女的某些特征，因此，将拐卖两性人的行为作为本罪并不违反罪刑法定原则。”[②] 我们不赞同上述观点，认为拐卖妇女罪的犯罪对象应当是妇女，而不包括“由于胚胎的畸形发育而形成的具有男性和女性两种生殖器官的人”。[③] 对于行为人明知是已满十四周岁的两性人而拐卖的，不能认定为拐卖妇女、儿童罪，这是罪刑法

① 法院经审理认为，被告人张某某以出卖为目的，采用欺骗的手段，将王某卖与他人为妻，构成拐卖妇女罪，虽事后经检查王某系两性人，但被告人拐卖时并不知情，仍视作妇女拐卖，属于犯罪对象的认识错误，不影响其刑事责任。于 1999 年 10 月 28 日判处被告人张××犯拐卖妇女罪，判处有期徒刑一年六个月。参见最高人民法院各刑庭主编：《中国刑事审判指导案例（侵犯公民人身权利、民主权利罪）》，法律出版社 2009 年版，第 485 页。当然，基于刑法溯及力原则，对本案应当适用 1979 年刑法规定的拐卖人口罪。

② 黎宏：《刑法学》，法律出版社 2012 年版，第 672 页。

③ 参见《现代汉语词典（修订本）》，商务印书馆 1996 年版，第 791 页。

定原则的基本要求。但是，对于行为人对犯罪对象产生错误认识，误以为两性人为女性而加以拐卖的，属于对象不能犯，仍然符合拐卖妇女罪的犯罪构成要件，只是由于行为人以外的原因未能达到既遂状态，应当认定为拐卖妇女罪（未遂）。

基于同样的道理，对于行为人明知被拐卖的对象是已满十四周岁的两性人而收买的，不能认定为收买被拐卖的妇女罪。但是，行为人误以为在生理上同时具有男女两性特征的被拐卖的“两性人”为妇女加以收买的，应当认定为收买被拐卖的妇女罪（未遂）。

（二）对收买被拐卖的妇女、儿童从宽处理的把握

根据修正后刑法第二百四十一条第六款的规定，收买被拐卖的妇女、儿童，对被买儿童没有虐待行为，不阻碍对其进行解救的，可以从轻处罚；按照被买妇女的意愿，不阻碍其返回原居住地的，可以从轻或者减轻处罚。需要注意的是，适用上述规定应当注意体现宽严相济刑事政策的要求和修法精神：

1. 收买被拐卖的妇女、儿童，将其作为牟利工具的，应当依法追究刑事责任，处罚时应当依法体现从严。

2. 收买被拐卖的妇女，与被收买的妇女形成稳定的婚姻家庭关系，但仍应依法追究刑事责任的，一般应当从轻或者减轻处罚；符合非监禁刑适用条件的，可以依法适用非监禁刑。

3. 收买被拐卖的妇女、儿童，犯罪情节轻微的，根据刑法第三十七条的规定不需要判处刑罚的，可以依法免予刑事处罚。需要注意的是，从修法精神来看，对这类案件应当严格把关。就具体案件而言，确实具有特殊情节的，方可适用。例如，被追诉前主动向公安机关报案或者向有关单位反映，愿意让被收买的妇女返回原居住地，或者将被收买的儿童送回其家庭，或者将被收买的妇女、儿童交给公安、民政、妇联等机关、组织，没有其他严重情节的，可以免予刑事处罚。

【条文十六】〔增加对通过信息网络实施侮辱、诽谤犯罪，人民法院可以要求公安机关提供协助的规定〕

十六、在刑法第二百四十六条中增加一款作为第三款："通过信息网络实施第一款规定的行为，被害人向人民法院告诉，但提供证据确有困难的，人民法院可以要求公安机关提供协助。"

【条文主旨】

为有效惩治通过信息网络实施侮辱、诽谤行为，《刑法修正案(九)》增加规定被害人向人民法院告诉，但提供证据确有困难的，人民法院可以要求公安机关提供协助。

【理解与适用】

一、修改的背景、内容和意义

刑法第二百四十六条第二款规定："前款罪，告诉的才处理，但是严重危害社会秩序和国家利益的除外。"据此，对于侮辱罪、诽谤罪，除严重危害社会秩序和国家利益外，只有被侮辱人、被诽谤人到人民法院起诉的，人民法院才能受理；对于被侮辱人、被诽谤人不告诉的，司法机关不能主动追究侮辱者、诽谤者的刑事责任。

上述规定对于一般的侮辱、诽谤案件并无问题。但是，对于通过信息网络实施的侮辱、诽谤行为，被害人取证十分困难，甚至无法确知诽谤者、侮辱者的身份，亟需对现行刑法的有关规定作出修改。此次刑法修改过程中，根据有关方面的建议，拟对侮辱罪、诽谤罪的告诉才处理的情形作出修改、完善。《刑法修正案（九）（草案）》研拟过程中，最初的方案是将通过信息网络实施侮辱、诽谤的案件直接规定为公诉情形，即将刑法第二百四十六条第二款修改为："前款罪，告诉的才处理，但是严重危害社会秩序和国家利益，或者通过信息网络实施前款规定的行为，被害人报案的除外。"对此，多数部门持不赞同意见，认为对于通过信息网络实施以及被害人报案的侮辱、诽谤案件一律公诉，范围过大，会导致案件量过大。故而建议将本条修改为被害人提供证据确有困难，向公安机关报案的，公安机关可以帮助收集证据，而非转化为公诉案件处理。而专家学者对上述规定也存在不同认识。对于究竟应该通过刑法修改还是刑事诉讼法修改解决上述问题，存在不同认识：有意见认为，上述规定所涉问题可以通过刑事诉讼法立法解释的方式予以解决①；也有意见认为，告诉才处理本系刑法规定，通过修改刑法的方式解决更为适宜。对于解决的具体方案，专家学者也存在不同认识：有意见提出，从世界范围来看，近半个世纪以来，侮辱诽谤罪的整体趋势是由刑事入罪转为民事诉讼处理，作出上述调整是否适宜，有待进一步斟酌；也有意见赞同上述方案，即作为公诉案件处理。

根据上述建议，《刑法修正案（九）（草案）》第十四条在刑法第二百四十六条中增加一款作为第三款："通过信息网络实施第一款规定的行为，被害人向人民法院告诉，但提供证据确有困难的，人民法院可以要求公安机关提供协助。"对此，有部门认为，确有必要对现行规定作出修改，但修改为"被害人向人民法院告诉，但提供证据确有困难的，人民法院可以要求公安机关提供协助"并不能完全解决上述问题，主要表现为：第一，根据刑事诉讼法规定和司法实践，自诉人提起自诉须有一定的证据要求，至少应当能够提供被告人的有关信息。而一些通过信息网络实施的侮辱、诽谤案件，被害人依靠自己的能力无法获知行为人的信息、甚至无法知道行为人的姓名，

① 审议过程中，也有类似意见认为，本条属于程序法的范畴，应该将有关内容纳入刑事诉讼法的修改内容。

无法提起自诉。因此，应当规定公安机关在被害方自诉之前协助收集证据。第二，如规定由人民法院要求公安机关协助被害方收集证据，可能由于人民法院和公安机关衔接不畅，出现相互扯皮的现象，不利于有效维护被害方的权益。有专家学者也提出，网络侮辱、诽谤的案件中被害人向法院提供证据确实很困难。该条规定“人民法院可以要求公安机关提供协助”，人民法院可以决定是不是需要公安机关提供协助，问题是这里没有规定公安机关必须提供协助，容易导致该条难以实际执行，最终被虚置。由于各种原因，上述建议未被采纳。最终，《刑法修正案（九）》第十六条维持了上述修改方案。

二、对修改内容的理解和适用

根据刑事诉讼法及相关司法解释的规定，人民法院受理自诉案件必须符合下列条件[①]：（1）符合刑事诉讼法及相关司法解释规定的自诉案件范围的；（2）属于本院管辖；（3）被害人告诉；（4）有明确的被告人、具体的诉讼请求和证明被告人犯罪事实的证据。因此，只有有明确的被告人、具体的诉讼请求和证明被告人犯罪事实的证据，属于受诉人民法院管辖的自诉案件，才能立案。

需要注意的是，侮辱、诽谤刑事案件属于告诉才处理的案件，通过信息网络实施侮辱、诽谤的刑事案件同样如此。修改后刑法第二百四十六条第三款“被害人向人民法院告诉，但提供证据确有困难的，人民法院可以要求公安机关提供协助”的规定，并不意味着此类案件转化为公诉案件，也不意味着放宽人民法院受理此类自诉案件的条件。对于通过信息网络实施侮辱、诽谤的刑事案件是否符合自诉案件立案的条件，人民法院应当加以判断：符合自诉案件受理条件的，应当受理；不符合受理条件，应当说服自诉人撤回起诉；自诉人不撤回

① 根据《关于人民法院推行立案登记制改革的意见》的规定，属于告诉才处理的案件，被害人有证据证明的轻微刑事案件，以及被害人有证据证明应当追究被告人刑事责任而公安机关、人民检察院不予追究的案件，被害人告诉，且有明确的被告人、具体的诉讼请求和证明被告人犯罪事实的证据，属于受诉人民法院管辖的，应当登记立案。

起诉的，裁定不予受理。其中，提供证据确有困难的，人民法院可以要求公安机关提供协助，如公安机关协助收集相关证据，符合自诉案件受理条件的，人民法院再行受理；仍不符合自诉案件受理条件的，应当说服自诉人撤回起诉；自诉人不撤回起诉的，裁定不予受理。

【条文十七】〔扩大出售、非法提供公民个人信息犯罪和窃取、非法获取公民个人信息犯罪主体的范围，提高法定刑〕

十七、将刑法第二百五十三条之一修改为：“违反国家有关规定，向他人出售或者提供公民个人信息，情节严重的，处三年以下有期徒刑或者拘役，并处或者单处罚金；情节特别严重的，处三年以上七年以下有期徒刑，并处罚金。

“违反国家有关规定，将在履行职责或者提供服务过程中获得的公民个人信息，出售或者提供给他人的，依照前款的规定从重处罚。

“窃取或者以其他方法非法获取公民个人信息的，依照第一款的规定处罚。

“单位犯前三款罪的，对单位判处罚金，并对其直接负责的主管人员和其他直接责任人员，依照各该款的规定处罚。”

【条文主旨】

为进一步加强对公民个人信息的保护，《刑法修正案（九)》修改了出售、非法提供公民个人信息罪和非法获取公民个人信息罪，扩大了犯罪主体的范围，将违反国家有关规定，向他人出售或者提供公民个人信息，情节严重的行为规定为犯罪，并进一步明确对在履行职责或者提供服务过程中获得的公民个人信息，出售或者提供给他人的，从重处罚。

【理解与适用】

一、修改的背景、内容和意义

在信息时代，“现代社会中每个成员自身的情况也已经是社会信息中不可分割的部分”。[①] 特别是，随着信息网络技术的不断发展，公民个人信息的安全性问题日益成为一个全社会关注的问题。虽然我国迄今尚未制定完整、统一的个人信息保护法律[②]，但相关法律已先后作出相应规定。例如，护照法、身份证法、统计法、未成年人保护法、律师法等均对个人信息保护作了规定。特别是，针对侵害公民个人电子信息行为多发的现象，2012 年 12 月 28 日《全国人大常委会关于加强网络信息保护的决定》对公民个人电子信息的保护作了全面规定，确立了国家保护能够识别公民个人身份和涉及公民个人隐私的电子信息的原则，就网络服务提供者和其他主体对公民个人电子信息的保护和相应责任作了明确。

实践中，一些国家机关以及金融、电信、交通、教育、医疗等单位，在履行职责或者提供服务的过程中收集和储存了大量公民个人信息。上述单位掌握公民个人信息，对提高行政管理和公共服务的效率提供了便利，但也有一些工作人员、甚至单位，违反职业道德和保密义务，将所掌握的公民个人信息出售或者非法提供给他人，获取非法利益。此外，窃取或者以其他方法非法获取公民个人信息的行为也时

---

① 参见赵秉志：《公民个人信息刑法保护问题研究》，载《华东政法大学学报》2014 年第 1 期。

② 在不少国家，对公民个人信息的保护都有专门的立法。以英国为例，英国非常重视个人信息保护的立法，制定了统一的数据保护法，确立了独特的信息专员制度，用以监管该法的执行，确保个人数据的安全。2005 年实施的信息公开法将信息公开的监管职责纳入数据保护专员的权责范围。参见刘武俊：《筑牢个人信息的安全防线》，载《人民法院报》2013 年 8 月 14 日第 2 版。

有发生。这些行为侵犯了公民个人信息的安全和自由，对公民的人身、财产安全、个人隐私以及正常的工作、生活构成了严重威胁。特别是近年来，随着我国经济快速发展和信息网络的广泛普及，侵犯公民个人信息的违法犯罪日益突出，互联网上非法买卖公民个人信息的现象泛滥，由此滋生的电信诈骗、网络诈骗、敲诈勒索、绑架和非法讨债等犯罪屡打不绝，社会危害严重，群众反响强烈。为了保护公民个人信息安全，《刑法修正案（七）》将侵犯公民个人信息、情节严重的行为新增为犯罪，即在刑法第二百五十三条后增加一条，作为第二百五十三条之一："国家机关或者金融、电信、交通、教育、医疗等单位的工作人员，违反国家规定，将本单位在履行职责或者提供服务过程中获得的公民个人信息，出售或者非法提供给他人，情节严重的，处三年以下有期徒刑或者拘役，并处或者单处罚金。""窃取或者以其他方法非法获取上述信息，情节严重的，依照前款的规定处罚。""单位犯前两款罪的，对单位判处罚金，并对其直接负责的主管人员和其他直接责任人员，依照各该款的规定处罚。"上述规定将出售、非法提供、非法获取公民个人信息的行为纳入刑事打击的范围，彰显了立法机关在网络信息时代对公民个人权利特殊保护和对民生的关注，迈出了公民个人信息刑事保护的关键一步。

刑法关于侵犯公民个人信息犯罪的规定，对于打击侵犯公民个人信息的行为，维护公民个人信息安全发挥了重要作用。然而，侵犯公民个人信息犯罪仍然处于高发态势，危害严重。2012 年以来，公安部门在全国先后开展了数次打击侵害公民个人信息犯罪的专项行动，破获了一大批出售、非法提供和非法获取公民个人信息的案件，查获被盗取的各类公民个人信息数十亿条，涉及金融、电信、公安、交通、教育、医疗、国土、工商、房产、物业、保险、快递等部门和行业。[①] 而且，自《刑法修正案（七）》施行以来，一直有著述分析论

① 参见雷建斌主编：《〈中华人民共和国刑法修正案（九）〉释解与适用》，人民法院出版社 2015 年版，第 124 页。

证关于公民个人信息犯罪的法律规定，并提出立法修改完善建议。实际上，该刑法条文确实存在较大的改进空间。[①] 具体而言，有学者对个人信息刑法保护的立法完善提出了四个方面的改进和完善建议：[②]（1）将“公民个人信息”的表述简化为“个人信息”，以避免解释上的误区，也使用语更为简洁。（2）借鉴刑法第二百一十九条关于侵犯商业秘密罪的立法规定（该条在规定侵犯商业秘密罪的罪状和法定刑之余，用独立的两款对该罪涉及的商业秘密、权利人两个概念作了明确规定），在刑法关于侵犯个人信息犯罪的条文中以单独的一款规定“个人信息”的概念，以消除司法适用中的争议。（3）对两种侵犯个人信息犯罪规定不同的犯罪对象，即对刑法第二百五十三条之一第一款中的个人信息与第二款中的个人信息作区别性的规定，将第一款的个人信息仍限定于公共服务单位及其工作人员在履行职责、提供服务过程中收集的他人个人信息，将第二款的个人信息界定为有关单位或者个人因工作、职业而获得的个人信息。（4）将非法利用个人信息的行为入罪，即在刑法第二百五十三条之一第二款中规定“非法利用”的行为，具体可表述为“非法获取、利用他人个人信息，情节严重的，依照前款的规定处罚”。

而从司法适用来看，关于侵害公民个人信息犯罪的立法规定亟需根据实践情况作进一步完善，主要表现在如下两个方面：（1）出售、非法提供公民个人信息的主体不断扩展。刑法第二百五十三条之一规定出售、非法提供公民个人信息罪的主体为“国家机关或者金融、

①② 参见赵秉志：《公民个人信息刑法保护问题研究》，载《华东政法大学学报》2014 年第 1 期。

电信、交通、教育、医疗等单位的工作人员”[①]，但从实践看，出售、非法提供公民个人信息的主体远不限于上述人员，物业公司、房产中介、保险、快递等服务业中的工作人员将履行职务或者提供服务过程中获得的公民个人信息出售、非法提供的案件也时有发生。（2）实践中非法获取公民个人信息的来源较为广泛。根据刑法第二百五十三条之一的规定，无论是出售、非法提供公民个人信息罪，还是非法获取公民个人信息罪，犯罪对象须为国家机关或者金融、电信、交通、教育、医疗等单位履行职责或者提供服务过程中获得的公民个人信息。[②] 对于行为人自己在网络上搜集相对公开的公民个人信息，或者以其他方式获取的公民个人信息，只要该信息不是通过“公权力”、公共服务获得的，就不能纳入犯罪的范围。随着形势发展，上述限定

---

① 关于《刑法修正案（七）》增设的刑法第二百五十三条之一第一款规定的出售、非法提供公民个人信息罪的主体范围，存在不同认识：有观点认为，该罪主体为国家机关或者金融、电信、交通、教育、医疗等利用公权力获取公民个人信息的单位及工作人员，而不包括非利用公权力收集公民个人信息的单位和个人。参见黄太云：《〈刑法修正案（七）〉解读》，载《人民检察》2009 年第 6 期；张磊：《司法实践中侵犯公民个人信息犯罪的疑难问题及其对策》，载《当代法学》2011 年第 1 期。也有观点认为，具有公权力并非该罪之单位主体的基本特征。参见赵秉志：《公民个人信息刑法保护问题研究》，载《华东政法大学学报》2014 年第 1 期。

② 关于《刑法修正案（七）》增设的刑法第二百五十三条之一第一款与第二款的犯罪对象是否一致，理论界存在肯定说、否定说和折中说三种观点。肯定说认为，第二款规定的“上述信息”第一款规定的对象一致，即国家机关或者金融、电信、交通、教育、医疗等单位在履行职责或者提供服务过程中获得的公民个人信息。参见赵秉志主编：《刑法修正案（七）专题研究》，北京师范大学出版社 2011 年版，第 150 页。否定说认为，第二款规定的“上述信息”不限于第一款规定的个人信息，还包括其他符合条件的各种信息。参见张磊：《司法实践中侵犯公民个人信息犯罪的疑难问题及其对策》，载《当代法学》2011 年第 1 期。折中说认为，从立法本意来看，肯定说是合适的；但从强化公民个人信息法律保护的角度而言，否定说更符合社会发展的实际情况。因此，综合肯定说和否定说两种观点，折中说认为第二款规定的“上述信息”是指属于各种公共服务单位所收集或者发布的个人信息，从而将行为人直接从公民那里刺探或者收集的信息排除出去。参见赵秉志：《公民个人信息刑法保护问题研究》，载《华东政法大学学报》2014 年第 1 期。从实践来看，司法实务部门通常主张肯定说。参见刘涛：《关于刑法第二百五十三条之一第二款有关内容理解问题的研究意见》，载《司法研究与指导》（总第 1 辑），人民法院出版社 2012 年版。然而，也有司法实务部门在个案处理中采纳了否定说。

同司法实践的复杂情况逐渐不相适应：一方面，实践中对涉案的公民个人信息的来源往往难以查明其是否系在履行职责或者提供服务过程中获取的。在办案实践中，出售和非法提供公民信息的源头往往难以查获，而大多非法获取的公民个人信息案件中的信息都是几经转手或者直接购买于网络，犯罪嫌疑人也不知道信息最初的来源。因此，除了一些户籍底卡、储户信息、新生儿信息等显而易见的是从国家机关、金融、医疗单位方能获取的之外，对于其他一些综合类信息及经过修改的信息，办案人员很难从信息内容上判断信息的来源，给定罪带来困难。[①] 另一方面，将公民个人信息来源限制在履行职责或者提供服务过程中获得，难以涵括实践中的复杂情形。例如，从司法实践来看，企业负责人和私家侦探公司经营者成为新兴的犯罪主体。一些企业负责人为主动招揽客源而购买大量的公民个人信息，雇佣业务员进行联系。2010 年海淀区检察院受理的案件中，犯罪主体为企业负责人的 10 件 13 人，占 32.2%，犯罪主体为私家侦探公司经营者的 4 件 5 人，占 12.9%。私家侦探行业近年发展迅速，但缺少行业规范的规制，相关法律法规尚不完善，部分嫌疑人在接受委托获取特定信息的过程中，实施了侵犯公民信息的犯罪行为。[②]从这些新兴犯罪主体实施的非法获取公民个人信息的行为来看，不少公民个人信息并非是国家机关或者有关单位在履行职责、提供服务过程中获取的。例如，犯罪嫌疑人熊某某、任某受雇于某甲，通过跟踪等手段非法获取了外籍人某乙的住处等个人信息，并提供给某甲。后某甲利用熊某某、任某提供的关于某乙的个人信息，找到某乙，并将某乙杀害。本案中，由于熊某某、任某并非非法获取国家机关或者有关单位履行职责或者提供服务过程中获得的公民个人信息，难以构成非法获取公民个人信息罪。[③]

---

①② 参见庄晓晶、林洁、白磊：《非法获取公民个人信息犯罪区域性实证分析》，载《人民检察》2011 年第 5 期（上）。

③ 参见刘涛：《关于刑法第二百五十三条之一第二款有关内容理解问题的研究意见》，载《司法研究与指导》（总第 1 辑），人民法院出版社 2012 年版。

根据有关方面的意见，拟对刑法第二百五十三条之一规定的侵犯公民个人信息犯罪作出修改完善。经研究，提出两种修改方案：(1) 第一种方案为将该条修改为："违反国家规定，将单位或者个人在履行职责或者提供服务过程中获得的公民个人信息，出售或者非法提供给他人，情节严重的，追究刑事责任。""窃取或者以其他非法方法获取上述信息，或者出售、非法向他人提供上述信息，情节严重的，追究刑事责任。""单位犯前两款罪的，追究单位犯罪的刑事责任。"(2) 第二种方案为将该条修改为："违反国家规定，出售、非法向他人提供公民个人信息，或者窃取或者以其他方法非法获取，情节严重的，追究刑事责任。""单位犯前款罪的，追究单位犯罪的刑事责任。"对此，多数意见赞同第二种方案，认为第一种方案存在两点弊端：一是从实践看，公民个人信息往往会经多手倒卖，要准确查明其是否系有关人员在履行职责或者提供服务过程中获得十分困难；二是如将信息来源限制在履行职责或者提供服务过程中，也难以涵括实践中的复杂情况。少数意见赞同第一种方案，认为不区分信息来源，可能会将通过"人肉搜索"等途径获取公民个人信息的行为纳入犯罪，打击面过大。此外，还有意见认为，"公民个人信息"的范围过窄，无法将涉及公民个人隐私、身份的全部信息涵括在内，如QQ好友记录、手机通讯码等。而对于非法使用公民个人信息的行为也应当入罪打击。

经综合各方意见，《刑法修正案（九）（草案）》第十六条将刑法第二百五十三条之一修改为："违反国家规定，将在履行职责或者提供服务过程中获得的公民个人信息，出售或者提供给他人，情节严重的，处三年以下有期徒刑或者拘役，并处或者单处罚金。""窃取或者以其他方法非法获取公民个人信息，情节严重的，依照前款的规定处罚。""未经公民本人同意，向他人出售或者非法提供其个人信息，情节严重的，处二年以下有期徒刑或者拘役，并处或者单处罚金。""单位犯前三款罪的，对单位判处罚金，并对其直接负责的主管人员和其他直接责任人员，依照各该款的规定处罚。"可见《刑法修正案（九）（草案）》实际上综合了两种方案，第一款仍然将犯罪对象限制为“在履行职责或者提供服务过程中获得的公民个人信息”，但第二款规定的公民个人信息的来源并无限制，包括所有的公民个人信息在内。

《刑法修正案（九）（草案二次审议稿）》进一步调整了上述方案，第十七条将刑法第二百五十三条之一修改为：“违反规定，向他人出售或者提供公民个人信息，情节严重的，处三年以下有期徒刑或者拘役，并处或者单处罚金；情节特别严重的，处三年以上七年以下有期徒刑，并处罚金。”“违反规定，将在履行职责或者提供服务过程中获得的公民个人信息，出售或者提供给他人，情节严重的，依照前款的规定从重处罚。”“窃取或者以其他方法非法获取公民个人信息，情节严重的，依照第一款的规定处罚。”“单位犯前三款罪的，对单位判处罚金，并对其直接负责的主管人员和其他直接责任人员，依照各该款的规定处罚。”与《刑法修正案（九）（草案）》相比，《刑法修正案（九）（草案二次审议稿）》主要作了如下三方面调整：一是调整了条款顺序，将出售、非法提供公民个人信息的行为规定为基本犯罪形态，对将在履行职责或者提供服务过程中获得的公民个人信息出售、非法提供的情形规定为从重处罚情节。二是针对侵犯公民个人信息情节特别严重的情形，增加配置“处三年以上七年以下有期徒刑，并处罚金”，以更加符合罪责刑相适应原则。[①] 三是对表述作了一些技术性调整。例如，考虑到对出售、非法提供公民个人信息“违反国家规定”尚存争议，将“违反国家规定”修改为“违反规定”。在《刑法修正案（九）（草案三次审议稿）》审议过程中，有意见提出，“违反规定”的范围过宽，建议作适当的限制。《刑法修正案（九）》最终采纳了上述意见，第十七条将“违反规定”调整为

① 从实践看，有的侵犯公民个人信息的犯罪危害非常严重，涉案公民个人信息数量达上亿条，获利数额也非常巨大。对此类犯罪最高只能处三年有期徒刑，不符合罪责刑相适应原则的要求。

"违反国家有关规定"。

二、对修改内容的理解和适用

(一) 犯罪客体

侵犯公民个人信息罪侵犯的客体是公民个人信息的安全和自由。当前，一些犯罪分子为了追逐不法利益，利用各种手段非法获取公民个人信息并通过互联网大肆倒卖，已逐渐形成庞大的"地下产业"和黑色利益链条。这类犯罪严重侵犯了公民个人信息安全和自由，并威胁社会的和谐稳定，必须依法予以惩治。需要注意的是，《刑法修正案（九)》施行后，本罪的对象不再限于国家机关或者金融、电信、交通、教育、医疗等单位在履行职责或者提供服务过程中获得的公民个人信息，而是包括一切公民个人信息在内。

(二) 犯罪客观方面

侵犯公民个人信息罪客观方面表现为违反国家有关规定，向他人出售或者提供公民个人信息，或者窃取或者以其他方法非法获取公民个人信息，情节严重的行为。具体而言，本罪在客观方面表现为两种行为方式：

一是违反国家有关规定，向他人出售或者提供公民个人信息的行为。需要注意的是，"违反国家有关规定"不同于"违反国家规定"，前者的范围更为宽泛。如前所述，我国尚未制定专门的公民个人信息保护法，但一些专门的法律、法规对特定领域公民个人信息的保护有专门规定。此外，违反部门规章等关于公民个人信息保护的规定的，也可以认定为"违反国家有关规定"。根据信息来源的不同，此种行为又可以区分为向他人出售或者提供公民个人信息的情形和将在履行职责或者提供服务过程中获得的公民个人信息，出售或者提供给他人的情形。需要注意的是，实践中需要依据有关规定，准确判断提供公民个人信息的行为是否"违反国家有关规定”，而不能仅以是否经权利人同意作为判断标准。例如，为了侦查、起诉、审判工作的需要，依据有关法律向司法机关提供有关犯罪嫌疑人、被告人的个人信息的，虽未经该犯罪嫌疑人、被告人许可，但属于合法提供。

二是窃取或者以其他方法非法获取公民个人信息的行为。对此，需要着重把握“其他方法”的范围问题。“窃取”是指采用秘密的或者不为人知的方法取得他人个人信息的行为。“其他方法”，是指“窃取”以外的其他方法，如通过收买、欺骗等方法非法获取公民个人信息。实际上，窃取也是非法获取的方式之一。关于“其他方法”是否必须自身具有非法的性质，即其他方法是否只包括诈骗、胁迫等自身具有非法性质的方法，而不包括购买、接受赠与等自身不具有非法性质的方法，存在不同认识。我们赞同从行为人获取行为的本质属性角度加以判断，而不论获取行为是否违反法律的禁止性规定，即只要行为人没有获取公民个人信息的法律依据或者资格而获取相关个人信息的，即可以认定系“非法获取”。[①] 司法适用中应当注意的是，具有特定职责的办案人员可以为履行职责进入公安信息网络等特定网络查阅公民信息，但是也出现了一些人利用职务便利，出于履职以外的目的，私自进入系统获取公民信息的现象。此种情形也应当认定为“以其他方法非法获取公民个人信息”。[②]

---

① 参见赵秉志：《公民个人信息刑法保护问题研究》，载《华东政法大学学报》2014 年第 1 期。

② 实际上，在《刑法修正案（九）》施行前即有此类案例。例如，2009 年开始，公安民警李某接受被告人汪某（港籍男子）的委托，利用其公安民警的工作便利，在公安网内查询相关公民个人信息、在逃犯罪嫌疑人信息、在押人员信息等，拍照后通过手机通讯方式发送到被告人汪某的手机上，共计向汪某非法提供了公民个人信息十余条。法院审理认为，被告人李某无视国家法律，在其任职国家机关工作人员期间，违反国家规定，多次将其在履行工作职责过程中获得的公民个人信息非法提供给他人，情节严重，构成非法提供公民个人信息罪，判处有期徒刑一年，并处罚金 2 万元。参见：《民警非法提供公民个人信息获刑一年》，载《人民法院报》2013 年 12 月 11 日第 3 版。

违反国家有关规定，向他人出售或者提供公民个人信息，或者窃取或者以其他方法非法获取公民个人信息，只有达到“情节严重”的程度才构成犯罪。刑法作出上述规定，给行政处罚留下空间，既稳准狠地打击了犯罪，又贯彻了宽严相济的刑事政策。

（三）犯罪主体

侵犯公民个人信息罪的主体为一般主体，凡年满 16 周岁、具有刑事责任能力的自然人均可以构成本罪。单位可以成为本罪的主体。单位犯本罪的，对单位判处罚金，并对其直接负责的主管人员和其他直接责任人员，依照刑法的规定处罚。

（四）犯罪主观方面

侵犯公民个人信息罪的犯罪主观方面表现为故意，包括直接故意和间接故意；过失不构成本罪[①]。犯罪动机一般表现为牟利，但动机不影响犯罪的成立。

（五）刑事责任

根据修正后刑法第二百五十三条之一的规定，犯侵犯公民个人信息罪的，处三年以下有期徒刑或者拘役，并处或者单处罚金；情节特别严重的，处三年以上七年以下有期徒刑，并处罚金。

---

① 在《刑法修正案（九）（草案）》研拟过程中，有意见主张增设过失致使公民个人信息泄露的犯罪，规定：“对在履行职务或者提供服务过程中获得的公民个人信息，不依照规定采取保护措施，造成严重后果的，处三年以下有期徒刑或者拘役，并处或者单处罚金。”对于过失致使公民个人信息泄露的行为有无必要入罪，存在不同认识。最终，《刑法修正案（九）》未采纳上述建议。

三、需要注意的问题

(一)“公民个人信息”的范围

“公民个人信息”的范围把握，直接影响着侵犯公民个人信息犯罪在司法实践中的正确适用。然而，刑法未对“公民个人信息”的范围作出明确，其他法律规定也缺乏对“公民个人信息”的统一规定。从司法实践来看，应当注意以下问题：

1. “公民个人信息”的“公民”如何把握？“公民”是一个严格的法律概念，也有着固定的内涵和外延。宪法第三十三条第一款规定：“凡具有中华人民共和国国籍的人都是中华人民共和国公民。”国籍法则进一步对中国国籍的取得作了具体规定，即确定了以血统主义为主、出生地主义为辅的原则。那么，对于公民个人信息犯罪中的“公民”如何把握，特别是是否局限于中国公民（具有中华人民共和国国籍的人)，还是包括外国公民在内，存在着认识分歧。①

经研究认为，公民个人信息犯罪中的“公民个人信息”，既包括中国公民的个人信息，也包括外国公民和其他无国籍人的个人信息。主要考虑是：(1）从刑法规范用语的角度看，刑法第二百五十三条之一的用语是“公民个人信息”，但并未限定为“中华人民共和国公民的个人信息”，因此，从刑法用语的角度而言，不应将此处的“公民个人信息”限制为中国公民的个人信息。(2）外国人、无国籍人的信息应当同中国公民的信息一样受到刑法的平等保护，否则，会出现对外籍人、无国籍人个人信息保护的缺失，这显然不符合立法精神和主旨。从个人信息的刑法保护角度而言，“我国对中国公民、处在中国境内的外国人和无国籍人以及遭受中国领域内危害行为侵犯的外

---

① 参见刘涛：《关于刑法第二百五十三条之一第二款有关内容理解问题的研究意见》，载《司法研究与指导》（总第1辑），人民法院出版社2012年版。

国人和无国籍人，一视同仁地提供刑法的保护，不主张有例外。”[①]基于平等适用刑法原则，无论是侵犯我国境内的外国人、无国籍人个人信息的刑事案件，还是我国境内危害行为侵犯境外的外国人、无国籍人个人信息的刑事案件，我国均享有当然的刑事管辖权，没有理由不适用我国刑法的规定追究刑事责任。（3）从司法实践的具体情况看，将大量外籍人、无国籍人个人信息排除在刑法保护之外，无疑放纵了犯罪。特别是，对于一起侵犯公民个人信息犯罪案件所涉及的个人信息既有我国公民的个人信息的，也有外国公民、无国籍人的个人信息的，只处罚涉及我国公民个人信息的部分，既不合理，也不具有可操作性。

2. “公民个人信息”的“个人信息”如何把握？关于“个人信息”的含义，理论和实务界存在不同认识，主要有如下几种观点：[②]第一种观点认为，个人信息是指能实现对公民个人情况的识别，被非法利用时可能对公民个人生活和安宁构成损害和危险的信息。第二种观点认为，个人信息是指本人不希望扩散，具有保护价值，一旦扩散，可能对公民权利造成损害的信息。其中，有论者也从刑法典第二百五十三条之一侵犯之法益的角度认为，个人信息具有个人隐私的特征。第三种观点认为，个人信息是指以任何形式存在的、与公民个人存在关联并可以识别特定个人的信息。经研究认为，上述关于“个人信息”的不同观点，实际上涉及对“个人信息”的范围把握问题。对此，宜把握两个原则：

（1）从更为有效保护公民权利的角度出发，对个人信息的范围不宜限制过窄。一方面，不宜将个人信息限定为个人隐私。个人信息不等同于个人隐私，即使个人信息已经公开，仍有可能成为公民个人

---

① 参见赵秉志主编：《刑法修正案（七）专题研究》，北京师范大学出版社 2011 年版，第 150 页。

② 参见赵秉志：《公民个人信息刑法保护问题研究》，载《华东政法大学学报》2014 年第 1 期。

信息犯罪侵犯的对象，如有关国家机关或者部门为救济、救助或者奖励而公示的公民个人信息。[①] 另一方面，也不宜将个人信息限定为能够识别公民个人身份的个人专属性信息。换言之，公民的姓名、年龄、有效证件号码、婚姻状况、工作单位、学历、履历、家庭住址、电话号码等能够识别公民个人身份的信息属于“个人信息”的范围，但并非全部。综上，个人信息既包括个人的专属性信息，也包括涉及公民隐私的信息。

（2）对个人信息范围的把握，应当充分考虑与有关法律法规的协调和一致。中国人民银行发布实施的《个人信用信息基础数据库管理暂行办法》对公民个人信用信息作了明确，第四条规定：“本办法所称个人信用信息包括个人基本信息、个人信贷交易信息以及反映个人信用状况的其他信息。”“前款所称个人基本信息是指自然人身份识别信息、职业和居住地址等信息；个人信贷交易信息是指商业银行提供的自然人在个人贷款、贷记卡、准贷记卡、担保等信用活动中形成的交易记录；反映个人信用状况的其他信息是指除信贷交易信息之外的反映个人信用状况的相关信息。”《关于加强网络信息保护的决定》第一条第一款规定：“国家保护能够识别公民个人身份和涉及公民个人隐私的电子信息。”上述规定虽然不是直接针对刑法第二百五十三条之一规定的“公民个人信息”，但为准确把握“公民个人信息”提供了可资借鉴的基础。

基于以上两点考虑，最高人民法院、最高人民检察院、公安部《关于依法惩处侵害公民个人信息犯罪活动的通知》（公通字〔2013〕12号）明确规定：“公民个人信息包括公民的姓名、年龄、有效证件号码、婚姻状况、工作单位、学历、履历、家庭住址、电话号码等能够识别公民个人身份或者涉及公民个人隐私的信息、数据资料。”目前看来，上述界定仍然较为合理，明确了公民个人信息主要包括能否

① 参见赵秉志：《公民个人信息刑法保护问题研究》，载《华东政法大学学报》2014年第1期。

识别公民个人身份的信息和涉及公民个人隐私的信息两大类，实践中可以据此予以把握相关问题。

(二)“情节严重”的认定

根据修正后刑法第二百五十三条之一的规定，出售、非法提供公民个人信息，窃取或者非法获取公民个人信息，均以“情节严重”为入罪要件。如果未达到情节严重的程度，如系初犯，涉案公民个人信息数量较小、获利较少等，则不构成犯罪，可以根据具体情况予以行政处罚。

关于“情节严重”的具体认定标准，刑法第二百五十三条之一未作规定，[①] 目前也未见相关司法解释对此予以明确。综合司法实践的具体情况，我们认为，可以从以下几个方面认定“情节严重”：(1) 出售、非法提供、非法获取公民个人信息的数量。如果出售、非法提供、非法获取公民个人信息的数量较大的，应当认定为“情节严重”。(2) 违法所得的数额。从实践来看，不少出售、非法提供、非法获取公民个人信息案件，特别是出售和非法提供公民个人信息案件，其目的主要在于牟取经济利益。因此，应当以违法所得的数额作为衡量“情节严重”的标准之一。(3) 引发的后果的严重程度。对于违反规定，将所获取的公民个人信息出售或者提供给他人，被他人用以实施犯罪，造成受害人人身伤害甚至死亡，或者造成重大经济损失、恶劣社会影响的，可以认定为“情节严重”。对于窃取或者以其他方法非法获取公民个人信息，造成其他严重后果的，也可以认定为“情节严重”。

(二) 非法使用公民个人信息行为的定性

对于非法使用公民个人信息的行为是否入罪，存在不同认识。从

① 在《刑法修正案（九）（草案）》研拟过程中，有意见认为提供他人个人信息的行为有时情况很复杂，是否构成犯罪需要慎重考虑。如果规定为犯罪，可考虑规定“受过行政处罚”或者“提供多人、多次提供”等条件限制。实际上，刑法将入罪限制在“情节严重”的情形，完全可以达到限制犯罪圈的目的，实践中不会导致入罪随意和打击面过大。

境外的情况来看，有些国家和地区将非法使用个人信息的行为规定为犯罪。当前，非法使用公民个人信息的行为日益严重，诸如通信公司和其他单位利用所掌握的用户手机号码群发垃圾短信、拨打骚扰电话等现象较为普遍，严重干扰了人民群众的正常工作和生活。《刑法修正案（九）（草案）》研拟和审议过程中，有关部门和专家学者即建议借鉴国外立法例，将非法使用公民个人信息的行为入罪打击。然而，上述建议最终未被《刑法修正案（九）》采纳。因此，对于将自己掌握的公民个人信息（包括合法获取或者非法获取的公民个人信息）非法使用的行为，不能直接依据修正后刑法第二百五十三条之一的规定入罪。

如2008年底被曝光的“西电卡门事件”，西安电子科技大学财务处在未经学生同意的情况下，利用掌握的学生身份证号码、家庭详细住址等个人资料，为一万多名学生集体办理了“中国工商银行牡丹圆梦学生卡”。然而，这一万余名学生对自己拥有该信用卡却一无所知。由于此事影响颇广，最终以学校公开致歉并注销信用卡结束。[①] 在这一事件中，西安电子科技大学并非窃取或者以其他非法方法获取学生的个人信息，亦未将所掌握的学生个人信息出售或者非法提供给他人，而是违反国家规定和权利人意愿非法使用所掌握的公民个人信息，但该行为尚不构成刑法规定的犯罪。

需要注意的是，非法使用公民个人信息的行为未单独入罪，只是意味着不能单独对非法使用公民个人信息的行为定罪处罚，但是，司法实践中完全可以依据非法使用公民个人信息的关联行为予以刑事惩治：如果行为人所掌握的公民个人信息系窃取或者以其他方法非法获取的，可以适用侵犯公民个人信息罪；如果非法使用所掌握的公民个人信息，实施诈骗、敲诈勒索等其他犯罪行为的，也可以以其他犯罪论处。

---

① 参见王作富主编：《刑法分则实务研究（中）》，中国方正出版社2013年版，第857页。

(四)“人肉搜索”行为的定性

在《刑法修正案(七)》制定前,关于“人肉搜索”行为入罪的呼声就较高。然而,此种行为由于行为主体的主观意图和对信息的使用方法在危害性上有不同的表现,不宜直接以刑罚手段处理。① 实际上,《刑法修正案(九)(草案)》审议过程中,也有意见提出,建议将“人肉搜索”行为入罪。然而,无论是《刑法修正案(七)》,还是《刑法修正案(九)》,均未将“人肉搜索”行为直接规定为犯罪。因此,对于“人肉搜索”行为,不能直接适用修正后刑法第二百五十三条第三款的规定。当然,如果构成其他犯罪的,可以按照其他犯罪处理。例如,将“人肉搜索”获取的信息非法出售的,当然属于违反国家有关规定,向他人出售公民个人信息的情形,情节严重的,可以按照侵犯公民个人信息罪处理。

(五)非法获取公民个人电子信息行为的定性

《关于加强网络信息保护的决定》对公民个人电子信息的保护作了规定,违反相应规定非法获取公民个人电子信息的行为,无疑属于修正后刑法第二百五十三条之一规定的非法获取公民个人信息的行为。但是,公民个人电子信息往往表现为计算机信息系统数据,故非法获取公民个人电子信息的行为有时会同时触犯侵犯公民个人信息罪与非法获取计算机信息系统数据罪。如违反国家规定,侵入计算机信息系统或者采用其他技术手段,获取该计算机信息系统中存储、处理或者传输的涉及能够识别公民个人身份和涉及公民个人隐私的电子信息,同时,符合侵犯公民个人信息罪与非法获取计算机信息系统数据罪两个犯罪的构成要件,但由于只有一个犯罪行为,属于想象竞合犯,应当从一重罪处断。

---

① 参见赵秉志主编:《刑法修正案(七)专题研究》,北京师范大学出版社 2011 年版,第 169 页。

(六) 侵犯公民个人信息罪与侵犯商业秘密罪的界分

公民个人信息可能是能够为权利人带来经济利益的经营信息，如顾客名单及个人信息详细情况等，从而符合商业秘密的特征。因此，窃取或者以其他方法非法获取此类公民个人信息的行为，可能会同时触犯非法获取公民个人信息罪与侵犯商业秘密罪，属于想象竞合犯，应当从一重罪处断。

【条文十八】〔增加虐待罪告诉才处理的例外情形〕

十八、将刑法第二百六十条第三款修改为：“第一款罪，告诉的才处理，但被害人没有能力告诉，或者因受到强制、威吓无法告诉的除外。”

【条文主旨】

《刑法修正案（九）》针对虐待罪“告诉的才处理”增加“但被害人没有能力告诉，或者因受到强制、威吓无法告诉的除外”的规定，以适应实践中被虐待的家庭成员系没有能力告诉的儿童、精神病人等，以及因受强制、威吓无法告诉的情形。

【理解与适用】

一、修改的背景、内容和意义

1979年刑法第一百八十二条明确规定了虐待罪。同时，考虑到虐待行为发生在家庭内部，虐待行为的发生有其复杂因素，一律予以刑事制裁，不利于家庭的稳定，通过积极的调解予以解决则有利于化解家庭矛盾。因此，刑法规定，一般的虐待行为告诉的才处理，不告不理。1997 年修订刑法时，采纳了上述规定。① 1997 年刑法第二百六十条第二款规定：“第一款罪，告诉的才处理。”据此，虐待家庭成员，未致使被害人重伤、死亡的，告诉才处理。

上述规定的初衷是为了尊重被害人的告诉权，以更好地维系家庭关系，从实质意义上更好地保护被害人的合法权益。然而，这一规定的设置未能考虑到未成年人、精神病人等被害人可能没有告诉能力的情形。而从实践中的情况来看，虐待案件的被害人提起自诉的比例较低。例如，北京青少年法律援助与研究中心归纳总结了 2008 年 1 月至 2012 年 6 月媒体报道的 429 个未成年人遭受家庭暴力的案件，其中多起案件未成年人受到严重伤害，选择报案的受害人仅占统计总数的 1.4%。2011 年至 2012 年 6 月间发生的案件中，更无一起是由受害未成年人自己报案的。② 因此，刑法第二百六十条第三款“告诉才处理”的规定，存在进一步完善的必要性。实际上，早在 1997 年修订刑法的过程中，相关人员曾围绕虐待罪告诉才处理的规定作过研究。有部门提出，司法实践中被虐待的被害人多是年幼的儿童或者卧病无法行动的老人，其身体状况使他们往往无能力对虐待罪提起自诉。如在刑法条文中只规定“告诉才处理”，不利于保护这部分无能力告诉的被虐待者的合法权益，应增加“无能力告诉的除外”的规定。考虑到刑法分则中告诉才处理的规定有多处，因种种原因致使被害人无法告诉的情形可以作为共性问题集中规定在刑法总则，故 1997 年刑法第九十八条规定：“本法所称告诉才处理，是指被害人告诉才处理。如果被害人因受强制、威吓无法告诉的，人民检察院和被害人的近亲属也可以告诉。”③

---

① 参见全国人大常委会法工委刑法室编：《中华人民共和国刑法·条文说明·立法理由及相关规定》，北京大学出版社 2009 年版，第 531 页。

② 参见《调查称未成年人家暴频发仅 1.4% 受害者报案》，载 http://www.chinanews.com/fz/2012/10-12/4243332.shtml，访问时间：2015 年 8 月 5 日。

③ 参见高铭暄：《中华人民共和国刑法的孕育诞生和发展完善》，北京大学出版社 2012 年版，第 481 页。

现在看来，1997年刑法第九十八条的规定并未完全解决修法过程中有关部门提出的问题，对于被害人并非因受强制、威吓无法告诉，而是因年幼、患病、无行为能力等原因没有能力告诉的情形，人民检察院和被害人的近亲属无法依据刑法第九十八条的规定告诉。因此，1997年刑法施行后，有关方面再次建议对虐待罪“告诉才处理”的规定作出完善。例如，全国妇联建议将虐童案件的诉讼方式由“告诉才处理”修改为由检察机关提起公诉。[①] 应当说，上述建议基本是妥当的，但是也存在进一步扩展的必要性，除儿童外，对于精神病人等其他没有能力告诉的群体，其受到虐待的案件同样有必要从“告诉才处理”调整为公诉案件。经综合各方意见，《刑法修正案（九）（草案）》第十七条将刑法第二百六十条第三款修改为：“第一款罪，告诉的才处理，但被虐待的人没有能力告诉，或者因受到强制、威吓无法告诉的除外。”《刑法修正案（九）（草案二次审议稿）》对表述作了进一步完善，将“被虐待的人”修改为“被害人”。《刑法修正案（九）》第十八条最终维持了上述表述，对虐待罪的告诉程序规定作出了修改。

此次刑法修改过程中，还有意见建议对虐待罪的实体规定作出修改完善。例如，有部门建议根据未成年人保护法规定的国家对儿童给予“特殊、优先保护”的基本原则，在虐待罪中增加一款，规定“虐待儿童的应从重处罚”。[②]全国妇联副主席陈秀榕提出，我国虐待儿童造成的重伤和死亡案件屡有发生，但虐待致死也只有最高七年的有期徒刑，难以起到威慑作用。建议《刑法修正案（九）》规定，虐待儿童的、虐待情节特别严重的、虐待致人重伤或死亡的，都应按照

①② 参见《全国妇联提案建议适时修改刑法扩大虐待罪行为主体》，载 http://www.law-lib.com/fzdt/newshtml/fzjd/20130307085853.htm，访问时间：2015年8月5日。

刑法故意伤害罪和过失杀人罪的规定进行处罚。[①] 在《刑法修正案（九）（草案）》审议过程中，也有大致相同的意见。实际上，无论是未成年人，还是老年人、患病的人、残疾人等，均属于缺乏自我保护能力的群体，需要社会特殊照顾，故不宜再单独设置虐待儿童应当从重处罚的规定。此外，虐待罪发生在家庭成员之间，目前的法定刑配置基本合理，暂不宜作出调整。因此，《刑法修正案（九）》未采纳上述建议，未对虐待罪的实体规定作出调整。

二、对修改内容的理解和适用

根据修正后刑法第二百六十条第三款的规定，犯虐待罪，告诉的才处理，但被害人没有能力告诉，或者因受到强制、威吓无法告诉的除外。需要注意的是，刑法第九十八条规定："本法所称告诉才处理，是指被害人告诉才处理。如果被害人因受强制、威吓无法告诉的，人民检察院和被害人的近亲属也可以告诉。"因此，在《刑法修正案（九）》施行前，对于被害人因受到强制、威吓无法告诉的虐待案件，即属于公诉案件的范围。《刑法修正案（九）》第十八条实际上只增加规定了被害人没有能力告诉的虐待案件属于公诉案件的情形。

三、需要注意的问题

根据修正后刑法第二百六十条第二款的规定，虐待家庭成员，致使被害人重伤、死亡的，处二年以上七年以下有期徒刑。司法适用中应当注意虐待罪结果加重犯与故意伤害（致人重伤）罪、故意杀人罪的界分。在经常性虐待过程中，明知会给被害人身体造成伤害，且客观上已经给被害人造成伤害后果的，应当认定为故意伤害

① 参见《代表建议尽快出台刑法修正案（九）修改五个罪名切实保护儿童权益》，载 http：//news. xinhuanet. com/legal/2014 -03/05/c_ 126225024. htm，访问时间：2015 年 8 月 4 日。

罪。如果将该伤害行为分离出来独立评价，其他虐待行为能够满足虐待罪构成要件的，应当以虐待罪与故意伤害罪数罪并罚；如果将伤害行为分离后，其余虐待行为不构成虐待罪的，应当以故意伤害罪一罪论处。[①]

例如，被告人蔡某祥与蔡某易（本案被害人，死亡时14岁）一起生活。因蔡某易患有先天性病毒性心抽，蔡某祥酒后经常对其进行殴打，并用烟头烫、火钩子烙身体、用钳子夹手指、冬天泼冷水等方法对其进行虐待。2004年2月8日夜，蔡某祥发现蔡某易从家中往外走，遂拳击其面部，用木棒殴打其身体。次日晨，蔡某易称腹疼不能行走，被其姑发现后送医院治疗无效，于2004年3月17日21时许死亡。经鉴定，蔡某易生前被他人以钝器致伤物（如拳脚等）伤及腹部，致十二指肠破裂，弥漫性胸、腹膜炎、感染性中毒休克死亡；蔡某易生前十二指肠破裂的伤情程度属重伤。本案中，被告人蔡某祥在家庭生活中长期对所抚养的被害人施加暴力，实施虐待，情节恶劣，即使没有此次行为，此前的一系列行为已构成虐待罪。而此次暴力行为，远远超出了虐待罪所涵括的虐待家庭成员的情形，其主观故意已是伤害他人身体，不能再为虐待罪的构成要件所涵括。因此，对被害人蔡某祥应当以故意伤害罪和虐待罪分别评价。根据刑法规定，故意伤害罪与虐待罪的罪状各不相同，二罪之间不发生法条竞合关系，应当实行数罪并罚。但是，由于1997年刑法第二百六十条对一般的虐待行为规定“告诉才处理”，本案行为人在最后一次暴力行为前对被害人实施的虐待行为，尚未致使被害人重伤、死亡，而被害人生前未提起告诉，不能以虐待罪追究行为的刑事责任。因此，法院

① 参见陈兴良、张军、胡云腾主编：《人民法院刑事指导案例裁判要旨通纂（上卷）》，北京大学出版社2013年版，第544页。

二审以故意杀人罪判处被告人蔡某祥有期徒刑十二年。[①] 顺带提及的是，本案如果发生在《刑法修正案（九）》施行后，由于被害人蔡某易属于没有告诉能力的儿童，人民检察院对被告人蔡某祥的虐待行为应当提起公诉，人民法院应当以虐待罪和故意伤害罪数罪并罚。

【条文十九】〔增加未成年人、老年人、患病的人、残疾人等被负有监护、看护职责的人虐待的犯罪〕

十九、在刑法第二百六十条后增加一条，作为第二百六十条之一："对未成年人、老年人、患病的人、残疾人等负有监护、看护职责的人虐待被监护、看护的人，情节恶劣的，处三年以下有期徒刑或者拘役。

"单位犯前款罪的，对单位判处罚金，并对其直接负责的主管人员和其他直接责任人员，依照前款的规定处罚。

"有第一款行为，同时构成其他犯罪的，依照处罚较重的规定定罪处罚。"

【条文主旨】

《刑法修正案（九）》针对近年来虐待儿童、老年人等案件增设虐待被监护、看护人罪，将对未成年人、老年人、患病的人、残疾人等负有监护、看护职责的人虐待被监护、看护的人，情节恶劣的行为规定为犯罪。

---

① 关于本案，一审法院认为，被告人蔡某易的行为同时触犯了故意伤害罪和虐待罪，由于故意伤害罪涵括在虐待罪之中，应被虐待罪吸收，二者属法条竞合关系。因此，一审以虐待罪判处被告人蔡某易有期徒刑七年。参见陈兴良、张军、胡云腾主编：《人民法院刑事指导案例裁判要旨通纂》（上卷），北京大学出版社 2013 年版，第 543～544 页。

【理解与适用】

一、修改的背景、内容和意义

1979年刑法第一百八十二条第一款、第二款规定："虐待家庭成员，情节恶劣的，处二年以下有期徒刑、拘役或者管制。犯前款罪，引起被害人重伤、死亡的，处二年以上七年以下有期徒刑。"1997年修改刑法，对上述规定予以吸收并作进一步完善，在第二百六十条第一款、第二款规定："虐待家庭成员，情节恶劣的，处二年以下有期徒刑、拘役或者管制。""犯前款罪，致使被害人重伤、死亡的，处二年以上七年以下有期徒刑。"需要注意的是，根据1997年刑法第二百六十条的规定，虐待罪的犯罪对象为"家庭成员"，行为人与被害人之间须具有一定的血亲关系、婚姻关系或者收养关系，且行为人与被害人系共同生活的家庭成员，非家庭成员不能成为虐待罪的犯罪主体。① 应当说，1997年刑法规定的虐待罪针对家庭虐待行为，这基于当时的立法背景是无可厚非的。

近年来，保姆、幼儿园教师、养老院工作人员等具有监护或者看护职责的人员对被监护、看护的人实施虐待的现象时有发生，严重侵害了相关人员的合法权益，引起了社会普遍关注。从现行刑法罪名设置来看，可能适用的罪名大致有刑法第二百六十条规定的虐待罪、第二百三十四条规定的故意伤害罪和第二百九十三条规定的寻衅滋事罪。但从上述犯罪的构成要件来看，构成虐待罪要求被虐待的对象系家庭成员；构成故意伤害罪，要求行为造成轻伤以上严重后果；构成寻衅滋事罪一般要求妨害社会公共秩序。这就导致对在相对封闭的家庭、幼儿园、养老院等场所内对被监护、看护的人实施虐待行为且未

① 参见王作富主编：《刑法分则实务研究（中）》，中国方正出版社2013年版，第881页。

造成轻伤以上后果的，无法适用刑法规定追究有关人员的刑事责任。其中，最为典型的当属浙江温岭一家幼儿园的虐童事件。颜某某（女，20 岁，高中文化）于 2010 年通过面试被温岭市城西街道蓝孔雀幼儿园录取，担任小二班老师。没有获得教师资格证的颜某某，自入职起就对工作产生极度的厌倦，并酗酒抽烟。2012 年 10 月，她将数张虐待儿童的照片传给网友，后者看后震惊并将信息付诸公开。2012 年 10 月 24 日，一张颜某某“因一时好玩”揪住男童耳朵提起离地的照片被网友发布，后又在颜某某的 QQ 个人空间发现大量虐童照片，相关照片经网上多次转发和评论后引起社会各界的关注和热议。经查，网上流传的用双手拎起幼童双耳的照片系 2012 年 10 月 10 日拍摄。颜某某实施行为时由其同事童某某拍摄。根据照片和颜某某本人的供述，认定其实施类似虐童行为共十次（包括扔儿童进垃圾桶、强迫男童亲吻女童或男童、强迫男童露阴等）。[①] 2012 年 10 月 25 日，温岭市公安局以涉嫌寻衅滋事罪对该案立案侦查，同日对颜某某采取刑事强制措施。10 月 29 日，温岭市公安局以涉嫌寻衅滋事罪提请温岭市检察院批准逮捕，检察机关审查后认为该案需要补充侦查。此外，颜某某家属提出要求司法鉴定。11 月 5 日，温岭市公安局向检察机关撤回案件，继续侦查。11 月 7 日，温岭市公安局委托浙江省台州市第二人民医院对颜某某进行司法精神病人鉴定，鉴定结果认为颜某某无精神病。由于受侵害的幼童无明显伤势特征，未达到轻微伤的后果，综合相关事实证据，温岭市公安局认为颜某某的虐童行为不符合寻衅滋事罪的构成要件。11 月 16 日，温岭市公安局官方微博公布：“虐童事件经警方深入侦查，根据罪刑法定原则，认为涉案当事人颜某某不构成犯罪，现依法撤销刑事案件，对其作出行政拘留十五日的处罚，羁押期限折抵行政拘留。今天，温岭警方依法释

---

① 参见《还原虐童幼师颜某某》，载 http：//focus. news. 163. com/12/1102/10/8FA55OQ000011SM9. html，访问时间：2015 年 8 月 5 日。

放颜某某。”此外，拍摄照片的童某某被给予行政拘留七日的处罚。[①]除了虐童事件外，一些地方还出现了社会养老机构人员虐待老人、福利机构工作人员虐待被救助人员、精神病院工作人员虐待病人等无法被追究刑事责任的事件。无论是幼儿园教师，还是养老机构、福利机构、精神病院的工作人员，均负有特定的监护、看护职责，本应对未成年人、老年人等群体进行关爱，但他们却实施虐待行为，这种虐待行为的社会危害性十分严重，情节十分恶劣，理应严加惩治，但依据刑法的规定无法追究相关行为人的刑事责任。

对特定群体的虐待行为亟须纳入刑事规制的范围，进一步完善我国刑法关于虐待罪的立法规定，已经成为了各方的共识。有关方面也建议通过刑法修改的方式对虐待罪作出修改完善。例如，全国妇联副主席陈秀榕提出，目前虐待罪主体仅限于受害人的家庭成员，不能涵盖其他与儿童有亲密关系的侵害主体。此前暴露出的案例很多是非家庭成员的儿童看护人、照料人，如保姆、教师、看护人等，对儿童实施的虐待行为，不能按照虐待罪处理。建议通过《刑法修正案(九)》重新界定虐待罪，扩大犯罪主体，增加受害人的看护人、照料人等特殊主体。[②]

然而，就具体方案而言，究竟应增设独立的虐待被监护、看护人罪，还是针对现行的虐待罪条文作出完善，存在不同认识。例如，全国人大代表韩德云建议在刑法中增设虐待儿童罪，且在量刑处罚上要与虐待罪、侮辱罪、故意伤害罪和寻衅滋事罪有明显区别。[③]全国政协委员刘白驹则认为，增设独立的虐待儿童罪并非立法的最佳选择，

---

① 参见《浙江虐童女教师被认定不构成犯罪已被释放》，载 http：//news. 163. com/12/1116/23/8GFGPHOV00014JB6. html，访问时间：2015 年 8 月 5 日。

② 参见《代表建议尽快出台刑法修正案（九）修改五个罪名切实保护儿童权益》，载 http：//news. xinhuanet. com/legal/2014 - 03/05/c_ 126225024. htm，访问时间：2015 年 8 月 4 日。

③ 参见《人大代表建议刑法增加“虐待儿童罪”》，载《新华每日电讯》2013 年 3 月 16 日第 3 版。

建议修改我国现行刑法关于虐待罪的规定，将其主体适当扩张，不仅包括家庭成员，而且包括承担教育、照管、监护、寄养、救助等照护义务的人。①

经综合各方意见，考虑到虐待家庭成员与虐待未成年人、老年人、患病的人、残疾人等群体在性质上有所区别，前者主要是基于共同生活形成的家庭关系，而后者主要是由于监护、看护职责形成的特定关系，故而两种虐待行为在性质上有区别，规定为不同的犯罪更为适当。因此，本次刑法修正最终在虐待罪外增设了独立的虐待被监护、看护人罪。在《刑法修正案（九）（草案)》研拟过程中，对于犯罪对象的表述存在不同认识，曾经使用过“缺乏自我保护能力的人”的表述，最终形成了“被监护、看护的人”的表述。《刑法修正案（九）（草案)》第十八条在刑法第二百六十条后增加一条，作为第二百六十条之一：“对未成年人、老年人、患病的人、残疾人等负有监护、看护职责的人虐待被监护、看护的人，情节恶劣的，处三年以下有期徒刑或者拘役。”“有前款行为，同时构成其他犯罪的，依照处罚较重的规定定罪处罚。”审议过程中，主要提出两方面意见：一是有意见提出，“患病的人”表述太宽泛。二是有意见提出，未成年人除了家庭监护以外，大部分是在学校、幼儿园受教育，负有教育职责的人当然比普通监护人的责任更重，其虐待未成年人的，应当从重处罚。故而，建议增加规定“学校、幼教机构有教育职责的人虐待被监护、看护人的，依前款规定从重处罚”。实际上，这两方面的问题可以通过司法适用予以解决，立法上并无不当。因此，对这一修改方案未再作出调整。《刑法修正案（九）（草案三次审议稿)》根据有关方面的意见，考虑到实践中也存在单位虐待被监护、看护人的情况，增加了单位犯罪的规定。最终，《刑法修正案（九)》第十九条维持了上述方案，增设虐待被监护、看护人罪。

① 参见《刘白驹委员：遏制虐童恶行不必增设新罪》，载 http：//news. jcrb. com/jxsw/201303/t20130305_ 1057533. html，访问时间：2015 年 8 月 5 日。

二、对修改内容的理解和适用

（一）犯罪客体

虐待被监护、看护人罪侵犯的客体为被监护、看护人员的身心健康与监护、看护职责。行为人对所监护、看护的未成年人、老年人、患病的人、残疾人等负有监护、看护职责，其违背职责对被害人实施虐待行为，不仅对受害人的身心健康造成伤害，也侵犯了所承担的监护、看护职责，必须依法予以惩治。

依照修正后刑法第二百六十条之一的规定，虐待被监护、看护人罪侵犯的对象是未成年人、老年人、患病的人、残疾人等被监护、看护的人。需要注意的是，本罪的对象不包括所监护的家庭成员，对家庭成员实施虐待行为不构成本罪，但可能构成刑法第二百六十条规定的虐待罪。

（二）犯罪客观方面

虐待被监护、看护人罪在客观方面表现为虐待被监护、看护的人，情节恶劣的行为。

虐待行为在实践中表现形式多样，有的是捆绑、殴打、冻饿等肉体折磨，有的是侮辱、辱骂、限制人身自由等精神摧残。需要注意的是，关于刑法第二百六十条规定的虐待罪，一般认为此种虐待行为须具有一贯性和经常性。“虐待行为区别于偶尔打骂或者偶尔的体罚行为的明显特点是：虐待行为往往是经常甚至一贯进行，具有相对连续性。”① 我们认为，对于虐待被监护、看护人罪的虐待行为，同样应

① 全国人大常委会法工委刑法室编：《中华人民共和国刑法·条文说明·立法理由及相关规定》，北京大学出版社2009年版，第531页。除了立法机关有关人员编写的著作外，实务工作者也认为：“虐待行为必须是经常的、一贯的，并且情节恶劣的，才能构成犯罪。持续性、经常性的家庭暴力，构成虐待。因此，不能把家庭成员之间偶尔发生打架、吵骂的行为，视为虐待。”周道鸾、张军主编：《刑法罪名精释（上）》，人民法院出版社2013年版，第610页。

当具有一贯性和经常性。负有监护、看护职责的人对被监护、看护的人偶尔实施的打骂行为，原则上不能认定为虐待被监护、看护人罪，如造成严重后果，构成其他犯罪的，依照其他犯罪论处。

（三）犯罪主体

虐待被监护、看护人罪的主体为特殊主体，必须是对未成年人、老年人、患病的人、残疾人等负有监护、看护职责的人。实践中通常表现为幼儿园教师、养老机构工作人员、精神病院医生等。单位可以成为本罪的主体，单位犯虐待被监护、看护人罪的，对单位判处罚金，并对其直接负责的主管人员和其他直接责任人员，依照刑法的规定定罪处罚。

（四）犯罪主观方面

虐待被监护、看护人罪在主观方面表现为故意，且为直接故意，即行为人已经预见到自己的虐待行为会造成被监护、看护的人肉体上或者精神上的痛苦，但故意为之。过失不构成本罪。行为人的动机多样，有的表现为寻求刺激等动机，具体动机不影响定罪，但可以作为量刑情节予以考虑。

（五）刑事责任

根据修正后刑法第二百六十条之一第一款的规定，犯虐待被监护、看护人罪，处三年以下有期徒刑或者拘役。

根据修正后刑法第二百六十条之一第三款的规定，犯虐待被监护、看护人罪，同时构成其他犯罪的，依照处罚较重的规定定罪处罚。

三、需要注意的问题

（一）虐待被监护、看护人“情节恶劣”的认定

根据修正后刑法第二百六十条之一的规定，虐待被监护、看护的

人的，须达到“情节恶劣”的程度才构成犯罪。对于“情节恶劣”的具体情形，目前尚无司法解释作相应规定。实践中，对于虐待被监护、看护的人“情节恶劣”的认定，需要注意如下因素：

1. 虐待行为持续时间长短。虐待行为的时间长短同被害人身心健康的损害直接相关。对于虐待行为持续时间较长的，往往会对被害人的身心健康造成较大损害，可以认定为“情节恶劣”。相反，短时间的虐待行为，未造成较大伤害的，原则上不认定为“情节恶劣”。

2. 虐待的手段。不同的虐待手段，对被害人造成损害的程序也会有较大差异。采用凶残的手段对被监护、看护的人实施虐待的，如采用皮带抽打、火烧、开水烫等手段的，对被害人的身心健康伤害较大，可以认定为“情节恶劣”。

3. 虐待的次数和人数。行为人对同一被监护、看护的人多次实施虐待，或者对多个被监护、看护人实施虐待的，其行为的社会危害性相对较大，可以认定为“情节恶劣”。

4. 虐待行为的后果。虐待被监护、看护人，一般都会不同程度地给被害人造成肉体和精神上的伤害，但是伤害的具体情形和程度会有所不同。对于造成严重后果的，可以认定为“情节恶劣”。

（二）虐待被监护、看护人罪与其他罪的界分

1. 虐待被监护、看护人罪与虐待罪的界分。如前所述，两罪的区别主要在于犯罪对象的不同，虐待被监护、看护人罪的犯罪对象为家庭成员以外的其他被监护、看护的人，如果虐待的对象是家庭成员的，则适用虐待罪的规定。

2. 虐待被监护、看护人罪与故意伤害罪、故意杀人罪的转化。虐待被监护、看护人罪在客观上也可能造成被害人伤残、死亡。根据修正后刑法第二百六十条之一的规定，犯虐待被监护、看护人罪，同时构成其他犯罪的，依照处罚较重的规定定罪处罚。司法适用中应当注意以下问题：（1）虐待被监护、看护的人，依照刑法第二百六十条之一规定的虐待被监护、看护人罪处三年以下有期徒刑或者拘役。

(2) 虐待被监护、看护人员致人伤残的，即致人重伤、残疾的，则应当依照刑法第二百三十四条规定的故意伤害罪定罪。(3) 虐待被监护、看护的人，致人死亡的，应当分析行为人对于死亡的心理态度，如果对死亡结果持过失的心理态度，应当依照刑法第二百三十四条第二款规定的故意伤害（致人死亡）罪定罪处罚；如果是希望或者放任的心理态度，则应当依照刑法第二百三十二条规定的故意杀人罪定罪处罚。

【条文二十】〔增加“多次抢夺”构成抢夺罪的规定〕

二十、将刑法第二百六十七条第一款修改为：“抢夺公私财物，数额较大的，或者多次抢夺的，处三年以下有期徒刑、拘役或者管制，并处或者单处罚金；数额巨大或者有其他严重情节的，处三年以上十年以下有期徒刑，并处罚金；数额特别巨大或者有其他特别严重情节的，处十年以上有期徒刑或者无期徒刑，并处罚金或者没收财产。”

【条文主旨】

增加“多次抢夺”构成抢夺罪的规定。

【理解与适用】

本条对刑法第二百六十七条规定的抢夺罪作了修改，增加规定“多次抢夺的”构成抢夺罪，处三年以下有期徒刑、拘役或者管制，并处或者单处罚金。立法机关降低抢夺罪的入罪门槛，主要基于以下考虑：(1) 多次抢夺，甚至光天化日之下多次公然抢夺的，严重破坏社会秩序，影响了群众的安全感。(2) 多次抢夺具有常习性，行为人主观恶性大，必须予以严厉打击。实践中往往有的案件能够查证行为人的抢夺次数，但难以查证每次具体抢夺财物的数额，造成了执法上的困难。(3) 多次抢夺的，往往伴随对被害人人身的侵犯，如抢夺他人佩戴的耳环、项链等物品致使被害人摔倒等，都有可能造成被害人伤亡的严重后果。对于多次抢夺的，以往除了依据治安管理处罚法给予治安管理处罚外，符合条件的还可以予以劳动教养。但废止劳动教养制度后，对于多次抢夺没有达到数额较大或者情节严重的只能给予治安管理处罚，难以适应打击和震慑这类违法行为的需要。为了在劳动教养制度废止后，对有关危害社会治安的行为打击不弱化，有必要将这类行为纳入刑法予以惩治。根据公安部等部门的意见，《刑法修正案（九）》将“多次抢夺”增加规定为犯罪，与修正前相比在一定程度上降低了抢夺犯罪的入罪门槛，充分体现了刑法对人民群众人身财产安全的切实关注和严格保护，为打击抢夺犯罪提供了更有力的法律武器。

关于“多次抢夺”的认定。《最高人民法院、最高人民检察院关于办理抢夺刑事案件适用法律若干问题的解释》（法释〔2013〕25号）对抢夺数额、情节的具体认定标准作了明确规定。其中规定，抢夺公私财物价值1000元至3000元以上的，应当认定为刑法第二百六十七条规定的“数额较大”；若具有“曾因抢劫、抢夺或者聚众哄抢受过刑事处罚”“一年内曾因抢夺或者哄抢受过行政处罚”“一年内抢夺三次以上”等情形之一的，“数额较大”的标准按照前条规定标准的50%（即500元至1500元以上）确定。而“多次抢夺”构成抢夺罪是《刑法修正案（九）》新增加的内容，故该解释未予明确。在新的司法解释出台以前，实践中可以参照盗窃罪解释和敲诈勒索罪解释关于“多次盗窃”“多次敲诈勒索”的规定精神，来认定“多次抢夺”，即：两年内抢夺三次以上，且未经处理的，可以认定为刑法第二百六十七条规定的“多次抢夺”。在《刑法修正案（九）》施行后，对于“一年内抢夺三次以上”，且抢夺数额达到规定标准的50%的，也不再适用“数额较大”的入罪标准，而是直接以“多次抢夺”

定罪处罚。

需要强调指出，“多次抢夺”没有数额限制，只要在两年内实施了三次以上的抢夺行为，不管抢夺数额多少，依法都可以定罪处罚。但是，对于情节显著轻微、危害不大的，可以依照刑法第十三条的规定，不作为犯罪处理。而且，“多次抢夺”要求每次抢夺行为都是“未经处理”，如果抢夺行为已经被行政处罚或者刑罚处罚，就不能再次将其作为犯罪处理，否则就违背了一事不二罚原则。

【条文二十一】〔增加“暴力袭警”从重处罚的规定〕

二十一、在刑法第二百七十七条中增加一款作为第五款：“暴力袭击正在依法执行职务的人民警察的，依照第一款的规定从重处罚。”

【条文主旨】

增加“暴力袭警”从重处罚的规定。

【理解与适用】

本条对刑法第二百七十七条规定的妨害公务罪作了修改。修改后刑法条文为：

“第二百七十七条　以暴力、威胁方法阻碍国家机关工作人员依法执行职务的，处三年以下有期徒刑、拘役、管制或者罚金。

“以暴力、威胁方法阻碍全国人民代表大会和地方各级人民代表大会代表依法执行代表职务的，依照前款的规定处罚。

“在自然灾害和突发事件中，以暴力、威胁方法阻碍红十字会工作人员依法履行职责的，依照第一款的规定处罚。

“故意阻碍国家安全机关、公安机关依法执行国家安全工作任务，未使用暴力、威胁方法，造成严重后果的，依照第一款的规定处罚。

“暴力袭击正在依法执行职务的人民警察的，依照第一款的规定从重处罚。”

一、“暴力袭警”行为入罪的缘由及争议

在《刑法修正案（九）》的制定过程中，一些全国人大代表、全国人大常委会委员以及公安部等有关部门提出，针对当前暴力袭警犯罪多发的实际情况，建议在刑法中单独规定袭警罪，主要理由是：妨害公务罪对暴力袭警的保护存在缺陷：（1）保护对象范围狭窄。刑法要求在“执行职务”时即公务时间内，但是警察在公务时间外受到袭击就无法得到有效保护。（2）行为方式规定不全面。刑法中构成妨碍公务罪必须是以“暴力、威胁”方法，只有在妨碍执行国家安全工作任务时，才不要求采用暴力、威胁方法。所以，仅暴力、威胁方法不够。（3）定罪量刑不协调。法律对于暴力袭警造成伤亡的没有规定。其他罪名如聚众斗殴致人重伤死亡的，法律规定依照故意伤害罪、故意杀人罪处罚。但是，也有意见提出，是否单独规定袭警罪应当慎重。

立法机关经充分调查研究，听取各方面意见，在《刑法修正案（九）》中没有专门规定袭警罪，而是在妨害公务罪中将“暴力袭警”行为明确加以列举，作为从重处罚的情形，这样有利于对执法机关依法执行职务的行为给予一体保护；同时，也针对当前社会矛盾多发、暴力袭警案件时有发生的情况，对暴力袭警行为明确作出规定，更好地震慑和预防这类犯罪，积极回应了各方面的关切。

我们认为，不单独增设袭警罪，而是在妨害公务罪中将“暴力袭警”行为明确加以列举，作为从重处罚的情形，更加稳妥可行，体现了立法者的智慧。主要理由是：

1. 符合审判实际。妨害公务罪的外延比袭警罪宽，涵盖了袭警

行为，实践中对袭警行为完全可以根据现行刑法规定进行惩处。比如，对于在警察正常执行职务时暴力袭警的，依照妨害公务罪从重处罚；造成警察重伤、死亡的，以故意伤害罪、故意杀人罪定罪处罚；情节轻微不构成犯罪的，依照治安管理处罚法予以治安处罚。对于从事犯罪活动，抗拒警察依法处置袭警的，可以依其所犯罪行与妨害公务罪数罪并罚。现行法律规定基本可以适应保护人民警察依法执行职务的需要。

2. 符合公平原则。除人民警察外，还有一些执法人员如法官、检察官以及工商管理、税收征管、城管等工作人员由于其在履行职责时直接面对群众甚至违法犯罪人员，在执法过程中遭到暴力抗拒甚至被袭击的情况时有发生，比较而言，警察的自我防护手段、执法装备保障、对暴力抗法或袭警人的追究能力等相比其他执法主体更强。如果专门增设袭警罪，相关部门就有理由提出增设袭击法官、检察官等的专门罪名，从而导致刑法规定的罪名过多过细，给司法实践和理论研究都将带来不小的问题。

3. 符合我国国情。虽然英美法系国家、地区多将较轻的袭警行为单独规定为犯罪，对造成严重后果的袭警行为以其他重罪定罪处罚，但这主要是因为这些国家往往对枪支、弹药、管制刀具等管控宽松，警察在执法活动中面临着较大的人身危险，有必要单独设置罪名。而我国严禁私人拥有枪支、弹药、管制刀具，警察执行职务与其他公务人员执行职务并无本质区别。当前突出的问题是遇到实际发生的袭警行为，有的警察果断处置能力不强，有的机关严格依法追究袭警人员法律责任的意识不足，对人民警察严格执法的支持力度不够，致使在个别案件中出现警察“流血又流泪”的情况。为此，需要进一步完善警察警械配置、使用的有关规定，明确赋予警察果断处置的权力。同时，有关机关在对这类案件的追究上也要予以支持配合。因此，与法国、德国、日本、意大利、俄罗斯、西班牙、丹麦等大陆法系国家以及我国澳门地区一样，我国在刑法中概括规定了妨害公务犯罪，对警察与其他公务人员一并进行保护。

二、“暴力袭警”行为的认定与处理

本款犯罪的客观方面是“暴力袭击正在依法执行职务的人民警察”，在司法实践中应当注意两点：

1. 必须实施了暴力袭击行为，但不要求造成伤害后果。如果行为人实施的不是暴力袭击行为而是威胁行为，则不构成本款犯罪。即如果仅仅是以威胁方法阻碍警察依法执行职务的，只能构成一般妨害公务犯罪，依照第一款的规定处罚。另外，构成本款犯罪，不需要造成伤害后果。如果造成轻伤后果，也依然以妨害公务罪定罪处罚。因为致人轻伤的故意伤害罪，其法定刑与妨害公务罪相同，以妨害公务罪定罪处罚，更能体现国家维护公共秩序的意图。但如果造成警察重伤、死亡的，则显然应当以故意伤害罪、故意杀人罪处罚，不实行数罪并罚。

2. 暴力袭击的对象必须是正在依法执行职务的人民警察。如果行为人袭击的对象不是人民警察而是其他国家机关工作人员，或者袭击的人民警察不是正在依法执行职务，都不构成本款犯罪。如何正确认定是否“正在依法执行职务”，也是在适用本款犯罪时应当注意的问题。根据警察法第十九条“人民警察在非工作时间，遇有其职责范围内的紧急情况，应当履行职责”的规定，警察在下班后，遇有紧急情况，只要是履行警察职责（而不要求必须是其实际岗位职责范围内的事），就可以视为是在执行职务。

【条文二十二】〔增加妨害公文、证件、印章犯罪的罚金刑，扩大伪造、变造身份证件的适用范围，增加买卖身份证件的犯罪〕

二十二、将刑法第二百八十条修改为：“伪造、变造、买卖或者盗窃、抢夺、毁灭国家机关的公文、证件、印章的，处三年以下有期徒刑、拘役、管制或者剥夺政治权利，并处罚金；情节严重的，处三年以上十年以下有期徒刑，并处罚金。

“伪造公司、企业、事业单位、人民团体的印章的，处三年以下有期徒刑、拘役、管制或者剥夺政治权利，并处罚金。

“伪造、变造、买卖居民身份证、护照、社会保障卡、驾驶证等依法可以用于证明身份的证件的，处三年以下有期徒刑、拘役、管制或者剥夺政治权利，并处罚金；情节严重的，处三年以上七年以下有期徒刑，并处罚金。”

【条文主旨】

为加强对身份证件及公文、证件、印章的管理，适应社会管理科学化、精细化水平不断提升和诚信社会建设的需要，《刑法修正案(九)》加大了对涉及公文、证件、印章犯罪行为的打击力度，在刑法原第二百八十条规定的法定刑中增加了罚金刑；将买卖居民身份证以及伪造、变造、买卖护照、社会保障卡、驾驶证等身份证件的行为均规定为犯罪。

【理解与适用】

一、修改的背景、内容和意义

当前，随着社会管理的加强和人员流动的增多，身份证件的作用越来越大，利用身份证件实施相关犯罪、逃避刑事追究的现象越来越严重，已成为社会管理中的重要问题。为加强对身份证件的管理，适用社会管理需要，引领诚信社会建设，根据各方面建议，《刑法修正案（九）》对刑法原第二百八十条的规定进行了完善。一是重点对关于身份证件的规定进行了完善：其一，根据当前越来越多的公民持有护照、社会保障卡、驾驶证等证件，且这些证件也越来越多地用于身份证明的实际，将身份证件的范围由原来规定的身份证一种扩大到“身份证、护照、社会保障卡、驾驶证等证件”。其二，针对买卖身份证件的现象以及由此导致的实名监管难度增大、利用虚假身份证件实施诈骗、洗钱等犯罪增多的现象，将针对身份证件的犯罪行为由原来规定的“伪造、变造”修改为“伪造、变造、买卖”。二是在原第二百八十条规定的法定刑中增加规定了罚金刑。

二、对修改内容的理解和适用

（一）犯罪客体

刑法第二百八十条规定的犯罪，侵犯的是国家对文书、证件的管理制度。就伪造、变造、买卖身份证件罪而言，其客体为国家对依法可以用于证明身份的证件的管理制度。

（二）客观方面

伪造、变造、买卖身份证件罪的客观方面表现为伪造、变造、买卖居民身份证、护照、社会保障卡、驾驶证等依法可以用于证明身份的证件的行为。根据对刑法用语理解的一致性原则，“买卖”应包括“买”和“卖”，介绍买卖行为属于买卖的共犯。有意见提出，从实践看，买卖身份证件的情况较为复杂：有的本符合获得社会保障条件但因种种原因未能得到保障卡，一律入刑似不合适；有的是为了少交或不交驾驶培训费用而购买驾驶证，但买证人并未伪造身份信息，这种行为的社会危害程度与伪造、变造证件行为有所不同；还有些农村群众因为法律意识淡薄，将自己的居民身份证出售，以牟取少量经济利益，这种行为的社会危害性较小，予以行政处罚即可。因此，可将伪造、变造、买卖身份证件行为的入罪标准设置为“情节严重”，由司法解释明确具体的认定标准，以更好地适应实践中的不同情况，或者将“买卖”修改为“倒卖”或者“贩卖”，以限缩打击范围。经研究，考虑到此类行为的社会危害性和强化诚信社会建设的迫切性，《刑法修正案（九）》没有采纳这一意见。关于身份证件的范围，除条文明确列举的居民身份证、护照、社会保障卡、驾驶证外，其他的应慎重把握，主要还应包括依据法律法规制作、具有普遍证明力的身份证件，如港澳通行证、港澳台胞回乡证、户口薄、工作证等。没有法律法规依据、非由统一权威机关制发、不能够在社会上广泛使用的证件，不属于本罪保护的对象，如各机关、单位、社区等为安全或者管理便利制作的门禁卡、用餐卡、停车证等，尽管这些证件内载有使用者的身份信息，但不能认定为本罪的犯罪对象。“护照”，既包括我国公民依法申领的由我国主管部门发放的护照，也包括外国人持有的相关国家主管部门发放的护照。有意见提出，近年来，伪造机动车牌照的行为日益增多，应将“机动车牌照”与护照、社会保障卡、驾驶证等一并增加到本罪保护的对象当中。经研究，由于意见分歧较大，没有采纳这一建议。“情节严重”主要包括多次伪造、变造、买卖身份证件或者伪造、变造、买卖的身份证件数量大，为实施重大犯罪伪造、变造、买卖身份证件或者伪造、变造、买卖身份证件行为导致了严重危害社会的后果，为出售而大量伪造、变造的，等等。

（三）犯罪主体

伪造、变造、买卖身份证件罪的犯罪主体为一般主体，凡年满16周岁、具有刑事责任能力的自然人均可以构成本罪。

（四）犯罪主观方面

伪造、变造、买卖身份证件罪的主观方面为直接故意，即明知属于可以用于证明身份的证件，仍然伪造、变造或者买卖。

（五）刑事责任

根据修改后刑法第二百八十条第三款的规定，伪造、变造、买卖身份证件的，处三年以下有期徒刑、拘役、管制或者剥夺政治权利，并处罚金；情节严重的，处三年以上七年以下有期徒刑，并处罚金。

三、需要注意的问题

1. 关于罪与非罪的界限。尽管伪造、变造、买卖身份证件罪属于行为犯，但并非所有的伪造、变造、买卖行为都构成本罪，如本人不慎丢失身份证件，为出差购买车票、船票、机票而购买他人身份证件，或者由于法制意识淡薄，为获取少量利益而将本人身份证件出售给他人的，以及由于本人的驾驶证件丢失，为完成紧急工作任务而购买他人驾驶证件的，等等，由于情节显著轻微，难以认定为犯罪。

2. 关于工作证的性质。工作证属于国家机关证件还是居民身份证件？这涉及到国家机关证件与居民身份证件的区分，进而影响到是适用刑法第二百八十条第一款规定的刑罚还是第三款规定的刑罚。本书认为，用途是区分两者的关键。如果认为国家机关制发的证件就属于国家机关证件，由于几乎所有的证件都是由国家机关制发，那么就会得到所有的证件都是国家机关证件的结论，这显然不成立。因此，根据制发的主体难以区分两者。国家机关证件是国家机关制发的用于办理公务事项的凭证，如拘留证、逮捕证等，这在日本刑法中被称为公文书。身份证件虽也由相关国家机关制发，但主要用于证明公民身份，并进而明确公民在办理私人事项时与相应机关之间的权利义务，这在日本刑法中被称为私文书。有些证件兼具公文书和私文书的性质，工作证、持枪证等即是，但这些证件证明身份的用途更大些。毫无疑问，工作证、持枪证能够为办理公务提供便利，但这是证明工作人员身份或者具有持枪资格后的附随结果。因而本书认为，工作证属于身份证件。刑事诉讼法第一百一十七条第一款规定："对不需要逮捕、拘留的犯罪嫌疑人，可以传唤到犯罪嫌疑人所在市、县内的指定地点或者到他的住处进行讯问，但是应当出示人民检察院或者公安机关的证明文件。对在现场发现的犯罪嫌疑人，经出示工作证件，可以口头传唤，但应当在讯问笔录中注明。”第一百二十二条关于询问证人的规定也有类似内容。从上述规定看，“工作证件”与“证明文件”具有严格的区分，二者证明的内容不同。

3. 关于机动车号牌的性质。机动车号牌是指在法定机关登记的准予机动车在中华人民共和国境内道路上行驶的法定标志。号牌一般在机动车辆的特定位置（一般在车的前后两处）悬挂，其号码是机动车的登记编号。本书认为，机动车号牌是关于机动车状况的一种证明。虽能通过号牌查询机动车所有者的相关身份信息，但号牌本身难以直观地反映出机动车所有者的姓名、性别、年龄等身份信息，因此，将机动车号牌认定为身份证件的观点值得商榷。

4. 关于买卖虚假身份证件的问题。1998 年 12 月 29 日《全国人大常委会关于惩治骗购外汇、逃汇和非法买卖外汇犯罪的决定》第二条规定：“买卖伪造、变造的海关签发的报关单、进口证明、外汇管理部门核准件等凭证和单据或者国家机关的其他公文、证件、印章的，依照刑法第二百八十条的规定定罪处罚。”根据这一决定的精神，买卖虚假身份证件的行为，应当以买卖身份证件罪定罪处罚。

【条文二十三】〔增加使用伪造、变造或者盗用他人居民身份证、护照、社会保险卡、驾驶证等证明身份证件的犯罪〕

二十三、在刑法第二百八十条后增加一条作为第二百八十条之一：“在依照国家规定应当提供身份证明的活动中，使用伪造、变造的或者盗用他人的居民身份证、护照、社会保障卡、驾驶证等依法可以用于证明身份的证件，情节严重的，处拘役或者管制，并处或者单处罚金。

“有前款行为，同时构成其他犯罪的，依照处罚较重的规定定罪处罚。”

【条文主旨】

为加强诚信社会建设，打击使用虚假身份证件的行为，《刑法修正案（九）》将使用虚假身份证件、盗用身份证件，情节严重的行为规定为犯罪。

【理解与适用】

一、增加本条的背景、内容和意义

随着社会发展和人员流动性的增加，社会成员更加广泛地参与各项经济、政治、文化等活动，社会成员身份信息的作用越来越大，利用虚假身份信息获取不当利益的机会增多，身份信息的甄别和管理已成为当前社会管理的一个重要方面。为加强对身份证件的管理，打击用假行为，更好地防范利用虚假证件实施的相关违法犯罪，立法机关根据有关部门建议，在《刑法修正案（九）》中增加规定了使用虚假身份证件的犯罪，即对在依照国家规定应当提供身份证明的活动中，使用伪造、变造的或者盗用他人的居民身份证、护照、社会保障卡等依法可以用于证明身份的证件，情节严重的行为，处拘役或者管制，并处或者单处罚金。在起草过程中，有意见提出，使用虚假身份证件的行为情况复杂，但多数以实施其他违法犯罪为目的，如为诈骗钱财、盗窃、实施暴力犯罪等，对此，可根据其目的行为以相关犯罪论处；对于单纯使用虚假身份证件的行为，给予行政处罚也能达到惩戒效果，特别是对因为入学、就业等原因使用假证的也一律入罪，社会效果不好。因此建议不规定此罪。经研究，没有采纳这一建议，但增加了使用虚假证件行为入罪的条件，即“情节严重”。

二、对修改内容理解和适用

（一）犯罪客体

使用虚假身份证件、盗用身份证件罪的客体为国家对依法可以用于证明身份的证件的管理制度。

（二）客观方面

使用虚假身份证件、盗用身份证件罪的客观方面表现为在依照国家规定应当提供身份证明的活动中，使用伪造、变造的或者盗用他人的居民身份证、护照、社会保障卡、驾驶证等依法可以用于证明身份的证件，情节严重的行为。关于“国家规定”，根据刑法第九十六条的规定，是指全国人民代表大会及其常务委员会制定的法律和决定，国务院制定的行政法规、规定的行政措施、发布的决定和命令。根据《最高人民法院关于准确理解和适用刑法中“国家规定”的有关问题的通知》，以国务院办公厅名义制发的文件，符合以下条件的，亦应视为刑法中的“国家规定”：（1）有明确的法律依据或者同相关行政法规不相抵触；（2）经国务院常务会议讨论通过或者经国务院批准；（3）在国务院公报上公开发布。如居民身份证法第十四条规定，公民在常住户口登记项目变更、兵役、婚姻、收养登记、申请办理出境手续等事项中，应当出示居民身份证证明身份。依法未取得居民身份证的公民可以使用国家规定的其他证明方式证明身份。《婚姻登记条例》第五条第一款规定：“办理结婚登记的内地居民应当出具下列证件和证明材料：（一）本人的户口簿、身份证；（二）本人无配偶以及与对方当事人没有直系血亲和三代以内旁系血亲关系的签字声明。”第二款规定：“办理结婚登记的香港居民、澳门居民、台湾居民应当出具下列证件和证明材料：（一）本人的有效通行证、身份证；（二）经居住地公证机构公证的本人无配偶以及与对方当事人没有直系血亲和三代以内旁系血亲关系的声明。”“盗用”是指未经所有者许可而使用。被盗用的身份证件无论是盗窃而来还是捡拾而来，也无论是真还是假，只要未经所有者许可而使用，就成立“盗用”。“情节严重”主要是指多次使用、使用多个、为实施违法犯罪活动而使用、造成恶劣社会影响，等等。

（三）犯罪主体

使用虚假身份证件、盗用身份证件罪的主体为一般主体，凡年满16周岁、具有刑事责任能力的自然人均可以构成本罪。

（四）犯罪主观方面

使用虚假身份证件、盗用身份证件罪的主观方面为故意。明知不是自己的身份证件或者未经他人允许而使用的，构成本罪。行为人是否明知身份证件为伪造、变造或者盗用的，不影响本罪的成立。

（五）刑事责任

根据修改后刑法第二百八十条之一的规定，构成使用虚假身份证件、盗用身份证件罪的，处拘役或者管制，并处或者单处罚金。

三、需要注意的问题

与其他犯罪竞合时的处理。行为人伪造、变造了身份证件然后使用的，构成伪造、变造身份证件罪与使用虚假身份证件、盗用身份证件罪的竞合，属于手段行为与目的行为的竞合，由于伪造、变造身份证件罪的刑罚重，应当以伪造、变造身份证件罪论处，即手段行为吸收目的行为。行为人为实施诈骗等犯罪伪造、变造身份证件然后使用，进而实施其他犯罪的，构成伪造、变造身份证件罪、使用虚假身份证件、盗用身份证件罪与目的犯罪三者的竞合，以刑罚重的犯罪定罪处罚。

【条文二十四】〔增加非法生产、销售窃听、窃照专用器材的犯罪〕

二十四、将刑法第二百八十三条修改为："非法生产、销售专用间谍器材或者窃听、窃照专用器材的，处三年以下有期徒刑、拘役或者管制，并处或者单处罚金；情节严重的，处三年以上七年以下有期徒刑，并处罚金。

"单位犯前款罪的，对单位判处罚金，并对其直接负责的主管人员和其他直接责任人员，依照前款的规定处罚。"

【条文主旨】

为有效规制非法生产、销售窃听、窃照专用器材犯罪活动，《刑法修正案（九）》对刑法第二百八十三条的修改主要体现在以下三个方面：一是将对象由"窃听、窃照等专用间谍器材"修改为"专用间谍器材或者窃听、窃照专用器材"，以将非法生产、销售窃听、窃照专用器材的行为增加规定为犯罪；二是针对非法生产、销售专用间谍器材或者窃听、窃照专用器材，情节严重的，增加配置"处三年以上七年以下有期徒刑，并处罚金"；三是增加单位犯罪的规定。

【理解与适用】

一、修改的背景、内容和意义

我国对窃听、窃照等专用间谍器材的生产、销售实行严格的管理制度。国家安全法[①]第二十一条规定："任何个人和组织都不得非法持有、使用窃听、窃照等专用间谍器材。"非法生产、销售专用间谍器材，不仅妨害专用间谍器材的生产、销售秩序，而且严重影响国家安全和公民正常的工作和生活。为此，1997 年刑法增设了非法生产、销售专用间谍器材罪，第二百八十三条规定："非法生产、销售窃听、窃照等专用间谍器材的，处三年以下有期徒刑、拘役或者管制。"此外，窃听、窃照专用器材的使用也必须符合相应的规定，违反规定非法使用窃听、窃照器材的行为，严重扰乱了正常的管理秩序，侵害了公民的合法权益。为此，1997 年刑法增设了非法使用窃听、窃照专用器材罪，第二百八十四条规定："非法使用窃听、窃照专用器材，造成严重后果的，处二年以下有期徒刑或者拘役。"这些规定对于规范专用间谍器材的生产、销售和窃听、窃照专用器材的使用，维护公民的合法权益，发挥了重要作用。

近年来，随着我国经济和信息技术的快速发展，社会非法调查活动日益猖獗，密拍密录、跟踪定位等窃听、窃照专用器材也随之泛滥。当前，窃听、窃照器材品种门类繁多，功能强大。大致而言，可分为三类：(1) 密拍密录器材。此类器材可伪装成钟表、笔、纽扣、汽车钥匙、领带、腰带、手包、打火机、笑脸服务标牌等多种物品，几乎囊括了日常生活中所能接触到的全部物品。(2) 窃听、跟踪、定位器材。此类器材有的仅有普通橡皮大小，插入一张手机卡即可不限距离、不限时间地进行监听、定位；有的伪装成电源插板、鼠标等日常用品进行窃听、跟踪、定位，且不易被察觉。(3) 集合前两类功能的窃听、窃照器材。此类器材通过远程电话遥控或者声控自主设定，可以随时启动拍照、录音、录像、窃听、定位等功能，并可以将照片、定位信息即时无线传输给监控人。

窃听、窃照器材的非法生产和使用，不仅对国家信息安全、社会秩序稳定和公民隐私保护构成严重威胁，还滋生和助长了非法调查、

---

① 已于 2014 年 11 月 1 日被反间谍法废止。

非法讨债、敲诈勒索、绑架等下游犯罪行为。从实践来看，一些利用窃听、窃照器材实施的犯罪案件手段残忍，社会影响恶劣，如有的地方发生了利用窃听、窃照器材实施敲诈勒索进而引发杀人的严重刑事案件。因此，亟需依法对非法生产、销售、使用窃听、窃照器材的行为予以打击。

然而，从实践来看，对于非法生产、销售、使用窃听、窃照器材行为的处理存在法律适用难题，亟需通过立法修改的方式加以解决。如前所述，刑法第二百八十三条只规定了非法生产、销售专用间谍器材罪。对于非法生产、销售窃听、窃照器材的行为，只有器材被认定为专用间谍器材的，才能以非法生产、销售间谍专用器材罪追究刑事责任。根据国家安全法实施细则的规定，专用间谍器材的确认由国家安全部负责。而国家安全部对专用间谍器材的认定又有严格的要求，普通案件的涉案器材一般不予检验鉴定。实践中，公安机关一般是请国家安全机关进行确认。但往往因为案件不涉及间谍犯罪，国家安全机关进行确认需要专报专批，办案机关需不断与国家安全机关进行沟通，极大地影响了办案效率。而且，对于生产、销售未被认定为专用间谍器材的窃听、窃照器材行为的定性，一方面，囿于法律的明确规定，无法将其扩张解释为“专用间谍器材”；另一方面，如果直接通过司法解释规定适用非法生产、销售间谍专用器材罪以外的其他罪名，如非法经营罪，可能导致非法生产、销售被认定为专用间谍器材的窃听、窃照器材最高只能处三年有期徒刑，而非法生产、销售其他窃听、窃照器材最高可能处十五年有期徒刑的不合理现象。因此，较为妥当的是，通过立法解释扩大刑法第二百八十三条“窃听、窃照等专用间谍器材”的范围，或者对该规定作出修改，从而在刑法中明确非法生产、销售窃听、窃照专用器材的定性。

针对上述情况，有关部门向立法机关建议，增加非法生产、销售窃听、窃照等专用器材的犯罪，以有效遏制窃听、窃照器材违法犯罪活动的泛滥趋势。需要注意的是，与国家安全法中“窃听、窃照等专用间谍器材”的表述有所不同，2014 年 11 月 1 日起施行的反间谍法使用了“专用间谍器材”的表述，第二十五条规定：“任何个人和组织都不得非法持有、使用间谍活动特殊需要的专用间谍器材。专用间谍器材由国务院国家安全主管部门依照国家有关规定确认。”

经慎重研究，拟将非法生产、销售窃听、窃照等专用器材的行为增设为犯罪。从方案的演变看，本罪在《刑法修正案（九）（草案）》研拟中作过较大的技术调整。最初方案为：在刑法第二百八十四条中增加一款作为第一款：“违反国家规定，生产、销售窃听、窃照专用器材，情节严重的，处二年以下有期徒刑、拘役或者管制。”原第一款作为第二款。研讨过程中，各方对方案本身无不同意见，同时建议增设非法使用间谍专用器材罪。此后，经进一步研究，将方案调整为：将刑法第二百八十三条修改为：“非法生产、销售窃听、窃照等专用器材或者间谍专用器材的，处三年以下有期徒刑、拘役或者管制，并处或者单处罚金。”应该说，新方案与原方案的目的一致，即明确了非法生产、销售窃听、窃照等专用器材的行为定性问题。但从立法技术的角度而言，新方案有三处明显变化：（1）在条文顺序上，新方案对刑法第二百八十三条作了修改，即在现行的非法生产、销售专用间谍器材罪之余将非法生产、销售窃听、窃照专用器材的行为入罪。无论是生产、销售专用间谍器材，还是生产、销售窃听、窃照专用器材，在行为方式上均为“生产”“销售”，故规定在同一法条更为可取。（2）目前，尚无明确禁止生产、销售窃听、窃照专用器材的法律、行政法规等“国家规定”。因此，原方案规定“违反国家规定”，将使得修正案生效后非法生产、销售窃听、窃照专用器材罪的效力仍处于待定状态，即须在相关国家规定施行后方能适用。而新方案将“违反国家规定”修改为“非法”，显然使得对行为违法性的判断标准更为广泛，更好地实现了刑法条文与相关规定的协调。（3）新方案取消了“情节严重”的入罪门槛，并将法定刑从“二年以下有期徒刑、拘役或者管制”提升为“三年以下有期徒刑、拘役或者管制，并处或者单处罚金”，处罚力度无疑更大，体现了对此类行为更为严厉的惩治立场。

《刑法修正案（九）（草案）》第二十二条将刑法第二百八十三条修改为："非法生产、销售专用间谍器材或者窃听、窃照专用器材的，处三年以下有期徒刑、拘役或者管制，并处或者单处罚金；情节严重的，处三年以上七年以下有期徒刑，并处罚金。"可见，《刑法修正案（九）（草案）》对本罪对象的表述作了进一步完善，并针对情节严重的情形增加配置"处三年以上七年以下有期徒刑，并处罚金"。审议过程中，有意见提出，建议与反间谍法第二十五条相协调，将"专用间谍器材"限定为"间谍活动特殊需要的专业间谍器材"，以将用智能手机拍照行为排除在外。也有意见建议删除"窃听、窃照专用器材"，因为窃听、窃照器材过于普遍，入刑并不合适。实际上，如后所述，对于"专用间谍器材""窃听、窃照专用器材"的规定并无不当，司法适用中可以通过准确把握"专用性"，以避免打击面过大的问题。因此，对这一修改方案未再作出调整。在此基础上，《刑法修正案（九）（草案二次审议稿）》第二十三条进一步增加了单位犯罪的规定，即增加一款作为第二款："单位犯前款罪的，对单位判处罚金，并对其直接负责的主管人员和其他直接责任人员，依照前款的规定处罚。"最终，《刑法修正案（九）》第二十四条维持了上述方案，将刑法第二百八十三条修改为非法生产、销售专用间谍器材、窃听、窃照专用器材罪。

二、对修改内容的理解和适用

（一）犯罪客体

非法生产、销售专用间谍器材、窃听、窃照专用器材罪侵犯的客体是专用间谍器材和窃听、窃照专用器材的管理制度。该罪的犯罪对象为专用间谍器材、窃听、窃照专用器材。

（二）犯罪客观方面

非法生产、销售专用间谍器材、窃听、窃照专用器材罪在客观方面表现为非法生产、销售专用间谍器材或者窃听、窃照专用器材的行为。具体而言，非法生产、销售专用间谍器材、窃听、窃照专用器材可以表现为两种形式：（1）无权生产、销售专用间谍器材或者窃听、窃照专用器材的主体，违反有关规定，擅自生产、销售上述器材的行为；（2）具有专用间谍器材或者窃听、窃照专用器材的生产、销售权的主体，违反主管部门的规定和下达的指标，超范围、超生产指标生产或者违反规定进行销售的行为。

（三）犯罪主体

非法生产、销售专用间谍器材、窃听、窃照专用器材罪的主体为一般主体，凡年满16周岁、具有刑事责任能力的自然人均可以构成本罪。单位可以成为本罪的主体。单位犯本罪的，对单位判处罚金，并对其直接负责的主管人员和其他直接责任人员，依照刑法的规定处罚。

（四）犯罪主观方面

非法生产、销售专用间谍器材、窃听、窃照专用器材罪的主观方面表现为故意。

（五）刑事责任

根据修正后刑法第二百八十三条的规定，犯非法生产、销售专用间谍器材、窃听、窃照专用器材罪，处三年以下有期徒刑、拘役或者管制，并处或者单处罚金；情节严重的，处三年以上七年以下有期徒刑，并处罚金。对于“情节严重”，应当结合非法生产、销售专用间谍器材、窃听、窃照专用器材的数量，器材的流向，造成的后果等情节加以综合判断。

三、需要注意的问题

司法适用中，需要注意把握“专用间谍器材”“窃听、窃照专用器材”的认定问题。根据修正后刑法第二百八十三条的规定，非法生产、销售专用间谍器材、窃听、窃照专用器材罪的对象包括“专用间谍器材”和“窃听、窃照专用器材”。而根据刑法第二百八十四条的规定，非法使用窃听、窃照专用器材罪的对象限于“窃听、窃照专用器材”。因此，司法实践中应当通过判断涉案器材的属性，从而选择所应适用的罪名。具体而言，应当注意以下问题：

1. “专用间谍器材”的范围和认定主体。专用间谍器材的认定工作由国家安全部门负责。参照《国家安全法实施细则》的规定，“专用间谍器材”是指进行间谍活动特殊需要的下列器材：（1）暗藏式窃听、窃照器材；（2）突发式收发报机、一次性密码本、密写工具；（3）用于获取情报的电子监听、截收器材；（4）其他专用间谍器材。

2. “窃听、窃照专用器材”的范围和认定主体。对于专用间谍器材以外的窃听、窃照专用器材，由公安机关进行鉴别判断。根据国家工商总局、公安部、国家质检总局《禁止非法生产销售使用窃听窃照专用器材和“伪基站”设备的规定》的规定，“窃听、窃照等专用器材”包括窃听专用器材和窃照专用器材。窃听专用器材是指以伪装或者隐蔽方式使用，具有下列情形之一的器材：（1）具有无线发射、接收语音信号功能的发射、接收器材；（2）微型语音信号拾取或录制设备；（3）能够获取无线通信信息的电子接收器材；（4）利用搭接、感应等方式获取通讯线路信息的器材；（5）利用固体传声、光纤、微波、激光、红外线等技术获取语音信息的器材；（6）可遥控语音接收器件或电子设备中的语音接收功能，获取相关语音信息，且无明显提示的器材（含软件）；（7）其他具有窃听功能的器材。窃照专用器材是指以伪装或者隐蔽方式使用，具有下列情形之一的器材：（1）具有无线发射功能的照相、摄像器材；（2）微型针孔摄像装置以及使用微型针孔式摄像装置的照相、摄像器材；（3）取消正常取景器和回放显示器的微小相机和摄像机；（4）利用搭接、感应等方式获取图像信息的器材；（5）可遥控照相、摄像器件或电子设备中的照相、摄像功能，获取相关图像信息，且无明显提示的器材（含软件）；（6）其他具有窃照功能的器材。

3. “专用间谍器材”“窃听、窃照专用器材”的“专用”性的认定。[①] 把握修正后刑法第二百八十三条、第二百八十四条规定的“专用间谍器材”“窃听、窃照专用器材”，关键在于准确理解“专用”一词的涵义，把握有关器材的专用性。“专用间谍器材”“窃听、窃照专用器材”，是指有关器材只能用于实施间谍活动或者只能用于实施窃听、窃照的用途。上述专用器材应当有别于中性的“窃听、窃照器材”，后者既可以用于违法犯罪目的，又可以用于合法目的。可以类比的是，菜刀既可以用于切菜等合法用途，也可以被不法分子用作杀人、伤害等违法犯罪，但不能将菜刀认定为“杀人、伤害专用工具”。实践中，一些中性的器材也可能被用作违法犯罪的工具，如具有拍照、录音功能的手机也可以被不法分子用于窃听、窃照，甚至用于间谍活动，但手机明显不能被归入“专用间谍器材”“窃听、窃照专用器材”的范畴。因此，在具体认定涉案器材时，应当注意从技术标准和功能设定上将“专用间谍器材”“窃听、窃照专用器材”同中性的“窃听、窃照器材”区分开来，防止刑法适用的泛化。例如，当前市面上销售的儿童安全手表，基于家长监控儿童的安全需要，可以远程接收儿童所处环境的语音信号，且以隐蔽的方式装置在手表内，是具有无线发射、接收语音信号功能的发射、接收器材，且是以伪装或隐蔽方式使用的器材。但根据一般人的认识和立法本意，

---

① 《刑法修正案（九）（草案）》研拟过程中，一些专家认为，非法生产、销售窃听、窃照专用器材的行为不应纳入刑法第二百八十三条中被规定为犯罪。如有意见认为，“窃听、窃照”很难界定。现在手机都有窃听、窃照功能，但生产、销售手机的行业门槛很低。不应将非法生产、销售窃听、窃照专用器材的行为都纳入该条规定的犯罪。也有意见提出，反间谍法用的还是“专用间谍器材”的表述，而且原来国家安全法的实施细则里对专用间谍器材也有明确规定。《刑法修正案（九）（草案）》等于把专用间谍器材和一般民用性质的窃听、窃照专用器材放在同一个层面上加以规范，恐怕有所不妥，应取消后面的“或者窃听、窃照专用器材”，因为窃听、窃照专用器材，既能用于干好事，也能用于干坏事。用窃听、窃照的器材去获得一些信息进而实施敲诈勒索等行为的，完全可以其他罪名处理。该条的规定扩大了打击面，需要慎重。简言之，上述意见的关注点实际还是集中在“窃听、窃照专用器材”的“专用性”把握上，如能对“专用性”妥当把握，则上述意见所担心的打击面过大的问题完全可以避免。

不能将此类器材认定为“窃听专用器材”。

4.“专用间谍器材”与“窃听、窃照专用器材”之间的关系把握。修正后刑法第二百八十三条使用了“专用间谍器材”“窃听、窃照专用器材”两个术语，但不宜认定二者之间是绝对排斥的关系，否则会导致刑法第二百八十四条规定的非法使用窃听、窃照专用器材罪只能适用于非法使用窃听、窃照专用器材的行为，而对非法使用专用间谍器材的行为却无法适用，而后者的社会危害性明显更大。[①] 为有效防范上述不合理现象，宜认为“专用间谍器材”与“窃听、窃照专用器材”之间存在部分交叉关系，即“窃听、窃照专用器材”包含“专用间谍器材”中具有窃听、窃照功能的器材在内。修正后的刑法第二百八十三条为了突出非法生产、销售专用间谍器材的刑事违法性，专门作了上述区分。而对于刑法第二百八十四条规定的非法使用窃听、窃照专用器材罪的适用，应当认为对于非法使用具有窃听、窃照功能的专用间谍器材，造成严重后果的，当然可以适用非法使用窃听、窃照专用器材罪追究刑事责任。

【条文二十五】〔增加组织考试作弊、为组织考试作弊提供帮助，为考试作弊提供试题、答案以及代替他人或者让他人代替自己考试的犯罪〕

二十五、在刑法第二百八十四条后增加一条，作为第二百八十四条之一：“在法律规定的国家考试中，组织作弊的，处三年以下有期徒刑或者拘役，并处或者单处罚金；情节严重的，处三年以上七年以下有期徒刑，并处罚金。

① 如前所述，在《刑法修正案（九）（草案）》研拟过程中，有部门即提出增设非法使用专用间谍器材罪。由于各种原因，《刑法修正案（九）》并未采纳上述建议。在立法未在刑法第二百八十四条将非法使用专用间谍器材的行为增设为犯罪的情况下，对刑法第二百八十四条规定的“窃听、窃照专用器材”的范围作出符合司法实践需要的解释，是唯一可行的办法。

“为他人实施前款犯罪提供作弊器材或者其他帮助的，依照前款的规定处罚。

“为实施考试作弊行为，向他人非法出售或者提供第一款规定的考试的试题、答案的，依照第一款的规定处罚。

“代替他人或者让他人代替自己参加第一款规定的考试的，处拘役或者管制，并处或者单处罚金。”

【条文主旨】

针对考试作弊严重影响公平公正的正常考试秩序，破坏社会诚信体系的实际情况，《刑法修正案（九）》将在法律规定的国家考试中，组织作弊的，为他人提供作弊器材或者其他帮助的，向他人非法出售或者提供试题、答案的，以及代替他人或者让他人代替自己参加考试等破坏考试秩序的行为规定为犯罪。

【理解与适用】

一、修改的背景、内容及意义

（一）考试作弊的形势与特点

考试作弊在我国古已有之。自隋文帝创立科举制度至清末、民国时期，考试作弊现象一直存在，从窃取试题、夹带抄袭到考场传递信息、篡改成绩，各种作弊手法层出不穷。自上世纪90年代后期以来，随着国家人才选拔机制的改变和社会风气的变化[①]，教育考试领域作

① 近年来，社会诚信的道德底线遭到突破，一些考生不以参与“助考”为耻，反以通过作弊方式取得好成绩为荣，且一些考生的家长和亲友也参与“助考”活动。而“助考”活动的目的就是为了追逐经济利益，其从业人员大多受过高等教育，不少人在大学期间从高科技作弊活动中获益，进而走上“助考”道路。

弊现象滋生蔓延，各种“助考”违法犯罪活动多发。在2010年至2011年期间，“助考”犯罪活动达到高峰，甚至一度出现了“逢考必作弊”的局面。无论是普通高考、研究生入学考试等升学考试，还是司法考试、会计师考试等资格考试，甚至是公务员考试，均出现了运用科技手段作弊的现象。仅2013年，全国披露的利用信息技术手段实施的考试作弊事件就有多起。例如，2013年1月2日，吉林省公安厅网安总队一举抓获9名省内涉嫌非法获取国家考试秘密未遂案涉案人员，现场抓获报名参与考试作弊、购买无线考试作弊器材以及接受考试作弊咨询的考生26名，并查获了一批无线考试作弊器材等涉案物品；1月7日，甘肃省招办、甘肃省公安厅称，在研究生考试西北师大考点，共破获三起利用无线信号进行考试作弊的案件，涉及人员6人，涉案设备20多台（套）；6月，高考最后一科考试结束后，湖北钟祥三中艺术体育考点发生围堵事件，起因是收缴了一些通讯工具和作弊仪器，引起部分考生的不满。①

近年来考试作弊违法犯罪活动有一个突出特点，就是运用无线电等信息技术在考试中作弊的现象日益突出。据介绍，利用无线电设备实施考试作弊活动最早出现于2002年。为应对考试过程中采取的作弊防范技术措施，各类考试作弊器材不断升级换代：（1）利用现代通讯器材作弊。随着“汉显”BP机和GSM手机的普及，在英语四、六级考试中，出现了通过寻呼台向BP机传输答案或者通过手机直接传输答案的现象。随之，考试主管部门出台规定，禁止将BP机和手机带入考场。（2）第一代无线考试作弊器材。受利益驱动，有人开始研究利用无线通信设备作弊，从而催生了第一代无线考试作弊器材。第一代考试作弊器材主要包括语音信号发射机和语音信号接收机两种。发射机为日本、美国或者香港生产的通用手台或者专用对讲机，接收机为通用手台或者特殊设计的小型、微型语音接收机。第一

① 参见《新华调查：考试作弊，成了打不死的“小强”?!》，载 http：//education.news.cn/2014-01/13/c_118950020.htm，访问时间：2015年8月5日。

代无线考试作弊器材的工作频率约为150MHz，与当年的公安警用频率相重合，具有多个可选的频道。此类器材的体积较大，功能单一，隐蔽性较差。（3）第二代无线考试作弊器材。第二代无线考试作弊器材为低速无线数传设备，包括数传发射机和数传接收机，其中发射机主要从国外进口，接收机由国内企业设计生产。2005年之后，国内市场上无线数传设备日渐普及，该设备可以用来直接传递文字答案，“隐蔽又安全”，成为广受作弊考生青睐的工具。需要特别提及的是，2005年之前的作弊形式基本为“考前”作弊，即作弊答案绝大多数来自于内部人员。而从2005年开始，“考中”作弊形式产生，有人开始通过带有照相功能的手机在考场中偷拍试卷并以彩信方式向考场外发送，甚至有人组织“枪手”，利用小型数码相机偷拍试卷并通过无线数传设备发送给考场外的“助考”团伙成员。随着“考中”作弊的形成，社会上出现了“助考”的固定称谓。“考中”作弊降低了窃取试题和答案的门槛，促使大规模考试作弊活动蔓延，“助考”行业基本形成。[①]（4）第三代无线考试作弊器材。2006年至2010年期间，数码照相机和无线数传技术快速发展，密拍数传设备趋于成熟，相继出现了小型化的数码相机（纽扣式）和专用图像数传发射机，发射天线经过伪装后可制成内衣、头饰等多种形态。语音和文字数传发射机的功率不断提高，最高功率可达20W，传输距离接近1公里。而且，这期间无线考试作弊器材的工作频率得到较大扩展，覆盖范围从100MHz到2GHz，除大量采用航空、铁路等专用频率外，还部分占用了军用和警用频率，对航空、铁路和军事通讯造成了一定的干扰。（5）第四代无线考试作弊器材。第四代无线考试作弊器材呈现出密拍设备隐蔽化（出现纽扣式、眼镜式和手表式密拍设备，发射天线通常采用背心、文胸、短裤、腰带、发卡、眼镜等形式）、发

① 从实践来看，在这一时期，艺术类、体育类和医学类考试参与“助考“活动的人数逐年增加；大学英语四、六级考试、成人高考、高等教育自学考试和同等学力研究生考试成为“助考”行业的主攻目标；“助考”犯罪活动开始向资格考试、水平考试以及地方考试、企业招聘考试等领域蔓延。

射机大功率化（最大发射功率达到150W，在城市中心区的有效工作距离超过2.5公里，可在远离考点的地方进行发射，降低了被国家无线电管委会侦测设备测向定位的风险）和接收机伪装形式多样化（答案接收机分为语音接收机和数据接收机两大类，前者包括米粒耳机、牙套接收机、牙齿接收机和颅骨接收机，后者伪装成橡皮、签字笔、尺子、眼镜、手表、发卡、皮带扣、钱包等，可以有效逃避安检设备和监考人员的检查）等特点。2011年之后，无线考试作弊器材开始采用扩频和跳频等战场单兵通讯技术，基本规避了现有各种类型考试无线信号屏蔽设备的压制，甚至可以在大功率宽频段无线电压制的环境下稳定地传送信息，保证了作弊答案的顺利接收。（6）第五代无线考试作弊器材。2003年，多个省份的公安机关相继发现可直接向考场外传送实时图像的无线数码录像设备，可对试卷进行快速秘密拍摄，考场外“助考”团伙成员可以通过计算机截屏的方式直接获取试题照片。而答案发射机实现了“云发射”（目前已发展到第六代，被称为“云六”发射机），即在发射机中内置手机无线接收模块，远程接收以手机短信或者微信等方式传来的答案信息，再通过发射机发送进考场。“云发射”设备彻底实现了答案传输过程的人机分离。有的还采用多点发射作弊答案的方法，由多台发射机轮流发送答案，发送结束后远程关机，使得国家无线电管委员的无线信号侦测车无法定位“云发射机”的所在位置。2014年以来，无线数码速传技术出现，可以通过多个信道同时传递答案，将无线信号发送时间压缩至10～20秒，实现了“绝对安全”。

此外，从实践来看，考试作弊现象已经迅速蔓延发展，并呈现出高度的团伙化和产业化，从过去的“单打独斗”转变为考生、中介商、作弊答案和器材提供者组成的完整产业链。如果说十年前的考试作弊主要是携带资料、抄写答案，那么，当前的考试作弊已经彻底实现了升级换代，形成了招揽客源、购买设备、组织答题、选取传送点、传送答案等“一条龙服务”。而在此过程中，“作弊无线耳机”

“考试作弊器”等考试作弊器材发挥了关键作用。[①] 一般而言，“助考”犯罪活动主要由四个阶段组成：（1）买卖预订阶段，即通过互联网向全国各地的“助考”团伙、考生兜售试题、答案，收取订金并提供登陆密码。（2）窃取试题阶段，即在考试前通过内部人员协助窃取试题，[②] 或者在考试期间派人进入考场非法拍题。（3）获取答案阶段，即利用长期形成或者临时组建的答题“枪手”班子集中答题，“枪手”中不乏博士、硕士和行业专家，有的甚至组织十余人同时作答，在短时间内取得高质量的答案。（4）发送答案阶段，即通过考生亲友、“助考”团伙成员或者发射装置向考场中发送答案。

上述变化情况，可以从《国家教育考试违规处理办法》关于考试作弊行为的修改明显看出。2004 年 5 月 19 日发布的《国家教育考试违规处理办法》第六条对考试作弊行为有明确界定，2012 年 1 月 5 日教育部对《国家教育考试违规处理办法》作了修订，重要原因之一就是“打击利用通讯工具作弊、有组织作弊等行为的需要。目前考试安全面临的形势越来越严峻，尤其是利用高科技手段实施的有组织作弊成为突出问题。为此，需要‘办法’有针对性地在考试作弊的认定与处理上增加相应的规定，以查处和打击此类作弊行为。”[③] 基于此，修订后的《国家教育考试违规处理办法》第六条将原来规定的第四项“在考试过程中使用通讯设备的”修改为“携带具有发送或者接收信息功能的设备的”，从而使得凡有携带此类设备的行为的即构成作弊，以增加对高科技作弊行为的打击力度。同时，对其他

---

① 参见《新华调查：考试作弊，成了打不死的“小强”?!》，载 http：//education. news. cn/2014 -01/13/c_ 118950020. htm，访问时间：2015 年 8 月 5 日。

② 从近年来查处的“助考”案件来看，通过内部人员窃取试题的情况也日渐突出，不少“助考”犯罪团伙通过在考试前买通命题、制卷、运输、保管、分发等环节的内部工作人员窃取试卷。

③ 参见《教育部有关负责人就修订后的〈国家教育考试违规处理办法〉答记者问》，载 http：//education. news. cn/2012 -05/14/c_ 111949573. htm，访问时间：2015 年 8 月 5 日。

考试作弊情形作了相应修改，提高了对考试作弊行为的涵盖性和针对性。[①]

(二) 考试作弊刑法应对的现状

对于当前发生的利用信息技术手段实施的考试作弊行为如何予以刑事规制，存在不同认识，大致形成了无罪说和有罪说两种观点。

1. 无罪说。此种观点认为，现行刑法并未规定考试作弊犯罪，对于利用信息技术手段作弊的行为，无法作为犯罪处理。例如，有论者认为，罪刑法定是现代法治的内核，虽然作弊行为卑鄙，作弊者可耻，但撇开情感因素，我们仍可理直气壮地说作弊者无罪。[②] 司法实践中也有按此处理的案件。例如，2007 年研究生入学考试中，考生使用针孔摄像机将考题传出考场，由场外人员负责做题，再将答案传给使用隐形耳机的考生。西安无线电管理部门根据举报，现场抄获考研“作弊电台”，控制了八名人员。公安机关以无法律依据为由，拒绝受理案件。[③]

2. 有罪说。此种观点认为，虽然现行刑法未设置考试作弊犯罪，但是，对于利用信息技术手段实施考试作弊的行为，可以根据其行为相应触犯的其他刑法罪名“迂回”惩治，这并不违反罪刑法定原则。但是，对于所适用的具体罪名，又存在不同见解：

(1) 构成侵犯国家秘密类犯罪。有论者认为，考试期间的试题

---

① 修订后的《国家教育考试违规处理办法》第六条规定：“考生违背考试公平、公正原则，在考试过程中有下列行为之一的，应当认定为考试作弊：(一) 携带与考试内容相关的材料或者存储有与考试内容相关资料的电子设备参加考试的；(二) 抄袭或者协助他人抄袭试题答案或者与考试内容相关的资料的；(三) 抢夺、窃取他人试卷、答卷或者胁迫他人为自己抄袭提供方便的；(四) 携带具有发送或者接收信息功能的设备的；(五) 由他人冒名代替参加考试的；(六) 故意销毁试卷、答卷或者考试材料的；(七) 在答卷上填写与本人身份不符的姓名、考号等信息的；(八) 传、接物品或者交换试卷、答卷、草稿纸的；(九) 其他以不正当手段获得或者试图获得试题答案、考试成绩的行为。”

② 参见蒋文：《对几起涉考案件的法律观察》，载《保密工作》2009 年第 7 期。

③ 参见李化德：《对西安研考作弊案的法律思考》，载《中国教育报》2007 年 2 月 7 日第 5 版。

属于国家秘密，对于利用信息技术手段将试题传出进而作弊的行为，应当根据具体情形，分别按照故意泄露国家秘密罪、非法获取国家秘密罪惩处。其中，考场内的学生故意将作为国家秘密的试题泄露给考场外不应知道考题的人的，是一种故意泄露国家秘密的行为，构成故意泄露国家秘密罪。监考人员的泄题行为也应按故意泄露国家秘密罪处理。如果考试工作人员按规定不应接触试题的，那么，其接触并泄露试题，也可能构成非法获取国家秘密罪。[①] 而且，司法实践中也有相应判决。例如，被告人张某等在2008年高考前购买笔式接收设备、信息发射设备、无线摄像传输微型机共50套，将设备卖给考生。高考前夕，被告人张某等在考点附近的酒店、民房里设置了作弊点，并安排人员操控发射装置。在2008年6月7日高考首日上午从考场上获取答案的计划失败后，张某便从他人处买来所谓的高考答案。7日下午，考生家长在给考生通过无线电传输答案时，被公安、无线电监测部门发现并被抓获，在考场中用无线耳机接收答案的考生以及被告人张某等也被抓获。张某作弊团伙由于答案错误、地区试卷差异、考场屏蔽、及时侦破等原因，基本未造成危害。山西省太原市迎泽区人民法院一审认为，张某等十名被告的行为均已构成非法获取国家秘密罪，鉴于认罪态度较好给予从轻处罚，分别判处张某等三名被告人有期徒刑一年至二年不等的刑罚，六名被告人缓刑，一名被告人免予刑事处罚。[②]

（2）构成招收学生、公务员徇私舞弊罪。有观点认为，教师在招收公务员、学生考试中帮助学生作弊的，系在招收公务员、学生工作中徇私舞弊，构成招收公务员、学生徇私舞弊罪。司法实践中亦有适用此罪的案件。例如，被告人杨某辉（原电白县水东中学教师、教务处副主任），受聘担任2000年高考考场监考员。2000年7月8

---

① 参见《高考作弊，刑法该如何应对》，载《检察日报》2009年6月13日第3版。

② 参见《山西：高科技高考作弊团伙10人被判刑》，载http：//news. xinhuanet. com/legal/2009－06/02/content_ 11476224. htm，访问时间：2014年2月5日。

日，杨某辉在其监考的第三十二号考场里用剩余的试卷作出答案并复写成四份，亲自或通过监考人员将答案交给数名学生。杨某辉还在高考期间，叫其表弟陈某在家中通过寻呼机向考生传达答案，为考生作弊服务。杨某辉为此非法收受考生或考生家属多人财物共 4400 元。被告人王某某（原电白县第一中学英语教师，2000 年高考监考员）、杨某兴（原电白县第一中学体育教师）密谋，由王某某用手提电话将事先做好的语文、数学科的选择题答案传递到杨某兴的寻呼机上，再由杨某兴夫妇传递到各作弊考生的寻呼机上，为考生作弊提供服务。案发后，被告人投案自首，并退回全部赃款。广东省电白县人民法院作出一审判决，以招收学生徇私舞弊罪判处杨某辉有期徒刑两年，以招收学生徇私舞弊罪分别判处王某某、杨某兴有期徒刑各一年。①

（3）构成窃听、窃照专用器材类犯罪。此种观点认为，对于运用信息技术手段实施的考试作弊行为，根据具体行为可以构成非法生产、销售专用间谍器材罪、非法使用窃听、窃照专用器材罪。例如，有学者指出，大肆销售考试作弊用的窃听、窃照器材的行为的社会危害性很大，严重扰乱了社会秩序，应当给予刑事处罚；而对于仅仅购买作弊器材的学生家长或考生则不应受到刑事处罚，对于使用作弊器材接收考场外所传答案的考生，一般也不宜追究刑事责任。具体而言，接收答案的器材可扩大解释为“窃听专用器材”，从而适用窃听专用器材类犯罪。②

（4）构成聚众扰乱公共场所秩序罪。此种观点认为，考场内外勾结使用信息技术手段作弊违反了国家考试秩序，影响了国家考试的公信力和权威性，极大地损害了广大考生的合法权益。从广义上而言，考试秩序属于治安管理处罚法第二十三条和刑法第二百九十一条

---

① 参见《揭开电白高考作弊案的内幕：作弊的黑色链条》，载 http://www.cnr.cn/news/chief/2001-06-8-6.htm，访问时间：2014 年 2 月 5 日。

② 参见《销售、使用作弊器材可能触犯什么罪名》，载《检察日报》2009 年 6 月 19 日第 3 版。

所规定的“公共场所秩序”，有组织的考试作弊行为侵犯了考试秩序，属于扰乱公共场所秩序的行为，可以按照治安管理处罚法、刑法的有关规定进行处理。①

（三）刑法应对考试作弊的不足

如前所述，当前关于利用信息技术手段实施考试作弊行为的刑法应对存在不同认识。无罪说对罪刑法定原则作了机械理解，无疑有不妥之处。现行刑法未明确规定专门的考试作弊犯罪，但是，这并不意味着对考试作弊的行为不能适用其他罪名予以惩治。但是，有罪说的各种观点虽然实现了对利用信息技术手段作弊行为的惩治，但并非惩治考试作弊行为的完美方案：其一，现有方案只能解决部分考试作弊行为，无法实现对考试作弊行为的全方位覆盖；其二，现有方案无法直接惩治考试作弊行为，只能是对考试作弊行为的“迂回惩治”；其三，现有方案在理论论证上尚有瑕疵，个别问题难以“自圆其说”。具体分析如下：

1. 构成侵犯国家秘密类犯罪说的评析。适用侵犯国家秘密类犯罪惩治利用信息技术手段实施考试作弊的行为，是当前司法实务中的主要做法，在理论界也获得广泛支持。但是，该种观点也存在不足之处，集中表现为对“国家秘密”的认定。适用侵犯国家秘密类犯罪，前提是所涉对象属于“国家秘密”，否则不可能构成侵犯国家秘密类犯罪。2001 年 7 月 9 日，教育部、国家保密局印发的《教育工作中国家秘密及其密级具体范围的规定》第三条对教育工作中国家秘密及其密级的具体范围作了明确规定。据此，国家教育全国统一考试在启用之前的试题（包括副题）、参考答案和评分标准为绝密级事项；国家教育省级统一考试在启用之前的试题（包括副题）、参考答案和评分标准为机密级事项；国家教育地区（市）级统一考试在启用之前的试题（包括副题）、参考答案和评分标准为秘密级事项。对此，

---

① 参见博思：《制裁作弊不能错用手段》，载《保密工作》2009 年第 7 期。

关键是如何把握“启用之前”的具体涵义，这是判断考试试题是否属于“国家秘密”的关键所在。对此存在不同认识：一种意见认为，考试开始试卷开封即为“启用”，之后试卷就不应视为国家秘密。如果作此理解，在考试中发生的窃取试题的行为难以按照侵犯国家秘密类犯罪追究刑事责任。另一种意见认为，国家秘密是在一定时间内，只能被一定范围的人知晓的事项。在考试结束之前，试卷内容始终应由一定范围内的人知晓，应视为国家秘密。为统一认识，2005 年 4 月 6 日教育部《关于对〈教育工作中国家秘密及其密级具体范围的规定〉中“启用之前”一词解释的通知》规定，“启用”一词包括“启封”和启封后“使用完毕”两层涵义。按照此种理解，以各种方式泄露或者获取国家教育考试从命题到考试结束之前的试题、答案的行为，都属于侵害国家秘密的行为。显然，司法实践中相关案件适用了侵害国家秘密类犯罪，在对“国家秘密”的认定上也采用了上述观点。但是，如上对“国家秘密”的认定，却又明显是牵强的。按照通常理解，即一般人的认识而言，“启用”应当理解为考试开始启封试卷之时。[①] 此种解释违背一般人对“国家秘密”的认定，进而追究行为人的刑事责任，存在一定的瑕疵。而且，由于考试允许中途结束考试离场，对于中途离场的考生对他人讲述考题的行为，按照上述认识，不论是否基于不法目的，均应认定为泄露国家秘密的行为，这无疑是不妥当的。因此，考试开始启封试卷后的试题及其答案被认定为“国家秘密”较为牵强，实践中适用侵犯国家秘密类犯罪惩治考试作弊行为的处理方式也显然非“完美方案”。

2. 构成招收公务员、学生徇私舞弊罪说的评析。这一处理方式也存在不足之处：其一，根据刑法第四百一十八条的规定，招收公务员、学生徇私舞弊罪的犯罪主体为国家机关工作人员，对于监考教师

---

① 有论者曾对十余位从事教育工作的同事（均有多年的考试、监考经历）和学生进行调查，所有人对于“启用”的理解均为“考试开始启封试卷之时”，无一人理解为包括“启封”和启封后“使用完毕”两层涵义。参见张磊：《高科技考试作弊行为刑法规制的困境与出路》，载《法学》2010 年第 11 期。

能否认定为国家机关工作人员，不无疑问；其二，即使将监考教师认定为国家机关工作人员，其在监考环节帮助考试作弊的行为，能否认定为构成“招收公务员、学生徇私舞弊罪”，也不无疑义；其三，即使可以认定监考教师帮助考试作弊的行为构成招收公务员、学生徇私舞弊罪，但对实践中多发的监考教师以外的其他作弊案件却无法适用这一罪名，无法予以刑事惩治。

3. 窃听、窃照专用器材类犯罪说的评析。此种观点在适用中也存在不足之处：其一，如适用刑法第二百八十三条规定的非法生产、销售专用间谍器材罪，需要将所涉作弊器材认定为“窃听、窃照等专用间谍器材”。“专用间谍器材”是指进行间谍活动特殊需要的器材，对于作弊器材能否认定为“窃听、窃照等专用间谍器材”，不无疑义。而且，专用间谍器材需要由国家安全部负责确认，对于发生在危害国家安全犯罪以外的案件，协调国家安全部对涉案器材作出确认，操作难度较大。其二，如适用刑法第二百八十四条规定的非法使用窃听、窃照专用器材罪，需要将所涉作弊器材认定为“窃听、窃照专用器材”。对此，在实践中也不无争议。而且，非法使用窃听、窃照专用器材，只有“造成严重后果的”，才构成犯罪。对于严重后果的具体情形，由于尚无统一规定，不同方面也存在不同认识。因此，适用这一罪名在司法实践中也存在不畅的情形。其三，适用专用器材犯罪惩治考试作弊行为，系对考试作弊行为的“迂回打击”，且难以对此种行为所涉的各个环节作出完整的刑法评价。

4. 聚众扰乱公共场所秩序罪说的评析。根据刑法第二百九十一条的规定，聚众扰乱车站、码头、民用航空站、商场、公园、影剧院、展览会、运动场或者其他公共场所秩序，聚众堵塞交通或者破坏交通秩序，抗拒、阻碍国家治安管理工作人员依法执行职务，情节严重的，认定首要分子构成聚众扰乱公共场所秩序罪。对于运用信息技术手段作弊的行为适用这一罪名无疑是不妥当的，最为明显的是，难以将组织考试作弊的行为认定为“聚众”。而且，该罪的成立必须以“抗拒、阻碍国家治安管理工作人员依法执行职务”为前提，且只适用于首要分子，如适用于组织考试作弊的行为，会无法追究绝大多数组织考试作弊行为人的刑事责任。

（四）考试作弊刑法应对的完善

日益蔓延的“助考”犯罪活动，导致社会上形成了“学与不学一个样，学好学坏一个样”的不良氛围，严重影响了公平公正的正常考试秩序，破坏了社会诚信体系，必须予以严厉惩治。应当说，利用信息技术手段实施考试作弊行为，已经不仅仅是一个考试问题，而是日益严重的社会问题。对于此种行为的刑事应对，也引起了社会各方的关注。有关部门在适用相关罪名对组织考试作弊行为“迂回打击”的同时，也建议立法机关能够通过增设专门的考试作弊犯罪彻底解决这一问题。而对组织考试作弊的相关人员，不应再限于行政处罚，刑事追究也应当及时跟进，这已成为了普遍共识。例如，有学者认为，对这种行为的处理，关涉社会公正，必须引起足够的重视，对有关人员除了采用行政处理手段外，刑法也应当有所作为。也有学者提出，我国应借鉴其他国家的一些规定，设立“考试作弊罪”，对在国家有关考试中的严重作弊行为进行严惩。①

根据各方意见，借鉴其他国家的立法例，经慎重研究，《刑法修正案（九）（草案）》拟增设专门的考试作弊犯罪，对在依照国家规定举办的考试中，以提供专用器材、技术手段或者其他方法，组织、帮助他人作弊的人，追究刑事责任，并对组织者从重处罚。研究过程中，有关方面在赞同增加考试作弊犯罪的同时，建议进一步明确其适用范围，以防止打击面过大。其中，有意见建议从三个方面做出限制：(1) 增加规定“以营利为目的”的限制条件；(2) 限制考试的范围；(3) 对于“替考”等其他方法限制在常业的情形。经研究，立法工作机关提出具体方案，即在刑法第二百八十二条之后增加一条，作为第二百八十二条之一：“以牟利为目的，在依照国家规定举

---

① 参见《高考作弊，刑法该如何应对》，载《检察日报》2009年6月13日第3版。

办的考试或者国务院有关主管机关举办的考试中，帮助他人作弊，情节严重的，处三年以下有期徒刑或者拘役，并处罚金；情节特别严重的，处三年以上七年以下有期徒刑，并处罚金。组织他人实施上述行为的，对组织者从重处罚。”“为他人实施前款犯罪提供作弊器材的，依照前款的规定处罚。”对此，有关部门和专家学者赞同。此外，有部门建议进一步调研上述规定的适用范围，以免打击面过大，也有部门建议进一步明确倒卖考题、答案行为的性质。根据上述意见，立法工作机关对方案作了进一步调整，将考试作弊犯罪细化为组织作弊、提供作弊器材或者其他帮助、出售或者提供试题、答案以及替考等形式，即在刑法第二百八十二条之后增加一条，作为第二百八十二条之一：“以牟利为目的，在依照国家规定举办的考试或者国务院有关主管机关举办的考试中，组织考生作弊的，处三年以下有期徒刑或者拘役，并处或者单处罚金；情节严重的，处三年以上七年以下有期徒刑，并处罚金。”“为他人实施前款犯罪提供作弊器材或者其他帮助的，依照前款的规定处罚。”“为实施考试作弊行为，向他人非法出售或者提供第一款规定的考试的试题、答案的，依照第一款的规定处罚。”“以牟利为目的，代替他人参加第一款规定的考试的，处拘役或者管制，并处或者单处罚金。”

在上述方案的基础上，立法工作机关作了进一步调整，如调整该罪在刑法中的位置、删除主观目的、调整考试类型、扩充替考范围等，从而形成了《刑法修正案（九）（草案）》第三十二条，即在刑法第三百零四条后增加一条，作为第三百零四条之一：“在国家规定的考试中，组织考生作弊的，处三年以下有期徒刑或者拘役，并处或者单处罚金；情节严重的，处三年以上七年以下有期徒刑，并处罚金。”“为他人实施前款犯罪提供作弊器材或者其他帮助的，依照前款的规定处罚。”“为实施考试作弊行为，向他人非法出售或者提供第一款规定的考试的试题、答案的，依照第一款的规定处罚。”“代替他人或者让他人代替自己参加第一款规定的考试的，处拘役或者管制，并处或者单处罚金。”审议和征求意见过程中，各方普遍认为增加考试作弊犯罪，对于促进考试公平具有重要意义；但是，也存在需要进一步完善的地方，主要集中于两点：（1）“在国家规定的考试中”表述太宽泛，对范围应予限定。例如，有意见认为，我国考试种类繁多（如升学、就业、入职、培训、结业、学期统考、外语水平认证、驾驶机动车、职业技术资格等），考试的形式和性质不一（如面试、笔试、初试、复试等），而“国家规定的考试”范围并不清楚，为保证刑法规定的明确性和可操作性，建议对“国家规定的考试”范围进一步予以明确，以便于司法机关适用。[①]（2）对于代替他人考试和让他人代替自己参加考试的行为不宜入罪，即使入罪，也应慎重。对于考试作弊犯罪，宜重点打击组织考试作弊的行为人。从实践看，替考者、让他人替考者多为在校大、中学生，给予行政处罚应也能达到教育惩治效果，一律入罪恐会增加社会的对立面，是否适宜需再作权衡；替考情形复杂，如认为确有必要入罪，为避免打击过严、打击面过宽，也为行政处罚留下空间，建议加上“情节严重”或者“情节恶劣”的限制条件，以更好地适应具体案件的不同情况。[②] 对于此种情形的刑罚配置，有意见认为只需配置“拘役或者管制”即可，不需要再“并处或者单处罚金”。此外，也有个别意见建议进一步扩大犯罪圈[③]和提升法定刑配置[④]。

---

① 审议过程中，有意见建议将“在国家规定的考试中”修改为“在国家规定的统一考试中”。

② 审议过程中，有意见提出，这两种行为的规制对象主要是相对比较优秀的人员，不少是在校大学生和未成年人，现在有行政处理手段，可予以开除等处分。在校学生代考，有时是为了帮助同学，有时是为了挣点外快，现在将此种行为入刑，处罚过重。对于上述行为运用刑事手段予以惩治，社会效果值得研究。

③ 例如，有意见建议增加一款：“对非法篡改考试成绩和考试加分环节弄虚作假行为，情节严重的，也应当规定刑事责任。”也有意见建议对考场的管理者、监考者对考试秩序监管不力，未能及时制止考试作弊的行为入罪。还有意见认为，在规定让他人代替自己参加考试的行为应当定罪处罚之余，建议对接受使用作弊的器材、购买考试试题的行为应当入罪处罚。

④ 例如，有意见建议进一步加大组织考试作弊行为的刑事打击力度，针对后果特别严重的组织作弊行为提升法定刑。

经综合各方意见，《刑法修正案（九）（草案二次审议稿）》第二十四条在刑法第二百八十四条后增加一条，作为第二百八十四条之一：“在法律规定的国家考试中，组织作弊的，处三年以下有期徒刑或者拘役，并处或者单处罚金；情节严重的，处三年以上七年以下有期徒刑，并处罚金。”“为他人实施前款犯罪提供作弊器材或者其他帮助的，依照前款的规定处罚。”“为实施考试作弊行为，向他人非法出售或者提供第一款规定的考试的试题、答案的，依照第一款的规定处罚。”“代替他人或者让他人代替自己参加第一款规定的考试的，处拘役或者管制，并处或者单处罚金。”与《刑法修正案（九）（草案）》相比，《刑法修正案（九）（草案二次审议稿）》作了较大幅度的调整：一是调整了条文顺序。虽然均设置在破坏社会管理秩序罪“扰乱公共秩序罪”一节，但考虑到考试作弊犯罪使用的作弊器材与窃听、窃照专用器材、专用间谍器材具有相似性，甚至二者之间有一定的交叉关系，故二次审议稿将考试作弊犯罪设置在刑法第二百八十四条之一，以使得体系更为合理。二是将“在国家规定的考试中”修改为“在法律规定的国家考试中”，以限制入罪范围，即所涉国家考试必须是由法律作出规定。而对于代替他人或者让他人代替自己参加考试的入罪要件，虽然各方提出了修改意见，但由于各种原因，未被采纳。[①] 最终，《刑法修正案（九）》第二十五条维持了上述方案，增设了考试作弊犯罪。

---

① 据全国人大常委会法工委刑法室有关人员的著述，之所以将替考行为入罪处罚，系“考虑到替考行为是比较严重的考试舞弊行为，很多替考的人员本身就是组织考试作弊犯罪团伙指派的，考试的范围也已经严格限定为法律规定的国家考试，因此，从维护社会诚信，惩治失信、背信行为的角度，对代替他人或者让他人代替自己参加考试的，作为犯罪加以规定也是必要和可行的”。参见雷建斌主编：《〈中华人民共和国刑法修正案（九）〉释解与适用》，人民法院出版社2015年版，第273页。

二、对修改内容的理解和适用

(一) 犯罪客体

考试作弊犯罪侵犯的客体为国家公平、公正的考试制度。在法律规定的国家考试中实施作弊，违反考试的公平、公正原则，对于其他考生的合法权益和国家考试制度造成了严重侵害，必须依法予以惩治。

(二) 犯罪客观方面

根据修正后刑法第二百八十四条之一的规定，为了限缩刑事惩治范围，考试作弊犯罪须发生在法律规定的国家考试中。目前，许多领域都存在国家考试，且分属不同部门主管，大致可分为教育类考试、资格类考试、职称类考试、录用任用考试四大类，共计200多种。有的考试是主管部门自己组织，有的是主管部门委托地方甚至是中介机构负责组织。修正后刑法第二百八十四条之一所规定的考试的类型，直接影响到所规定罪名的适用范围。在《刑法修正案（九）（草案)》研拟和审议过程中，曾采用过“依照国家规定举办的考试”“依照国家规定举办的考试或者国务院有关主管机关举办的考试”、“国家规定的考试”等表述，最终的表述为“法律规定的国家考试”。换言之，刑法只惩治在法律规定的国家考试中作弊的行为，对于在其他考试中作弊的行为，不以犯罪论处。对于“法律规定的国家考试”应从以下两个方面加以把握：一是所涉考试必须是法律作出明确规定的。需要注意的是，“法律规定考试”范围要小于“国家规定的考试”。根据刑法第九十六条的规定，国家规定是指全国人民代表大会及其常务委员会制定的法律和决定，国务院制定的行政法规、规定的行政措施、发布的决定和命令。但是，“法律规定考试”只限于全国人民代表大会及其常务委员会制定的法律中规定的考试，不包括其他国家规定中涉及的考试。二是国家考试并不要求是“统一由国家一级组织的考试”。有些法律规定的考试，依照规定不是由国家一级统一组织，而是由地方根据法律规定组织实施，这些考试也属于“法律规定的国家考试”。如根据公务员法的规定，公务员录用考试属于国家考试，既包括国家统一组织的招录中央机关及其直属机构公务员的考试，也包括各省市等地方组织的录用地方各级机关公务员的考试。再如，高考既有全国统一考试，也有各省依照法律规定组织的考试。[①]

除了在法律规定的考试中组织作弊的情形，为他人实施组织作弊提供作弊器材[②]或者其他帮助的情形，也构成组织考试作弊罪。从实践来看，可以表现为多种形式，如使用信息技术手段传递考试答案的行为等。

非法出售、提供试题、答案罪的适用范围不限于为在法律规定的国家考试中组织作弊提供帮助的情形，只要是为实施考试作弊行为向他人非法出售或者提供法律规定的国家考试的试题、答案即可。

代替考试罪的适用范围同样不限于在法律规定的国家考试中组织作弊提供帮助的情形，只要代替他人或者让他人代替自己参加法律规定的国家考试即可构成本罪。

---

① 参见雷建斌主编:《〈中华人民共和国刑法修正案（九）〉释解与适用》，人民法院出版社 2015 年版，第 270 页。

② 在《刑法修正案（九）（草案）》研拟过程中，有意见提出，提供作弊器材或者其他帮助，本质上是组织作弊行为的帮助行为，理论上可以按照组织作弊罪的帮助犯论处。但是，由于当前考试作弊产业链条较长，提供考试作弊器材处于链条的前端，而司法实践中要查处这条链条的所有环节较为困难，可能出现无法查实提供作弊器材者向谁提供作弊器材的情况，从而无法按照组织考试作弊罪的帮助犯论处。而且，实践中也可能出现行为人向多人提供作弊器材，而每个组织作弊者均未达到“情节严重”的程序，从而不构成犯罪的情形，故对提供作弊器材者也无法适用组织考试作弊罪的帮助犯追究刑事责任，而这明显不符合罪责刑相适应原则。基于此类犯罪的特性，《刑法修正案（九）》对提供作弊器材或者其他帮助的行为设置独立的入罪情形，即不按照共同犯罪处理，但适用组织考试作弊罪的刑罚设置，这无疑是妥当的。

（三）犯罪主体

考试作弊犯罪的主体为一般主体，凡年满十六周岁、具有刑事责任能力的自然人均可以构成本罪。

（四）犯罪主观方面

考试作弊犯罪在主观方面表现为故意，且为直接故意。过失不构成本罪。从司法实践来看，多数帮助或者组织他人作弊的行为出于牟利的目的，但这并非考试作弊犯罪的主观构成要件。

（五）刑事责任

根据修正后刑法第二百八十四条之一第一款至第三款的规定，犯组织考试作弊罪和非法出售、提供试题、答案罪的，处三年以下有期徒刑或者拘役，并处或者单处罚金；情节严重的，处三年以上七年以下有期徒刑，并处罚金。对于“情节严重”的具体情形，目前尚无司法解释作相应规定。实践中，对“情节严重”的认定，需要注意以下因素：（1）组织考试作弊的人次。组织少数人次实施考试作弊的行为，较之帮助、组织多人次考试作弊的行为，在社会危害性程度方面有明显差异。对于在同一场考试中组织多人作弊，或者帮助少数人在多场考试中作弊的，原则上可以认定为“情节严重”。（2）行为人帮助、组织他人作弊所涉的具体考试。虽然本罪限定在法律规定的国家考试中，但因所涉具体考试的不同，行为的社会危害性程度自然有所差异。在高考、研究生入学考试等社会影响面大的考试中组织作弊的行为，较之在法律规定的其他国家考试中组织作弊的社会危害性程度明显不同，对于“情节严重”的认定也自然应当有所差异。对于在高考、研究生入学考试、中央国家机关公务员考试等考试中组织作弊的行为，原则上都可以认定为“情节严重”。（3）组织考试作弊的组织形式。如果组织他人作弊已经形成团伙化、甚至集团化操作，行为人分工明确、互相组织协作的，较之一般的组织考试作弊行为危害更大，可以认定为“情节严重”。(4) 组织考试作弊的手段。行为人使用不同的手段实施组织考试作弊行为，对于所涉考试的公平公正的影响也会有所不同。例如，行为人使用信息技术手段、特别是专用的作弊器材作弊的，其行为的社会危害性程度较之一般的组织作弊行为更大，对于大规模实施上述行为的原则上可以认定为“情节严重”。(5) 组织考试作弊行为的后果。帮助、组织他人考试作弊，可能顺利实现作弊，也可能由于现场无线电干扰或者及时侦破案件而未能实现作弊的目的，两种情形的社会危害性程度有所差异，在认定“情节严重”时也应当有所区别。

根据刑法第二百八十四条之一第一款至第三款的规定，犯代替考试罪的，处拘役或者管制，并处或者单处罚金。

【条文二十六、二十七】〔在非法侵入、非法控制计算机信息系统、非法获取计算机信息系统数据等犯罪中增加单位犯罪的规定；增加破坏计算机信息系统罪中单位犯罪的规定〕

二十六、在刑法第二百八十五条中增加一款作为第四款：“单位犯前三款罪的，对单位判处罚金，并对其直接负责的主管人员和其他直接责任人员，依照各该款的规定处罚。”

二十七、在刑法第二百八十六条中增加一款作为第四款：“单位犯前三款罪的，对单位判处罚金，并对其直接负责的主管人员和其他直接责任人员，依照第一款的规定处罚。”

【条文主旨】

《刑法修正案（九）》针对单位实施危害计算机信息系统安全犯

罪的情况，将单位增加规定为非法侵入计算机信息系统罪、非法获取计算机信息系统数据、非法控制计算机信息系统罪、提供侵入、非法控制计算机信息系统程序、工具罪、破坏计算机信息系统罪的主体。

【理解与适用】

随着计算机信息技术和互联网业的快速发展，计算机信息系统在现代社会中发挥着越来越重要的作用，大量的经济活动、社会交往和日常生活都依赖于计算机信息系统的正常运行。计算机信息系统的普及在极大地方便了人民群众的工作生活的同时，其自身的安全问题也日益突出。为保护计算机信息系统的安全，1997 年刑法对危害计算机信息系统安全的犯罪作了规定：第二百八十五条对非法侵入国家事务、国防建设、尖端科学技术领域的计算机信息系统的行为作了规定；第二百八十六条对破坏计算机信息系统功能，破坏计算机信息系统中的数据和应用程序，制作、传播计算机病毒等破坏性程序的行为作了规定。针对维护计算机信息系统安全方面出现的新情况，《刑法修正案（七)》对 1997 年刑法关于危害计算机信息系统安全的犯罪作了补充：在刑法第二百八十五条增加第二款，对违反国家规定，侵入第一款规定的计算机信息系统以外的计算机信息系统或者采用其他技术手段，获取该计算机信息系统中存储、处理或者传输的数据，或者对该计算机信息系统实施非法控制的行为作了规定；在刑法第二百八十五条增加第三款，对提供专门用于侵入、非法控制计算机信息系统的程序、工具，或者明知他人实施侵入、非法控制计算机信息系统的违法犯罪行为而为其提供程序、工具的行为作了规定。这些规定对保护计算机信息系统安全、打击计算机网络犯罪发挥了重要作用。

刑法第二百八十五条、第二百八十六条规定的危害计算机信息系统安全犯罪系自然人犯罪。由于危害计算机信息系统安全活动的实施有一定的技术、资金要求，实践中此类案件不少是一些网络公司、增值服务公司所为。这些公司并非为了进行违法犯罪活动而设立，设立后也不是以实施犯罪为主要活动，故无法按照自然人犯罪对其追究刑事责任。在此背景下，如对以单位名义或者形式实施的危害计算机信息系统安全犯罪不作出明确规定，司法机关对此种行为将难以追究刑事责任，必然会导致不少严重危害计算机信息系统安全的行为无法得到有效惩治。而追究直接负责的主管人员和其他直接责任人员的刑事责任，符合刑法的规定，也是当前打击犯罪、维护社会秩序的需要。为此，《最高人民法院、最高人民检察院关于办理危害计算机信息系统安全刑事案件应用法律若干问题的解释》（法释〔2011〕19号，以下简称《解释》）第八条规定："以单位名义或者单位形式实施危害计算机信息系统安全犯罪，达到本解释规定的定罪量刑标准的，应当依照刑法第二百八十五条、第二百八十六条的规定追究直接负责的主管人员和其他直接责任人员的刑事责任。"

《解释》施行以来，对于以单位名义或者形式实施的危害计算机信息系统安全犯罪，得以顺利移送起诉、依法审判。根据《解释》的规定，虽然能够对直接负责的主管人员和其他直接责任人员予以惩治，但无法对实施犯罪行为的单位判处罚金，难以充分实现对此类犯罪的有效惩治和震慑。[①] 因此，从立法完善是角度而言，对于刑法第二百八十五条、第二百八十六条规定的危害计算机信息系统安全犯罪，有必要增设单位为犯罪主体，以更为有效地惩治单位实施危害计算机信息系统安全犯罪的行为。基于此，《刑法修正案（九）（草案)》拟将单位增列为危害计算机信息系统安全犯罪的主体。研拟和审议过程中，对于这一方案均无异议。最终，《刑法修正案（九)》第二十六条在刑法第二百八十五条中增加一款作为第四款："单位犯前三款罪的，对单位判处罚金，并对其直接负责的主管人员和其他直接责任人员，依照各该款的规定处罚。"第二十七条在刑法第二百八

---

① 即使在2014年4月24日《全国人民代表大会常务委员会关于〈中华人民共和国刑法〉第三十条的解释》施行后，对于单位实施危害计算机信息系统安全犯罪的，仍然无法追究单位的刑事责任。

十六条中增加一款作为第四款:"单位犯前三款罪的,对单位判处罚金,并对其直接负责的主管人员和其他直接责任人员,依照第一款的规定处罚。"

【条文二十八】〔增加网络服务提供者不履行信息网络安全管理义务的犯罪〕

二十八、在刑法第二百八十六条后增加一条,作为第二百八十六条之一:"网络服务提供者不履行法律、行政法规规定的信息网络安全管理义务,经监管部门责令采取改正措施而拒不改正,有下列情形之一的,处三年以下有期徒刑、拘役或者管制,并处或者单处罚金:

"(一)致使违法信息大量传播的;

"(二)致使用户信息泄露,造成严重后果的;

"(三)致使刑事案件证据灭失,情节严重的;

"(四)有其他严重情节的。

"单位犯前款罪的,对单位判处罚金,并对其直接负责的主管人员和其他直接责任人员,依照前款的规定处罚。

"有前两款行为,同时构成其他犯罪的,依照处罚较重的规定定罪处罚。"

【条文主旨】

为强化网络服务提供者的信息网络安全管理义务,《刑法修正案(九)》将网络服务提供者不履行法律、行政法规规定的信息网络安全管理义务,经监管部门责令采取改正措施而拒不改正,情节严重的行为规定为犯罪。

【理解与适用】

一、修改的背景、内容和意义

互联网已不仅仅是一个媒体或者信息交换平台，而是已经形成一个“社会”，现实社会的角色基本在互联网上都会有。网络安全是互联网一切活动的基础和前提，离开网络安全，则互联网上的一切行为将失控，互联网会成为违法犯罪的工具。当前，“网络安全问题也日益凸显。一是，网络入侵、网络攻击等非法活动，严重威胁着电信、能源、交通、金融以及国防军事、行政管理等重要领域的信息基础设施的安全，云计算、大数据、物联网等新技术、新应用面临着更为复杂的网络安全环境。二是，非法获取、泄露甚至倒卖公民个人信息，侮辱诽谤他人、侵犯知识产权等违法活动在网络上时有发生，严重损害公民、法人和其他组织的合法权益。三是，宣扬恐怖主义、极端主义，煽动颠覆国家政权、推翻社会主义制度，以及淫秽色情等违法信息，借助网络传播、扩散，严重危害国家安全和社会公共利益。网络安全已成为关系国家安全和发展，关系人民群众切身利益的重大问题。”①

互联网有关各方在享有权利的同时，都应当承担维护网络安全的相应义务。《全国人民代表大会常务委员会关于维护互联网安全的决定》规定：“从事互联网业务的单位要依法开展活动，发现互联网上出现违法犯罪行为和有害信息时，要采取措施，停止传输有害信息，并及时向有关机关报告。”正在制定中的网络安全法也拟规定各类网络主体的合法权利和应当承担的网络安全义务。

---

① 参见《关于〈中华人民共和国网络安全法（草案）〉的说明》，载中国人大网，http：//www. npc. gov. cn/npc/lfzt/rlyw/2015 -07/08/content_ 1941286. htm，最后访问时间：2015 年 8 月 29 日。

《刑法修正案（九）（草案）》研拟过程中，有关部门提出，网络服务提供者不履行法律、行政法规规定的信息网络安全管理义务的行为，目前只有行政责任的追究；对于情节严重，特别是造成严重后果的，应当追究刑事责任。例如，当前网络犯罪“高发低破”，网络服务提供者未能切实履行网络安全义务是其中的重要原因。如在发现和有效制止黑客攻击行为后，由于网络服务提供者未能有效留存登陆日志等原因，无法追查到行为人的，则无法有效惩治和预防此类行为。这严重影响追查危害互联网安全的行为，对于网络安全形成重大隐患，对于情节严重的应当入刑。唯有如此，才能从当前被动应付危害网络安全违法犯罪行为的局面，转向主动防范危害互联网安全违法犯罪行为的局面，网络安全才能真正落到实处，互联网才能真正健康发展。经研究，采纳上述建议，拟在在刑法第二百八十六条之后增加一条，作为第二百八十六条之一：“网络服务提供者不履行法律、行政法规规定的信息网络安全管理义务，经监管部门通知采取改正措施而拒绝执行，造成严重后果的，处三年以下有期徒刑、拘役或者管制，并处或者单处罚金。”“单位犯前款罪的，对单位判处罚金，并对其直接负责的主管人员和其他直接责任人员依照前款规定处罚。”经研究，多数赞同上述方案，并建议通过列举的方式进一步明确“信息网络安全管理义务”的内涵。

《刑法修正案（九）（草案）》第二十五条在刑法第二百八十六条后增加一条，作为第二百八十六条之一：“网络服务提供者不履行法律、行政法规规定的信息网络安全管理义务，经监管部门通知采取改正措施而拒绝执行，有下列情形之一的，处三年以下有期徒刑、拘役或者管制，并处或者单处罚金：（一）致使违法信息大量传播的；（二）致使用户信息泄露，造成严重后果的；（三）致使刑事犯罪证据灭失，严重妨害司法机关依法追究犯罪的；（四）有其他严重情节的。”“单位犯前款罪的，对单位判处罚金，并对其直接负责的主管人员和其他直接责任人员，依照前款的规定处罚。”审议过程中，主要有两方面的意见：一是建议完善有关表述，如建议将“经监管部门通知采取改正措施而拒绝执行”修改为“经监管部门通知采取改正措施而未及时改正”，建议将“网络安全管理义务”修改为“网络安全管理责任”；二是建议扩大入罪范围，如有意见认为，现实当中这四种情况不能囊括网络社会当中的情况，建议增加规定“在网络上对侮辱、诽谤、威胁他人，侵害当事人人身利益的信息，不及时删除造成不良影响的”规定。根据上述意见，《刑法修正案（九）（草案二次审议稿）》第二十七条主要作了两处调整：（1）调整了有关表述。如将“经监管部门通知采取改正措施而拒绝执行”调整为“经监管部门责令采取改正措施而仍不改正”，将“致使刑事犯罪证据灭失，严重妨害司法机关依法追究犯罪的”[①] 调整为“致使刑事案件证据灭失，情节严重的”；（2）增加了犯罪竞合处断原则，规定“有前两款行为，同时又构成其他犯罪的，依照处罚较重的规定定罪处罚”。此后，《刑法修正案（九）（草案三次审议稿）》对表述作了微调，将第三款中“同时又构成其他犯罪”调整为“同时构成其他犯罪”。根据有关方面的意见，《刑法修正案（九）》第二十八条在草案三次审议稿的基础上，将“经监管部门责令采取改正措施而仍不改正”调整为“经监管部门责令采取改正措施而拒不改正”，最终增设了拒不履行信息网络安全管理义务罪。

二、对修改内容的理解和适用

（一）犯罪客体

拒不履行信息网络安全管理义务罪侵犯的客体是正常的信息网络管理秩序。网络服务提供者不履行法律、行政法规规定的信息网络安全管理义务，会导致发生危害网络安全的事件，进而危害网络参与者的权益，必须加以规制。

---

① 这一规定本身存在瑕疵：如果致使刑事犯罪证据灭失，则相关刑事犯罪就不能成立，无所谓“严重妨害司法机关依法追究犯罪”。故而，调整后的表述在逻辑上更为周延。

（二）犯罪客观方面

拒不履行信息网络安全管理义务罪的客观方面表现为不履行法律、行政法规规定的信息网络安全管理义务，经监管部门责令采取改正措施而仍不改正，情节严重的行为。具体而言，包括三方面的要件：其一，不履行法律、行政法规规定的信息网络安全管理义务，即法律、行政法规对特定的信息网络安全管理义务有明确规定，但网络服务提供者未履行。其二，经监管部门责令采取改正措施而拒不改正。这是构成本罪的必经程序，对于监管部门未责令告知的不履行网络安全管理义务的情形，即使情节严重的，也不宜追究刑事责任。其三，情节严重。并非所有不履行法律、行政法规规定的信息网络安全管理义务，经监管部门责令采取改正措施而拒不改正的行为都构成犯罪，刑法只惩治其中情节严重的情形。具体而言，“情节严重”包括如下情形：（1）致使违法信息大量传播的；（2）致使用户信息泄露，造成严重后果的；（3）致使刑事案件证据灭失，情节严重的；（4）有其他严重情节的。

（三）犯罪主体

拒不履行信息网络安全管理义务罪的主体为一般主体，凡年满十六周岁、具有刑事责任能力的自然人均可以构成本罪。单位也可以构成本罪的主体，单位犯本罪的，对单位判处罚金，并对其直接负责的主管人员和其他直接责任人员定罪处罚。

（四）犯罪主观方面

拒不履行信息网络安全管理义务罪的主观方面表现为故意，过失不构成犯罪。

（五）刑事责任

根据修正后刑法第二百八十六条之一的规定，犯拒不履行信息网络安全管理义务罪，处三年以下有期徒刑、拘役或者管制，并处或者单处罚金。

根据修正后刑法第二百八十六条之一第三款的规定，犯拒不履行信息网络安全管理义务罪，同时又构成其他犯罪的，依照处罚较重的规定定罪处罚。

【条文二十九】〔增加为实施违法犯罪利用信息网络设立网站、通讯群组、发布信息的犯罪；增加明知他人利用信息网络实施犯罪，为其技术支持、广告推广、支付结算等提供帮助的犯罪〕

二十九、在刑法第二百八十七条后增加二条，作为第二百八十七条之一、第二百八十七条之二：

“第二百八十七条之一　利用信息网络实施下列行为之一，情节严重的，处三年以下有期徒刑或者拘役，并处或者单处罚金：

“（一）设立用于实施诈骗、传授犯罪方法、制作或者销售违禁物品、管制物品等违法犯罪活动的网站、通讯群组的；

“（二）发布有关制作或者销售毒品、枪支、淫秽物品等违禁物品、管制物品或者其他违法犯罪信息的；

“（三）为实施诈骗等违法犯罪活动发布信息的。

“单位犯前款罪的，对单位判处罚金，并对其直接负责的主管人员和其他直接责任人员，依照第一款的规定处罚。

“有前两款行为，同时构成其他犯罪的，依照处罚较重的规定定罪处罚。

“第二百八十七条之二　明知他人利用信息网络实施犯

罪，为其犯罪提供互联网接入、服务器托管、网络存储、通讯传输等技术支持，或者提供广告推广、支付结算等帮助，情节严重的，处三年以下有期徒刑或者拘役，并处或者单处罚金。

"单位犯前款罪的，对单位判处罚金，并对其直接负责的主管人员和其他直接责任人员，依照第一款的规定处罚。

"有前两款行为，同时构成其他犯罪的，依照处罚较重的规定定罪处罚。"

【条文主旨】

《刑法修正案（九）》针对为实施诈骗、销售违禁品、管制物品等违法犯罪活动而设立网站、通讯群组、发布信息的行为独立入罪，实现网络犯罪预备行为实行化；针对明知他人利用信息网络实施犯罪，为其犯罪提供互联网接入、服务器托管、网络存储、通讯传输等技术支持，或者提供广告推广、支付结算等帮助的行为独立入罪，实现网络犯罪帮助行为正犯化。

【理解与适用】

一、修改的背景、内容和意义

（一）网络犯罪的"推陈出新"与刑法的修改完善

作为二十世纪最伟大的发明之一，信息技术的飞速发展深刻影响了社会运作模式和人们的生活方式。信息、物质、能源成为当今社会的三大基础元素，计算机、互联网组成的网络虚拟社会已经形成。近年来，我国互联网迅速发展，特别是移动互联网发展势头迅猛。据工业和信息化部发布的数据，截止2015年3月，我国移动电话用户规模将近13亿，移动互联网用户规模近9亿。[①] 可以说，我国已经全面迈入移动互联网时代，移动智能终端快速普及，移动互联网用户持续增长，移动互联网服务创新活跃。而且，随着4G牌照的发放，2014年我国进入了4G元年。4G时代意味着移动互联网更多丰富多彩的应用，语音、数据等将更加高速迅捷，互联网与传统产业将进一步渗透融合，推动传统产业转型升级。

信息技术是一把双刃剑。随着信息技术的飞速发展，信息技术的安全隐患和威胁也逐渐显现，利用计算机网络实施的各类犯罪迅速蔓延，社会危害严重。特别是，随着移动互联网的迅猛发展，利用移动互联网实施的网络犯罪进一步凸显，而随着云计算及大数据等技术的发展，对网络犯罪的侦查和证据固定难度也进一步增加。与传统的刑事犯罪比较，网络犯罪具有主体的智能性、行为的隐蔽性、手段的多样性、犯罪的连续性、传播的广泛性、犯罪成本低、后果难以控制和预测等突出特点。特别是，随着信息技术的发展，网络犯罪发展迅速，不断推陈出新。例如，移动互联网应用丰富多彩，相关犯罪手段也多样化，包括诈骗短信、木马病毒、移动伪基站、虚假二维码等，层出不穷。

网络犯罪问题是当前世界各国共同面临的问题。目前，各国也积极加强网络安全能力建设，围绕互联网的发展和管理需求，不断强化其制度、人才、技术、组织等各方面的能力建设，塑造安全、可靠、可持续发展的网络生态环境体系。党的十八届三中全会提出："坚持积极利用、科学发展、依法管理、确保安全的方针，加大依法管理网络力度，加快完善互联网管理领导体制，确保国家网络和信息安全。"应对日益增长的网络犯罪，刑法应当适时更新，不断完善相关规定，以形成对网络犯罪打击的高压态势，是必然选择。基于此，

---

① 参见《2015年前3月我国移动互联网用户总规模超8.99亿》，载http://www.chinabgao.com/stat/stats/41629.html，最后访问时间：2015年8月5日。

《刑法修正案（九）》突出了对网络犯罪的关注，多个条文涉及网络犯罪，其中最为明显的就是第二十九条对网络预备行为实行化的规定和对网络帮助行为正犯化的规定。这些规定对于加大对信息网络保护，促进互联网的健康发展，维护广大人民群众的合法权益，必将发挥重要作用。

（二）网络犯罪的“打早打小”与预备行为独立入罪

当前，网络犯罪迅速蔓延，危害严重。近年来，传统诈骗与现代信息技术相结合而产生的电信诈骗愈演愈烈。所谓电信诈骗，是指行为人通过手机短信、电话和网络等通信手段，编造虚假信息，设置骗局，对被骗人实施非接触式诈骗，非法获取他人财物的行为。电信诈骗日益猖獗，呈现逐年多发高发态势，诈骗手法层出不穷，花样不断翻新，上当受骗者众多，发案和财产损失金额成倍增长。据统计，2009 年，仅上海、江苏、浙江、福建、广东 5 个省市的群众因电信诈骗造成的损失就高达 10 多亿元。需要注意的是，打击电信诈骗犯罪活动取得了一定效果，但近年来这类犯罪又呈现出反弹趋势。据公安部统计，2013 年电信诈骗发案 30 余万起，群众损失 100 多亿元，比 2012 年分别上升 77%、25%。[①]

网络犯罪迅速蔓延和泛滥，一个主要原因是由于网络的无地域性，极易在短时间内通过网络组织多地不特定人共同参与犯罪活动，也极易通过网络针对大量不特定人实施犯罪。例如，在网上设立一个 QQ 群很容易在短时间内纠集成百上千的人员共同实施贩卖毒品等犯罪；设立诈骗网站容易对成千上万人实施诈骗。当前对于网上发现的犯罪线索，通常都需要查清其在现实社会的犯罪活动后才能够打击，而到查清时通常犯罪已蔓延到很大规模，这也是网络犯罪案件嫌疑人、被害人动辄涉及成千上万人的原因。应对网络犯罪迅速蔓延的势头，要求从刑事政策的角度适应网络时代的形势变化，对网络犯罪采

① 参见《“电信诈骗”现状真相大调查》，载《中国信息安全》2014 年第 5 期。

取“打早打小”的基本策略，在犯罪活动尚未形成规模时即予以打击。

然而，从实践来看，对于网络犯罪“打早打小”尚有不少法律障碍和操作困难：（1）由于网络犯罪的隐蔽性、跨地域性，大量案件中仅能查实犯罪行为的网络活动部分，而难以查实、查全其现实活动部分。比如，发布销售窃听器材、枪支、毒品等违禁品信息进而实施诈骗的案件，被害人往往并不报案，难以获得相关证据，通常较易查清嫌疑人发布此类信息的事实，但难以查实其诈骗的事实；再如在网上设立贩卖枪支网站、招嫖网站，通常较易查实嫌疑人设立网站的事实，但很难查实嫌疑人组织卖淫、贩卖枪支的事实。此外，由于通常嫌疑人、被害人众多，即使在有的案件能查实部分犯罪事实，但通常只是嫌疑人实施的犯罪活动的一小部分，不能真实反映嫌疑人犯罪活动造成的危害；（2）仅掌握犯罪行为的网络活动部分难以独立定罪。很多嫌疑人在互联网上大量发布虚假中奖信息、销售枪支、窃听器材、毒品等违禁品实施诈骗，发布招嫖信息组织卖淫，导致此类违法信息在互联网上大规模泛滥，人民群众反映强烈，但仅证明嫌疑人发布这些信息，通常难以定罪处罚。

为适应网络时代惩治犯罪的需要，特别是有效解决难以查实具体实行犯罪的问题，有关司法解释开始作出有针对性的规定，最为典型的是司法解释对电信诈骗犯罪的有关规定。从当前实际来看，由于电信诈骗案件的自身特点，要查明犯罪分子的具体诈骗数额往往存在众多困难，甚至不少电信诈骗案件的被害人无法联系上。电信诈骗的运作模式给案发后的案件侦破，特别是具体诈骗数额的查证和认定带来了巨大困难，在打击、处理过程中存在查处难、取证难、定罪量刑标准难以把握等实际困难。针对当前电信诈骗活动猖獗而查处工作存在实际困难的问题，《最高人民法院、最高人民检察院关于办理诈骗刑事案件具体应用法律若干问题的解释》（法释〔2011〕7号，以下简称《诈骗罪解释》）立足现行刑法规定，第五条第二款、第三款规定：“利用发送短信、拨打电话、互联网等电信技术手段对不特定多数人实施诈骗，诈骗数额难以查证，但具有下列情形之一的，应当认定为刑法第二百六十六条规定的‘其他严重情节’，以诈骗罪（未遂）定罪处罚：（一）发送诈骗信息五千条以上的；（二）拨打诈骗电话五百人次以上的；（三）诈骗手段恶劣、危害严重的。”“实施前款规定行为，数量达到前款第（一）、（二）项规定标准十倍以上的，或者诈骗手段特别恶劣、危害特别严重的，应当认定为刑法第二百六十六条规定的‘其他特别严重情节’，以诈骗罪（未遂）定罪处罚。”上述规定根据实际情况，以电信诈骗中所发信息、所拨电话的数量、犯罪手段、危害等来认定和处罚电信诈骗犯罪，可以有效破解此类犯罪侦查取证工作中所存在的实际困难，同时也可以有效震慑犯罪分子，充分发挥刑罚预防功能。从司法实践来看，已有适用《诈骗罪解释》上述规定对电信诈骗行为定罪处罚的案件。例如，自2013年3月2日起至案发，被告人谢某永、宋某斌驾驶以谢某永名义租用的轿车从湖南省长沙市到河南省郑州市、平顶山市、洛阳市、三门峡市等地人员密集地段，使用车载的手机信号收集设备、短信管理器等设备（据介绍，该作案工具即为“伪基站”设备），收集周围手机信号，向周围手机群发内容为“钱还没打吧，之前那个账号不能用了，请把那钱打到这个工行卡上，账号：622202240800387××55，姓名：王某”的短信诈骗短信。经查，被告人谢某永、宋某斌向不特定人群发送上述诈骗短信共计727782条。河南省三门峡市湖滨区法院经审理认为，被告人谢某永、宋某斌伙同他人以非法占有为目的，对不特定多数人实施诈骗，情节特别严重，其行为已构成诈骗罪。被告人谢某永、宋某斌在实施犯罪时，因意志以外的原因未能得逞，系犯罪未遂，对其均可以比照既遂犯减轻处罚。在共同犯罪过程中，被告人谢某永、宋某斌均积极参与，相互协作，不区分主、从犯，但应根据其所起作用的大小区别量刑。综合本案事实、情节，一审以诈骗罪分别判处被告人谢某永有期徒刑六年零六个月，并处罚金5万元；被告人宋某斌有期徒刑五年零六个月，并处罚金4万元；相关作案工具予以没收。一审宣判后，被告人宋某斌不服提出上诉。三门峡中院作出终审裁定，驳回上诉，维持原判。[①]

然而，上述解决思路并非完美方案，仍然存在需进一步完善的地方：（1）上述规定的前提是利用发送短信、拨打电话、互联网等电信技术手段对不特定多数人实施诈骗，但是诈骗数额难以查证，即针对的是已经处于诈骗实行阶段的行为，仍然不符合前述应对此类网络犯罪"打早打小"的基本策略。在犯罪分子租借服务器，搭设网络平台，为后续诈骗行为的准备阶段，仍然难以对行为人予以惩治，实际上是放任后续诈骗行为的繁衍。而且，一旦后续的电信诈骗行为实施，无论是查处取证，还是具体诈骗数额的认定，都较为困难，查处的效果明显不佳。（2）按照犯罪未遂定罪处罚的方式并不合理，难以有效打击和震慑犯罪。（3）上述通过司法解释的解决思路也仅是应急之策，可操作性较弱。如果采取这一方式解决问题，则意味着对于群发贩卖毒品、贩卖枪支等各违法犯罪活动信息的行为，都需要出台相关的司法解释明确定罪量刑标准，不具有可行性。

从立法完善的角度而言，根据对网络犯罪"打早打小"的策略要求，则应当有针对性地对尚处于预备阶段的网络犯罪行为单独入罪处罚，而不能放任此类行为泛滥之后再予以规制。为此，在《刑法修正案（九）（草案）》研拟过程中，有关部门建议将网络预备行为独立入罪，以有效惩治网络犯罪的蔓延趋势。经慎重研究，拟在刑法第二百八十七条中增加两款作为第二款、第三款："为实施犯罪，设立网站、通讯群组或者为实施犯罪，在信息网络上发布销售违禁品、传授犯罪方法、诈骗财物等信息的，处三年以下有期徒刑或者拘役。构成第一款规定的犯罪的，依照第一款的规定处罚。""冒用国家机关、金融机构名义实施前款行为的，依照前款的规定从重处罚。"对此，有关部门和专家学者基本赞同这一立法思路，认为其符合惩治网络犯罪的现实需要，在法理上也能站得住脚。同时，建议作进一步修

① 参见《使用"伪基站"群发诈骗短信 两被告人犯诈骗罪被判刑》，载《人民法院报》2014年4月23日第3版。

改完善：(1) 增加“情节严重”的入罪条件限制。(2) 明确对实施上述行为同时构成其他犯罪的，从一重罪处断。(3) 建议通过列举的方式明确“为实施犯罪”的具体情形，以免适用中出现难以证明的情形。

根据上述建议，《刑法修正案（九）（草案）》第二十六条在刑法中增加第二百八十七条之一，规定：“利用信息网络实施下列行为之一，情节严重的，处三年以下有期徒刑或者拘役，并处或者单处罚金：（一）设立用于实施诈骗、传授犯罪方法、制作销售违禁物品、管制物品等违法犯罪活动的网站、通讯群组的；（二）发布制作、销售毒品、枪支、淫秽物品等违禁物品、管制物品或者其他违法犯罪信息的；（三）为实施诈骗等违法犯罪活动发布信息的。”“有前款行为，同时构成其他犯罪的，依照处罚较重的规定定罪处罚。”“单位犯第一款罪的，对单位判处罚金，并对其直接负责的主管人员和其他直接责任人员，依照第一款的规定处罚。”《刑法修正案（九）（草案二次审议稿）》第二十八条对个别表述作了调整。最终，《刑法修正案（九）》第二十九条在草案三次审议稿的基础上，将罪数处断原则和单位犯罪的条款对换顺序，从而增设刑法第二百八十七条之一。

（三）网络犯罪的“分工细化”与帮助行为独立入罪

信息时代网络犯罪的一个极为重要的特点就是犯罪活动分工细化，形成利益链条。当前网络犯罪呈现分工细化的态势，并逐步形成由各个作案环节构成的利益链条，这是网络犯罪泛滥的主要原因之一。以危害计算机信息系统安全犯罪为例，为危害计算机信息系统违法犯罪行为提供用于破坏计算机信息系统功能、数据的程序，提供互联网接入、服务器托管、网络存储空间、通讯传输通道、费用结算、交易服务、广告服务、技术培训、技术支持等帮助，通过委托其推广软件、投放广告等方式向其提供资金等行为十分突出，行为人从中牟取了巨大利润，也使得实施危害计算机信息系统安全犯罪活动的“技术门槛”日益降低。例如，在司法实践中，很多实施危害计算机信息系统安全犯罪活动的行为人只有初中文化程度，其往往是通过购买用于破坏计算机信息系统功能、数据的程序、工具或者获取技术帮助进而实施危害计算机信息系统安全犯罪的。再如，通过互联网搜索引擎可以发现，黑客培训广告“漫天遍野”。可以说，危害计算机信息系统安全犯罪活动分工细化和进而形成的利益链条，导致危害计算机信息系统安全犯罪活动迅速蔓延。

打击网络犯罪的关键是要斩断利益链。然而，立足现行刑法规定，对于利益链条的打击主要靠适用共同犯罪的有关规定。需要注意的是，在网络环境下，共同犯罪具有殊于传统共犯的特性，亟需作出专门规制。实际上，立法已经在这方面作出尝试。非法获取计算机信息系统数据、非法控制计算机信息系统犯罪中，提供这类犯罪工具的现象十分突出。《刑法修正案（七）》在刑法第二百八十五条中增加的第三款中规定：“提供专门用于侵入、非法控制计算机信息系统的程序、工具，或者明知他人实施侵入、非法控制计算机信息系统违法犯罪行为而为其提供程序、工具，情节严重的，依照前款的规定处罚。”在《刑法修正案（七）》的起草、修改过程中，对于本款“明知他人实施侵入、非法控制计算机信息系统的违法犯罪行为而为其提供程序、工具”的人，是作为实施犯罪行为的共犯还是单独规定为犯罪进行了研究。考虑到提供实施侵入、非法控制计算机信息系统程序、工具的行为在网络犯罪中所起的重要作用和对网络信息安全造成的实际危害严重，如果将提供者作为使用这些程序和工具进行犯罪的共犯处理，假如使用这些程序的人员实施的行为不够刑事处罚，则无法将提供者作为共犯处理。另外，提供者通常是以层层代理的方式销售，规模庞大，要查清每个销售出去的程序和工具是否被用于实施网络攻击几乎是不可能的，获利最大的提供者很容易逃避打击。而提供行为与使用行为相对独立，单独入罪，可以减少在移送起诉、审判之间的相互牵连，更有利于对此类危害社会行为的打击。因此，《刑法修正案（七）》将本来是一个共同犯罪行为中的帮助行为独立入罪，作为单独的犯罪处理。①

不仅危害计算机信息系统安全犯罪，所有网络犯罪存在的共同的问题就是形成分工合作的利益链条。经研究认为，有必要将网络犯罪利益链条中的帮助行为独立入罪，原因如下：一是网络犯罪帮助行为往往缺乏明确的主犯，难以作为共犯处理。有别于传统犯罪的帮助行为，由于互联网的跨地域特性，网络犯罪中的帮助行为往往没有固定的帮助对象，即传统的共犯一般是“一对一”的关系，而网络上的共犯通常是“一对多”的关系。以网络赌博为例，有专门为赌博活动提供网站代码、提供投注软件、发布广告的，按照现行规定，只能作为赌博罪或者开设赌场罪的共犯处理，但是销售赌博网站代码的嫌疑人往往向位于全国各地大量赌博团伙销售赌博网站代码，难以确定应当作为哪个赌博团伙的共犯，也难以查清其帮助的所有主犯。申言之，由于网络犯罪的跨地域特性和分工合作特性，网络犯罪利益链条中的帮助行为本质上是一种相对独立的行为，应当独立定罪。二是网络犯罪帮助行为往往是网络犯罪中获利最大的环节。由于帮助对象数量很大，网络犯罪帮助行为实际上成为犯罪活动获利最大的环节。以网络第三方支付平台为例，网上的淫秽色情、赌博、传销等活动大多通过第三方支付平台支付，很多第三方支付平台在明知他人实施犯罪的情况下仍为其提供支付服务并从中提成获利，就每个网络淫秽色情、赌博案件而言，其获利数额并不大，但由于其客户数量巨大，所以实际上第三方支付平台成为网络犯罪中获利最大的环节之一。三是几乎所有类别的犯罪在互联网上的帮助犯都存在立法真空。过去几年，通过修改刑法或者制定司法解释解决了一部分帮助犯的定罪量刑问题。但是，几乎所有的犯罪迁移到互联网上之后都存在这一问题，亟需加以规制。四是网络犯罪的帮助犯是网络犯罪泛滥的主要原因之一，其社会危害性往往大于网络犯罪本身。当前网络犯罪的分工细化、形成利益链条是网络犯罪泛滥的主要原因。例如，销售赌博网站

① 参见黄太云：《〈刑法修正案（七）〉解读》，载《人民检察》2009年第6期。

代码，导致大量人员可以建设赌博网站；销售黑客工具，导致一般人员可以实施网络攻击破坏活动；专门为诈骗分子建设网站，导致网络诈骗活动易于实施。传统犯罪中帮助行为通常只是加速了正犯行为的发生，其危害性体现在正犯行为中且小于正犯行为，而在网络犯罪中，帮助行为的危害性却大于正犯行为。基于以上原因，宜对“明知他人利用计算机网络实施违法犯罪活动，而为其提供帮助”的帮助犯行为独立入罪，以解决各类传统犯罪向互联网迁移并分工细化给打击防范网络犯罪工作带来的困难。

在《刑法修正案（九）（草案)》研拟过程中，有关部门建议对帮助行为独立入罪，以有效斩断网络犯罪的利益链条。经慎重研究，拟在刑法第二百八十七条之后增加一条，作为第二百八十七条之一：“明知他人利用信息网络实施犯罪，为其提供信息发布平台等技术支持、广告推广、支付结算等帮助，情节严重的，处三年以下有期徒刑、拘役或者管制，并处罚金。”“有前款行为，同时又构成本法规定的其他犯罪的，依照处罚较重的规定定罪处罚。”“单位犯第一款罪的，对单位判处罚金，并对其直接负责的主管人员和其他直接责任人员依照第一款的规定处罚。”对于上述方案，有关部门和专家学者基本赞同这一立法思路，认为其符合惩治网络犯罪的现实需要，在法理上也能站得住脚。同时，有关方面也提出了完善建议：（1）通过列举的方式明确“明知他人利用信息网络实施犯罪”的具体情形，以免适用中出现难以证明的情形。（2）考虑到此类行为往往是网络犯罪的关键环节，建议进一步提升本罪的法定刑配置。

经综合研究上述意见，《刑法修正案（九）（草案)》第二十六条增设刑法第二百八十七条之二：“明知他人利用信息网络实施犯罪，为其犯罪提供互联网接入、服务器托管、网络存储、通讯传输等技术支持，或者提供广告推广、支付结算等帮助，情节严重的，处三年以下有期徒刑或者拘役，并处或者单处罚金。”“有前款行为，同时构成其他犯罪的，依照处罚较重的规定定罪处罚。”“单位犯第一款罪的，对单位判处罚金，并对其直接负责的主管人员和其他直接责任人员，依照第一款的规定处罚。”最终，《刑法修正案（九）》第二十九条在草案三次审议稿的基础上，将罪数处断原则和单位犯罪的条款对换顺序，从而增设刑法第二百八十七条之二。

二、对修改内容的理解和适用

（一）犯罪客体

非法利用信息网络罪、帮助信息网络犯罪活动罪侵犯的客体是复杂客体，一方面侵犯了正常的信息网络管理秩序，另一方面，使得网络诈骗等其他违法犯罪得以实施，侵害了被害人的人身、财产等合法权益。

（二）犯罪客观方面

非法利用信息网络罪的客观方面表现为利用信息网络实施准备违法犯罪活动，情节严重的行为。计算机网络的本质是信息的传输平台，所有在互联网上实施的犯罪活动都以在计算机网络上发布信息（如发布销售违禁品的信息）、设立网站（如设钓鱼网站、传销网站）、设立通讯群组（如建设通讯群组专门交流奸淫猥亵幼女的经验）为前提。故而，利用信息网络实施准备违法犯罪活动的行为，实质上是一种预备行为，只是基于“打早打小”的策略将其实行化。具体行为方式包括以下几种：（1）设立用于实施诈骗、传授犯罪方法、制作或者销售违禁物品、管制物品等违法犯罪活动的网站、通讯群组的；（2）发布有关制作或者销售毒品、枪支、淫秽物品等违禁物品、管制物品或者其他违法犯罪信息的；（3）为实施诈骗等违法犯罪活动发布信息的。

帮助信息网络犯罪活动罪的客观方面表现为为他人犯罪提供互联网接入、服务器托管、网络存储、通讯传输等技术支持，或者提供广告推广、支付结算等帮助，情节严重的行为。具体而言，包括为建设网站和接入互联网所需要的提供互联网接入、服务器托管、网络存储空间、通讯传输通道的帮助行为；为推广网站扩大犯罪活动范围所需的投放广告行为；为实施交易所需的资金结算帮助行为；由于网络犯罪的技术特性，还有为网络犯罪提供技术支持和作案工具的帮助行为。

（三）犯罪主体

非法利用信息网络罪、帮助信息网络犯罪活动罪的主体为一般主体，凡年满16周岁、具有刑事责任能力的自然人均可以构成本罪。单位也可以构成该两罪的主体。单位犯该两罪的，对单位判处罚金，并对其直接负责的主管人员和其他直接责任人员定罪处罚。

（四）犯罪主观方面

非法利用信息网络罪、帮助信息网络犯罪活动罪的主观方面表现为故意，过失不构成犯罪。

需要注意的是，非法利用信息网络罪的行为人发布信息或者设立网站的行为存在实施其他违法犯罪的目的，此类行为与传播违法信息本质上存在差异，传播违法信息行为违法性的本质是信息的违法性，可以通过其他法律条款定罪处罚（如传播淫秽电子信息罪），而此类行为的违法性本质是其发布信息目的的违法性。

帮助信息网络犯罪活动罪的行为人必须以明知他人利用计算机网络实施违法犯罪活动为前提。对于不明知他人实施犯罪的，则不应当定罪处罚。

（五）刑事责任

根据修正后刑法第二百八十七条之一的规定，犯非法利用信息网络罪的，处三年以下有期徒刑或者拘役，并处或者单处罚金。犯非法利用信息网络罪，同时构成其他犯罪的，依照处罚较重的规定定罪处罚。

根据修正后刑法第二百八十七条之二的规定，犯帮助信息网络犯罪活动罪的，处三年以下有期徒刑或者拘役，并处或者单处罚金。犯帮助信息网络犯罪活动罪，同时构成其他犯罪的，依照处罚较重的规定定罪处罚。

【条文三十】〔修改扰乱无线电通讯管理秩序罪〕

三十、将刑法第二百八十八条第一款修改为："违反国家规定，擅自设置、使用无线电台（站），或者擅自使用无线电频率，干扰无线电通讯秩序，情节严重的，处三年以下有期徒刑、拘役或者管制，并处或者单处罚金；情节特别严重的，处三年以上七年以下有期徒刑，并处罚金。"

【条文主旨】

《刑法修正案（九）》对扰乱无线电通讯管理秩序罪的修改主要体现在以下两个方面：一是针对使用"伪基站"等设备严重扰乱无线电通讯秩序，侵犯公民权益的情况，取消"经责令停止使用拒不停止使用"的要件，增强可操作性；二是将本罪由结果犯调整为情节犯，将"干扰无线电通讯正常进行，造成严重后果"的入罪要件修改为"干扰无线电通讯秩序，情节严重"，并针对"情节特别严重的"增加规定"处三年以上七年以下有期徒刑，并处罚金"。

【理解与适用】

一、修改的背景、内容和意义

20 世纪 90 年代，随着无线电通讯技术的飞速发展，一些单位和个人为了牟取非法利益，置国家关于无线电管理的相关规定于不顾，擅自设置、使用无线电台（站），或者擅自占用频率资源，严重危害无线电管理秩序，甚至给国家、集体和个人造成了重大经济损失。为了维护国家无线电通讯秩序，加强国家对无线电频谱资源的管理，确保无线电通讯的正常进行，1997 年刑法增加规定了扰乱无线电管理秩序罪。[①] 第二百八十八条规定："违反国家规定，擅自设置、使用无线电台（站），或者擅自占用频率，经责令停止使用后拒不停止使用，干扰无线电通讯正常进行，造成严重后果的，处三年以下有期徒刑、拘役或者管制，并处或者单处罚金。""单位犯前款罪的，对单位判处罚金，并对其直接负责的主管人员和其他直接责任人员，依照前款的规定处罚。"

一段时间以来，各地非法生产、销售、使用"伪基站"设备违法犯罪活动日益猖獗。"伪基站"设备是指未取得电信设备进网许可和无线电发射设备型号核准的非法无线电通信设备，具有收集手机用户信息，强行向不特定用户手机发送短信息等功能，使用过程中会非法占用公众移动通信频率，局部阻断公众移动通信网络信号。不法分子利用"伪基站"截取手机号码、窃取用户信息，一方面，任意冒用私人手机号码或者公众服务号码，大肆实施电信诈骗、广告推销等违法犯罪活动，社会危害严重；另一方面，通过建立"虚拟网络"阻断公用电信网络并强行发送信息，严重影响用户手机使用和电信运营商正常业务，危害公共安全。为有效惩治"伪基站"设备违法犯罪活动，最高人民法院、最高人民检察院、公安部、国家安全部联合发布《关于依法办理非法生产销售使用"伪基站"设备案件的意见》（公通字〔2014〕13 号），对有关法律适用问题作了明确规定。

如前所述，"伪基站"设备是一种无线电通信设备，非法使用"伪基站"设备的行为实际上属于擅自占用频率的行为。然而，现行刑法第二百八十八条规定的扰乱无线电通讯管理秩序罪，无论是"擅自设置、使用无线电台（站)"，还是"擅自占用频率"，均要求

① 参见全国人大常委会法工委刑法室编：《中华人民共和国刑法·条文说明·立法理由及相关规定》，北京大学出版社 2009 年版，第 598 页。

以“经责令停止使用后拒不停止使用”为入罪前提。“经责令停止使用后拒不停止使用”，是指有关管理部门依照国家规定，对擅自设置、使用无线电台（站）和擅自占用频率的行为提出责令，要求停止使用，而行为人仍不停止使用的。[①] 对于使用“伪基站”设备的行为，如果仍然要求以“经责令停止使用后拒不停止使用”为前提要件，会放任这一社会危害严重的行为蔓延。为此，在《刑法修正案（九）（草案）》研拟过程中，有关部门建议对扰乱无线电管理秩序罪的犯罪构成作出修改完善，以解决当前非法使用“伪基站”设备的法律适用问题。经慎重研究，拟采纳上述意见，对扰乱无线电管理秩序罪作出调整。经研究，拟将刑法第二百八十八条第一款修改为：“违反国家规定，擅自设置、使用无线电台（站），或者擅自占用频率，干扰无线电通讯秩序，情节严重，致使公共利益遭受重大损失的，处三年以下有期徒刑、拘役或者管制，并处或者单处罚金；情节特别严重，致使公共利益遭受特别重大损失的，处三年以上七年以下有期徒刑，并处罚金。”对此，有意见提出，将入罪要件、加重要件规定为“情节严重”“情节特别严重”即可，无须再规定致使公共利益遭受损失的情形。最终，上述意见被采纳。《刑法修正案（九）（草案）》第二十七条将刑法第二百八十八条第一款修改为：“违反国家规定，擅自设置、使用无线电台（站），或者擅自使用无线电频率，干扰无线电通讯秩序，情节严重的，处三年以下有期徒刑、拘役或者管制，并处或者单处罚金；情节特别严重的，处三年以上七年以下有期徒刑，并处罚金。”审议过程中，有意见建议保留“经责令停止使用后拒不停止使用”。因为很多使用无线电频率的行为都可能直接或者间接导致干扰无线电通讯秩序，其中有一些属于无意的过失行为，如果删除“经责令停止使用后拒不停止使用”的规定，将会导致公民的危机感大大增加，并且会对无线电技术的研发构成障碍。实

① 参见全国人大常委会法工委刑法室编：《中华人民共和国刑法·条文说明·立法理由及相关规定》，北京大学出版社2009年版，第598页。

际上，扰乱无线电通讯秩序罪属于故意犯罪，自然不会包括过失扰乱无线电通讯管理秩序的行为在内，而且其入罪限制在“情节严重”的程度，不会导致打击面过大。因此，对这一修改方案未再作出调整。最终，《刑法修正案（九）》第三十条维持了上述方案，对扰乱无线电通讯管理秩序罪作出修改。

二、对修改内容的理解和适用

（一）犯罪客体

扰乱无线电通讯管理秩序罪侵犯的客体是国家无线电通讯使用管理秩序。

（二）犯罪客观方面

扰乱无线电管理秩序罪在客观方面表现为违反国家规定，擅自设置、使用无线电台（站），或者擅自使用无线电频率，干扰无线电通讯秩序，情节严重的行为。“违反国家规定”，是指违反国家对无线电的管理规定，主要是《中华人民共和国无线电管理条例》的有关规定。国家制定了《中华人民共和国无线电管理条例》，对我国境内设置、使用无线电台（站）以及无线电频谱资源的管理、使用等问题作了明确、具体的规定。“擅自设置、使用无线电台（站）”，是指违反《中华人民共和国无线电管理条例》第三章关于无线电台（站）的设置和使用的规定，未提出书面申请、未办理设台（站）审批手续或者未领取电台执照而设置、使用无线电（台）的行为。“擅自使用无线电频率”，是指违反《中华人民共和国无线电管理条例》第三章的规定，未经批准擅自设立、使用无线电台（站），擅自占用频率资源，以及违反《中华人民共和国无线电管理条例》第四章关于频率管理的规定，不按照指配的频率使用而占用未分配给本台（站）使用的频率，或者在频率使用期满后，没有办理续用手续仍然继续使用的行为。“情节严重”是本罪的入罪要件，要求扰乱无线电管理秩序的行为达到情节严重的程度。

(三) 犯罪主体

扰乱无线电管理秩序罪的主体为一般主体，凡年满十六周岁、具有刑事责任能力的自然人均可以构成本罪。单位也可以构成本罪的主体，单位实施扰乱无线电管理秩序罪的，对单位判处罚金，并对其直接负责的主管人员和其他直接责任人员，依照修正后刑法第二百八十八条第一款的规定处罚。

(四) 犯罪主观方面

扰乱无线电管理秩序罪的主观方面只能由故意构成，即明知擅自设置、使用无线电台（站）或者擅自使用无线电频率的行为会干扰无线电通讯秩序，而希望或者放任结果发生。

(五) 刑事责任

根据修正后刑法第二百八十八条的规定，犯扰乱无线电通讯管理秩序罪，处三年以下有期徒刑、拘役或者管制，并处或者单处罚金；情节特别严重的，处三年以上七年以下有期徒刑，并处罚金。对于“情节特别严重”，应当结合扰乱无线电通讯管理秩序行为造成的后果、特别是给公共利益造成的损失程度等情节加以判断。

三、需要注意的问题

(一) 对非法生产、销售“伪基站”设备的定性

《刑法修正案（九）》施行前，关于非法生产、销售“伪基站”设备的定性，存在两种不同观点：一种意见认为，非法生产、销售“伪基站”设备构成非法生产、销售间谍专用器材罪。“伪基站”设备使用简便、隐蔽，机动性强，可以通过侵占公共通信频率、侦测识别一定范围内的手机号码，而且如果增加一些配置即可实现通话监

听、短信调取功能。实践中，已有部分案件通过国家安全部门的鉴定，将涉案的“伪基站”设备认定为“专用间谍器材”。因此，行为人未经许可，非法生产、销售“伪基站”设备，构成非法生产、销售间谍专用器材罪。另一种意见认为，非法生产、销售“伪基站”设备构成非法经营罪。“伪基站”属于无线电发射设备，研制、生产无线电发射设备须向国家无线电管理机构申请取得无线电发射设备型号核准，否则不得在中国境内生产、销售。经检测，此类“伪基站”系行为人自行研制、组装的“三无”产品，行为人非法生产、销售“伪基站”设备，构成非法经营罪。

经研究认为，上述两种观点均有一定道理，但彼此之间不应当是互相排斥的对立关系，而应当互为补充。如前所述，根据《中华人民共和国无线电管理条例》的规定，研制、生产无线电发射设备须向国家无线电管理机构申请取得无线电发射设备型号核准。此外，《中华人民共和国电信条例》第五十四条规定：“国家对电信终端设备、无线电通信设备和涉及网间互联的设备实行进网许可制度。”因此，“伪基站”设备的生产、销售系未经国家有关部门许可，违反了有关国家规定，扰乱了电信市场秩序，应当以非法经营罪论处。对此，《最高人民法院、最高人民检察院、公安部、国家安全部关于依法办理非法生产销售使用“伪基站”设备案件的意见》对于非法生产、销售“伪基站”设备的，可以依照刑法第二百二十五条的规定，以非法经营罪追究刑事责任。[①] 因此，在《刑法修正案（九）》施行后，非法生产、销售“伪基站”设备，涉案“伪基站”设备被依法认定为“专用间谍器材”或者“窃听、窃照专用器材”[②] 的，则同时涉及非法经营罪和非法生产、销售专用间谍器材、窃听、窃照专用

① 在《刑法修正案（九）》施行之前，实践中已有将“伪基站”设备认定为刑法第二百八十三条规定的“专用间谍器材”，进而对非法生产、销售行为适用非法生产、销售间谍专用器材罪的适例。

② 部分“伪基站”设备实际上可以认定为修正后刑法第二百八十三条规定的“窃听、窃照专用器材”。

器材罪；如果均达到两罪的入罪标准的，由于非法经营罪明显系“重罪”，应当以非法经营者论处；如果未达到非法经营罪的入罪标准的，可以以非法生产、销售专用间谍器材、窃听、窃照专用器材罪追究刑事责任。

（二）非法使用“伪基站”设备行为的定性

行为人购买“伪基站”设备后，主要实施下述活动：（1）利用“伪基站”设备实施诈骗活动。例如，行为人将“伪基站”设备放置在驾驶的汽车内，随机搜取、筛选附近的手机号码，并冒用筛选出的手机号码将诈骗短信通过该设备发送到周围手机，骗取汇款。（2）利用“伪基站”设备群发短信推销业务。与正规的短信群发平台相比，利用“伪基站”设备非法发送短信有巨大的价格“优势”。正规短信发送平台，发送一条短信需花费5～8分钱不等，发送10万条短信需花费6000元左右；而利用“伪基站”设备发送短信息，发送10万条短信息仅花费1000元，甚至低至数百元。同时，利用“伪基站”非法发送短信息比正规短信发送平台还具有定位准确、确保到达的特点。[①] 非法生产、销售、使用“伪基站”设备，不仅破坏正常电信秩序，影响电信运营商正常活动，危害公共安全，扰乱市场秩序，而且严重影响用户手机使用，损害公民财产权益，侵犯公民隐私，社会危害性严重。例如，行为人在某机场候机楼附近，非法占用中国移动通信频率，利用“伪基站”设备发送广告短信，宣传其公司销售机票业务，致使该机场候机楼一带的手机无法正常拨打电话。该行为人平均每天发送短信2万余条，时间长达10小时左右，至案发共发送短信62万余条，获取62万余张手机卡的用户身份识别信息(IMSI)。需要注意的是，实践中，还有行为人购买多台“伪基站”设备，有偿为他人提供短信群发业务，以牟取利益。

《刑法修正案（九）》施行前，关于非法使用“伪基站”设备群

① 参见《“伪基站”的法律规制》，载《中国信息安全》2014年第5期。

发短信行为的定性，存在较大争议。主要有如下不同认识：第一种意见认为，利用“伪基站”设备群发短信的行为，构成破坏公用电信设施罪。行为人使用“伪基站”设备，以非法占用电信频率的方式，破坏正在使用中的公用无线通信网络，在较大范围内造成用户通信中断，严重危害公共安全，构成破坏公用电信设施罪。第二种意见认为，利用“伪基站”设备群发短信的行为构成非法获取公民个人信息罪。行为人利用“伪基站”设备，非法获取公民手机卡中的用户身份识别信息（IMSI）、手机号码等信息，用于群发垃圾短信，数量巨大，并造成大量用户通信中断，情节严重，构成非法获取公民个人信息罪。第三种意见认为，利用“伪基站”设备群发短信的行为构成非法经营罪。根据《中华人民共和国电信条例》，未取得电信业务经营许可证，任何组织或者个人不得从事电信业务经营活动。行为人违反国家规定，擅自使用“伪基站”这种无线电发射设备，非法占用公用电信频率，经营广告短信群发业务，进行营利活动，数额较大，构成非法经营罪。

经研究认为，“伪基站”设备在使用时，通过占用公用电信网络频率在周围空间建立“虚拟网络”，强制连接设备发射功率所及范围内（约数公里）的用户手机信号，并切断其与公用电信网络的链接。“伪基站”设备可以侦测识别周围手机卡中的用户身份识别信息（IMSI），并存储在设备电脑中，强行向手机用户发送短信息。行为人利用“伪基站”设备，以非法占用电信频率的方式，破坏正在使用中的公用无线通信网络，在较大范围内较长时间造成用户通信中断，严重危害公共安全的，可以以破坏公用电信设施罪定罪处罚。实践中也有对非法使用“伪基站”设备的行为适用破坏公用电信设施罪的适例。[1] 需要注意的是，《刑法修正案（九）》施行后，非法使

① 2014年8月14日，北京市海淀区人民法院对被告人穆某某等三人使用“伪基站”破坏公用电信设施一案进行宣判，以破坏公用电信设施罪分别判处有期徒刑二年零六个月、四年零六个月不等。参见《北京海淀法院宣判一“伪基站”案——三被告人因破坏公用电信设施罪获刑》，载《人民法院报》2014年8月16日第3版。

用“伪基站”设备的行为可能构成扰乱无线电通讯管理秩序罪，因此，在具体适用罪名时需要注意“从一重罪处断”。[①] 当然，非法使用“伪基站”设备还可能同时构成虚假广告罪、破坏计算机信息系统罪、扰乱无线电通讯管理秩序罪等其他罪名，应当从一重罪处断。此外，如果使用“伪基站”设备实施诈骗活动，同时构成诈骗罪的，也依照处罚较重的规定追究刑事责任。

此外，对于非法使用“伪基站”设备群发短信的行为不宜定性为非法经营罪、非法获取公民个人信息罪。主要考虑如下：（1）利用“伪基站”设备经营广告短信群发业务的行为，属于未经许可从事电信业务经营活动的行为，但根据《中华人民共和国电信条例》第六十七条、第六十八条的规定，只有利用电信网络制作、复制、发布、传播第五十六条所列含有法律、行政法规禁止的内容的信息，实施第五十七条所列危害电信网络安全和信息安全的行为，以及实施第五十八条第二、三、四项所列扰乱电信市场秩序的行为，构成犯罪的，才能追究刑事责任。利用“伪基站”经营广告短信群发业务，不在上述范围内，故依法不能以非法经营罪论处。（2）如前所述，《惩处公民个人信息犯罪通知》规定：“公民个人信息包括公民的姓名、年龄、有效证件号码、婚姻状况、工作单位、学历、履历、家庭住址、电话号码等能够识别公民个人身份或者涉及公民个人隐私的信息、数据资料。”显而易见，公民个人信息的实质要件为“能够识别公民个人身份”或者“涉及公民个人隐私”。从实践来看，行为人利用“伪基站”设备，非法获取公民手机卡中的用户身份识别信息（IMSI）、手机号码等信息，这些信息似不符合“能够识别公民个人身份”或者“涉及公民个人隐私”的要件，不属于刑法规定的“公民个人信息”，不宜以非法获取公民个人信息罪定罪处罚。

---

① 实际上，在《刑法修正案（九）（草案）》研拟过程中，即有意见提出，由于利用“伪基站”设备群发短信息通常会影响公用电信设施的正常运行，当前对此类行为按照破坏公用电信设施罪论处。因此，有必要研究扰乱无线电通讯管理秩序罪与破坏公用电信设施罪之间的关系。

【条文三十一】〔修改聚众扰乱社会秩序罪，增加多次扰乱国家机关工作秩序以及多次组织、资助他人非法聚集的犯罪〕

三十一、将刑法第二百九十条第一款修改为："聚众扰乱社会秩序，情节严重，致使工作、生产、营业和教学、科研、医疗无法进行，造成严重损失的，对首要分子，处三年以上七年以下有期徒刑；对其他积极参加的，处三年以下有期徒刑、拘役、管制或者剥夺政治权利。"

增加二款作为第三款、第四款："多次扰乱国家机关工作秩序，经行政处罚后仍不改正，造成严重后果的，处三年以下有期徒刑、拘役或者管制。

"多次组织、资助他人非法聚集，扰乱社会秩序，情节严重的，依照前款的规定处罚。"

【条文主旨】

本条的修改主要有三个内容：一是在"致使工作、生产、营业和教学、科研"后增加"医疗"，对聚众扰乱医疗秩序的行为明确规定追究刑事责任，从立法上明确通过刑事手段打击"医闹"；二是增加扰乱国家机关工作秩序罪，将多次扰乱国家机关工作秩序，经行政处罚后仍不改正，造成严重后果的行为规定为犯罪；三是增加组织、资助非法聚集罪，将多次组织、资助他人非法聚集，扰乱社会秩序，情节严重的行为规定为犯罪。

【理解与适用】

一、修改的背景、内容和意义

（一）背景

加强医药卫生事业建设，是实现人民群众病有所医，提高全民健康水平的重要社会建设工程。经过多年努力，我国医药卫生事业发展取得显著成就，覆盖城乡的医药卫生服务体系基本形成，疾病防治能力不断增强，医疗保障覆盖人口逐步扩大，卫生科技水平显著提高，人民群众健康水平明显改善，居民主要健康指标处于发展中国家前列。同时，随着经济发展和人民群众生活水平的提高，人们对改善医药卫生服务提出了更高的要求。工业化、城镇化、人口老龄化、疾病谱的变化和生态环境的变化等，也给医药卫生工作带来一系列新的严峻挑战。当前我国医疗服务能力、医疗保障水平与人民群众不断增长的医疗服务需求之间仍存在一定差距，导致一定范围内医患关系较为紧张。

近年来，“医闹”现象屡屡出现，甚至出现专业“医闹”，“小闹给小钱，大闹给大钱，不闹不给钱”，严重扰乱正常医疗秩序，严重侵害医护人员和广大患者的利益，加剧医患关系进一步紧张，社会危害严重。一段时期以来，多地相继发生暴力杀医、伤医以及在医疗机构聚众滋事等违法犯罪行为。如，浙江温岭第一人民医院杀医案、黑龙江齐齐哈尔北钢医院杀医案、广东广州伊丽莎白妇产医院打砸案等。此类恶性案件严重扰乱了正常医疗秩序，侵害了人民群众的合法利益，引发社会广泛关注。据北京市卫生计划委员会和北京大学的一项研究课题显示，各地公开报道的恶性暴力伤医事件数量近十年来平均增长 30%，2013 年前八个月，全国的伤医事件已经达到 2240 件，比 2012 年全年的 1865 件还多了 20%。

为构建安全和谐的医疗环境，切实保障医务人员、就诊患者的合法权益，中央综治办会同最高人民法院、最高人民检察院、公安部、司法部、国家卫生计生委等 11 个部门，决定自 2013 年 12 月起，在全国范围内开展为期一年的维护医疗秩序打击涉医违法犯罪专项行动，其中一项重要措施是完善打击涉医违法犯罪的法律法规。2014 年 3 月，第十二届全国人民代表大会二次会议和全国政协十二届二次会议期间，部分全国人大代表、政协委员提交了关于加大打击伤医事件法律惩处力度的建议和提案，要求司法机关尽快出台相关规范性文件，明确从严打击涉医违法犯罪的依据。

为回应社会关切，按照专项行动方案部署，最高人民法院会同最高人民检察院、公安部、司法部、国家卫生计生委，经深入调查研究，广泛征求各方意见，联合制定了《关于依法惩处涉医违法犯罪维护正常医疗秩序的意见》（法发〔2014〕5 号，以下简称《意见》），要求对故意杀害、故意伤害医务人员以及在医疗机构私设灵堂、悬挂横幅、堵塞大门、扰乱医疗秩序等六类涉医违法犯罪行为予以严惩，但实践中并未明显扭转严峻的形势。

2014 年两会期间，习近平总书记出席贵州代表团审议时，明确表示，“医闹”及袭医事件反映强烈，是社会矛盾之一，需强化法制，需依法打击。无论有任何矛盾，都不能成为“医闹”的理由，必须维护医院的正常秩序，保护医务人员安全，任何伤害医务人员的违法行为，都要依法严肃处理。

刑法在危害公共卫生罪部分，第三百三十五条规定了医疗事故罪，即对医务人员由于严重不负责任，造成就诊人死亡或者严重损害就诊人身体健康的，以医疗事故罪定罪处罚。但刑法没有对患者及其家属因不能理性对待就诊结果，而打砸医院、聚众滋事等违法犯罪行为作出明确规定。这些违法犯罪行为不仅严重伤害医务人员的身心，扰乱正常医疗秩序，且威胁到了其他病人，乃至全社会的就医安全和秩序。实践中就发生过由于医生在医院被非法拘禁而不能对其他病人及时抢救，造成患者死亡的悲剧。

此次《刑法修正案（九)》第一次审议稿，对刑法第二百九十条的修改并没有打击“医闹”的内容，主要是针对当前社会治安方面出现的新情况，增加了扰乱国家机关工作秩序罪和组织、资助非法聚集罪。在全国人大常委会对《刑法修正案（九)》第一次审议稿的审议过程中，一些常委会委员提出，建议在此次刑法修正案中考虑通过刑事手段打击医闹，保障医务人员的合法权益。立法机关采纳了该建议，在《刑法修正案（九)》的第二次审议稿中，对刑法第二百九十条第一款进行了修改，增加了对聚众扰乱医疗秩序的行为明确规定追究刑事责任的内容。

（二）修改的主要内容

修正前刑法第二百九十条第一款规定，聚众扰乱社会秩序，情节严重，致使工作、生产、营业和教学、科研无法进行，造成严重损失的，对首要分子，处三年以上七年以下有期徒刑；对其他积极参加的，处三年以下有期徒刑、拘役、管制或者剥夺政治权利。该条第二款规定，聚众冲击国家机关，致使国家机关工作无法进行，造成严重损失的，对首要分子，处五年以上十年以下有期徒刑；对其他积极参加的，处五年以下有期徒刑、拘役、管制或者剥夺政治权利。

此次《刑法修正案（九)》对刑法第二百九十条主要作了如下修改：

一是将刑法第二百九十条第一款修改为：“聚众扰乱社会秩序，情节严重，致使工作、生产、营业和教学、科研、医疗无法进行，造成严重损失的，对首要分子，处三年以上七年以下有期徒刑；对其他积极参加的，处三年以下有期徒刑、拘役、管制或者剥夺政治权利。”即在“致使工作、生产、营业和教学、科研”后增加“医疗”，对聚众扰乱医疗秩序的行为明确规定追究刑事责任，从立法上明确了通过刑事手段打击“医闹”。

二是增加扰乱国家机关工作秩序罪，即第三款“多次扰乱国家机关工作秩序，经行政处罚后仍不改正，造成严重后果的，处三年以下有期徒刑、拘役或者管制。

三是增加组织、资助非法聚集罪，即第四款“多次组织、资助他人非法聚集，扰乱社会秩序，情节严重的，依照前款的规定处罚。”

（三）意义

《刑法修正案（九）》对刑法第二百九十条的修改，增加了对“医闹”行为的打击力度，具有很重要的现实意义。实践中个别人以医患矛盾为由，故意扰乱医疗单位秩序，严重侵害医护人员的身心健康，损害社会公共利益，社会危害严重。将情节严重、造成严重损失的“医闹”行为入罪，有助于严厉打击“医闹”，消解其负面示范效应，防止“以闹取利”等不良风气的滋长，促进和谐医患关系的构建。这对保障医患双方的合法权益、为患者创造良好的就医环境、为医务人员营造安全的执业环境将产生积极作用，推动预防和处理医患纠纷步入法制化、规范化轨道。“医闹”入刑是我国法治建设的一大进步，明确了法律底线，是维护正常医疗秩序的“最后一道防线”。但是在促进医患关系方面，除了“底线思维”之外还要有“前端思维”，应该更多地在防止医患纠纷发生、疏解医患冲突上下功夫。

同时，针对当前社会治安方面出现的新情况，增加了扰乱国家机关工作秩序罪和组织、资助非法聚集罪，加强社会治理，维护社会秩序。

二、对修改内容的理解与适用

（一）对聚众扰乱医疗秩序行为追究刑事责任的理解与把握

1. 聚众扰乱社会秩序罪的认定

刑法第二百九十条第一款规定的是聚众扰乱社会秩序罪，该罪名是典型的聚众犯罪。聚众犯罪是由首要分子组织策划、聚集纠合多人所实施的犯罪。“聚众”是实施犯罪的形式。聚众犯罪具有如下特点：一是参与人的复杂性，主要表现在必须有首要分子，即在犯罪中起组织、策划、指挥作用的犯罪分子。参与人多人，必须三人以上，参与人可能随时增加或减少，而非处于固定状态。但参与人不一定是犯罪人。二是行为的公然性。聚众犯罪由于人多势众，常使犯罪处于可见可闻的情况，首要分子正是利用这一点来实现自己的犯罪意图。三是行为的多样性。由于参与人复杂，使得聚众犯罪呈现多样性的特点。

对聚众扰乱医疗秩序的行为，符合刑法第二百九十条规定的构成要件的，以聚众扰乱社会秩序罪定罪处罚。

本罪侵犯的客体是社会秩序，即正常的工作、生产、营业和教学、科研、医疗秩序。

在客观方面表现为聚众扰乱社会秩序，情节严重，致使工作、生产、营业和教学、科研、医疗无法进行，造成严重损失的行为。"聚众扰乱社会秩序"，是指在首要分子的煽动、策划下，纠集多人共同扰乱国家机关、企事业单位和人民团体的工作、生产、营业和教学、科研、医疗秩序，封闭出入通道，进行纠缠、哄闹、辱骂、打砸等；"情节严重"，是指扰乱正常秩序的时间长，纠集的人数多，造成的影响恶劣等。"造成严重损失"，主要是公私财物或者工作、生产、营业和教学、科研、医疗秩序受到严重的损失和破坏等。需要指出，"情节严重""致使工作、生产、营业和教学、科研、医疗无法进行"和"造成严重损失"，都是构成本罪的要件，缺一不可。

犯罪主体是一般主体，但并非所有参与扰乱社会秩序的人都构成本罪，构成本罪的只能是扰乱社会秩序的首要分子和其他积极参加者。"首要分子"，是指在聚众扰乱社会秩序犯罪中起策划、组织和领导作用的犯罪分子；"其他积极参加的"，是指在扰乱社会秩序犯罪中积极、主动参加或者起重要作用的犯罪分子。

主观方面由故意构成。行为人往往企图通过这种扰乱活动，制造事端，给机关、企事业单位和人民团体施加压力，以实现自己的无理要求或者借机发泄不满情绪。过失不构成本罪。

（二）认定聚众扰乱社会秩序罪应当注意的问题

1. 划清本罪与一般扰乱社会秩序违法行为的界限。两者在表现形式上基本相同，都扰乱了正常的工作、生产、营业和教学、科研、医疗秩序。主要区别在于是否情节严重、是否造成严重损失以及是否属于首要分子和积极参加者。如果情节一般，没有造成严重损失，或者属于普通参加者，是一般违反治安管理的行为，可给予批评教育或者治安处罚。

2. 划清本罪与群体性事件的界限。对于机关领导上的官僚主义、形式主义，对涉及群众利益的事情处理不当，或者工作上的失误，以致引起群体性事件的，主要靠改进工作和说服教育，不宜动辄以犯罪论处。但对于借群体性事件，煽动群众，提出无理要求，破坏正常社会秩序，符合刑法第二百九十条规定的，应以聚众扰乱社会秩序罪依法追究刑事责任。

3. 划清一罪与数罪的界限。行为人在实施扰乱社会秩序的犯罪过程中，如果在犯罪手段或者犯罪结果上又触犯了其他罪名的，应按照处理牵连犯的原则，择一重罪处罚；如果独立构成故意杀人罪、故意伤害罪、抢劫罪、故意毁坏财物等犯罪的，应与聚众扰乱社会秩序罪数罪并罚。

（三）扰乱国家机关工作秩序罪的认定

刑法第二百九十条第三款规定的扰乱国家机关工作秩序罪，是《刑法修正案（九）》新增加的罪名。与聚众冲击国家机关罪是聚众犯罪不同，本罪并非聚众犯罪。刑法专门增加规定本罪，主要是针对实践中时常发生的，行为人没有采取聚集众人的方式，而是个人以各种极端方式冲击、扰乱国家机关工作秩序。对个人采取极端方式扰乱国家机关工作秩序，造成严重后果的，仅进行治安管理处罚，惩治的效果非常有限，一些人被多次治安管理处罚仍然继续实施扰乱国家机关工作秩序的行为。

本罪侵犯的客体是国家机关的正常工作秩序。客观方面表现为行为人多次扰乱国家机关工作秩序，经行政处罚后仍不改正，造成严重后果的行为。“多次扰乱”，一般理解至少三次以上扰乱国家机关正常工作秩序。“经行政处罚后仍不改正”，即对其多次扰乱国家机关工作秩序的行为，有关机关依法对其进行了行政处罚，行为人在受到行政处罚后仍然不改正其行为，继续扰乱国家机关工作秩序。“造成严重后果”，主要是国家机关的正常工作秩序受到严重影响，无法正常开展工作等。本罪的犯罪主体是一般主体。主观方面由故意构成。行为人往往企图通过这种扰乱活动，制造事端，给国家机关施加压力，以实现自己的无理要求或者借机发泄不满情绪。

（四）组织、资助非法聚集罪

刑法第二百九十条第四款增加规定了组织、资助非法聚集罪，加大对此类行为的打击。

本罪侵犯的客体是社会秩序。在客观方面表现为多次组织、资助他人非法聚集，扰乱社会秩序，情节严重的行为。“组织”，是指策划、指挥、协调非法聚集活动；“资助”，是指提供活动经费、物资以及其他物质帮助资助；“非法聚集”，是指未经有关机关批准，擅自在公共场所集结的行为；“扰乱社会秩序，情节严重”，是指扰乱正常秩序的时间长，纠集的人数多，造成的影响恶劣等。本罪的犯罪主体是一般主体。主观方面由故意构成。

【条文三十二】〔增加在信息网络或者其他媒体上传播虚假的险情、疫情、灾情、警情的犯罪〕

三十二、在刑法第二百九十一条之一中增加一款作为第二款：“编造虚假的险情、疫情、灾情、警情，在信息网络或者其他媒体上传播，或者明知是上述虚假信息，故意在信息网络或者其他媒体上传播，严重扰乱社会秩序的，处三年以下有期徒刑、拘役或者管制；造成严重后果的，处三年以上七年以下有期徒刑。”

【条文主旨】

针对在信息网络或者其他媒体上恶意编造、传播虚假信息，严重扰乱社会秩序的情况，《刑法修正案（九）》将编造虚假的险情、疫情、灾情、警情，在信息网络或者其他媒体上传播，或者明知是上述虚假信息，故意在信息网络或者其他媒体上传播，严重扰乱社会秩序的行为规定为犯罪。

【理解与适用】

一、修改的背景、内容和意义

美国“9·11”事件之后，在美国出现投放炭疽病病菌的恐怖活动，继而发生以虚假的炭疽病病菌制造恐慌的事件。投放虚假的炭疽病病菌的行为虽然事实上不能造成炭疽病的传播，不会实际危害公共安全，但在社会上造成群众恐慌，严重扰乱正常的社会秩序和生活秩序。特别是在恐怖分子曾经投放炭疽病病菌的情况下，此种投放虚假的炭疽病病菌的行为会使得人们真假难辨，危害性更大，应当予以刑事惩治。而反观我国刑法的规定，对于投放炭疽病病菌及其他编造虚假恐怖信息的行为，1997 年刑法缺乏相应的规定，无法规制。为此，《刑法修正案（三）》增设投放虚假危险物质罪、编造、故意传播虚假恐怖信息罪。[①] 刑法第二百九十一条之一规定：“投放虚假的爆炸

---

① 参见全国人大常委会法工委刑法室编：《中华人民共和国刑法·条文说明·立法理由及相关规定》，北京大学出版社 2009 年版，第 603 ~604 页。

性、毒害性、放射性、传染病病原体等物质，或者编造爆炸威胁、生化威胁、放射威胁等恐怖信息，或者明知是编造的恐怖信息而故意传播，严重扰乱社会秩序的，处五年以下有期徒刑、拘役或者管制；造成严重后果的，处五年以上有期徒刑。”《刑法修正案（三）》施行后，各地据此查处了一批案件，[①] 有效打击了投放虚假危险物质和编造、故意传播虚假恐怖信息的犯罪活动，充分发挥了刑法维护正常社会秩序的功能。

一段时期以来，故意编造、传播虚假恐怖信息以外的其他虚假信息的事件时有发生，甚至酿成了大规模的群体性事件，社会危害性大，应当予以刑事惩治。由于所编造的信息并不涉及“爆炸威胁、生化威胁、放射威胁等恐怖信息”，无法适用编造、故意传播虚假恐怖信息罪予以惩治。根据有关方面的建议，《刑法修正案（九）（草案)》拟增加规定编造、故意传播虚假信息犯罪，对编造险情、疫情、灾情、警情，在信息网络或者其他媒体上传播，或者明知是上述虚假信息，故意在信息网络或者其他媒体上传播，严重扰乱社会秩序行为的刑事责任问题作出明确。研拟过程中，多数部门对增设编造、传播虚假信息犯罪持赞成态度，但在具体法条的研拟上是否需要限制虚假信息的范围，以及将该罪设定为危险犯还是实害犯，则存在不同认识：有意见建议，列明虚假信息的具体范围，明确入罪的具体情形，以免实践中不当适用；也有意见建议，对虚假信息的范围不作明确限制，将入罪条件规定为“严重扰乱社会秩序或者具有其他情节严重情形”，将来通过司法解释进一步明确“严重扰乱社会秩序”

---

① 例如，被告人成某某于2004年4月8日，为向公安机关施压处理经济纠纷，在苏州市拨打南通市公安局110报警电话，编造“要求1小时内给答复，否则引爆如皋市天成大酒站”的虚假恐怖信息。公安机关迅速出警40余人与天成大酒店员工对该酒店进行地毯式搜查，未搜出任何爆炸物品。搜查时间长约一个多小时，造成酒店内人员心理恐慌，严重扰乱了社会秩序。次日，被告人成某某在苏州市再次拨打报警电话，编造“仍然要引爆天成大酒店”的虚假恐怖信息，后被公安人员抓获。法院最终认定成某某犯编造虚假恐怖信息罪，判处有期徒刑一年六个月。

“具有其他情节严重情形”的具体认定标准。

经研究，最初方案为在刑法第二百九十一条之一中增加一款作为第二款：“编造险情、疫情、警情或者其他虚假信息，在信息网络上传播，或者明知是虚假信息，故意在信息网络上传播，严重扰乱社会秩序或者造成其他严重后果的，处三年以下有期徒刑、拘役或者管制。”研拟过程中，有关方面均赞同上述方案，但建议将虚假信息限制为危及公共利益的虚假信息，并对夸大险情、疫情、警情等信息的行为定性作出明确，并主张不应限制在通过信息网络传播的形式。此外，还有意见认为，此类行为往往造成社会秩序严重混乱，社会危害性较大，不宜只配置“三年以下有期徒刑、拘役或者管制”，建议进一步提升法定刑配置，以实现罪责刑相适应。

经综合上述建议，将上述方案调整为在刑法第二百九十一条之一中增加一款作为第二款：“编造虚假的险情、疫情、警情或者其他可能造成社会秩序混乱、社会恐慌的信息，在信息网络或者其他媒体上传播，或者明知是上述虚假信息，故意在信息网络或者其他媒体上传播，情节严重的，处三年以下有期徒刑、拘役或者管制。”与最初方案相比，该方案主要进一步完善了虚假信息的范围，限定为可能造成社会秩序混乱、社会恐慌的信息，并进一步完善了传播方式，包括信息网络传播和其他媒体传播的方式。有关方面基本赞同这一方案，并提出进一步修改完善的建议：（1）厘清本罪与编造、故意传播虚假恐怖信息罪的关系，并协调两罪之间的法定刑配置；（2）编造行为与故意传播行为在社会危害性方面有所差异，宜进一步研究编造虚假信息与传播虚假信息的法定刑配置应否有所区别。

经研究，对方案作了进一步调整，从限制虚假信息的范围调整为限制入罪要件，将该罪由结果犯修改为危险犯，即在刑法第二百九十一条之一中增加一款作为第二款：“编造虚假的险情、疫情、警情，在信息网络或者其他媒体上传播，或者明知是上述虚假信息，故意在信息网络或者其他媒体上传播，足以造成社会秩序混乱或者引发社会恐慌的，处三年以下有期徒刑、拘役或者管制。”对此，有意见认为，投放虚假危险物质罪和编造、故意传播虚假恐怖信息罪均是实害犯，要求“严重扰乱社会秩序的”才构成犯罪；而编造、故意传播虚假信息犯罪却是危险犯，只要“足以造成社会秩序混乱或者引发社会恐慌”即可入罪，两者有失协调。因此，建议将入罪条件修改为“严重扰乱社会秩序”。

经研究，采纳上述意见，《刑法修正案（九）（草案）》第二十九条在刑法第二百九十一条之一中增加一款作为第二款：“编造虚假的险情、疫情、灾情、警情，在信息网络或者其他媒体上传播，或者明知是上述虚假信息，故意在信息网络或者其他媒体上传播，严重扰乱社会秩序的，处三年以下有期徒刑、拘役或者管制；造成严重后果的，处三年以上七年以下有期徒刑。”① 审议过程中，有意见提出，建议在“险情、疫情、灾情、警情”之后增加规定“等信息”。从实践来看，虚假信息不能全部包括在险情、疫情、灾情、警情四种类型之中。例如，不少因为兴建 PX 项目、垃圾焚烧项目等引发的虚假信息，以及一些通过网络传播的政治谣言、食品药品有害谣言等。考虑到刑法规范的明确性要求，在法条中应尽量少使用“等”表述，故未采纳上述意见，对这一修改方案未再作出调整。最终，《刑法修正案（九）》第三十二条维持了上述方案，增设了编造、故意传播虚假信息罪。

二、对修改内容的理解和适用

（一）犯罪客体

编造、故意传播虚假信息罪侵犯的客体是正常的社会秩序。编造虚假的险情、疫情、灾情、警情，在信息网络或者其他媒体上传播，

① 也有意见认为，“编造的”信息当然是“虚假的”信息，故“编造虚假的险情、疫情、灾情、警情”中的“虚假”是多余的，与“编造”的语义重复。而且，刑法第二百九十一条之一第一款也没有这种表述。因此，建议删除其中“虚假的”表述。

或者明知是上述虚假信息，故意在信息网络或者其他媒体上传播，严重影响正常的工作、生活秩序，造成社会秩序的混乱，应当予以刑事惩治。本罪的对象是虚假的险情、疫情、灾情、警情。需要注意的是，并非所有的虚假信息都能成为本罪的对象，险情、疫情、灾情、警情以外的其他虚假信息不能成为本罪的对象。

(二）犯罪客观方面

编造、故意传播虚假信息罪在客观方面表现为编造虚假的险情、疫情、灾情、警情，在信息网络或者其他媒体上传播，或者明知是上述虚假信息，故意在信息网络或者其他媒体上传播，严重扰乱社会秩序的行为。根据修正后刑法第二百九十一条之一第二款的规定，本罪由两种行为方式构成：一是编造虚假的险情、疫情、灾情、警情，在信息网络或者其他媒体上传播；二是明知是上述虚假信息，故意在信息网络或者其他媒体上传播。本罪是情节犯，必须达到严重扰乱社会秩序的程度才构成犯罪。所谓“严重扰乱社会秩序”，主要是指引起公共场所秩序混乱，或者使群众对虚假信息产生错误认识，在社会上引起恐慌。

(三）犯罪主体

编造、故意传播虚假信息罪的主体为一般主体，凡年满16周岁、具有刑事责任能力的自然人均可以构成本罪。

(四）犯罪主观方面

编造、故意传播虚假信息罪在主观方面只能由故意构成，且通常为直接故意。从实践来看，行为人编造、传播虚假的险情、疫情、灾情、警情的动机多样，有的是为了报复个人，有的是为了发泄对社会的不满，有的甚至是恶作剧，但动机不影响犯罪的成立。

(五) 刑事责任

根据修正后刑法第二百九十一条之一第二款的规定，犯编造、故意传播虚假信息罪的，处三年以下有期徒刑、拘役或者管制；造成严重后果的，处三年以上七年以下有期徒刑。

三、需要注意的问题

根据刑法第二百九十一条之一的规定，编造、故意传播虚假信息罪与编造、故意传播虚假恐怖信息罪均为严重扰乱社会秩序的行为，二者的界分主要在于行为对象的不同，前者为虚假的险情、疫情、灾情、警情，而后者为虚假恐怖信息。在司法实践中，对于虚假信息与虚假恐怖信息的界分宜注意以下问题：

1. 从编造、故意传播的信息所涉内容进行界分。虚假恐怖信息的内容主要是与恐怖活动有关，具体为爆炸威胁、生化威胁、放射威胁等恐怖信息，即“行为人编造假的要发生的爆炸、生物化学物品泄漏、放射性物品泄漏以及使用生化、放射性武器等信息”[①]。而与之不同，虚假的险情、疫情、灾情、警情，其内容不涉及恐怖活动，而是与社会秩序直接相关，可能造成社会秩序混乱、社会恐慌。

需要特别注意的是，广义上而言，恐怖信息与警情有所交叉，故编造、故意传播虚假信息罪和编造、故意传播虚假恐怖信息罪在客观行为上存在交叉，比如，虚假的爆炸威胁、生化威胁、放射威胁等恐怖信息，往往就是虚假的警情，如何区分，应当慎重把握。我们认为，由于刑法对编造、故意传播虚假恐怖信息已有专门规定，且法定刑更重，故对于虚假恐怖信息不宜再纳入虚假的警情范畴，对其编造、故意传播的应当直接适用编造、故意传播虚假恐怖信息罪。

2. 从编造、传播的信息所可能引发的后果进行界分。无论编造、

① 参见全国人大常委会法工委刑法室编：《中华人民共和国刑法 · 条文说明 · 立法理由及相关规定》，北京大学出版社 2009 年版，第 603 页。

故意传播虚假恐怖信息，还是编造、故意传播虚假的险情、疫情、灾情、警情，都不会实际危害公共安全，主要是扰乱社会秩序，就此而言，两种信息具有类似之处，这也是两类犯罪规定在同一法条的原因所在。但是，如果细加区分的话，两种信息可能引发的后果还是略有不同：虚假恐怖信息主要引发群众对公共安全方面的恐慌，担心爆炸威胁、生化威胁、放射威胁等恐怖发生会危及不特定多数人的生命、健康、财产安全；而虚假信息主要引发群众在社会秩序方面的恐慌，担心险情、疫情、灾情、警情会危及社会秩序。

【条文三十三】〔修改组织、利用会道门、邪教组织或者利用迷信破坏法律、行政法规实施的犯罪〕

三十三、将刑法第三百条修改为："组织、利用会道门、邪教组织或者利用迷信破坏国家法律、行政法规实施的，处三年以上七年以下有期徒刑，并处罚金；情节特别严重的，处七年以上有期徒刑或者无期徒刑，并处罚金或者没收财产；情节较轻的，处三年以下有期徒刑、拘役、管制或者剥夺政治权利，并处或者单处罚金。

"组织、利用会道门、邪教组织或者利用迷信蒙骗他人，致人重伤、死亡的，依照前款的规定处罚。

"犯第一款罪又有奸淫妇女、诈骗财物等犯罪行为的，依照数罪并罚的规定处罚。"

【条文主旨】

针对当前打击邪教犯罪实际，根据有关部门意见，《刑法修正案(九)》对刑法原第三百条进行了修改，增加规定了刑罚种类以及情节较轻的情形，并修改了组织、利用会道门、邪教组织或者利用迷信又实施其他犯罪的刑罚适用规则，以适应当前组织、利用邪教组织犯罪的新变化，更好地体现罪责刑相适应原则。

【理解与适用】

一、修改的背景、内容和意义

自1999年国家加大对邪教犯罪特别是法轮功犯罪的打击力度以来，邪教犯罪出现了一些新的特点，犯罪活动更加隐蔽、查处难度更大、社会危害性也更加严重：一是一些邪教组织公开宣扬反党反社会主义的言论，公开煽动成员推翻社会主义制度，与政府“决战”。二是一些邪教组织与国外反华势力相勾结，利用国外势力向我政府施压；有的首要分子逃到国外遥控指挥，使得部分邪教犯罪活动增添了国际因素，加大了打击难度。三是一些邪教组织将活动重点转移到偏远的农村或者社会管理薄弱的城乡结合部，利用小恩小惠拉拢、诱惑广大群众，大肆发展邪教组织成员。四是一些邪教组织利用互联网、“伪基站”设备等现代科技手段制作邪教宣传品宣扬邪教，查处难度大。五是邪教组织首要分子、骨干成员多采用单线联系、幕后指挥等反侦查方式实施邪教犯罪，导致被查处的邪教犯罪人员多是一般成员、层级较低的人员，首要分子或者骨干成员很少被抓获。据统计，从2012年到2014年三年间，因违反刑法第三百条的规定被判处五年以上有期徒刑的人员为825人，仅占全部被判刑人员的16.75%；被判处缓刑的人员为961人，超过了被判处五年以上有期徒刑的人员。这表明，因邪教犯罪被判处刑罚的绝大多数是不需要判处重刑的一般人员，而刑法原第三百条规定的刑罚，起刑点就是三年有期徒刑，不修改原第三百条的规定，难以适应打击极少数、教育挽救大多数以及宽严相济刑事政策的要求。另外，劳教制度被废止后，原来可以适用劳教的部分人员被分流进入刑事诉讼程序，又加剧了罪责刑不相适应的状况。

针对上述邪教犯罪活动特点和刑事处置现状，根据有关部门和人大代表的建议，《刑法修正案（九）》对刑法原第三百条作了以下主要修改：一是在“情节特别严重”的法定刑中，增加了无期徒刑，并处罚金或者没收财产。二是增加了“情节较轻”及与其相对应的法定刑。三是在第二款中增加了“致人重伤”这一危害后果。四是将原第三百条第三款规定的组织和利用会道门、邪教组织或者利用迷信奸淫妇女、诈骗财物，分别依照强奸罪、诈骗罪定罪处罚的原则修改为实施组织、利用会道门、邪教组织、利用迷信破坏法律实施罪又有奸淫妇女、诈骗财物等犯罪行为的，依照数罪并罚的规定处理。加大了对利用邪教组织又实施其他犯罪的打击力度。

二、对修改内容的理解与适用

（一）罪名确定

《刑法修正案（九）》对刑法原第三百条第一款增加规定刑罚和“情节较轻”的情形后，并没有改变罪状描述的行为的性质，即仍是组织、利用会道门、邪教组织或者利用迷信破坏国家法律、行政法规实施的行为，因此，原罪名不需要改变，仍可确定为组织、利用会道门、邪教组织、利用迷信破坏法律实施罪。对原第二款增加规定“致人重伤”这一危害结果后，可将原罪名“组织、利用会道门、邪教组织、利用迷信致人死亡罪”修改为“组织、利用会道门、邪教组织、利用迷信致人重伤、死亡罪”。有意见提出，组织、利用会道门、邪教组织、利用迷信破坏法律实施罪这一个罪名，可以概括第一款和第二款的意思，因此，两款可使用一个罪名。经研究认为，如使用一个罪名，则难以体现第二款行为所造成的具体的社会危害性，有失罪名确定的准确性，因此，第二款仍使用罪名——组织、利用会道门、邪教组织、利用迷信致人重伤、死亡罪。

(二)犯罪客体

组织、利用会道门、邪教组织、利用迷信破坏法律实施罪的客体为国家法律、行政法规实施的正常秩序。组织、利用会道门、邪教组织、利用迷信致人重伤、死亡罪侵犯的是复杂客体，即国家法律、行政法规实施的正常秩序和他人的生命、健康权。

(三)犯罪客观方面

组织、利用会道门、邪教组织、利用迷信破坏法律实施罪的客观方面表现为组织、利用会道门、邪教组织或者利用迷信破坏国家法律、行政法规实施的行为。会道门是一种具有准宗教性质的迷信色彩浓厚的秘密结社组织，是会、道、门、教、社等组织的合称。多数产生于封建社会后期，可细分为会门和道门，会门如大刀会、红枪会、小刀会等；道门如九宫道、先天道、后天道、一贯道、归根道等。根据最高人民法院、最高人民检察院1999年10月20日《关于办理组织和利用邪教组织犯罪案件具体应用法律若干问题的解释》（法释〔1999〕18号）的规定，邪教组织是指冒用宗教、气功或者其他名义建立，神化首要分子，利用制造、散布迷信邪说等手段蛊惑、蒙骗他人，发展、控制成员，危害社会的非法组织。迷信是指与科学相对立，信奉鬼仙神怪等超自然力量的观念和做法。[①] 关于破坏国家法律、行政法规实施的行为，根据刑法规定，分为两种类型：一是组织、利用会道门、邪教组织破坏国家法律、行政法规实施；二是利用迷信破坏国家法律、行政法规实施。《最高人民法院、最高人民检察院关于办理组织和利用邪教组织犯罪案件具体应用法律若干问题的解释》《最高人民法院、最高人民检察院关于办理组织和利用邪教组织犯罪案件具体应用法律若干问题的解释（二）》（法释〔2001〕19号）和《最高人民法院、最高人民检察院关于办理组织和利用邪教

---

① 参见张明楷：《刑法学》，法律出版社2007年版，第775页。

组织犯罪案件具体应用法律若干问题的解答》（法发〔2002〕7号），对破坏国家法律、行政法规实施行为定罪量刑的标准作了具体解释。《刑法修正案（九）》出台后，特别是增加规定了“情节较轻”及其法定刑后，需要制定新的司法解释，对原来的一些定罪量刑标准进行调整，并应根据当前犯罪情况的变化，增加规定一些新的情形，如发展邪教组织成员、入户传播邪教、利用互联网等信息网络传播邪教、利用货币传播邪教以及利用邪教敛取钱财等，以更有效和更具针对性地惩治和预防邪教犯罪。

组织、利用会道门、邪教组织、利用迷信致人重伤、死亡罪的客观方面是指组织和利用邪教组织制造、散布迷信邪说，蒙骗其成员或者其他人实施绝食、自残、自虐等行为，或者阻止病人进行正常治疗，致人重伤、死亡的行为。本罪客观方面的特点是利用迷信邪说，蒙骗他人进行自虐、自残等行为而导致重伤、死亡，如胁迫、教唆、帮助他人自杀、自残的，应以故意杀人罪或者故意伤害罪处理。[①] 根据刑法第三百条第二款的规定，组织、利用会道门、邪教组织、利用迷信致人轻伤的，不能适用刑法第三百条的罪名处理。

（四）犯罪主体

刑法第三百条第一、二款规定犯罪的犯罪主体为一般主体，凡年满16周岁，具有刑事责任能力的自然人均可构成。

（五）犯罪主观方面

组织、利用会道门、邪教组织、利用迷信破坏法律实施罪的主观

---

① 《最高人民法院、最高人民检察院关于办理组织和利用邪教组织犯罪案件具体应用法律若干问题的解释》第四条规定：“组织和利用邪教组织制造、散布迷信邪说，指使、胁迫其成员或者其他人实施自杀、自伤行为的，分别依照刑法第二百三十二条、第二百三十四条的规定，以故意杀人罪或者故意伤害罪定罪处罚。”《最高人民法院、最高人民检察院关于办理组织和利用邪教组织犯罪案件具体应用法律若干问题的解释（二）》第九条规定：“组织、策划、煽动、教唆、帮助邪教组织人员自杀、自残的，依照刑法第二百三十二条、第二百三十四条的规定，以故意杀人罪、故意伤害罪定罪处罚。”

方面是故意，包括直接故意和间接故意，即明知自己的行为必然或者可能发生扰乱社会秩序的结果，而希望或者放任结果的发生。组织、利用会道门、邪教组织、利用迷信致人重伤、死亡罪的主观方面为过失或者间接故意，在有些情况下，行为人可能排斥他人重伤、死亡结果的发生；在另外的情况下，可能对他人重伤、死亡的结果持放任态度。

（六）刑事责任

根据刑法第三百条第一款的规定，犯组织、利用会道门、邪教组织、利用迷信破坏法律实施罪的，有三档法定刑：情节较轻的，处三年以下有期徒刑、拘役、管制或者剥夺政治权利，并处或者单处罚金；中间档次的法定刑为三年以上七年以下有期徒刑，并处罚金；情节特别严重的，处七年以上有期徒刑或者无期徒刑，并处罚金或者没收财产。犯组织、利用会道门、邪教组织、利用迷信致人重伤、死亡罪的也有三档法定刑，与组织、利用会道门、邪教组织、利用迷信破坏法律实施罪的法定刑相同。

【条文三十四】〔增加故意毁坏尸体和盗窃、侮辱、故意毁坏尸骨、骨灰的犯罪〕

三十四、将刑法第三百零二条修改为：“盗窃、侮辱、故意毁坏尸体、尸骨、骨灰的，处三年以下有期徒刑、拘役或者管制。”

【条文主旨】

《刑法修正案（九）》对盗窃、侮辱尸体罪的修改主要体现在以下两个方面：一是增加行为方式，在原规定“盗窃、侮辱”的基础上，增加规定“故意毁坏”；二是扩大对象范围，将原规定“尸体”

扩展为“尸体、尸骨、骨灰”。

【理解与适用】

一、修改的背景、内容和意义

1997年修订刑法时，一些部门提出，实践中盗掘坟墓的案件时有发生。挖掘坟墓或者在其他场合侮辱、破坏尸体，不仅对死者亲属的感情造成严重的伤害，而且造成社会秩序的混乱。而刑法未将此种行为规定为犯罪，无法追究刑事责任，应当增加规定此种犯罪。立法机关采纳了这一建议，在1997年刑法中增设盗窃、侮辱尸体罪。[①]1997年刑法第三百零二条规定：“盗窃、侮辱尸体的，处三年以下有期徒刑、拘役或者管制。”

一段时期以来，有些地方出现了盗窃骨灰的案件，对于能否将刑法第三百零二条规定的“尸体”扩大解释为包括“骨灰”在内，从而以盗窃尸体罪追究刑事责任，存在不同认识。2002年9月18日《最高人民检察院研究室关于盗窃骨灰行为如何处理问题的答复》明确：“‘骨灰’不属于刑法第三百零二条规定的‘尸体’。对于盗窃骨灰的行为不能以刑法第三百零二条的规定追究刑事责任。”这一问题虽然得到明确，但盗窃骨灰的行为不仅亵渎了死者人格尊严，而且给死者的家属带来了极大的痛苦和伤害，也破坏了我国善良的民俗习惯和民族传统，具有较大的社会危害性，将其置于刑法惩治范围之外，实有不妥。因此，有关方面建议立法机关适时明确盗窃骨灰行为的刑事法律适用问题。

此次刑法修改过程中，最初拟通过立法解释的方式明确盗窃、侮辱尸骨、骨灰行为的法律适用问题。刑法立法解释初步方案为：盗

① 参见高铭暄：《中华人民共和国刑法的孕育诞生和发展完善》，北京大学出版社2012年版，第529页。

窃、丢弃、损毁尸骨、骨灰的，适用刑法第三百零二条盗窃、侮辱尸体罪的规定。对于这一方案所涉内容，有关方面均表示赞同，但究竟应当通过立法解释还是修正案的方式予以解决，则存在不同认识：一种意见认为，尸骨、骨灰与尸体有较为明显的区别，通过司法解释明确盗窃、丢弃、损毁尸骨、骨灰的行为适用盗窃、侮辱尸体罪，会引发司法解释超越刑法用语规范含义的争议。但是，通过立法解释对上述问题作出明确，则不会引发上述争议，且这一问题没有必要通过修改刑法的方式来解决，立法解释更为可取。另一种意见认为，立法解释是否可以超越刑法用语的规范含义，是一个值得进一步讨论的问题。将“尸骨”“骨灰”解释为刑法规定的“尸体”，明显超越了“尸体”的规范含义，不再属于扩大解释的范畴，而是具有类推解释的色彩。如果从严格解释的立场出发，立法解释也只能进行扩大解释，而不能进行类推解释。因此，通过立法解释的方式明确盗窃、丢弃、损毁尸骨、骨灰的行为适用盗窃、侮辱尸体罪的规定，并不适宜。对这一问题通过修改刑法第三百零二条的方式予以解决，更为可取。

经慎重研究，《刑法修正案（九）（草案）》研拟过程中，采纳了第二种观点，即通过刑法修正案的方式对刑法第三百零二条作出修改完善。经研究，拟将刑法第三百零二条修改为：“盗窃、侮辱、丢弃、故意毁坏尸体、尸骨、骨灰或者故意毁坏他人坟墓的，处三年以下有期徒刑、拘役或者管制。”有关方面均赞同这一方案，并对表述提出修改完善建议。特别是，有意见建议对“丢弃”的范围再作界定，以避免将有些地方存在的抛洒骨灰的风俗行为纳入其中。也有意见建议将“丢弃、损毁”行为方式不明确列出，纳入“侮辱”之中予以解决。还有意见建议进一步界定“故意毁坏他人坟墓”的范围，不限制为物理破坏行为，以明确将实践中业已出现的对墓碑、墓地抛洒墨汁、油漆或者粪便等污染物，以亵渎死者人格尊严，侮辱死者家属的行为包括在“故意毁坏他人坟墓”之中。根据有关方面的意见对方案作了调整，将行为方式调整为“盗窃、侮辱、故意毁坏”，删除“故意毁坏他人坟墓”的情形。《刑法修正案（九）（草案）》第三十一条将刑法第三百零二条修改为："盗窃、侮辱、故意毁坏尸体、尸骨、骨灰的，处三年以下有期徒刑、拘役或者管制。"审议过程中，对这一修改方案未再作出调整。最终，《刑法修正案（九)》第三十四条维持了上述方案，对盗窃、侮辱尸体罪作出修改。

二、对修改内容的理解和适用

（一）罪名确定

《刑法修正案（九)》对刑法第三百零二条作了修改，故原有的"盗窃、侮辱尸体罪"无法沿用。考虑到该条针对的是盗窃、侮辱、故意毁坏尸体、尸骨、骨灰的行为，故司法解释将罪名确定为"盗窃、侮辱、故意毁坏尸体、尸骨、骨灰罪"。

（二）犯罪客体

盗窃、侮辱、故意毁坏尸体、尸骨、骨灰罪侵犯的客体是社会风化。盗窃、侮辱、故意毁坏尸体、尸骨、骨灰，历来被视为对死者人格尊严的亵渎，也是对死者亲属感情的严重伤害。而且，此种行为不仅扰乱了社会公共秩序，还容易引发群众之间的矛盾，进而酿成大的冲突，具有较大的社会危害性，必须纳入刑事惩治的范围。

本罪的对象为尸体、尸骨、骨灰。"尸体"，是指自然人死后所遗留的躯体，既可以是整具遗体，也可以是遗体的组成部分。"尸骨"，是指尸体腐烂后留下的骨架，既可以是整具骨架，也可以是骨架的组成部分。需要注意的是，在《刑法修正案（九)》施行前，由于刑法第三百零二条只规定了"盗窃、侮辱尸体"，故一般主张"尸体应作扩大解释，既包括整具遗体，也包括尸体的组成部分，如遗骨、遗发"。[①] 应当说，这一扩大解释是符合当时的司法实践需要的。

---

① 参见周道鸾、张军主编：《刑法罪名精释（下)》，人民法院出版社 2013 年版，第 752～753 页。

在《刑法修正案（九）》明确将“尸骨”列为犯罪对象之后，则不宜再将“尸骨”解释到“尸体”的范围内。“骨灰”，是指遗体焚烧后化成的灰。

（三）犯罪客观方面

盗窃、侮辱、故意毁坏尸体、尸骨、骨灰罪在客观方面表现为盗窃、侮辱、故意毁坏尸体、尸骨、骨灰的行为。具体而言，“盗窃”，是指行为人以出卖、结阴婚等为目的，窃取尸体、尸骨、骨灰的行为。需要注意的是，对于实践中可能出现的抢劫、抢夺尸体、尸骨、骨灰的案件，由于刑法没有将抢劫、抢夺尸体、尸骨、骨灰的行为单独入罪,[①] 但这类行为实际上也是一种窃取“尸体、尸骨、骨灰”的行为，可以考虑认定为“盗窃尸体、尸骨、骨灰”。“侮辱”，通常是指对尸体实施猥亵、奸尸等行为。“故意毁坏”，是指破坏尸体、尸骨、骨灰的原本形态的行为。需要注意的是，在《刑法修正案（九）》施行之前，由于刑法第三百零二条并未规定单独的“故意毁坏”行为方式，通常将毁坏尸体的行为解释到“侮辱”之中。[②] 在《刑法修正案（九）》施行后，则应当区分“侮辱”与“故意毁坏”两种行为方式，作出符合刑法规定的判断。司法实践中还须注意的是，虽然立法为避免产生歧义，最终将“丢弃”尸体、尸骨、骨灰的行为未明确列为该罪的行为方式，但是，司法实践中对于违背死者亲属意愿，故意丢弃尸体、尸骨、骨灰的行为可以考虑根据案件具体情况解释为“盗窃、侮辱、故意毁坏尸体、尸骨、骨灰”的具体情形，以免出现刑法适用的漏洞。根据刑法第三百零二条的规定，行为

---

① 在《刑法修正案（九）（草案）》研拟过程中，即有意见主张对抢劫、抢夺尸体、尸骨、骨灰的行为定性作出明确，但由于各种原因，该意见最终未获采纳。

② 例如，有观点认为，刑法第三百零二条的“侮辱”，“主要是指出于侮辱、玷污的故意，对死者遗体进行猥亵、毁损、奸尸等破坏的行为”。参见全国人大常委会法工委刑法室编：《中华人民共和国刑法·条文说明·立法理由及相关规定》，北京大学出版社 2009 年版，第 621 页。

人只要实施了盗窃、侮辱、故意毁坏尸体、尸骨、骨灰其中一种行为，就构成本罪；实施了两种行为的，仍为一罪，不实行数罪并罚。

（四）犯罪主体

盗窃、侮辱、故意毁坏尸体、尸骨、骨灰罪的主体为一般主体，凡年满16周岁、具有刑事责任能力的自然人均可以构成本罪。

（五）犯罪主观方面

盗窃、侮辱、故意毁坏尸体、尸骨、骨灰罪在主观方面只能由故意构成，且通常具有非法占有的目的，或者侮辱、玷污尸体、尸骨、骨灰的目的。从司法实践来看，本罪的犯罪动机多种多样，有的是为了出卖，有的是为了泄愤报复，有的是基于迷信，但动机不影响本罪的成立。实践中需要注意从主观方面界分罪与非罪，有的行为在客观上对尸体、尸骨、骨灰造成了损害，但主观方面并无侮辱、玷污的故意，如医务人员、司法工作人员履行法定职责对尸体进行解剖，殡葬工作人员依照规定对尸体进行火化，根据死者亲属的意愿和当地的风俗进行抛洒骨灰等，不能认定为本罪。

三、需要注意的问题

司法实践中适用本条应当特别注意以下几个问题：一是要注意把握少数民族地区存在的特殊殡葬习俗，避免认定为侮辱、故意毁坏尸体、尸骨、骨灰罪。二是对于故意杀人中肢解尸体的行为，不能再适用侮辱、故意毁坏尸体罪单独评价。三是对于行为人破坏埋葬死者遗体或者骨灰的墓地、墓碑的行为，由于《刑法修正案（九）》未最终将“故意毁坏他人坟墓的行为”入罪，只能适用其他罪名处理：如果只是毁坏他人坟墓的，包括物理破坏和对墓碑、墓地抛洒墨汁、油漆或者粪便等污染物的其他毁坏行为，可以考虑适用故意毁坏财物罪；如果毁坏他人坟墓进而盗窃、侮辱、故意毁坏尸体、尸骨、骨灰的，可以在故意毁坏财物罪与盗窃、侮辱、故意毁坏尸体、尸骨、骨灰罪之间择一重罪处断。

【条文三十五】〔增加虚假诉讼的犯罪〕

三十五、在刑法第三百零七条后增加一条，作为第三百零七条之一："以捏造的事实提起民事诉讼，妨害司法秩序或者严重侵害他人合法权益的，处三年以下有期徒刑、拘役或者管制，并处或者单处罚金；情节严重的，处三年以上七年以下有期徒刑，并处罚金。

"单位犯前款罪的，对单位判处罚金，并对其直接负责的主管人员和其他直接责任人员，依照前款的规定处罚。

"有第一款行为，非法占有他人财产或者逃避合法债务，又构成其他犯罪的，依照处罚较重的规定定罪从重处罚。

"司法工作人员利用职权，与他人共同实施前三款行为的，从重处罚；同时构成其他犯罪的，依照处罚较重的规定定罪从重处罚。"

【条文主旨】

为有效规制虚假诉讼行为，《刑法修正案（九）》从以下四个方面增设虚假诉讼犯罪的规定：其一，增设虚假诉讼罪，将以捏造的事实提起民事诉讼，妨害司法秩序或者严重侵害他人合法权益的行为规定为犯罪；其二，明确单位犯虚假诉讼罪的，对单位判处罚金，并对其直接负责的主管人员和其他直接责任人员，依照刑法的规定处罚；其三，明确实施虚假诉讼，非法占有他人财产或者逃避合法债务，又构成其他犯罪的，依照处罚较重的规定定罪从重处罚；其四，明确司法工作人员利用职权，与他人共同实施虚假诉讼犯罪的，从重处罚；同时构成其他犯罪的，依照处罚较重的规定定罪从重处罚。

【理解与适用】

一、修改的背景、内容和意义

(一)虚假诉讼的情况和特点

所谓虚假诉讼，是指以捏造的事实提起的民事诉讼。从司法实践来看，虚假诉讼表现形式多样：有的表现为骗取人民法院判决、裁定或者调解书，从而非法占有他人财物；有的表现为逃避履行给付义务而进行诉讼诈骗，以转移资产或者参与分配；还有的表现为离婚案件一方当事人为多分夫妻共同财产，采用诉讼诈骗手段骗取人民法院判决、裁定、调解书，以转移夫妻共同财产，等等。这些行为严重侵犯他人的合法权益，妨害正常的司法秩序，损害人民法院的权威，造成司法资源的极大浪费。近年来，虚假诉讼迅速蔓延，大有愈演愈烈之势。据介绍，北京市第一中级人民法院通过对100起民事二审改判案件进行抽样分析，发现有超过20%的案件存在诉讼欺诈行为。[①] 而且，虚假诉讼行为增长迅速，大有愈演愈烈之势。据北京市朝阳区人民法院的统计数据，因虚假民事诉讼导致案件再审的情况，仅2007年就比2006年增长4倍多，占全年提起再审案件数的58.3%。[②]

2010年，某高院曾对全省法院2001年至2009年虚假诉讼情况作过调研，据不完统计，共发现虚假民事诉讼案件940件，类型主要集中在房产、追索劳动报酬、借贷、离婚等纠纷及相关执行案件。(1)房产纠纷。共705件，占已发现虚假民事诉讼案件的75%，其中系列案695件。主要表现为三种情形：一是房产公司为逃避对银行

① 参见《北京一中院副院长称百起案件1/5存在诉讼欺诈》，载http://news.qq.com/a/20091029/001515.htm，访问时间：2014年2月7日。

② 参见北京市高级人民法院编：《审判工作热点问题及对策思路：北京法院调研成果精选（2007年卷）》，法律出版社2009年版，第356页。

的欠款，虚构房屋买卖合同，将本应抵偿给银行的房屋过户给虚假的购房人；二是虚构房屋买卖关系，规避行政管理或者逃避缴纳法定的税费；三是已被法院查封的房屋所有人与他人串通，共同隐瞒房产已被查封的事实，由他人起诉请求法院判决已被查封的房产归他人所有或他人享有一定的份额，以协助房产所有人转移财产、逃避应偿还的债务。（2）追索劳动报酬。共215件，占已发现虚假民事诉讼案件的22.8%，均为系列案。一些经营不善、资产状况不佳的企业为转移财产、减少可供清偿债务的财产，滥用破产法关于破产财产应当优先清偿劳动债权的规定，虚构劳动关系，以虚假的劳动者名义起诉企业请求支付工资报酬。用工单位被判败诉后，迅速将厂房、设备等资产拍卖，导致企业的真实债权人难以从企业资产中获得清偿，或大幅减少债权人应获清偿的份额。（3）借贷纠纷。共11件，除去系列案因素，此类案件在虚假民事诉讼中所占比例最高。往往表现为债务人为逃避债务，虚构债权债务关系或者虚构优先清偿的债权（伪造借贷纠纷中最直接的证据“借条”“借据”），与虚构的债权人合谋提起诉讼，以实现将自己的财产转移给虚假的债权人，最终导致真正的债权人无法获得清偿。（4）执行案件。共3件。主要表现为财产被查封的被执行人与案外人串通，由案外人捏造事实提起执行异议，协助被执行人转移被查封的财产、逃避偿债。（5）离婚纠纷及相关纠纷。共2件。主要表现为虚构债务，损害配偶财产权，或者假离婚、真逃债。拟离婚或者已离婚的夫妻一方与第三人串通提起虚假诉讼，企图把家庭财产转让给第三人或者使原配偶向第三人清偿虚构债务；或者夫妻中一方对外欠有债务，为逃避偿债，夫妻双方通过诉讼，请求法院解除婚姻关系，并判决巨额夫妻共同财产全部归另一方所有。2008年12月4日《浙江省高级人民法院关于在民事审判中防范和查处虚假诉讼案件的若干意见》（浙高法〔2008〕362号）第二条也明确虚假诉讼集中的案件类型，规定：“下列几类案件，审判中应当特别关注：（一）民间借贷案件；（二）离婚案件一方当事人为被告的财产纠纷案件；（三）已经资不抵债的企业、其他组织、自然人为被告的财产纠纷案件；（四）改制中的国有、集体企业为被告的财产纠纷案件；（五）拆迁区划范围内的自然人作为诉讼主体的分家析产、继承、房屋买卖合同纠纷案件；（六）涉及驰名商标认定的案件。”

虚假民事诉讼的成因较为复杂，当事人唯利是图是主要原因，同时与当前社会诚信的缺失直接相关。而从司法层面而言，“谁主张谁举证”的举证原则、证据自认规则等民事诉讼的证据规则，“当事人积极参与、法院居中裁判”“尊重当事人处分权”的民事诉讼模式客观上为虚假诉讼留下了恶意滥用的空间。例如，司法实践中存在利用证据“自认”规则，采用虚假诉讼手段骗取人民法院判决驰名商标司法认定的情形。[①][②] 从立法和司法层面而言，缺乏对虚假诉讼行为的有效法律惩治，特别是刑事责任追究，使得虚假诉讼行为基本游离

---

① 原告、被告双方串通，甚至自设侵权被告，制造“侵权纠纷”并向人民法院提起“认定驰名商标”之诉。进入诉讼程序后，原告即向法院提供证据，而被告则予以认可，从而取得司法对驰名商标的认可。“康王”商标纠纷案即为典型例子。“康王”商标纠纷案的基本案情是：2006 年，汕头市康王精细化工实业有限公司状告安徽泾县慈坑村中村组村民李某某，提出后者以商业使用为目的，在网络上注册“中国康王”、www. kanwan. com. cn 网络域名，对自己的“康王 kanwan”商标构成侵权，请求判决汕头公司的“康王 kanwan”商标为驰名商标。2006 年 8 月 4 日，安徽省宣城中院判决汕头公司胜诉，认定汕头公司持有的“康王 kanwan”商标为驰名商标，同时还认定原告在诉求中没有要求的另两件注册商标——“Kanwan”（注册号为第 3125775 号）、“康王 KANWANG”（注册号为第 1172124 号）也为驰名商标。对这一判决，作为利害关系人的云南滇虹药业表示不服向安徽省高级人民法院提出了民事再审申请。安徽高院调查发现，导致汕头公司获得驰名商标的所谓的李某某网上侵权事件，竟是由原告汕头公司自己一手炮制的。以李某某名义注册的两个域名“中国康王”“www. kanwan. com. cn”是由原汕头公司代理律师以不正当方式得到李某某的身份证复印件然后找人注册而成的。李某某本人自始至终未参与整个案件的审理活动。随后，安徽省高院指令宣城中院重审此案。宣城中院最终裁定：撤销汕头康王公司的驰名商标“康王 kanwan”等。

② 为应对驰名商标认定中虚假诉讼蔓延的局面，最高人民法院于 2009 年 1 月发布《关于涉及驰名商标认定的民事纠纷案件管辖问题的通知》，明确规定自其下发之日起，“涉及驰名商标认定的民事纠纷案件，由省、自治区人民政府所在地的市、计划单列市中级人民法院，以及直辖市辖区内的中级人民法院管辖。其他中级人民法院管辖此类民事纠纷案件，需报经最高人民法院批准；未经批准的中级人民法院不再受理此类案件。”此外，为防止当事人在驰名商标认定中串通造假，2009 年 5 月 1 日施行的《最高人民法院关于审理涉及驰名商标保护的民事纠纷案件应用法律若干问题的解释》规定人民法院对驰名商标的事实不适用民事诉讼证据的自认规则，对方当事人对于驰名商标的认可，并不免除原告的举证责任。此后，司法实务中驰名商标认定虚假诉讼的案件明显减少。

于法律规制之外，也是虚假诉讼滋生和迅速蔓延的重要原因。

（二）虚假诉讼的法律规制现状

我国现行法律关于虚假诉讼行为的规定，主要集中在民事诉讼法。根据民事诉讼法第一百一十一条的规定，伪造、毁灭重要证据，妨碍人民法院审理案件，或者以暴力、威胁、贿买方法阻止证人作证或者指使、贿买、胁迫他人作伪证的，人民法院可以根据情节轻重予以罚款、拘留；单位实施的，可以对其主要负责人或者直接责任人员予以罚款、拘留；构成犯罪的，依法追究刑事责任。特别是，为加大对虚假诉讼行为的惩治力度，第一百一十二条、第一百一十三条规定："当事人之间恶意串通，企图通过诉讼、调解等方式侵害他人合法权益的，人民法院应当驳回其请求，并根据情节轻重予以罚款、拘留；构成犯罪的，依法追究刑事责任。""被执行人与他人恶意串通，通过诉讼、仲裁、调解等方式逃避履行法律文书确定的义务的，人民法院应当根据情节轻重予以罚款、拘留；构成犯罪的，依法追究刑事责任。"

对于虚假诉讼行为，我国刑法虽然缺乏直接明确的规制，但相关罪名可以"迂回"惩治，如对有的虚假诉讼行为可依法以职务侵占罪、拒不执行判决、裁定罪、虚假破产罪等罪论处。但是，2002年10月24日《最高人民检察院法律政策研究室关于通过伪造证据骗取法院民事裁判占有他人财物的行为如何适用法律问题的答复》提出："以非法占有为目的，通过伪造证据骗取法院民事裁判占有他人财物的行为所侵害的主要是人民法院正常的审判活动，可以由人民法院依照民事诉讼法的有关规定作出处理，不宜以诈骗罪追究行为人的刑事责任。如果行为人伪造证据时，实施了伪造公司、企业、事业单位、人民团体印章的行为，构成犯罪的，应当依照刑法第二百八十条第二款的规定，以伪造公司、企业、事业单位、人民团体印章罪追究刑事责任；如果行为人有指使他人作伪证行为，构成犯罪的应当依照刑法第三百零七条第一款的规定，以妨害作证罪追究刑事责任。"2006年

4月18日《最高人民法院研究室关于伪造证据通过诉讼获取他人财物的行为如何适用法律问题的批复》（法研〔2006〕73号）提出："该问题在最高人民检察院法律政策研究室2002年10月24日发布的《关于通过伪造证据骗取法院民事裁判占有他人财物的行为如何适用法律问题的答复》中已经明确。该答复在起草过程中已征求了我室意见。你院在审理此后发生的有关案件时可参酌适用该《答复》的规定。"[①] 2007年3月14日《公安部经侦局关于伪造证据骗取法院民事裁判占有他人财物的行为如何适用法律的批复》（公经〔2007〕526号）提出："该问题在最高人民检察院法律政策研究室2002年10月24日发布的《关于通过伪造证据骗取法院民事裁判占有他人财物的行为如何适用法律问题的答复》中已经明确。2006年4月18日，最高人民法院研究室在给黑龙江省高级人民法院的答复中明确表示可参酌适用最高人民检察院法律政策研究室所作出的答复（《最高人民法院研究室关于伪造证据通过诉讼获取他人财物的行为如何适用法律问题的答复》，法研〔2006〕73号）……鉴于伪造证据骗取法院民事裁判占有他人财物的行为司法实践中有的法院对此类案件以诈骗罪作出有罪判决，因此，是否构成犯罪还要依照刑法有关规定来认定。"[②][③]

然而，一些地方司法机关出台的相关文件已经突破了上述答复的精神，明确规定对诉讼诈骗行为可以以诈骗罪追究刑事责任。例如，

---

① 有关论述认为，上述答复意见的不当之处主要有：（1）对诉讼诈骗行为侵犯的客体认识不当。以非法占有为目的，通过伪造证据骗取人民法院民事裁判占有他人财物的行为所侵害的不仅是人民法院正常的审判活动，也包括他人的财产权。（2）行为人实施诉讼诈骗行为，主要目的是占有他人财物，将上述行为评价为财产犯罪以外的犯罪，难以准确评价行为人的主观方面。（3）对于行为人未实施伪造公司、企业、事业单位、人民团体印章的行为，也未指使他人做伪证，依据上述答复无法追究刑事责任，明显不妥。（4）上述答复对诉讼诈骗的构造特征存在误读，未能把握诉讼诈骗系典型的三角诈骗的属性。

② 参见《关于伪造证据骗取法院民事裁判占有他人财物的行为如何适用法律的批复》，载 http：//sanzd. hnp. edu. cn/s/42/t/102/0d/0c/info3340. htm，访问时间：2014年2月9日。

③ 实际上，在近年来的个别答复中，针对以捏造的事实提起民事诉讼，非法占有他人财产的请示，最高人民法院有关部门在答复中主张适用诈骗罪。

2010 年 7 月 7 日，浙江省高级人民法院、浙江省人民检察院联合发布《关于办理虚假诉讼刑事案件具体适用法律的指导意见》，对虚假诉讼行为可能触犯的刑法罪名作了明确。其中，第六条明确规定："以非法占有为目的，进行虚假诉讼，骗取公私财物的，按照刑法第二百六十六条诈骗罪处理。" 2013 年 6 月 20 日，江苏省高级人民法院、江苏省人民检察院、江苏省公安厅、江苏省司法厅联合发布《关于防范和查处虚假诉讼的规定》，要求按照刑法的相关规定追究虚假诉讼行为人的刑事责任，其中第二十五条第一款第七项明确规定："以非法占有为目的，进行虚假诉讼，骗取公私财物的，按照诈骗罪处理。刑法另有规定的，依照规定定罪处罚。" 而从司法实践来看，多数虚假诉讼行为被作为妨害民事诉讼行为处理，未被追究刑事责任；但是，也有少数案件被以诈骗罪追究刑事责任。

（三）虚假诉讼刑法评价的争论

目前，刑法理论界关于虚假诉讼的定性存在无罪说和有罪说的争论，且有罪说又主要存在诈骗罪说、敲诈勒索罪说、抢劫罪说等多种观点。

1. 无罪说。此种观点认为，诉讼诈骗行为虽然"危害程度绝不亚于诈骗犯罪，但从犯罪构成理论分析并不构成诈骗罪、合同诈骗罪。由于没有相应的条款加以刑事处罚，根据'法无明文规定不为罪'的原则，只能按无罪处理"。①

2. 诈骗罪说。此种观点认为，通常的诈骗行为只有行为人与被害人，被害人因为被欺骗而产生认识错误，自己处分自己的财产，即被害人与被骗人是同一人。但是，诈骗罪也可能存在被害人与被骗人不是同一人的情况，即三角诈骗的情形。诉讼诈骗是典型的三角诈骗。行为人以提起民事诉讼为手段，通过伪造证据等方式，使法院作

① 参见潘晓甫、王克先：《伪造民事证据是否构成犯罪》，载《检察日报》2003 年 10 月 10 日第 3 版。

出有利于自己的判决，从而获得财产的行为，构成诈骗罪。①

3. 敲诈勒索罪说。此种观点认为：“首先，敲诈勒索罪是采用威胁或要挟的手段，强迫他人交付财物，而威胁、要挟的方法是多种多样的。恶意诉讼是要借助法院判决的强制力迫使被害人交付财物，而不是骗取被告的财物。其次，实施诈骗往往是利用被害人的弱点（如贪便宜或缺乏警惕）行骗，比较容易得逞，社会危害性大。而法官负有审查案件事实判别真伪的职责，具有专业技能，行为人搞恶意诉讼的可能性相对较小。因为即使一审判决原告胜诉，被告也会提出上诉，争取改判；即使二审判决一审原告胜诉，被告还可请求检察机关提出抗诉，仍有改判的机会。由此可见，把恶意诉讼看成是敲诈勒索罪的一种特殊方式、方法更为恰当。”②

4. 区别对待说。此种观点认为：“诉讼诈骗尽管具有诈骗罪的某些特征，但认定其构成诈骗罪是不妥当的。诉讼诈骗的行为属性应从其侵犯法院审判秩序的角度分析才是恰当的。现行刑法典只能对部分诉讼诈骗行为进行评价，其余无法定罪的诉讼诈骗行为的犯罪化问题，只能留给立法解决。”③

（四）虚假诉讼刑法规制的国外概况

虚假诉讼并非我国特有的现象，在其他国家，如何有效防范和惩治虚假诉讼行为，也是必须面对的问题。因此，充分了解其他国家关于虚假诉讼刑事立法的成熟经验，有助于我们更好地从异域视角审示我国所面临的问题。限于篇幅，这里仅对部分国家关于虚假诉讼的刑事立法情况概述如下：

1. 德国、日本。德国、日本未将虚假诉讼规定为独立的犯罪，

① 参见张明楷：《刑法学》（第四版），法律出版社2011年版，第894页；刘明祥：《论诈骗罪中的财物交付行为》，载《法学评论》2001年第2期。

② 参见王作富：《恶意诉讼侵财更符合敲诈勒索罪特征》，载《检察日报》2003年2月10日第3版。

③ 参见董玉庭：《论诉讼诈骗及其刑法评价》，载《中国法学》2004年第2期。

但是法学理论界和实务界一般将虚假诉讼视为三角诈骗的典型形式，主张虚假诉讼构成诈骗罪。德国在帝国法院时期，就已有对诉讼诈骗以诈骗罪处罚的判决。

2. 新加坡。新加坡刑法将虚假诉讼行为规定在“妨害司法罪”中，第208条规定：“采用欺骗手段接受非应的数额的判决罪”；第209条进一步规定：“在法院欺诈地或不诚实地做出其明知是虚假的主张旨在伤害或惹怒任何人的，处可长至二年的有期徒刑，并处罚金”，该条罪名是“采用欺骗手段或者不诚实地在法庭提出权利要求”。[①]

3. 意大利。意大利刑法将虚假诉讼规定在“侵犯司法管理罪”中，但与新加坡刑法又有差异。该法第374条规定：“在民事诉讼或者行政诉讼中，以欺骗正在进行调查或者司法试验的法官为目的，有意改变有关地点、物品或人身状况的，或者鉴定人在进行鉴定时做出上述改变的，如果行为人不被特别的法律条款规定为犯罪，处以六个月至三年有期徒刑。”第375条规定：“如依据第374条规定的情况下，如果行为人导致五年以下有期徒刑，处三年至八年有期徒刑，如果行为导致五年以上有期徒刑，处四年至十二年有期徒刑，如果行为导致无期徒刑，则处以六年至二十年有期徒刑。”该条的罪名是“诉讼欺诈”，如果单纯的诉讼欺诈行为不构成其他犯罪的，科处的刑罚相对较轻；如果同时符合其他犯罪构成的，仍定诉讼欺诈，但科处的刑罚明显加重。[②]

4. 西班牙。西班牙刑法第248条第一项规定了一般诈骗罪，规定“使用欺骗手段，诱使他人做出错误决定而获得利益的，构成诈骗罪”，诈骗金额超过5万比塞塔的，处六个月以上四年以下徒刑。第250条第一项规定，假借诉讼程序进行诈骗的，处一年以上六年以下有期徒刑。可见，西班牙刑法将虚假诉讼行为作为诈骗罪量刑的加

① 参见《新加坡刑法典》，柯良栋等译，群众出版社1996年版，第57页。

② 参见《意大利刑法典》，黄风译，中国政法大学出版社1998年版，第112页。

重情节。①

通过对以上几个国家关于虚假诉讼的法律规制模式的梳理可以得出如下结论：（1）基于我国的现实情况，宜在刑法典中对虚假诉讼行为的处理作出明确规定。除德国、日本刑法典对虚假诉讼未作明确外，其他国家均对虚假诉讼作出明确规定。德国、日本刑法理论对虚假诉讼定性基本形成通说，主张按照诈骗罪处理，司法实务也基本秉持这一处理原则。在此背景下，即使不在刑法典中对虚假诉讼的定性作出明确，也不影响司法实务案件的处理。但是，这显然不适用于我国。如前所述，我国刑法实务和理论研究对虚假诉讼行为的定性和具体适用罪名均存在较大分歧，从我国的立法模式而言，宜采用多数国家采取的明示的立法模式，以更好地统一法律适用，避免已经存在的混乱局面。（2）对于具体的刑法规制模式，有诈骗罪和独立罪名两种模式可供选择。实际上，在我国虚假诉讼入罪的立法过程中，对于这两种选项也进行了激烈的论争。

（五）虚假诉讼入罪的立法过程

愈演愈烈的虚假诉讼形势引起了各方广泛关注。有关部门建议立法机关通过立法解释或者修改刑法方式对虚假诉讼行为的定性作出明确，而人大代表、政协委员也纷纷就虚假诉讼的刑事规制提出建议、提案。2009 年，四川团王明雯等人大代表提交了关于修改刑法，增加“诉讼诈骗罪”的议案，建议在刑法中增加诉讼诈骗罪，以打击和制裁诉讼诈骗行为。② 同年，李文岳等 13 位政协委员在《关于建议全国人大常委会尽快作出解释明确对诉讼诈骗按诈骗罪定罪的提案》中称，诉讼诈骗现象正在全国各地不断发生，并有日益蔓延的趋势。故而，建议全国人大常委会作出立法解释，规定：“伪造证

---

① 参见《西班牙刑法典》，潘灯译，中国政法大学出版社 2004 年版，第 94 页。

② 参见《诉讼诈骗缺定罪量刑 四川代表提交议案》，载 http：//scnews. newssc. org/system/2009/03/12/011670426. shtml，访问时间：2014 年 2 月 7 日。

据，骗取法院裁判或仲裁机构裁决，以取得他人财物的行为，属刑法第二百六十六条所述的‘诈骗公私财物’行为。依该条从重处罚。帮助他人实施该等行为的，按共犯处理。”[①] 同时，也有人大代表、政协委员提出，刑法对诉讼诈骗作出专门、单独的规定或者由立法机关作出相应的立法解释是最理想的解决方案。但是，立法程序需要较长时间，且这一问题首要是在审判、检察工作中应用法律的问题，最高司法机关有权、也有责任以司法解释先予解决，及时保障刑法的正确实施。例如，2009 年全国人大代表周光权建议出台有关司法解释，将诉讼诈骗行为一律以诈骗罪处理。[②]

立法机关高度重视有关部门的意见和人大代表、政协委员的建议、提案。在充分论证并取得基本共识的基础上，《刑法修正案（九）（草案）》拟增加虚假诉讼犯罪，以应对日益泛滥的虚假诉讼行为，维护司法公信和公正。关于虚假诉讼定性问题，有两种方案可供选择：第一种方案为增设单独的虚假诉讼罪，即规定：“以虚构的事实为案由，向人民法院提起诉讼，情节严重的，依法追究刑事责任。”“实施虚假诉讼行为，非法侵占他人财产或者逃避合法债务，数额较大的，追究刑事责任”；第二种方案为规定按诈骗罪追究刑事责任，不再规定单独的罪名。研拟过程中，有关部门赞同对虚假诉讼犯罪作出规定，且倾向于第一种方案，即对通过实施虚假诉讼进行诈骗的行为单设罪名。主要考虑是：（1）虚假诉讼行为不同于一般的诈骗行为，诈骗主要侵犯的是公私财产权，而虚假诉讼行为除了侵犯财产权外，更为主要的是侵害了人民法院的司法权威和正常的司法活动。而且，就行为方式而言，虚假诉讼通过诉讼的方式实施诈骗，而不是直接指向财产所有人、占有人行骗。因此，如果规定对虚假诉讼行为直接适用诈骗罪，难以体现虚假诉讼行为的特性。（2）虚假诉

---

① 参见《13 名委员联名建议将民事诉讼诈骗定为按诈骗罪》，载 http://news.sina.com.cn/c/2009-03-09/075317366311.shtml，访问时间：2014 年 2 月 7 日。

② 参见《诉讼诈骗设立缺标准　已建言出台司法解释》，载《法制日报》2009 年 3 月 13 日第 8 版。

讼犯罪通常都出于非法侵占他人财产或者逃避合法债务的目的，属于侵财犯罪，与诈骗罪具有相同属性。但是，也有其他类型的虚假诉讼行为，其并非出于非法侵财目的，而是出于为谋取不正当利益的其他目的，对于此部分行为实际上无法适用诈骗罪。（3）对于法官受骗进而处分被害人财产的行为，理论上尚符合三角诈骗的构造，可以适用诈骗罪。但是，对于法官利用职务上的便利，与他人共同实施虚假诉讼的行为，就不再符合三角诈骗的构造，对于这一行为也无法适用诈骗罪定罪处罚。（4）从我国现行刑法来看，在规定普通诈骗罪之外，再单独规定特殊诈骗罪，已有立法先例可循。例如，刑法在第二百六十六条规定了普通诈骗罪，同时又在刑法分则第三章专门设立了“金融诈骗罪”一节，对集资诈骗、信用卡诈骗等特殊诈骗罪作出了规定。鉴于虚假诉讼罪在犯罪客体和行为方式方面也具有不同于普通诈骗罪的特点，将虚假诉讼罪单设罪名加以规定，更能体现此类犯罪的特点，在立法技术上更为科学、可取。（5）如果适用诈骗罪，对于行为人实施虚假诉讼侵财的行为，应当以实际取得财产为既遂认定标准。对于行为人已经实施虚假诉讼行为，骗取到法院裁决，甚至骗取到终审判决，只是在申请执行阶段未成功取得被害人财产的，也只能认定为犯罪既遂。例如，被告人李某伪造证据欺骗法院，要求判决甲公司给付60万元人民币，一审法院支持了李某的诉讼请求。甲公司不服，提出上诉，二审法院裁定驳回上诉，维持原判。后李某向一审法院申请执行，一审法院将甲公司60万元人民币划走。此时，法院发现了李某的诉讼欺诈行为，李某未取得60万元执行款。后李某被认定为诈骗未遂，得以减轻处罚。正如有论者所指出的，“在李某造成两级法院错判，并且钱款已经执行到位的情况下依然认定为犯罪未遂值得商榷。”① 此种情形下，行为人虚假诉讼行为已经构成对司

---

① 参见《虚假诉讼刑事案件如何定罪处罚——浙江高院虚假诉讼犯罪案例汇编》，载 http：//www. chinalawedu. com/new/16900a173a2012/2012829qinyin193130. shtml，访问时间：2015年8月6日。

法秩序和司法权威的侵害，依照诈骗罪，却只能认定为犯罪未遂，似不妥当。因此，应当将虚假诉讼行为规定为单独的虚假诉讼罪，以是否妨害司法秩序或者严重侵害他人合法权益为既遂标准。综合以上几点，根据我国司法实践的具体情况，在刑法中规定单独的罪名更为合适。此外，有关部门一致认为，对于司法工作人员利用职务上的便利，与他人共同实施虚假诉讼的，应当从重处罚；同时又构成其他犯罪的，应当依照处罚较重的规定定罪从重处罚。

关于本罪在刑法典中的具体位置，经研究认为，虽然虚假诉讼行为往往非法侵占他人财产或者逃避合法债务，属于侵犯财产罪的范畴，但是，虚假诉讼行为也可能存在行为人谋取财产以外的不正当利益的情形，且主要侵犯的是司法秩序，因此，将本罪规定在刑法分则第六章“妨害社会管理秩序罪”第二节“妨害司法罪”中较为适宜。

关于虚假诉讼入罪的范围，即应该将虚假诉讼入罪范围限于民事诉讼，还是也可以包括行政诉讼在内，存在不同看法。有意见认为，利用行政诉讼实施虚假诉讼的情形完全可能存在，诸如在土地征用、城市房屋拆迁安置补偿案件中也存在虚假诉讼的现象，不宜将虚假诉讼罪的入罪范围限于民事诉讼，以更好地适应司法实践的具体情况。考虑到司法实践中虚假诉讼主要发生在民事诉讼领域，且此次将虚假诉讼行为规定为犯罪系试探性立法，故目前暂将此类犯罪限于民事领域，较为稳妥。

基于上述考虑，经综合各方意见，《刑法修正案（九）（草案）》研拟过程提出的初步方案为：刑法第三百零七条后增加一条，作为第三百零七条之一：“为谋取不正当利益，以捏造的事实为案由，向人民法院提起民事诉讼，骗取法院裁判文书的，处三年以下有期徒刑、拘役或者管制；情节严重的，处三年以上七年以下有期徒刑，并处或者单处罚金。”“有前款行为，非法侵占他人财产或者逃避合法债务，数额较大的，依照本法第二百六十六条的规定定罪处罚。”“司法工作人员利用职权，与他人共同实施前两款行为的，从重处罚；同时又构成本法规定的其他犯罪的，依照处罚较重的规定定罪从重处罚。”

对于上述规定，有关部门和专家学者均持赞成态度，并提出了具体的完善方案：（1）有学者建议将第一款与第二款合并，以进一步使表述更为精炼。经研究认为，第一款规定的是侵财以外的虚假诉讼行为，第二款规定的是侵财类型的虚假诉讼行为，两种行为类型有所区别，分开表述更为妥当，故未采纳上述意见。（2）有部门建议进一步明确对于第二款规定的虚假诉讼行为也宜规定直接按虚假诉讼罪而非诈骗罪定罪处罚。经研究认为，第二款只是规定对此种行为适用诈骗罪的量刑标准，定罪仍然单独定虚假诉讼罪，与上述建议本意一致。此外，还有部门建议对第二款的行为在诈骗罪量刑规定的基础上从重处罚，以彰显此类行为较之一般的诈骗行为更为严重的社会危害性。

根据上述意见，经慎重研究，《刑法修正案（九）（草案)》第三十三条在刑法第三百零七条后增加一条，作为第三百零七条之一："为谋取不正当利益，以捏造的事实提起民事诉讼，严重妨害司法秩序的，处三年以下有期徒刑、拘役或者管制，并处或者单处罚金。""有前款行为，侵占他人财产或者逃避合法债务的，依照本法第二百六十六条的规定从重处罚。""司法工作人员利用职权，与他人共同实施前两款行为的，从重处罚；同时构成其他犯罪的，依照处罚较重的规定定罪从重处罚。"可见，《刑法修正案（九）（草案)》实际上是增设了单独的虚假诉讼罪，但对于通过虚假诉讼进而非法占有他人财产或者逃避合法债务的行为，适用诈骗罪等其他犯罪从重处罚。审议过程中，还有意见建议删除"为谋取不正当利益"的主观要件。[①]

① 主要考虑是：虚假诉讼罪侵犯的客体是司法秩序和司法权威，而非国家、集体或者公民的财产权，所以，只要行为人实施了妨害司法的行为，客观上就是对国家的司法秩序和司法权威构成了侵害，就应当认定为犯罪，至于其主观上是否以谋取"不正当利益"为目的，或者客观上是否从妨害司法罪中获取"不正当利益"，都不应该作为前提要素。比如，有的行为人是为了打击报复他人，有的是为了贬损他人的名誉，甚至是为了"出口气"等等，这些行为无视司法权威、无视国家的法律，客观上对司法机关履行职务构成了侵害，尽管其没有谋取"不正当利益"，也应该纳入"虚假民事诉讼"的范畴。

也有意见提出，侵占罪是专门的罪名，此处使用“侵占他人财产”的表述容易产生误解，建议修改为“非法取得”。此外，实践中存在国家工作人员或者国有公司企业人员和他人勾结，制造虚假诉讼，骗取单位财物的情况，此种情形应当认定为贪污罪而非诈骗罪，故对“依照本法第二百六十六条的规定从重处罚”规定应作完善。① 根据上述意见，《刑法修正案（九）（草案二次审议稿）》基本维持了上述方案，但作了适当调整，主要是删除主观目的规定和完善犯罪竞合的处断原则。《刑法修正案（九）（草案二次审议稿）》审议过程中，有意见提出，虚假诉讼情况复杂，不仅严重妨害司法秩序，有些还会造成他人合法权益重大损失，社会危害严重，建议增加一档刑罚。因此，《刑法修正案（九）（草案三次审议稿）》作了适当调整，主要是将第一款的罪状表述调整为“以捏造的事实提起民事诉讼，妨害司法秩序或者严重侵害他人合法权益”，增加规定“情节严重的，处三年以上七年以下有期徒刑，并处罚金”，并增加了单位犯罪的规定。最终，《刑法修正案（九）》第三十五条维持了上述方案，增设了虚假诉讼犯罪的规定。

二、对修改内容的理解和适用

（一）犯罪客体

虚假诉讼罪侵犯的客体为正常的司法秩序和利益相关人的合法权益。人民法院的民事诉讼是依据法律和证据依法作出裁决的活动。虚假诉讼以捏造的事实向人民法院提起民事诉讼，扰乱人民法院的正常民事诉讼活动，使人民法院作出错误裁判，损害司法的公正和权威。而且，虚假诉讼还可能非法占有他人财产或者逃避合法债务，侵害他

---

① 此外，还有意见建议删除“严重妨碍司法秩序”的限制条件，以免司法实践中对“严重妨碍司法秩序”的认识不统一，影响相关案件的办理。也有意见建议将“以捏造的事实提起民事诉讼”修改为“以虚假的事实提起民事诉讼”，因为“虚假”的概念更为宽泛，捏造有时候不好认定，只要是虚假事实就要处罚。

人的合法权益，必须依法予以惩治。因此，刑法针对虚假诉讼行为增设虚假诉讼罪。

（二）犯罪客观方面

虚假诉讼罪在客观方面表现为以捏造的事实提起民事诉讼，妨害司法秩序或者严重侵害他人合法权益的行为。根据修正后刑法第三百零七条之一第一款的规定，本罪在客观方面以捏造事实、提起诉讼为要件，对于仅仅是在诉讼中伪造证据、妨害作证的行为，由于不符合虚假诉讼罪的客观方面的要件，不能以虚假诉讼罪论处。

根据修正后刑法第三百零七条之一第三款的规定，实施虚假诉讼行为非法占有他人财产或者逃避合法债务，又构成其他犯罪的，依照处罚较重的规定定罪从重处罚。通常而言，此种情形可能涉及诈骗。[①] 以捏造的事实为案由，向人民法院提起民事诉讼的虚假诉讼行为，是诈骗他人财产的手段。关于诈骗他人财产，既可以表现为积极地非法侵占他人财产，也可以表现为消极地逃避合法债务。

（三）犯罪主体

虚假诉讼罪的主体为一般主体，凡年满 16 周岁、具有刑事责任能力的自然人均可以构成本罪。单位可以构成本罪，单位犯虚假诉讼罪的，对单位判处罚金，并对其直接负责的主管人员和其他直接责任人员定罪处罚。

（四）犯罪主观方面

虚假诉讼罪在主观方面表现为故意，且为直接故意。过失不构成本罪。通常而言，本罪行为人以牟取不正当利益为目的，但这并非构

---

① 当然，不限于诈骗。例如，利用职务便利，与他人合谋进行虚假诉讼侵吞本单位、公司、企业财产的，对于这类行可能构成职务侵占罪、贪污罪。又如，对于通过虚假诉讼，逃避合法债务的，如发生在强制执行阶段，有可能构成拒不执行判决、裁定罪。

成本罪的法定要件。[①] 即使以谋取不正当利益为目的的，实际是否牟取到利益以及牟利多少，不影响犯罪的成立，但可以作为量刑情节予以考虑。

（五）刑事责任

根据修正后刑法第三百零七条之一第一款的规定，犯虚假诉讼罪，处三年以下有期徒刑、拘役或者管制，并处或者单处罚金；情节严重的，处三年以上七年以下有期徒刑，并处罚金。

根据修正后刑法第三百零七条之一第三款的规定，实施虚假诉讼，非法占有他人财产或者逃避合法债务，又构成其他犯罪的，依照处罚较重的规定定罪从重处罚。

根据修正后刑法第三百零七条之一第四款的规定，司法工作人员利用职权，与他人共同实施虚假诉讼行为的，从重处罚；同时构成其他犯罪的，依照处罚较重的规定定罪从重处罚。

三、需要注意的问题

（一）以第三方非法占有为目的实施虚假诉讼的定性

实践中，有的行为人实施虚假诉讼，并非为了本人非法占有他人的财产，而是为了帮助有关人员非法占有他人的财产，对于此种行为能否认定为虚假诉讼罪，特别是能否认定为实施虚假诉讼侵财，恐有不同认识。例如，被告人雷某某为了帮助徐某某胜诉后拿到丰厚的诉讼代理费，共同伪造证据，虚构债权债务关系，意图骗取被害人财产。此案中，被告人雷某某实施虚假诉讼行为的目的并非为了自己占有被害人财产，而是为了帮助被告人徐某某占有他人财产，即以第三方非法占有为目的。从世界范围来看，各国刑法都逐渐承认财产犯罪

---

① 《刑法修正案（九）（草案二次审议稿）》第三十四条即删除了《刑法修正案（九）（草案）》第三十三条“为谋取不正当利益”的规定。

中以第三方非法占有为目的。例如，在德国刑法中，以往的盗窃、诈骗等财产犯罪都限制在行为人为了自己非法占有的目的而实施犯罪，但是20世纪末的德国第六部刑法改革法已经承认了以第三方占有为目的，无论是为了自己占有还是为了他人占有，均构成相应的财产犯罪。在我国刑法中，从来就没有将财产犯罪的目的限制在以自己非法占有为目的，而是表述为以非法占有为目的，包括以第三方非法占有为目的。而且，被告人雷某某的行为实质属于帮助徐某某实施虚假诉讼非法占有他人财产，故对其亦应认定为虚假诉讼罪。当然，又构成其他犯罪的，依照处罚较重的规定定罪从重处罚。

（二）虚假诉讼的既遂与未遂的界分

关于诈骗罪，以实际取得财物作为既遂的标准，这也是一般财产犯罪的既遂认定标准。那么，修正后刑法第三百零七条之一规定的虚假诉讼罪，如何认定犯罪既遂，值得研究。从实践情况来看，对于虚假诉讼的犯罪既遂认定标准，应当有别于诈骗罪，主要考虑：（1）诈骗罪系财产犯罪，以行为人最终控制财产为犯罪既遂标准是适宜的；而虚假诉讼罪侵犯的主要客体是正常的司法秩序，不宜再以实际取得财产作为既遂标准。（2）根据修正后刑法第三百零七条之一的规定，虚假诉讼罪为结果犯，以“妨害司法秩序或者严重侵害他人合法权益”为既遂标准。（3）从罪责刑相适应的原则来看，虚假诉讼行为涉及国家司法权的行使，国家司法权被侵害的危害大于公私财产被侵犯，在司法秩序已被严重妨害的前提下，仍不认定为犯罪既遂，明显不能与行为的社会危害性相适应。综上，对于虚假诉讼罪，应当以妨害司法秩序或者严重侵害他人合法权益为既遂标准，只要妨害司法秩序或者严重侵害他人合法权益，无论是否取得财产或者牟取到其他非法利益，均应当认定为犯罪既遂。当然，如果对虚假诉讼行为依照修正后刑法第三百零七条之一第三款、第四款的规定适用其他罪名的，对既遂的认定则应当依据其他犯罪的构成要件。

(三) 虚假诉讼同时构成其他犯罪的处断

根据修正后刑法第三百零七条之一第三款、第四款的规定，有虚假诉讼行为，非法占有他人财产或者逃避合法债务，又构成其他犯罪的，依照处罚较重的规定定罪从重处罚。较为常见的是，公司、企业或者其他单位的人员利用职务便利，进行虚假诉讼，侵吞本单位财产。这类案件多发生在企业改制和经营过程中，目前查处的主要有公司、企业负责人合谋虚构工资或者虚构债务，以及建筑公司分公司经理与材料供应商合谋虚构材料款等案件。这些案件完全符合虚假诉讼罪的构成特征，但由于公司、企业或者其他单位人员的身份，同时构成职务侵占罪，应当从一重罪处断。

此外，国家工作人员利用职务便利，进行虚假诉讼，侵吞公款的，或者国有公司、企业或者其他国有单位中从事公务的人员和国有公司、企业或者其他国有单位委派到非国有公司、企业以及其他单位从事公务的人员利用职务便利，进行虚假诉讼，侵吞本单位财产。这些案件完全符合虚假诉讼罪的构成特征，但由于相关人员的特殊主体身份，同时构成贪污罪，应当从一重罪处断。

(四) 司法工作人员利用职权实施虚假诉讼同时构成其他犯罪的处断

修正后刑法第三百零七条之一第四款规定：“司法工作人员利用职权，与他人共同实施前三款行为的，从重处罚；同时构成其他犯罪的，依照处罚较重的规定定罪从重处罚。”据此，司法工作人员与他人共同实施虚假诉讼行为，在民事审判活动中故意违背事实和法律作枉法裁判，情节严重的，则同时构成虚假诉讼罪与民事枉法裁判罪，应当从一重罪从重处断；司法工作人员在执行判决、裁定活动中，与他人串通实施虚假诉讼，不依法采取诉讼保全措施、不履行法定执行职责，或者违法采取诉讼保全措施、强制执行措施，致使当事人或者其他人的利益遭受重大损失的，则同时构成虚假诉讼罪与执行判决、裁定滥用职权罪，应当从一重罪从重处断。此外，司法工作人员如果收受他人贿赂，与他人共同实施虚假诉讼行为的，则可能同时构成虚假诉讼罪与受贿罪，也应当从一重罪从重处断。

【条文三十六】〔增加泄露不公开审理的案件中不应当公开的信息的犯罪〕

三十六、在刑法第三百零八条后增加一条，作为第三百零八条之一："司法工作人员、辩护人、诉讼代理人或者其他诉讼参与人，泄露依法不公开审理的案件中不应当公开的信息，造成信息公开传播或者其他严重后果的，处三年以下有期徒刑、拘役或者管制，并处或者单处罚金。

"有前款行为，泄露国家秘密的，依照本法第三百九十八条的规定定罪处罚。

"公开披露、报道第一款规定的案件信息，情节严重的，依照第一款的规定处罚。

"单位犯前款罪的，对单位判处罚金，并对其直接负责的主管人员和其他直接责任人员，依照第一款的规定处罚"。

【条文主旨】

增加泄露不应公开的案件信息罪和披露、报道不应公开的案件信息罪。

【理解与适用】

一、增加泄露不应公开的案件信息犯罪的原因及其意义

刑事诉讼法第一百八十三条规定，人民法院审判第一审案件应当

公开进行。但是有关国家秘密或者个人隐私的案件，不公开审理；涉及商业秘密的案件，当事人申请不公开审理的，可以不公开审理。第二百七十四条规定，审判的时候被告人不满十八周岁的案件，不公开审理。但是，经未成年被告人及其法定代理人同意，未成年被告人所在学校和未成年人保护组织可以派代表到场。民事诉讼法第一百三十四条规定，人民法院审理民事案件，除涉及国家秘密、个人隐私或者法律另有规定的以外，应当公开进行。离婚案件，涉及商业秘密的案件，当事人申请不公开审理的，可以不公开审理。行政诉讼法第五十四条规定，人民法院公开审理行政案件，但涉及国家秘密、个人隐私和法律另有规定的除外。涉及商业秘密的案件，当事人申请不公开审理的，可以不公开审理。此外，未成年人保护法第五十八条还对未成年人犯罪案件作出了专门的规定，要求新闻报道、影视节目、公开出版物、网络等不得披露该未成年人的姓名、住所、照片、图像以及可能推断出该未成年人的资料。这些规定中不公开审理的案件主要有以下几类：一是涉及国家秘密的案件，国家秘密是关系国家的安全和利益，依照法定程序确定，在一定时间内只限一定范围人员知悉的事项。涉及国家秘密的案件不公开审理，是为了维护国家的安全和利益。二是涉及个人隐私的案件。这类案件不公开审理，是为了保护个人的隐私权，不使其人格尊严、名誉和个人生活安宁因为案件的公开审理受到不利影响。三是未成年人犯罪的案件。未成年人身心还不成熟，为有利于未成年被告人成长，体现教育、感化、挽救的方针，对这类案件不公开审理。四是涉及商业秘密的案件。为防止商业秘密泄露给当事人造成损失，这类案件经当事人申请，也可以不公开审理。不公开审理包括两方面的含义：一是审理不公开进行，开庭审判时未经法庭允许的人员不得旁听。二是诉讼参与人不得公开传播诉讼中知悉的不应当公开的信息，否则审理的不公开也就失去了意义。

近年来，法律关于公开审判及其例外的规定执行的情况总体上是好的。最高人民法院制定了《关于严格执行公开审判制度的若干规定》，对落实公开审判原则作出了具体规定。对于依法应当不公开审理的案件，特别是未成年人犯罪案件、性侵犯未成年人的案件等，也都作出专门的司法解释或者规定，要求诉讼参与人对案件中不应当公开的信息予以保密。但实践中也出现了一些依法不公开审理的案件的诉讼参与人，泄露或者借助媒体、自媒体公开传播案件中不应当公开的信息的情况。有的司法工作人员违反保密纪律，向他人或者媒体泄露正在不公开审理的案件信息。有的当事人、辩护人、诉讼代理人或者当事人的亲属，为向司法机关和对方当事人施加压力，公开传播涉及当事人隐私和犯罪细节的信息，制造舆论，企图影响司法机关裁判结果。有的新闻媒体为追求轰动效应，对依法不公开审理的案件内容公开报道、深挖所谓内幕、细节信息，有时甚至形成舆论关注的热点。另外，有的个人和媒体、网站等单位，虽然不是泄露不公开审理的案件信息的行为人，但通过各种渠道获得不公开审理的案件信息后，公开披露、报道，甚至大肆炒作，有的造成严重后果，对司法秩序和有关当事人的合法权益造成严重损害。

这类泄露和公开传播依法不公开审理的案件中不应当公开的信息的行为具有严重的社会危害性。第一，泄露不公开审理的案件信息的行为对人民法院依法独立公正行使审判权造成不利影响。不公开审理的案件信息一旦泄露并公开传播，往往形成舆论热点，使办理案件的司法机关成为舆论的焦点，对其依法独立公正审判造成干扰。特别是有的当事人一方有选择性地泄露部分案件信息，制造有利于自己的舆论。有时一方当事人制造了舆论，对方当事人为应对也不得不公开发声回应，不可避免进一步泄露了案件信息，甚至形成舆论对垒，给审判机关带来更大压力。这种通过泄露案件信息炒作，把打官司变成打“舆论战”的做法，对于维护司法公信力和司法权威，推进严格执法、公正司法、全民守法的法治国家和法治社会建设也是不利的。第二，泄露不公开审理的案件信息的行为损害当事人的合法权益。法律规定有关案件实行不公开审理，就是为了保护有关当事人的个人隐私、商业秘密、人格尊严和身心健康等合法权益。案件信息被泄露甚至公开传播势必损害当事人的合法权益。有的性侵犯未成年人案件的犯罪细节被公开披露并在媒体上传播，给未成年被害人带来严重的二次伤害。有的媒体对犯罪的未成年人指名道姓报道，使刑法、刑事诉讼法有关未成年人犯罪免除前科报告义务、犯罪记录封存的规定落空。如果泄露的案件信息属于国家秘密，更是会给国家的安全和利益带来损害。

从法律的规定看，刑法对这类泄露案件信息的行为没有作专门规定，有的可以根据具体情况，适用刑法关于泄露国家秘密、侵犯商业秘密等犯罪规定处理。对于法官、检察官泄露审判、检察工作秘密的，还可以依据法官法、检察官法的规定给予处分。《刑法修正案（九）（草案)》研究起草过程中，各方面普遍认为，应当根据全面推进依法治国的要求，完善惩戒妨碍司法机关依法行使职权的违法犯罪行为的法律规定，以有利于维护司法权威。有关方面建议在刑法中增加泄露不公开审理的案件信息的犯罪。为保障人民法院依法独立公正行使审判权，维护有关当事人的合法权益，《刑法修正案（九)》增加规定了本条。

但是，在《刑法修正案（九）（草案)》审议和征求意见过程中，有的意见提出，本条规定可能会对辩护、代理律师正常的执业活动，以及新闻媒体对案件进行正常报道和舆论监督造成负面影响，建议不予规定，主要考虑：第一，本条对泄密主体、秘密信息定性、泄密后果等内容表述模糊，实践中不易操作，容易引导律师不作为。如委托人因信息披露受到伤害在前，司法救助不及时、不作为或者不足以发挥作用时，按照律师法及《联合国关于律师作用的基本原则》规定，律师应当在已经披露的案件信息范围内发出声音，维护当事人合法权利。如果律师选择不作为，则有违法嫌疑；而如果选择发声，又有犯罪嫌疑。第二，不公开审理的案件信息被公开的情况在全国也很少，没有必要用刑法加以规制。第三，“公开披露报道”主要针对的是新闻工作者和新闻媒体，应该慎重。媒体的职责和诉讼参加人职责不同，法律义务、法律责任也不同，媒体最重要的责任就是向公众披露关心的信息，只要公众非常关注就符合真实性原则。新闻应该有一定自由度，即使报道错了，也不是恶意。从政策角度说，我国还没有新闻法，对新闻的限制，行政上严厉一些可以，但公开披露、公开报道一些不公开审判的案件要入罪，值得推敲。立法机关经对这方面意见认真研究，仍然增加本条规定，主要是考虑到本条规定是为了保障人民法院依法独立公正行使审判权，保护当事人的合法权益，本罪的主体是包括司法工作人员在内的所有诉讼参与人，不是专门针对某个特定群体的。律师对于在执业活动中知悉的不公开审理的案件中不应当公开的信息，负有保密义务，对此律师法第三十八条已有明确规定，本条是在律师法规定的行政责任基础上进一步规定了刑事责任，严格了有关保密义务。良好的司法环境对于辩护、代理律师发挥执业才能，维护当事人的合法权益也是有利的。律师的正常执业活动不会因本条规定受到不利影响。同时，法律对于不公开审理的案件范围规定是明确的，新闻媒体对于涉及这类案件的新闻线索，应当谨慎处理，避免触及法律红线。新闻媒体对案件的正常报道和舆论监督活动，也不会因为本条规定受到负面影响。

二、泄露不应公开的案件信息罪的理解与适用

刑法第三百零八条之一第一款是关于泄露不公开审理的案件信息犯罪构成和处罚的规定；第二款是关于有泄露不公开审理的案件信息的行为，同时泄露国家秘密的如何处理的规定。

（一）主体

本罪的主体是司法工作人员、辩护人、诉讼代理人或者其他诉讼参与人，即参与不公开审理的案件诉讼活动，知悉不应当公开的案件信息的人。其中，“其他诉讼参与人”，是指除司法工作人员、辩护人、诉讼代理人之外其他参加诉讼的人员，包括证人、鉴定人、出庭的有专门知识的人、记录人、翻译人等。

(二) 主观方面

根据法条规定，本罪的主观方面似应包括故意和过失，即故意泄露和过失泄露案件信息都可能构成本罪。但是，在征求意见过程中，我院建议明确本罪的主观方面为故意，过失不构成本罪。主要考虑：一是在实践中难以操作，容易出现误伤，如上网裁判文书技术处理失误导致信息公开的情形。在司法公开的过程中，很可能存在过失泄露有关信息的情形，对于过失泄露的行为通过行政处罚即可，不宜规定为犯罪。二是不公开审理案件的相关信息与国家秘密、军事秘密相比，其重要性远不及后者。基于刑法的谦抑精神，无需将过失泄露不公开审理案件信息规定为犯罪。

(三) 客观方面

根据本条规定，构成泄露不公开审理的案件信息犯罪在客观方面必须具备以下条件：一是泄露依法不公开审理的案件中不应当公开的信息。其中，“不应当公开的信息”，是指公开以后可能对国家安全和利益、当事人受法律保护的隐私权、商业秘密造成损害，以及对涉案未成年人的身心健康造成不利影响的信息。包括案件涉及的国家秘密、个人隐私、商业秘密本身，也包括其他与案件有关不宜为诉讼参与人以外人员知悉的信息，如案件事实的细节，诉讼参与人在参加庭审时发表言论的具体内容，被性侵犯的被害人的个人信息等。对于未成年人犯罪案件，未成年犯罪嫌疑人、被告人的姓名、住所、照片、图像以及可能推断出该未成年人的资料，都属于不应当公开的信息。由于行为人的故意或者过失，造成不应当知悉有关案件信息的人员知悉有关案件信息的，即属于泄露该信息的行为。在征求意见过程中，我院建议将本罪的对象由“依法不公开审理的案件中不应当公开的信息”修改为“依法不应当公开的案件信息”，以将虽然公开审理但依法应当封存的犯罪记录、依法应当保密的同步录音录像资料等信息涵括在内。二是造成信息公开传播或者其他严重后果。这是构成本罪的结果条件。信息公开传播是指信息在一定数量的公众中广泛传播。如果泄露的案件信息只是为个别人私下知悉，没有公开传播的，不构成本罪。信息的公开传播使对不公开审理制度所保护的法益的损害扩大，是严重的危害后果。“其他严重后果”是指信息公开传播以外的其他严重的危害后果，如造成被害人不堪受辱而自杀，造成审判活动被干扰导致无法顺利进行等。

（四）法条竞合

第二款是关于有泄露不公开审理的案件信息的行为，同时泄露国家秘密的如何处理的规定。根据刑事诉讼法、民事诉讼法和行政诉讼法的规定，涉及国家秘密的案件实行不公开审理，这类案件中的国家秘密属于不应当公开的案件信息。刑法第三百九十八条规定了故意或者过失泄露国家秘密犯罪。行为人泄露不公开审理案件中的国家秘密的，同时构成本条和第三百九十八条的犯罪，需要明确如何处理。考虑到第三百九十八条是针对泄露国家秘密犯罪的专门规定，其规定的法定刑也较本条第一款规定更重，对泄露不公开审理的案件中的国家秘密的行为依照第三百九十八条定罪处罚，更能够体现对泄露国家秘密犯罪从严惩处的精神。本款规定，有本条第一款规定的泄露不公开审理的案件信息的行为，泄露国家秘密的，依照刑法第三百九十八条的规定定罪处罚。

三、披露、报道不应公开的案件信息罪的理解与适用

刑法第三百零八条之一第三款是关于公开披露、报道不公开审理的案件信息的犯罪和处罚的规定；第四款是关于单位犯公开披露、报道不公开审理的案件信息犯罪的规定。

（一）主体

本罪主体没有特别限制，在自媒体条件下，任何个人或者单位都可以构成本罪。

（二）主观方面

法条没有限定为故意，故本罪的主观方面似应包括故意和过失。但是，在征求意见过程中，一些专家和法官建议增加“明知或应知”的规定，即公开披露、报道明知或者应知是第一款规定的案件信息，情节严重的，构成犯罪。因为，这类案件信息的公开，除了知情人员公开之外，对效果的放大有时与媒体的不当行为有关，但对媒体的不当行为入罪，应当有一个相对严格的入罪限制。

（三）客观方面

本罪客观方面是公开披露、报道第一款规定的案件信息，情节严重的。其中，“公开披露”是指通过各种途径向他人和公众发布有关案件信息。“报道”主要是指报刊、广播、电视、网站等媒体向公众公开传播有关案件信息。在网络自媒体发达的今天，公开披露和媒体报道有关信息，都会使得相关信息被广泛传播，从而损害当事人合法权益。本款规定的“情节严重”，是公开披露、报道第一款规定的案件信息行为构成犯罪的条件，其具体含义可以参照第一款的规定，主要是造成信息大量公开传播、为公众所知悉给司法秩序和当事人合法权益造成严重损害，以及其他与此类似的严重后果。

（四）单位犯罪

单位犯对犯公开披露、报道不公开审理的案件信息犯罪，依照第一款的规定处罚，即处三年以下有期徒刑、拘役或者管制，并处或者单处罚金。

【条文三十七】〔修改扰乱法庭秩序罪，增加扰乱法庭秩序的情形〕

三十七、将刑法第三百零九条修改为：“有下列扰乱法庭秩序情形之一的，处三年以下有期徒刑、拘役、管制或者罚金：

“（一）聚众哄闹、冲击法庭的；

“（二）殴打司法工作人员或者诉讼参与人的；

“（三）侮辱、诽谤、威胁司法工作人员或者诉讼参与人，不听法庭制止，严重扰乱法庭秩序的；

“（四）有毁坏法庭设施，抢夺、损毁诉讼文书、证据等扰乱法庭秩序行为，情节严重的。”

【条文主旨】

扰乱法庭秩序，已成为干扰诉讼活动正常进行、损害司法权威的突出问题。《刑法修正案（九）》在原规定的聚众哄闹、冲击法庭，殴打司法工作人员等行为的基础上，将殴打诉讼参与人，侮辱、诽谤、威胁司法工作人员或者诉讼参与人，不听法庭制止，严重扰乱法庭秩序，以及有毁坏法庭设施，抢夺、损毁诉讼文书、证据等扰乱法庭秩序行为，情节严重的情形增加规定为犯罪。

【理解与适用】

一、修改的背景、内容和意义

（一）扰乱法庭秩序罪的立法背景及过程

法庭是人民法院代表国家审判案件的专门场所，诉讼参与人、社会公众进入法庭，参与或者旁听案件审理，应当遵守法庭纪律，这是尊重法治权威、保障审判活动正常开展的当然要求，也是维护当事人诉讼权利的当然要求。长期以来，人民法院的审判工作一直为社会各界大力支持，绝大多数诉讼参与人、旁听人员能自觉遵守法庭纪律，维护法庭秩序。然而，在极个别案件中，也出现了扰乱法庭秩序的行为，甚至出现了聚众哄闹、冲击法庭，殴打司法工作人员的现象，这些现象亟需加以规制。

我国法律对法庭秩序的保障可以分为两个层次，第一个层次是人民法院依据刑事诉讼法、民事诉讼法、行政诉讼法的有关规定，自行采取有关措施，第二个层次则是依据刑法有关规定对扰乱法庭秩序的行为进行定罪判刑。1989 年颁布的《中华人民共和国行政诉讼法》第四十九条、1991 年颁布的《中华人民共和国民事诉讼法》第一百零一条和 1996 年修订的《中华人民共和国刑事诉讼法》第一百六十一条均对扰乱法庭秩序的行为规定训诫、责令具结悔过、强行带出法庭、罚款、拘留等惩处措施，并规定在情节严重的情况下应当追究刑事责任。然而，1979 年刑法对扰乱法庭秩序的行为未专门规定为犯罪。在司法实践中，根据不同情况，对扰乱法庭秩序的行为以妨害公务罪等其他犯罪处理。1994 年 9 月 26 日《最高人民法院关于办理严重扰乱法庭秩序案件具体适用法律问题的批复》（法复〔1994〕5 号）规定："人民法院对哄闹、冲击法庭，侮辱、诽谤、威胁、殴打审判人员，严重扰乱法庭秩序，构成犯罪的，应依照刑法第一百五十七条的规定，以妨害公务罪定罪量刑。"对于此种权宜之计，多数观点认为不妥。例如，有论者指出："从刑法理论上分析，对于哄闹、冲击法庭等严重扰乱法庭秩序、情节严重的行为，以妨害公务罪定罪量刑，是不妥当的。""赞成在修改我国刑法的时候，增设一个罪，适用于打击'扰乱法庭秩序，情节严重的行为'，以便加强对诉讼活动，尤其是对审判活动的法律保护。"①

为有效惩治扰乱法庭秩序的行为，保证法庭审判工作的有序开展，维护法庭尊严，1997 年刑法专门规定了扰乱法庭秩序罪。第三

① 参见王新清：《论对法庭秩序的刑法保护》，载《中国人民大学学报》1997 年第 2 期。

百零九条规定："聚众哄闹、冲击法庭，或者殴打司法工作人员，严重扰乱法庭秩序的，处三年以下有期徒刑、拘役、管制或者罚金。"[①] 根据上述规定，构成扰乱法庭秩序罪有三种行为：（1）聚众哄闹法庭，是指纠集众人，在法庭上以嚷叫、喊口号等方式起哄捣乱的行为；（2）聚众冲击法庭，是指纠集众人，未经许可进入法庭的行为；（3）殴打司法工作人员，是指殴打审判人员、公诉人员以及维护法庭秩序的司法警察的行为。实施上述三种行为之一，严重扰乱法庭秩序的，才能构成扰乱法庭秩序罪。严重扰乱法庭秩序，是区分一般扰乱法庭秩序行为与扰乱法庭秩序罪的界限。所谓"严重扰乱法庭秩序"，一般是指"扰乱法庭秩序，经制止而不听从或者扰乱法庭秩序，情节恶劣，造成很坏影响，严重影响审判正常进行等"。[②] 对于实施聚众哄闹、冲击法庭等行为，尚未达到严重扰乱法庭秩序程度的，或者实施其他扰乱法庭秩序的行为，如不遵守法庭礼仪，未经法庭许可发言，在庭审过程中拍照摄像等，不能以扰乱法庭秩序罪论处，但是可以按照相关法律、司法解释的规定予以训诫、强行带出法庭或者进行罚款、拘留等。

（二）扰乱法庭秩序的形势变化

近年来，极端藐视法庭，严重扰乱法庭秩序，殴打、伤害法官、诉讼参与人等事件时有发生，已成为干扰诉讼活动正常进行、损害人民法院司法权威、危害司法职业保障的突出问题，对这些问题必须加

---

① 应当注意的是，1996年刑事诉讼法关于法庭秩序罚则的规定对1997年刑法第三百零九条的规定有直接影响。1996年刑事诉讼法第一百六十一条第二款规定："对聚众哄闹、冲击法庭或者侮辱、诽谤、威胁、殴打司法工作人员或者诉讼参与人，严重扰乱法庭秩序，构成犯罪的，依法追究刑事责任。"两相对比可以发现，1997年刑法第三百零九条的表述与1996年刑事诉讼法第一百六十一条第二款的表述基本相照应，但进一步限缩了构成扰乱法庭秩序罪的行为方式，虽然吸收了"聚众哄闹、冲击法庭"的行为方式，但将"侮辱、诽谤、威胁、殴打司法工作人员或者诉讼参与人"限缩为"殴打司法工作人员"。

② 参见全国人大常委会法工委刑法室编：《中华人民共和国刑法·条文说明·立法理由及相关规定》，北京大学出版社2009年版，第632页。

以有效解决。从当前扰乱法庭秩序的情形来看，现行刑法关于扰乱法庭秩序罪的规定亟待作进一步修改完善，主要表现在以下几个方面：

1. 行为方式有待进一步扩展。从司法适用来看，刑法第三百零九条的行为方式“聚众哄闹、冲击法庭”“殴打司法工作人员”亟待进一步完善：（1）所谓聚众哄闹、冲击法庭，要求行为人纠集三名以上的人员对法庭实施哄闹、冲击行为，对于司法实践中发生的个人哄闹、冲击法庭行为，即使严重扰乱法庭秩序，也无法定罪处罚。而且，关于刑法第三百零九条规定的“聚众哄闹、冲击法庭”的犯罪主体范围，由于刑法规定模糊，到底是追究首要分子、首要分子和其他积极参加者、首要分子和多次参加者的刑事责任，还是追究首要分子、积极参加者和其他参加者的刑事责任，在理论上和实践中易产生争论。[①]（2）对于当庭或者事后威胁、侮辱法官，非法侵犯法官人格尊严的行为，无法予以刑事制裁。对这些藐视法庭、扰乱法庭秩序的行为无法予以刑事规制，对于保护法官的人格尊严和人身安全，维护司法的权威极为不利。

2. 行为对象有待进一步扩展。根据刑法第三百零九条的规定，扰乱法庭秩序罪的对象为法庭和司法工作人员。这使得扰乱法庭秩序罪的成立范围过窄，对于实践中经常发生的针对其他诉讼参与人实施的殴打或者其他扰乱法庭秩序的行为无法适用该罪。实践中，对于不听法官制止，殴打律师、当事人等司法工作人员以外的人员，肆意扰乱法庭秩序的行为，一般也只是按照刑事诉讼法、民事诉讼法给予行为人训诫、责令退出法庭或者罚款、拘留等处罚，威慑力不强。因此，亟待将刑法第三百零九条的行为对象扩展至包括诉讼参与人在内。

3. 时空方式有待进一步扩展。刑法第三百零九条规定的扰乱法庭秩序罪，“必须发生在案件审理过程中，其场所是法庭所在地。”

---

① 参见利子平：《扰乱法庭秩序罪的立法缺陷及其完善》，载《法学杂志》2008 年第 6 期。

“所谓案件审理过程中，是指从宣布开庭起到宣布闭庭止的整个审判过程。”“所谓法庭所在地，是指人民法院依法审理案件而设立的活动场所。”① 近年来，干扰法庭审判活动、妨害法庭秩序等藐视法庭的现象不断增多，从主要发生在庭审活动中严重违反法庭纪律、扰乱法庭秩序的行为发展到了法庭之外公然藐视法律，侮辱、伤害法官，阻碍或者妨害诉讼活动正常进行的行为。但受刑法第三百零九条规定的扰乱法庭秩序罪的时空范围的限制，对于法庭之外实施的藐视法庭的行为无法予以刑事规制，严重影响了对此类行为的有效惩治和威慑。因此，亟需将在法庭之外实施的藐视法庭的行为纳入刑法第三百零九条的规制范围。

从境外的情况来看，在普通法系中，破坏法庭秩序的犯罪一般都是以藐视法庭的罪名来论处的。藐视法庭是一个古老的罪，源于英国古代习惯法，并随着英国的不断对外扩张而遍及各普通法系国家和地区，某些大陆法系国家也将其引入本国刑法之中。具体而言，根据诉讼目的的不同，藐视法庭可以分为民事藐视法庭罪（civil contempt）和刑事藐视法庭罪（criminal contempt）。所谓民事藐视法庭罪，是指由于拒绝遵从法庭的禁令而构成的犯罪，这种行为的结果被认为主要是损害诉讼当事人的利益而非公众利益，如拒不遵守法庭禁止其骚扰已离婚的前妻的命令。所谓刑事藐视法庭罪，是指拒不服从法庭禁令以外的一切妨碍审判管理和不尊重法庭，因而有可能破坏审判正常进行的行为，主要包括当面藐视法庭、诽谤中伤法庭、对陪审员或者证人进行报复、阻碍法官执行公务、影响未决案件公正审判的行为；在出版物中预先对未决民事案件进行评断、对于有关不公开进行的诉讼活动的情况加以公布、公布匿名证人的身份的行为等。② 而在大陆法

---

① 参见李永升：《扰乱法庭秩序罪浅探》，载《中央政法管理干部学院学报》1999年第1期。

② 参见张英霞：《妨害司法权威典型犯罪研究》，2004年吉林大学博士论文，第42～45页。

系国家，关于破坏法庭秩序犯罪大致有两种立法模式：[①] 一是对破坏法庭秩序犯罪作出相应规定，如《法国刑法典》第434－24条规定："对正在履行职责的司法官、陪审员或其他在裁判庭履职的任何人，以言语、动作或威胁或者以各种未公开的文字或形象，寄送任何物品，对其进行侮辱，旨在侵犯其尊严或侵犯对其所担负之职责的尊重的，处1年监禁并科15000欧元罚金。""侮辱发生在法院、法庭或司法机构开庭审理之时，所受之刑罚加重至2年监禁并科30000欧元罚金。"[②]《俄罗斯联邦刑法典》第297条规定："1. 藐视法庭，表现为侮辱法庭审理参加人的，处数额为8万卢布以下或被判刑人6个月以下的工资或其他收入的罚金；或处180小时以上240小时以下的强制性社会公益劳动；或处2个月以上4个月以下的拘役。""2. 上述行为，表现为侮辱法官、陪审员或其他参加审判的人员的，处数额为20万卢布以下或被判刑人18个月以下的工资或其他收入的罚金；或处1年以上2年以下的劳动改造；或处4个月以上6个月以下的拘役。"[③]《意大利刑法典》第343条规定："在庭审中侵犯司法官员的名誉和威望的，处1年至4年有期徒刑。""如果侵犯表现为归罪某一特定的事实，处以2年至5年有期徒刑。""如果行为是以暴力或威胁的方式实施的，刑罚予以增加。"[④]《韩国刑法典》第138条规定："以妨害、威胁法院裁判或者国会审议为目的，在法庭、国会会议场所或其附近，侮辱或者骚扰的，处3年以下劳役或者100万元以下罚金。"[⑤] 二是未专门对破坏法庭秩序犯罪作出规定，而是将破坏法庭秩序范围纳入妨害公务、对抗国家权力等犯罪加以统一规定，如

---

① 参见张英霞：《妨害司法权威典型犯罪研究》，2004年吉林大学博士论文，第47～48页。

② 参见《法国新刑法典》，罗结珍译，中国法制出版社2003年版，第167页。

③ 参见《俄罗斯联邦刑法典》，黄道秀译，中国法制出版社2004年版，第330～331页。

④ 参见《意大利刑法典》，黄风译，中国政法大学出版社1998年版，第105页。

⑤ 参见《韩国刑法典及单行刑法》，金永哲译，中国人民大学出版社1996年版，第24页。

瑞士联邦刑法典将妨碍当局、当局成员或者官员履行职务的规定为妨碍职务行为，其中包括妨碍法官履行职务行为在内。

综观我国当前扰乱法庭秩序行为的现状，对比我国刑法扰乱法庭秩序罪的立法规定和境外立法例，司法实务部门和越来越多的理论研究者主张借鉴国外关于藐视法庭罪的规定，对我国扰乱法庭秩序罪的适用范围作出扩充，将刑法第三百零九条修改为藐视法庭罪，以适应当前依法惩治扰乱法庭秩序行为、有效维护法庭秩序的需要。①

（三）扰乱法庭秩序犯罪追诉程序的争论

藐视法庭或者扰乱法庭秩序的行为是发生在法官眼前的违法犯罪，故无需经过侦查、公诉等环节，对此种犯罪宜设立由原审法院直接审理、判决的特别程序，以维护司法的权威和尊严。正如有论者所指出的："扰乱法庭秩序罪是一种在法庭上发生的犯罪，是'法官亲眼所见的犯罪'，开庭审判案件的组织对该犯罪实施了如指掌……如果对这种'在法官眼皮底下的犯罪行为'也经过控诉、立案、调查取证、质证等诉讼程序，显然不利于及时排除诉讼中的障碍，也不利于及时制止有损法庭尊严的犯罪行为，从而造成诉讼拖延，与诉讼经济原则相悖逆。"②

从境外的情况来看，无论是英美法系国家，还是大陆法系国家，对藐视法庭或者扰乱法庭秩序刑事案件确立了特别追诉程序。例如，在英国，对于民事藐视法庭罪必须依普通程序审理，但对于刑事藐视法庭秩序罪一般都采用径行裁判的方式，即不需要公诉人起诉，而是

---

① 在主张刑法第三百零九条应该修改完善的前提下，对于具体的修改模式也有不同意见，既有主张将扰乱法庭秩序罪修改为藐视法庭罪的，也有观点认为，应当在刑法现行的框架内对扰乱法庭秩序罪的立法表述作进一步完善，因为"藐视法庭罪的概念没有个别化的功能，它包括了我国刑法中几乎所有的妨碍司法活动犯罪，无法使本罪与其他妨碍司法活动的犯罪相区别，势必导致我国刑法体系的混乱"。参见利子平：《扰乱法庭秩序罪的立法缺陷及其完善》，载《法学杂志》2008 年第 6 期。

② 参见姚莉、詹建红：《扰乱法庭秩序罪追究程序探讨》，载《法学》2000 年第 3 期。

由法官签发传票或者逮捕令，直接将有藐视行为的人带到法庭审判。如果行为人认罪，则无需经过听证程序，法庭即可径行裁判；如果行为人拒不认罪，法庭需向其出示证据，听取行为人及其律师的意见，然后作出裁判。为防止权力被滥用，普通法系国家也对此程序作了一些限制，如英国于1960年取消了刑事藐视法庭罪审理一审终审的做法，赋予行为人上诉权。①

在我国，关于扰乱法庭秩序犯罪的追诉形式问题，理论研究和实务操作中都有过争论和变化过程。1992年7月14日最高人民法院《关于适用〈中华人民共和国民事诉讼法〉若干问题的意见》第一百二十五条规定："依照民事诉讼法第一百零一条的规定，应当追究有关人员刑事责任的，由审理该案的审判组织直接予以判决；在判决前，应当允许当事人陈述意见或者委托辩护人辩护。"1994年9月26日《最高人民法院关于办理严重扰乱法庭秩序案件具体适用法律问题的批复》（法复〔1994〕5号）规定："对于这种案件，可以由该法庭合议庭直接审理、判决。如果原审判组织是独任审判的，则应当组成合议庭进行审判。人民法院审理严重扰乱法庭秩序案件，应当依法保障被告人的诉讼权利。扰乱法庭秩序的行为，情节严重，构成其他犯罪的，应移送公安机关依法追究刑事责任。"可见，在1996年刑事诉讼法施行前，对于扰乱法庭秩序犯罪适用特别的追诉程序，即可由人民法院径行裁判，无须再经过侦查、审查起诉等环节。而且，司法适用效果良好，审理扰乱法庭秩序刑事案件在程序方面不存在突出问题。

1996年刑事诉讼法未对扰乱法庭秩序犯罪的刑事程序作出专门规定。1996年12月20日《最高人民法院关于执行〈中华人民共和国刑事诉讼法〉若干问题的解释（试行）》第一条将"威胁、殴打司法工作人员或者诉讼参与人，严重扰乱法庭秩序案"规定为被害人

① 参见张英霞：《妨害司法权威典型犯罪研究》，2004年吉林大学博士论文，第44页。

有证据证明的轻微刑事案件的一种，将其纳入自诉案件的范围。1998年9月2日《最高人民法院关于执行〈中华人民共和国刑事诉讼法〉若干问题的解释》取消了这一规定。但是，由于法律和司法解释均未明确对于扰乱法庭秩序案件可以由人民法院径行裁判，一般要适用普通程序，即公安侦查、检察院提起公诉、法院进行审判。然而，这未能考虑到扰乱法庭秩序案件的特殊性，可操作性较弱。实践中，法院与公安机关、检察机关之间工作衔接不畅，公安机关追诉此类犯罪的积极性低。在公安机关或者检察机关不予追究行为人刑事责任的情况下，行为人扰乱法庭秩序即使达到入罪标准的，人民法院也无法提起对行为人的追诉程序，不能追究其刑事责任。因此，司法实践中扰乱法庭秩序的情况比较严重，但被追究刑事责任的很少，达不到对扰乱法庭秩序犯罪的震慑效果，也严重影响了人民法院的司法权威。针对近年来扰乱法庭秩序行为突出但入罪较少的现象，无论是理论研究者，还是实务部门，都开始呼吁对扰乱法庭秩序犯罪的追诉程序作出特别规定，回归到1996年刑事诉讼法之前的径行裁判程序。

(四)《刑法修正案（九)》对扰乱法庭秩序罪的修改完善

针对司法实践中的情况，完善扰乱法庭秩序罪的规定成为必然选择。近年来，有全国人大代表建议设立藐视法庭罪，认为现行刑法规定的扰乱法庭秩序罪范围过窄，将大量同样严重扰乱法庭审判秩序的藐视法庭的行为，如侮辱、诽谤、威胁司法工作人员及诉讼参与人，殴打诉讼参与人，拒不依法履行作证义务等，排除在刑事责任追究的范围之外，致使这些人藐视法庭的行为因无法得到有力惩治而不时发生。[①] 而且，有关部门向立法机关提出建议，建议通过《刑法修正案(九)》进一步完善扰乱法庭秩序罪，并提出了修改扰乱法庭秩序罪的具体思路：（1）宜借鉴有关国家经验，将该罪修改为藐视法庭罪，

① 参见《袁承东代表：应设立藐视法庭罪》，载 http：//news. xinhuanet. com/mrdx/2007 -03/16/content_ 5854763. htm，访问时间：2015年8月6日。

以扩大该罪的适用范围。(2)对于在法庭内、在法官在场的情况下实施的藐视法庭罪，应当设立特别的追诉程序，即可由人民法院径行裁判，无须再经过侦查、审查起诉等环节。(3)对藐视法庭，同时构成其他犯罪的，应当从一重处断。①

党的十八届四中全会提出“完善惩戒妨碍司法机关依法行使职权、拒不执行生效判决和裁定、藐视法庭权威等违法犯罪行为的法律规定”。在《刑法修正案(九)》草案研拟过程中，根据有关方面的意见，立法工作机关提出对刑法第三百零九条的扰乱法庭秩序罪作出修改，以完善对藐视法庭权威的违法犯罪行为的惩治制度。对此，有关部门赞同。经研究，立法工作机关提出具体方案，即将刑法第三百零九条修改为：“有下列情形之一，严重扰乱法庭秩序的，处三年以下有期徒刑、拘役、管制或者罚金：(一)聚众哄闹、冲击法庭的；(二)殴打司法工作人员或者诉讼参与人的；(三)侮辱、诽谤、威胁司法工作人员或者诉讼参与人，不听法庭制止的；(四)有其他严重扰乱法庭秩序行为的。”对此，专家学者和多数部门赞同；个别部门认为对于扰乱法庭秩序行为的惩治并无法律障碍，建议不作上述修改。此外，有部门和专家建议进一步将扰乱法庭秩序罪调整为藐视法庭罪；有部门还建议明确扰乱法庭秩序的犯罪可以由人民法院径行裁判，无须经过侦查、提起公诉等环节。经慎重研究认为，在刑法中设立藐视法庭罪是必然趋势，但当前宜对扰乱法庭秩序罪作出修改完善；修改刑事诉讼法时曾对扰乱法庭秩序罪设立径行裁判程序问题作过研究，认为追究刑事责任应当有制约机制，经过完整的诉讼程序更为妥当。综上，立法工作机关对方案未再作调整，从而形成草案一次审议稿第三十五条的写法。

---

① 所提出的具体方案为：将刑法第三百零九条修改为：“有下列藐视法庭的行为之一，情节严重的，处一年以下有期徒刑、拘役、管制或者罚金：(一)聚众哄闹、冲击法庭；(二)殴打、侮辱、诽谤、威胁司法工作人员或者诉讼参与人；(三)其他藐视法庭的行为。”“在法庭内实施前款规定的犯罪，可以由人民法院径行判决。”“犯第一款规定的犯罪，同时构成本法规定的其他犯罪的，依照处罚较重的规定定罪处罚。”

在《刑法修正案（九）（草案）》审议过程中，有关方面进一步提出：其一，实践中，哄闹、冲击法庭以外的其他审判场所（如信访接待场所），以及非聚众哄闹、冲击审判场所的情形也经常出现，严重扰乱审判秩序，有必要纳入刑事惩治范围。[①] 其二，扰乱审判秩序，可能同时构成其他犯罪的，应当从一重处断。《刑法修正案（九）（草案二次审议稿）》第三十六条基本维持了上述方案，对表述作了微调。此后，一些常委委员、有的部门、地方以及律师协会提出，本条第三项关于“侮辱、诽谤、威胁司法工作人员或者诉讼参与人”的规定、第四项关于“有其他严重扰乱法庭秩序行为”的规定，在实践中可能被滥用，建议取消。经研究认为，第三项规定与刑事诉讼法第一百九十四条、民事诉讼法第一百一十条的规定[②]是一致的，属于衔接性规定，不宜取消；第四项规定的“其他严重扰乱法庭秩序的行为”，也是维护法庭秩序和司法权威的必要规范，《刑法修正案（九）（草案三次审议稿）》保留了该兜底项规定[③]；同时，为进一步明确罪与非罪的界限，防止适用扩大化，将该项进一步明确为“有毁坏法庭设施，抢夺、损毁诉讼文书、证据等扰乱法庭秩序

① 审议过程中，也有意见提出，目前对法官及其家庭成员人身安全、正常生活秩序等威胁最大、反映最强烈的扰乱行为往往发生在庭外。此外，还有意见提出，从实践看，有些行为虽未严重扰乱法庭秩序，但严重挑战、损害了司法权威，如在法院门前搞“行为艺术”、在法院办公场所哄闹等，这些行为也应纳入刑法的规制范围。

② 刑事诉讼法第一百九十四条第二款规定：“对聚众哄闹、冲击法庭或者侮辱、诽谤、威胁、殴打司法工作人员或者诉讼参与人，严重扰乱法庭秩序，构成犯罪的，依法追究刑事责任。”民事诉讼法第一百一十条第三款规定：“人民法院对哄闹、冲击法庭，侮辱、诽谤、威胁、殴打审判人员，严重扰乱法庭秩序的人，依法追究刑事责任；情节较轻的，予以罚款、拘留。”

③ 从司法实践来看，除“聚众哄闹、冲击法庭”“殴打司法工作人员或者诉讼参与人”“侮辱、诽谤、威胁司法工作人员或者诉讼参与人，不听法庭制止，严重扰乱法庭秩序”情形外，还存在其他严重扰乱法庭秩序的行为：庭审中高呼口号或者哭喊，不听法庭制止；在法庭上自杀自残，致使庭审无法正常进行；损毁证据、案卷材料或者法庭设备，不听法庭制止；在法庭上脱光衣服，不听法庭制止；等等。为涵括司法实践中业已存在和将来可能不断翻新的其他严重扰乱法庭秩序的情形，刑法规定应当为司法实务留有一定的空间。

行为，情节严重的”。[①]《刑法修正案（九）》第三十七条维持了上述方案，最终对扰乱法庭秩序罪作出修改。

二、对修改内容的理解和适用

（一）犯罪客体

扰乱法庭秩序罪侵犯的客体是国家的审判秩序和司法权威。扰乱法庭秩序的行为严重侵犯审判秩序和司法权威，对于情节严重的行为具有刑事惩罚的必要。

（二）犯罪客观方面

扰乱法庭秩序罪的客观方面表现为扰乱法庭秩序，情节严重的情形。并非所有扰乱法庭秩序的情形都构成犯罪，只有情节严重的，才适用刑法进行惩治。具体而言，包括下列情形：（1）聚众哄闹、冲击法庭的；（2）殴打司法工作人员或者诉讼参与人的；（3）侮辱、诽谤、威胁司法工作人员或者诉讼参与人，不听法庭制止，严重扰乱法庭秩序的；（4）有毁坏法庭设施，抢夺、损毁诉讼文书、证据等扰乱法庭秩序行为，情节严重的。

（三）犯罪主体

扰乱法庭秩序罪的主体为一般主体，凡年满16周岁、具有刑事责任能力的自然人均可以构成本罪。

（四）犯罪主观方面

扰乱法庭秩序罪的主观方面表现为故意，过失不构成本罪。

---

① 参见《全国人民代表大会法律委员会关于〈中华人民共和国刑法修正案（九）（草案）〉审议结果的报告》（2015年8月24日）。

（五）刑事责任

根据修正后刑法第三百零九条的规定，犯扰乱法庭秩序罪的，处三年以下有期徒刑、拘役、管制或者罚金。

【条文三十八】〔增加拒绝向司法机关提供恐怖主义、极端主义犯罪行为有关情况、证据的犯罪〕

三十八、将刑法第三百一十一条修改为："明知他人有间谍犯罪或者恐怖主义、极端主义犯罪行为，在司法机关向其调查有关情况、收集有关证据时，拒绝提供，情节严重的，处三年以下有期徒刑、拘役或者管制。"

【条文主旨】

基于恐怖主义、极端主义的严重社会危害性，为确保司法机关对之打击有力和查处高效，《刑法修正案（九）》将拒绝向司法机关提供恐怖主义、极端主义犯罪行为有关情况和证据，情节严重的行为规定为犯罪。

【理解与适用】

一、修改的背景、内容和意义

针对当前恐怖主义、极端主义犯罪的严峻形势，在《刑法修正案（九）》起草过程中，不少部门和人大代表提出，应系统完善针对恐怖主义、极端主义的刑事立法，细致考虑恐怖主义、极端主义从预备到实施再到查处的诸多环节，改变打击恐怖主义、极端主义刑事立法薄弱的状况。《刑法修正案（九）》采纳了这一意见，对刑法原第三百一十一条作了修改，增加规定：明知他人有恐怖主义、极端主义犯罪行为，在司法机关向其调查有关情况、收集有关证据时，拒绝提供，情节严重的，处三年以下有期徒刑、拘役或者管制。针对应否增加这一内容，有意见提出，不作证的情况较为复杂，刑事诉讼法规定不能强迫被告人自证其罪，将知情人因害怕报复或者因有利害关系，拒绝提供犯罪证据的情形规定为犯罪，即将知情不举入罪，特别是将一些不愿作证的被害人也入罪是否合适，值得研究。另外，如果增加规定此内容，也要充分考虑特定人员的免证特权，刑事诉讼法中规定，对被告人的配偶、父母、子女，不得强制其到庭作证，律师也应赋予其免证特权。也有意见认为，我国刑事诉讼法明确规定公民有作证义务；国外已有立法例，如日本刑事诉讼法第一百六十一条、民事诉讼法第二百条规定，证人对事实表示沉默不予陈述的，可以构成证言拒绝罪。我国刑法在 1997 年就规定了拒绝提供间谍犯罪证据罪，即现在的第三百一十一条。鉴于暴力恐怖活动犯罪的严重危害性，确实有必要增设此罪。为区分不同情况，可以增加限制入罪的条件，将情节严重的情况规定为犯罪。经研究，采纳了后一种意见。关于增加的内容在刑法中的体系位置，有意见认为，应将关于恐怖主义、极端主义的犯罪都规定在危害公共安全犯罪一章中，并单列一节；也有意见认为，拒不提供犯罪情况、证据的行为主要是对司法活动的妨碍，将这种行为列在妨害司法犯罪中更为适宜。经研究，采纳了后一种意见。

二、对修改内容的理解和适用

（一）犯罪客体

本罪的客体为司法机关的正常活动。本罪主要表现为在司法机关向行为人调查恐怖主义、极端主义有关情况、收集有关证据时拒绝提供，即在司法机关进行打击恐怖主义、极端主义的司法活动过程中拒绝提供有关证据，主要是对司法活动正常进行的妨碍。因此，本罪的客体为司法机关的正常活动。

(二) 客观方面

客观方面表现为明知他人有恐怖主义、极端主义犯罪行为，在司法机关向其调查有关情况、收集有关证据时，拒绝提供，情节严重的行为。客观方面有以下几个特征：一是行为人须明知他人有恐怖主义、极端主义犯罪行为。“明知”是指知道和应当知道，既包括自己目睹的事实，也包括耳闻的事实。对恐怖主义、极端主义犯罪行为的认知，只需要认识到是恐怖主义、极端主义犯罪行为即可，不要求认识到是否属于刑法规定的某一具体犯罪，即不需要认识到是否为组织、领导、参加恐怖组织罪还是帮助恐怖活动罪、准备实施恐怖活动罪以及宣扬恐怖主义罪等。对于具体的放火、爆炸、杀人、绑架等犯罪，如果明知是由恐怖主义、极端主义组织策划实施或者是为制造社会恐慌、危害公共安全为目的而策划实施的，也属于“明知他人有恐怖主义、极端主义犯罪行为”。二是调查情况、收集证据的主体是司法机关，包括公安机关、检察机关、人民法院、国家安全机关和负有侦查职责的监狱、军队保卫部门。“调查有关情况、收集有关证据”的时间既可以在立案前，也可以在立案后。三是“拒绝提供”是指非因客观原因而拒绝提供。主要包括故意逃避向司法机关提供有关情况、证据和在司法机关向其调查有关情况、收集证据时，沉默不语或者推诿、含糊其辞、隐瞒重要情节、证据。在司法机关第一次向其调查情况、收集证据时由于害怕报复等没有提供有关证据，后经教育或者自身思想斗争，在司法机关再次调查、收集时提供或者主动向司法机关提供有关证据，没有严重影响案件办理或者导致其他严重后果的，可以不认定为“拒绝提供。”如故意作虚假陈述、提供虚假证据的，不构成本罪，可能构成包庇罪。“拒绝提供”的成立应是在司法机关向其调查情况、收集证据之时，除此之外的其他时间不能成立本罪。四是须达到情节严重的程度。主要是指司法机关多次向其调查、收集时，拒绝提供对查处案件具有重要关系的情况、证据，拒绝提供行为导致了重大恐怖主义、极端主义犯罪行为的发生，等等。

（三）犯罪主体

犯罪主体为一般主体，凡年满16周岁，具有刑事责任能力的自然人均可构成。

（四）主观方面

主观方面为故意，包括直接故意和间接故意，即明知自己拒绝提供的行为必然或者可能影响相关案件的办理，而仍然拒绝提供。

（五）刑事责任

构成本罪的，处三年以下有期徒刑、拘役或者管制。

三、需要注意的问题

1. 拒绝提供的对象是与恐怖主义、极端主义犯罪相关的情况、证据，如果不知道是与恐怖主义、极端主义犯罪行为有关的情况、证据而拒绝提供的，不构成本罪；但在司法机关告知向其调查、收集的情况、证据与恐怖主义、极端主义犯罪相关后，仍然拒绝提供的，可以构成本罪。

2. 关于本罪与包庇罪的区别。二罪侵害的客体都是司法机关的正常活动，且都可能造成犯罪分子逃避刑事惩罚或者仅受到较轻刑事惩罚的后果，但本罪是以消极不作为的方式，拒绝配合司法机关的诉讼活动；后者是以积极提供虚假证据的方式干扰司法机关的诉讼活动，可能导致犯罪分子逃避刑事惩罚，也可能导致无辜的人受到刑事惩罚。

【条文三十九】〔增加拒不执行判决、裁定罪法定刑的档次，对拒不执行判决、裁定罪增加单位犯罪〕

三十九、将刑法第三百一十三条修改为：“对人民法院的判决、裁定有能力执行而拒不执行，情节严重的，处三年以下有期徒刑、拘役或者罚金；情节特别严重的，处三年以上七年以下有期徒刑，并处罚金。

“单位犯前款罪的，对单位判处罚金，并对其直接负责的主管人员和其他直接责任人员，依照前款的规定处罚。”

【条文主旨】

《刑法修正案（九）》对拒不执行判决、裁定罪的修改主要体现在以下两个方面：一是针对拒不执行判决、裁定情节特别严重的，增加配置“处三年以上七年以下有期徒刑，并处罚金”，以与拒不执行判决、裁定行为的社会危害程度相适应；二是针对实践中单位拒不执行判决、裁定较为突出的现象，对拒不执行判决、裁定罪增设单位犯罪的规定。

【理解与适用】

一、修改的背景、内容和意义

人民法院是国家的审判机关，其依法作出的判决、裁定一经生效，即具有强制力，非经法定程序不得更改。拒不执行人民法院依法作出的具有执行内容并已发生法律效力的判决、裁定，不仅侵犯当事人的合法权益，也损害了国家司法的权威性和严肃性，妨害了司法机关的正常工作秩序，对于情节严重的有必要予以刑事惩治。1979 年刑法第一百五十七条规定：“以暴力、威胁方法阻碍国家工作人员依法执行职务的，或者拒不执行人民法院已经发生法律效力的判决、裁定的，处三年以下有期徒刑、拘役、罚金或者剥夺政法权利。”1997 年刑法将拒不执行判决、裁定罪独立出来单独列条，第三百一十三条规定：“对人民法院的判决、裁定有能力执行而拒不执行，情节严重的，处三年以下有期徒刑、拘役或者罚金。”

1997 年刑法施行后，一些部门反映，对刑法第三百一十三条规定的“裁定”是否包括人民法院依法执行支付令、生效的调解书、仲裁决定、公证债权文书所作的裁定，存在不同认识；同时，一些国家机关工作人员由于地方保护主义思想作祟，利用职权严重干扰人民法院的执行工作，从而导致法院的裁判不能执行，故应当明确法律责任。经过慎重研究，2002 年 8 月 29 日全国人大常委会通过《关于〈中华人民共和国刑法〉第三百一十三条的解释》，明确了有关问题。[①] 具体而言，该立法解释主要涉及三个方面的内容：一是界定“人民法院的判决、裁定”的外延，明确“刑法第三百一十三条规定的‘人民法院的判决、裁定’，是指人民法院依法作出的具有执行内容并已发生法律效力的判决、裁定。人民法院为依法执行支付令、生效的调解书、仲裁裁决、公证债权文书等所作的裁定属于该条规定的裁定”。二是规定“有能力执行而拒不执行，情节严重”的具体情形。三是明确国家机关工作人员拒不执行判决、裁定行为的刑事责任追究问题。

拒不执行判决、裁定罪是打击逃避执行的“老赖”，破解“执行难”的重要举措，对于保障人民法院判决、裁定的执行，维护人民法院的司法权威，保护当事人的合法权益发挥了积极作用。从司法实践来看，行为人采取各种恶劣手段拒不执行人民法院依法作出并已发

① 参见高铭暄：《中华人民共和国刑法的孕育诞生和发展完善》，北京大学出版社 2012 年版，第 540 页。

生法律效力的判决、裁定，然而，一旦得知将被追究刑事责任，大多积极履行执行义务，从“有钱拒不履行”向“有钱积极履行”转变明显，甚至主动向亲朋借钱偿还债务。[①] 但是，拒不执行判决、裁定罪存在适用率偏低，对于破解执行难，提升司法公信所发挥的作用有待增强。据统计，近年来，全国法院适用拒不执行判决、裁定罪的年均案件量在600件上下波动[②]，而且，拒不执行判决、裁定罪案件数量占执行结案总数的比例一直偏低[③]。

党的十八届四中全会提出“切实解决执行难”“完善惩戒拒不执行生效判决和决定等违法犯罪行为的法律规定”。《刑法修正案（九）(草案)》研拟后期，有部门提出，从当前的司法适用情况来看，有必要对拒不执行判决、裁定罪作出完善，以充分发挥其威慑和制裁功能：(1) 现行刑法对拒不执行判决、裁定罪只配置了“三年以下有期徒刑、拘役或者罚金”，与拒不执行判决、裁定行为的社会危害性严重程度不匹配，明显偏低，容易导致量刑时失衡，无法有效威慑被执行人。当前，随着市场经济的飞速发展，拒不执行判决、裁定案件的涉案金额相差十分悬殊，由万元至近亿元不等，单一档次的刑罚配置导致量刑区分度不明显，社会危害性相差悬殊的行为科处的刑罚无法适当区分。因此，有必要针对情节特别严重的情形配置“三年以

---

① 上海市高级人民法院和上海市虹口区人民法院联合课题组承担的“破解执行难题，提升司法公信——拒执罪条款司法实践评估及推进对策研究”司法统计课题提出，拒不执行判决、裁定罪对打击长期逃避执行的“老赖”具有明显的威慑效果。经对部分省市2008年至2012年适用拒不执行判决、裁定罪案件被执行人履行情况的统计分析，全部履行和部分履行的案件占69.9%；案件所涉金额共计5.5亿元，履行1.8亿元，到位率为33.6%，部分地区的履行到位率将近60%。参见胡云腾、崔亚东主编：《拒不执行判决、裁定罪审判实务与典型案例》，法律出版社2014年版，第5页。

② 2008年至2012年，全国法院共判处拒不执行判决、裁定刑事案件3086件。参见胡云腾、崔亚东主编：《拒不执行判决、裁定罪审判实务与典型案例》，法律出版社2014年版，第4页。

③ 据对全国法院2008年至2012年有关情况的统计分析，拒不执行判决、裁定刑事案件数量占执行结案总数的比例平均为0.26‰。参见胡云腾、崔亚东主编：《拒不执行判决、裁定罪审判实务与典型案例》，法律出版社2014年版，第4页。

上七年以下有期徒刑，并处罚金”的量刑档次，以实现罪责刑相适应。(2) 现行刑法未将单位规定为拒不执行判决、裁定罪的主体。有关司法解释和规范性文件根据实际需要，明确单位拒不执行判决、裁定行为的处理规则。[①] 而且，有关立法解释也对单位实施未规定为单位犯罪的刑法危害社会行为的处理规则作了明确。[②] 但是，鉴于实践中单位拒不执行判决、裁定的现象较为突出，建议对拒不执行判决、裁定罪增设单位犯罪的规定。(3) 拒不执行判决、裁定案件完全走公诉程序，因部门之间的衔接、配合存在问题，导致程序很难启动。而且，拒不执行判决、裁定的被害人与该行为侵害的利益密切相关，控诉犯罪的积极性高，其往往也是最先发现该行为并掌握相关证据，从有利于打击此类犯罪的角度，宜将该罪设置为可自诉案件，即在人民检察院没有提起公诉的情况下允许被害人直接向人民法院起诉。

经慎重研究，采纳了上述部分建议。《刑法修正案（九）（草案)》第三十六条将刑法第三百一十三条修改为：“对人民法院的判决、裁定有能力执行而拒不执行，情节严重的，处三年以下有期徒刑、拘役或者罚金；情节特别严重的，处三年以上七年以下有期徒刑。”“单位犯前款罪的，对单位判处罚金，并对其直接负责的主管

---

① 1998 年 4 月 25 日《最高人民法院关于审理拒不执行判决、裁定案件具体应用法律若干问题的解释》第四条规定：“负有执行人民法院判决、裁定义务的单位直接负责的主管人员和其他直接责任人员，为了本单位的利益实施本解释第三条所列行为之一，造成特别严重后果的，对该主管人员和其他直接责任人员依照刑法第三百一十三条的规定，以拒不执行判决、裁定罪定罪处罚。”2007 年 8 月 30 日《最高人民法院、最高人民检察院、公安部关于依法严肃查处拒不执行判决裁定和暴力抗拒法院执行犯罪行为有关问题的通知》第三条规定：“负有执行人民法院判决、裁定义务的单位直接负责的主管人员和其他直接责任人员，为了本单位的利益实施本《通知》第一条、第二条所列行为之一的，对该主管人员和其他直接责任人员，依照刑法第三百一十三条和第二百七十七条的规定，分别以拒不执行判决、裁定罪和妨害公务罪论处。”

② 2014 年 4 月 24 日《全国人大常委会关于〈中华人民共和国刑法〉第三十条的解释》规定：“公司、企业、事业单位、机关、团体等单位实施刑法规定的危害社会的行为，刑法分则和其他法律未规定追究单位的刑事责任的，对组织、策划、实施危害行为的人依法追究刑事责任。”

人员和其他直接责任人员，依照前款的规定处罚。”《刑法修正案（九）（草案二次审议稿）》对拒不执行判决、裁定情节特别严重的法定刑配置作了完善，增加了“并处罚金”的规定。《刑法修正案（九）》第三十九条维持了上述方案，最终对拒不执行判决、裁定罪作出修改。

二、对修改内容的理解和适用

（一）犯罪客体

拒不执行判决、裁定罪侵犯的客体是复杂客体，包括人民法院的司法权威和当事人的合法权益。本罪的对象为人民法院的判决、裁定，即人民法院依法作出的具有执行内容并已发生法律效力的判决、裁定，包括人民法院为依法执行支付令、生效的调解书、仲裁裁决、公证债权文书等所作的裁定。

（二）犯罪客观方面

拒不执行判决、裁定罪的客观方面表现为对人民法院的判决、裁定有能力执行而拒不执行，情节严重的行为。构成本罪必须具备三个方面的条件：（1）对人民法院的判决、裁定有能力执行。拒不执行判决、裁定罪属于不作为犯罪，必须以有作为能力为前提条件。对人民法院发生法律效力的判决、裁定“有能力执行”，是指根据查实的证据证明，负有执行人民法院判决、裁定义务的人有可供执行的财产或者具有履行特定行为义务的能力。（2）拒不执行人民法院的判决、裁定。拒不执行判决、裁定罪属于不作为犯罪，在客观方面表现为不履行相应的法律义务，但在具体行为形式上多种多样：既可以是以暴力抗拒执行，如聚众哄闹、冲击执行现场，围困、扣押、殴打执行人员，毁损、抢夺执行案件材料、执行公务车辆和其他执行器械、执行人员服装以及执行公务证件等；也可以是隐藏、转移、变卖、毁损执行财产的行为。司法实践中需要注意的是，对于拒不执行判决、裁定的行为类型不应当限于立法解释明确列明的情形，特别是涉及非财产给付义务的拒不执行判决、裁定案件，应当根据修正后刑法第三百一十三条的规定予以认定，必要时可以纳入“兜底项”予以认定。(3)情节严重。拒不执行判决、裁定罪属于情节犯，必须达到情节严重的程度才构成犯罪。

需要注意的是，根据《全国人大常委会关于〈中华人民共和国刑法〉第三百一十三条的解释》和2015年7月22日《最高人民法院关于审理拒不执行判决、裁定刑事案件适用法律若干问题的解释》(以下简称《拒不执行判决、裁定罪解释》)第二条的规定，负有执行义务的人有能力执行而实施下列行为之一的，应当认定为“有能力执行而拒不执行，情节严重”：(1)被执行人隐藏、转移、故意毁损财产或者无偿转让财产、以明显不合理的低价转让财产，致使判决、裁定无法执行的；(2)担保人或者被执行人隐藏、转移、故意毁损或者转让已向人民法院提供担保的财产，致使判决、裁定无法执行的；(3)协助执行义务人接到人民法院协助执行通知书后，拒不协助执行，致使判决、裁定无法执行的；(4)被执行人、担保人、协助执行义务人与国家机关工作人员通谋，利用国家机关工作人员的职权妨害执行，致使判决、裁定无法执行的；(5)具有拒绝报告或者虚假报告财产情况、违反人民法院限制高消费及有关消费令等拒不执行行为，经采取罚款或者拘留等强制措施后仍拒不执行的；(6)伪造、毁灭有关被执行人履行能力的重要证据，以暴力、威胁、贿买方法阻止他人作证或者指使、贿买、胁迫他人作伪证，妨碍人民法院查明被执行人财产情况，致使判决、裁定无法执行的；(7)拒不交付法律文书指定交付的财物、票证或者拒不迁出房屋、退出土地，致使判决、裁定无法执行的；(8)与他人串通，通过虚假诉讼、虚假仲裁、虚假和解等方式妨害执行，致使判决、裁定无法执行的；(9)以暴力、威胁方法阻碍执行人员进入执行现场或者聚众哄闹、冲击执行现场，致使执行工作无法进行的；(10)对执行人员进行侮辱、围攻、扣押、殴打，致使执行工作无法进行的；(11)毁损、抢夺执行案件材料、执行公务车辆和其他执行器械、执行人员服装以及执行公务证件，致使执行工作无法进行的；（12）拒不执行法院判决、裁定，致使债权人遭受重大损失的；（13）其他有能力执行而拒不执行，情节严重的情形。

（三）犯罪主体

拒不执行判决、裁定罪的主体为负有执行人民法院判决、裁定义务的人。根据《拒不执行判决、裁定罪解释》第一条的规定，具体包括被执行人、协助执行义务人、担保人等负有执行义务的人。负有执行人民法院判决、裁定义务的单位也可以成为本罪的主体。不负有执行人民法院判决、裁定义务的人，与被执行人共同实施妨害法院裁判执行行为，情节严重的，以拒不执行判决、裁定罪的共同犯罪依法追究刑事责任。

（四）犯罪主观方面

拒不执行判决、裁定罪的主观方面由故意构成，且为直接故意，即行为人明知自己的行为会造成妨害人民法院裁判正常执行或者致使人民法院裁判不能执行的结果，而希望这种结果的发生。行为人的动机多种多样，但不影响本罪的成立。

（五）刑事责任

根据修正后刑法第三百一十三条的规定，犯拒不执行判决、裁定罪的，处三年以下有期徒刑、拘役或者罚金；情节特别严重的，处三年以上七年以下有期徒刑，并处罚金。对于“情节特别严重”的具体情形，目前并无统一规定，司法实践中可以从拒不执行判决、裁定的方式、致使债权人遭受损失的程度、行为人的主观恶性等角度加以判断。

此外，根据《拒不执行判决、裁定罪解释》第六条、第七条的规定，拒不执行判决、裁定的被告人在一审宣告判决前，履行全部或部分执行义务的，可以酌情从宽处罚；拒不执行支付赡养费、扶养费、抚育费、抚恤金、医疗费用、劳动报酬等判决、裁定的，可以酌情从重处罚。

三、需要注意的问题

（一）“有能力执行”的认定

根据修正后刑法第三百一十三条的规定，拒不执行判决、裁定罪的入罪前提是“对人民法院的判决、裁定有能力执行”，如何认定“有能力执行”直接影响到犯罪的成立，必须予以妥当把握。当前，由于我国征信体系建立尚不完备，人民法院对被执行人“有能力执行”的查证尚存在不少困难。司法实践中应当注意以下问题：

1. 根据查实的证据证明，负有执行人民法院判决、裁定义务的人有可供全部执行或者部分执行的财产，或者具有全部或者部分履行特定行为义务的能力的，即应当认定为“有能力执行”。换言之，不能以被执行人有可供全部执行的财产或者具有全部履行特定行为义务的能力作为认定“有能力执行”的标准。

2. 对于实践中常见、多发的财产给付类拒不执行判决、裁定案件①，应当主要通过对被执行人财产状况的查实、履行义务与自身履行能力的比例等加以综合判断。在具体认定被执行人的执行能力时，应当扣除被执行人及其抚养人员最低限度的生活必要保障资金，生活必要保障资金的标准可以参照当地最低工作标准或者最低生活保障线标准予以确定。

3. 在目前对“有能力执行”未设定统一量化标准的情况下，司法实务中宜根据本地经济社会发展状况，结合拒不执行、判决裁定犯

① 据“破解执行难题，提升司法公信——拒执罪条款司法实践评估及推进对策研究”司法统计课题的调研，在拒不执行判决、裁定罪的适用中，涉及拒不执行财产给付义务的占93.8%，不履行行为义务的仅占6.2%。参见胡云腾、崔亚东主编：《拒不执行判决、裁定罪审判实务与典型案例》，法律出版社2014年版，第8页。

罪行为的形势，合理认定“有能力执行”。具体拒不执行判决、裁定案件中涉及的金额相差悬殊，应当根据具体的案件情况作出合理判断。特别是对于给付赡养费、抚养费、医疗费等费用的案件，由于通常情况下被执行人需要支付的费用本身较少，故不能因为被执行人的财产状况超出执行义务较少就不认定为“有能力执行”。

（二）拒不执行判决、裁定罪有关刑事诉讼程序问题的把握

根据《拒不执行判决、裁定罪解释》的规定，司法实务中对于拒不执行判决、裁定罪有关刑事诉讼程序问题应当注意以下几点：

1. 案件管辖。拒不执行判决、裁定刑事案件，一般由执行法院所在地人民法院管辖。实践中，执行法院以外的其他法院对拒不执行判决、裁定行为的惩处缺乏积极性，不利于对相关证据的收集和固定，不利于对拒执犯罪的追诉和打击，故《拒不执行判决、裁定罪解释》专门规定此类案件以执行法院所在地人民法院管辖为原则。①

2. 自诉的处理。申请执行人有证据证明同时具有下列情形，人民法院认为符合刑事诉讼法第二百零四条第三项规定的，以自诉案件立案审理：（1）负有执行义务的人拒不执行判决、裁定，侵犯了申请执行人的人身、财产权利，应当依法追究刑事责任的；（2）申请执行人曾经提出控告，而公安机关或者人民检察院对负有执行义务的人不予追究刑事责任的。申言之，拒不执行判决、裁定罪并非“可公诉可自诉”案件，对其提起自诉只能是自诉案件中的“公诉转自诉”类型。

此外，依照刑事诉讼法第二百零六条的规定，自诉人在宣告判决前，可以同被告人自行和解或者撤回自诉。

---

① 参见《细化“情节严重”严打拒执犯罪——最高人民法院执行局负责人就拒执罪司法解释答记者问》，载《人民法院报》2015 年 7 月 22 日第 4 版。

【条文四十】〔增加为参加恐怖活动组织、接受恐怖活动培训或者实施恐怖活动，偷越国（边）境的犯罪〕

四十、将刑法第三百二十二条修改为：“违反国（边）境管理法规，偷越国（边）境，情节严重的，处一年以下有期徒刑、拘役或者管制，并处罚金；为参加恐怖活动组织、接受恐怖活动培训或者实施恐怖活动，偷越国（边）境的，处一年以上三年以下有期徒刑，并处罚金。”

【条文主旨】

与境外恐怖活动组织或者人员勾结，接受境外恐怖活动组织的培训、指使实施恐怖活动已成为当前我国恐怖活动犯罪的一大特点，伴随这一特点的是与恐怖活动相关联的偷越国（边）境行为的大量增加。为有效打击恐怖活动犯罪，《刑法修正案（九）》加大了对为参加恐怖活动组织、接受恐怖活动培训或者实施恐怖活动而偷越国（边）境行为的打击力度。

【理解与适用】

一、增加规定的背景、内容和意义

完善惩治恐怖活动犯罪的相关规定是《刑法修正案（九）》的一项重要任务。针对当前与恐怖活动犯罪相关的偷越国（边）境行为大量增加的现实情况，在《刑法修正案（九）》起草过程中，有意见提出，此类偷越行为，目的在于强化恐怖主义观念，学习实施恐怖活动犯罪的技能和方法，增强对抗社会的“本领”，危害性远大于以出国定居、非法务工等为目的的偷越行为，应加大对此类偷越行为的刑罚惩治力度。经研究，采纳了这一建议。《刑法修正案（九）》在刑法第三百二十二条中单独明确了对此类偷越行为的刑罚，规定："为参加恐怖活动组织、接受恐怖活动培训或者实施恐怖活动，偷越国（边）境的，处一年以上三年以下有期徒刑，并处罚金。"

二、对修改内容的理解和适用

（一）犯罪客体

本罪的客体是国家对国（边）境的管理制度。

（二）客观方面

新增加内容的客观方面表现为违反国（边）境管理法规，为参加恐怖活动组织、接受恐怖活动培训或者实施恐怖活动而偷越国（边）境的行为。"国（边）境管理法规"，是指《中华人民共和国出境入境管理法》《中华人民共和国外国人入境出境管理条例》《中华人民共和国出境入境边防检查条例》《中国公民因私事往来香港地区或者澳门地区的暂行管理办法》等一系列我国关于出境入境管理的法律、法规。另外，我国部分边境省、自治区，根据国家批准以及法律规定，制定的加强出入国（边）境管理的地方性法规，也属于本罪中的法规。"国（边）境"，既包括我国与其他国家、地区接壤的陆地、水域，也包括内地能够出入境的机场、港口等。偷越行为的表现和方式多种多样，有使用虚假、骗取或者冒用他人出入境证件过关的；有无出入境证件蒙混过关的；有在无边防检查站的地方非法穿越国（边）境的；有隐藏在汽车、飞机、船只等交通运输工具中蒙混过关的；等等。根据修改后刑法第三百二十二条的规定，新增加的行为构成犯罪，不需要达到情节严重的程度。[①]

（三）犯罪主体

犯罪主体为一般主体，凡年满16周岁，具有刑事责任能力的自然人均可构成。

（四）主观方面

本罪在主观方面为故意，明知行为会导致非法进入他国或者地区的结果而仍然实施。

（五）刑事责任

根据《刑法修正案（九）》第四十条规定，为参加恐怖活动组织、接受恐怖活动培训或者实施恐怖活动，偷越国（边）境的，处一年以上三年以下有期徒刑，并处罚金。

三、需要注意的问题

与其他犯罪竞合时的处理。参加恐怖活动组织、接受恐怖活动培训或者实施恐怖活动是偷越国（边）境行为的目的，也就是说，相关的恐怖活动是目的行为，偷越行为是手段行为。如目的行为构成了犯罪，则存在目的行为与手段行为的竞合，根据刑法规定，上述目的行为的刑罚重，目的行为吸收手段行为。因此，应以涉及的相关恐怖活动犯罪定罪处罚。

---

① 刑法原第三百二十二条规定的偷越国（边）境罪，是以相关行为情节严重为构罪条件。根据2012年《最高人民法院、最高人民检察院关于办理妨害国（边）境管理刑事案件应用法律若干问题的解释》第五条的规定，“情节严重”是指：“（一）在境外实施损害国家利益行为的；（二）偷越国（边）境三次以上或者三人以上结伙偷越国（边）境的；（三）拉拢、引诱他人一起偷越国（边）境的；（四）勾结境外组织、人员偷越国（边）境的；（五）因偷越国（边）境被行政处罚后一年内又偷越国（边）境的；（六）其他情节严重的情形。”

【条文四十一】〔增加非法生产易制毒物品的犯罪，并提高法定刑〕

四十一、将刑法第三百五十条第一款、第二款修改为：“违反国家规定，非法生产、买卖、运输醋酸酐、乙醚、三氯甲烷或者其他用于制造毒品的原料、配剂，或者携带上述物品进出境，情节较重的，处三年以下有期徒刑、拘役或者管制，并处罚金；情节严重的，处三年以上七年以下有期徒刑，并处罚金；情节特别严重的，处七年以上有期徒刑，并处罚金或者没收财产。

“明知他人制造毒品而为其生产、买卖、运输前款规定的物品的，以制造毒品罪的共犯论处。”

【条文主旨】

本条的修改主要有四部分内容：一是将原来规定走私制毒物品罪、非法买卖制毒物品罪，修改为非法生产、买卖、运输制毒物品的犯罪；二是将原来规定的基本规定及数量大的两种情形和两档量刑幅度，修改为情节较重、情节严重和情节特别严重三种情形，相应细化规定了三档量刑幅度；三是加大打击力度，将可判处的最高刑罚由原来规定的“处三年以上十年以下有期徒刑”，提高到“处七年以上有期徒刑”，即可判处七年以上十五年以下有期徒刑，同时在财产刑方面增加了没收财产的规定；四是有关共犯的规定更加明确，将“明知他人制造毒品而为其提供”修改为“明知他人制造毒品而为其生产、买卖、运输”。

【理解与适用】

一、修改的背景、内容和意义

(一) 背景

刑法第三百五十条规定了走私制毒物品罪，即：违反国家规定，非法运输、携带醋酸酐、乙醚、三氯甲烷或者其他用于制造毒品的原料或者配剂进出境的，或者违反国家规定，在境内非法买卖上述物品的，处三年以下有期徒刑、拘役或者管制，并处罚金；数量大的，处三年以上十年以下有期徒刑，并处罚金。明知他人制造毒品而为其提供前款规定的物品的，以制造毒品罪的共犯论处。单位犯前两款罪的，对单位判处罚金，并对其直接负责的主管人员和其他直接责任人员，依照前两款的规定处罚。该规定对实践中打击走私制毒物品犯罪发挥了积极的作用。

近年来，毒品犯罪形势发生了较大的变化，实践中出现了不少新情况、新问题。如采用化学合成方法非法生产和运输麻黄碱、邻酮等制毒物品的犯罪案件大量出现，社会危害非常严重，但法律没有直接规定对这类行为定罪处罚的规定。因此，为解决实践中出现的此类新情况、新问题，最高人民法院、最高人民检察院、公安部 2009 年联合发布的《关于办理制毒物品犯罪案件适用法律若干问题的意见》中明确规定，为了制造毒品或者走私、非法买卖制毒物品犯罪而采用生产、加工、提炼等方法非法制造易制毒化学品的，按照其制造易制毒化学品的不同目的，分别以制造毒品、走私制毒物品、非法买卖制毒物品的预备行为论处；明知他人实施走私或者非法买卖制毒物品犯罪，而为其运输、储存、代理进出口或者以其他方式提供便利的，以走私或者非法买卖制毒物品罪的共犯论处。但以预备犯、共犯惩治非法制造、运输制毒物品犯罪，在法律依据上不直接，而且法律规定对预备犯的处罚也比较轻。加之实践中证明其生产、买卖、运输制毒物品的目的有时存在一定的困难，或者由于主犯未到案等原因，导致对有些危害严重的犯罪行为难以追究刑事责任，影响了打击毒品犯罪的力度。因此，针对惩治毒品犯罪的实际需要，有必要将非法生产、运输制毒物品的行为规定为犯罪。

同时，考虑到目前我国毒品犯罪形势非常严峻，非法生产、买卖、运输制毒物品犯罪的社会危害性严重，为有效遏制和预防犯罪，应当加大对毒品犯罪的惩治力度，适当提高此类犯罪的量刑，并针对该类犯罪非法获利较大的情况，加大财产刑的处罚力度，相应增加规定没收财产刑，从而从整体上加大对这类犯罪的打击力度。

为此，《刑法修正案（九）》对刑法第三百第五十条进行了修改，将该条调整为非法生产、买卖、运输制毒物品罪和走私制毒物品罪。

（二）修改的主要内容

本条修改主要有四点内容：

1. 在原来规定走私制毒物品罪、非法买卖制毒物品罪的基础上，规定了非法生产、买卖、运输制毒物品的犯罪。

2. 将原来规定的基本规定及数量大的两种情形和两档量刑幅度，修改为情节较重、情节严重和情节特别严重三种情形，相应细化规定了处三年以下有期徒刑、拘役或者管制、处三年以上七年以下有期徒刑，处七年以上有期徒刑等三档量刑幅度。

3. 加大打击力度，将可判处的最高刑罚由原来规定的“处三年以上十年以下有期徒刑”，提高到“处七年以上有期徒刑”，即可判处七年以上十五年以下有期徒刑，同时在财产刑方面增加了没收财产的规定。

4. 有关共犯的规定更加明确，将“明知他人制造毒品而为其提供前款规定的物品”修改为“明知他人制造毒品而为其生产、买卖、运输前款规定的物品”。

二、理解与适用

(一) 准确把握罪与非罪的界限

非法生产、买卖、运输制毒物品犯罪的客观方面表现是:“违反国家规定,非法生产、买卖、运输醋酸酐、乙醚、三氯甲烷或者其他用于制造毒品的原料、配剂,或者携带上述物品进出境。”这里需要把握以下两点:

1. 关于违反国家规定。按照刑法第九十六条规定,本法所称违反国家规定,是指违反全国人民代表大会及其常务委员会制定的法律和决定,国务院制定的行政法规、规定的行政措施、发布的决定和命令。《中华人民共和国禁毒法》第二十一条中规定,国家对易制毒化学品的生产、经营、购买、运输实行许可制度。禁止非法生产、买卖、运输、储存、提供、持有、使用易制毒化学品。第二十二条中规定,国家对易制毒化学品的进口、出口实行许可制度。本条的违反国家规定,是指除了依照国家规定,经过法定审批手续以外,非法生产、买卖、运输以及携带这些物品进出境的行为。国家对易制毒化学品的生产、经营、购买、运输和进口、出口实行分类管理和许可制度。国务院有关部门应当按照规定的职责,对进口、出口易制毒化学品依法进行管理,禁止走私易制毒化学品。根据禁毒法和国务院有关规定,生产、买卖、运输、进出口易制毒化学品的,应当按照相关规定履行相关手续。这里所规定的“生产”,包括制造、加工、提炼等不同环节。

2. 罪与非罪的界限把握。有些易制毒化学品一般同时具有正常的生产、生活、医药等用途,对于为生产、生活需要,但在生产、运输等过程中违反有关规定的,如具有生产药用麻黄素资质的合法企业,未按照要求履行批准手续,或者超过批准数量、品种要求而生产的,个人未办理许可证明或者备案证明而购买高锰酸钾等易制毒化学品的,等等,在追究刑事责任的过程中,需要划清罪与非罪的界限。

《最高人民法院、最高人民检察院、公安部关于办理制毒物品犯罪案件适用法律若干问题的意见》中规定，易制毒化学品生产、经营、使用单位或者个人未办理许可证明或者备案证明，购买、销售易制毒化学品，如果有证据证明确实用于合法生产、生活需要，依法能够办理只是未及时办理许可证明或者备案证明，且未造成严重社会危害的，可不以非法买卖制毒物品罪论处。《刑法修正案（九)》在对本条作出修改时，在入罪条件中增加了“情节较重”的规定，目的是为了划清罪与非罪的界限。

（二）准确把握用于制造毒品的原料、配剂的范围

本罪侵犯的客体是国家对制毒物品的管理制度和国家对外贸易管理制度。犯罪对象是制毒物品，即用于制造毒品的原料、配剂，是指提炼、分解毒品使用的原材料及辅助性配料。本条列举了醋酸酐、乙醚、三氯甲烷等制毒物品。醋酸酐是乙酰化试剂，是制造海洛因的关键化学品，乙醚、三氯甲烷是溶剂，广泛使用于海洛因、冰毒、氯胺酮等各种毒品制造过程中，这几种物品，既是医药和工农业生产原料，又是制造毒品必不可少的配剂。

《联合国禁止非法贩运麻醉药品和精神药物公约》中列举了几种可用于制造药品的化学物品，醋酸酐、乙醚都被明确规定在这几种物品之列。公约还规定，明知用于制造毒品而为其生产、销售上述物品的行为是犯罪行为。1988 年，我国卫生部、经贸部、公安部、海关总署已发布了《关于对三种特殊化学品实行出口准许证管理的通知》，规定对醋酸酐、乙醚、三氯甲烷三种物品实行出口准许证制度。当前在司法实践中，制毒物品犯罪涉及的主要是麻黄素（冰毒前体)、羟亚胺（氯胺酮前体)、邻酮（羟亚胺前体）等，这三种物质属于制造毒品的原料。需要指出的是，还有些原料本身就是毒品，如提炼海洛因的鸦片、黄皮、吗啡，如果非法生产、买卖、运输、携带进出境的是这些本身属于毒品的原料，则应以走私、贩卖、运输、制造毒品罪定罪处罚。根据有关司法解释，制毒物品的具体品种范围

按照国家关于易制毒化学品管理的规定确定。2005 年国务院颁布了《易制毒化学品管理条例》，根据该条例的规定，易制毒化学品分为三类：第一类是可以用于制毒的主要原料，包括 1 -苯基 -2 -丙酮、3，4 -亚甲基二氧苯基 -2 -丙酮、胡椒醛、黄樟素、麻黄素类等；第二类是可以用于制毒的化学配剂，包括苯乙酸、醋酸酐、三氯甲烷、乙醚、哌啶；第三类也是可以用于制毒的化学配剂，包括甲苯、丙酮、甲基乙基酮、高锰酸钾、硫酸、盐酸。这些易制毒化学品在成分、性能、对制毒的作用、管控措施等方面有较大不同，有的易制毒化学品，特别是该条例规定的第三类物品，还具有广泛的合法用途，在定罪量刑的标准及处罚上应有所区别。此外，易制毒化学品的范围也会根据实践情况有所调整。随着毒品化学合成技术的发展，新的易制毒化学品的出现，需要及时更新列管目录。根据该条例的规定，易制毒化学品的分类和品种需要调整的，由国务院公安部门会同国务院食品药品监督管理部门、安全生产监督管理部门、商务主管部门、卫生主管部门和海关总署提出方案，报国务院批准。

（三）准确把握本罪的三档情形

刑法原第三百五十条只规定了基本情形和数量大的两档情形。修改后，本罪的定罪量刑调整为三个档次，在客观方面表现的基础上，分为情节较重、情节严重和情节特别严重三种情形，相应规定三档不同的刑罚，即：情节较重的，处三年以下有期徒刑、拘役或者管制，并处罚金；情节严重的，处三年以上七年以下有期徒刑，并处罚金；情节特别严重的，处七年以上有期徒刑，并处罚金或者没收财产。

关于情节较重、情节严重和情节特别严重的认定。情节，是指实施犯罪的有关具体情况，包括犯罪过程、手段，等等。根据刑法第六十一条的规定，情节是人民法院在决定量刑时作为决定刑罚轻重的重要依据。人民法院根据实际情况和审判实践，在量刑时予以考虑的情节。如犯罪动机、犯罪时的环境和条件、犯罪人的一贯表现、认罪态度，等等。对非法生产、买卖、运输制毒物品罪的犯罪情节的认定，要结合犯罪人生产、买卖、运输制毒物品的数量多少，犯罪动机如何，究竟是为生计所困还是为其他犯罪积累资金，犯罪人的认罪态度等。

需要注意的是，本条在情节特别严重的量刑档次中，规定处七年以上有期徒刑，同时规定可以并处没收财产。这个规定是为了加大对毒品犯罪的打击力度，严厉惩治涉毒犯罪，对于实践中一些犯罪分子反侦查意识强，难以将其实质上非法获得的财产认定为违法所得的，可以适用没收财产刑，彻底摧毁其再次犯罪的物质基础，从而达到有效惩治和预防此类犯罪的目的。

（四）准确把握共犯的内容

刑法第三百五十条第二款是对明知他人制造毒品而为其生产、买卖、运输制造毒品所需原料或者配剂的，以制造毒品罪的共犯论处的规定。本款是关于构成制造毒品罪共犯的提示性规定，对于有证据证明行为人明知他人实施制造毒品犯罪，而为其生产、运输、买卖制毒物品的，其行为是整个制造毒品犯罪过程中的一个环节，应当依照刑法总则有关共同犯罪的规定，适用刑法第三百四十七条的规定定罪处罚，而不能以违反国家规定，非法生产、买卖、运输制毒物品的犯罪定罪处罚，避免重罪轻罚。这里的“明知”，是指行为人知道他人所需要的原料及配剂是用于制造毒品，但仍然为其生产、买卖、运输这种物品的。明知他人制造毒品而为其走私制毒物品的，也应当以制造毒品罪的共犯处理。

【条文四十二、四十三】〔取消组织卖淫罪、强迫卖淫罪的死刑，并修改完善了组织、强迫他人卖淫犯罪的规定；取消嫖宿幼女罪的规定〕

四十二、将刑法第三百五十八条修改为：“组织、强迫他人卖淫的，处五年以上十年以下有期徒刑，并处罚金；情节严重的，处十年以上有期徒刑或者无期徒刑，并处罚金或者没收财产。

“组织、强迫未成年人卖淫的，依照前款的规定从重处罚。

“犯前两款罪，并有杀害、伤害、强奸、绑架等犯罪行为的，依照数罪并罚的规定处罚。

“为组织卖淫的人招募、运送人员或者有其他协助组织他人卖淫行为的，处五年以下有期徒刑，并处罚金；情节严重的，处五年以上十年以下有期徒刑，并处罚金。”

四十三、删去刑法第三百六十条第二款。

【条文主旨】

《刑法修正案（九）》对刑法分则第六章第八节“组织、强迫、引诱、容留、介绍卖淫罪”的修改主要体现在以下两个方面：其一，取消组织卖淫罪、强迫卖淫罪的死刑。其二，取消嫖宿幼女罪，将嫖宿幼女的行为认定为奸淫幼女，以强奸罪论处。

【理解与适用】

一、修改的背景、内容和意义

（一）取消组织卖淫罪、强迫卖淫罪的死刑

1979 年刑法第一百四十条规定：“强迫妇女卖淫的，处三年以上十年以下有期徒刑。”1983 年 9 月 2 日《全国人民代表大会常务委员会关于严惩严重危害社会治安的犯罪分子的决定》第一条对情节特别严重的强迫妇女卖淫行为规定可以在刑法规定的最高刑以上处刑，

直至判处死刑。1991年9月4日《全国人民代表大会常务委员会关于严禁卖淫嫖娼的决定》第二条对强迫妇女卖淫罪作了修改完善，规定："强迫他人卖淫的，处五年以上十年以下有期徒刑，并处一万元以下罚金；有下列情形之一的，处十年以上有期徒刑或者无期徒刑，并处一万元以下罚金或者没收财产；情节特别严重的，处死刑，并处没收财产：（一）强迫不满十四岁的幼女卖淫的；（二）强迫多人卖淫或者多次强迫他人卖淫的；（三）强奸后迫使卖淫的；（四）造成被强迫卖淫的人重伤、死亡或者其他严重后果的。"同时，《全国人民代表大会常务委员会关于严禁卖淫嫖娼的决定》第一条第一款规定："组织他人卖淫的，处十年以上有期徒刑或者无期徒刑，并处一万元以下罚金或者没收财产；情节特别严重的，处死刑，并处没收财产。"

在1997年刑法修订过程中，对于组织卖淫罪的起点刑为十年以上有期徒刑或者无期徒刑，以及情节特别严重处绝对死刑的刑罚配置，有观点认为该罪是刑法规定的第一重罪，并不妥当，建议降低起刑点并取消死刑配置。① 立法机关部分采纳了上述建议，同时为了减少死刑的条文数量，1997年刑法将组织卖淫罪与强迫卖淫罪合并规定在同一条文中。第三百五十八条第一款、第二款规定："组织他人卖淫或者强迫他人卖淫的，处五年以上十年以下有期徒刑，并处罚金；有下列情形之一的，处十年以上有期徒刑或者无期徒刑，并处罚金或者没收财产：（一）组织他人卖淫，情节严重的；（二）强迫不满十四周岁的幼女卖淫的；（三）强迫多人卖淫或者多次强迫他人卖淫的；（四）强奸后迫使卖淫的；（五）造成被强迫卖淫的人重伤、死亡或者其他严重后果的。""有前款所列情形之一，情节特别严重的，处无期徒刑或者死刑，并处没收财产。"

近年来，组织卖淫罪、强迫卖淫罪的死刑适用极少。《刑法修正

① 参见高铭暄、赵秉志编：《新中国刑事立法文献资料总览》（下），中国人民公安大学出版社1998年版，第2144页。

案（九）（草案）》研拟过程中，有关方面提出，对单纯组织卖淫，未强迫他人卖淫的，适用死刑显然过于严厉。鉴此，建议取消组织卖淫罪的死刑，同时规定，对在组织卖淫过程中强迫卖淫的，按强迫卖淫罪论处，情节特别严重的，仍可适用死刑。经研究，采纳了这一建议，拟取消组织卖淫罪的死刑。对此，存在不同认识：多数意见赞同取消死刑；也有意见认为，减少死刑罪名应从实际出发，组织卖淫、强迫卖淫易与黑恶势力相结合，废除死刑后对打击处理上述犯罪会有影响，宜慎重研究。[①] 经综合上述意见，拟将刑法第三百五十八条第一款修改为："组织他人卖淫的，处五年以上十年以下有期徒刑，并处罚金；情节严重的，处十年以上有期徒刑或者无期徒刑，并处罚金或者没收财产。以暴力、胁迫手段组织他人卖淫的，从重处罚。"增加一款作为第二款："犯前款罪，对被组织人有杀害、伤害、强奸、非法拘禁等犯罪行为的，依照数罪并罚的规定处罚。"删除原第二款的规定。可见，这一方案进一步扩大范围，取消组织卖淫罪、强迫卖淫罪的死刑配置，并一并取消强迫卖淫罪，对强迫卖淫的行为适用组织卖淫罪处理。对此，多数意见赞同；也有意见提出，考虑到有些组织卖淫、强迫卖淫案件情节特别恶劣，建议暂不取消死刑。此外，还有意见提出，对是否取消强迫卖淫罪需再作研究，因强迫卖淫罪取消后，对强迫一二人卖淫，不构成组织卖淫的行为将难以处理。根据上述意见，经慎重研究，对上述方案再作条件，即将刑法第三百五十八条第一款修改为："组织他人卖淫的，处五年以上十年以下有期徒刑，并处罚金；情节严重的，处十年以上有期徒刑或者无期徒刑，并处罚金或者没收财产。"增加两款作为第二款、第三款："以暴力、胁迫手段强迫他人卖淫的，依照前款规定从重处罚。""犯前两款罪，对被组织人有杀害、伤害、强奸、非法拘禁等犯罪行为的，依照数罪

---

① 特别是，有意见认为，强迫卖淫对被害人的侵害，首先不表现为身体伤害，而是心理损害；强迫卖淫不同于故意杀人、故意伤害，未必会造成被害人的身体严重伤害，但必然会给被害人的心理带来极其严重的损害，故对强迫他人卖淫有保留死刑的必要。

并罚的规定处罚。”删除原第二款的规定。与此前的方案相比，此方案主要进一步明确了在组织卖淫过程中有强迫情形的定性，即保留了强迫卖淫罪的规定，对此种行为按照组织卖淫罪的量刑规定从重处罚。《刑法修正案（八）（草案)》《刑法修正案（八）（草案二次审议稿)》《刑法修正案（八）（草案三次审议稿)》采用了上述修改方案，但从立法技术角度作了适当调整。审议过程中，也有意见建议保留强迫卖淫罪的死刑。最终，《刑法修正案（九)》第四十二条维持了上述修改方案。

(二) 取消嫖宿幼女罪、引诱幼女卖淫罪

1979年刑法未设置嫖宿幼女罪。1991年9月4日《全国人民代表大会常务委员会关于严禁卖淫嫖娼的决定》第五条第二款规定："嫖宿不满十四岁的幼女的，依照刑法关于强奸罪的规定处罚。"1997年修改刑法时，在同年3月1日八届全国人大五次会议印发的刑法修订草案中，将嫖宿幼女的行为仍按强奸罪定罪。但3月13日大会主席团通过的草案则将嫖宿幼女的行为单独定罪。当时主要考虑从法律上明确嫖宿幼女行为人的刑事责任，严厉打击这种犯罪，以五年有期徒刑作为起点刑，在刑法分则各罪中属于较高的，体现了对幼女的特殊保护。①

设立嫖宿幼女罪，从理论上看，与幼女不具有性承诺权存在矛盾；从实践来看，对于“卖淫幼女”的认定往往较为困难；此外，若对被告人以嫖宿幼女罪论处，还常常会引发幼女及其家属的异议，以及社会公众的质疑。为加强对幼女身心健康的特别保护，一段时间以来，不少意见建议通过刑法修改取消嫖宿幼女罪，对以各种手段奸淫幼女的一律以强奸罪论处。

在《刑法修正案（九）（草案)》研拟过程中，有关部门基本赞

---

① 参见《立法原意是对幼女给予特殊保护——高铭暄教授讲述嫖宿幼女罪的立法经过》，载《检察日报》2012年7月17日第7版。

同取消嫖宿幼女罪，但专家学者对于应否取消嫖宿幼女罪则存在不同认识。有意见认为，嫖宿幼女罪的起点刑为五年有期徒刑，高于强奸罪三年有期徒刑的起点刑。故而，保留嫖宿幼女罪实际上对幼女的保护力度更大。对于嫖宿幼女罪适用中存在的问题，应当通过制定司法解释来加强司法保护，取消嫖宿幼女罪实际意义不大。由于认识未能取得一致，《刑法修正案（九）（草案）》《刑法修正案（九）（草案二次审议稿）》均未涉及嫖宿幼女罪的问题。

审议过程中，有意见提出，建议对包括嫖宿幼女罪在内的社会关注热点问题进行回应。例如，沈跃跃、马馼等委员建议取消“嫖宿幼女罪”，将该类行为一律作为强奸罪论处。[①] 因此，在《刑法修正案（九）（草案二次审议稿）》之后，取消嫖宿幼女罪的问题再次提上日程。经慎重研究认为，嫖宿幼女罪是1997年修订刑法时增加的有针对性保护幼女的规定。考虑到近年来这方面的违法犯罪出现了一些新的情况，执法环节也存在一些问题[②]，在《刑法修正案（九）（草案三次审议稿）》中取消刑法第三百六十条第二款规定的嫖宿幼女罪，对这类行为可以适用刑法第二百三十六条关于奸淫幼女的以强奸论、从重处罚的规定，不再作出专门规定。[③] 最终，《刑法修正案（九）》第四十三条删除刑法第三百六十条第二款，彻底取消嫖宿幼女罪。[④]

---

① 参见《全国人大副委员长沈跃跃建议取消嫖宿幼女罪》，载 http://news.china.com/domestic/945/20150627/19914358_all.html，访问时间：2015年8月5日。

② 立法工作机构在研究这一问题时，调取分析了全国法院最近几年判决的数据，赴有关省市实地调研，调阅了大量有关判决书，进行逐案剖析。司法实践中，嫖宿幼女罪普遍适用较轻的刑罚。根据刑法规定，嫖宿幼女的，应当判处五年至十五年有期徒刑。实践中，在起点刑附近判处五至七年有期徒刑的情况较多，判处七年以上十年以下有期徒刑较少，而判处十年以上有期徒刑就更少。还有一些案件在法定刑以下判处，有的罪犯被判处三年至五年，甚至还有判处三年以下有期徒刑的。参见雷建斌主编：《〈中华人民共和国刑法修正案（九）〉释解与适用》，人民法院出版社2015年版，第207页。

③ 参见《全国人民代表大会法律委员会关于〈中华人民共和国刑法修正案（九）（草案）〉审议结果的报告》（2015年8月24日）。

④ 需要注意的是，刑法第三百五十九条第二款规定的引诱幼女卖淫罪予以保留。

二、对修改内容的理解和适用

(一) 犯罪客体

组织卖淫罪、强迫卖淫罪侵犯的客体是社会主义道德风尚。如果在他人卖淫过程中有强迫手段的，还侵犯了他人的人身权利。犯罪对象为他人，通常是妇女，也可以包括男性在内。

需要注意的是，嫖宿幼女罪取消后，幼女不再成为组织卖淫罪、强迫卖淫罪的对象，对于组织、强迫未满14周岁的幼女进行性交易的行为，通常应当以强奸罪的共犯论处。需要注意的问题是，已满14周岁、未满18周岁的未成年人仍然可以成为组织卖淫罪、强迫卖淫罪的对象。根据修正后刑法第三百五十八条第二款的规定，组织、强迫未成年人卖淫的，从重处罚。

(二) 犯罪客观方面

组织卖淫罪在客观方面表现为组织他人卖淫的行为。需要注意的是，组织卖淫的对象必须为多人，而不能是一个人，如果是一个人不构成组织卖淫罪。

强迫卖淫罪的客观方面表现为采用暴力、胁迫手段强迫他人卖淫的行为。与组织卖淫罪的对象、人数要求不同，强迫卖淫的对象既可以是多人，也可以是一个人。

(三) 犯罪主体

组织卖淫罪、强迫卖淫罪的主体为一般主体，凡年满16周岁、具有刑事责任能力的自然人均可以构成本罪。

(四) 犯罪主观方面

组织卖淫罪、强迫卖淫罪在主观方面表现为故意，且为直接故意。过失不构成本罪。

三、需要注意的问题

根据修正后刑法第三百五十八条的规定，组织或者强迫他人卖淫，“情节严重”的，处十年以上有期徒刑或者无期徒刑，并处罚金或者没收财产。可以根据组织卖淫和强迫卖淫的情形分别作出认定：（1）组织他人卖淫，情节严重的。主要是指组织卖淫人数众多，卖淫集团的首要分子等情形。（2）强迫多人卖淫或者多次强迫他人卖淫的。强迫卖淫的人次，无疑是衡量行为社会危害性的重要因素。强迫三人以上卖淫，或者三次以上强迫他人卖淫的，社会危害性更大，可以认定为“情节严重”。

需要注意的是，修正前刑法第三百五十八条将“强奸后迫使卖淫”“造成被强迫卖淫的人重伤、死亡或者其他严重后果”情形明确规定为强迫卖淫的“情节严重”的情形。修正后刑法第三百五十八条取消上述规定，并在第三款规定“犯前两款罪，并有杀害、伤害、强奸、绑架等犯罪行为的，依照数罪并罚的规定处罚”。这是对组织卖淫罪、强迫卖淫罪罪数处断原则作出的调整，此前这些情形属于组织卖淫罪、强迫卖淫罪的加重情节，不再单独评价；在此次修法取消组织卖淫罪、强迫卖淫罪的死刑配置后，为了避免罪刑失衡，专门增加第三款规定。因此，在司法实践中，对被强迫卖淫的人实施杀害、伤害、强奸、绑架等行为的，应当以强迫卖淫罪与相应犯罪并罚。当然，没有实施杀害、伤害、强奸、绑架等行为，但由于组织、强迫卖淫行为造成被强迫卖淫的人重伤、死亡或者其他严重后果的，如被强迫卖淫的人自杀的，可以根据具体案情认定为“情节严重”。

【条文四十四】〔修改贪污受贿犯罪的定罪量刑标准〕

四十四、将刑法第三百八十三条修改为：“对犯贪污罪的，根据情节轻重，分别依照下列规定处罚：

“（一）贪污数额较大或者有其他较重情节的，处三年以下有期徒刑或者拘役，并处罚金。

“（二）贪污数额巨大或者有其他严重情节的，处三年以上十年以下有期徒刑，并处罚金或者没收财产。

“（三）贪污数额特别巨大或者有其他特别严重情节的，处十年以上有期徒刑或者无期徒刑，并处罚金或者没收财产；数额特别巨大，并使国家和人民利益遭受特别重大损失的，处无期徒刑或者死刑，并处没收财产。

“对多次贪污未经处理的，按照累计贪污数额处罚。

“犯第一款罪，在提起公诉前如实供述自己罪行、真诚悔罪、积极退赃，避免、减少损害结果的发生，有第一项规定情形的，可以从轻、减轻或者免除处罚；有第二项、第三项规定情形的，可以从轻处罚。

“犯第一款罪，有第三项规定情形被判处死刑缓期执行的，人民法院根据犯罪情节等情况可以同时决定在其死刑缓期执行二年期满依法减为无期徒刑后，终身监禁，不得减刑、假释。”

【条文主旨】

本条修改主要是三个内容：一是修改贪污受贿犯罪的定罪量刑标准，由以前规定的单纯的数额标准，修改为数额加情节的标准，以更符合实际情况，更好地做到罪刑相适应。二是修改完善对贪污罪从宽处罚的规定。三是对重特大贪污受贿犯罪被判处死刑缓期执行的犯罪分子，增加规定了可以终身监禁的措施。

【理解与适用】

一、修改的背景和主要内容

(一) 背景

十八大以来，中央高度重视党风廉政建设和反腐败斗争，把反腐败工作提高到了前所未有的高度，要求反腐败坚持“老虎”“苍蝇”一起打，有腐必反、有贪必肃，不断铲除腐败现象滋生蔓延的土壤。党的十八大科学分析和总结了党风廉政建设和反腐败斗争的总体形势，即成效明显和问题突出并存，防治力度加大和反腐败现象易发多发并存，群众对反腐败期望值不断上升和腐败现象短期内难以根治并存，反腐败斗争形势依然严峻、任务依然艰巨。党的十八大明确提出，反腐倡廉必须坚持中国特色反腐倡廉道路，坚持标本兼治、综合治理、惩防并举、注重预防的方针，全面推进惩治和预防腐败体系建设，包括推进教育、监督、制度、改革、纠风、惩治这六项具体工作，做到干部清正、政府清廉、政治清明。十八届三中全会《中共中央关于全面深化改革若干重大问题的决定》中明确提出，健全反腐倡廉法规制度体系，完善惩治和预防腐败等方面法律法规，加强反腐败斗争的制度建设。十八届四中全会全面勾勒了法治反腐的蓝图。

十八大以来，党风廉政建设和反腐败斗争取得新进展，受到人民群众的肯定。但反腐败形势依然严峻复杂，反腐败斗争具有长期性、复杂性、艰巨性。新形势下，要准确把握反腐败斗争的形势，深入贯彻党的十八大和十八届三中、四中全会精神，推进改革创新，抓好惩治和预防腐败体系工作的落实，加强反腐败体制创新和制度保障。

按照党的十八届三中、四中全会对加强反腐败工作、完善惩治腐败法律规定的要求，加大惩处腐败犯罪力度。本条科学、合理地设定对贪污受贿犯罪定罪量刑标准，是完善惩治腐败法律规定的重要体现。

（二）刑法有关贪污受贿犯罪定罪量刑的立法情况

贪污受贿犯罪是最主要的腐败犯罪，在腐败犯罪中居于显著地位。能否科学、有效地防治贪污受贿犯罪，直接关系到国家反腐败斗争的成效。

1979 年刑法未规定贪污受贿犯罪定罪量刑的具体标准，司法实践中各地按各自的内部标准作参考，很不统一。1982 年、1985 年，全国人大常委会法制委员会、“两高”先后制定了内部规定，对贪污受贿犯罪定罪量刑的数额标准作了规定。1988 年，第六届全国人大常委会通过《全国人民代表大会常务委员会关于惩治贪污罪贿赂罪的补充规定》，以法律形式将贪污、受贿犯罪定罪量刑的数额标准固定下来。1997 年修改刑法，沿袭了该补充规定的做法。从司法实践看，通过刑法具体规定贪污受贿犯罪定罪量刑的数额标准，对于纠正实践中出现的宽严失度的现象以及准确定罪量刑起到了积极的作用。

新中国成立后，我国最早的反贪腐立法是 1952 年 4 月 21 日公布实施的《中华人民共和国惩治贪污条例》（以下简称《条例》），《条例》对贪污贿赂犯罪的概念、量刑原则和处罚标准等予以详细规定，基本确立了新中国贪污罪、受贿罪刑法规制的框架和内容。《条例》对贪污罪根据贪污数额规定了四档刑罚，数额是贪污罪量刑的根本标准。根据《条例》第三条规定，犯贪污罪者，依其情节轻重，按下列规定，分别惩治：（1）个人贪污的数额，在人民币 1 亿元以上者，判处十年以上有期徒刑或无期徒刑；其情节特别严重者判处死刑。（2）个人贪污的数额，在人民币 5000 万元以上不满 1 亿元者，判处五年以上十年以下徒刑。（3）个人贪污的数额，在人民币 1000 万元以上不满 5000 万元者，判处一年以上五年以下徒刑，或一年至四年的劳役，或一年至二年的管制。（4）个人贪污的数额，不满人民币 1000 万元者，判处一年以下的徒刑、劳役或管制；或免刑予以开除、撤职、降职、降级、记过或警告的行政处分。集体贪污，按各人所得数额及其情节，分别惩治。贪污所得财物，应予追缴；其罪行特别严重者，并得没收其财产之一部或全部。由于当时刚解放，币制和现在没有可比性。

我国1979年颁布的第一部刑法典在其分则第五章“侵犯财产罪”和第八章“渎职罪”中分别规定了贪污罪和受贿罪，相比于1952年《条例》，1979年刑法典的不同之处是未再对贪贿数额作出具体规定，而是以贪污公共财物（收受贿赂）、数额巨大且情节严重（致使国家或者公民利益遭受严重损失）、情节特别严重为区别标准从轻到重划分量刑档次。此外，1979年刑法典将贪污罪规定在侵犯财产罪一章，将受贿罪规定在渎职罪一章，表明立法者认为两罪侵犯的客体不同，故而两罪也分设定罪量刑标准。

1982年全国人大常委会通过的《全国人民代表大会常务委员会关于严惩严重破坏经济的罪犯的决定》（以下简称《决定》）对受贿罪作了重大修改。与1979年刑法典相比，1982年《决定》对受贿罪的修改补充有二：一是又回到1952年《条例》模式，改受贿罪之独立的法定刑模式为适用贪污罪法定刑的模式；二是对受贿罪增设了一个加重构成，罪状为“情节特别严重的”，法定刑为“无期徒刑或者死刑”。这两处修改都极为重大，并且影响了其后的相关刑事立法乃至现行刑法典。

1985年7月最高人民法院和最高人民检察院在《最高人民法院、最高人民检察院关于当前办理经济犯罪案件中具体应用法律的若干问题的解答（试行）》规定了以2000元作为犯罪的定罪数额，同时参考情节。

1988年全国人大常委会通过的《全国人民代表大会常务委员会关于惩治贪污罪贿赂罪的补充规定》（以下简称《补充规定》），在1982年《决定》的基础上，对贪污贿赂犯罪的定罪量刑标准又作了重要修改、补充。关于该《补充规定》第二条为何对贪污受贿定罪量刑标准规定具体数额，有关立法说明指出：“《刑法》对贪污罪的量刑标准，没有具体数额规定，各地感到不好掌握。根据几年来的审判实践经验，草案按照贪污的不同数额分别规定了不同的量刑标准。"《补充规定》规定，对犯贪污罪的，根据情节轻重，分别依照下列规定处罚：（1）个人贪污数额在5万元以上的，处十年以上有期徒刑或者无期徒刑，可以并处没收财产；情节特别严重的，处死刑，并处没收财产。（2）个人贪污数额在1万元以上不满5万元的，处五年以上有期徒刑，可以并处没收财产；情节特别严重的，处无期徒刑，并处没收财产。（3）个人贪污数额在2000元以上不满1万元的，处一年以上七年以下有期徒刑；情节严重的，处七年以上十年以下有期徒刑。个人贪污数额在2000元以上不满5000元，犯罪后自首、立功或者有悔改表现、积极退赃的，可以减轻处罚，或者免予刑事处罚，由其所在单位或者上级主管机关给予行政处分。（4）个人贪污数额不满2000元，情节较重的，处二年以下有期徒刑或者拘役；情节较轻的，由其所在单位或者上级主管机关酌情给予行政处分。相比于1979年刑法典和1982年《决定》的规定，1988年《补充规定》主要有三点变化：一是改变了贪污罪、受贿罪定罪量刑标准之概括数额的规定，重新设置了贪污罪、受贿罪定罪量刑的具体数额标准；二是将贪污罪、受贿罪刑罚档次的排列顺序调整为从重到轻，突显对贪污受贿犯罪的严厉惩治；三是改变1979年刑法典将贪污罪、受贿罪分立的模式，采纳1982年《决定》的修改，规定受贿罪适用贪污罪的定罪量刑标准。

1997年八届全国人大五次会议通过的现行刑法第三百八十三条规定，对犯贪污罪的，根据情节轻重，分别依照下列规定处罚：（1）个人贪污数额在10万元以上的，处十年以上有期徒刑或者无期徒刑，可以并处没收财产；情节特别严重的，处死刑，并处没收财产。（2）个人贪污数额在5万元以上不满10万元的，处五年以上有期徒刑，可以并处没收财产；情节特别严重的，处无期徒刑，并处没收财产。（3）个人贪污数额在5000元以上不满5万元的，处一年以上七年以下有期徒刑；情节严重的，处七年以上十年以下有期徒刑。个人贪污数额在5000元以上不满1万元，犯罪后有悔改表现、积极退赃的，可以减轻处罚或者免予刑事处罚，由其所在单位或者上级主管机关给予行政处分。(4) 个人贪污数额不满5000元，情节较重的，处二年以下有期徒刑或者拘役；情节较轻的，由其所在单位或者上级主管机关酌情给予行政处分。第三百八十六条规定："对犯受贿罪的，根据受贿所得数额及情节，依照本法第三百八十三条的规定处罚。索贿的从重处罚。"其关于贪污罪、受贿罪的规定基本上承袭了1988年《补充规定》的相关内容，包括对贪污罪、受贿罪定罪量刑标准设置具体数额，按照从重到轻的顺序排列刑罚档次，对贪污罪、受贿罪适用同一定罪量刑标准等。而有显著变化之处，则是提升了定罪量刑的具体数额，如起刑点数额由2000元提升到了5000元。

（三）1997年刑法贪污受贿定罪量刑标准存在的主要问题

1997年刑法规定了贪污罪、受贿罪的具体数额标准，这是全国人大常委会根据当时惩治贪污贿赂犯罪的实际需要作出的，立法初衷是为了依法从严惩治此类犯罪。综合来看，1997年刑法规定的贪贿、受贿犯罪定罪量刑数额标准主要存在以下一些问题：

一是定罪量刑的数额标准在一定程度上与经济社会发展不相适应，导致实践中一些依法本应入罪或者本应重判的案件实际并未依法惩处，极大损害了法律的权威。1997年刑法确定的贪污受贿犯罪定罪量刑数额标准，与当时社会的经济发展水平总体是相适应的。但这个标准是刚性和固定不变的，随着近十几年来改革开放的深入和我国经济社会的快速发展，该规定显然难以适应社会经济发展。现阶段贪污受贿5000元所反映的社会危害性远远低于1997年刑法制定时贪污受贿5000元的社会危害性，因为表面上相同数额的货币代表的社会财富和购买力都发生了变化。现阶段相同数额货币代表的社会财富大幅度降低，人们对贪污受贿犯罪数额标准的容忍度也在逐步提高。而且，我国经济发展不平衡，尤其是东西部经济发展的差异性很大，同样是贪污5000元，在我国东部经济发达地区和欠发达地区，其社会危害性和人们的容忍度也是大不一样的。

二是不少犯罪数额相差悬殊的案件在量刑上难以拉开档次，造成有些数额较小的案件处罚“失之于重”，有些数额特别巨大的案件处罚“失之于轻”的现象，不能充分体现罪责刑相适应原则，严重影响了一些案件裁判的社会效果。1997 年刑法规定贪污受贿数额 10 万元以上的，处十年以上有期徒刑或者无期徒刑，情节特别严重的，处死刑，并处没收财产。按照这个规定，对贪污受贿 10 万元以上的案件，从 10 万元到几百万元甚至上亿元，有的案件中贪污受贿数额是其他案件的数百倍甚至上千倍，如贪污受贿数额 10 万元和贪污受贿数额 300 万元，虽然绝对数额相差 290 万元，但这一差别在法官那里没有实质性意义，其量刑区间却是相同和基本相同。使得不少贪污受贿数额相差悬殊的案件在量刑上难以拉开档次，无法体现罪责刑相适应原则，

三是单纯以数额决定贪污受贿罪的定罪量刑，本身也存在不尽科学、合理之处。虽然数额在贪污受贿犯罪定罪量刑标准中占有重要的地位，数额大小能在一定程度上反映贪污受贿行为的社会危害性，但因为贪污受贿犯罪情节差别很大，情况复杂，难以全面反映犯罪的社会危害性。如受贿数额相同，有无为他人谋取不正当利益、谋取了何种不正当利益、给国家和人民利益造成的损失会有巨大差异，单纯考虑数额，显然无法全面、客观地反映行为的社会危害程度。而且，行为人的人身危险性程度在某些情况下无法通过贪污受贿数额来反映，贪污受贿数额大，不一定人身危险性大。而体现人身危险程度的，如行为方式及次数、犯罪对象、危害后果、悔罪态度、是否退赔、是否弥补或减少犯罪危害后果等各种情节，又是法官在量刑时不能不予以考虑的。因此，对贪污受贿犯罪尤其是受贿罪，其社会危害性的衡量，不能仅仅看犯罪数额的多少，应当通盘考虑全案的情节，综合作出判断。否则，简单因数额相同就适用相同刑罚，不符合罪责刑相适应原则。

上述这些问题，实务部门、专家学者及社会各界对此反映强烈。为此，在《刑法修正案（九）》起草过程中，最高人民法院、最高人

民检察院等部门及多位专家学者向立法机关提出，建议取消贪污、受贿罪定罪量刑的具体数额标准，改为“数额加情节”的弹性模式，具体数额和情形由司法解释作出明确。全国人大常委会采纳了此建议，主要考虑是：刑法对贪污受贿犯罪的定罪量刑标准规定了具体数额，从实践情况看，规定数额虽然明确、具体，但此类犯罪情节差别很大，情况复杂，单纯考虑数额，难以全面反映具体个罪的社会危害性。同时，数额规定过死，有时难以根据案件的不同情况做到罪刑相适应，量刑不统一。因此，决定删去刑法对贪污受贿犯罪规定的具体数额，修改为数额加情节的标准，原则规定三种情形和三档刑罚。具体定罪量刑标准可由司法机关根据案件的具体情况掌握，或者由最高人民法院、最高人民检察院通过制定司法解释予以确定。

（四）修改的主要内容

刑法第三百八十三条是对贪污罪如何进行处罚的规定。本条修改主要包括三个内容：

一是修改贪污受贿犯罪的定罪量刑标准。由以前规定的单纯的数额标准，修改为数额加情节的标准。这里的数额是概括数额而非具体数额，概括数额即数额较大、数额巨大、数额特别巨大等档次，而不是具体的数值。原则规定了数额较大或者情节较重、数额巨大或者情节严重、数额特别巨大或者情节特别严重三种情况，相应规定三档刑罚，并对数额特别巨大，并使国家和人民利益遭受特别重大损失的，处无期徒刑或者死刑，并处没收财产。

二是修改完善了贪污罪从宽处罚的规定。犯贪污罪，在提起公诉前如实供述自己罪行、真诚悔罪、积极退赃，避免、减少损害结果的发生，有第一项规定情形的，可以从轻、减轻或者免除处罚；有第二项、第三项规定情形的，可以从轻处罚。

三是对重特大贪污受贿犯罪被判处死刑缓期执行的犯罪分子，增加规定了可以终身监禁的措施。应当强调的是，这种措施不是一个新的刑种，它的对象只是针对贪污受贿被判处死缓的犯罪分子在具体执行中的一个特殊的措施。

二、理解与适用

(一) 对贪污受贿犯罪定罪量刑标准的把握

《刑法修正案（九）》对贪污受贿犯罪定罪量刑标准作了重大修改，较之1997年刑法有了很大变化，主要把握以下几点：

1. 确立数额与情节并重的二元弹性定罪量刑标准

这次《刑法修正案（九）》对贪污受贿定罪量刑标准最重要的修改，就是将原来的具体数额标准修改为“数额加情节”的二元弹性标准。1997年刑法规定的贪污受贿犯罪定罪量刑标准，虽然对情节有所考虑，如“对犯贪污罪的，根据情节轻重，分别依照下列规定处罚”，以及在贪污数额不满5000元时，情节较重的，应当以犯罪论处。但在具体的标准中表述的是“个人贪污数额十万元以上”“个人贪污数额在五万元以上不满十万元”“个人贪污数额在五千元以上不满五万元”等，这表明贪污受贿罪的定罪量刑标准重在强调数额。因此，实践中对行为人定罪量刑，数额起了主导作用，情节只是有一定的调节作用，基本属于附属地位。这使得数额标准在贪污受贿犯罪定罪量刑标准中权重过高，加之司法实践中贪污受贿犯罪的“数额中心论”或“唯数额论”影响较深，对情节因素重视不够，使得实践中出现一些情理法冲突、宽严失度、罪刑失衡等不合理状况。

应当说，贪污受贿数额是衡量犯罪情节的一个重要因素，也是量刑幅度的重要标准，一定程度上反映了贪污受贿行为的社会危害性，但数额不是量刑的唯一根据，贪污受贿犯罪的社会危害性和人身危险性必须更多依靠全案情节来评价。因此，要正确处理好情节与数额之间的辩证关系，才能做到定罪量刑的主客观统一。

为此，《刑法修正案（九）》确立了数额与情节并重的二元标准，即将数额与情节都作为衡量贪污受贿行为社会危害程度的基本依据，使二者在贪污受贿犯罪的定罪量刑中都发挥决定性的作用。因此，实践中对贪污受贿犯罪进行认定时，要改变过去以数额为主导的方式，按照法律规定，要做到数额与情节并重，既重视数额，又重视情节，综合考量二者之后再作出判断。

2.《刑法修正案（九）》规定的数额标准是概括数额，具体数额标准由司法解释规定、明确

《刑法修正案（九）》规定了三档定罪量刑标准，其中数额标准表述的分别是“贪污数额较大”“贪污数额巨大”和“贪污数额特别巨大”，这里的数额标准规定比较原则，并不是具体的数额。将贪污受贿犯罪定罪量刑刚性的具体数额标准调整为弹性的概括数额标准，使之能根据犯罪的不同情况做到罪刑相适应，更好地适应反腐败和社会经济发展形势。规定概括数额标准，适当采取一定弹性的概括性用语等，只要没有超出合理的限度，就不违反罪刑法定所要求的明确性原则。从目前刑法规定的侵犯财产犯罪的有关规定看，盗窃、诈骗、抢夺以及其他大多数罪名都采用了“数额较大”“数额巨大”等概括数额标准的规定。

那么，概括数额在司法实践中具体应如何掌握，这仍然需要明确。《刑法修正案（九）》立法说明中提出，贪污受贿犯罪具体定罪量刑标准可由司法机关根据案件的具体情况掌握，或者由最高人民法院、最高人民检察院通过制定司法解释予以确定。此外，也有观点认为，应由全国人大常委会对刑法中贪污受贿犯罪的“数额较大”“数额巨大”等概括性规定统一进行立法解释。

我们认为，由司法机关根据案件的具体情况掌握或者立法解释确定的做法存在一定的问题，并不妥当，由最高人民法院、最高人民检察院通过司法解释确定具体的数额标准比较适宜。主要考虑：

（1）由司法机关根据案件的具体情况掌握，相当于授予了具体办案的司法机关认定数额较大、数额巨大、数额特别巨大的自由裁量权，不利于统一法律适用标准和规范法官的自由裁量权，实践中可能会出现同罪不同罚、量刑失衡、量刑不统一等问题。

（2）根据立法法规定，全国人大常委会进行立法解释，主要是

针对两种情形：一是法律的规定需要进一步明确具体含义的；二是法律制定后出现新的情况，需要明确适用法律依据的。“数额较大”“数额巨大”“数额特别巨大”不是其含义不明确，而是其认定标准需要细化，以便于司法适用，也不属于法律制定后出现新的情况。按照《全国人民代表大会常务委员会关于加强法律解释工作的决议》规定，明确概括数额的具体认定标准属于司法工作中具体应用法律的问题，应由最高人民法院、最高人民检察院通过司法解释的方式予以明确。

（3）实践中，盗窃罪、诈骗罪、挪用公款罪等许多罪名定罪量刑具体数额标准的认定，都是由国家最高司法机关颁布司法解释予以明确。多年来的实践证明，这一做法是行之有效的，实践中取得比较好的效果，比较成熟，应当坚持。

3. 情节的把握

《刑法修正案（九）》规定的贪污受贿犯罪定罪量刑标准是“数额加情节”，与“数额较大”“数额巨大”“数额特别巨大”三档概括数额情形相对应，规定了“较重情节”“严重情节”“特别严重情节”以及“并使国家和人民利益遭受特别重大损失的”等。

情节，是指实施犯罪的有关具体情况，包括犯罪过程、手段，等等。根据刑法第六十一条的规定，情节是人民法院在决定量刑时作为决定刑罚轻重的重要依据，主要包括以下两种：一是法定情节，即法律规定的从重、从轻、减轻以及免除处罚的情节，如犯罪停止形态中的预备、既遂、未遂和中止，共同犯罪中的主犯、从犯、胁从犯和教唆犯，此外还有累犯、自首、立功等情节。对于犯罪行为具有法定情节的，必须依法确定其量刑的轻重。二是酌定情节，即不是法律中明确规定的情节，而是人民法院根据实际情况和审判实践，在量刑时予以考虑的情节。如犯罪动机、犯罪时的环境和条件、犯罪人的一贯表现、认罪态度，等等。

具体到贪污受贿犯罪，除法定情节外，酌定情节通常表现为：侵吞一般款物的贪污，还是侵吞扶贫、救灾、救济款物的贪污；贪污相同的数额，是受生活所迫的贪污，还是追求个人享受的贪污；是用于公益或合理支出的贪污，还是用于赌博、嫖娼等违法犯罪活动的贪污；是积极退赃未造成损失的贪污，还是给国家和人民利益造成巨大损失的贪污；拒不退赃、销毁罪证，订立攻守同盟；等等。

（二）严格了从宽处罚的规定

1997 年刑法在贪污罪定罪量刑标准中有关从宽处罚的规定实际上是分为两种情形：一是数额在 5000 元以上不满 1 万元的，犯罪后有悔改表现、积极退赃的，可以减轻处罚或者免予刑事处罚，由其所在单位或者上级主管机关给予行政处分；二是个人贪污数额不满 5000 元，……情节较轻的，由其所在单位或者上级主管机关酌情给予行政处分。后一种情形是给予行政处分，不作为犯罪处理；对前一种情形，是可以减轻处罚或者免于刑事处罚。总体来看，两种情形从宽的幅度是比较大的。

考虑到国家反腐败工作的形势，对腐败犯罪的打击要充分体现宽严相济的刑事政策，既加强对严重腐败犯罪的打击力度，又要对有悔改表现的予以适当从宽处罚。因此，《刑法修正案（九）》第四十四条对贪污犯罪从宽处罚作了特别规定，该条第三款单独规定一款，而且规定更加明确，也更为严格。该款规定的适用主要需把握以下几点：

1. 犯贪污罪的行为人必须如实供述自己罪行、真诚悔罪、积极退赃。如实供述自己罪行，是指犯罪人对自己所犯的罪行，要如实、无保留地向司法机关供述；真诚悔罪，是指犯罪人对自己所犯罪行真心悔过；积极退赃，是指犯罪人积极主动退还贪污所得的财物。这里规定的如实供述自己罪行、真诚悔罪、积极退赃，是并列条件，不是选择条件，因此要求是同时具备。这三点反映了犯罪人主观上的认罪态度和悔罪表现的程度。

2. 避免、减少损害结果的发生。这是要求犯罪人不仅主观上认罪、悔罪，客观上还要达到避免、减少损害结果的发生的实际效果。

3. 针对不同程度的犯罪，从宽的幅度也不同。对于“贪污数额较大或者有其他较重情节”的，可以从轻、减轻或者免除处罚；但对“贪污数额巨大或者有其他严重情节的”以及“贪污数额特别巨大或者有其他特别严重情节的”两档比较严重的情形，则是可以从轻处罚，不能减轻或者免除处罚。这个规定充分体现了宽严相济的刑事政策，对较轻的贪污受贿犯罪，从宽的幅度比较大，对比较严重的贪污受贿犯罪，从宽的幅度较小。

4. 犯罪人的认罪态度和悔罪表现时间要求在提起公诉以前。提起公诉，是指人民检察院对侦查终结移送起诉的案件，经审查，认为犯罪事实已经查清，证据确实、充分，依法应当追究刑事责任的，按照审判管辖的规定，提交人民法院审判的诉讼活动。提起公诉，表明案件事实和证据已经查清楚，可以依法对该犯罪人进行审判。

（三）对终身监禁的理解与把握

《刑法修正案（九）》对刑法第三百八十三条增加了第四款，该款规定，对重特大贪污受贿罪，被判处死刑缓期执行的，人民法院根据犯罪情节等情况可以同时决定在其死刑缓期执行二年期满依法减为无期徒刑后，终身监禁，不得减刑、假释。在保留死刑、限制死刑适用的背景下，草案的这一修改是针对贪官更为严厉的惩罚措施，进一步表明中央反腐败的坚定决心，释放出依法从严惩处腐败的清晰信号。

终身监禁属于自由刑的一种，可以对罪犯剥夺终身自由，不设期限。在废除死刑的国家，终身监禁属于最严厉的刑罚，一般作为死刑替代措施适用。根据是否可以假释，终身监禁分为两种情形：一是可以假释的终身监禁，绝大多数国家规定的终身监禁都是可以假释的，罪犯服刑一定时间并符合一定条件的可以假释，如英国、加拿大、法国、德国、意大利、日本、韩国、俄罗斯、古巴等国家和美国的大多数州；二是不得假释的终身监禁，只有美国联邦和伊力诺依、路易斯安那、艾奥瓦等州的法律规定了不得假释的终身监禁，被判处此种终身监禁的罪犯需要在监狱内渡过余生，但可以通过美国总统或者州长宣布大赦、特赦获得释放。

从各国规定看，终身监禁仅适用于一些严重犯罪，主要包括：一是严重侵害人身权利的暴力犯罪，如谋杀、绑架致人死亡、抢劫致人死亡、强奸致人死亡等；二是危害公共安全的犯罪，如恐怖袭击致人死亡、劫持船只、航空器致人死亡、破坏交通工具致人死亡、放火罪、爆炸罪、投毒罪、海盗罪等；三是危害人类和平和国家安全的犯罪，如反人类罪、种族屠杀罪、军事间谍罪、武装叛乱罪、发动内战罪等；四是其他严重犯罪，主要是走私、贩卖毒品罪、伪造货币罪、情节特别严重的侵害财产罪等。

一些国家对终身监禁的适用对象作了限制。德国、意大利规定21岁以下未成年人不适用终身监禁，法国规定16岁以下未成年人不适用终身监禁，俄罗斯规定妇女、18岁以下未成年人及年满65周岁的男子不适用终身监禁。美国是世界上唯一可对未成年人判处不得假释终身监禁的国家，2009年全美约有2500名未成年人在服此种刑罚。2010年和2012年，美联邦最高法院通过司法判例对判处未成年人终身监禁作了限制，大大降低了对未成年人判处不得假释的终身监禁的可能性，但对于犯有一级谋杀罪的未成年人，法院在综合考虑各种因素后仍可以对其判处不得假释的终身监禁。

《刑法修正案（九）》在审议过程中，一些专家、司法工作者和有关部门也提出，对增设终身监禁刑罚或者规定实际执行上的终身监禁要慎重。主要考虑：终身监禁让罪犯看不到希望，有违教育改造的刑罚目的。可考虑借鉴其他国家规定，对于不得假释的终身监禁，经过严格评估也可以释放或予以特赦，为这部分人保留出路。但多数专家认为，在慎用死刑、减少死刑的趋势下，参考世界各国的做法，终身监禁是尽量不折损法律威慑力的替代性措施。在已经废除死刑的国家，终身监禁就是最严厉的刑罚。按照罪刑相适应的法律原则，从依法本可判处死刑的巨贪开始尝试终身监禁，是积极而稳妥的选择。

根据全国人大常委会法工委刑法室副主任臧铁伟在新闻发布会上

的介绍，对重特大贪污受贿犯罪被判处死刑缓期执行的犯罪分子增加规定了可以终身监禁的措施，这种措施不是一个新的刑种，它的对象只是针对贪污受贿被判处死缓的犯罪分子在具体执行中的一个特殊的措施，或者说，是死刑的一种替代性措施。

终身监禁与无期徒刑不同。根据刑法第三十三条规定，无期徒刑是我国刑法规定的五种主刑之一。同时，在执行过程中，被判处无期徒刑的犯罪分子，符合刑法第七十八条、第八十一条规定条件的，可以依法减刑、假释。终身监禁则不同，它不是一个新的刑种，对终身监禁的适用主要把握以下几点：

一是适用对象的特定性。终身监禁适用于贪污数额特别巨大，并使国家和人民利益遭受特别重大损失，被判处死刑缓期执行的犯罪分子。

二是人民法院根据犯罪情节决定。对上述贪污犯罪分子判处死亡缓期执行的，人民法院要根据其所实施犯罪的具体情节综合考虑，来决定是否需要终身监禁。不是所有贪污受贿犯罪被判处死刑缓期执行的的都要终身监禁，是否终身监禁，要由人民法院根据情节掌握。终身监禁的决定应在判处死刑缓期执行的同时作出，而不是在死刑缓期执行二年期满后作出。

三是终身监禁不得减刑、假释。被判处死刑缓期执行的犯罪分子在死刑缓期执行二年期满依法减为无期徒刑后，如被人民法院决定终身监禁的，则依法不能减刑、假释。还有，因减为无期徒刑后，也不符合刑事诉讼法第二百五十四条有关暂予监外执行的规定，暂予监外执行的对象是判处有期徒刑和拘役的罪犯，因此，终身监禁的罪犯也不能暂予监外执行。

【条文四十五】〔完善对行贿罪处罚的规定〕

四十五、将刑法第三百九十条修改为："对犯行贿罪的，处五年以下有期徒刑或者拘役，并处罚金；因行贿谋取不正当利益，情节严重的，或者使国家利益遭受重大损失的，处五年以上十年以下有期徒刑，并处罚金；情节特别严重的，或者使国家利益遭受特别重大损失的，处十年以上有期徒刑或者无期徒刑，并处罚金或者没收财产。

“行贿人在被追诉前主动交待行贿行为的，可以从轻或者减轻处罚。其中，犯罪较轻的，对侦破重大案件起关键作用的，或者有重大立功表现的，可以减轻或者免除处罚。”

【条文主旨】

本条修改完善了对行贿犯罪的处罚，加大了对行贿犯罪的处罚力度。修改内容主要是三点：一是对行贿犯罪的三档情形均增加规定了罚金刑，加大了从经济上对犯罪人的处罚力度。二是“情节特别严重的”后增加“或者使国家利益遭受特别重大损失的”，使规定进一步明确。三是严格了行贿犯罪从宽处罚的条件。将原来法律规定的在被追诉前主动交待的“可以减轻和免除处罚”，修改为现在规定一般只能从轻和减轻处罚，只有对于有重大立功表现等几种情况可以减轻或者免除处罚。

【理解与适用】

一、修改的背景、内容和意义

（一）修改的背景

随着反腐败斗争的不断深入，理论上和实务部门对行贿犯罪危害的认识不断加深。大家逐渐意识到，司法实践中对行贿犯罪处罚过轻的情况，不利于惩治腐败犯罪。目前法律规定总的原则是让贪腐的成本越来越高，但大多是针对受贿人，行贿人只要交待行贿事实就能得到宽大处理。这种情况实际上放纵了行贿犯罪行为，而且可能催生更多的腐败犯罪，不利于对贿赂犯罪的源头治理。十八大以来，党中央进一步加大了反腐败力度，对严惩行贿犯罪作出明确要求，要从源头上遏制和预防贿赂犯罪。

1997 年刑法第三百九十条规定了对犯行贿罪的处罚，即：对犯行贿罪的，处五年以下有期徒刑或者拘役；因行贿谋取不正当利益，情节严重的，或者使国家利益遭受重大损失的，处五年以上十年以下有期徒刑；情节特别严重的，处十年以上有期徒刑或者无期徒刑，可以并处没收财产。同时也规定对行贿犯罪的从宽处罚，即行贿人在被追诉前主动交待行贿行为的，可以减轻处罚或者免除处罚。

行贿犯罪与受贿犯罪都是腐败的重要体现。长期以来，由于在惩治腐败犯罪方面存在“重受贿、轻行贿”的观念，实践中对行贿犯罪惩治力度的不够，主要体现在：

1. 人民法院审理的行贿案件数量远远低于受贿犯罪案件数量，大量行贿犯罪未被追究。贿赂犯罪属于对合犯，有受贿犯罪必有行贿行为，但实践中与受贿比，行贿案件数量明显偏少。据统计，2009～2013 年，全国法院受理一审行贿犯罪案件共计 12821 件，生效判决人数 12364 人；受理一审受贿犯罪案件共计 53843 件，生效判决人数 48163 人。行贿犯罪案件收案数仅为受贿犯罪案件的 24%，行贿犯罪案件的生效判决人数仅为受贿犯罪案件的 26%，即行贿犯罪案件数量大概是受贿案件数量的 1/4 左右。出于法律规定、体现政策等多方面的原因考虑，行贿犯罪案件的数量比受贿犯罪案件少一些属于正常，但作为与受贿犯罪具有对合关系的一类犯罪，对 3/4 左右的行贿行为未追诉难以作出令人信服的合理解释。而且，从实践中遇到的案件情况来看，往往一个受贿案件对应的行贿人少则几人，多则数十人甚至数百人。如果将这一实际情况考虑进去，未被追究刑事责任的行贿人比例将更高。

2. 人民法院判决的行贿案件刑罚适用量过低，缓刑和免于刑事处罚适用率过高。2009～2013年人民法院判决生效的案件，行贿犯罪案件中宣告无罪的共8人，无罪率为0.06%；判决适用缓刑和免予刑事处罚的共9261人，缓、免刑适用率为75%；判处重刑的共379人，重刑率为3%。而受贿犯罪案件中宣告无罪的共53人，无罪率为0.11%；判处适用缓刑和免予刑事处罚的共计24030人，缓、免刑适用率为50%；判处重刑的共16868人，重刑率为35%。二者相比，行贿犯罪案件的缓、免刑适用率高出受贿犯罪案件约25个百分点；重刑率比受贿犯罪案件低约32个百分点。虽然行贿犯罪的法定刑低于受贿犯罪，尤其是其中的对单位行贿罪的法定最高刑只有三年，单位行贿罪法定最高刑为五年，理论上行贿犯罪中可适用缓刑和判处五年以下有期徒刑的概率大于受贿犯罪，但上述数据也在一定程度上反映了行贿犯罪量刑偏轻的事实。有学者从“北大法宝”上下载了135份行贿案件判决书，就行贿案件的量刑状况进行了研究：样本中的148名被告人，被定罪免刑的17人，占11.7%；被处以拘役并宣告缓刑的4人，占2.7%；被处以拘役的7人，占4.7%；被处以有期徒刑并宣告缓刑的48人，占32.4%；被处以有期徒刑六个月至五年的41人，占27.7%；被处以有期徒刑五年至十年的20人，占13.5%；被处以有期徒刑十年至十五年的8人，占5.4%；被处以无期徒刑的3人，占2%。可见，在行贿案件的量刑中，定罪免刑、适用缓刑、判处五年以下有期徒刑等为量刑结果的主要部分，数量为117人，占79%，判处五年以上有期徒刑直至无期徒刑的较少，只有31人，占21%。其中，轻刑率为79%，缓免刑率为46.6%。这些裁判文书充分反映了行贿犯罪处罚轻缓的状况。

对行贿犯罪打击力度不够，致使行贿人屡屡未被追责，如广州某受贿案件，被告人金某某收受贿赂80余万元，被判处有期徒刑十五年，而多名行贿人均未定罪。实践中对行贿犯罪网开一面，是为了从严查办受贿人，从而遏制贿赂犯罪的发生。但是，贿赂犯罪发展的实践表明，行贿人得不到有效惩罚，反而导致贿赂泛滥。不少行贿人逃脱惩罚后，产生侥幸心理，有恃无恐，继续行贿。行贿与受贿是对合关系，有行贿，必要受贿。受贿行为受到法律的严惩，然而行贿行为却惩治不力，放纵了行贿行为，既使贿赂犯罪难以根除，也破坏了社会正常的公平正义。

行贿犯罪难以得到有效惩治，存在多方面原因，概括起来，主要有以下几点：

1. 观念上普遍认为行贿的社会危害性不如受贿严重，对行贿犯罪危害性缺乏深刻认识

很多人认为，受贿人是身份犯；受贿的特点是出卖权力，给国家和相关单位的威信、声誉和形象造成恶劣影响，还常常给国家和单位利益造成严重损失，因此其危害远大于行贿犯罪。相当多的人认为行贿人属于社会弱势群体，行贿是因为受贿方掌握权力和有贪利之心，行贿人是权钱交易的受害人。社会公正也更加关注受贿犯罪，忽视行贿。

2. 立法上存在一定问题，影响了对行贿犯罪的惩治力度

一是刑法规定，以“为谋取不正当利益”作为行贿罪的构成要件。司法实践中对“不正当利益”的理解始终存在不同认识，影响了对行贿犯罪的惩治。“正当”与“不正当”是哲学上的概念，从法律角度难以对其准确界定，特别是随着社会发展日新月异，行贿的方式和手段不断变化，使得正当利益与不正当利益难以分清，如出现大量没有明确请托事项的“感情投资“等方式，难以查证行贿人是否是“为谋取不正当利益”，导致实践中无法处理。

二是刑法第三百八十九条第三款的出罪规定和第三百九十条第二款规定的从宽处罚规定，使大多数行贿人被免除了刑事责任。为重点惩治受贿犯罪，立法上在对受贿罪严厉打击的同时，对行贿罪则是从宽处理。按照刑法第三百八十九条第三款的规定，对因勒索给予国家工作人员以财物，没有获得不正当利益的，不是行贿，即法律上认为此种情形不构成行贿罪。刑法第三百九十条第二款又明确规定，对构成行贿罪的，在被追诉前主动交待行贿行为的，可以从轻或者减轻处罚。《最高人民法院、最高人民检察院关于办理行贿刑事案件具体应

用法律若干问题的解释》（以下简称《行贿解释》）规定，“被追诉前”是指检察机关对行贿人的行贿行为刑事立案前。由于实践中大部分职务犯罪案件由纪检监察机关进行调查，按照规定，只要行贿人在这一阶段交代了行贿事实，将来进入司法程序后都有被减轻或者免除处罚的可能。

3. 司法实践中由于贿赂案件的侦破高度依赖行贿人的口供，使得行贿人往往得到从宽处理

贿赂犯罪的特点是缺乏旁证，大多数是在“一对一”的情况下发生的，这使得侦破贿赂案件取证较为困难。当前，贿赂犯罪日益呈现智能化、隐蔽化的趋势，犯罪人的反侦查能力不断增强，相对而言，检察机关、纪检机关办案措施仍然比较传统，大多数案件还是依靠言词证据。实践中，办案机关通常是通过向行贿人宣示从宽政策以获得其陈述，从而得到案件事实的关键性证据，以此作为受贿案件的突破口。一些数额较大甚至巨大的贿赂犯罪案件，行贿人的供述常被办案机关视为从轻处罚甚至立功的情节，行贿人也因此得到从宽处理。实践中，只要行贿人交待行贿事实，往往就会得到宽大处理，甚至免予刑事处罚。

4. 刑法对行贿犯罪缺乏经济性的制裁，行贿犯罪的财产刑制度需要进一步完善

1997 年刑法第三百九十条只对行贿犯罪中“情节特别严重的”规定可以并处没收财产，对其他行贿犯罪均没有规定财产刑。行贿人行贿多是为了获得经济上的利益，但刑法却缺乏对其经济性的制裁，这显然不利于对行贿犯罪的打击。进一步完善对行贿犯罪的制度规定，将有助于从源头上遏制和预防贿赂犯罪。为此，《刑法修正案(九)》对行贿犯罪的有关内容作了修改。

（二）修改的主要内容

《刑法修正案（九）》对刑法第三百九十条的修改主要是以下内容：

一是对行贿犯罪的三档情形均增加规定“并处罚金”，即专门规定了财产刑，即在对行贿犯罪处以自由刑的基础上，加大对行贿犯罪人的经济处罚力度，使其在经济上得不到好处，从而形成对行贿犯罪惩处的综合性惩治手段。

二是在“情节特别严重的”后增加“或者使国家利益遭受特别重大损失的”，使这一档犯罪的规定进一步明确。

三是严格了行贿犯罪从宽处罚的条件。将原来法律规定的在被追诉前主动交待的“可以减轻和免除处罚”，修改为“可以从轻和减轻处罚”，其中犯罪较轻的，对侦破重大案件起关键作用的，或者对于有重大立功表现的，可以减轻或者免除处罚。

二、对修改内容的理解与适用

（一）对行贿犯罪增加规定罚金刑的理解与把握

对行贿犯罪增加罚金刑的理解与把握参见对非国家工作人员行贿罪部分。

（二）对严格了行贿犯罪从宽处罚的理解与把握

刑法第三百九十条第二款专门规定了行贿人主动交待行贿行为的从宽处理，对该款规定的理解与把握，主要有以下几点内容：

1. 正确理解对行贿犯罪从宽处罚的目的

受贿犯罪与行贿犯罪是腐败犯罪的重要组成部分。受贿行为和行贿行为在功能上具有对向性，缺少一方的行为，另一方的行为就无法实施或者不能完成，二者彼此补充，相互呼应。从二者的性质和危害性来看，受贿犯罪的危害性应该说更大一些。因此，在反腐败斗争中，以受贿犯罪作为惩治重点是必要的。不过，从预防腐败的角度考虑，也不能忽视对行贿犯罪的惩治。因此，刑法要正确处理好打击受贿犯罪和行贿犯罪的关系。

受贿犯罪是打击腐败犯罪的重点，但由于贿赂犯罪隐蔽性强、缺少旁证的特点，客观上给调查取证带来了一定的困难。如果受贿人和行贿人形成攻守同盟，则对其侦查取证工作极其不利。因此，为分化贿赂犯罪分子，严厉惩治受贿犯罪，刑法对行贿人主动交待行贿行为从宽处理作了特别规定。同时，对行贿人主动交待行贿行为的从宽处理，也不是一概不予以追究，而是区分情况对待。

2. 准确把握对行贿人主动交待行贿行为的两个从宽幅度

《刑法修正案（九）》针对行贿人犯罪情节的轻重，以及主动交待行贿行为所起作用的不同，相应规定了两个从宽幅度。这里要注意把握以下几点：

一是从宽处理要求行贿人是在“被追诉前”主动交待行贿行为。这里的“被追诉前”，按照《行贿解释》第十三条第一款的规定，“被追诉前”是指检察机关对行贿人的行贿行为刑事立案前。这是行贿人主动交待行贿行为从而从宽处理要注意把握的时间节点。

二是一般情况下，行贿人在被追诉前主动交待行贿行为的，其从宽处理是“可以从轻或者减轻处罚”。相较于 1997 年刑法规定的“可以减轻和免除处罚”而言，这里的规定更为严格，即一般情况下不能再免除处罚，而是在“从轻”和“减轻”处罚中予以考虑。

三是行贿人在被追诉前主动交待行贿行为，符合规定的条件时，才“可以减轻或者免除处罚”。这里规定了三个选择性条件，即“犯罪较轻的”“对侦破重大案件起关键作用的”“或者有重大立功表现的”，只要符合其中之一的，即“可以减轻或者免除处罚”。“犯罪较轻的”，是指行贿数额较少，行贿行为未造成严重的危害后果，行贿人是初犯、偶犯等情形。“对侦破重大案件起关键作用的”，是指行贿人主动交待行贿行为，其交待对重大案件的侦破起到至关重要的作用。这里的“重大案件”，是指那些在社会上有重大影响、犯罪数额特别巨大、犯罪情节特别严重、量刑一般在十年以上的案件。这里的“起关键作用”，一般是指在侦破案件中起到至关重要的作用，如没有行贿人的交待，案件将难以得到侦破。“有重大立功表现的”，是指刑法第七十八条列举的六种情形，如阻止他人重大犯罪活动的；检举监狱内外重大犯罪活动，经查证属实的；有发明创造或者重大技术革新的；在日常生产、生活中舍己救人的；在抗御自然灾害或者排除重大事故中，有突出表现的；对国家和社会有其他重大贡献的等。

【条文四十六】〔增加为利用影响力行贿的犯罪〕

四十六、在刑法第三百九十条后增加一条，作为第三百九十条之一："为谋取不正当利益，向国家工作人员的近亲属或者其他与该国家工作人员关系密切的人，或者向离职的国家工作人员或者其近亲属以及其他与其关系密切的人行贿的，处三年以下有期徒刑或者拘役，并处罚金；情节严重的，或者使国家利益遭受重大损失的，处三年以上七年以下有期徒刑，并处罚金；情节特别严重的，或者使国家利益遭受特别重大损失的，处七年以上十年以下有期徒刑，并处罚金。"

"单位犯前款罪，对单位判处罚金，并对其直接负责的主管人员和其他直接责任人员，处三年以下有期徒刑或者拘役，并处罚金。"

【条文主旨】

本条是《刑法修正案（九)》新增加的对有影响力的人行贿罪。本条有两款，第一款规定了向国家工作人员的近亲属及其关系密切的人行贿罪的构成及处罚。其中，行贿的对象列举了国家工作人员的近亲属、其他与该国家工作人员关系密切的人、离职的国家工作人员、其近亲属，以及其他与其关系密切的人等。根据犯罪情节轻重，相应分为三档法定刑。第二款规定了单位向第一款规定的人员行贿的犯罪及其处罚。

【理解与适用】

一、修改的背景、内容和意义

(一) 修改的背景

针对司法实践中出现的贿赂犯罪的新情况，为了有效惩治腐败，2009 年《刑法修正案（七）》增加规定了利用影响力受贿罪，即在刑法第三百八十八条之后增加了第三百八十八条之一。利用影响力受贿罪是指国家工作人员的近亲属或者其他与该国家工作人员关系密切的人，通过该国家工作人员职务上的行为，或者利用该国家工作人员职权或者地位形成的便利条件，通过其他国家工作人员职务上的行为，为请托人谋取不正当利益，索取请托人财物或者收受请托人财物，数额较大或者有其他较重情节的行为。立法机关在《刑法修正案（七）》增加规定利用影响力受贿罪时，考虑到利用影响力受贿毕竟是一种新的犯罪，对该罪的认识还需要一个过程，实践中对利用影响力受贿罪所对应的行贿行为，是否要追究刑事责任以及如何追究还有不同认识，故当时未对利用影响力的行贿行为作出规定。

近年来，利用影响力受贿罪在司法实务中已经得到了应用，且效果良好。但向利用影响力受贿的人行贿的行为如何定性，由于刑法中对此行为没有规定为犯罪，实践中无法追究此行为的刑事责任。从理论上看，这样的犯罪基本都是对偶犯，如受贿罪对应的行贿罪。但利用影响力受贿罪却没有对应的罪名，这样的行为与行贿罪的社会危害性相同。行贿罪是指为谋取不正当利益，给国家工作人员以财物（含在经济往来中，违反国家规定，给予国家工作人员以财物，数额较大，或者违反国家规定，给予国家工作人员以各种名义的回扣费、手续费）的行为。如果对这样的行为直接定行贿罪，显然该行为与行贿罪中给“国家工作人员以财物”的对象主体不符。因此，立法中有必要增加“对有影响力的人行贿罪”，一般来讲，只要利用影响力受贿罪成立，就对应有个对利用影响力的人行贿罪。

为此，不少人大代表、专家学者和实务部门多次向立法机关提出，有些个人和单位为谋取不正当利益，拉拢、腐蚀在职或者离职的国家工作人员的近亲属或者与国家工作人员关系密切的人，通过国家工作人员的影响力达到个人非法目的的情况在实践中比较严重，这类行为严重影响了国家机关的威信，败坏了社会风气，社会影响恶劣，建议将其规定为犯罪。

为全面落实党中央反腐败的工作部署，加强对行贿行为的查处打击力度，完善惩治行贿犯罪的法律制度，从源头上遏制和预防贿赂犯罪，《刑法修正案（九）》专门增加了对有影响力的人行贿罪的规定。

（二）修改的主要内容

本条有两款，第一款规定了向国家工作人员的近亲属及其关系密切的人行贿罪的构成及处罚。主要有两方面内容：

一是关于行贿的对象，列举了国家工作人员的近亲属、其他与该国家工作人员关系密切的人、离职的国家工作人员、其近亲属、以及其他与其关系密切的人等。

二是根据犯罪情节轻重，处罚相应分为三档情形，即向上述人员行贿的，处三年以下有期徒刑或者拘役，并处罚金；情节严重的，或者使国家利益遭受重大损失的，处三年以上七年以下有期徒刑，并处罚金；情节特别严重的，或者使国家利益遭受特别重大损失的，处七年以上十年以下有期徒刑，并处罚金。

本条第二款规定了单位向第一款规定的人员行贿的犯罪及其处罚。

二、对修改内容的理解与把握

（一）关于“关系密切的人”的把握

对利用影响力行贿罪犯罪构成的把握，首先需要把握与国家工作人员“关系密切的人”的范围，即哪些人属于与国家工作人员“关系密切的人”。刑法第三百九十条之一列举了五种情形：

1. 国家工作人员的近亲属，这是与国家工作人员有血缘关系或者婚姻关系的亲属，具体包括夫、妻、父、母、子、女、同胞兄弟姐妹、祖父母、外祖父母、孙子女、外孙子女。

2. 其他与该国家工作人员关系密切的人，这是指在国家工作人员近亲属之外，与其有密切关系的人，如同学、战友、老乡、同事，或者有着某种共同利益关系的人，或者与其关系非常密切，交往不同于一般关系、对其具有足够的影响力的人。

3. 离职的国家工作人员，是指曾经是国家工作人员，但目前已离开国家工作人员的工作岗位，如离休、退休、辞职、辞退等情形。这些人虽然现在不具有国家工作人员的身份，但因为曾经是国家工作人员，仍然具有足够的影响力。

4. 离职的国家工作人员的近亲属，是指与离职的工作人员有血缘关系或者婚姻关系的亲属，包括夫、妻、父、母、子、女、同胞兄弟姐妹、祖父母、外祖父母、孙子女、外孙子女。

5. 其他与离职国家工作人员关系密切的人，这是指在离职的国家工作人员近亲属之外，其他与其有密切关系的人，如同学、战友、老乡、老领导、老部下，或者有着某种共同利益关系的人，或者与其关系非常密切，交往不同于一般关系、具有足够的影响力的人。

（二）关于对有影响力的人行贿罪的犯罪构成、数额标准及犯罪情节

刑法第三百九十条之一对有影响力的人行贿罪是新增加的罪名。考虑到对有影响力的人行贿罪与行贿罪在犯罪客观表现上较为近似，因此，有关定罪量刑标准可参照最高人民法院、最高人民检察院发布的《行贿解释》中的有关规定执行。具体来看：

1. 数额标准。《行贿解释》第一条规定，为谋取不正当利益，向国家工作人员行贿，数额在一万元以上的，应当依照刑法第三百九十

条的规定追究刑事责任。因此，为利用影响力行贿罪的数额标准根据行贿罪的数额标准，亦按照一万元的标准把握。

2. 谋取不正当利益的认定。《行贿解释》第十二条规定，行贿犯罪中的“谋取不正当利益”，是指行贿人谋取的利益违反法律、法规、规章、政策规定，或者要求国家工作人员违反法律、法规、规章、政策、行业规范的规定，为自己提供帮助或者方便条件。违背公平、公正原则，在经济、组织人事管理等活动中，谋取竞争优势的，应当认定为“谋取不正当利益”。

3. 情节严重的认定。《行贿解释》第二条规定，以下情形应当认定为刑法第三百九十条行贿罪规定的“情节严重”，即：“（一）行贿数额在二十万元以上不满一百万元的；（二）行贿数额在十万元以上不满二十万元，并具有下列情形之一的：1. 向三人以上行贿的；2. 将违法所得用于行贿的；3. 为实施违法犯罪活动，向负有食品、药品、安全生产、环境保护等监督管理职责的国家工作人员行贿，严重危害民生、侵犯公众生命财产安全的；4. 向行政执法机关、司法机关的国家工作人员行贿，影响行政执法和司法公正的；（三）其他情节严重的情形。”

4. 使国家利益遭受重大损失的认定。《行贿解释》第三条规定，因行贿谋取不正当利益，造成直接经济损失数额在一百万元以上的，应当认定为刑法第三百九十条第一款规定的“使国家利益遭受重大损失”。

5. 情节特别严重和使国家利益遭受特别重大损失的认定。《行贿解释》第四条规定：“因行贿谋取不正当利益，具有下列情形之一的，应当认定为刑法第三百九十条第一款规定的‘情节特别严重’：（一）行贿数额在一百万元以上的；（二）行贿数额在五十万元以上不满一百万元，并具有下列情形之一的：1. 向三人以上行贿的；2. 将违法所得用于行贿的；3. 为实施违法犯罪活动，向负有食品、药品、安全生产、环境保护等监督管理职责的国家工作人员行贿，严重危害民生、侵犯公众生命财产安全的；4. 向行政执法机关、司法机关的国家工作人员行贿，影响行政执法和司法公正的；（三）造成直接经济损失数额在五百万元以上的；（四）其他情节特别严重的情形。”需要指出，原来刑法第三百九十条行贿罪中没有“使国家利益遭受特别重大损失”的规定，《刑法修正案（九）》增加了这个内容。但《行贿解释》关于“情节特别严重”中有“造成直接经济损失数额在五百万元以上”的规定，因此，“使国家利益遭受特别重大损失”的标准可参照这个规定执行。

【条文四十七】〔增加对单位行贿罪的罚金刑〕

四十七、将刑法第三百九十一条第一款修改为：“为谋取不正当利益，给予国家机关、国有公司、企业、事业单位、人民团体以财物的，或者在经济往来中，违反国家规定，给予各种名义的回扣、手续费的，处三年以下有期徒刑或者拘役，并处罚金。”

【条文主旨】

本条修改主要是在对单位行贿罪的量刑处罚中，增加“并处罚金”的规定。

【理解与适用】

对单位行贿犯罪增加罚金刑的理解与把握参见前面对非国家工作人员行贿罪部分。

【条文四十八】〔增加介绍贿赂罪的罚金刑〕

四十八、将刑法第三百九十二条第一款修改为：“向国家工作人员介绍贿赂，情节严重的，处三年以下有期徒刑或者拘役，并处罚金。”

【条文主旨】

本条修改主要是在对介绍贿赂罪的量刑处罚中，增加“并处罚金”的规定。

【理解与适用】

对介绍贿赂罪增加罚金刑的理解与把握参见前面对非国家工作人员行贿罪部分。

【条文四十九】〔增加单位行贿罪的罚金刑〕

四十九、将刑法第三百九十三条修改为：“单位为谋取不正当利益而行贿，或者违反国家规定，给予国家工作人员以回扣、手续费，情节严重的，对单位判处罚金，并对其直接负责的主管人员和其他直接责任人员，处五年以下有期徒刑或者拘役，并处罚金。因行贿取得的违法所得归个人所有的，依照本法第三百八十九条、第三百九十条的规定定罪处罚。”

【条文主旨】

本条修改主要是在单位行贿罪的量刑处罚中，增加“并处罚金”的规定。

【理解与适用】

对单位行贿罪增加罚金刑的理解与把握参见前面对非国家工作人员行贿罪部分。

【条文五十】〔取消阻碍执行军事职务罪的死刑〕

五十、将刑法第四百二十六条修改为："以暴力、威胁方法，阻碍指挥人员或者值班、值勤人员执行职务的，处五年以下有期徒刑或者拘役；情节严重的，处五年以上十年以下有期徒刑；情节特别严重的，处十年以上有期徒刑或者无期徒刑。战时从重处罚。"

【条文主旨】

取消阻碍执行军事职务罪的死刑。

【理解与适用】

《刑法修正案（九）》取消了阻碍执行军事职务罪的死刑，主要是考虑到：一是，本罪与刑法第三百六十八条规定的阻碍军人执行职务罪、阻碍军事行动罪相比没有本质上的区别，而刑罚设置上相差太大，不够平衡。从犯罪对象上看，本罪与阻碍军人执行职务罪没有本质区别，后者侵犯的是军人执行职务的行为；与阻碍军事行动罪相比，本罪侵犯的是指挥、值班、值勤秩序，后者侵犯的是部队的军事行动，二者略有不同，但性质相近。从刑罚设置上看，阻碍军人执行职务罪的最高法定刑为三年有期徒刑，阻碍军事行动罪的最高法定刑为五年有期徒刑，而本罪的最高法定刑为死刑，三者最高法定刑的差距明显过大。二是，本罪与刑法第十章军人违反职责罪中规定的许多犯罪相比，不具有罪行极其严重应当适用死刑的程度。刑法第十章规定的许多犯罪都可能直接或间接导致作战失利，本罪的目的是阻碍执行军事职务，并不是积极追求作战失利，造成的后果是指挥人员或值班、值勤人员无法正常履行职责。在健全的军事指挥体系和值班制度下，因阻碍执行职务直接导致作战失利的情形难以出现，即使间接导致作战失利，其罪责也达不到必须适用死刑的程度。此外，阻碍执行军事职务罪，实践中极少适用死刑，取消死刑后，最高可以判处无期徒刑。取消了以暴力方法阻碍执行军事职务并造成人身伤亡犯罪的死刑，仍保留了故意杀人罪、故意伤害罪的死刑。实践中，如有暴力阻碍执行军事职务，情节特别恶劣，确需判处死刑的，还可以根据案件情况，依照刑法故意杀人罪、故意伤害罪的规定判处刑罚。三是，据了解，本罪多年来都没有判处过死刑，取消该罪死刑对审判实践没有影响。

【条文五十一】〔取消战时造谣惑众罪的死刑〕

五十一、将刑法第四百三十三条修改为："战时造谣惑众，动摇军心的，处三年以下有期徒刑；情节严重的，处三年以上十年以下有期徒刑；情节特别严重的，处十年以上有期徒刑或者无期徒刑。"

【条文主旨】

取消战时造谣惑众罪的死刑。

【理解与适用】

《刑法修正案（九）》取消了战时造谣惑众罪的死刑，但在审议过程中，有意见提出，对战时造谣惑众罪不宜取消死刑，因为战时造谣惑众，动摇军心是非常严重的犯罪，可能影响战争的进程和胜负，其影响是致命性的、颠覆性的。立法机关决定取消该罪的死刑，主要是考虑到：战时造谣惑众罪适用死刑的条件是勾结敌人造谣惑众，而战时勾结敌人造谣惑众，动摇军心的性质是投敌叛变，行为人主观上有投敌变节的故意，客观上实施了为敌效劳的叛变行为，可以刑法第一百零八条投敌叛变罪论处。此外，取消死刑后，本罪的最高刑罚为无期徒刑，与刑法第三百七十八条规定的战时造谣扰乱军心罪的最高刑罚十年有期徒刑相比，仍能够体现军法从严的精神。而且，据了解，本罪多年来都没有判处过死刑，取消该罪死刑对审判实践没有影响。

【条文五十二】〔刑法修正案（九）施行时间的规定〕

五十二、本修正案自2015年11月1日起施行。

【条文主旨】

《刑法修正案（九）》施行时间的规定。

【理解与适用】

《刑法修正案（九）》自2015年11月1日起施行。《刑法修正案（九）》是2015年8月29日由十二届全国人民代表大会常务委员会第十六次会议通过的，其施行时间为2015年11月1日。期间有两个多月的准备时间。之所以这样规定，主要是考虑到《刑法修正案（九）》涉及的内容较多，一些内容是对刑法总则规定的修改，一些内容是新增加的规定或者是对原规定作出的比较重大的修改。在《刑法修正案（九）》通过以后，规定经过一定期限后开始施行，一方面有利于最高人民法院、最高人民检察院、公安部等部门相应修改相关司法解释或者规范性文件，培训司法工作人员和执法人员，为《刑法修正案（九)》的施行做好必要的准备；另一方面也有利于对《刑法修正案（九)》的内容进行宣传教育，使广大人民群众在《刑法修正案（九)》施行前对其内容有必要的了解。因此，《刑法修正案（九)》延续了《刑法修正案（八)》的做法，未规定该修正案自公布之日起施行，而是自通过之日起经过两个多月才生效。

在司法实践中，对于《刑法修正案（九)》所涉及的条文，应当依照刑法第十二条关于刑法溯及力的规定和相关条文的修改生效日期来确定法律适用问题。为正确适用《刑法修正案（九)》，对人民法院 2015 年 11 月 1 日以后审理的刑事案件，具体适用修正前后刑法的有关问题进行明确，最高人民法院制定发布了《最高人民法院关于〈中华人民共和国刑法修正案（九)〉时间效力问题的解释》。

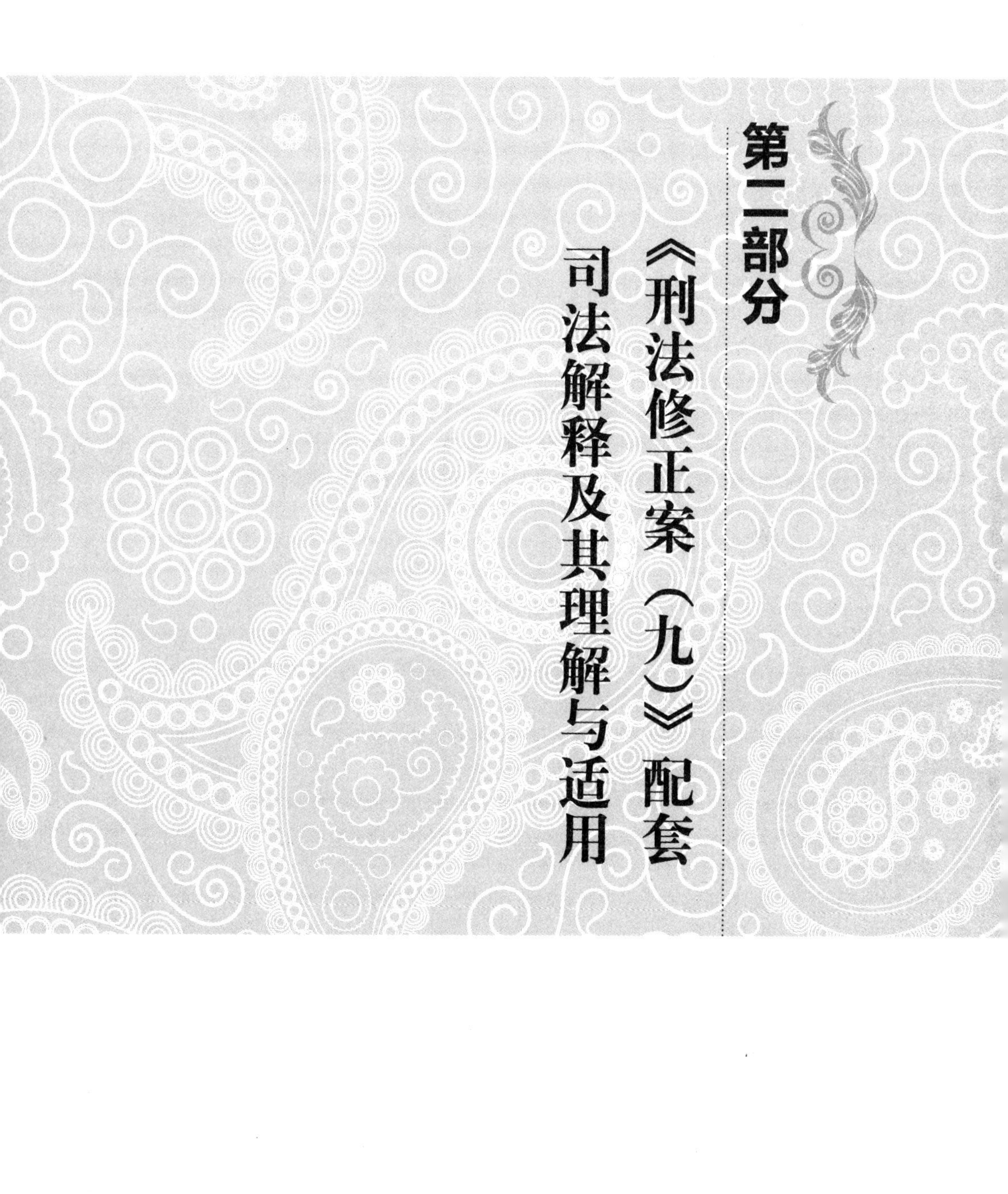

第二部分

《刑法修正案（九）》配套司法解释及其理解与适用

最高人民法院
关于《中华人民共和国刑法修正案（九）》时间效力问题的解释

法释〔2015〕19号

（2015年10月19日最高人民法院审判委员会第1664次会议通过
2015年10月29日最高人民法院公告公布
自2015年11月1日起施行）

为正确适用《中华人民共和国刑法修正案（九）》，根据《中华人民共和国刑法》第十二条规定，现就人民法院2015年11月1日以后审理的刑事案件，具体适用修正前后刑法的有关问题规定如下：

第一条 对于2015年10月31日以前因利用职业便利实施犯罪，或者实施违背职业要求的特定义务的犯罪的，不适用修正后刑法第三十七条之一第一款的规定。其他法律、行政法规另有规定的，从其规定。

第二条 对于被判处死刑缓期执行的犯罪分子，在死刑缓期执行期间，且在2015年10月31日以前故意犯罪的，适用修正后刑法第五十条第一款的规定。

第三条 对于2015年10月31日以前一人犯数罪，数罪中有判处有期徒刑和拘役，有期徒刑和管制，或者拘役和管制，予以数罪并罚的，适用修正后刑法第六十九条第二款的规定。

第四条 对于2015年10月31日以前通过信息网络实施的刑法第二百四十六条第一款规定的侮辱、诽谤行为，被害人向人民法院告诉，但提供证据确有困难的，适用修正后刑法第二百四十六条第三款的规定。

第五条 对于2015年10月31日以前实施的刑法第二百六十条第一款规定的虐待行为，被害人没有能力告诉，或者因受到强制、威吓无法告诉的，适用修正后刑法第二百六十条第三款的规定。

第六条 对于2015年10月31日以前组织考试作弊，为他人组织考试作弊提供作弊器材或者其他帮助，以及非法向他人出售或者提供考试试题、答案，根据修正前刑法应当以非法获取国家秘密罪、非法生产、销售间谍专用器材罪或者故意泄露国家秘密罪等追究刑事责任的，适用修正前刑法的有关规定。但是，根据修正后刑法第二百八十四条之一的规定处刑较轻的，适用修正后刑法的有关规定。

第七条 对于2015年10月31日以前以捏造的事实提起民事诉讼，妨害司法秩序或者严重侵害他人合法权益，根据修正前刑法应当以伪造公司、企业、事业单位、人民团体印章罪或者妨害作证罪等追究刑事责任的，适用修正前刑法的有关规定。但是，根据修正后刑法第三百零七条之一的规定处刑较轻的，适用修正后刑法的有关规定。

实施第一款行为，非法占有他人财产或者逃避合法债务，根据修正前刑法应当以诈骗罪、职务侵占罪或者贪污罪等追究刑事责任的，适用修正前刑法的有关规定。

第八条 对于2015年10月31日以前实施贪污、受贿行为，罪行极其严重，根据修正前刑法判处死刑缓期执行不能体现罪刑相适应原则，而根据修正后刑法判处死刑缓期执行同时决定在其死刑缓期执行二年期满依法减为无期徒刑后，终身监禁，不得减刑、假释可以罚当其罪的，适用修正后刑法第三百八十三条第四款的规定。根据修正前刑法判处死刑缓期执行足以罚当其罪的，不适用修正后刑法第三百八十三条第四款的规定。

第九条 本解释自2015年11月1日起施行。

《最高人民法院关于〈中华人民共和国刑法修正案（九）〉时间效力问题的解释》的理解与适用

2015 年 10 月 29 日，最高人民法院发布《关于〈中华人民共和国刑法修正案（九）〉时间效力问题的解释》（以下简称《解释》），自 2015 年 11 月 1 日起，与《刑法修正案（九）》同步施行。现对该解释的起草背景、过程及相关条文的理解与适用问题如下介绍。

一、《解释》起草的背景和过程

《刑法修正案（九）》于 2015 年 8 月 29 日由第十二届全国人民代表大会常务委员会第十六次会议通过，自 2015 年 11 月 1 日起施行。此次刑法修正不仅涉及分则，涉及具体犯罪增设、修改，而且涉及总则，涉及刑罚制度等的重大调整。刑法修正中多个条款规定的时间效力问题需予明确。例如，刑法第三十七条之一规定的职业禁止条款，是否适用于 2015 年 10 月 31 日以前的犯罪？刑法第三百八十三条第四款规定的终身监禁条款，是否适用于 2015 年 10 月 31 日以前的贪污、受贿犯罪？等等。为统一法律适用，最高人民法院研究室在《刑法修正案（九）》审议通过之前，即开展调研，为起草《解释》做了充分准备。《刑法修正案（九）》通过后，即拟出征求意见稿，先后征求了中央政法部门、专家学者和立法机关的意见。经反复修改完善后，形成送审稿，2015 年 10 月 19 日最高人民法院审判委员会第 1664 次会议讨论通过了该《解释》。

二、《解释》条文的理解与适用

《解释》共九条，主要规定了以下几方面的内容：（1）刑法总则规定的职业禁止、死刑缓期执行期间故意犯罪和数罪并罚条款的时间效力。规定职业禁止条款没有溯及力，而死刑缓期执行期间故意犯罪和数罪并罚条款，由于处罚更轻，新法有溯及力（第一条至第三条）。（2）刑法分则规定的程序条款的时间效力。规定通过信息网络实施的侮辱、诽谤行为，被害人提供证据确有困难的，适用新法规定，可以由公安机关提供协助（第四条）；被虐待的被害人没有能力告诉或者因受到强制、威吓无法告诉的，适用新法规定，可以转为公诉案件（第五条）。（3）刑法分则部分新增罪名条款的时间效力。规定刑法新增的组织考试作弊罪、虚假诉讼罪没有溯及力，但是如果适用新法处刑较轻的，可以适用新法，以新罪定罪处罚（第六条、第七条）。（4）贪污受贿罪中的终身监禁条款，原则上没有溯及力，但如果根据旧法判处死缓不能体现罪刑相适应原则，即应当判处死刑立即执行，而根据新法判处死缓同时决定终身监禁可以罚当其罪的，适用新法（第八条）。

1. 职业禁止条款的时间效力

修正后刑法新增的第三十七条之一第一款规定：“因利用职业便利实施犯罪，或者实施违背职业要求的特定义务的犯罪被判处刑罚的，人民法院可以根据犯罪情况和预防再犯罪的需要，禁止其自刑罚执行完毕之日或者假释之日起从事相关职业，期限为三年至五年。”

本条规定涉及如何认识《刑法修正案（九）》增设的职业禁止令的性质。我们认为，职业禁止令与《刑法修正案（八）》对管制犯、缓刑犯增设的禁止令有所不同，不是执行监管方式的修改完善，而是刑罚执行完毕或者假释之后，对刑满释放人员或者假释人员从事相关职业的禁止性规定，主要是防止犯罪分子利用职业和职务之便再次进行犯罪的预防性措施，相当于国外的保安处分。对犯罪分子在判处刑罚之外，新增保安处分措施，明显限制了其权利，加重了其义务，根据从旧兼从轻原则，职业禁止条款依法不具有溯及力。故《解释》

第一条规定:“对于2015年10月31日以前因利用职业便利实施犯罪,或者实施违背职业要求的特定义务的犯罪的,不适用修正后刑法第三十七条之一第一款的规定。其他法律、行政法规另有规定的,从其规定。”

2. 死缓期间故意犯罪条款的时间效力

对于在死刑缓期执行期间故意犯罪的,修正前刑法第五十条第一款规定:“如果故意犯罪,查证属实的,由最高人民法院核准,执行死刑”。而修正后刑法第五十条第一款将其修改为:“如果故意犯罪,情节恶劣的,报请最高人民法院核准后执行死刑。”显然,修正后刑法规定的刑罚更轻,根据从旧兼从轻原则,新法具有溯及力。因此,《解释》第二条规定:“对于被判处死刑缓期执行的犯罪分子,在死刑缓期执行期间,且在2015年10月31日以前故意犯罪的,适用修正后刑法第五十条第一款的规定。”

3. 数罪并罚条款的时间效力

修正前刑法对于数罪中有判处有期徒刑和拘役,有期徒刑和管制,或者拘役和管制的如何并罚,没有规定。《最高人民法院关于管制犯在管制期间又犯新罪被判处拘役或有期徒刑应如何执行的问题的批复》(法研字〔1981〕第18号)规定:“由于管制和拘役、有期徒刑不属于同一刑种,执行的方法也不同,如何按照数罪并罚的原则决定执行的刑罚,在刑法中尚无具体规定,因此,仍可按照本院1957年2月16日法研字第3540号复函的意见办理,即:‘对新罪所判处的有期徒刑或者拘役执行完毕后,再执行前罪所没有执行完的管制。’对于管制犯在管制期间因发现判决时没有发现的罪行而被判处拘役或有期徒刑应如何执行的问题,也可按照上述意见办理。”据此,在审判实践中,对于有期徒刑和管制,或者拘役和管制的并罚,采取并科原则。而对于有期徒刑和拘役如何并罚,因没有明确规定,审判实践中尽可能回避此问题,如对被告人所犯数罪都判处有期徒刑或者都判处拘役,确实需要对有期徒刑和拘役进行并罚的,实践中做法不一,有的吸收,有的并科。修正后刑法第六十九条第二款明确规定:“数罪中有判处有期徒刑和拘役的,执行有期徒刑。数罪中有判处有期徒刑和管制，或者拘役和管制的，有期徒刑、拘役执行完毕后，管制仍须执行。”显然，适用新法有利于被告人。因此，《解释》第三条规定：“对于2015年10月31日以前一人犯数罪，数罪中有判处有期徒刑和拘役，有期徒刑和管制，或者拘役和管制，予以数罪并罚的，适用修正后刑法第六十九条第二款的规定。”

4. 网络侮辱、诽谤条款的时间效力

根据刑法第二百四十六条的规定，侮辱罪、诽谤罪属于告诉才处理的犯罪，只有严重危害社会秩序和国家利益的才可以转为公诉案件。但是，进入网络时代后，对于通过信息网络实施的侮辱、诽谤行为，被害人取证十分困难，甚至无法确知诽谤者、侮辱者的身份。而根据刑事诉讼法及相关司法解释的规定，人民法院受理自诉案件必须有明确的被告人、具体的诉讼请求和证明被告人犯罪事实的证据。如果司法机关不提供相应帮助，此类案件的自诉将极为困难，甚至根本无法立案。因此，修正后刑法在第二百四十六条后增加一款规定：“通过信息网络实施第一款规定的行为，被害人向人民法院告诉，但提供证据确有困难的，人民法院可以要求公安机关提供协助。”根据程序从新的通常做法，为了维护被害人的合法权益，《解释》第四条规定：“对于2015年10月31日以前通过信息网络实施的刑法第二百四十六条第一款规定的侮辱、诽谤行为，被害人向人民法院告诉，但提供证据确有困难的，适用修正后刑法第二百四十六条第三款的规定。”

在征求意见过程中，有意见提出，从旧兼从轻原则不仅适用于实体法，还应当适用于程序法。鉴于适用新法就可能补充到足够证据，导致法院立案受理，直至被定罪处罚，不利于被告人，故建议删除《解释》第四条及第五条。经研究认为，我国刑法中的从旧兼从轻原则是否可以适用于程序法，或者在多大程度上适用，目前缺乏共识，且刑事诉讼法中也无类似规定。适用新法，对于被告人的诉讼权利并无影响，控辩平衡的诉讼结构并未被打破，故适用新法符合诉讼原理，也未违反刑法的从旧兼从轻原则，故未采纳该意见。

5. 虐待条款的时间效力

根据修正前刑法第二百六十条的规定，虐待家庭成员，未致使被害人重伤、死亡的，告诉才处理。该规定的初衷是为了尊重受害人的告诉权，更好地维系家庭关系。然而，近年来出现了一些虐待家庭成员情节恶劣、影响极坏的案件，但被害人因年幼、患病或者无行为能力而没有能力告诉，人民检察院又无法代为告诉，以致犯罪分子逍遥法外，群众反映强烈。因此，《刑法修正案（九）》将第三款修改为："第一款罪，告诉的才处理，但被害人没有能力告诉，或者因受到强制、威吓无法告诉的除外。"即被虐待的被害人没有能力告诉，或者因受到强制、威吓无法告诉，以及致使被害人重伤、死亡的，以后都可以作为公诉案件由检察院提起公诉。根据程序从新的通常做法，为了维护被害人的合法权益，《解释》第五条规定："对于 2015 年 10 月 31 日以前实施的刑法第二百六十条第一款规定的虐待行为，被害人没有能力告诉，或者因受到强制、威吓无法告诉的，适用修正后刑法第二百六十条第三款的规定。"

6. 组织考试作弊条款的时间效力

修正后刑法第二百八十四条之一增设了组织考试作弊罪，非法出售、提供试题、答案罪和代替考试罪，这些新增罪名，原则上没有溯及力。但是，组织考试作弊行为确有社会危害性，以往对于组织考试作弊过程中实施的非法获取国家秘密、非法生产、销售专用间谍器材、非法使用窃听、窃照专用器材、故意泄露国家秘密等行为，仍然可以根据修正前刑法的相关规定定罪处罚。因此，《解释》第六条规定："对于 2015 年 10 月 31 日以前组织考试作弊，为他人组织考试作弊提供作弊器材或者其他帮助，以及非法向他人出售或者提供考试试题、答案，根据修正前刑法应当以非法获取国家秘密罪、非法生产、销售间谍专用器材罪或者故意泄露国家秘密罪等追究刑事责任的，适用修正前刑法的有关规定"。当然，根据从旧兼从轻原则，如果根据修正后刑法第二百八十四条之一的规定处刑较轻的（如情节严重的非法获取国家秘密罪的处刑比情节严重的组织考试作弊罪重），可以组织考试作弊罪和非法出售、提供试题、答案罪定罪处罚，《解释》

对此也作了明确规定。

在征求意见过程中，有的单位提出，组织考试作弊行为同时构成其他犯罪，出现法条竞合或牵连犯等情况时，是否还要考虑重法优于轻法的规则，建议再斟酌。我们认为，在法条竞合或者存在牵连关系时实行重法优于轻法的规则，其前提应是实施犯罪行为时触犯的两个或者数个刑法条文均已经具有法律效力，否则不宜适用，故未采纳该意见。

7. 虚假诉讼条款的时间效力

修正后刑法第三百零七条之一增设了虚假诉讼罪，规定：以捏造的事实提起民事诉讼，妨害司法秩序或者严重侵害他人合法权益的，应当定罪处罚；并规定：有虚假诉讼行为，非法占有他人财产或者逃避合法债务，又构成其他犯罪的，依照处罚较重的规定定罪从重处罚。

由于虚假诉讼罪是新增罪名，对于2015年10月31日以前以捏造的事实提起民事诉讼，妨害司法秩序、非法占有他人财产、逃避合法债务或者严重侵害他人合法权益的，原则上均不以虚假诉讼罪定罪处罚。但有两点需要注意：一是对于在虚假诉讼过程中实施的妨害作证、伪造印章等行为，触犯修正前刑法有关规定的，仍应以妨害作证罪或者伪造公司印章罪等罪名予以定罪处罚，这并不违反罪刑法定原则。当然，根据从旧兼从轻原则，如果根据修正后刑法第三百零七条之一的规定处刑较轻的（如情节严重的伪造、变造国家机关公文、证件、印章罪的处刑比情节严重的虚假诉讼罪重），则作为例外，可以虚假诉讼罪定罪处罚。二是对于以非法占有为目的，以虚假诉讼为手段，骗取、侵吞国家、集体或者他人财产，或者逃避合法债务的，应当以诈骗罪、职务侵占罪或者贪污罪等追究刑事责任。此时，虽然虚假诉讼罪的处刑较轻，但因虚假诉讼罪只能评价诈骗、职务侵占或者贪污的手段行为，不能反映罪行全貌及危害后果，不能根据从旧兼从轻原则以虚假诉讼罪处罚，只能依照处罚较重的规定定罪从重处罚。因此，《解释》第七条规定："对于2015年10月31日以前以捏造的事实提起民事诉讼，妨害司法秩序或者严重侵害他人合法权益，根据修正前刑法应当以伪造公司、企业、事业单位、人民团体印章罪或者妨害作证罪等追究刑事责任的，适用修正前刑法的有关规定。但是，根据修正后刑法第三百零七条之一的规定处刑较轻的，适用修正后刑法的有关规定。”“实施第一款行为，非法占有他人财产或者逃避合法债务，根据修正前刑法应当以诈骗罪、职务侵占罪或者贪污罪等追究刑事责任的，适用修正前刑法的有关规定。”

在征求意见过程中，有意见提出，根据最高人民检察院法律政策研究室2002年10月24日《关于通过伪造证据骗取法院民事裁判占有他人财物的行为如何适用法律问题的答复》，对于2015年10月31日以前的虚假诉讼行为，即使非法占有他人财产或者逃避合法债务，也不宜以诈骗罪等追究行为人的刑事责任。因为人民法院及其裁判不应成为犯罪分子利用的工具。但如果行为人有妨害作证、伪造印章的行为，构成犯罪的，以妨害作证罪或者伪造公司、企业、事业单位、人民团体印章罪追究刑事责任。故建议删除《解释》第七条第二款的规定。我们认为，鉴于诈骗罪、职务侵占罪、贪污罪的手段多样，通过虚假诉讼已经非法占有他人财产或者已经逃避合法债务的案例时有发生，给被害人造成了重大损失，且社会影响恶劣，如果不依法惩治，并追缴违法所得，势将放纵犯罪。而且，在高检研究室的答复出台后，各地已有不少生效判例已经按诈骗罪定罪处罚，且裁判结果符合罪刑法定、罪刑相当原则，社会反应良好，理论界也普遍认同。故未采纳该意见。

8. 终身监禁条款的时间效力

修正后刑法第三百八十三条第四款规定：“犯第一款罪，有第三项规定情形被判处死刑缓期执行的，人民法院根据犯罪情节等情况可以同时决定在其死刑缓期执行二年期满依法减为无期徒刑后，终身监禁，不得减刑、假释。”对重大贪污、受贿犯罪分子实行终身监禁制度，是立法机关进一步贯彻宽严相济刑事政策，根据党的十八届三中全会有关完善惩治腐败法律规定的要求，加大惩处腐败犯罪力度的精神作出的，对于审判实践中更好贯彻“保留死刑，严格控制和慎重适用死刑”政策，具有重大意义，必须用好用足这一制度。

对于2015年10月31日以前犯贪污罪、受贿罪，《刑法修正案(九)》生效后依法应当判处死刑缓期执行的，包括三种情形：一是依照修正前刑法本应判处死刑立即执行，但依照修正后刑法判处死缓同时决定终身监禁，可以罚当其罪的；二是依照修正前刑法判处死刑缓期执行足以罚当其罪的；三是除前两种情形以外的其他死缓犯，包含依据生效判决、裁定已经收押的死缓犯。考虑到终身监禁对被告人不利，对上述第二、三种情形，应适用修正前刑法的规定，不能判处终身监禁；而对上述第一种情形，适用修正后刑法可不判处死刑立即执行，有利于被告人，故可适用新法。据此，《解释》第八条规定："对于2015年10月31日以前实施贪污、受贿行为，罪行极其严重，根据修正前刑法判处死刑缓期执行不能体现罪刑相适应原则，而根据修正后刑法判处死刑缓期执行同时决定在其死刑缓期执行二年期满依法减为无期徒刑后，终身监禁，不得减刑、假释可以罚当其罪的，适用修正后刑法第三百八十三条第四款的规定。根据修正前刑法判处死刑缓期执行足以罚当其罪的，不适用修正后刑法第三百八十三条第四款的规定。"

对于本条规定，送审稿的原表述是："对于2015年10月31日以前实施贪污、受贿行为，根据修正前刑法应当判处死刑立即执行，而根据修正后刑法……"，在征求意见和审议过程中，有意见提出，"根据修正前刑法应当判处死刑立即执行"缺乏具体标准，容易导致滥用终身监禁；也有意见提出，本条规定易被误解为对本应判处死刑的可不判死刑了，不利于从严惩治贪污贿赂犯罪，故建议删除本条。经研究认为，在本解释中宜保留本条规定，但相关表述可以修改完善。这主要考虑到：一是若不规定本条，将来在处理2015年10月31日以前实施的贪污、受贿犯罪案件时，如判处终身监禁，就存在法律依据不足的问题，在处理具体案件时，难免会引发重大争议。二是该条规定符合从旧兼从轻原则，且符合及早用好这一制度的立法精神，相关各方均无异议。三是本解释是时间效力问题的专门解释，不管总则还是分则个罪的时效问题，以往都是在时效解释中统一规定，而以往在个罪或类罪解释中均不会涉及时间效力问题。四是参考

《最高人民法院关于〈中华人民共和国刑法修正案（八）〉时间效力问题的解释》第二条有关死缓限制减刑制度时间效力的规定，将“根据修正前刑法应当判处死刑立即执行”修改为“罪行极其严重，根据修正前刑法判处死刑缓期执行不能体现罪刑相适应原则”，应能避免今后对贪污、受贿犯罪不再适用死刑立即执行的误解。

三、其他需要说明的问题

此次刑法修正，涉及条文众多，不管总则规定还是具体罪名，都涉及时效问题，本解释仅对其中比较重要且争议较大的几个条文明确了时间效力。在研究讨论及征求意见过程中，相关单位建议增加规定的条文还有：

1. 建议增加规定：“对于2015年10月31日以前被判处罚金的被告人，由于不能抗拒的灾祸等原因缴纳确实有困难的，是否需要延期缴纳、酌情减少或者免除，适用修正后刑法第五十三条第二款的规定。”以明确已经生效正在执行刑罚甚至刑罚已经执行完毕的罪犯，由于遭遇不能抗拒的灾祸等原因缴纳罚金确实有困难的，经人民法院裁定，都可以延期缴纳、酌情减少或者免除。

2. 建议增加规定：“对于2015年10月31日以前收买被拐卖的妇女、儿童，在2015年11月1日以后能够按照被买妇女的意愿，不阻碍其返回原居住地的，或者对被买儿童没有虐待行为，不阻碍对其进行解救的，适用修正前刑法第二百四十一条第六款的规定。”以明确在2015年11月1日以后，只要能够按照被买妇女的意愿，不阻碍其返回原居住地的，或者对被买儿童没有虐待行为，不阻碍对其进行解救的，即使不投案自首，仍可以适用旧法，不追究刑事责任。

3. 建议增加规定：“对于2015年10月31日以前实施贪污、受贿行为，在2015年11月1日以后，且在提起公诉前如实供述自己罪行、真诚悔罪、积极退赃，避免、减少损害结果的发生的，适用修正后刑法第三百八十三条第三款的规定。”以明确即使在2015年10月31日以前实施贪污、受贿行为，但只要在提起公诉前如实供述自己罪行、真诚悔罪、积极退赃，避免、减少损害结果的发生的，都可以根据新法从宽处罚。

4. 建议增加规定："对于2015年10月31日以前实施行贿行为，在2015年11月1日以后，且在被追诉前主动交待行贿行为的，适用修正前刑法第三百九十条第二款的规定。"以明确对于2015年10月31日以前实施行贿行为，只要在被追诉前主动交待行贿行为的，都可以适用旧法予以减轻处罚或者免除处罚。

5. 建议增加规定："修正后刑法既修改了主刑又修改了附加刑，或者增加了附加刑的，主刑较轻的为轻法；主刑相同时，无附加刑或者附加刑较轻的为轻法。罚金刑由限额或者倍比罚金修改为无限额、无倍比罚金的，无限额、无倍比罚金为轻法。"以明确限额、倍比罚金与无限额、无倍比罚金孰轻孰重的问题。

6. 建议增加规定："全国人民代表大会常务委员会对刑法作出的立法解释，同刑法具有同等效力，效力适用于刑法规定的施行期间。对于立法解释实施前发生的行为，行为时没有相关立法解释，立法解释施行后尚未处理或者正在处理的案件，依照立法解释的规定办理。"以明确公司、企业、事业单位、机关、团体等单位，在刑法施行后至2014年4月24日立法解释公布前的期间，实施刑法规定的危害社会的行为，刑法分则和其他法律未规定追究单位的刑事责任的，对组织、策划、实施该危害社会行为的人，也可以依法追究其刑事责任。

经研究认为，这些内容都是正确、合理的，但不必或者不宜在本解释中明确，可以在解释的理解与适用中专门说明。主要考虑到：一是第一条至第四条规定都符合从旧兼从轻原则，审判实践中应无争议，即使不作规定，也都能正确把握。相反，如果予以规定，反而可能引发不必要的争议甚至责备。二是第五条关于限额、倍比罚金与无限额、无倍比罚金孰轻孰重问题不属于时间效力范畴，第六条关于立法解释的效力问题，相关法律已有明确规定，均不宜在本解释中规定。

最高人民法院 最高人民检察院
关于执行《中华人民共和国刑法》确定罪名的补充规定（六）

法释〔2015〕20 号

（2015 年 10 月 19 日最高人民法院审判委员会第 1664 次会议、2015 年 10 月 21 日最高人民检察院第十二届检察委员会第 42 次会议通过 2015 年 10 月 30 日最高人民法院、最高人民检察院公告公布 自 2015 年 11 月 1 日起施行）

根据《中华人民共和国刑法修正案（九）》（以下简称《刑法修正案（九）》）和《全国人民代表大会常务委员会关于修改部分法律的决定》的有关规定，现对最高人民法院《关于执行〈中华人民共和国刑法〉确定罪名的规定》、最高人民检察院《关于适用刑法分则规定的犯罪的罪名的意见》作如下补充、修改：

刑法条文	罪 名
第一百二十条之 （《刑法修正案（九）》第六条）	帮助恐怖活动罪 （取消资助恐怖活动罪罪名）
第一百二十条之二 （《刑法修正案（九）》第七条）	准备实施恐怖活动罪
第一百二十条之三 （《刑法修正案（九）》第七条）	宣扬恐怖主义、极端主义、煽动实施恐怖活动罪

刑法条文	罪 名
第一百二十条之四 （《刑法修正案（九）》第七条）	利用极端主义破坏法律实施罪
第一百二十条之五 （《刑法修正案（九）》第七条）	强制穿戴宣扬恐怖主义、极端主义服饰、标志罪
第一百二十条之六 （《刑法修正案（九）》第七条）	非法持有宣扬恐怖主义、极端主义物品罪
第二百三十七条第一款、第二款 （《刑法修正案（九）》第十三条第一款、第二款）	强制猥亵、侮辱罪 （取消强制猥亵、侮辱妇女罪罪名）
第二百五十三条之一 （《刑法修正案（九）》第十七条）	侵犯公民个人信息罪 （取消出售、非法提供公民个人信息罪和非法获取公民个人信息罪罪名）
第二百六十条之一 （《刑法修正案（九）》第十九条）	虐待被监护、看护人罪
第二百八十条第三款 （《刑法修正案（九）》第二十二条第三款）	伪造、变造、买卖身份证件罪 （取消伪造、变造居民身份证罪罪名）
第二百八十条之一 （《刑法修正案（九）》第二十三条）	使用虚假身份证件、盗用身份证件罪
第二百八十三条 （《刑法修正案（九）》第二十四条）	非法生产、销售专用间谍器材、窃听、窃照专用器材罪 （取消非法生产、销售间谍专用器材罪罪名）
第二百八十四条之一第一款、第二款 （《刑法修正案(九)》第二十五条第一款、第二款）	组织考试作弊罪

刑法条文	罪 名
第二百八十四条之一第三款（《刑法修正案（九）》第二十五条第三款）	非法出售、提供试题、答案罪
第二百八十四条之一第四款（《刑法修正案（九）》第二十五条第四款）	代替考试罪
第二百八十六条之一（《刑法修正案（九）》第二十八条）	拒不履行信息网络安全管理义务罪
第二百八十七条之一（《刑法修正案（九）》第二十九条）	非法利用信息网络罪
第二百八十七条之二（《刑法修正案（九）》第二十九条）	帮助信息网络犯罪活动罪
第二百九十条第三款（《刑法修正案（九）》第三十一条第二款）	扰乱国家机关工作秩序罪
第二百九十条第四款（《刑法修正案（九）》第三十一条第三款）	组织、资助非法聚集罪
第二百九十一条之一第二款（《刑法修正案（九）》第三十二条）	编造、故意传播虚假信息罪
第三百条第二款（《刑法修正案（九）》第三十三条第二款）	组织、利用会道门、邪教组织、利用迷信致人重伤、死亡罪（取消组织、利用会道门、邪教组织、利用迷信致人死亡罪罪名）
第三百零二条（《刑法修正案（九）》第三十四条）	盗窃、侮辱、故意毁坏尸体、尸骨、骨灰罪（取消盗窃、侮辱尸体罪罪名）

刑法条文	罪名
第三百零七条之一（《刑法修正案（九）》第三十五条）	虚假诉讼罪
第三百零八条之一第一款（《刑法修正案（九）》第三十六条第一款）	泄露不应公开的案件信息罪
第三百零八条之一第三款（《刑法修正案（九）》第三十六条第三款）	披露、报道不应公开的案件信息罪
第三百一十一条（《刑法修正案（九）》第三十八条）	拒绝提供间谍犯罪、恐怖主义犯罪、极端主义犯罪证据罪（取消拒绝提供间谍犯罪证据罪罪名）
第三百五十条（《刑法修正案（九）》第四十一条）	非法生产、买卖、运输制毒物品、走私制毒物品罪（取消走私制毒物品罪和非法买卖制毒物品罪罪名）
第三百六十条第二款（《刑法修正案（九）》第四十三条）	取消嫖宿幼女罪罪名
第三百八十一条（《全国人民代表大会常务委员会关于修改部分法律的决定》第二条）	战时拒绝军事征收、征用罪（取消战时拒绝军事征用罪罪名）
第三百九十条之一（《刑法修正案（九）》第四十六条）	对有影响力的人行贿罪
第四百一十条（《全国人民代表大会常务委员会关于修改部分法律的决定》第二条）	非法批准征收、征用、占用土地罪（取消非法批准征用、占用土地罪罪名）

本规定自 2015 年 11 月 1 日起施行。

《最高人民法院、最高人民检察院关于执行〈中华人民共和国刑法〉确定罪名的补充规定（六）》的理解与适用

2015年8月29日，第十二届全国人民代表大会常务委员会第十六次会议审议通过了《中华人民共和国刑法修正案（九）》（以下简称《刑法修正案（九）》），对刑法作了幅度不小的修改完善。《刑法修正案（九）》通过后，对一些新增的刑法分则条文，需要明确罪名；对一些犯罪构成要件有重大修改的分则条文，则有必要对原罪名作出相应调整。此外，《全国人民代表大会常务委员会关于修改部分法律的决定》第二条决定将刑法第三百八十一条、第四百一十条中的"征用"修改为"征收、征用"，有必要一并对该两条的罪名确定也作出调整。为确保刑法统一、正确适用，最高人民法院会同最高人民检察院，经认真研究、广泛听取各方面意见，起草了《最高人民法院、最高人民检察院关于执行〈中华人民共和国刑法〉确定罪名的补充规定（六）》（以下简称《罪名规定六》）。《罪名规定六》经2015年10月19日最高人民法院审判委员会第1664次会议、2015年10月21日最高人民检察院第十二届检察委员会第42次会议通过，2015年10月30日发布，自2015年11月1日起施行。

《罪名规定六》新增了20个罪名，另对原14个罪名作了调整或取消。[①] 为便于理解和执行，本文就确定罪名的主要考虑，以及在起草《罪名规定六》过程中存在一定争议的罪名确定的具体考虑作一

① 《刑法修正案（九）》生效后，刑法分则总计规定了468个罪名。

介绍。

一、确定罪名的主要考虑

《罪名规定六》的制定，继续坚持了以往的确定罪名的一些原则，如：准确，即必须在刑法规定的框架内确定罪名，罪名要能够反映有关犯罪的基本性质和核心要件；精练，即在不影响理解的情况下适度概括，避免繁琐、冗长，等等。除此之外，在本次罪名确定过程中，还特别考虑了以下两点：

其一，避免无谓的或者意义不大的争议。例如，《罪名规定六》之所以将新增的刑法第二百九十一条之一第二款的罪名确定为“编造、故意传播虚假信息罪”而不是“编造、故意传播虚假险情、疫情、灾情、警情罪”，主要是考虑，一个虚假信息究竟是虚假的“险情”“疫情”还是“灾情”“警情”，有时并不容易区分。如确定为“编造、故意传播虚假险情、疫情、灾情、警情罪”，在具体选择适用时难免会出现争议，而这样的争议实际对案件处理特别是对量刑并无实质影响。

其二，有利于体现罪责刑相适应原则。有的刑法条文分设几款，对不同行为作了规定；有的在同一款中规定了几个行为，对相关条文究竟是确定为一罪还是数罪，往往各有道理。在确定此类条文的罪名时，有利于体现罪责刑相适应原则是重要考虑因素。例如，《罪名规定六》之所以将刑法第二百三十七条第一款、第二款的罪名调整为“强制猥亵、侮辱罪”而不是“强制猥亵罪”“强制侮辱妇女罪”两罪，一方面，是因为强制猥亵、强制侮辱的危害性质类似，有时甚至不容易分清，而刑法对二者规定的法定刑又完全相同；另一方面，实践中强制猥亵、强制侮辱常会针对同一对象接连实施，如确定为两个罪名，对相关案件则需实行数罪并罚，容易导致量刑过重。

二、关于刑法第一百二十条之一（帮助恐怖活动罪）的罪名确定

刑法第一百二十条之一原规定了“资助恐怖活动罪”，《刑法修正案（九）》第六条对本条作了修改：一是在第一款规定中增加了“资助恐怖活动培训”的内容；二是增加了一款，作为第二款，规定：“为恐怖活动组织、实施恐怖活动或者恐怖活动培训招募、运送人员的，依照前款的规定处罚。”研究过程中，有意见提出，对本条第一款仍沿用“资助恐怖活动罪”，同时，应将本条第二款的罪名单独确定为“招募、运送恐怖活动人员罪”或者“为恐怖活动招募、运送人员罪”。经研究认为，将修改后刑法第一百二十条之一的罪名确定为“帮助恐怖活动罪”一罪更为妥当。主要考虑到：（1）第二款并未独立设置法定刑，而是规定“依照前款的规定处罚”，单独确定罪名并无必要。（2）第二款规定的行为与第一款规定的行为可能常常会同时实施，即既提供资金支持，又帮助招募、运送人员。分别确定罪名，会引发对相关行为究竟是定一罪还是定数罪的不必要的争议。（3）以往对类似条文并未分别确定罪名，如刑法第二百四十四条第一款、第二款规定：“以暴力、威胁或者限制人身自由的方法强迫他人劳动的，处三年以下有期徒刑或者拘役，并处罚金；情节严重的，处三年以上十年以下有期徒刑，并处罚金。”“明知他人实施前款行为，为其招募、运送人员或者有其他协助强迫他人劳动行为的，依照前款的规定处罚。”根据以往罪名确定的解释，该两款的罪名均为强迫劳动罪。

三、关于刑法第一百二十条之三（宣扬恐怖主义、极端主义、煽动实施恐怖活动罪）的罪名确定

刑法第一百二十条之三系《刑法修正案（九）》第七条新增条文。对本条规定的罪名确定，有意见提出，“宣扬恐怖主义、极端主义”与“煽动实施恐怖活动”的客观方面存在明显区别，建议将罪

名确定为“宣扬恐怖主义、极端主义罪”和“煽动实施恐怖活动罪”两罪。经研究，未采纳这一意见，《罪名规定六》将本条罪名确定为“宣扬恐怖主义、极端主义、煽动实施恐怖活动罪”。主要考虑到：(1) 宣扬恐怖主义、极端主义与煽动实施恐怖活动尽管存在区别，但性质仍存在相似之处，正是因此，刑法第一百二十条之三将二者规定在一条中，设置了完全相同的法定刑。将本条罪名确定为一罪并无问题，更符合以往的罪名确定原则。(2) 从实践看，宣扬恐怖主义、极端主义与煽动实施恐怖活动常相伴实施。如制作、散发涉恐音视频案件，在一段音视频中，可能前半段是宣扬恐怖主义、极端主义，后半段则是煽动实施恐怖活动。如将本条罪名确定为两个罪名，势必会引发对上述案件究竟是应定一罪还是应定两罪的争议。

四、关于刑法第二百三十七条第一款、第二款（强制猥亵、侮辱罪）的罪名确定

刑法第二百三十七条第一款、第二款原规定了“强制猥亵、侮辱妇女罪”，《刑法修正案（九）》第十三条对本条作了修改：一是将强制猥亵妇女修改为强制猥亵“他人”；二是在第二款增加规定了“有其他恶劣情节”的加重法定刑情节。修改后，原罪名需作相应调整。但具体如何调整，存在不同认识。起初曾考虑，刑法修改后，强制猥亵的犯罪对象是他人，强制侮辱的对象是妇女，因此，将罪名相应调整为“强制猥亵罪”“强制侮辱妇女罪”两罪比较合适。后经征求意见、再次研究认为，强制猥亵、强制侮辱的危害性质类似，且实践中强制猥亵、强制侮辱常会针对同一对象接连实施，如确定为两个罪名，对相关案件则需实行数罪并罚，可能会导致量刑过重，故最终决定将该两款罪名确定为“强制猥亵、侮辱罪”一罪。

需要说明的是：(1) 之所以不确定为“强制猥亵他人、强制侮辱妇女罪”，是考虑如行为人只实施了猥亵行为，需定“强制猥亵他人罪”时，罪名中的“他人”就显得多余了。(2) 本罪名是选择性罪名。在根据具体案情确定具体适用的罪名时，应当注意，根据通行

的刑法理论和司法实务，刑法第二百三十七条规定中的“以暴力、胁迫或者其他方法强制”不仅修饰、限定猥亵他人，也修饰、限定侮辱妇女。申言之，当行为人只实施有侮辱妇女的行为时，只有其是以强制方式侮辱的才符合本条规定，对其罪名应确定为“强制侮辱罪”，而不能是“侮辱罪”。

五、关于刑法第二百五十三条之一（侵犯公民个人信息罪）的罪名确定

刑法第二百五十三条之一原规定了“出售、非法提供公民个人信息罪”和“非法获取公民个人信息罪”，《刑法修正案（九）》第十七条对本条作了修改，主要修改内容包括：一是将第一款规定中的“违反国家规定”修改为“违反国家有关规定”；[①] 二是将出售、非法提供公民个人信息罪的主体由特殊主体改为一般主体，同时规定将在履行职责或者提供服务过程中获得的公民个人信息出售或者提供给他人的，从重处罚；三是将原第二款规定中的“上述信息”修改为“公民个人信息”；[②] 四是增设了“情节特别严重的”量刑档次。本条修改后，有意见提出，可继续沿用“出售、非法提供公民个人信息罪”和“非法获取公民个人信息罪”的罪名。主要理由是，对以往确定的罪名，如无原则问题的，应尽量不作变动。经研究认为，适应法律修改情况，将本条罪名确定为“侵犯公民个人信息罪”一罪更为可取。主要考虑：（1）修改后本条第一款、第三款的犯罪主体、犯罪对象已完全一致，法定刑也相同，单独确定罪名已无必要。（2）

---

① 与“国家规定”相比，“国家有关规定”的范围更宽，包括法律、行政法规、规章等国家层面的涉及公民个人信息保护的规定。参见全国人大常委会法制工作委员会刑法室编著：《〈中华人民共和国刑法修正案（九）〉释解与适用》，人民法院出版社2015年版，第127页。

② 对刑法原第二百五十三条之一第二款规定中的“上述信息”如何理解，曾有不同认识。一种意见认为，“上述信息”必须是来源于该条第一款规定的国家机关或者金融、电信、交通、教育、医疗等单位在履行职责或者提供服务过程中获得的公民个人信息；另一种意见则认为，“上述信息”是指公民个人信息，信息来源并无限制。

确定为“侵犯公民个人信息罪”一罪，更符合罪名精简原则，同时也更通俗易懂。（3）确定为一罪，有利于减少不必要的争议，也有利于更好地贯彻罪责刑相适应原则。例如，行为人先非法获取公民个人信息，之后又出售或者提供给他人的。如将本条罪名确定为两罪，实践中难免会引发上述行为是属于牵连犯还是实质数罪，是应当从一重处断还是数罪并罚的争议；如认定为数罪，实行并罚，可能会导致量刑过重。

之所以将刑法第三百五十条（《刑法修正案（九）》第四十一条）的罪名由“走私制毒物品罪”“非法买卖制毒物品罪”调整为“非法生产、买卖、运输制毒物品、走私制毒物品罪”一罪，也是出于类似考虑。[①]

六、关于刑法第二百八十七条之一（非法利用信息网络罪）的罪名确定

刑法第二百八十七条之一系《刑法修正案（九）》第二十九条新增条文。对本条，最初考虑将罪名确定为“准备网络违法犯罪活动罪”。后经研究认为，该罪名欠妥：一是过于笼统，未能准确反映刑法条文所规定的行为性质；二是设立用于违法犯罪活动的网站、通讯群组等的行为已属相关违法犯罪的实行行为，而不是预备或准备行为；三是即便对犯罪，实践中实际也较少处罚预备犯，如确定为“准备网络违法犯罪活动罪”，似乎意味着对违法活动的预备行为也要作为犯罪追究，此不符合立法精神。鉴于此，又考虑将罪名确定为“设立非法网站、通讯群组、发布非法网络信息罪”。我院审委会审议时提出，“设立非法网站、通讯群组、发布非法网络信息罪”罪名过于繁琐；从刑法第二百八十七条之一第一款的规定看，所列三项规定实际均属于非法利用信息网络的行为。最终决定将本条罪名确定为

---

① 未确定为“非法生产、买卖、运输、走私制毒物品罪”，主要是因为在语法上存在一定问题，即恐会让人误解“非法”亦修饰走私，而走私无合法可言。

"非法利用信息网络罪"。

七、关于刑法第二百九十一条之一第二款（编造、故意传播虚假信息罪）的罪名确定

刑法第二百九十一条之一第二款系《刑法修正案（九）》第三十二条新增条文。将本款罪名确定为"编造、故意传播虚假信息罪"而不是"编造、故意传播虚假险情、疫情、灾情、警情罪"，主要是考虑到：一方面，罪名应当尽可能概括、精炼；另一方面，更重要的是，从实践看，有时"险情""疫情""灾情""警情"并不容易区分。如天津港爆炸事件，既是灾情，也是险情、警情。如确定为"编造、故意传播虚假险情、疫情、灾情、警情罪"，将来在处理具体案件时，可能会引发无谓争议。

研究过程中，曾有意见提出"编造、故意传播虚假信息罪"罪名失之笼统，未能客观反映刑法条文对有关虚假信息种类和范围的限制。经研究认为，罪名应当尽量反映相关犯罪的基本性质和要素的要求并不是绝对的，在不会造成相关罪名交叉、混淆的情况下，在确定罪名时舍弃某些构成要件并无不可。例如，根据刑法规定，在刑事诉讼中作伪证的，才构成有关犯罪，但此前并未将罪名确定为"刑事伪证罪"或者"刑事诉讼伪证罪"，而是确定为"伪证罪"。又如，刑法第二百零五条之一规定，"虚开本法第二百零五条规定以外的其他发票，情节严重的"构成该条规定之罪，但此前并未将该条罪名确定为"虚开增值税专用发票、用于骗取出口退税、抵押税款发票以外的其他发票罪"或者"虚开普通发票罪"，而是确定为"虚开发票罪"。有关罪名在具体适用中并未引发问题。

八、关于要否恢复奸淫幼女罪罪名

有意见提出，《刑法修正案（九）》取消嫖宿幼女罪后，可考虑恢复奸淫幼女罪罪名。理由是：其一，当初取消奸淫幼女罪罪名，主要是为了解决与刑法第十七条第二款有关"已满十四周岁不满十六

周岁的人，犯故意杀人、故意伤害致人重伤或者死亡、强奸、抢劫、贩卖毒品、放火、爆炸、投毒罪的，应当负刑事责任”规定的衔接问题，现已明确刑法第十七条第二款中规定的“故意杀人”“强奸”等均是指行为而非罪名，故恢复奸淫幼女罪的障碍已不存在。其二，对奸淫幼女单独确定罪名，可体现对幼女的特殊保护，同时能更准确、直观地反映行为人的行为性质和危害。经研究认为，刑法第二百三十六条第二款明确规定：“奸淫不满十四周岁的幼女的，以强奸论，从重处罚。”当初对该款单独确定奸淫幼女罪罪名，在法律依据上实际即存在一定问题；同款条文罪名确定反复变化，效果不好；不专门确定奸淫幼女罪，实际并不影响对幼女的特殊保护。故未采纳上述意见。

第三部分 附录

中华人民共和国刑法*

（1979年7月1日第五届全国人民代表大会第二次会议通过　1997年3月14日第八届全国人民代表大会第五次会议修订通过　自1997年10月1日起施行）

（根据1998年12月29日第八届全国人民代表大会常务委员会第六次会议通过的《关于惩治骗购外汇、逃汇和非法买卖外汇犯罪的决定》、1999年12月25日第九届全国人民代表大会常务委员会第十三次会议通过的《中华人民共和国刑法修正案》、2001年8月31日第九届全国人民代表大会常务委员会第二十三次会议通过的《中华人民共和国刑法修正案（二）》、2001年12月29日第九届全国人民代表大会常务委员会第二十五次会议通过的《中华人民共和国刑法修正案（三）》、2002年12月28日第九届全国人民代表大会常务委员会第三十一次会议通过的《中华人民共和国刑法修正案（四）》、2005年2月28日第十届全国人民代表大会常务委员会第十四次会议通过的《中华人民共和国刑法修正案（五）》、2006年6月29日第十届全国人民代表大会常务委员会第二十二次会议通过的《中华人民共和国刑法修正案（六）》、2009年2月28日第十一届全国人民代表大会常务委员会第七次会议通过的《中华人民共和国刑法修正案（七）》、2009年8月27日第十一届全国人民代表大会常务委员会第十次会议通过的《全国人民代表大会常务委员会关于修改部分法律的决定》、2011年2月25日第十一届全国人民代表大会常务委员会第十九次会议通过的《中华人民共和国刑法修正

* 编者注：根据1997年刑法和《全国人民代表大会常务委员会关于惩治骗购外汇、逃汇和非法买卖外汇犯罪的决定》及九部刑法修正案编纂。

案（八)》、2015年8月29日第十二届全国人民代表大会常务委员会第十六次会议通过的《中华人民共和国刑法修正案（九)》修正)

第二编　分则

第一章　危害国家安全罪

第二章　危害公共安全罪

第三章　破坏社会主义市场经济秩序罪

　　第一节　生产、销售伪劣商品罪

　　第二节　走私罪

　　第三节　妨害对公司、企业的管理秩序罪

　　第四节　破坏金融管理秩序罪

　　第五节　金融诈骗罪

　　第六节　危害税收征管罪

　　第七节　侵犯知识产权罪

　　第八节　扰乱市场秩序罪

第四章　侵犯公民人身权利、民主权利罪

第五章　侵犯财产罪

第六章　妨害社会管理秩序罪

　　第一节　扰乱公共秩序罪

　　第二节　妨害司法罪

　　第三节　妨害国（边）境管理罪

　　第四节　妨害文物管理罪

　　第五节　危害公共卫生罪

　　第六节　破坏环境资源保护罪

　　第七节　走私、贩卖、运输、制造毒品罪

　　第八节　组织、强迫、引诱、容留、介绍卖淫罪

　　第九节　制作、贩卖、传播淫秽物品罪

第七章　危害国防利益罪

第八章　贪污贿赂罪

第九章　渎职罪

第十章　军人违反职责罪

附则

第一编　总　则

第一章　刑法的任务、基本原则和适用范围

第一条　为了惩罚犯罪，保护人民，根据宪法，结合我国同犯罪作斗争的具体经验及实际情况，制定本法。

第二条　中华人民共和国刑法的任务，是用刑罚同一切犯罪行为作斗争，以保卫国家安全，保卫人民民主专政的政权和社会主义制度，保护国有财产和劳动群众集体所有的财产，保护公民私人所有的财产，保护公民的人身权利、民主权利和其他权利，维护社会秩序、经济秩序，保障社会主义建设事业的顺利进行。

第三条　法律明文规定为犯罪行为的，依照法律定罪处刑；法律没有明文规定为犯罪行为的，不得定罪处刑。

第四条　对任何人犯罪，在适用法律上一律平等。不允许任何人有超越法律的特权。

第五条　刑罚的轻重，应当与犯罪分子所犯罪行和承担的刑事责任相适应。

第六条　凡在中华人民共和国领域内犯罪的，除法律有特别规定的以外，都适用本法。

凡在中华人民共和国船舶或者航空器内犯罪的，也适用本法。

犯罪的行为或者结果有一项发生在中华人民共和国领域内的，就认为是在中华人民共和国领域内犯罪。

第七条　中华人民共和国公民在中华人民共和国领域外犯本法规定之罪的，适用本法，但是按本法规定的最高刑为三年以下有期徒刑的，可以不予追究。

中华人民共和国国家工作人员和军人在中华人民共和国领域外犯本法规定之罪的，适用本法。

第八条　外国人在中华人民共和国领域外对中华人民共和国国家或者公民犯罪，而按本法规定的最低刑为三年以上有期徒刑的，可以适用本法，但是按照犯罪地的法律不受处罚的除外。

第九条　对于中华人民共和国缔结或者参加的国际条约所规定的

罪行，中华人民共和国在所承担条约义务的范围内行使刑事管辖权的，适用本法。

第十条　凡在中华人民共和国领域外犯罪，依照本法应当负刑事责任的，虽然经过外国审判，仍然可以依照本法追究，但是在外国已经受过刑罚处罚的，可以免除或者减轻处罚。

第十一条　享有外交特权和豁免权的外国人的刑事责任，通过外交途径解决。

第十二条　中华人民共和国成立以后本法施行以前的行为，如果当时的法律不认为是犯罪的，适用当时的法律；如果当时的法律认为是犯罪的，依照本法总则第四章第八节的规定应当追诉的，按照当时的法律追究刑事责任，但是如果本法不认为是犯罪或者处刑较轻的，适用本法。

本法施行以前，依照当时的法律已经作出的生效判决，继续有效。

第二章　犯　罪

第一节　犯罪和刑事责任

第十三条　一切危害国家主权、领土完整和安全，分裂国家、颠覆人民民主专政的政权和推翻社会主义制度，破坏社会秩序和经济秩序，侵犯国有财产或者劳动群众集体所有的财产，侵犯公民私人所有的财产，侵犯公民的人身权利、民主权利和其他权利，以及其他危害社会的行为，依照法律应当受刑罚处罚的，都是犯罪，但是情节显著轻微危害不大的，不认为是犯罪。

第十四条　明知自己的行为会发生危害社会的结果，并且希望或者放任这种结果发生，因而构成犯罪的，是故意犯罪。

故意犯罪，应当负刑事责任。

第十五条　应当预见自己的行为可能发生危害社会的结果，因为疏忽大意而没有预见，或者已经预见而轻信能够避免，以致发生这种结果的，是过失犯罪。

过失犯罪，法律有规定的才负刑事责任。

第十六条 行为在客观上虽然造成了损害结果，但是不是出于故意或者过失，而是由于不能抗拒或者不能预见的原因所引起的，不是犯罪。

第十七条 已满十六周岁的人犯罪，应当负刑事责任。

已满十四周岁不满十六周岁的人，犯故意杀人、故意伤害致人重伤或者死亡、强奸、抢劫、贩卖毒品、放火、爆炸、投毒罪的，应当负刑事责任。

已满十四周岁不满十八周岁的人犯罪，应当从轻或者减轻处罚。

因不满十六周岁不予刑事处罚的，责令他的家长或者监护人加以管教；在必要的时候，也可以由政府收容教养。

第十七条之一① 已满七十五周岁的人故意犯罪的，可以从轻或者减轻处罚；过失犯罪的，应当从轻或者减轻处罚。

第十八条 精神病人在不能辨认或者不能控制自己行为的时候造成危害结果，经法定程序鉴定确认的，不负刑事责任，但是应当责令他的家属或者监护人严加看管和医疗；在必要的时候，由政府强制医疗。

间歇性的精神病人在精神正常的时候犯罪，应当负刑事责任。

尚未完全丧失辨认或者控制自己行为能力的精神病人犯罪的，应当负刑事责任，但是可以从轻或者减轻处罚。

醉酒的人犯罪，应当负刑事责任。

第十九条 又聋又哑的人或者盲人犯罪，可以从轻、减轻或者免除处罚。

第二十条 为了使国家、公共利益、本人或者他人的人身、财产和其他权利免受正在进行的不法侵害，而采取的制止不法侵害的行为，对不法侵害人造成损害的，属于正当防卫，不负刑事责任。

正当防卫明显超过必要限度造成重大损害的，应当负刑事责任，但是应当减轻或者免除处罚。

对正在进行行凶、杀人、抢劫、强奸、绑架以及其他严重危及人身安全的暴力犯罪，采取防卫行为，造成不法侵害人伤亡的，不属于

---

① 本条为2011年2月25日《刑法修正案（八）》第一条增加。

防卫过当，不负刑事责任。

第二十一条　为了使国家、公共利益、本人或者他人的人身、财产和其他权利免受正在发生的危险，不得已采取的紧急避险行为，造成损害的，不负刑事责任。

紧急避险超过必要限度造成不应有的损害的，应当负刑事责任，但是应当减轻或者免除处罚。

第一款中关于避免本人危险的规定，不适用于职务上、业务上负有特定责任的人。

第二节　犯罪的预备、未遂和中止

第二十二条　为了犯罪，准备工具、制造条件的，是犯罪预备。

对于预备犯，可以比照既遂犯从轻、减轻处罚或者免除处罚。

第二十三条　已经着手实行犯罪，由于犯罪分子意志以外的原因而未得逞的，是犯罪未遂。

对于未遂犯，可以比照既遂犯从轻或者减轻处罚。

第二十四条　在犯罪过程中，自动放弃犯罪或者自动有效地防止犯罪结果发生的，是犯罪中止。

对于中止犯，没有造成损害的，应当免除处罚；造成损害的，应当减轻处罚。

第三节　共同犯罪

第二十五条　共同犯罪是指二人以上共同故意犯罪。

二人以上共同过失犯罪，不以共同犯罪论处；应当负刑事责任的，按照他们所犯的罪分别处罚。

第二十六条　组织、领导犯罪集团进行犯罪活动的或者在共同犯罪中起主要作用的，是主犯。

三人以上为共同实施犯罪而组成的较为固定的犯罪组织，是犯罪集团。

对组织、领导犯罪集团的首要分子，按照集团所犯的全部罪行处罚。

对于第三款规定以外的主犯，应当按照其所参与的或者组织、指挥的全部犯罪处罚。

第二十七条 在共同犯罪中起次要或者辅助作用的，是从犯。

对于从犯，应当从轻、减轻处罚或者免除处罚。

第二十八条 对于被胁迫参加犯罪的，应当按照他的犯罪情节减轻处罚或者免除处罚。

第二十九条 教唆他人犯罪的，应当按照他在共同犯罪中所起的作用处罚。教唆不满十八周岁的人犯罪的，应当从重处罚。

如果被教唆的人没有犯被教唆的罪，对于教唆犯，可以从轻或者减轻处罚。

第四节 单位犯罪

第三十条 公司、企业、事业单位、机关、团体实施的危害社会的行为，法律规定为单位犯罪的，应当负刑事责任。

第三十一条 单位犯罪的，对单位判处罚金，并对其直接负责的主管人员和其他直接责任人员判处刑罚。本法分则和其他法律另有规定的，依照规定。

第三章 刑 罚

第一节 刑罚的种类

第三十二条 刑罚分为主刑和附加刑。

第三十三条 主刑的种类如下：

（一）管制；

（二）拘役；

（三）有期徒刑；

（四）无期徒刑；

（五）死刑。

第三十四条 附加刑的种类如下：

（一）罚金；

（二）剥夺政治权利；

（三）没收财产。

附加刑也可以独立适用。

第三十五条　对于犯罪的外国人，可以独立适用或者附加适用驱逐出境。

第三十六条　由于犯罪行为而使被害人遭受经济损失的，对犯罪分子除依法给予刑事处罚外，并应根据情况判处赔偿经济损失。

承担民事赔偿责任的犯罪分子，同时被判处罚金，其财产不足以全部支付的，或者被判处没收财产的，应当先承担对被害人的民事赔偿责任。

第三十七条　对于犯罪情节轻微不需要判处刑罚的，可以免予刑事处罚，但是可以根据案件的不同情况，予以训诫或者责令具结悔过、赔礼道歉、赔偿损失，或者由主管部门予以行政处罚或者行政处分。

第三十七条之一①　因利用职业便利实施犯罪，或者实施违背职业要求的特定义务的犯罪被判处刑罚的，人民法院可以根据犯罪情况和预防再犯罪的需要，禁止其自刑罚执行完毕之日或者假释之日起从事相关职业，期限为三年至五年。

被禁止从事相关职业的人违反人民法院依照前款规定作出的决定的，由公安机关依法给予处罚；情节严重的，依照本法第三百一十三条的规定定罪处罚。

其他法律、行政法规对其从事相关职业另有禁止或者限制性规定的，从其规定。

第二节　管　制

第三十八条②　管制的期限，为三个月以上二年以下。

判处管制，可以根据犯罪情况，同时禁止犯罪分子在执行期间从事特定活动，进入特定区域、场所，接触特定的人。

① 本条为2015年8月29日《刑法修正案（九）》第一条增加。

② 本条经2011年2月25日《刑法修正案（八）》第二条修改。

1997年刑法第三十八条原规定："管制的期限，为三个月以上二年以下。

"被判处管制的犯罪分子，由公安机关执行。"

对判处管制的犯罪分子，依法实行社区矫正。

违反第二款规定的禁止令的，由公安机关依照《中华人民共和国治安管理处罚法》的规定处罚。

第三十九条 被判处管制的犯罪分子，在执行期间，应当遵守下列规定：

（一）遵守法律、行政法规，服从监督；

（二）未经执行机关批准，不得行使言论、出版、集会、结社、游行、示威自由的权利；

（三）按照执行机关规定报告自己的活动情况；

（四）遵守执行机关关于会客的规定；

（五）离开所居住的市、县或者迁居，应当报经执行机关批准。

对于被判处管制的犯罪分子，在劳动中应当同工同酬。

第四十条 被判处管制的犯罪分子，管制期满，执行机关应即向本人和其所在单位或者居住地的群众宣布解除管制。

第四十一条 管制的刑期，从判决执行之日起计算；判决执行以前先行羁押的，羁押一日折抵刑期二日。

第三节 拘 役

第四十二条 拘役的期限，为一个月以上六个月以下。

第四十三条 被判处拘役的犯罪分子，由公安机关就近执行。

在执行期间，被判处拘役的犯罪分子每月可以回家一天至两天；参加劳动的，可以酌量发给报酬。

第四十四条 拘役的刑期，从判决执行之日起计算；判决执行以前先行羁押的，羁押一日折抵刑期一日。

第四节 有期徒刑、无期徒刑

第四十五条 有期徒刑的期限，除本法第五十条、第六十九条规定外，为六个月以上十五年以下。

第四十六条 被判处有期徒刑、无期徒刑的犯罪分子，在监狱或者其他执行场所执行；凡有劳动能力的，都应当参加劳动，接受教育和改造。

第四十七条　有期徒刑的刑期，从判决执行之日起计算；判决执行以前先行羁押的，羁押一日折抵刑期一日。

第五节　死　刑

第四十八条　死刑只适用于罪行极其严重的犯罪分子。对于应当判处死刑的犯罪分子，如果不是必须立即执行的，可以判处死刑同时宣告缓期二年执行。

死刑除依法由最高人民法院判决的以外，都应当报请最高人民法院核准。死刑缓期执行的，可以由高级人民法院判决或者核准。

第四十九条①　犯罪的时候不满十八周岁的人和审判的时候怀孕的妇女，不适用死刑。

审判的时候已满七十五周岁的人，不适用死刑，但以特别残忍手段致人死亡的除外。

第五十条②　判处死刑缓期执行的，在死刑缓期执行期间，如果没有故意犯罪，二年期满以后，减为无期徒刑；如果确有重大立功表现，二年期满以后，减为二十五年有期徒刑；如果故意犯罪，情节恶劣的，报请最高人民法院核准后执行死刑；对于故意犯罪未执行死刑的，死刑缓期执行的期间重新计算，并报最高人民法院备案。

---

①　本条第二款为2011年2月25日《刑法修正案（八）》第三条增加。

②　本条经2011年2月25日《刑法修正案（八）》第四条、2015年8月29日《刑法修正案（九）》第二条两次修改。

1997年刑法第五十条原规定："判处死刑缓期执行的，在死刑缓期执行期间，如果没有故意犯罪，二年期满以后，减为无期徒刑；如果确有重大立功表现，二年期满以后，减为十五年以上二十年以下有期徒刑；如果故意犯罪，查证属实的，由最高人民法院核准，执行死刑。"

《刑法修正案（八）》第四条将1997年刑法第五十条修改为："判处死刑缓期执行的，在死刑缓期执行期间，如果没有故意犯罪，二年期满以后，减为无期徒刑；如果确有重大立功表现，二年期满以后，减为二十五年有期徒刑；如果故意犯罪，查证属实的，由最高人民法院核准，执行死刑。

"对被判处死刑缓期执行的累犯以及因故意杀人、强奸、抢劫、绑架、放火、爆炸、投放危险物质或者有组织的暴力性犯罪被判处死刑缓期执行的犯罪分子，人民法院根据犯罪情节等情况可以同时决定对其限制减刑。"

《刑法修正案（九）第二条对本条第一款作了再次修改。

对被判处死刑缓期执行的累犯以及因故意杀人、强奸、抢劫、绑架、放火、爆炸、投放危险物质或者有组织的暴力性犯罪被判处死刑缓期执行的犯罪分子，人民法院根据犯罪情节等情况可以同时决定对其限制减刑。

第五十一条 死刑缓期执行的期间，从判决确定之日起计算。死刑缓期执行减为有期徒刑的刑期，从死刑缓期执行期满之日起计算。

第六节 罚 金

第五十二条 判处罚金，应当根据犯罪情节决定罚金数额。

第五十三条[①] 罚金在判决指定的期限内一次或者分期缴纳。期满不缴纳的，强制缴纳。对于不能全部缴纳罚金的，人民法院在任何时候发现被执行人有可以执行的财产，应当随时追缴。

由于遭遇不能抗拒的灾祸等原因缴纳确实有困难的，经人民法院裁定，可以延期缴纳、酌情减少或者免除。

第七节 剥夺政治权利

第五十四条 剥夺政治权利是剥夺下列权利：

（一）选举权和被选举权；

（二）言论、出版、集会、结社、游行、示威自由的权利；

（三）担任国家机关职务的权利；

（四）担任国有公司、企业、事业单位和人民团体领导职务的权利。

第五十五条 剥夺政治权利的期限，除本法第五十七条规定外，为一年以上五年以下。

判处管制附加剥夺政治权利的，剥夺政治权利的期限与管制的期限相等，同时执行。

---

① 本条经2015年8月29日《刑法修正案（九）》第三条修改。

1997年刑法第五十三条原规定："罚金在判决指定的期限内一次或者分期缴纳。期满不缴纳的，强制缴纳。对于不能全部缴纳罚金的，人民法院在任何时候发现被执行人有可以执行的财产，应当随时追缴。如果由于遭遇不能抗拒的灾祸缴纳确实有困难的，可以酌情减少或者免除。"

第五十六条 对于危害国家安全的犯罪分子应当附加剥夺政治权利；对于故意杀人、强奸、放火、爆炸、投毒、抢劫等严重破坏社会秩序的犯罪分子，可以附加剥夺政治权利。

独立适用剥夺政治权利的，依照本法分则的规定。

第五十七条 对于被判处死刑、无期徒刑的犯罪分子，应当剥夺政治权利终身。

在死刑缓期执行减为有期徒刑或者无期徒刑减为有期徒刑的时候，应当把附加剥夺政治权利的期限改为三年以上十年以下。

第五十八条 附加剥夺政治权利的刑期，从徒刑、拘役执行完毕之日或者从假释之日起计算；剥夺政治权利的效力当然施用于主刑执行期间。

被剥夺政治权利的犯罪分子，在执行期间，应当遵守法律、行政法规和国务院公安部门有关监督管理的规定，服从监督；不得行使本法第五十四条规定的各项权利。

第八节 没收财产

第五十九条 没收财产是没收犯罪分子个人所有财产的一部或者全部。没收全部财产的，应当对犯罪分子个人及其扶养的家属保留必需的生活费用。

在判处没收财产的时候，不得没收属于犯罪分子家属所有或者应有的财产。

第六十条 没收财产以前犯罪分子所负的正当债务，需要以没收的财产偿还的，经债权人请求，应当偿还。

第四章 刑罚的具体运用

第一节 量 刑

第六十一条 对于犯罪分子决定刑罚的时候，应当根据犯罪的事实、犯罪的性质、情节和对于社会的危害程度，依照本法的有关规定判处。

第六十二条 犯罪分子具有本法规定的从重处罚、从轻处罚情节的，应当在法定刑的限度以内判处刑罚。

第六十三条[①] 犯罪分子具有本法规定的减轻处罚情节的，应当在法定刑以下判处刑罚；本法规定有数个量刑幅度的，应当在法定量刑幅度的下一个量刑幅度内判处刑罚。

犯罪分子虽然不具有本法规定的减轻处罚情节，但是根据案件的特殊情况，经最高人民法院核准，也可以在法定刑以下判处刑罚。

第六十四条 犯罪分子违法所得的一切财物，应当予以追缴或者责令退赔；对被害人的合法财产，应当及时返还；违禁品和供犯罪所用的本人财物，应当予以没收。没收的财物和罚金，一律上缴国库，不得挪用和自行处理。

第二节 累 犯

第六十五条[②] 被判处有期徒刑以上刑罚的犯罪分子，刑罚执行完毕或者赦免以后，在五年以内再犯应当判处有期徒刑以上刑罚之罪的，是累犯，应当从重处罚，但是过失犯罪和不满十八周岁的人犯罪的除外。

前款规定的期限，对于被假释的犯罪分子，从假释期满之日起计算。

第六十六条[③] 危害国家安全犯罪、恐怖活动犯罪、黑社会性质的组织犯罪的犯罪分子，在刑罚执行完毕或者赦免以后，在任何时候再犯上述任一类罪的，都以累犯论处。

---

① 本条第一款经2011年2月25日《刑法修正案（八）》第五条修改。

1997年刑法第六十三条第一款原规定："犯罪分子具有本法规定的减轻处罚情节的，应当在法定刑以下判处刑罚。"

② 本条第一款经2011年2月25日《刑法修正案（八）》第六条修改。

1997年刑法第六十五条第一款原规定："被判处有期徒刑以上刑罚的犯罪分子，刑罚执行完毕或者赦免以后，在五年以内再犯应当判处有期徒刑以上刑罚之罪的，是累犯，应当从重处罚，但是过失犯罪除外。"

③ 本条经2011年2月25日《刑法修正案（八）》第七条修改。

1997年刑法第六十六条原规定："危害国家安全的犯罪分子在刑罚执行完毕或者赦免以后，在任何时候再犯危害国家安全罪的，都以累犯论处。"

第三节 自首和立功

第六十七条[①] 犯罪以后自动投案，如实供述自己的罪行的，是自首。对于自首的犯罪分子，可以从轻或者减轻处罚。其中，犯罪较轻的，可以免除处罚。

被采取强制措施的犯罪嫌疑人、被告人和正在服刑的罪犯，如实供述司法机关还未掌握的本人其他罪行的，以自首论。

犯罪嫌疑人虽不具有前两款规定的自首情节，但是如实供述自己罪行的，可以从轻处罚；因其如实供述自己罪行，避免特别严重后果发生的，可以减轻处罚。

第六十八条[②] 犯罪分子有揭发他人犯罪行为，查证属实的，或者提供重要线索，从而得以侦破其他案件等立功表现的，可以从轻或者减轻处罚；有重大立功表现的，可以减轻或者免除处罚。

第四节 数罪并罚

第六十九条[③] 判决宣告以前一人犯数罪的，除判处死刑和无期

---

① 本条第三款为2011年2月25日《刑法修正案（八）》第八条增加。

② 本条经2011年2月25日《刑法修正案（八）》第九条修改。

1997年刑法第六十八条原规定两款，其中第二款规定："犯罪后自首又有重大立功表现的，应当减轻或者免除处罚。"《刑法修正案（八）》第九条删去该款。

③ 本条经2011年2月25日《刑法修正案（八）》第十条、2015年8月29日《刑法修正案（九）》第四条两次修改。

1997年刑法第六十九条原规定："判决宣告以前一人犯数罪的，除判处死刑和无期徒刑的以外，应当在总和刑期以下、数刑中最高刑期以上，酌情决定执行的刑期，但是管制最高不能超过三年，拘役最高不能超过一年，有期徒刑最高不能超过二十年。

"如果数罪中有判处附加刑的，附加刑仍须执行。"

《刑法修正案（八）》第十条将1997年刑法第六十九条修改为："判决宣告以前一人犯数罪的，除判处死刑和无期徒刑的以外，应当在总和刑期以下、数刑中最高刑期以上，酌情决定执行的刑期，但是管制最高不能超过三年，拘役最高不能超过一年，有期徒刑总和刑期不满三十五年的，最高不能超过二十年，总和刑期在三十五年以上的，最高不能超过二十五年。

"数罪中有判处附加刑的，附加刑仍须执行，其中附加刑种类相同的，合并执行，种类不同的，分别执行。"

《刑法修正案（九）》第四条对本条作了再次修改，增加一款为第二款，原第二款作为第三款。

徒刑的以外，应当在总和刑期以下、数刑中最高刑期以上，酌情决定执行的刑期，但是管制最高不能超过三年，拘役最高不能超过一年，有期徒刑总和刑期不满三十五年的，最高不能超过二十年，总和刑期在三十五年以上的，最高不能超过二十五年。

数罪中有判处有期徒刑和拘役的，执行有期徒刑。数罪中有判处有期徒刑和管制，或者拘役和管制的，有期徒刑、拘役执行完毕后，管制仍须执行。

数罪中有判处附加刑的，附加刑仍须执行，其中附加刑种类相同的，合并执行，种类不同的，分别执行。

第七十条 判决宣告以后，刑罚执行完毕以前，发现被判刑的犯罪分子在判决宣告以前还有其他罪没有判决的，应当对新发现的罪作出判决，把前后两个判决所判处的刑罚，依照本法第六十九条的规定，决定执行的刑罚。已经执行的刑期，应当计算在新判决决定的刑期以内。

第七十一条 判决宣告以后，刑罚执行完毕以前，被判刑的犯罪分子又犯罪的，应当对新犯的罪作出判决，把前罪没有执行的刑罚和后罪所判处的刑罚，依照本法第六十九条的规定，决定执行的刑罚。

第五节 缓 刑

第七十二条① 对于被判处拘役、三年以下有期徒刑的犯罪分子，同时符合下列条件的，可以宣告缓刑，对其中不满十八周岁的人、怀孕的妇女和已满七十五周岁的人，应当宣告缓刑：

（一）犯罪情节较轻；

（二）有悔罪表现；

（三）没有再犯罪的危险；

（四）宣告缓刑对所居住社区没有重大不良影响。

---

① 本条经2011年2月25日《刑法修正案（八）》第十一条修改。

1997年刑法第七十二条原规定：“对于被判处拘役、三年以下有期徒刑的犯罪分子，根据犯罪分子的犯罪情节和悔罪表现，适用缓刑确实不致再危害社会的，可以宣告缓刑。

“被宣告缓刑的犯罪分子，如果被判处附加刑，附加刑仍须执行。”

宣告缓刑，可以根据犯罪情况，同时禁止犯罪分子在缓刑考验期限内从事特定活动，进入特定区域、场所，接触特定的人。

被宣告缓刑的犯罪分子，如果被判处附加刑，附加刑仍须执行。

第七十三条 拘役的缓刑考验期限为原判刑期以上一年以下，但是不能少于二个月。

有期徒刑的缓刑考验期限为原判刑期以上五年以下，但是不能少于一年。

缓刑考验期限，从判决确定之日起计算。

第七十四条① 对于累犯和犯罪集团的首要分子，不适用缓刑。

第七十五条 被宣告缓刑的犯罪分子，应当遵守下列规定：

（一）遵守法律、行政法规，服从监督；

（二）按照考察机关的规定报告自己的活动情况；

（三）遵守考察机关关于会客的规定；

（四）离开所居住的市、县或者迁居，应当报经考察机关批准。

第七十六条② 对宣告缓刑的犯罪分子，在缓刑考验期限内，依法实行社区矫正，如果没有本法第七十七条规定的情形，缓刑考验期满，原判的刑罚就不再执行，并公开予以宣告。

第七十七条③ 被宣告缓刑的犯罪分子，在缓刑考验期限内犯新罪或者发现判决宣告以前还有其他罪没有判决的，应当撤销缓刑，对新犯的罪或者新发现的罪作出判决，把前罪和后罪所判处的刑罚，依照本法第六十九条的规定，决定执行的刑罚。

被宣告缓刑的犯罪分子，在缓刑考验期限内，违反法律、行政法

---

① 本条经2011年2月25日《刑法修正案（八）》第十二条修改。

1997年刑法第七十四条原规定：“对于累犯，不适用缓刑。”

② 本条经2011年2月25日《刑法修正案（八）》第十三条修改。

1997年刑法第七十六条原规定：“被宣告缓刑的犯罪分子，在缓刑考验期限内，由公安机关考察，所在单位或者基层组织予以配合，如果没有本法第七十七条规定的情形，缓刑考验期满，原判的刑罚就不再执行，并公开予以宣告。”

③ 本条第二款经2011年2月25日《刑法修正案（八）》第十四条修改。

1997年刑法第七十七条第二款原规定：“被宣告缓刑的犯罪分子，在缓刑考验期限内，违反法律、行政法规或者国务院公安部门有关缓刑的监督管理规定，情节严重的，应当撤销缓刑，执行原判刑罚。”

规或者国务院有关部门关于缓刑的监督管理规定，或者违反人民法院判决中的禁止令，情节严重的，应当撤销缓刑，执行原判刑罚。

第六节 减 刑

第七十八条[①] 被判处管制、拘役、有期徒刑、无期徒刑的犯罪分子，在执行期间，如果认真遵守监规，接受教育改造，确有悔改表现的，或者有立功表现的，可以减刑；有下列重大立功表现之一的，应当减刑：

（一）阻止他人重大犯罪活动的；

（二）检举监狱内外重大犯罪活动，经查证属实的；

（三）有发明创造或者重大技术革新的；

（四）在日常生产、生活中舍己救人的；

（五）在抗御自然灾害或者排除重大事故中，有突出表现的；

（六）对国家和社会有其他重大贡献的。

减刑以后实际执行的刑期不能少于下列期限：

（一）判处管制、拘役、有期徒刑的，不能少于原判刑期的二分之一；

（二）判处无期徒刑的，不能少于十三年；

（三）人民法院依照本法第五十条第二款规定限制减刑的死刑缓期执行的犯罪分子，缓期执行期满后依法减为无期徒刑的，不能少于二十五年，缓期执行期满后依法减为二十五年有期徒刑的，不能少于二十年。

第七十九条 对于犯罪分子的减刑，由执行机关向中级以上人民法院提出减刑建议书。人民法院应当组成合议庭进行审理，对确有悔改或者立功事实的，裁定予以减刑。非经法定程序不得减刑。

第八十条 无期徒刑减为有期徒刑的刑期，从裁定减刑之日起计算。

---

① 本条第二款经2011年2月25日《刑法修正案（八）》第十五条修改。

1997年刑法第七十八条第二款原规定：“减刑以后实际执行的刑期，判处管制、拘役、有期徒刑的，不能少于原判刑期的二分之一；判处无期徒刑的，不能少于十年。”

第七节　假　释

第八十一条[①]　被判处有期徒刑的犯罪分子，执行原判刑期二分之一以上，被判处无期徒刑的犯罪分子，实际执行十三年以上，如果认真遵守监规，接受教育改造，确有悔改表现，没有再犯罪的危险的，可以假释。如果有特殊情况，经最高人民法院核准，可以不受上述执行刑期的限制。

对累犯以及因故意杀人、强奸、抢劫、绑架、放火、爆炸、投放危险物质或者有组织的暴力性犯罪被判处十年以上有期徒刑、无期徒刑的犯罪分子，不得假释。

对犯罪分子决定假释时，应当考虑其假释后对所居住社区的影响。

第八十二条　对于犯罪分子的假释，依照本法第七十九条规定的程序进行。非经法定程序不得假释。

第八十三条　有期徒刑的假释考验期限，为没有执行完毕的刑期；无期徒刑的假释考验期限为十年。

假释考验期限，从假释之日起计算。

第八十四条　被宣告假释的犯罪分子，应当遵守下列规定：

（一）遵守法律、行政法规，服从监督；

（二）按照监督机关的规定报告自己的活动情况；

（三）遵守监督机关关于会客的规定；

（四）离开所居住的市、县或者迁居，应当报经监督机关批准。

---

① 本条经2011年2月25日《刑法修正案（八）》第十六条修改。

1997年刑法第八十一条原规定："被判处有期徒刑的犯罪分子，执行原判刑期二分之一以上，被判处无期徒刑的犯罪分子，实际执行十年以上，如果认真遵守监规，接受教育改造，确有悔改表现，假释后不致再危害社会的，可以假释。如果有特殊情况，经最高人民法院核准，可以不受上述执行刑期的限制。

"对累犯以及因杀人、爆炸、抢劫、强奸、绑架等暴力性犯罪被判处十年以上有期徒刑、无期徒刑的犯罪分子，不得假释。"

第八十五条[①] 对假释的犯罪分子，在假释考验期限内，依法实行社区矫正，如果没有本法第八十六条规定的情形，假释考验期满，就认为原判刑罚已经执行完毕，并公开予以宣告。

第八十六条[②] 被假释的犯罪分子，在假释考验期限内犯新罪，应当撤销假释，依照本法第七十一条的规定实行数罪并罚。

在假释考验期限内，发现被假释的犯罪分子在判决宣告以前还有其他罪没有判决的，应当撤销假释，依照本法第七十条的规定实行数罪并罚。

被假释的犯罪分子，在假释考验期限内，有违反法律、行政法规或者国务院有关部门关于假释的监督管理规定的行为，尚未构成新的犯罪的，应当依照法定程序撤销假释，收监执行未执行完毕的刑罚。

第八节　时　效

第八十七条 犯罪经过下列期限不再追诉：

（一）法定最高刑为不满五年有期徒刑的，经过五年；

（二）法定最高刑为五年以上不满十年有期徒刑的，经过十年；

（三）法定最高刑为十年以上有期徒刑的，经过十五年；

（四）法定最高刑为无期徒刑、死刑的，经过二十年。如果二十年以后认为必须追诉的，须报请最高人民检察院核准。

第八十八条 在人民检察院、公安机关、国家安全机关立案侦查或者在人民法院受理案件以后，逃避侦查或者审判的，不受追诉期限的限制。

被害人在追诉期限内提出控告，人民法院、人民检察院、公安机

---

① 本条经2011年2月25日《刑法修正案（八）》第十七条修改。

1997年刑法第八十五条原规定：“被假释的犯罪分子，在假释考验期限内，由公安机关予以监督，如果没有本法第八十六条规定的情形，假释考验期满，就认为原判刑罚已经执行完毕，并公开予以宣告。”

② 本条第三款经2011年2月25日《刑法修正案（八）》第十八条修改。

1997年刑法第八十六条第三款原规定：“被假释的犯罪分子，在假释考验期限内，有违反法律、行政法规或者国务院公安部门有关假释的监督管理规定的行为，尚未构成新的犯罪的，应当依照法定程序撤销假释，收监执行未执行完毕的刑罚。”

关应当立案而不予立案的，不受追诉期限的限制。

第八十九条　追诉期限从犯罪之日起计算；犯罪行为有连续或者继续状态的，从犯罪行为终了之日起计算。

在追诉期限以内又犯罪的，前罪追诉的期限从犯后罪之日起计算。

第五章　其他规定

第九十条　民族自治地方不能全部适用本法规定的，可以由自治区或者省的人民代表大会根据当地民族的政治、经济、文化的特点和本法规定的基本原则，制定变通或者补充的规定，报请全国人民代表大会常务委员会批准施行。

第九十一条　本法所称公共财产，是指下列财产：

（一）国有财产；

（二）劳动群众集体所有的财产；

（三）用于扶贫和其他公益事业的社会捐助或者专项基金的财产。

在国家机关、国有公司、企业、集体企业和人民团体管理、使用或者运输中的私人财产，以公共财产论。

第九十二条　本法所称公民私人所有的财产，是指下列财产：

（一）公民的合法收入、储蓄、房屋和其他生活资料；

（二）依法归个人、家庭所有的生产资料；

（三）个体户和私营企业的合法财产；

（四）依法归个人所有的股份、股票、债券和其他财产。

第九十三条　本法所称国家工作人员，是指国家机关中从事公务的人员。

国有公司、企业、事业单位、人民团体中从事公务的人员和国家机关、国有公司、企业、事业单位委派到非国有公司、企业、事业单位、社会团体从事公务的人员，以及其他依照法律从事公务的人员，以国家工作人员论。

第九十四条　本法所称司法工作人员，是指有侦查、检察、审判、监管职责的工作人员。

第九十五条 本法所称重伤，是指有下列情形之一的伤害：

（一）使人肢体残废或者毁人容貌的；

（二）使人丧失听觉、视觉或者其他器官机能的；

（三）其他对于人身健康有重大伤害的。

第九十六条 本法所称违反国家规定，是指违反全国人民代表大会及其常务委员会制定的法律和决定，国务院制定的行政法规、规定的行政措施、发布的决定和命令。

第九十七条 本法所称首要分子，是指在犯罪集团或者聚众犯罪中起组织、策划、指挥作用的犯罪分子。

第九十八条 本法所称告诉才处理，是指被害人告诉才处理。如果被害人因受强制、威吓无法告诉的，人民检察院和被害人的近亲属也可以告诉。

第九十九条 本法所称以上、以下、以内，包括本数。

第一百条[①] 依法受过刑事处罚的人，在入伍、就业的时候，应当如实向有关单位报告自己曾受过刑事处罚，不得隐瞒。

犯罪的时候不满十八周岁被判处五年有期徒刑以下刑罚的人，免除前款规定的报告义务。

第一百零一条 本法总则适用于其他有刑罚规定的法律，但是其他法律有特别规定的除外。

第二编　分　则

第一章　危害国家安全罪

第一百零二条　【背叛国家罪】 勾结外国，危害中华人民共和国的主权、领土完整和安全的，处无期徒刑或者十年以上有期徒刑。

与境外机构、组织、个人相勾结，犯前款罪的，依照前款的规定处罚。

第一百零三条　【分裂国家罪】 组织、策划、实施分裂国家、

---

① 本条第二款为2011年2月25日《刑法修正案（八）》第十九条增加。

破坏国家统一的，对首要分子或者罪行重大的，处无期徒刑或者十年以上有期徒刑；对积极参加的，处三年以上十年以下有期徒刑；对其他参加的，处三年以下有期徒刑、拘役、管制或者剥夺政治权利。

【煽动分裂国家罪】　煽动分裂国家、破坏国家统一的，处五年以下有期徒刑、拘役、管制或者剥夺政治权利；首要分子或者罪行重大的，处五年以上有期徒刑。

第一百零四条　【武装叛乱、暴乱罪】　组织、策划、实施武装叛乱或者武装暴乱的，对首要分子或者罪行重大的，处无期徒刑或者十年以上有期徒刑；对积极参加的，处三年以上十年以下有期徒刑；对其他参加的，处三年以下有期徒刑、拘役、管制或者剥夺政治权利。

策动、胁迫、勾引、收买国家机关工作人员、武装部队人员、人民警察、民兵进行武装叛乱或者武装暴乱的，依照前款的规定从重处罚。

第一百零五条　【颠覆国家政权罪】　组织、策划、实施颠覆国家政权、推翻社会主义制度的，对首要分子或者罪行重大的，处无期徒刑或者十年以上有期徒刑；对积极参加的，处三年以上十年以下有期徒刑；对其他参加的，处三年以下有期徒刑、拘役、管制或者剥夺政治权利。

【煽动颠覆国家政权罪】　以造谣、诽谤或者其他方式煽动颠覆国家政权、推翻社会主义制度的，处五年以下有期徒刑、拘役、管制或者剥夺政治权利；首要分子或者罪行重大的，处五年以上有期徒刑。

第一百零六条　与境外机构、组织、个人相勾结，实施本章第一百零三条、第一百零四条、第一百零五条规定之罪的，依照各该条的规定从重处罚。

第一百零七条[①]　**【资助危害国家安全犯罪活动罪】**　境内外机

---

① 本条经 2011 年 2 月 25 日《刑法修正案（八）》第二十条修改。

1997 年刑法第一百零七条原规定：“境内外机构、组织或者个人资助境内组织或者个人实施本章第一百零二条、第一百零三条、第一百零四条、第一百零五条规定之罪的，对直接责任人员，处五年以下有期徒刑、拘役、管制或者剥夺政治权利；情节严重的，处五年以上有期徒刑。”

构、组织或者个人资助实施本章第一百零二条、第一百零三条、第一百零四条、第一百零五条规定之罪的，对直接责任人员，处五年以下有期徒刑、拘役、管制或者剥夺政治权利；情节严重的，处五年以上有期徒刑。

第一百零八条　【投敌叛变罪】　投敌叛变的，处三年以上十年以下有期徒刑；情节严重或者带领武装部队人员、人民警察、民兵投敌叛变的，处十年以上有期徒刑或者无期徒刑。

第一百零九条①　**【叛逃罪】**　国家机关工作人员在履行公务期间，擅离岗位，叛逃境外或者在境外叛逃的，处五年以下有期徒刑、拘役、管制或者剥夺政治权利；情节严重的，处五年以上十年以下有期徒刑。

掌握国家秘密的国家工作人员叛逃境外或者在境外叛逃的，依照前款的规定从重处罚。

第一百一十条　【间谍罪】　有下列间谍行为之一，危害国家安全的，处十年以上有期徒刑或者无期徒刑；情节较轻的，处三年以上十年以下有期徒刑：

（一）参加间谍组织或者接受间谍组织及其代理人的任务的；

（二）为敌人指示轰击目标的。

第一百一十一条　【为境外窃取、刺探、收买、非法提供国家秘密、情报罪】　为境外的机构、组织、人员窃取、刺探、收买、非法提供国家秘密或者情报的，处五年以上十年以下有期徒刑；情节特别严重的，处十年以上有期徒刑或者无期徒刑；情节较轻的，处五年以下有期徒刑、拘役、管制或者剥夺政治权利。

第一百一十二条　【资敌罪】　战时供给敌人武器装备、军用物资资敌的，处十年以上有期徒刑或者无期徒刑；情节较轻的，处三年以上十年以下有期徒刑。

---

① 本条经2011年2月25日《刑法修正案（八）》第二十一条修改。

1997年刑法第一百零九条原规定：“国家机关工作人员在履行公务期间，擅离岗位，叛逃境外或者在境外叛逃，危害中华人民共和国国家安全的，处五年以下有期徒刑、拘役、管制或者剥夺政治权利；情节严重的，处五年以上十年以下有期徒刑。

“掌握国家秘密的国家工作人员犯前款罪的，依照前款的规定从重处罚。”

第一百一十三条　本章上述危害国家安全罪行中，除第一百零三条第二款、第一百零五条、第一百零七条、第一百零九条外，对国家和人民危害特别严重、情节特别恶劣的，可以判处死刑。

犯本章之罪的，可以并处没收财产。

第二章　危害公共安全罪

第一百一十四条[①]　**【放火罪】【决水罪】【爆炸罪】【投放危险物质罪】【以危险方法危害公共安全罪】**　放火、决水、爆炸以及投放毒害性、放射性、传染病病原体等物质或者以其他危险方法危害公共安全，尚未造成严重后果的，处三年以上十年以下有期徒刑。

第一百一十五条[②]　**【放火罪】【决水罪】【爆炸罪】【投放危险物质罪】【以危险方法危害公共安全罪】**　放火、决水、爆炸以及投放毒害性、放射性、传染病病原体等物质或者以其他危险方法致人重伤、死亡或者使公私财产遭受重大损失的，处十年以上有期徒刑、无期徒刑或者死刑。

【失火罪】【过失决水罪】【过失爆炸罪】【过失投放危险物质罪】【过失以危险方法危害公共安全罪】　过失犯前款罪的，处三年以上七年以下有期徒刑；情节较轻的，处三年以下有期徒刑或者拘役。

第一百一十六条　**【破坏交通工具罪】**　破坏火车、汽车、电车、船只、航空器，足以使火车、汽车、电车、船只、航空器发生倾覆、毁坏危险，尚未造成严重后果的，处三年以上十年以下有期徒刑。

第一百一十七条　**【破坏交通设施罪】**　破坏轨道、桥梁、隧

---

① 本条经2001年12月29日《刑法修正案（三）》第一条修改。

1997年刑法第一百一十四条原规定：“放火、决水、爆炸、投毒或者以其他危险方法破坏工厂、矿场、油田、港口、河流、水源、仓库、住宅、森林、农场、谷场、牧场、重要管道、公共建筑物或者其他公私财产，危害公共安全，尚未造成严重后果的，处三年以上十年以下有期徒刑。”

② 本条第一款经2001年12月29日《刑法修正案（三）》第二条修改。

1997年刑法第一百一十五条第一款原规定：“放火、决水、爆炸、投毒或者以其他危险方法致人重伤、死亡或者使公私财产遭受重大损失的，处十年以上有期徒刑、无期徒刑或者死刑。”

道、公路、机场、航道、灯塔、标志或者进行其他破坏活动，足以使火车、汽车、电车、船只、航空器发生倾覆、毁坏危险，尚未造成严重后果的，处三年以上十年以下有期徒刑。

第一百一十八条　【破坏电力设备罪】【破坏易燃易爆设备罪】 破坏电力、燃气或者其他易燃易爆设备，危害公共安全，尚未造成严重后果的，处三年以上十年以下有期徒刑。

第一百一十九条　【破坏交通工具罪】【破坏交通设施罪】【破坏电力设备罪】【破坏易燃易爆设备罪】　破坏交通工具、交通设施、电力设备、燃气设备、易燃易爆设备，造成严重后果的，处十年以上有期徒刑、无期徒刑或者死刑。

【过失损坏交通工具罪】【过失损坏交通设施罪】【过失损坏电力设备罪】【过失损坏易燃易爆设备罪】　过失犯前款罪的，处三年以上七年以下有期徒刑；情节较轻的，处三年以下有期徒刑或者拘役。

第一百二十条[①]　**【组织、领导、参加恐怖组织罪】**　组织、领导恐怖活动组织的，处十年以上有期徒刑或者无期徒刑，并处没收财产；积极参加的，处三年以上十年以下有期徒刑，并处罚金；其他参加的，处三年以下有期徒刑、拘役、管制或者剥夺政治权利，可以并处罚金。

犯前款罪并实施杀人、爆炸、绑架等犯罪的，依照数罪并罚的规定处罚。

---

① 本条经2001年12月29日《刑法修正案（三）》第三条、2015年8月29日《刑法修正案（九）》第五条两次修改。

1997年刑法第一百二十条原规定："组织、领导和积极参加恐怖活动组织的，处三年以上十年以下有期徒刑；其他参加的，处三年以下有期徒刑、拘役或者管制。

"犯前款罪并实施杀人、爆炸、绑架等犯罪的，依照数罪并罚的规定处罚。"

《刑法修正案（三）》第三条将1997年刑法第一百二十条第一款修改为："组织、领导恐怖活动组织的，处十年以上有期徒刑或者无期徒刑；积极参加的，处三年以上十年以下有期徒刑；其他参加的，处三年以下有期徒刑、拘役、管制或者剥夺政治权利。"

《刑法修正案（九）》第五条对本条作了再次修改。

第一百二十条之一[①]　**【帮助恐怖活动罪】**　资助恐怖活动组织、实施恐怖活动的个人的，或者资助恐怖活动培训的，处五年以下有期徒刑、拘役、管制或者剥夺政治权利，并处罚金；情节严重的，处五年以上有期徒刑，并处罚金或者没收财产。

为恐怖活动组织、实施恐怖活动或者恐怖活动培训招募、运送人员的，依照前款的规定处罚。

单位犯前两款罪的，对单位判处罚金，并对其直接负责的主管人员和其他直接责任人员，依照第一款的规定处罚。

第一百二十条之二[②]　**【准备实施恐怖活动罪】**　有下列情形之一的，处五年以下有期徒刑、拘役、管制或者剥夺政治权利，并处罚金；情节严重的，处五年以上有期徒刑，并处罚金或者没收财产：

（一）为实施恐怖活动准备凶器、危险物品或者其他工具的；

（二）组织恐怖活动培训或者积极参加恐怖活动培训的；

（三）为实施恐怖活动与境外恐怖活动组织或者人员联络的；

（四）为实施恐怖活动进行策划或者其他准备的。

有前款行为，同时构成其他犯罪的，依照处罚较重的规定定罪处罚。

第一百二十条之三[③]　**【宣扬恐怖主义、极端主义、煽动实施恐怖活动罪】**　以制作、散发宣扬恐怖主义、极端主义的图书、音频视频资料或者其他物品，或者通过讲授、发布信息等方式宣扬恐怖主

---

① 本条为2001年12月29日《刑法修正案（三）》第四条增加，经2015年8月29日《刑法修正案（九）》第六条修改。

《刑法修正案（三）》第四条规定："刑法第一百二十条后增加一条，作为第一百二十条之一：'资助恐怖活动组织或者实施恐怖活动的个人的，处五年以下有期徒刑、拘役、管制或者剥夺政治权利，并处罚金；情节严重的，处五年以上有期徒刑，并处罚金或者没收财产。

'单位犯前款罪的，对单位判处罚金，并对其直接负责的主管人员和其他直接责任人员，依照前款的规定处罚。'"

《刑法修正案（九）》第六条对本条作了再次修改。

② 本条为2015年8月29日《刑法修正案（九）》第七条增加。

③ 本条为2015年8月29日《刑法修正案（九）》第七条增加。

义、极端主义的，或者煽动实施恐怖活动的，处五年以下有期徒刑、拘役、管制或者剥夺政治权利，并处罚金；情节严重的，处五年以上有期徒刑，并处罚金或者没收财产。

第一百二十条之四[①] **【利用极端主义破坏法律实施罪】** 利用极端主义煽动、胁迫群众破坏国家法律确立的婚姻、司法、教育、社会管理等制度实施的，处三年以下有期徒刑、拘役或者管制，并处罚金；情节严重的，处三年以上七年以下有期徒刑，并处罚金；情节特别严重的，处七年以上有期徒刑，并处罚金或者没收财产。

第一百二十条之五[②] **【强制穿戴宣扬恐怖主义、极端主义服饰、标志罪】** 以暴力、胁迫等方式强制他人在公共场所穿着、佩戴宣扬恐怖主义、极端主义服饰、标志的，处三年以下有期徒刑、拘役或者管制，并处罚金。

第一百二十条之六[③] **【非法持有宣扬恐怖主义、极端主义物品罪】** 明知是宣扬恐怖主义、极端主义的图书、音频视频资料或者其他物品而非法持有，情节严重的，处三年以下有期徒刑、拘役或者管制，并处或者单处罚金。

第一百二十一条 【劫持航空器罪】 以暴力、胁迫或者其他方法劫持航空器的，处十年以上有期徒刑或者无期徒刑；致人重伤、死亡或者使航空器遭受严重破坏的，处死刑。

第一百二十二条 【劫持船只、汽车罪】 以暴力、胁迫或者其他方法劫持船只、汽车的，处五年以上十年以下有期徒刑；造成严重后果的，处十年以上有期徒刑或者无期徒刑。

第一百二十三条 【暴力危及飞行安全罪】 对飞行中的航空器上的人员使用暴力，危及飞行安全，尚未造成严重后果的，处五年以下有期徒刑或者拘役；造成严重后果的，处五年以上有期徒刑。

---

① 本条为2015年8月29日《刑法修正案（九）》第七条增加。

② 本条为2015年8月29日《刑法修正案（九）》第七条增加。

③ 本条为2015年8月29日《刑法修正案（九）》第七条增加。

第一百二十四条　【破坏广播电视设施、公用电信设施罪】 破坏广播电视设施、公用电信设施，危害公共安全的，处三年以上七年以下有期徒刑；造成严重后果的，处七年以上有期徒刑。

【过失损坏广播电视设施、公用电信设施罪】 过失犯前款罪的，处三年以上七年以下有期徒刑；情节较轻的，处三年以下有期徒刑或者拘役。

第一百二十五条[①] **【非法制造、买卖、运输、邮寄、储存枪支、弹药、爆炸物罪】** 非法制造、买卖、运输、邮寄、储存枪支、弹药、爆炸物的，处三年以上十年以下有期徒刑；情节严重的，处十年以上有期徒刑、无期徒刑或者死刑。

【非法制造、买卖、运输、储存危险物质罪】 非法制造、买卖、运输、储存毒害性、放射性、传染病病原体等物质，危害公共安全的，依照前款的规定处罚。

单位犯前两款罪的，对单位判处罚金，并对其直接负责的主管人员和其他直接责任人员，依照第一款的规定处罚。

第一百二十六条　【违规制造、销售枪支罪】 依法被指定、确定的枪支制造企业、销售企业，违反枪支管理规定，有下列行为之一的，对单位判处罚金，并对其直接负责的主管人员和其他直接责任人员，处五年以下有期徒刑；情节严重的，处五年以上十年以下有期徒刑；情节特别严重的，处十年以上有期徒刑或者无期徒刑：

（一）以非法销售为目的，超过限额或者不按照规定的品种制造、配售枪支的；

（二）以非法销售为目的，制造无号、重号、假号的枪支的；

（三）非法销售枪支或者在境内销售为出口制造的枪支的。

---

① 本条第二款经2001年12月29日《刑法修正案（三）》第五条修改。

1997年刑法第一百二十五条第二款原规定：“非法买卖、运输核材料的，依照前款的规定处罚。”

第一百二十七条[①] **【盗窃、抢夺枪支、弹药、爆炸物、危险物质罪】** 盗窃、抢夺枪支、弹药、爆炸物的，或者盗窃、抢夺毒害性、放射性、传染病病原体等物质，危害公共安全的，处三年以上十年以下有期徒刑；情节严重的，处十年以上有期徒刑、无期徒刑或者死刑。

【抢劫枪支、弹药、爆炸物、危险物质罪】 抢劫枪支、弹药、爆炸物的，或者抢劫毒害性、放射性、传染病病原体等物质，危害公共安全的，或者盗窃、抢夺国家机关、军警人员、民兵的枪支、弹药、爆炸物的，处十年以上有期徒刑、无期徒刑或者死刑。

第一百二十八条 **【非法持有、私藏枪支、弹药罪】** 违反枪支管理规定，非法持有、私藏枪支、弹药的，处三年以下有期徒刑、拘役或者管制；情节严重的，处三年以上七年以下有期徒刑。

【非法出租、出借枪支罪】 依法配备公务用枪的人员，非法出租、出借枪支的，依照前款的规定处罚。

依法配置枪支的人员，非法出租、出借枪支，造成严重后果的，依照第一款的规定处罚。

单位犯第二款、第三款罪的，对单位判处罚金，并对其直接负责的主管人员和其他直接责任人员，依照第一款的规定处罚。

第一百二十九条 **【丢失枪支不报罪】** 依法配备公务用枪的人员，丢失枪支不及时报告，造成严重后果的，处三年以下有期徒刑或者拘役。

第一百三十条 **【非法携带枪支、弹药、管制刀具、危险物品危及公共安全罪】** 非法携带枪支、弹药、管制刀具或者爆炸性、易燃性、放射性、毒害性、腐蚀性物品，进入公共场所或者公共交通工具，危及公共安全，情节严重的，处三年以下有期徒刑、拘役或者管制。

---

① 本条经2001年12月29日《刑法修正案（三）》第六条修改。

1997年刑法第一百二十七条原规定：“盗窃、抢夺枪支、弹药、爆炸物的，处三年以上十年以下有期徒刑；情节严重的，处十年以上有期徒刑、无期徒刑或者死刑。

“抢劫枪支、弹药、爆炸物或者盗窃、抢夺国家机关、军警人员、民兵的枪支、弹药、爆炸物的，处十年以上有期徒刑、无期徒刑或者死刑。”

第一百三十一条　【重大飞行事故罪】　航空人员违反规章制度，致使发生重大飞行事故，造成严重后果的，处三年以下有期徒刑或者拘役；造成飞机坠毁或者人员死亡的，处三年以上七年以下有期徒刑。

第一百三十二条　【铁路运营安全事故罪】　铁路职工违反规章制度，致使发生铁路运营安全事故，造成严重后果的，处三年以下有期徒刑或者拘役；造成特别严重后果的，处三年以上七年以下有期徒刑。

第一百三十三条　【交通肇事罪】　违反交通运输管理法规，因而发生重大事故，致人重伤、死亡或者使公私财产遭受重大损失的，处三年以下有期徒刑或者拘役；交通运输肇事后逃逸或者有其他特别恶劣情节的，处三年以上七年以下有期徒刑；因逃逸致人死亡的，处七年以上有期徒刑。

第一百三十三条之一①　**【危险驾驶罪】**　在道路上驾驶机动车，有下列情形之一的，处拘役，并处罚金：

（一）追逐竞驶，情节恶劣的；

（二）醉酒驾驶机动车的；

（三）从事校车业务或者旅客运输，严重超过额定乘员载客，或者严重超过规定时速行驶的；

（四）违反危险化学品安全管理规定运输危险化学品，危及公共安全的。

机动车所有人、管理人对前款第三项、第四项行为负有直接责任的，依照前款的规定处罚。

有前两款行为，同时构成其他犯罪的，依照处罚较重的规定定罪

---

① 本条为2011年2月25日《刑法修正案（八）》第二十二条增加，经2015年8月29日《刑法修正案（九）》第八条修改。

《刑法修正案（八）》第二十二条规定："在刑法第一百三十三条后增加一条，作为第一百三十三条之一：'在道路上驾驶机动车追逐竞驶，情节恶劣的，或者在道路上醉酒驾驶机动车的，处拘役，并处罚金。

'有前款行为，同时构成其他犯罪的，依照处罚较重的规定定罪处罚。'"

《刑法修改正案（九）》第八条对本条作了修改。

处罚。

第一百三十四条[①] **【重大责任事故罪】** 在生产、作业中违反有关安全管理的规定，因而发生重大伤亡事故或者造成其他严重后果的，处三年以下有期徒刑或者拘役；情节特别恶劣的，处三年以上七年以下有期徒刑。

【强令违章冒险作业罪】 强令他人违章冒险作业，因而发生重大伤亡事故或者造成其他严重后果的，处五年以下有期徒刑或者拘役；情节特别恶劣的，处五年以上有期徒刑。

第一百三十五条[②] **【重大劳动安全事故罪】** 安全生产设施或者安全生产条件不符合国家规定，因而发生重大伤亡事故或者造成其他严重后果的，对直接负责的主管人员和其他直接责任人员，处三年以下有期徒刑或者拘役；情节特别恶劣的，处三年以上七年以下有期徒刑。

第一百三十五条之一[③] **【大型群众性活动重大安全事故罪】** 举办大型群众性活动违反安全管理规定，因而发生重大伤亡事故或者造成其他严重后果的，对直接负责的主管人员和其他直接责任人员，处三年以下有期徒刑或者拘役；情节特别恶劣的，处三年以上七年以下有期徒刑。

第一百三十六条 **【危险物品肇事罪】** 违反爆炸性、易燃性、放射性、毒害性、腐蚀性物品的管理规定，在生产、储存、运输、使用中发生重大事故，造成严重后果的，处三年以下有期徒刑或者拘

---

① 本条经2006年6月29日《刑法修正案（六）》第一条修改。

1997年刑法第一百三十四条原规定："工厂、矿山、林场、建筑企业或者其他企业、事业单位的职工，由于不服管理、违反规章制度，或者强令工人违章冒险作业，因而发生重大伤亡事故或者造成其他严重后果的，处三年以下有期徒刑或者拘役；情节特别恶劣的，处三年以上七年以下有期徒刑。"

② 本条经2006年6月29日《刑法修正案（六）》第二条修改。

1997年刑法第一百三十五原规定："工厂、矿山、林场、建筑企业或者其他企业、事业单位的劳动安全设施不符合国家规定，经有关部门或者单位职工提出后，对事故隐患仍不采取措施，因而发生重大伤亡事故或者造成其他严重后果的，对直接责任人员，处三年以下有期徒刑或者拘役；情节特别恶劣的，处三年以上七年以下有期徒刑。"

③ 本条为2006年6月29日《刑法修正案（六）》第三条增加。

役；后果特别严重的，处三年以上七年以下有期徒刑。

第一百三十七条　【工程重大安全事故罪】　建设单位、设计单位、施工单位、工程监理单位违反国家规定，降低工程质量标准，造成重大安全事故的，对直接责任人员，处五年以下有期徒刑或者拘役，并处罚金；后果特别严重的，处五年以上十年以下有期徒刑，并处罚金。

第一百三十八条　【教育设施重大安全事故罪】　明知校舍或者教育教学设施有危险，而不采取措施或者不及时报告，致使发生重大伤亡事故的，对直接责任人员，处三年以下有期徒刑或者拘役；后果特别严重的，处三年以上七年以下有期徒刑。

第一百三十九条　【消防责任事故罪】　违反消防管理法规，经消防监督机构通知采取改正措施而拒绝执行，造成严重后果的，对直接责任人员，处三年以下有期徒刑或者拘役；后果特别严重的，处三年以上七年以下有期徒刑。

第一百三十九条之一①　【不报、谎报安全事故罪】　在安全事故发生后，负有报告职责的人员不报或者谎报事故情况，贻误事故抢救，情节严重的，处三年以下有期徒刑或者拘役；情节特别严重的，处三年以上七年以下有期徒刑。

第三章　破坏社会主义市场经济秩序罪

第一节　生产、销售伪劣商品罪

第一百四十条　【生产、销售伪劣产品罪】　生产者、销售者在产品中掺杂、掺假，以假充真，以次充好或者以不合格产品冒充合格产品，销售金额五万元以上不满二十万元的，处二年以下有期徒刑或者拘役，并处或者单处销售金额百分之五十以上二倍以下罚金；销售金额二十万元以上不满五十万元的，处二年以上七年以下有期徒刑，并处销售金额百分之五十以上二倍以下罚金；销售金额五十万元以上不满二百万元的，处七年以上有期徒刑，并处销售金额百分之五

① 本条为2006年6月29日《刑法修正案（六）》第四条增加。

十以上二倍以下罚金；销售金额二百万元以上的，处十五年有期徒刑或者无期徒刑，并处销售金额百分之五十以上二倍以下罚金或者没收财产。

第一百四十一条[①] **【生产、销售假药罪】** 生产、销售假药的，处三年以下有期徒刑或者拘役，并处罚金；对人体健康造成严重危害或者有其他严重情节的，处三年以上十年以下有期徒刑，并处罚金；致人死亡或者有其他特别严重情节的，处十年以上有期徒刑、无期徒刑或者死刑，并处罚金或者没收财产。

本条所称假药，是指依照《中华人民共和国药品管理法》的规定属于假药和按假药处理的药品、非药品。

第一百四十二条 **【生产、销售劣药罪】** 生产、销售劣药，对人体健康造成严重危害的，处三年以上十年以下有期徒刑，并处销售金额百分之五十以上二倍以下罚金；后果特别严重的，处十年以上有期徒刑或者无期徒刑，并处销售金额百分之五十以上二倍以下罚金或者没收财产。

本条所称劣药，是指依照《中华人民共和国药品管理法》的规定属于劣药的药品。

第一百四十三条[②] **【生产、销售不符合安全标准的食品罪】** 生产、销售不符合食品安全标准的食品，足以造成严重食物中毒事故或者其他严重食源性疾病的，处三年以下有期徒刑或者拘役，并处罚

---

① 本条第一款经2011年2月25日《刑法修正案（八）》第二十三条修改。

1997年刑法第一百四十一条第一款原规定："生产、销售假药，足以严重危害人体健康的，处三年以下有期徒刑或者拘役，并处或者单处销售金额百分之五十以上二倍以下罚金；对人体健康造成严重危害的，处三年以上十年以下有期徒刑，并处销售金额百分之五十以上二倍以下罚金；致人死亡或者对人体健康造成特别严重危害的，处十年以上有期徒刑、无期徒刑或者死刑，并处销售金额百分之五十以上二倍以下罚金或者没收财产。"

② 本条经2011年2月25日《刑法修正案（八）》第二十四条修改。

1997年刑法第一百四十三条原规定："生产、销售不符合卫生标准的食品，足以造成严重食物中毒事故或者其他严重食源性疾患的，处三年以下有期徒刑或者拘役，并处或者单处销售金额百分之五十以上二倍以下罚金；对人体健康造成严重危害的，处三年以上七年以下有期徒刑，并处销售金额百分之五十以上二倍以下罚金；后果特别严重的，处七年以上有期徒刑或者无期徒刑，并处销售金额百分之五十以上二倍以下罚金或者没收财产。"

金；对人体健康造成严重危害或者有其他严重情节的，处三年以上七年以下有期徒刑，并处罚金；后果特别严重的，处七年以上有期徒刑或者无期徒刑，并处罚金或者没收财产。

第一百四十四条[①] **【生产、销售有毒、有害食品罪】** 在生产、销售的食品中掺入有毒、有害的非食品原料的，或者销售明知掺有有毒、有害的非食品原料的食品的，处五年以下有期徒刑，并处罚金；对人体健康造成严重危害或者有其他严重情节的，处五年以上十年以下有期徒刑，并处罚金；致人死亡或者有其他特别严重情节的，依照本法第一百四十一条的规定处罚。

第一百四十五条[②] **【生产、销售不符合标准的医用器材罪】** 生产不符合保障人体健康的国家标准、行业标准的医疗器械、医用卫生材料，或者销售明知是不符合保障人体健康的国家标准、行业标准的医疗器械、医用卫生材料，足以严重危害人体健康的，处三年以下有期徒刑或者拘役，并处销售金额百分之五十以上二倍以下罚金；对人体健康造成严重危害的，处三年以上十年以下有期徒刑，并处销售金额百分之五十以上二倍以下罚金；后果特别严重的，处十年以上有期徒刑或者无期徒刑，并处销售金额百分之五十以上二倍以下罚金或者没收财产。

---

① 本条经 2011 年 2 月 25 日《刑法修正案（八）》第二十五条修改。

1997 年刑法第一百四十四条原规定："在生产、销售的食品中掺入有毒、有害的非食品原料的，或者销售明知掺有有毒、有害的非食品原料的食品的，处五年以下有期徒刑或者拘役，并处或者单处销售金额百分之五十以上二倍以下罚金；造成严重食物中毒事故或者其他严重食源性疾患，对人体健康造成严重危害的，处五年以上十年以下有期徒刑，并处销售金额百分之五十以上二倍以下罚金；致人死亡或者对人体健康造成特别严重危害的，依照本法第一百四十一条的规定处罚。"

② 本条经 2002 年 12 月 28 日《刑法修正案（四）》第一条修改。

1997 年刑法第一百四十五条原规定："生产不符合保障人体健康的国家标准、行业标准的医疗器械、医用卫生材料，或者销售明知是不符合保障人体健康的国家标准、行业标准的医疗器械、医用卫生材料，对人体健康造成严重危害的，处五以下有期徒刑，并处销售金额百分之五十以上二倍以下罚金；后果特别严重的，处五年以上十年以下有期徒刑，并处销售金额百分之五十以上二倍以下罚金，其中情节特别恶劣的，处十年以上有期徒刑或者无期徒刑，并处销售金额百分之五十以上二倍以下罚金或者没收财产。"

第一百四十六条　【生产、销售不符合安全标准的产品罪】 生产不符合保障人身、财产安全的国家标准、行业标准的电器、压力容器、易燃易爆产品或者其他不符合保障人身、财产安全的国家标准、行业标准的产品，或者销售明知是以上不符合保障人身、财产安全的国家标准、行业标准的产品，造成严重后果的，处五年以下有期徒刑，并处销售金额百分之五十以上二倍以下罚金；后果特别严重的，处五年以上有期徒刑，并处销售金额百分之五十以上二倍以下罚金。

第一百四十七条　【生产、销售伪劣农药、兽药、化肥、种子罪】 生产假农药、假兽药、假化肥，销售明知是假的或者失去使用效能的农药、兽药、化肥、种子，或者生产者、销售者以不合格的农药、兽药、化肥、种子冒充合格的农药、兽药、化肥、种子，使生产遭受较大损失的，处三年以下有期徒刑或者拘役，并处或者单处销售金额百分之五十以上二倍以下罚金；使生产遭受重大损失的，处三年以上七年以下有期徒刑，并处销售金额百分之五十以上二倍以下罚金；使生产遭受特别重大损失的，处七年以上有期徒刑或者无期徒刑，并处销售金额百分之五十以上二倍以下罚金或者没收财产。

第一百四十八条　【生产、销售不符合卫生标准的化妆品罪】 生产不符合卫生标准的化妆品，或者销售明知是不符合卫生标准的化妆品，造成严重后果的，处三年以下有期徒刑或者拘役，并处或者单处销售金额百分之五十以上二倍以下罚金。

第一百四十九条　生产、销售本节第一百四十一条至第一百四十八条所列产品，不构成各该条规定的犯罪，但是销售金额在五万元以上的，依照本节第一百四十条的规定定罪处罚。

生产、销售本节第一百四十一条至第一百四十八条所列产品，构成各该条规定的犯罪，同时又构成本节第一百四十条规定之罪的，依照处罚较重的规定定罪处罚。

第一百五十条　单位犯本节第一百四十条至第一百四十八条规定之罪的，对单位判处罚金，并对其直接负责的主管人员和其他直接责任人员，依照各该条的规定处罚。

第二节　走私罪

第一百五十一条[①]　**【走私武器、弹药罪】【走私核材料罪】【走私假币罪】**　走私武器、弹药、核材料或者伪造的货币的，处七年以上有期徒刑，并处罚金或者没收财产；情节特别严重的，处无期徒刑，并处没收财产；情节较轻的，处三年以上七年以下有期徒刑，并处罚金。

【走私文物罪】【走私贵重金属罪】【走私珍贵动物、珍贵动物制品罪】　走私国家禁止出口的文物、黄金、白银和其他贵重金属或者国家禁止进出口的珍贵动物及其制品的，处五年以上十年以下有期徒刑，并处罚金；情节特别严重的，处十年以上有期徒刑或者无期徒

---

① 本条经2009年2月28日《刑法修正案（七）》第一条、2011年2月25日《刑法修正案（八）》第二十六条、2015年8月29日《刑法修正案（九）》第九条三次修改。

1997年刑法第一百五十一条原规定："走私武器、弹药、核材料或者伪造的货币的，处七年以上有期徒刑，并处罚金或者没收财产；情节较轻的，处三年以上七年以下有期徒刑，并处罚金。

"走私国家禁止出口的文物、黄金、白银和其他贵重金属或者国家禁止进出口的珍贵动物及其制品的，处五年以上有期徒刑，并处罚金；情节较轻的，处五年以下有期徒刑，并处罚金。

"走私国家禁止进出口的珍稀植物及其制品的，处五年以下有期徒刑，并处或者单处罚金；情节严重的，处五年以上有期徒刑，并处罚金。

"犯第一款、第二款罪，情节特别严重的，处无期徒刑或者死刑，并处没收财产。

"单位犯本条规定之罪的，对单位判处罚金，并对其直接负责的主管人员和其他直接责任人员，依照本条各款的规定处罚。"

《刑法修正案（七）》第一条将1997年刑法第一百五十一条第三款修改为："走私珍稀植物及其制品等国家禁止进出口的其他货物、物品的，处五年以下有期徒刑或者拘役，并处或者单处罚金；情节严重的，处五年以上有期徒刑，并处罚金。"

《刑法修正案（八）》第二十六条将本条修改为："走私武器、弹药、核材料或者伪造的货币的，处七年以上有期徒刑，并处罚金或者没收财产；情节特别严重的，处无期徒刑或者死刑，并处没收财产；情节较轻的，处三年以上七年以下有期徒刑，并处罚金。"

"走私国家禁止出口的文物、黄金、白银和其他贵重金属或者国家禁止进出口的珍贵动物及其制品的，处五年以上十年以下有期徒刑，并处罚金；情节特别严重的，处十年以上有期徒刑或者无期徒刑，并处没收财产；情节较轻的，处五年以下有期徒刑，并处罚金。

"走私珍稀植物及其制品等国家禁止进出口的其他货物、物品的，处五年以下有期徒刑或者拘役，并处或者单处罚金；情节严重的，处五年以上有期徒刑，并处罚金。

"单位犯本条规定之罪的，对单位判处罚金，并对其直接负责的主管人员和其他直接责任人员，依照本条各款的规定处罚。"

《刑法修正案（九）》第九条对本条第一款作了再次修改。

刑，并处没收财产；情节较轻的，处五年以下有期徒刑，并处罚金。

【走私国家禁止进出口的货物、物品罪】 走私珍稀植物及其制品等国家禁止进出口的其他货物、物品的，处五年以下有期徒刑或者拘役，并处或者单处罚金；情节严重的，处五年以上有期徒刑，并处罚金。

单位犯本条规定之罪的，对单位判处罚金，并对其直接负责的主管人员和其他直接责任人员，依照本条各款的规定处罚。

第一百五十二条① **【走私淫秽物品罪】** 以牟利或者传播为目的，走私淫秽的影片、录像带、录音带、图片、书刊或者其他淫秽物品的，处三年以上十年以下有期徒刑，并处罚金；情节严重的，处十年以上有期徒刑或者无期徒刑，并处罚金或者没收财产；情节较轻的，处三年以下有期徒刑、拘役或者管制，并处罚金。

【走私废物罪】 逃避海关监管将境外固体废物、液态废物和气态废物运输进境，情节严重的，处五年以下有期徒刑，并处或者单处罚金；情节特别严重的，处五年以上有期徒刑，并处罚金。

单位犯前两款罪的，对单位判处罚金，并对其直接负责的主管人员和其他直接责任人员，依照前两款的规定处罚。

第一百五十三条② **【走私普通货物、物品罪】** 走私本法第一百五十一条、第一百五十二条、第三百四十七条规定以外的货物、物

---

① 本条第二款为2002年12月28日《刑法修正案（四）》第二条增加；第三款经《刑法修正案（四）》第二条修改。

1997年刑法第一百五十二条第二款原规定："单位犯前款罪的，对单位判处罚金，并对其直接负责的主管人员和其他直接责任人员，依照前款的规定处罚。"经《刑法修正案（四）》第二条修改后，由原第二款调整为第三款。

② 本条第一款经2011年2月25日《刑法修正案（八）》第二十七条修改。

1997年刑法第一百五十三条第一款原规定："走私本法第一百五十一条、第一百五十二条、第三百四十七条规定以外的货物、物品的，根据情节轻重，分别依照下列规定处罚：

"（一）走私货物、物品偷逃应缴税额在五十万元以上的，处十年以上有期徒刑或者无期徒刑，并处偷逃应缴税额一倍以上五倍以下罚金或者没收财产；情节特别严重的，依照本法第一百五十一条第四款的规定处罚。

"（二）走私货物、物品偷逃应缴税额在十五万元以上不满五十万元的，处三年以上十年以下有期徒刑，并处偷逃应缴税额一倍以上五倍以下罚金；情节特别严重的，处十年以上有期徒刑或者无期徒刑，并处偷逃应缴税额一倍以上五倍以下罚金或者没收财产。

"（三）走私货物、物品偷逃应缴税额在五万元以上不满十五万元的，处三年以下有期徒刑或者拘役，并处偷逃应缴税额一倍以上五倍以下罚金。"

品的，根据情节轻重，分别依照下列规定处罚：

（一）走私货物、物品偷逃应缴税额较大或者一年内曾因走私被给予二次行政处罚后又走私的，处三年以下有期徒刑或者拘役，并处偷逃应缴税额一倍以上五倍以下罚金。

（二）走私货物、物品偷逃应缴税额巨大或者有其他严重情节的，处三年以上十年以下有期徒刑，并处偷逃应缴税额一倍以上五倍以下罚金。

（三）走私货物、物品偷逃应缴税额特别巨大或者有其他特别严重情节的，处十年以上有期徒刑或者无期徒刑，并处偷逃应缴税额一倍以上五倍以下罚金或者没收财产。

单位犯前款罪的，对单位判处罚金，并对其直接负责的主管人员和其他直接责任人员，处三年以下有期徒刑或者拘役；情节严重的，处三年以上十年以下有期徒刑；情节特别严重的，处十年以上有期徒刑。

对多次走私未经处理的，按照累计走私货物、物品的偷逃应缴税额处罚。

第一百五十四条　【走私普通货物、物品罪】　下列走私行为，根据本节规定构成犯罪的，依照本法第一百五十三条的规定定罪处罚：

（一）未经海关许可并且未补缴应缴税额，擅自将批准进口的来料加工、来件装配、补偿贸易的原材料、零件、制成品、设备等保税货物，在境内销售牟利的；

（二）未经海关许可并且未补缴应缴税额，擅自将特定减税、免税进口的货物、物品，在境内销售牟利的。

第一百五十五条①　下列行为，以走私罪论处，依照本节的有关

---

① 本条经2002年12月28日《刑法修正案（四）》第三条修改。

1997年刑法第一百五十五条原规定："下列行为，以走私罪论处，依照本节的有关规定处罚：

"（一）直接向走私人非法收购国家禁止进口物品的，或者直接向走私人非法收购走私进口的其他货物、物品，数额较大的；

"（二）在内海、领海运输、收购、贩卖国家禁止进出口物品的，或者运输、收购、贩卖国家限制进出口货物、物品，数额较大，没有合法证明的；

"（三）逃避海关监管将境外固体废物运输进境的。"

规定处罚：

（一）直接向走私人非法收购国家禁止进口物品的，或者直接向走私人非法收购走私进口的其他货物、物品，数额较大的；

（二）在内海、领海、界河、界湖运输、收购、贩卖国家禁止进出口物品的，或者运输、收购、贩卖国家限制进出口货物、物品，数额较大，没有合法证明的。

第一百五十六条 与走私罪犯通谋，为其提供贷款、资金、账号、发票、证明，或者为其提供运输、保管、邮寄或者其他方便的，以走私罪的共犯论处。

第一百五十七条[①] 武装掩护走私的，依照本法第一百五十一条第一款的规定从重处罚。

以暴力、威胁方法抗拒缉私的，以走私罪和本法第二百七十七条规定的阻碍国家机关工作人员依法执行职务罪，依照数罪并罚的规定处罚。

第三节 妨害对公司、企业的管理秩序罪

第一百五十八条 【虚报注册资本罪】 申请公司登记使用虚假证明文件或者采取其他欺诈手段虚报注册资本，欺骗公司登记主管部门，取得公司登记，虚报注册资本数额巨大、后果严重或者有其他严重情节的，处三年以下有期徒刑或者拘役，并处或者单处虚报注册资本金额百分之一以上百分之五以下罚金。

单位犯前款罪的，对单位判处罚金，并对其直接负责的主管人员和其他直接责任人员，处三年以下有期徒刑或者拘役。

第一百五十九条 【虚假出资、抽逃出资罪】 公司发起人、股东违反公司法的规定未交付货币、实物或者未转移财产权，虚假出资，或者在公司成立后又抽逃其出资，数额巨大、后果严重或者有其他严重情节的，处五年以下有期徒刑或者拘役，并处或者单处虚假出

① 本条第一款经2011年2月25日《刑法修正案（八）》第二十八条修改。

1997年刑法第一百五十七条第一款原规定：“武装掩护走私的，依照本法第一百五十一条第一款、第四款的规定从重处罚。”

资金额或者抽逃出资金额百分之二以上百分之十以下罚金。

单位犯前款罪的，对单位判处罚金，并对其直接负责的主管人员和其他直接责任人员，处五年以下有期徒刑或者拘役。

第一百六十条　【欺诈发行股票、债券罪】　在招股说明书、认股书、公司、企业债券募集办法中隐瞒重要事实或者编造重大虚假内容，发行股票或者公司、企业债券，数额巨大、后果严重或者有其他严重情节的，处五年以下有期徒刑或者拘役，并处或者单处非法募集资金金额百分之一以上百分之五以下罚金。

单位犯前款罪的，对单位判处罚金，并对其直接负责的主管人员和其他直接责任人员，处五年以下有期徒刑或者拘役。

第一百六十一条①　【违规披露、不披露重要信息罪】　依法负有信息披露义务的公司、企业向股东和社会公众提供虚假的或者隐瞒重要事实的财务会计报告，或者对依法应当披露的其他重要信息不按照规定披露，严重损害股东或者其他人利益，或者有其他严重情节的，对其直接负责的主管人员和其他直接责任人员，处三年以下有期徒刑或者拘役，并处或者单处二万元以上二十万元以下罚金。

第一百六十二条　【妨害清算罪】　公司、企业进行清算时，隐匿财产，对资产负债表或者财产清单作虚伪记载或者在未清偿债务前分配公司、企业财产，严重损害债权人或者其他人利益的，对其直接负责的主管人员和其他直接责任人员，处五年以下有期徒刑或者拘役，并处或者单处二万元以上二十万元以下罚金。

第一百六十二条之一②　【隐匿、故意销毁会计凭证、会计账簿、财务会计报告罪】　隐匿或者故意销毁依法应当保存的会计凭证、会计账簿、财务会计报告，情节严重的，处五年以下有期徒刑或者拘役，并处或者单处二万元以上二十万元以下罚金。

---

① 本条经2006年6月29日《刑法修正案（六）》第五条修改。

1997年刑法第一百六十一条原规定："公司向股东和社会公众提供虚假的或者隐瞒重要事实的财务会计报告，严重损害股东或者其他人利益的，对其直接负责的主管人员和其他直接责任人员，处三年以下有期徒刑或者拘役，并处或者单处二万元以上二十万元以下罚金。"

② 本条为1999年12月25日《刑法修正案》第一条增加。

单位犯前款罪的，对单位判处罚金，并对其直接负责的主管人员和其他直接责任人员，依照前款的规定处罚。

第一百六十二条之二[①] **【虚假破产罪】** 公司、企业通过隐匿财产、承担虚构的债务或者以其他方法转移、处分财产，实施虚假破产，严重损害债权人或者其他人利益的，对其直接负责的主管人员和其他直接责任人员，处五年以下有期徒刑或者拘役，并处或者单处二万元以上二十万元以下罚金。

第一百六十三条[②] **【非国家工作人员受贿罪】** 公司、企业或者其他单位的工作人员利用职务上的便利，索取他人财物或者非法收受他人财物，为他人谋取利益，数额较大的，处五年以下有期徒刑或者拘役；数额巨大的，处五年以上有期徒刑，可以并处没收财产。

公司、企业或者其他单位的工作人员在经济往来中，利用职务上的便利，违反国家规定，收受各种名义的回扣、手续费，归个人所有的，依照前款的规定处罚。

【受贿罪】 国有公司、企业或者其他国有单位中从事公务的人员和国有公司、企业或者其他国有单位委派到非国有公司、企业以及其他单位从事公务的人员有前两款行为的，依照本法第三百八十五条、第三百八十六条的规定定罪处罚。

---

① 本条为2006年6月29日《刑法修正案（六）》第六条增加。

② 本条经2006年6月29日《刑法修正案（六）》第七条修改。

1997年刑法第一百六十三条原规定：“公司、企业的工作人员利用职务上的便利，索取他人财物或者非法收受他人财物，为他人谋取利益，数额较大的，处五年以下有期徒刑或者拘役；数额巨大的，处五年以上有期徒刑，可以并处没收财产。

“公司、企业的工作人员在经济往来中，违反国家规定，收受各种名义的回扣、手续费，归个人所有的，依照前款的规定处罚。

“国有公司、企业中从事公务的人员和国有公司、企业委派到非国有公司、企业从事公务的人员有前两款行为的，依照本法第三百八十五条、第三百八十六条的规定定罪处罚。”

第一百六十四条[①] **【对非国家工作人员行贿罪】** 为谋取不正当利益，给予公司、企业或者其他单位的工作人员以财物，数额较大的，处三年以下有期徒刑或者拘役，并处罚金；数额巨大的，处三年以上十年以下有期徒刑，并处罚金。

【对外国公职人员、国际公共组织官员行贿罪】 为谋取不正当商业利益，给予外国公职人员或者国际公共组织官员以财物的，依照前款的规定处罚。

单位犯前两款罪的，对单位判处罚金，并对其直接负责的主管人员和其他直接责任人员，依照第一款的规定处罚。

行贿人在被追诉前主动交待行贿行为的，可以减轻处罚或者免除处罚。

第一百六十五条 **【非法经营同类营业罪】** 国有公司、企业的董事、经理利用职务便利，自己经营或者为他人经营与其所任职公司、企业同类的营业，获取非法利益，数额巨大的，处三年以下有期

① 本条经2006年6月29日《刑法修正案（六）》第八条、2011年2月25日《刑法修正案（八）》第二十九条、2015年8月29日《刑法修正案（九）》第十条三次修改。

1997年刑法第一百六十四条原规定："为谋取不正当利益，给予公司、企业的工作人员以财物，数额较大的，处三年以下有期徒刑或者拘役；数额巨大的，处三年以上十年以下有期徒刑，并处罚金。

"单位犯前款罪的，对单位判处罚金，并对其直接负责的主管人员和其他直接责任人员，依照前款的规定处罚。

"行贿人在被追诉前主动交待行贿行为的，可以减轻处罚或者免除处罚。"

《刑法修正案（六）》第八条将1997年刑法第一百六十四条第一款修改为："为谋取不正当利益，给予公司、企业或者其他单位的工作人员以财物，数额较大的，处三年以下有期徒刑或者拘役；数额巨大的，处三年以上十年以下有期徒刑，并处罚金。"

《刑法修正案（八）》第二十九条将本条修改为："为谋取不正当利益，给予公司、企业或者其他单位的工作人员以财物，数额较大的，处三年以下有期徒刑或者拘役；数额巨大的，处三年以上十年以下有期徒刑，并处罚金。

"为谋取不正当商业利益，给予外国公职人员或者国际公共组织官员以财物的，依照前款的规定处罚。

"单位犯前两款罪的，对单位判处罚金，并对其直接负责的主管人员和其他直接责任人员，依照第一款的规定处罚。

"行贿人在被追诉前主动交待行贿行为的，可以减轻处罚或者免除处罚。"

《刑法修正案（九）》第十条对本条第一款作了再次修改。

徒刑或者拘役，并处或者单处罚金；数额特别巨大的，处三年以上七年以下有期徒刑，并处罚金。

第一百六十六条　【为亲友非法牟利罪】　国有公司、企业、事业单位的工作人员，利用职务便利，有下列情形之一，使国家利益遭受重大损失的，处三年以下有期徒刑或者拘役，并处或者单处罚金；致使国家利益遭受特别重大损失的，处三年以上七年以下有期徒刑，并处罚金：

（一）将本单位的盈利业务交由自己的亲友进行经营的；

（二）以明显高于市场的价格向自己的亲友经营管理的单位采购商品或者以明显低于市场的价格向自己的亲友经营管理的单位销售商品的；

（三）向自己的亲友经营管理的单位采购不合格商品的。

第一百六十七条　【签订、履行合同失职被骗罪】　国有公司、企业、事业单位直接负责的主管人员，在签订、履行合同过程中，因严重不负责任被诈骗，致使国家利益遭受重大损失的，处三年以下有期徒刑或者拘役；致使国家利益遭受特别重大损失的，处三年以上七年以下有期徒刑。

第一百六十八条①　【国有公司、企业、事业单位人员失职罪】【国有公司、企业、事业单位人员滥用职权罪】　国有公司、企业的工作人员，由于严重不负责任或者滥用职权，造成国有公司、企业破产或者严重损失，致使国家利益遭受重大损失的，处三年以下有期徒刑或者拘役；致使国家利益遭受特别重大损失的，处三年以上七年以下有期徒刑。

国有事业单位的工作人员有前款行为，致使国家利益遭受重大损失的，依照前款的规定处罚。

国有公司、企业、事业单位的工作人员，徇私舞弊，犯前两款罪

---

① 本条经1999年12月25日《刑法修正案》第二条修改。

1997年刑法第一百六十八条原规定："国有公司、企业直接负责的主管人员，徇私舞弊，造成国有公司、企业破产或者严重亏损，致使国家利益遭受重大损失的，处三年以下有期徒刑或者拘役。"

的，依照第一款的规定从重处罚。

第一百六十九条　【徇私舞弊低价折股、出售国有资产罪】 国有公司、企业或者其上级主管部门直接负责的主管人员，徇私舞弊，将国有资产低价折股或者低价出售，致使国家利益遭受重大损失的，处三年以下有期徒刑或者拘役；致使国家利益遭受特别重大损失的，处三年以上七年以下有期徒刑。

第一百六十九条之一[①] **【背信损害上市公司利益罪】** 上市公司的董事、监事、高级管理人员违背对公司的忠实义务，利用职务便利，操纵上市公司从事下列行为之一，致使上市公司利益遭受重大损失的，处三年以下有期徒刑或者拘役，并处或者单处罚金；致使上市公司利益遭受特别重大损失的，处三年以上七年以下有期徒刑，并处罚金：

（一）无偿向其他单位或者个人提供资金、商品、服务或者其他资产的；

（二）以明显不公平的条件，提供或者接受资金、商品、服务或者其他资产的；

（三）向明显不具有清偿能力的单位或者个人提供资金、商品、服务或者其他资产的；

（四）为明显不具有清偿能力的单位或者个人提供担保，或者无正当理由为其他单位或者个人提供担保的；

（五）无正当理由放弃债权、承担债务的；

（六）采用其他方式损害上市公司利益的。

上市公司的控股股东或者实际控制人，指使上市公司董事、监事、高级管理人员实施前款行为的，依照前款的规定处罚。

犯前款罪的上市公司的控股股东或者实际控制人是单位的，对单位判处罚金，并对其直接负责的主管人员和其他直接责任人员，依照第一款的规定处罚。

---

① 本条为2006年6月29日《刑法修正案（六）》第九条增加。

第四节　破坏金融管理秩序罪

第一百七十条[①]　**【伪造货币罪】**　伪造货币的，处三年以上十年以下有期徒刑，并处罚金；有下列情形之一的，处十年以上有期徒刑或者无期徒刑，并处罚金或者没收财产：

（一）伪造货币集团的首要分子；

（二）伪造货币数额特别巨大的；

（三）有其他特别严重情节的。

第一百七十一条　**【出售、购买、运输假币罪】**　出售、购买伪造的货币或者明知是伪造的货币而运输，数额较大的，处三年以下有期徒刑或者拘役，并处二万元以上二十万元以下罚金；数额巨大的，处三年以上十年以下有期徒刑，并处五万元以上五十万元以下罚金；数额特别巨大的，处十年以上有期徒刑或者无期徒刑，并处五万元以上五十万元以下罚金或者没收财产。

【金融机构工作人员购买假币、以假币换取货币罪】　银行或者其他金融机构的工作人员购买伪造的货币或者利用职务上的便利，以伪造的货币换取货币的，处三年以上十年以下有期徒刑，并处二万元以上二十万元以下罚金；数额巨大或者有其他严重情节的，处十年以上有期徒刑或者无期徒刑，并处二万元以上二十万元以下罚金或者没收财产；情节较轻的，处三年以下有期徒刑或者拘役，并处或者单处一万元以上十万元以下罚金。

伪造货币并出售或者运输伪造的货币的，依照本法第一百七十条的规定定罪从重处罚。

第一百七十二条　**【持有、使用假币罪】**　明知是伪造的货币

---

① 本条经2015年8月29日《刑法修正案（九）》第十一条修改。

1997年刑法第一百七十条原规定：“伪造货币的，处三年以上十年以下有期徒刑，并处五万元以上五十万元以下罚金；有下列情形之一的，处十年以上有期徒刑、无期徒刑或者死刑，并处五万元以上五十万元以下罚金或者没收财产：

“（一）伪造货币集团的首要分子；

“（二）伪造货币数额特别巨大的；

“（三）有其他特别严重情节的。”

而持有、使用，数额较大的，处三年以下有期徒刑或者拘役，并处或者单处一万元以上十万元以下罚金；数额巨大的，处三年以上十年以下有期徒刑，并处二万元以上二十万元以下罚金；数额特别巨大的，处十年以上有期徒刑，并处五万元以上五十万元以下罚金或者没收财产。

第一百七十三条　【变造货币罪】　变造货币，数额较大的，处三年以下有期徒刑或者拘役，并处或者单处一万元以上十万元以下罚金；数额巨大的，处三年以上十年以下有期徒刑，并处二万元以上二十万元以下罚金。

第一百七十四条[①]　**【擅自设立金融机构罪】**　未经国家有关主管部门批准，擅自设立商业银行、证券交易所、期货交易所、证券公司、期货经纪公司、保险公司或者其他金融机构的，处三年以下有期徒刑或者拘役，并处或者单处二万元以上二十万元以下罚金；情节严重的，处三年以上十年以下有期徒刑，并处五万元以上五十万元以下罚金。

【伪造、变造、转让金融机构经营许可证、批准文件罪】　伪造、变造、转让商业银行、证券交易所、期货交易所、证券公司、期货经纪公司、保险公司或者其他金融机构的经营许可证或者批准文件的，依照前款的规定处罚。

单位犯前两款罪的，对单位判处罚金，并对其直接负责的主管人员和其他直接责任人员，依照第一款的规定处罚。

第一百七十五条　【高利转贷罪】　以转贷牟利为目的，套取金融机构信贷资金高利转贷他人，违法所得数额较大的，处三年以下

---

① 本条经1999年12月25日《刑法修正案》第三条修改。

1997年刑法第一百七十四条原规定："未经中国人民银行批准，擅自设立商业银行或者其他金融机构的，处三年以下有期徒刑或者拘役，并处或者单处二万元以上二十万元以下罚金；情节严重的，处三年以上十年以下有期徒刑，并处五万元以上五十万元以下罚金。

"伪造、变造、转让商业银行或者其他金融机构的经营许可证的，依照前款的规定处罚。

"单位犯前两款罪的，对单位判处罚金，并对其直接负责的主管人员和其他直接责任人员，依照第一款的规定处罚。"

有期徒刑或者拘役，并处违法所得一倍以上五倍以下罚金；数额巨大的，处三年以上七年以下有期徒刑，并处违法所得一倍以上五倍以下罚金。

单位犯前款罪的，对单位判处罚金，并对其直接负责的主管人员和其他直接责任人员，处三年以下有期徒刑或者拘役。

第一百七十五条之一[①] **【骗取贷款、票据承兑、金融票证罪】** 以欺骗手段取得银行或者其他金融机构贷款、票据承兑、信用证、保函等，给银行或者其他金融机构造成重大损失或者有其他严重情节的，处三年以下有期徒刑或者拘役，并处或者单处罚金；给银行或者其他金融机构造成特别重大损失或者有其他特别严重情节的，处三年以上七年以下有期徒刑，并处罚金。

单位犯前款罪的，对单位判处罚金，并对其直接负责的主管人员和其他直接责任人员，依照前款的规定处罚。

第一百七十六条 **【非法吸收公众存款罪】** 非法吸收公众存款或者变相吸收公众存款，扰乱金融秩序的，处三年以下有期徒刑或者拘役，并处或者单处二万元以上二十万元以下罚金；数额巨大或者有其他严重情节的，处三年以上十年以下有期徒刑，并处五万元以上五十万元以下罚金。

单位犯前款罪的，对单位判处罚金，并对其直接负责的主管人员和其他直接责任人员，依照前款的规定处罚。

第一百七十七条 **【伪造、变造金融票证罪】** 有下列情形之一，伪造、变造金融票证的，处五年以下有期徒刑或者拘役，并处或者单处二万元以上二十万元以下罚金；情节严重的，处五年以上十年以下有期徒刑，并处五万元以上五十万元以下罚金；情节特别严重的，处十年以上有期徒刑或者无期徒刑，并处五万元以上五十万元以下罚金或者没收财产：

（一）伪造、变造汇票、本票、支票的；

（二）伪造、变造委托收款凭证、汇款凭证、银行存单等其他银行结算凭证的；

① 本条为2006年6月29日《刑法修正案（六）》第十条增加。

（三）伪造、变造信用证或者附随的单据、文件的；

（四）伪造信用卡的。

单位犯前款罪的，对单位判处罚金，并对其直接负责的主管人员和其他直接责任人员，依照前款的规定处罚。

第一百七十七条之一①　**【妨害信用卡管理罪】**　有下列情形之一，妨害信用卡管理的，处三年以下有期徒刑或者拘役，并处或者单处一万元以上十万元以下罚金；数量巨大或者有其他严重情节的，处三年以上十年以下有期徒刑，并处二万元以上二十万元以下罚金：

（一）明知是伪造的信用卡而持有、运输的，或者明知是伪造的空白信用卡而持有、运输，数量较大的；

（二）非法持有他人信用卡，数量较大的；

（三）使用虚假的身份证明骗领信用卡的；

（四）出售、购买、为他人提供伪造的信用卡或者以虚假的身份证明骗领的信用卡的。

【窃取、收买、非法提供信用卡信息罪】　窃取、收买或者非法提供他人信用卡信息资料的，依照前款规定处罚。

银行或者其他金融机构的工作人员利用职务上的便利，犯第二款罪的，从重处罚。

第一百七十八条　**【伪造、变造国家有价证券罪】**　伪造、变造国库券或者国家发行的其他有价证券，数额较大的，处三年以下有期徒刑或者拘役，并处或者单处二万元以上二十万元以下罚金；数额巨大的，处三年以上十年以下有期徒刑，并处五万元以上五十万元以下罚金；数额特别巨大的，处十年以上有期徒刑或者无期徒刑，并处五万元以上五十万元以下罚金或者没收财产。

【伪造、变造股票、公司、企业债券罪】　伪造、变造股票或者公司、企业债券，数额较大的，处三年以下有期徒刑或者拘役，并处或者单处一万元以上十万元以下罚金；数额巨大的，处三年以上十年以下有期徒刑，并处二万元以上二十万元以下罚金。

单位犯前两款罪的，对单位判处罚金，并对其直接负责的主管人

① 本条为2005年2月28日《刑法修正案（五）》第一条增加。

员和其他直接责任人员，依照前两款的规定处罚。

第一百七十九条　【擅自发行股票、公司、企业债券罪】　未经国家有关主管部门批准，擅自发行股票或者公司、企业债券，数额巨大、后果严重或者有其他严重情节的，处五年以下有期徒刑或者拘役，并处或者单处非法募集资金金额百分之一以上百分之五以下罚金。

单位犯前款罪的，对单位判处罚金，并对其直接负责的主管人员和其他直接责任人员，处五年以下有期徒刑或者拘役。

第一百八十条[①]　**【内幕交易、泄露内幕交易信息罪】**　证券、期货交易内幕信息的知情人员或者非法获取证券、期货交易内幕信息的人员，在涉及证券的发行，证券、期货交易或者其他对证券、期货交易价格有重大影响的信息尚未公开前，买入或者卖出该证券，或者从事与该内幕信息有关的期货交易，或者泄露该信息，或者明示、暗示他人从事上述交易活动，情节严重的，处五年以下有期徒刑或者拘

---

① 本条经1999年12月25日《刑法修正案》第四条、2009年2月28日《刑法修正案（七）》第二条两次修改。

1997年刑法第一百八十条原规定："证券交易内幕信息的知情人员或者非法获取证券交易内幕信息的人员，在涉及证券的发行、交易或者其他对证券的价格有重大影响的信息尚未公开前，买入或者卖出该证券，或者泄露该信息，情节严重的，处五年以下有期徒刑或者拘役，并处或者单处违法所得一倍以上五倍以下罚金；情节特别严重的，处五年以上十年以下有期徒刑，并处违法所得一倍以上五倍以下罚金。

"单位犯前款罪的，对单位判处罚金，并对其直接负责的主管人员和其他直接责任人员，处五年以下有期徒刑或者拘役。

"内幕信息的范围，依照法律、行政法规的规定确定。

"知情人员的范围，依照法律、行政法规的规定确定。"

《刑法修正案》第四条将1997年刑法第一百八十条修改为："证券、期货交易内幕信息的知情人员或者非法获取证券、期货交易内幕信息的人员，在涉及证券的发行，证券、期货交易或者其他对证券、期货交易价格有重大影响的信息尚未公开前，买入或者卖出该证券，或者从事与该内幕信息有关的期货交易，或者泄露该信息，情节严重的，处五年以下有期徒刑或者拘役，并处或者单处违法所得一倍以上五倍以下罚金；情节特别严重的，处五年以上十年以下有期徒刑，并处违法所得一倍以上五倍以下罚金。

"单位犯前款罪的，对单位判处罚金，并对其直接负责的主管人员和其他直接责任人员，处五年以下有期徒刑或者拘役。

"内幕信息、知情人员的范围，依照法律、行政法规的规定确定。"

《刑法修正案（七）》第二条对本条第一款作了再次修改，并增加规定本条第四款。

役，并处或者单处违法所得一倍以上五倍以下罚金；情节特别严重的，处五年以上十年以下有期徒刑，并处违法所得一倍以上五倍以下罚金。

单位犯前款罪的，对单位判处罚金，并对其直接负责的主管人员和其他直接责任人员，处五年以下有期徒刑或者拘役。

内幕信息、知情人员的范围，依照法律、行政法规的规定确定。

【利用未公开信息交易罪】　证券交易所、期货交易所、证券公司、期货经纪公司、基金管理公司、商业银行、保险公司等金融机构的从业人员以及有关监管部门或者行业协会的工作人员，利用因职务便利获取的内幕信息以外的其他未公开的信息，违反规定，从事与该信息相关的证券、期货交易活动，或者明示、暗示他人从事相关交易活动，情节严重的，依照第一款的规定处罚。

第一百八十一条①　**【编造并传播证券、期货交易虚假信息罪】**　编造并且传播影响证券、期货交易的虚假信息，扰乱证券、期货交易市场，造成严重后果的，处五年以下有期徒刑或者拘役，并处或者单处一万元以上十万元以下罚金。

【诱骗投资者买卖证券、期货合约罪】　证券交易所、期货交易所、证券公司、期货经纪公司的从业人员，证券业协会、期货业协会或者证券期货监督管理部门的工作人员，故意提供虚假信息或者伪造、变造、销毁交易记录，诱骗投资者买卖证券、期货合约，造成严重后果的，处五年以下有期徒刑或者拘役，并处或者单处一万元以上十万元以下罚金；情节特别恶劣的，处五年以上十年以下有期徒刑，

---

①　本条经1999年12月25日《刑法修正案》第五条修改。

1997年刑法第一百八十一条原规定："编造并且传播影响证券交易的虚假信息，扰乱证券交易市场，造成严重后果的，处五年以下有期徒刑或者拘役，并处或者单处一万元以上十万元以下罚金。

"证券交易所、证券公司的从业人员，证券业协会或者证券期货监督管理部门的工作人员，故意提供虚假信息或者伪造、变造、销毁交易记录，诱骗投资者买卖证券，造成严重后果的，处五年以下有期徒刑或者拘役，并处或者单处一万元以上十万元以下罚金；情节特别恶劣的，处五年以上十年以下有期徒刑，并处二万元以上二十万元以下罚金。

"单位犯前两款罪的，对单位判处罚金，并对其直接负责的主管人员和其他直接责任人员，处五年以下有期徒刑或者拘役。"

并处二万元以上二十万元以下罚金。

单位犯前两款罪的，对单位判处罚金，并对其直接负责的主管人员和其他直接责任人员，处五年以下有期徒刑或者拘役。

第一百八十二条[①] **【操纵证券、期货市场罪】** 有下列情形之一，操纵证券、期货市场，情节严重的，处五年以下有期徒刑或者拘役，并处或者单处罚金；情节特别严重的，处五年以上十年以下有期徒刑，并处罚金：

（一）单独或者合谋，集中资金优势、持股或者持仓优势或者利用信息优势联合或者连续买卖，操纵证券、期货交易价格或者证券、期货交易量的；

（二）与他人串通，以事先约定的时间、价格和方式相互进行证券、期货交易，影响证券、期货交易价格或者证券、期货交易量的；

---

① 本条经1999年12月25日《刑法修正案》第六条、2006年6月29日《刑法修正案（六）》第十一条两次修改。

1997年刑法第一百八十二条原规定："有下列情形之一，操纵证券交易价格，获取不正当利益或者转嫁风险，情节严重的，处五年以下有期徒刑或者拘役，并处或者单处违法所得一倍以上五倍以下罚金：

"（一）单独或者合谋，集中资金优势、持股优势或者利用信息优势联合或者连续买卖，操纵证券交易价格的；

"（二）与他人串通，以事先约定的时间、价格和方式相互进行证券交易，或者相互买卖并不持有的证券，影响证券交易价格或者证券交易量的；

"（三）以自己为交易对象，进行不转移证券所有权的自买自卖，影响证券交易价格或者证券交易量的；

"（四）以其他方法操纵证券交易价格的。

"单位犯前款罪的，对单位判处罚金，并对其直接负责的主管人员和其他直接责任人员，处五年以下有期徒刑或者拘役。"

《刑法修正案》第六条将1997年刑法第一百八十二条修改为："有下列情形之一，操纵证券、期货交易价格，获取不正当利益或者转嫁风险，情节严重的，处五年以下有期徒刑或者拘役，并处或者单处违法所得一倍以上五倍以下罚金：

"（一）单独或者合谋，集中资金优势、持股或者持仓优势或者利用信息优势联合或者连续买卖，操纵证券、期货交易价格的；

"（二）与他人串通，以事先约定的时间、价格和方式相互进行证券、期货交易，或者相互买卖并不持有的证券，影响证券、期货交易价格或者证券、期货交易量的；

"（三）以自己为交易对象，进行不转移证券所有权的自买自卖，或者以自己为交易对象，自买自卖期货合约，影响证券、期货交易价格或者证券、期货交易量的；

"（四）以其他方法操纵证券、期货交易价格的。

"单位犯前款罪的，对单位判处罚金，并对其直接负责的主管人员和其他直接责任人员，处五年以下有期徒刑或者拘役。"

《刑法修正案（六）》第十一条对本条作了再次修改。

（三）在自己实际控制的账户之间进行证券交易，或者以自己为交易对象，自买自卖期货合约，影响证券、期货交易价格或者证券、期货交易量的；

（四）以其他方法操纵证券、期货市场的。

单位犯前款罪的，对单位判处罚金，并对其直接负责的主管人员和其他直接责任人员，依照前款的规定处罚。

第一百八十三条　【职务侵占罪】 保险公司的工作人员利用职务上的便利，故意编造未曾发生的保险事故进行虚假理赔，骗取保险金归自己所有的，依照本法第二百七十一条的规定定罪处罚。

【贪污罪】 国有保险公司工作人员和国有保险公司委派到非国有保险公司从事公务的人员有前款行为的，依照本法第三百八十二条、第三百八十三条的规定定罪处罚。

第一百八十四条　【非国家工作人员受贿罪】 银行或者其他金融机构的工作人员在金融业务活动中索取他人财物或者非法收受他人财物，为他人谋取利益的，或者违反国家规定，收受各种名义的回扣、手续费，归个人所有的，依照本法第一百六十三条的规定定罪处罚。

【受贿罪】 国有金融机构工作人员和国有金融机构委派到非国有金融机构从事公务的人员有前款行为的，依照本法第三百八十五条、第三百八十六条的规定定罪处罚。

第一百八十五条①　**【挪用资金罪】** 商业银行、证券交易所、期货交易所、证券公司、期货经纪公司、保险公司或者其他金融机构的工作人员利用职务上的便利，挪用本单位或者客户资金的，依照本法第二百七十二条的规定定罪处罚。

【挪用公款罪】 国有商业银行、证券交易所、期货交易所、证券公司、期货经纪公司、保险公司或者其他国有金融机构的工作人员

---

① 本条经1999年12月25日《刑法修正案》第七条修改。

1997年刑法第一百八十五条原规定：“银行或者其他金融机构的工作人员利用职务上的便利，挪用本单位或者客户资金的，依照本法第二百七十二条的规定定罪处罚。

“国有金融机构工作人员和国有金融机构委派到非国有金融机构从事公务的人员有前款行为的，依照本法第三百八十四条的规定定罪处罚。”

和国有商业银行、证券交易所、期货交易所、证券公司、期货经纪公司、保险公司或者其他国有金融机构委派到前款规定中的非国有机构从事公务的人员有前款行为的，依照本法第三百八十四条的规定定罪处罚。

第一百八十五条之一[①] **【背信运用受托财产罪】** 商业银行、证券交易所、期货交易所、证券公司、期货经纪公司、保险公司或者其他金融机构，违背受托义务，擅自运用客户资金或者其他委托、信托的财产，情节严重的，对单位判处罚金，并对其直接负责的主管人员和其他直接责任人员，处三年以下有期徒刑或者拘役，并处三万元以上三十万元以下罚金；情节特别严重的，处三年以上十年以下有期徒刑，并处五万元以上五十万元以下罚金。

【违法运用资金罪】 社会保障基金管理机构、住房公积金管理机构等公众资金管理机构，以及保险公司、保险资产管理公司、证券投资基金管理公司，违反国家规定运用资金的，对其直接负责的主管人员和其他直接责任人员，依照前款的规定处罚。

第一百八十六条[②] **【违法发放贷款罪】** 银行或者其他金融机构的工作人员违反国家规定发放贷款，数额巨大或者造成重大损失的，处五年以下有期徒刑或者拘役，并处一万元以上十万元以下罚金；数额特别巨大或者造成特别重大损失的，处五年以上有期徒刑，并处二万元以上二十万元以下罚金。

银行或者其他金融机构的工作人员违反国家规定，向关系人发放

① 本条为2006年6月29日《刑法修正案（六）》第十二条增加。

② 本条第一款、第二款经2006年6月29日《刑法修正案（六）》第十三条修改。

1997年刑法第一百八十六条第一款、第二款原规定：“银行或者其他金融机构的工作人员违反法律、行政法规规定，向关系人发放信用贷款或者发放担保贷款的条件优于其他借款人同类贷款的条件，造成较大损失的，处五年以下有期徒刑或者拘役，并处一万元以上十万元以下罚金；造成重大损失的，处五年以上有期徒刑，并处二万元以上二十万元以下罚金。

“银行或者其他金融机构的工作人员违反法律、行政法规规定，向关系人以外的其他人发放贷款，造成重大损失的，处五年以下有期徒刑或者拘役，并处一万元以上十万元以下罚金；造成特别重大损失的，处五年以上有期徒刑，并处二万元以上二十万元以下罚金。”

贷款的，依照前款的规定从重处罚。

单位犯前两款罪的，对单位判处罚金，并对其直接负责的主管人员和其他直接责任人员，依照前两款的规定处罚。

关系人的范围，依照《中华人民共和国商业银行法》和有关金融法规确定。

第一百八十七条[①]　**【吸收客户资金不入账罪】**　银行或者其他金融机构的工作人员吸收客户资金不入账，数额巨大或者造成重大损失的，处五年以下有期徒刑或者拘役，并处二万元以上二十万元以下罚金；数额特别巨大或者造成特别重大损失的，处五年以上有期徒刑，并处五万元以上五十万元以下罚金。

单位犯前款罪的，对单位判处罚金，并对其直接负责的主管人员和其他直接责任人员，依照前款的规定处罚。

第一百八十八条[②]　**【违规出具金融票证罪】**　银行或者其他金融机构的工作人员违反规定，为他人出具信用证或者其他保函、票据、存单、资信证明，情节严重的，处五年以下有期徒刑或者拘役；情节特别严重的，处五年以上有期徒刑。

单位犯前款罪的，对单位判处罚金，并对其直接负责的主管人员和其他直接责任人员，依照前款的规定处罚。

第一百八十九条　**【对违法票据承兑、付款、保证罪】**　银行或者其他金融机构的工作人员在票据业务中，对违反票据法规定的票据予以承兑、付款或者保证，造成重大损失的，处五年以下有期徒刑或者拘役；造成特别重大损失的，处五年以上有期徒刑。

单位犯前款罪的，对单位判处罚金，并对其直接负责的主管人员

---

① 本条第一款经2006年6月29日《刑法修正案（六）》第十四条修改。

1997年刑法第一白八十七条第一款原规定："银行或者其他金融机构的工作人员以牟利为目的，采取吸收客户资金不入账的方式，将资金用于非法拆借、发放贷款，造成重大损失的，处五年以下有期徒刑或者拘役，并处二万元以上二十万元以下罚金；造成特别重大损失的，处五年以上有期徒刑，并处五万元以上五十万元以下罚金。"

② 本条第一款经2006年6月29日《刑法修正案（六）》第十五条修改。

1997年刑法第一百八十八条第一款原规定："银行或者其他金融机构的工作人员违反规定，为他人出具信用证或者其他保函、票据、存单、资信证明，造成较大损失的，处五年以下有期徒刑或者拘役；造成重大损失的，处五年以上有期徒刑。"

和其他直接责任人员，依照前款的规定处罚。

【骗购外汇罪】[①] 有下列情形之一，骗购外汇，数额较大的，处五年以下有期徒刑或者拘役，并处骗购外汇数额百分之五以上百分之三十以下罚金；数额巨大或者有其他严重情节的，处五年以上十年以下有期徒刑，并处骗购外汇数额百分之五以上百分之三十以下罚金；数额特别巨大或者有其他特别严重情节的，处十年以上有期徒刑或者无期徒刑，并处骗购外汇数额百分之五以上百分之三十以下罚金或者没收财产：

（一）使用伪造、变造的海关签发的报关单、进口证明、外汇管理部门核准件等凭证和单据的；

（二）重复使用海关签发的报关单、进口证明、外汇管理部门核准件等凭证和单据的；

（三）以其他方式骗购外汇的。

伪造、变造海关签发的报关单、进口证明、外汇管理部门核准件等凭证和单据，并用于骗购外汇的，依照前款的规定从重处罚。

明知用于骗购外汇而提供人民币资金的，以共犯论处。

单位犯前三款罪的，对单位依照第一款的规定判处罚金，并对其直接负责的主管人员和其他直接责任人员，处五年以下有期徒刑或者拘役；数额巨大或者有其他严重情节的，处五年以上十年以下有期徒刑；数额特别巨大或者有其他特别严重情节的，处十年以上有期徒刑或者无期徒刑。

第一百九十条[②] **【逃汇罪】** 公司、企业或者其他单位，违反国家规定，擅自将外汇存放境外，或者将境内的外汇非法转移到境

---

① 本条为1998年12月29日《全国人民代表大会常务委员会关于惩治骗购外汇、逃汇和非法买卖外汇犯罪的决定》第一条的规定。《全国人民代表大会常务委员会关于惩治骗购外汇、逃汇和非法买卖外汇犯罪的决定》及其后的刑法修正案未明确其条文顺序。编者根据我国刑法分则条文的编排体系，将其列在此处。

② 本条经1998年12月29日《全国人民代表大会常务委员会关于惩治骗购外汇、逃汇和非法买卖外汇犯罪的决定》第三条修改。

1997年刑法第一百九十条原规定："国有公司、企业或者其他国有单位，违反国家规定，擅自将外汇存放境外，或者将境内的外汇非法转移到境外，情节严重的，对单位判处罚金，并对其直接负责的主管人员和其他直接责任人员，处五年以下有期徒刑或者拘役。"

外，数额较大的，对单位判处逃汇数额百分之五以上百分之三十以下罚金，并对其直接负责的主管人员和其他直接责任人员处五年以下有期徒刑或者拘役；数额巨大或者有其他严重情节的，对单位判处逃汇数额百分之五以上百分之三十以下罚金，并对其直接负责的主管人员和其他直接责任人员处五年以上有期徒刑。

第一百九十一条[①]　**【洗钱罪】**　明知是毒品犯罪、黑社会性质的组织犯罪、恐怖活动犯罪、走私犯罪、贪污贿赂犯罪、破坏金融管理秩序犯罪、金融诈骗犯罪的所得及其产生的收益，为掩饰、隐瞒其

---

① 本条经2001年12月29日《刑法修正案（三）》第七条、2006年6月29日《刑法修正案（六）》第十六条两次修改。

1997年刑法第一百九十一条原规定："明知是毒品犯罪、黑社会性质的组织犯罪、走私犯罪的违法所得及其产生的收益，为掩饰、隐瞒其来源和性质，有下列行为之一的，没收实施以上犯罪的违法所得及其产生的收益，处五年以下有期徒刑或者拘役，并处或者单处洗钱数额百分之五以上百分之二十以下罚金；情节严重的，处五年以上十年以下有期徒刑，并处洗钱数额百分之五以上百分之二十以下罚金：

"（一）提供资金账户的；

"（二）协助将财产转换为现金或者金融票据的；

"（三）通过转账或者其他结算方式协助资金转移的；

"（四）协助将资金汇往境外的；

"（五）以其他方法掩饰、隐瞒犯罪的违法所得及其收益的来源和性质的。

"单位犯前款罪的，对单位判处罚金，并对其直接负责的主管人员和其他直接责任人员，处五年以下有期徒刑或者拘役。"

《刑法修正案（三）》第七条将1997年刑法第一百九十一条修改为："明知是毒品犯罪、黑社会性质的组织犯罪、恐怖活动犯罪、走私犯罪的违法所得及其产生的收益，为掩饰、隐瞒其来源和性质，有下列行为之一的，没收实施以上犯罪的违法所得及其产生的收益，处五年以下有期徒刑或者拘役，并处或者单处洗钱数额百分之五以上百分之二十以下罚金；情节严重的，处五年以上十年以下有期徒刑，并处洗钱数额百分之五以上百分之二十以下罚金：

"（一）提供资金账户的；

"（二）协助将财产转换为现金或者金融票据的；

"（三）通过转账或者其他结算方式协助资金转移的；

"（四）协助将资金汇往境外的；

"（五）以其他方法掩饰、隐瞒犯罪的违法所得及其收益的来源和性质的。

"单位犯前款罪的，对单位判处罚金，并对其直接负责的主管人员和其他直接责任人员，处五年以下有期徒刑或者拘役；情节严重的，处五年以上十年以下有期徒刑。"

《刑法修正案（六）》第十六条对本条第一款作了再次修改。

来源和性质，有下列行为之一的，没收实施以上犯罪的所得及其产生的收益，处五年以下有期徒刑或者拘役，并处或者单处洗钱数额百分之五以上百分之二十以下罚金；情节严重的，处五年以上十年以下有期徒刑，并处洗钱数额百分之五以上百分之二十以下罚金：

（一）提供资金账户的；

（二）协助将财产转换为现金、金融票据、有价证券的；

（三）通过转账或者其他结算方式协助资金转移的；

（四）协助将资金汇往境外的；

（五）以其他方法掩饰、隐瞒犯罪所得及其收益的来源和性质的。

单位犯前款罪的，对单位判处罚金，并对其直接负责的主管人员和其他直接责任人员，处五年以下有期徒刑或者拘役；情节严重的，处五年以上十年以下有期徒刑。

第五节　金融诈骗罪

第一百九十二条　【集资诈骗罪】　以非法占有为目的，使用诈骗方法非法集资，数额较大的，处五年以下有期徒刑或者拘役，并处二万元以上二十万元以下罚金；数额巨大或者有其他严重情节的，处五年以上十年以下有期徒刑，并处五万元以上五十万元以下罚金；数额特别巨大或者有其他特别严重情节的，处十年以上有期徒刑或者无期徒刑，并处五万元以上五十万元以下罚金或者没收财产。

第一百九十三条　【贷款诈骗罪】　有下列情形之一，以非法占有为目的，诈骗银行或者其他金融机构的贷款，数额较大的，处五年以下有期徒刑或者拘役，并处二万元以上二十万元以下罚金；数额巨大或者有其他严重情节的，处五年以上十年以下有期徒刑，并处五万元以上五十万元以下罚金；数额特别巨大或者有其他特别严重情节的，处十年以上有期徒刑或者无期徒刑，并处五万元以上五十万元以下罚金或者没收财产：

（一）编造引进资金、项目等虚假理由的；

（二）使用虚假的经济合同的；

（三）使用虚假的证明文件的；

（四）使用虚假的产权证明作担保或者超出抵押物价值重复担保的；

（五）以其他方法诈骗贷款的。

第一百九十四条　【票据诈骗罪】　有下列情形之一，进行金融票据诈骗活动，数额较大的，处五年以下有期徒刑或者拘役，并处二万元以上二十万元以下罚金；数额巨大或者有其他严重情节的，处五年以上十年以下有期徒刑，并处五万元以上五十万元以下罚金；数额特别巨大或者有其他特别严重情节的，处十年以上有期徒刑或者无期徒刑，并处五万元以上五十万元以下罚金或者没收财产：

（一）明知是伪造、变造的汇票、本票、支票而使用的；

（二）明知是作废的汇票、本票、支票而使用的；

（三）冒用他人的汇票、本票、支票的；

（四）签发空头支票或者与其预留印鉴不符的支票，骗取财物的；

（五）汇票、本票的出票人签发无资金保证的汇票、本票或者在出票时作虚假记载，骗取财物的。

【金融凭证诈骗罪】　使用伪造、变造的委托收款凭证、汇款凭证、银行存单等其他银行结算凭证的，依照前款的规定处罚。

第一百九十五条　【信用证诈骗罪】　有下列情形之一，进行信用证诈骗活动的，处五年以下有期徒刑或者拘役，并处二万元以上二十万元以下罚金；数额巨大或者有其他严重情节的，处五年以上十年以下有期徒刑，并处五万元以上五十万元以下罚金；数额特别巨大或者有其他特别严重情节的，处十年以上有期徒刑或者无期徒刑，并处五万元以上五十万元以下罚金或者没收财产：

（一）使用伪造、变造的信用证或者附随的单据、文件的；

（二）使用作废的信用证的；

（三）骗取信用证的；

（四）以其他方法进行信用证诈骗活动的。

第一百九十六条[①] **【信用卡诈骗罪】** 有下列情形之一，进行信用卡诈骗活动，数额较大的，处五年以下有期徒刑或者拘役，并处二万元以上二十万元以下罚金；数额巨大或者有其他严重情节的，处五年以上十年以下有期徒刑，并处五万元以上五十万元以下罚金；数额特别巨大或者有其他特别严重情节的，处十年以上有期徒刑或者无期徒刑，并处五万元以上五十万元以下罚金或者没收财产：

（一）使用伪造的信用卡，或者使用以虚假的身份证明骗领的信用卡的；

（二）使用作废的信用卡的；

（三）冒用他人信用卡的；

（四）恶意透支的。

前款所称恶意透支，是指持卡人以非法占有为目的，超过规定限额或者规定期限透支，并且经发卡银行催收后仍不归还的行为。

【盗窃罪】 盗窃信用卡并使用的，依照本法第二百六十四条的规定定罪处罚。

第一百九十七条 **【有价证券诈骗罪】** 使用伪造、变造的国库券或者国家发行的其他有价证券，进行诈骗活动，数额较大的，处五年以下有期徒刑或者拘役，并处二万元以上二十万元以下罚金；数额巨大或者有其他严重情节的，处五年以上十年以下有期徒刑，并处五万元以上五十万元以下罚金；数额特别巨大或者有其他特别严重情

---

① 本条经2005年2月28日《刑法修正案（五）》第二条修改。

1997年刑法第一百九十六条原规定："有下列情形之一，进行信用卡诈骗活动，数额较大的，处五年以下有期徒刑或者拘役，并处二万元以上二十万元以下罚金；数额巨大或者有其他严重情节的，处五年以上十年以下有期徒刑，并处五万元以上五十万元以下罚金；数额特别巨大或者有其他特别严重情节的，处十年以上有期徒刑或者无期徒刑，并处五万元以上五十万元以下罚金或者没收财产：

"（一）使用伪造的信用卡的；

"（二）使用作废的信用卡的；

"（三）冒用他人信用卡的；

"（四）恶意透支的。

"前款所称恶意透支，是指持卡人以非法占有为目的，超过规定限额或者规定期限透支，并且经发卡银行催收后仍不归还的行为。

"盗窃信用卡并使用的，依照本法第二百六十四条的规定定罪处罚。"

节的，处十年以上有期徒刑或者无期徒刑，并处五万元以上五十万元以下罚金或者没收财产。

第一百九十八条　【保险诈骗罪】　有下列情形之一，进行保险诈骗活动，数额较大的，处五年以下有期徒刑或者拘役，并处一万元以上十万元以下罚金；数额巨大或者有其他严重情节的，处五年以上十年以下有期徒刑，并处二万元以上二十万元以下罚金；数额特别巨大或者有其他特别严重情节的，处十年以上有期徒刑，并处二万元以上二十万元以下罚金或者没收财产：

（一）投保人故意虚构保险标的，骗取保险金的；

（二）投保人、被保险人或者受益人对发生的保险事故编造虚假的原因或者夸大损失的程度，骗取保险金的；

（三）投保人、被保险人或者受益人编造未曾发生的保险事故，骗取保险金的；

（四）投保人、被保险人故意造成财产损失的保险事故，骗取保险金的；

（五）投保人、受益人故意造成被保险人死亡、伤残或者疾病，骗取保险金的。

有前款第四项、第五项所列行为，同时构成其他犯罪的，依照数罪并罚的规定处罚。

单位犯第一款罪的，对单位判处罚金，并对其直接负责的主管人员和其他直接责任人员，处五年以下有期徒刑或者拘役；数额巨大或者有其他严重情节的，处五年以上十年以下有期徒刑；数额特别巨大或者有其他特别严重情节的，处十年以上有期徒刑。

保险事故的鉴定人、证明人、财产评估人故意提供虚假的证明文件，为他人诈骗提供条件的，以保险诈骗的共犯论处。

第一百九十九条[①]

第二百条[②] 单位犯本节第一百九十二条、第一百九十四条、第一百九十五条规定之罪的，对单位判处罚金，并对其直接负责的主管人员和其他直接责任人员，处五年以下有期徒刑或者拘役，可以并处罚金；数额巨大或者有其他严重情节的，处五年以上十年以下有期徒刑，并处罚金；数额特别巨大或者有其他特别严重情节的，处十年以上有期徒刑或者无期徒刑，并处罚金。

第六节 危害税收征管罪

第二百零一条[③] **【逃税罪】** 纳税人采取欺骗、隐瞒手段进行

---

① 本条经2011年2月25日《刑法修正案（八）》第三十条、2015年8月29日《刑法修正案（九）》第十二条两次修改。

1997年刑法第一百九十九条原规定："犯本节第一百九十二条、第一百九十四条、第一百九十五条规定之罪，数额特别巨大并且给国家和人民利益造成特别重大损失的，处无期徒刑或者死刑，并处没收财产。"

《刑法修正案（八）》第三十条将1997年刑法第一百九十九条修改为："犯本节第一百九十二条规定之罪，数额特别巨大并且给国家和人民利益造成特别重大损失的，处无期徒刑或者死刑，并处没收财产。"

《刑法修正案（九）》第十二条删去该条。

② 本条经2011年2月25日《刑法修正案（八）》第三十一条修改。

1997年刑法第二百条原规定："单位犯本节第一百九十二条、第一百九十四条、第一百九十五条规定之罪的，对单位判处罚金，并对其直接负责的主管人员和其他直接责任人员，处五年以下有期徒刑或者拘役；数额巨大或者有其他严重情节的，处五年以上十年以下有期徒刑；数额特别巨大或者有其他特别严重情节的，处十年以上有期徒刑或者无期徒刑。"

③ 本条经2009年2月28日《刑法修正案（七）》第三条修改。

1997年刑法第二百零一条原规定："纳税人采取伪造、变造、隐匿、擅自销毁账簿、记账凭证，在账簿上多列支出或者不列、少列收入，经税务机关通知申报而拒不申报或者进行虚假的纳税申报的手段，不缴或者少缴应纳税款，偷税数额占应纳税额的百分之十以上不满百分之三十并且偷税数额在一万元以上不满十万元的，或者因偷税被税务机关给予二次行政处罚又偷税的，处三年以下有期徒刑或者拘役，并处偷税数额一倍以上五倍以下罚金；偷税数额占应纳税额的百分之三十以上并且偷税数额在十万元以上的，处三年以上七年以下有期徒刑，并处偷税数额一倍以上五倍以下罚金。

"扣缴义务人采取前款所列手段，不缴或者少缴已扣、已收税款，数额占应缴税额的百分之十以上并且数额在一万元以上的，依照前款的规定处罚。

"对多次犯有前两款行为，未经处理的，按照累计数额计算。"

虚假纳税申报或者不申报，逃避缴纳税款数额较大并且占应纳税额百分之十以上的，处三年以下有期徒刑或者拘役，并处罚金；数额巨大并且占应纳税额百分之三十以上的，处三年以上七年以下有期徒刑，并处罚金。

扣缴义务人采取前款所列手段，不缴或者少缴已扣、已收税款，数额较大的，依照前款的规定处罚。

对多次实施前两款行为，未经处理的，按照累计数额计算。

有第一款行为，经税务机关依法下达追缴通知后，补缴应纳税款，缴纳滞纳金，已受行政处罚的，不予追究刑事责任；但是，五年内因逃避缴纳税款受过刑事处罚或者被税务机关给予二次以上行政处罚的除外。

第二百零二条　【抗税罪】　以暴力、威胁方法拒不缴纳税款的，处三年以下有期徒刑或者拘役，并处拒缴税款一倍以上五倍以下罚金；情节严重的，处三年以上七年以下有期徒刑，并处拒缴税款一倍以上五倍以下罚金。

第二百零三条　【逃避追缴欠税罪】　纳税人欠缴应纳税款，采取转移或者隐匿财产的手段，致使税务机关无法追缴欠缴的税款，数额在一万元以上不满十万元的，处三年以下有期徒刑或者拘役，并处或者单处欠缴税款一倍以上五倍以下罚金；数额在十万元以上的，处三年以上七年以下有期徒刑，并处欠缴税款一倍以上五倍以下罚金。

第二百零四条　【骗取出口退税罪】　以假报出口或者其他欺骗手段，骗取国家出口退税款，数额较大的，处五年以下有期徒刑或者拘役，并处骗取税款一倍以上五倍以下罚金；数额巨大或者有其他严重情节的，处五年以上十年以下有期徒刑，并处骗取税款一倍以上五倍以下罚金；数额特别巨大或者有其他特别严重情节的，处十年以上有期徒刑或者无期徒刑，并处骗取税款一倍以上五倍以下罚金或者没收财产。

【逃税罪】【骗取出口退税罪】　纳税人缴纳税款后，采取前款规定的欺骗方法，骗取所缴纳的税款的，依照本法第二百零一条的规定定罪处罚；骗取税款超过所缴纳的税款部分，依照前款的规定处罚。

第二百零五条[①] **【虚开增值税专用发票、用于骗取出口退税、抵押税款发票罪】** 虚开增值税专用发票或者虚开用于骗取出口退税、抵扣税款的其他发票的，处三年以下有期徒刑或者拘役，并处二万元以上二十万元以下罚金；虚开的税款数额较大或者有其他严重情节的，处三年以上十年以下有期徒刑，并处五万元以上五十万元以下罚金；虚开的税款数额巨大或者有其他特别严重情节的，处十年以上有期徒刑或者无期徒刑，并处五万元以上五十万元以下罚金或者没收财产。

单位犯本条规定之罪的，对单位判处罚金，并对其直接负责的主管人员和其他直接责任人员，处三年以下有期徒刑或者拘役；虚开的税款数额较大或者有其他严重情节的，处三年以上十年以下有期徒刑；虚开的税款数额巨大或者有其他特别严重情节的，处十年以上有期徒刑或者无期徒刑。

虚开增值税专用发票或者虚开用于骗取出口退税、抵扣税款的其他发票，是指有为他人虚开、为自己虚开、让他人为自己虚开、介绍他人虚开行为之一的。

第二百零五条之一[②] **【虚开发票罪】** 虚开本法第二百零五条规定以外的其他发票，情节严重的，处二年以下有期徒刑、拘役或者管制，并处罚金；情节特别严重的，处二年以上七年以下有期徒刑，并处罚金。

单位犯前款罪的，对单位判处罚金，并对其直接负责的主管人员和其他直接责任人员，依照前款的规定处罚。

---

① 本条经2011年2月25日《刑法修正案（八）》第三十二条修改。

1997年刑法第二百零五条第二款原规定："有前款行为骗取国家税款，数额特别巨大，情节特别严重，给国家利益造成特别重大损失的，处无期徒刑或者死刑，并处没收财产。"《刑法修正案（八）》第三十二条删去该款。

② 本条为2011年2月25日《刑法修正案（八）》第三十三条增加。

第二百零六条[①] **【伪造、出售伪造的增值税专用发票罪】** 伪造或者出售伪造的增值税专用发票的，处三年以下有期徒刑、拘役或者管制，并处二万元以上二十万元以下罚金；数量较大或者有其他严重情节的，处三年以上十年以下有期徒刑，并处五万元以上五十万元以下罚金；数量巨大或者有其他特别严重情节的，处十年以上有期徒刑或者无期徒刑，并处五万元以上五十万元以下罚金或者没收财产。

单位犯本条规定之罪的，对单位判处罚金，并对其直接负责的主管人员和其他直接责任人员，处三年以下有期徒刑、拘役或者管制；数量较大或者有其他严重情节的，处三年以上十年以下有期徒刑；数量巨大或者有其他特别严重情节的，处十年以上有期徒刑或者无期徒刑。

第二百零七条　【非法出售增值税专用发票罪】 非法出售增值税专用发票的，处三年以下有期徒刑、拘役或者管制，并处二万元以上二十万元以下罚金；数量较大的，处三年以上十年以下有期徒刑，并处五万元以上五十万元以下罚金；数量巨大的，处十年以上有期徒刑或者无期徒刑，并处五万元以上五十万元以下罚金或者没收财产。

第二百零八条　【非法购买增值税专用发票、购买伪造的增值税专用发票罪】 非法购买增值税专用发票或者购买伪造的增值税专用发票的，处五年以下有期徒刑或者拘役，并处或者单处二万元以上二十万元以下罚金。

【虚开增值税专用发票罪】【出售伪造的增值税专用发票罪】【非法出售增值税专用发票罪】 非法购买增值税专用发票或者购买伪造的增值税专用发票又虚开或者出售的，分别依照本法第二百零五条、第二百零六条、第二百零七条的规定定罪处罚。

第二百零九条　【非法制造、出售非法制造的用于骗取出口退

---

① 本条经 2011 年 2 月 25 日《刑法修正案（八）》第三十四条修改。

1997 年刑法第二百零六条第二款原规定："伪造并出售伪造的增值税专用发票，数量特别巨大，情节特别严重，严重破坏经济秩序的，处无期徒刑或者死刑，并处没收财产。"

《刑法修正案（八）》第三十四条删去该款。

税、抵押税款发票罪】 伪造、擅自制造或者出售伪造、擅自制造的可以用于骗取出口退税、抵扣税款的其他发票的，处三年以下有期徒刑、拘役或者管制，并处二万元以上二十万元以下罚金；数量巨大的，处三年以上七年以下有期徒刑，并处五万元以上五十万元以下罚金；数量特别巨大的，处七年以上有期徒刑，并处五万元以上五十万元以下罚金或者没收财产。

【非法制造、出售非法制造的发票罪】 伪造、擅自制造或者出售伪造、擅自制造的前款规定以外的其他发票的，处二年以下有期徒刑、拘役或者管制，并处或者单处一万元以上五万元以下罚金；情节严重的，处二年以上七年以下有期徒刑，并处五万元以上五十万元以下罚金。

【非法出售用于骗取出口退税、抵扣税款发票罪】 非法出售可以用于骗取出口退税、抵扣税款的其他发票的，依照第一款的规定处罚。

【非法出售发票罪】 非法出售第三款规定以外的其他发票的，依照第二款的规定处罚。

第二百一十条 **【盗窃罪】** 盗窃增值税专用发票或者可以用于骗取出口退税、抵扣税款的其他发票的，依照本法第二百六十四条的规定定罪处罚。

【诈骗罪】 使用欺骗手段骗取增值税专用发票或者可以用于骗取出口退税、抵扣税款的其他发票的，依照本法第二百六十六条的规定定罪处罚。

第二百一十条之一① **【持有伪造的发票罪】** 明知是伪造的发票而持有，数量较大的，处二年以下有期徒刑、拘役或者管制，并处罚金；数量巨大的，处二年以上七年以下有期徒刑，并处罚金。

单位犯前款罪的，对单位判处罚金，并对其直接负责的主管人员和其他直接责任人员，依照前款的规定处罚。

第二百一十一条 单位犯本节第二百零一条、第二百零三条、第二百零四条、第二百零七条、第二百零八条、第二百零九条规定之罪

---

① 本条为2011年2月25日《刑法修正案（八）》第三十五条增加。

的，对单位判处罚金，并对其直接负责的主管人员和其他直接责任人员，依照各该条的规定处罚。

第二百一十二条 犯本节第二百零一条至第二百零五条规定之罪，被判处罚金、没收财产的，在执行前，应当先由税务机关追缴税款和所骗取的出口退税款。

第七节 侵犯知识产权罪

第二百一十三条 【假冒注册商标罪】 未经注册商标所有人许可，在同一种商品上使用与其注册商标相同的商标，情节严重的，处三年以下有期徒刑或者拘役，并处或者单处罚金；情节特别严重的，处三年以上七年以下有期徒刑，并处罚金。

第二百一十四条 【销售假冒注册商标的商品罪】 销售明知是假冒注册商标的商品，销售金额数额较大的，处三年以下有期徒刑或者拘役，并处或者单处罚金；销售金额数额巨大的，处三年以上七年以下有期徒刑，并处罚金。

第二百一十五条 【非法制造、销售非法制造的注册商标标识罪】 伪造、擅自制造他人注册商标标识或者销售伪造、擅自制造的注册商标标识，情节严重的，处三年以下有期徒刑、拘役或者管制，并处或者单处罚金；情节特别严重的，处三年以上七年以下有期徒刑，并处罚金。

第二百一十六条 【假冒专利罪】 假冒他人专利，情节严重的，处三年以下有期徒刑或者拘役，并处或者单处罚金。

第二百一十七条 【侵犯著作权罪】 以营利为目的，有下列侵犯著作权情形之一，违法所得数额较大或者有其他严重情节的，处三年以下有期徒刑或者拘役，并处或者单处罚金；违法所得数额巨大或者有其他特别严重情节的，处三年以上七年以下有期徒刑，并处罚金：

（一）未经著作权人许可，复制发行其文字作品、音乐、电影、电视、录像作品、计算机软件及其他作品的；

（二）出版他人享有专有出版权的图书的；

（三）未经录音录像制作者许可，复制发行其制作的录音录

像的;

(四)制作、出售假冒他人署名的美术作品的。

第二百一十八条　【销售侵权复制品罪】　以营利为目的,销售明知是本法第二百一十七条规定的侵权复制品,违法所得数额巨大的,处三年以下有期徒刑或者拘役,并处或者单处罚金。

第二百一十九条　【侵犯商业秘密罪】　有下列侵犯商业秘密行为之一,给商业秘密的权利人造成重大损失的,处三年以下有期徒刑或者拘役,并处或者单处罚金;造成特别严重后果的,处三年以上七年以下有期徒刑,并处罚金:

(一)以盗窃、利诱、胁迫或者其他不正当手段获取权利人的商业秘密的;

(二)披露、使用或者允许他人使用以前项手段获取的权利人的商业秘密的;

(三)违反约定或者违反权利人有关保守商业秘密的要求,披露、使用或者允许他人使用其所掌握的商业秘密的。

明知或者应知前款所列行为,获取、使用或者披露他人的商业秘密的,以侵犯商业秘密论。

本条所称商业秘密,是指不为公众所知悉,能为权利人带来经济利益,具有实用性并经权利人采取保密措施的技术信息和经营信息。

本条所称权利人,是指商业秘密的所有人和经商业秘密所有人许可的商业秘密使用人。

第二百二十条　单位犯本节第二百一十三条至第二百一十九条规定之罪的,对单位判处罚金,并对其直接负责的主管人员和其他直接责任人员,依照本节各该条的规定处罚。

第八节　扰乱市场秩序罪

第二百二十一条　【损害商业信誉、商品声誉罪】　捏造并散布虚伪事实,损害他人的商业信誉、商品声誉,给他人造成重大损失或者有其他严重情节的,处二年以下有期徒刑或者拘役,并处或者单处罚金。

第二百二十二条　【虚假广告罪】　广告主、广告经营者、广告发布者违反国家规定，利用广告对商品或者服务作虚假宣传，情节严重的，处二年以下有期徒刑或者拘役，并处或者单处罚金。

第二百二十三条　【串通投标罪】　投标人相互串通投标报价，损害招标人或者其他投标人利益，情节严重的，处三年以下有期徒刑或者拘役，并处或者单处罚金。

投标人与招标人串通投标，损害国家、集体、公民的合法利益的，依照前款的规定处罚。

第二百二十四条　【合同诈骗罪】　有下列情形之一，以非法占有为目的，在签订、履行合同过程中，骗取对方当事人财物，数额较大的，处三年以下有期徒刑或者拘役，并处或者单处罚金；数额巨大或者有其他严重情节的，处三年以上十年以下有期徒刑，并处罚金；数额特别巨大或者有其他特别严重情节的，处十年以上有期徒刑或者无期徒刑，并处罚金或者没收财产：

（一）以虚构的单位或者冒用他人名义签订合同的；

（二）以伪造、变造、作废的票据或者其他虚假的产权证明作担保的；

（三）没有实际履行能力，以先履行小额合同或者部分履行合同的方法，诱骗对方当事人继续签订和履行合同的；

（四）收受对方当事人给付的货物、货款、预付款或者担保财产后逃匿的；

（五）以其他方法骗取对方当事人财物的。

第二百二十四条之一①　**【组织、领导传销活动罪】**　组织、领导以推销商品、提供服务等经营活动为名，要求参加者以缴纳费用或者购买商品、服务等方式获得加入资格，并按照一定顺序组成层级，直接或者间接以发展人员的数量作为计酬或者返利依据，引诱、胁迫参加者继续发展他人参加，骗取财物，扰乱经济社会秩序的传销活动的，处五年以下有期徒刑或者拘役，并处罚金；情节严重的，处五年以上有期徒刑，并处罚金。

① 本条为2009年2月28日《刑法修正案（七）》第四条增加。

第二百二十五条[①] **【非法经营罪】** 违反国家规定，有下列非法经营行为之一，扰乱市场秩序，情节严重的，处五年以下有期徒刑或者拘役，并处或者单处违法所得一倍以上五倍以下罚金；情节特别严重的，处五年以上有期徒刑，并处违法所得一倍以上五倍以下罚金或者没收财产：

（一）未经许可经营法律、行政法规规定的专营、专卖物品或者其他限制买卖的物品的；

（二）买卖进出口许可证、进出口原产地证明以及其他法律、行政法规规定的经营许可证或者批准文件的；

（三）未经国家有关主管部门批准非法经营证券、期货、保险业务的，或者非法从事资金支付结算业务的；

（四）其他严重扰乱市场秩序的非法经营行为。

第二百二十六条[②] **【强迫交易罪】** 以暴力、威胁手段，实施下列行为之一，情节严重的，处三年以下有期徒刑或者拘役，并处或者单处罚金；情节特别严重的，处三年以上七年以下有期徒刑，并处罚金：

（一）强买强卖商品的；

（二）强迫他人提供或者接受服务的；

（三）强迫他人参与或者退出投标、拍卖的；

（四）强迫他人转让或者收购公司、企业的股份、债券或者其他资产的；

（五）强迫他人参与或者退出特定的经营活动的。

---

① 本条第三项经1999年12月25日《刑法修正案》第八条、2009年2月28日《刑法修正案（七）》第五条两次修改。

《刑法修正案》第八条增加以下内容作为本条第三项：“未经国家有关主管部门批准，非法经营证券、期货或者保险业务的；”1997年刑法第二百二十五条原第三项规定改为第四项。

《刑法修正案（七）》第五条对本条第三项作了再次修改。

② 本条经2011年2月25日《刑法修正案（八）》第三十六条修改。

1997年刑法第二百二十六条原规定：“以暴力、威胁手段强买强卖商品、强迫他人提供服务或者强迫他人接受服务，情节严重的，处三年以下有期徒刑或者拘役，并处或者单处罚金。”

第二百二十七条　【伪造、倒卖伪造的有价证券罪】　伪造或者倒卖伪造的车票、船票、邮票或者其他有价票证，数额较大的，处二年以下有期徒刑、拘役或者管制，并处或者单处票证价额一倍以上五倍以下罚金；数额巨大的，处二年以上七年以下有期徒刑，并处票证价额一倍以上五倍以下罚金。

【倒卖车票、船票罪】　倒卖车票、船票，情节严重的，处三年以下有期徒刑、拘役或者管制，并处或者单处票证价额一倍以上五倍以下罚金。

第二百二十八条　【非法转让、倒卖土地使用权罪】　以牟利为目的，违反土地管理法规，非法转让、倒卖土地使用权，情节严重的，处三年以下有期徒刑或者拘役，并处或者单处非法转让、倒卖土地使用权价额百分之五以上百分之二十以下罚金；情节特别严重的，处三年以上七年以下有期徒刑，并处非法转让、倒卖土地使用权价额百分之五以上百分之二十以下罚金。

第二百二十九条　【提供虚假证明文件罪】　承担资产评估、验资、验证、会计、审计、法律服务等职责的中介组织的人员故意提供虚假证明文件，情节严重的，处五年以下有期徒刑或者拘役，并处罚金。

前款规定的人员，索取他人财物或者非法收受他人财物，犯前款罪的，处五年以上十年以下有期徒刑，并处罚金。

【出具证明文件重大失实罪】　第一款规定的人员，严重不负责任，出具的证明文件有重大失实，造成严重后果的，处三年以下有期徒刑或者拘役，并处或者单处罚金。

第二百三十条　【逃避商检罪】　违反进出口商品检验法的规定，逃避商品检验，将必须经商检机构检验的进口商品未报经检验而擅自销售、使用，或者将必须经商检机构检验的出口商品未报经检验合格而擅自出口，情节严重的，处三年以下有期徒刑或者拘役，并处或者单处罚金。

第二百三十一条　单位犯本节第二百二十一条至第二百三十条规定之罪的，对单位判处罚金，并对其直接负责的主管人员和其他直接责任人员，依照本节各该条的规定处罚。

第四章　侵犯公民人身权利、民主权利罪

第二百三十二条　【故意杀人罪】　故意杀人的，处死刑、无期徒刑或者十年以上有期徒刑；情节较轻的，处三年以上十年以下有期徒刑。

第二百三十三条　【过失致人死亡罪】　过失致人死亡的，处三年以上七年以下有期徒刑；情节较轻的，处三年以下有期徒刑。本法另有规定的，依照规定。

第二百三十四条　【故意伤害罪】　故意伤害他人身体的，处三年以下有期徒刑、拘役或者管制。

犯前款罪，致人重伤的，处三年以上十年以下有期徒刑；致人死亡或者以特别残忍手段致人重伤造成严重残疾的，处十年以上有期徒刑、无期徒刑或者死刑。本法另有规定的，依照规定。

第二百三十四条之一①　**【组织出卖人体器官罪】**　组织他人出卖人体器官的，处五年以下有期徒刑，并处罚金；情节严重的，处五年以上有期徒刑，并处罚金或者没收财产。

【故意伤害罪】【故意杀人罪】　未经本人同意摘取其器官，或者摘取不满十八周岁的人的器官，或者强迫、欺骗他人捐献器官的，依照本法第二百三十四条、第二百三十二条的规定定罪处罚。

【盗窃、侮辱尸体罪】　违背本人生前意愿摘取其尸体器官，或者本人生前未表示同意，违反国家规定，违背其近亲属意愿摘取其尸体器官的，依照本法第三百零二条的规定定罪处罚。

第二百三十五条　【过失致人重伤罪】　过失伤害他人致人重伤的，处三年以下有期徒刑或者拘役。本法另有规定的，依照规定。

第二百三十六条　【强奸罪】　以暴力、胁迫或者其他手段强奸妇女的，处三年以上十年以下有期徒刑。

奸淫不满十四周岁的幼女的，以强奸论，从重处罚。

强奸妇女、奸淫幼女，有下列情形之一的，处十年以上有期徒刑、无期徒刑或者死刑：

---

① 本条为2011年2月25日《刑法修正案（八）》第三十七条增加。

（一）强奸妇女、奸淫幼女情节恶劣的；

（二）强奸妇女、奸淫幼女多人的；

（三）在公共场所当众强奸妇女的；

（四）二人以上轮奸的；

（五）致使被害人重伤、死亡或者造成其他严重后果的。

第二百三十七条[①]　**【强制猥亵、侮辱罪】**　以暴力、胁迫或者其他方法强制猥亵他人或者侮辱妇女的，处五年以下有期徒刑或者拘役。

聚众或者在公共场所当众犯前款罪的，或者有其他恶劣情节的，处五年以上有期徒刑。

【猥亵儿童罪】　猥亵儿童的，依照前两款的规定从重处罚。

第二百三十八条　**【非法拘禁罪】**　非法拘禁他人或者以其他方法非法剥夺他人人身自由的，处三年以下有期徒刑、拘役、管制或者剥夺政治权利。具有殴打、侮辱情节的，从重处罚。

犯前款罪，致人重伤的，处三年以上十年以下有期徒刑；致人死亡的，处十年以上有期徒刑。使用暴力致人伤残、死亡的，依照本法第二百三十四条、第二百三十二条的规定定罪处罚。

为索取债务非法扣押、拘禁他人的，依照前两款的规定处罚。

国家机关工作人员利用职权犯前三款罪的，依照前三款的规定从重处罚。

---

① 本条经2015年8月29日《刑法修正案（九）》第十三条修改。

1997年刑法第二百三十七原规定："以暴力、胁迫或者其他方法强制猥亵妇女或者侮辱妇女的，处五年以下有期徒刑或者拘役。

"聚众或者在公共场所当众犯前款罪的，处五年以上有期徒刑。

"猥亵儿童的，依照前两款的规定从重处罚。"

第二百三十九条[①] **【绑架罪】** 以勒索财物为目的绑架他人的，或者绑架他人作为人质的，处十年以上有期徒刑或者无期徒刑，并处罚金或者没收财产；情节较轻的，处五年以上十年以下有期徒刑，并处罚金。

犯前款罪，杀害被绑架人的，或者故意伤害被绑架人，致人重伤、死亡的，处无期徒刑或者死刑，并处没收财产。

以勒索财物为目的偷盗婴幼儿的，依照前两款的规定处罚。

第二百四十条 **【拐卖妇女、儿童罪】** 拐卖妇女、儿童的，处五年以上十年以下有期徒刑，并处罚金；有下列情形之一的，处十年以上有期徒刑或者无期徒刑，并处罚金或者没收财产；情节特别严重的，处死刑，并处没收财产：

（一）拐卖妇女、儿童集团的首要分子；

（二）拐卖妇女、儿童三人以上的；

（三）奸淫被拐卖的妇女的；

（四）诱骗、强迫被拐卖的妇女卖淫或者将被拐卖的妇女卖给他人迫使其卖淫的；

（五）以出卖为目的，使用暴力、胁迫或者麻醉方法绑架妇女、儿童的；

（六）以出卖为目的，偷盗婴幼儿的；

（七）造成被拐卖的妇女、儿童或者其亲属重伤、死亡或者其他

---

① 本条经2009年2月28日《刑法修正案（七）》第六条、2015年8月29日《刑法修正案（九）》第十四条两次修改。

1997年刑法第二百三十九条原规定：“以勒索财物为目的绑架他人的，或者绑架他人作为人质的，处十年以上有期徒刑或者无期徒刑，并处罚金或者没收财产；致使被绑架人死亡或者杀害被绑架人的，处死刑，并处没收财产。

“以勒索财物为目的偷盗婴幼儿的，依照前款的规定处罚。”

《刑法修正案（七）》第六条将1997年刑法第二百三十九条修改为：“以勒索财物为目的绑架他人的，或者绑架他人作为人质的，处十年以上有期徒刑或者无期徒刑，并处罚金或者没收财产；情节较轻的，处五年以上十年以下有期徒刑，并处罚金。

“犯前款罪，致使被绑架人死亡或者杀害被绑架人的，处死刑，并处没收财产。

“以勒索财物为目的偷盗婴幼儿的，依照前两款的规定处罚。”

《刑法修正案（九）》第十四条对本条第二款作了再次修改。

严重后果的；

（八）将妇女、儿童卖往境外的。

拐卖妇女、儿童是指以出卖为目的，有拐骗、绑架、收买、贩卖、接送、中转妇女、儿童的行为之一的。

第二百四十一条[①]　**【收买被拐卖的妇女、儿童罪】**　收买被拐卖的妇女、儿童的，处三年以下有期徒刑、拘役或者管制。

【强奸罪】　收买被拐卖的妇女，强行与其发生性关系的，依照本法第二百三十六条的规定定罪处罚。

【非法拘禁罪】【故意伤害罪】【侮辱罪】　收买被拐卖的妇女、儿童，非法剥夺、限制其人身自由或者有伤害、侮辱等犯罪行为的，依照本法的有关规定定罪处罚。

收买被拐卖的妇女、儿童，并有第二款、第三款规定的犯罪行为的，依照数罪并罚的规定处罚。

【拐卖妇女、儿童罪】　收买被拐卖的妇女、儿童又出卖的，依照本法第二百四十条的规定定罪处罚。

收买被拐卖的妇女、儿童，对被买儿童没有虐待行为，不阻碍对其进行解救的，可以从轻处罚；按照被买妇女的意愿，不阻碍其返回原居住地的，可以从轻或者减轻处罚。

第二百四十二条　**【妨害公务罪】**　以暴力、威胁方法阻碍国家机关工作人员解救被收买的妇女、儿童的，依照本法第二百七十七条的规定定罪处罚。

【聚众阻碍解救被收买的妇女、儿童罪】　聚众阻碍国家机关工作人员解救被收买的妇女、儿童的首要分子，处五年以下有期徒刑或者拘役；其他参与者使用暴力、威胁方法的，依照前款的规定处罚。

第二百四十三条　**【诬告陷害罪】**　捏造事实诬告陷害他人，意图使他人受刑事追究，情节严重的，处三年以下有期徒刑、拘役或

---

① 本条第六款经2015年8月29日《刑法修正案（九）》第十五条修改。

1997年刑法第二百四十一条第六款原规定：“收买被拐卖的妇女、儿童，按照被买妇女的意愿，不阻碍其返回原居住地的，对被买儿童没有虐待行为，不阻碍对其进行解救的，可以不追究刑事责任。”

者管制；造成严重后果的，处三年以上十年以下有期徒刑。

国家机关工作人员犯前款罪的，从重处罚。

不是有意诬陷，而是错告，或者检举失实的，不适用前两款的规定。

第二百四十四条[①] **【强迫劳动罪】** 以暴力、威胁或者限制人身自由的方法强迫他人劳动的，处三年以下有期徒刑或者拘役，并处罚金；情节严重的，处三年以上十年以下有期徒刑，并处罚金。

明知他人实施前款行为，为其招募、运送人员或者有其他协助强迫他人劳动行为的，依照前款的规定处罚。

单位犯前两款罪的，对单位判处罚金，并对其直接负责的主管人员和其他直接责任人员，依照第一款的规定处罚。

第二百四十四条之一[②] **【雇用童工从事危重劳动罪】** 违反劳动管理法规，雇用未满十六周岁的未成年人从事超强度体力劳动的，或者从事高空、井下作业的，或者在爆炸性、易燃性、放射性、毒害性等危险环境下从事劳动，情节严重的，对直接责任人员，处三年以下有期徒刑或者拘役，并处罚金；情节特别严重的，处三年以上七年以下有期徒刑，并处罚金。

有前款行为，造成事故，又构成其他犯罪的，依照数罪并罚的规定处罚。

第二百四十五条 **【非法搜查罪】【非法侵入住宅罪】** 非法搜查他人身体、住宅，或者非法侵入他人住宅的，处三年以下有期徒刑或者拘役。

司法工作人员滥用职权，犯前款罪的，从重处罚。

第二百四十六条[③] **【侮辱罪】【诽谤罪】** 以暴力或者其他方法公然侮辱他人或者捏造事实诽谤他人，情节严重的，处三年以下有

---

① 本条经2011年2月25日《刑法修正案（八）》第三十八条修改。

1997年刑法第二百四十四条原规定：“用人单位违反劳动管理法规，以限制人身自由方法强迫职工劳动，情节严重的，对直接责任人员，处三年以下有期徒刑或者拘役，并处或者单处罚金。”

② 本条为2002年12月28日《刑法修正案（四）》第四条增加。

③ 本条第三款为2015年8月29日《刑法修正案（九）》第十六条增加。

期徒刑、拘役、管制或者剥夺政治权利。

前款罪，告诉的才处理，但是严重危害社会秩序和国家利益的除外。

通过信息网络实施第一款规定的行为，被害人向人民法院告诉，但提供证据确有困难的，人民法院可以要求公安机关提供协助。

第二百四十七条　【刑讯逼供罪】【暴力取证罪】　司法工作人员对犯罪嫌疑人、被告人实行刑讯逼供或者使用暴力逼取证人证言的，处三年以下有期徒刑或者拘役。致人伤残、死亡的，依照本法第二百三十四条、第二百三十二条的规定定罪从重处罚。

第二百四十八条　【虐待被监管人罪】　监狱、拘留所、看守所等监管机构的监管人员对被监管人进行殴打或者体罚虐待，情节严重的，处三年以下有期徒刑或者拘役；情节特别严重的，处三年以上十年以下有期徒刑。致人伤残、死亡的，依照本法第二百三十四条、第二百三十二条的规定定罪从重处罚。

监管人员指使被监管人殴打或者体罚虐待其他被监管人的，依照前款的规定处罚。

第二百四十九条　【煽动民族仇恨、民族歧视罪】　煽动民族仇恨、民族歧视，情节严重的，处三年以下有期徒刑、拘役、管制或者剥夺政治权利；情节特别严重的，处三年以上十年以下有期徒刑。

第二百五十条　【出版歧视、侮辱少数民族作品罪】　在出版物中刊载歧视、侮辱少数民族的内容，情节恶劣，造成严重后果的，对直接责任人员，处三年以下有期徒刑、拘役或者管制。

第二百五十一条　【非法剥夺公民宗教信仰自由罪】【侵犯少数民族风俗习惯罪】　国家机关工作人员非法剥夺公民的宗教信仰自由和侵犯少数民族风俗习惯，情节严重的，处二年以下有期徒刑或者拘役。

第二百五十二条　【侵犯通信自由罪】　隐匿、毁弃或者非法开拆他人信件，侵犯公民通信自由权利，情节严重的，处一年以下有期徒刑或者拘役。

第二百五十三条　【私自开拆、隐匿、毁弃邮件、电报罪】　邮政工作人员私自开拆或者隐匿、毁弃邮件、电报的，处二年以下有期徒刑或者拘役。

【盗窃罪】 犯前款罪而窃取财物的，依照本法第二百六十四条的规定定罪从重处罚。

第二百五十三条之一[①] **【侵犯公民个人信息罪】** 违反国家有关规定，向他人出售或者提供公民个人信息，情节严重的，处三年以下有期徒刑或者拘役，并处或者单处罚金；情节特别严重的，处三年以上七年以下有期徒刑，并处罚金。

违反国家有关规定，将在履行职责或者提供服务过程中获得的公民个人信息，出售或者提供给他人的，依照前款的规定从重处罚。

窃取或者以其他方法非法获取公民个人信息的，依照第一款的规定处罚。

单位犯前三款罪的，对单位判处罚金，并对其直接负责的主管人员和其他直接责任人员，依照各该款的规定处罚。

第二百五十四条 【报复陷害罪】 国家机关工作人员滥用职权、假公济私，对控告人、申诉人、批评人、举报人实行报复陷害的，处二年以下有期徒刑或者拘役；情节严重的，处二年以上七年以下有期徒刑。

第二百五十五条 【打击报复会计、统计人员罪】 公司、企业、事业单位、机关、团体的领导人，对依法履行职责、抵制违反会计法、统计法行为的会计、统计人员实行打击报复，情节恶劣的，处三年以下有期徒刑或者拘役。

---

① 本条为2009年2月28日《刑法修正案（七）》第七条增加，经2015年8月29日《刑法修正案（九）》第十七条修改。

《刑法修正案（七）》第七条规定："在刑法第二百五十三条后增加一条，作为第二百五十三条之一：'国家机关或者金融、电信、交通、教育、医疗等单位的工作人员，违反国家规定，将本单位在履行职责或者提供服务过程中获得的公民个人信息，出售或者非法提供给他人，情节严重的，处三年以下有期徒刑或者拘役，并处或者单处罚金。

'窃取或者以其他方法非法获取上述信息，情节严重的，依照前款的规定处罚。

'单位犯前两款罪的，对单位判处罚金，并对其直接负责的主管人员和其他直接责任人员，依照各该款的规定处罚。'"

《刑法修正案（九）》第十七条对本条作了修改。

第二百五十六条　【破坏选举罪】　在选举各级人民代表大会代表和国家机关领导人员时，以暴力、威胁、欺骗、贿赂、伪造选举文件、虚报选举票数等手段破坏选举或者妨害选民和代表自由行使选举权和被选举权，情节严重的，处三年以下有期徒刑、拘役或者剥夺政治权利。

第二百五十七条　【暴力干涉婚姻自由罪】　以暴力干涉他人婚姻自由的，处二年以下有期徒刑或者拘役。

犯前款罪，致使被害人死亡的，处二年以上七年以下有期徒刑。

第一款罪，告诉的才处理。

第二百五十八条　【重婚罪】　有配偶而重婚的，或者明知他人有配偶而与之结婚的，处二年以下有期徒刑或者拘役。

第二百五十九条　【破坏军婚罪】　明知是现役军人的配偶而与之同居或者结婚的，处三年以下有期徒刑或者拘役。

利用职权、从属关系，以胁迫手段奸淫现役军人的妻子的，依照本法第二百三十六条的规定定罪处罚。

第二百六十条①　**【虐待罪】**　虐待家庭成员，情节恶劣的，处二年以下有期徒刑、拘役或者管制。

犯前款罪，致使被害人重伤、死亡的，处二年以上七年以下有期徒刑。

第一款罪，告诉的才处理，但被害人没有能力告诉，或者因受到强制、威吓无法告诉的除外。

第二百六十条之一②　**【虐待被监护、看护人罪】**　对未成年人、老年人、患病的人、残疾人等负有监护、看护职责的人虐待被监护、看护的人，情节恶劣的，处三年以下有期徒刑或者拘役。

单位犯前款罪的，对单位判处罚金，并对其直接负责的主管人员和其他直接责任人员，依照前款的规定处罚。

有第一款行为，同时构成其他犯罪的，依照处罚较重的规定定罪

---

① 本条第三款经2015年8月29日《刑法修正案（九）》第十八条修改。1997年刑法第二百六十条第三款原规定为：“第一款罪，告诉的才处理。”

② 本条为2015年8月29日《刑法修正案（九）》第十九条增加。

处罚。

第二百六十一条　【遗弃罪】　对于年老、年幼、患病或者其他没有独立生活能力的人，负有扶养义务而拒绝扶养，情节恶劣的，处五年以下有期徒刑、拘役或者管制。

第二百六十二条　【拐骗儿童罪】　拐骗不满十四周岁的未成年人，脱离家庭或者监护人的，处五年以下有期徒刑或者拘役。

第二百六十二条之一[①]　**【组织残疾人、儿童乞讨罪】**　以暴力、胁迫手段组织残疾人或者不满十四周岁的未成年人乞讨的，处三年以下有期徒刑或者拘役，并处罚金；情节严重的，处三年以上七年以下有期徒刑，并处罚金。

第二百六十二条之二[②]　**【组织未成年人进行违反治安管理活动罪】**　组织未成年人进行盗窃、诈骗、抢夺、敲诈勒索等违反治安管理活动的，处三年以下有期徒刑或者拘役，并处罚金；情节严重的，处三年以上七年以下有期徒刑，并处罚金。

第五章　侵犯财产罪

第二百六十三条　【抢劫罪】　以暴力、胁迫或者其他方法抢劫公私财物的，处三年以上十年以下有期徒刑，并处罚金；有下列情形之一的，处十年以上有期徒刑、无期徒刑或者死刑，并处罚金或者没收财产：

（一）入户抢劫的；

（二）在公共交通工具上抢劫的；

（三）抢劫银行或者其他金融机构的；

（四）多次抢劫或者抢劫数额巨大的；

（五）抢劫致人重伤、死亡的；

（六）冒充军警人员抢劫的；

（七）持枪抢劫的；

（八）抢劫军用物资或者抢险、救灾、救济物资的。

---

① 本条为2006年6月29日《刑法修正案（六）》第十七条增加。

② 本条为2009年2月28日《刑法修正案（七）》第八条增加。

第二百六十四条[①]　**【盗窃罪】**　盗窃公私财物，数额较大的，或者多次盗窃、入户盗窃、携带凶器盗窃、扒窃的，处三年以下有期徒刑、拘役或者管制，并处或者单处罚金；数额巨大或者有其他严重情节的，处三年以上十年以下有期徒刑，并处罚金；数额特别巨大或者有其他特别严重情节的，处十年以上有期徒刑或者无期徒刑，并处罚金或者没收财产。

第二百六十五条　**【盗窃罪】**　以牟利为目的，盗接他人通信线路、复制他人电信码号或者明知是盗接、复制的电信设备、设施而使用的，依照本法第二百六十四条的规定定罪处罚。

第二百六十六条　**【诈骗罪】**　诈骗公私财物，数额较大的，处三年以下有期徒刑、拘役或者管制，并处或者单处罚金；数额巨大或者有其他严重情节的，处三年以上十年以下有期徒刑，并处罚金；数额特别巨大或者有其他特别严重情节的，处十年以上有期徒刑或者无期徒刑，并处罚金或者没收财产。本法另有规定的，依照规定。

第二百六十七条[②]　**【抢夺罪】**　抢夺公私财物，数额较大的，或者多次抢夺的，处三年以下有期徒刑、拘役或者管制，并处或者单处罚金；数额巨大或者有其他严重情节的，处三年以上十年以下有期徒刑，并处罚金；数额特别巨大或者有其他特别严重情节的，处十年以上有期徒刑或者无期徒刑，并处罚金或者没收财产。

【抢劫罪】　携带凶器抢夺的，依照本法第二百六十三条的规定

---

① 本条经2011年2月25日《刑法修正案（八）》第三十九条修改。

1997年刑法第二百六十四条原规定："盗窃公私财物，数额较大或者多次盗窃的，处三年以下有期徒刑、拘役或者管制，并处或者单处罚金；数额巨大或者有其他严重情节的，处三年以上十年以下有期徒刑，并处罚金；数额特别巨大或者有其他特别严重情节的，处十年以上有期徒刑或者无期徒刑，并处罚金或者没收财产；有下列情形之一的，处无期徒刑或者死刑，并处没收财产：

"（一）盗窃金融机构，数额特别巨大的；

"（二）盗窃珍贵文物，情节严重的。"

② 本条第一款经2015年8月29日《刑法修正案（九）》第二十条修改。

1997年刑法第二百六十七条第一款原规定："抢夺公私财物，数额较大的，处三年以下有期徒刑、拘役或者管制，并处或者单处罚金；数额巨大或者有其他严重情节的，处三年以上十年以下有期徒刑，并处罚金；数额特别巨大或者有其他特别严重情节的，处十年以上有期徒刑或者无期徒刑，并处罚金或者没收财产。"

定罪处罚。

第二百六十八条　【聚众哄抢罪】　聚众哄抢公私财物，数额较大或者有其他严重情节的，对首要分子和积极参加的，处三年以下有期徒刑、拘役或者管制，并处罚金；数额巨大或者有其他特别严重情节的，处三年以上十年以下有期徒刑，并处罚金。

第二百六十九条　【抢劫罪】　犯盗窃、诈骗、抢夺罪，为窝藏赃物、抗拒抓捕或者毁灭罪证而当场使用暴力或者以暴力相威胁的，依照本法第二百六十三条的规定定罪处罚。

第二百七十条　【侵占罪】　将代为保管的他人财物非法占为己有，数额较大，拒不退还的，处二年以下有期徒刑、拘役或者罚金；数额巨大或者有其他严重情节的，处二年以上五年以下有期徒刑，并处罚金。

将他人的遗忘物或者埋藏物非法占为己有，数额较大，拒不交出的，依照前款的规定处罚。

本条罪，告诉的才处理。

第二百七十一条　【职务侵占罪】　公司、企业或者其他单位的人员，利用职务上的便利，将本单位财物非法占为己有，数额较大的，处五年以下有期徒刑或者拘役；数额巨大的，处五年以上有期徒刑，可以并处没收财产。

【贪污罪】　国有公司、企业或者其他国有单位中从事公务的人员和国有公司、企业或者其他国有单位委派到非国有公司、企业以及其他单位从事公务的人员有前款行为的，依照本法第三百八十二条、第三百八十三条的规定定罪处罚。

第二百七十二条　【挪用资金罪】　公司、企业或者其他单位的工作人员，利用职务上的便利，挪用本单位资金归个人使用或者借贷给他人，数额较大、超过三个月未还的，或者虽未超过三个月，但数额较大、进行营利活动的，或者进行非法活动的，处三年以下有期徒刑或者拘役；挪用本单位资金数额巨大的，或者数额较大不退还的，处三年以上十年以下有期徒刑。

【挪用公款罪】　国有公司、企业或者其他国有单位中从事公务的人员和国有公司、企业或者其他国有单位委派到非国有公司、企业以及其他单位从事公务的人员有前款行为的，依照本法第三百八十四条的规定定罪处罚。

第二百七十三条 【挪用特定款物罪】 挪用用于救灾、抢险、防汛、优抚、扶贫、移民、救济款物，情节严重，致使国家和人民群众利益遭受重大损害的，对直接责任人员，处三年以下有期徒刑或者拘役；情节特别严重的，处三年以上七年以下有期徒刑。

第二百七十四条[①] 【敲诈勒索罪】 敲诈勒索公私财物，数额较大或者多次敲诈勒索的，处三年以下有期徒刑、拘役或者管制，并处或者单处罚金；数额巨大或者有其他严重情节的，处三年以上十年以下有期徒刑，并处罚金；数额特别巨大或者有其他特别严重情节的，处十年以上有期徒刑，并处罚金。

第二百七十五条 【故意毁坏财物罪】 故意毁坏公私财物，数额较大或者有其他严重情节的，处三年以下有期徒刑、拘役或者罚金；数额巨大或者有其他特别严重情节的，处三年以上七年以下有期徒刑。

第二百七十六条 【破坏生产经营罪】 由于泄愤报复或者其他个人目的，毁坏机器设备、残害耕畜或者以其他方法破坏生产经营的，处三年以下有期徒刑、拘役或者管制；情节严重的，处三年以上七年以下有期徒刑。

第二百七十六条之一[②] 【拒不支付劳动报酬罪】 以转移财产、逃匿等方法逃避支付劳动者的劳动报酬或者有能力支付而不支付劳动者的劳动报酬，数额较大，经政府有关部门责令支付仍不支付的，处三年以下有期徒刑或者拘役，并处或者单处罚金；造成严重后果的，处三年以上七年以下有期徒刑，并处罚金。

单位犯前款罪的，对单位判处罚金，并对其直接负责的主管人员和其他直接责任人员，依照前款的规定处罚。

---

① 本条经2011年2月25日《刑法修正案（八）》第四十条修改。

1997年刑法第二百七十四条原规定："敲诈勒索公私财物，数额较大的，处三年以下有期徒刑、拘役或者管制；数额巨大或者有其他严重情节的，处三年以上十年以下有期徒刑。"

② 本条为2011年2月25日《刑法修正案（八）》第四十一条增加。

有前两款行为，尚未造成严重后果，在提起公诉前支付劳动者的劳动报酬，并依法承担相应赔偿责任的，可以减轻或者免除处罚。

第六章　妨害社会管理秩序罪

第一节　扰乱公共秩序罪

第二百七十七条[①]　**【妨害公务罪】**　以暴力、威胁方法阻碍国家机关工作人员依法执行职务的，处三年以下有期徒刑、拘役、管制或者罚金。

以暴力、威胁方法阻碍全国人民代表大会和地方各级人民代表大会代表依法执行代表职务的，依照前款的规定处罚。

在自然灾害和突发事件中，以暴力、威胁方法阻碍红十字会工作人员依法履行职责的，依照第一款的规定处罚。

故意阻碍国家安全机关、公安机关依法执行国家安全工作任务，未使用暴力、威胁方法，造成严重后果的，依照第一款的规定处罚。

暴力袭击正在依法执行职务的人民警察的，依照第一款的规定从重处罚。

第二百七十八条　**【煽动暴力抗拒法律实施罪】**　煽动群众暴力抗拒国家法律、行政法规实施的，处三年以下有期徒刑、拘役、管制或者剥夺政治权利；造成严重后果的，处三年以上七年以下有期徒刑。

第二百七十九条　**【招摇撞骗罪】**　冒充国家机关工作人员招摇撞骗的，处三年以下有期徒刑、拘役、管制或者剥夺政治权利；情节严重的，处三年以上十年以下有期徒刑。

冒充人民警察招摇撞骗的，依照前款的规定从重处罚。

---

① 本条第五款为2015年8月29日《刑法修正案（九）》第二十一条增加。

第二百八十条[①] **【伪造、变造、买卖国家机关公文、证件、印章罪】【盗窃、抢夺、毁灭国家机关公文、证件、印章罪】** 伪造、变造、买卖或者盗窃、抢夺、毁灭国家机关的公文、证件、印章的，处三年以下有期徒刑、拘役、管制或者剥夺政治权利，并处罚金；情节严重的，处三年以上十年以下有期徒刑，并处罚金。

【伪造公司、企业、事业单位、人民团体印章罪】 伪造公司、企业、事业单位、人民团体的印章的，处三年以下有期徒刑、拘役、管制或者剥夺政治权利，并处罚金。

【伪造、变造、买卖身份证件罪】 伪造、变造、买卖居民身份证、护照、社会保障卡、驾驶证等依法可以用于证明身份的证件的，处三年以下有期徒刑、拘役、管制或者剥夺政治权利，并处罚金；情节严重的，处三年以上七年以下有期徒刑，并处罚金。

第二百八十条之一[②] **【使用虚假身份证件、盗用身份证件罪】** 在依照国家规定应当提供身份证明的活动中，使用伪造、变造的或者盗用他人的居民身份证、护照、社会保障卡、驾驶证等依法可以用于证明身份的证件，情节严重的，处拘役或者管制，并处或者单处罚金。

有前款行为，同时构成其他犯罪的，依照处罚较重的规定定罪处罚。

第二百八十一条　【非法生产、买卖警用装备罪】 非法生产、买卖人民警察制式服装、车辆号牌等专用标志、警械，情节严重的，处三年以下有期徒刑、拘役或者管制，并处或者单处罚金。

---

① 本条经2015年8月29日《刑法修正案（九）》第二十二条修改。

1997年刑法第二百八十条原规定为："伪造、变造、买卖或者盗窃、抢夺、毁灭国家机关的公文、证件、印章的，处三年以下有期徒刑、拘役、管制或者剥夺政治权利；情节严重的，处三年以上十年以下有期徒刑。

"伪造公司、企业、事业单位、人民团体的印章的，处三年以下有期徒刑、拘役、管制或者剥夺政治权利。

"伪造、变造居民身份证的，处三年以下有期徒刑、拘役、管制或者剥夺政治权利；情节严重的，处三年以上七年以下有期徒刑。"

② 本条为2015年8月29日《刑法修正案（九）》第二十三条增加。

单位犯前款罪的，对单位判处罚金，并对其直接负责的主管人员和其他直接责任人员，依照前款的规定处罚。

第二百八十二条　【非法获取国家秘密罪】　以窃取、刺探、收买方法，非法获取国家秘密的，处三年以下有期徒刑、拘役、管制或者剥夺政治权利；情节严重的，处三年以上七年以下有期徒刑。

【非法持有国家绝密、机密文件、资料、物品罪】　非法持有属于国家绝密、机密的文件、资料或者其他物品，拒不说明来源与用途的，处三年以下有期徒刑、拘役或者管制。

第二百八十三条[①]　**【非法生产、销售专用间谍器材、窃听、窃照专用器材罪】**　非法生产、销售专用间谍器材或者窃听、窃照专用器材的，处三年以下有期徒刑、拘役或者管制，并处或者单处罚金；情节严重的，处三年以上七年以下有期徒刑，并处罚金。

单位犯前款罪的，对单位判处罚金，并对其直接负责的主管人员和其他直接责任人员，依照前款的规定处罚。

第二百八十四条　【非法使用窃听、窃照专用器材罪】　非法使用窃听、窃照专用器材，造成严重后果的，处二年以下有期徒刑、拘役或者管制。

第二百八十四条之一[②]　**【组织考试作弊罪】**　在法律规定的国家考试中，组织作弊的，处三年以下有期徒刑或者拘役，并处或者单处罚金；情节严重的，处三年以上七年以下有期徒刑，并处罚金。

为他人实施前款犯罪提供作弊器材或者其他帮助的，依照前款的规定处罚。

【非法出售、提供试题、答案罪】　为实施考试作弊行为，向他人非法出售或者提供第一款规定的考试的试题、答案的，依照第一款

---

① 本条经2015年8月29日《刑法修正案（九）》第二十四条修改。

1997年刑法第二百八十三条原规定为："非法生产、销售窃听、窃照等专用间谍器材的，处三年以下有期徒刑、拘役或者管制。"

② 本条为2015年8月29日《刑法修正案（九）》第二十五条增加。

的规定处罚。

【代替考试罪】 代替他人或者让他人代替自己参加第一款规定的考试的，处拘役或者管制，并处或者单处罚金。

第二百八十五条[①] **【非法侵入计算机信息系统罪】** 违反国家规定，侵入国家事务、国防建设、尖端科学技术领域的计算机信息系统的，处三年以下有期徒刑或者拘役。

【非法获取计算机信息系统数据、非法控制计算机信息系统罪】 违反国家规定，侵入前款规定以外的计算机信息系统或者采用其他技术手段，获取该计算机信息系统中存储、处理或者传输的数据，或者对该计算机信息系统实施非法控制，情节严重的，处三年以下有期徒刑或者拘役，并处或者单处罚金；情节特别严重的，处三年以上七年以下有期徒刑，并处罚金。

【提供侵入、非法控制计算机信息系统程序、工具罪】 提供专门用于侵入、非法控制计算机信息系统的程序、工具，或者明知他人实施侵入、非法控制计算机信息系统的违法犯罪行为而为其提供程序、工具，情节严重的，依照前款的规定处罚。

单位犯前三款罪的，对单位判处罚金，并对其直接负责的主管人员和其他直接责任人员，依照各该款的规定处罚。

第二百八十六条[②] **【破坏计算机信息系统罪】** 违反国家规定，对计算机信息系统功能进行删除、修改、增加、干扰，造成计算机信息系统不能正常运行，后果严重的，处五年以下有期徒刑或者拘役；后果特别严重的，处五年以上有期徒刑。

违反国家规定，对计算机信息系统中存储、处理或者传输的数据和应用程序进行删除、修改、增加的操作，后果严重的，依照前款的规定处罚。

故意制作、传播计算机病毒等破坏性程序，影响计算机系统正常运行，后果严重的，依照第一款的规定处罚。

---

① 本条第二款、第三款为2009年2月28日《刑法修正案（七）》第九条增加，第四款为2015年8月29日《刑法修正案（九）》第二十六条增加。

② 本条第四款为2015年8月29日《刑法修正案（九）》第二十七条增加。

单位犯前三款罪的，对单位判处罚金，并对其直接负责的主管人员和其他直接责任人员，依照第一款的规定处罚。

第二百八十六条之一① **【拒不履行信息网络安全管理义务罪】** 网络服务提供者不履行法律、行政法规规定的信息网络安全管理义务，经监管部门责令采取改正措施而拒不改正，有下列情形之一的，处三年以下有期徒刑、拘役或者管制，并处或者单处罚金：

（一）致使违法信息大量传播的；

（二）致使用户信息泄露，造成严重后果的；

（三）致使刑事案件证据灭失，情节严重的；

（四）有其他严重情节的。

单位犯前款罪的，对单位判处罚金，并对其直接负责的主管人员和其他直接责任人员，依照前款的规定处罚。

有前两款行为，同时构成其他犯罪的，依照处罚较重的规定定罪处罚。

第二百八十七条 利用计算机实施金融诈骗、盗窃、贪污、挪用公款、窃取国家秘密或者其他犯罪的，依照本法有关规定定罪处罚。

第二百八十七条之一② **【非法利用信息网络罪】** 利用信息网络实施下列行为之一，情节严重的，处三年以下有期徒刑或者拘役，并处或者单处罚金：

（一）设立用于实施诈骗、传授犯罪方法、制作或者销售违禁物品、管制物品等违法犯罪活动的网站、通讯群组的；

（二）发布有关制作或者销售毒品、枪支、淫秽物品等违禁物品、管制物品或者其他违法犯罪信息的；

（三）为实施诈骗等违法犯罪活动发布信息的。

单位犯前款罪的，对单位判处罚金，并对其直接负责的主管人员和其他直接责任人员，依照第一款的规定处罚。

有前两款行为，同时构成其他犯罪的，依照处罚较重的规定定罪

① 本条为2015年8月29日《刑法修正案（九）》第二十八条增加。

② 本条为2015年8月29日《刑法修正案（九）》第二十九条增加。

处罚。

第二百八十七条之二[①] **【帮助信息网络犯罪活动罪】** 明知他人利用信息网络实施犯罪，为其犯罪提供互联网接入、服务器托管、网络存储、通讯传输等技术支持，或者提供广告推广、支付结算等帮助，情节严重的，处三年以下有期徒刑或者拘役，并处或者单处罚金。

单位犯前款罪的，对单位判处罚金，并对其直接负责的主管人员和其他直接责任人员，依照第一款的规定处罚。

有前两款行为，同时构成其他犯罪的，依照处罚较重的规定定罪处罚。

第二百八十八条[②] **【扰乱无线电通讯管理秩序罪】** 违反国家规定，擅自设置、使用无线电台（站），或者擅自使用无线电频率，干扰无线电通讯秩序，情节严重的，处三年以下有期徒刑、拘役或者管制，并处或者单处罚金；情节特别严重的，处三年以上七年以下有期徒刑，并处罚金。

单位犯前款罪的，对单位判处罚金，并对其直接负责的主管人员和其他直接责任人员，依照前款的规定处罚。

第二百八十九条　【故意伤害罪】【故意杀人罪】【抢劫罪】 聚众"打砸抢"，致人伤残、死亡的，依照本法第二百三十四条、第二百三十二条的规定定罪处罚。毁坏或者抢走公私财物的，除判令退赔外，对首要分子，依照本法第二百六十三条的规定定罪处罚。

---

① 本条为2015年8月29日《刑法修正案（九）》第二十九条增加。

② 本条第一款经2015年8月29日《刑法修正案（九）》第三十条修改。

1997年刑法第二百八十八条第一款原规定为："违反国家规定，擅自设置、使用无线电台（站），或者擅自占用频率，经责令停止使用后拒不停止使用，干扰无线电通讯正常进行，造成严重后果的，处三年以下有期徒刑、拘役或者管制，并处或者单处罚金。"

第二百九十条[1] **【聚众扰乱社会秩序罪】** 聚众扰乱社会秩序，情节严重，致使工作、生产、营业和教学、科研、医疗无法进行，造成严重损失的，对首要分子，处三年以上七年以下有期徒刑；对其他积极参加的，处三年以下有期徒刑、拘役、管制或者剥夺政治权利。

【聚众冲击国家机关罪】 聚众冲击国家机关，致使国家机关工作无法进行，造成严重损失的，对首要分子，处五年以上十年以下有期徒刑；对其他积极参加的，处五年以下有期徒刑、拘役、管制或者剥夺政治权利。

【扰乱国家机关工作秩序罪】 多次扰乱国家机关工作秩序，经行政处罚后仍不改正，造成严重后果的，处三年以下有期徒刑、拘役或者管制。

【组织、资助非法聚集罪】 多次组织、资助他人非法聚集，扰乱社会秩序，情节严重的，依照前款的规定处罚。

第二百九十一条 **【聚众扰乱公共场所秩序、交通秩序罪】** 聚众扰乱车站、码头、民用航空站、商场、公园、影剧院、展览会、运动场或者其他公共场所秩序，聚众堵塞交通或者破坏交通秩序，抗拒、阻碍国家治安管理工作人员依法执行职务，情节严重的，对首要分子，处五年以下有期徒刑、拘役或者管制。

第二百九十一条之一[2] **【投放虚假危险物质罪】【编造、故意传播虚假恐怖信息罪】** 投放虚假的爆炸性、毒害性、放射性、传染病病原体等物质，或者编造爆炸威胁、生化威胁、放射威胁等恐怖信息，或者明知是编造的恐怖信息而故意传播，严重扰乱社会秩序的，处五年以下有期徒刑、拘役或者管制；造成严重后果的，处五年

---

① 本条第一款经2015年8月29日《刑法修正案（九）》第三十一条修改，第三款、第四款为2015年8月29日《刑法修正案（九）》第三十一条增加。

1997年刑法第二百九十条第一款原规定："聚众扰乱社会秩序，情节严重，致使工作、生产、营业和教学、科研无法进行，造成严重损失的，对首要分子，处三年以上七年以下有期徒刑；对其他积极参加的，处三年以下有期徒刑、拘役、管制或者剥夺政治权利。"

② 本条第一款为2001年12月29日《刑法修正案（三）》第八条增加。本条第二款为2015年8月29日《刑法修正案（九）》第三十二条增加。

以上有期徒刑。

【编造、故意传播虚假信息罪】 编造虚假的险情、疫情、灾情、警情，在信息网络或者其他媒体上传播，或者明知是上述虚假信息，故意在信息网络或者其他媒体上传播，严重扰乱社会秩序的，处三年以下有期徒刑、拘役或者管制；造成严重后果的，处三年以上七年以下有期徒刑。

第二百九十二条　【聚众斗殴罪】 聚众斗殴的，对首要分子和其他积极参加的，处三年以下有期徒刑、拘役或者管制；有下列情形之一的，对首要分子和其他积极参加的，处三年以上十年以下有期徒刑：

（一）多次聚众斗殴的；

（二）聚众斗殴人数多，规模大，社会影响恶劣的；

（三）在公共场所或者交通要道聚众斗殴，造成社会秩序严重混乱的；

（四）持械聚众斗殴的。

聚众斗殴，致人重伤、死亡的，依照本法第二百三十四条、第二百三十二条的规定定罪处罚。

第二百九十三条① **【寻衅滋事罪】** 有下列寻衅滋事行为之一，破坏社会秩序的，处五年以下有期徒刑、拘役或者管制：

（一）随意殴打他人，情节恶劣的；

（二）追逐、拦截、辱骂、恐吓他人，情节恶劣的；

（三）强拿硬要或者任意损毁、占用公私财物，情节严重的；

（四）在公共场所起哄闹事，造成公共场所秩序严重混乱的。

纠集他人多次实施前款行为，严重破坏社会秩序的，处五年以上

---

① 本条经2011年2月25日《刑法修正案（八）》第四十二条修改。

1997年刑法第二百九十三条原规定：“有下列寻衅滋事行为之一，破坏社会秩序的，处五年以下有期徒刑、拘役或者管制：

“（一）随意殴打他人，情节恶劣的；

“（二）追逐、拦截、辱骂他人，情节恶劣的；

“（三）强拿硬要或者任意损毁、占用公私财物，情节严重的；

“（四）在公共场所起哄闹事，造成公共场所秩序严重混乱的。

十年以下有期徒刑，可以并处罚金。

第二百九十四条① **【组织、领导、参加黑社会性质组织罪】** 组织、领导黑社会性质的组织的，处七年以上有期徒刑，并处没收财产；积极参加的，处三年以上七年以下有期徒刑，可以并处罚金或者没收财产；其他参加的，处三年以下有期徒刑、拘役、管制或者剥夺政治权利，可以并处罚金。

【入境发展黑社会组织罪】 境外的黑社会组织的人员到中华人民共和国境内发展组织成员的，处三年以上十年以下有期徒刑。

【包庇、纵容黑社会性质组织罪】 国家机关工作人员包庇黑社会性质的组织，或者纵容黑社会性质的组织进行违法犯罪活动的，处五年以下有期徒刑；情节严重的，处五年以上有期徒刑。

犯前三款罪又有其他犯罪行为的，依照数罪并罚的规定处罚。

黑社会性质的组织应当同时具备以下特征：

（一）形成较稳定的犯罪组织，人数较多，有明确的组织者、领导者，骨干成员基本固定；

（二）有组织地通过违法犯罪活动或者其他手段获取经济利益，具有一定的经济实力，以支持该组织的活动；

（三）以暴力、威胁或者其他手段，有组织地多次进行违法犯罪活动，为非作恶，欺压、残害群众；

（四）通过实施违法犯罪活动，或者利用国家工作人员的包庇或者纵容，称霸一方，在一定区域或者行业内，形成非法控制或者重大

---

① 本条经2011年2月25日《刑法修正案（八）》第四十三条修改。

1997年刑法第二百九十四条原规定："组织、领导和积极参加以暴力、威胁或者其他手段，有组织地进行违法犯罪活动，称霸一方，为非作恶，欺压、残害群众，严重破坏经济、社会生活秩序的黑社会性质的组织的，处三年以上十年以下有期徒刑；其他参加的，处三年以下有期徒刑、拘役、管制或者剥夺政治权利。

"境外的黑社会组织的人员到中华人民共和国境内发展组织成员的，处三年以上十年以下有期徒刑。

"犯前两款罪又有其他犯罪行为的，依照数罪并罚的规定处罚。

"国家机关工作人员包庇黑社会性质的组织，或者纵容黑社会性质的组织进行违法犯罪活动的，处三年以下有期徒刑、拘役或者剥夺政治权利；情节严重的，处三年以上十年以下有期徒刑。"

影响，严重破坏经济、社会生活秩序。

第二百九十五条[①] **【传授犯罪方法罪】** 传授犯罪方法的，处五年以下有期徒刑、拘役或者管制；情节严重的，处五年以上十年以下有期徒刑；情节特别严重的，处十年以上有期徒刑或者无期徒刑。

第二百九十六条 **【非法集会、游行、示威罪】** 举行集会、游行、示威，未依照法律规定申请或者申请未获许可，或者未按照主管机关许可的起止时间、地点、路线进行，又拒不服从解散命令，严重破坏社会秩序的，对集会、游行、示威的负责人和直接责任人员，处五年以下有期徒刑、拘役、管制或者剥夺政治权利。

第二百九十七条 **【非法携带武器、管制刀具、爆炸物参加集会、游行、示威罪】** 违反法律规定，携带武器、管制刀具或者爆炸物参加集会、游行、示威的，处三年以下有期徒刑、拘役、管制或者剥夺政治权利。

第二百九十八条 **【破坏集会、游行、示威罪】** 扰乱、冲击或者以其他方法破坏依法举行的集会、游行、示威，造成公共秩序混乱的，处五年以下有期徒刑、拘役、管制或者剥夺政治权利。

第二百九十九条 **【侮辱国旗、国徽罪】** 在公众场合故意以焚烧、毁损、涂划、玷污、践踏等方式侮辱中华人民共和国国旗、国徽的，处三年以下有期徒刑、拘役、管制或者剥夺政治权利。

第三百条[②] **【组织、利用会道门、邪教组织、利用迷信破坏法**

---

① 本条经2011年2月25日《刑法修正案（八）》第四十四条修改。

1997年刑法第二百九十五条原规定："传授犯罪方法的，处五年以下有期徒刑、拘役或者管制；情节严重的，处五年以上有期徒刑；情节特别严重的，处无期徒刑或者死刑。"

② 本条经2015年8月29日《刑法修正案（九）》第三十三条修改。

1997年刑法第三百条原规定："组织和利用会道门、邪教组织或者利用迷信破坏国家法律、行政法规实施的，处三年以上七年以下有期徒刑；情节特别严重的，处七年以上有期徒刑。

"组织和利用会道门、邪教组织或者利用迷信蒙骗他人，致人死亡的，依照前款的规定处罚。

"组织和利用会道门、邪教组织或者利用迷信奸淫妇女、诈骗财物的，分别依照本法第二百三十六条、第二百六十六条的规定定罪处罚。"

律实施罪】 组织、利用会道门、邪教组织或者利用迷信破坏国家法律、行政法规实施的，处三年以上七年以下有期徒刑，并处罚金；情节特别严重的，处七年以上有期徒刑或者无期徒刑，并处罚金或者没收财产；情节较轻的，处三年以下有期徒刑、拘役、管制或者剥夺政治权利，并处或者单处罚金。

【组织、利用会道门、邪教组织、利用迷信致人重伤、死亡罪】 组织、利用会道门、邪教组织或者利用迷信蒙骗他人，致人重伤、死亡的，依照前款的规定处罚。

犯第一款罪又有奸淫妇女、诈骗财物等犯罪行为的，依照数罪并罚的规定处罚。

第三百零一条　【聚众淫乱罪】 聚众进行淫乱活动的，对首要分子或者多次参加的，处五年以下有期徒刑、拘役或者管制。

【引诱未成年人聚众淫乱罪】 引诱未成年人参加聚众淫乱活动的，依照前款的规定从重处罚。

第三百零二条[①]　**【盗窃、侮辱、故意毁坏尸体、尸骨、骨灰罪】** 盗窃、侮辱、故意毁坏尸体、尸骨、骨灰的，处三年以下有期徒刑、拘役或者管制。

第三百零三条[②]　**【赌博罪】** 以营利为目的，聚众赌博或者以赌博为业的，处三年以下有期徒刑、拘役或者管制，并处罚金。

【开设赌场罪】 开设赌场的，处三年以下有期徒刑、拘役或者管制，并处罚金；情节严重的，处三年以上十年以下有期徒刑，并处罚金。

第三百零四条　【故意延误投递邮件罪】 邮政工作人员严重不负责任，故意延误投递邮件，致使公共财产、国家和人民利益遭受

---

① 本条经2015年8月29日《刑法修正案（九）》第三十四条修改。

1997年刑法第三百零二条原规定："盗窃、侮辱尸体的，处三年以下有期徒刑、拘役或者管制。"

② 本条经2006年6月29日《刑法修正案（六）》第十八条修改。

1997年刑法第三百零三条原规定："以营利为目的，聚众赌博、开设赌场或者以赌博为业的，处三年以下有期徒刑、拘役或者管制，并处罚金。"

重大损失的，处二年以下有期徒刑或者拘役。

第二节　妨害司法罪

第三百零五条　【伪证罪】　在刑事诉讼中，证人、鉴定人、记录人、翻译人对与案件有重要关系的情节，故意作虚假证明、鉴定、记录、翻译，意图陷害他人或者隐匿罪证的，处三年以下有期徒刑或者拘役；情节严重的，处三年以上七年以下有期徒刑。

第三百零六条　【辩护人、诉讼代理人毁灭证据、伪造证据、妨害作证罪】　在刑事诉讼中，辩护人、诉讼代理人毁灭、伪造证据，帮助当事人毁灭、伪造证据，威胁、引诱证人违背事实改变证言或者作伪证的，处三年以下有期徒刑或者拘役；情节严重的，处三年以上七年以下有期徒刑。

辩护人、诉讼代理人提供、出示、引用的证人证言或者其他证据失实，不是有意伪造的，不属于伪造证据。

第三百零七条　【妨害作证罪】　以暴力、威胁、贿买等方法阻止证人作证或者指使他人作伪证的，处三年以下有期徒刑或者拘役；情节严重的，处三年以上七年以下有期徒刑。

【帮助毁灭、伪造证据罪】　帮助当事人毁灭、伪造证据，情节严重的，处三年以下有期徒刑或者拘役。

司法工作人员犯前两款罪的，从重处罚。

第三百零七条之一①　**【虚假诉讼罪】**　以捏造的事实提起民事诉讼，妨害司法秩序或者严重侵害他人合法权益的，处三年以下有期徒刑、拘役或者管制，并处或者单处罚金；情节严重的，处三年以上七年以下有期徒刑，并处罚金。

单位犯前款罪的，对单位判处罚金，并对其直接负责的主管人员和其他直接责任人员，依照前款的规定处罚。

有第一款行为，非法占有他人财产或者逃避合法债务，又构成其他犯罪的，依照处罚较重的规定定罪从重处罚。

① 本条为2015年8月29日《刑法修正案（九）》第三十五条增加。

司法工作人员利用职权，与他人共同实施前三款行为的，从重处罚；同时构成其他犯罪的，依照处罚较重的规定定罪从重处罚。

第三百零八条　【打击报复证人罪】　对证人进行打击报复的，处三年以下有期徒刑或者拘役；情节严重的，处三年以上七年以下有期徒刑。

第三百零八条之一[①]　**【泄露不应公开的案件信息罪】**　司法工作人员、辩护人、诉讼代理人或者其他诉讼参与人，泄露依法不公开审理的案件中不应当公开的信息，造成信息公开传播或者其他严重后果的，处三年以下有期徒刑、拘役或者管制，并处或者单处罚金。

有前款行为，泄露国家秘密的，依照本法第三百九十八条的规定定罪处罚。

【披露、报道不应公开的案件信息罪】　公开披露、报道第一款规定的案件信息，情节严重的，依照第一款的规定处罚。

单位犯前款罪的，对单位判处罚金，并对其直接负责的主管人员和其他直接责任人员，依照第一款的规定处罚。

第三百零九条[②]　**【扰乱法庭秩序罪】**　有下列扰乱法庭秩序情形之一的，处三年以下有期徒刑、拘役、管制或者罚金：

（一）聚众哄闹、冲击法庭的；

（二）殴打司法工作人员或者诉讼参与人的；

（三）侮辱、诽谤、威胁司法工作人员或者诉讼参与人，不听法庭制止，严重扰乱法庭秩序的；

（四）有毁坏法庭设施，抢夺、损毁诉讼文书、证据等扰乱法庭秩序行为，情节严重的。

第三百一十条　【窝藏、包庇罪】　明知是犯罪的人而为其提供隐藏处所、财物，帮助其逃匿或者作假证明包庇的，处三年以下有期徒刑、拘役或者管制；情节严重的，处三年以上十年以下有期

---

① 本条为2015年8月29日《刑法修正案（九）》第三十六条增加。

② 本条经2015年8月29日《刑法修正案（九）》第三十七条修改。

1997年刑法第三百零九条原规定："聚众哄闹、冲击法庭，或者殴打司法工作人员，严重扰乱法庭秩序的，处三年以下有期徒刑、拘役、管制或者罚金。"

徒刑。

犯前款罪，事前通谋的，以共同犯罪论处。

第三百一十一条[①]　**【拒绝提供间谍犯罪、恐怖主义犯罪、极端主义犯罪证据罪】**　明知他人有间谍犯罪或者恐怖主义、极端主义犯罪行为，在司法机关向其调查有关情况、收集有关证据时，拒绝提供，情节严重的，处三年以下有期徒刑、拘役或者管制。

第三百一十二条[②]　**【掩饰、隐瞒犯罪所得、犯罪所得收益罪】**明知是犯罪所得及其产生的收益而予以窝藏、转移、收购、代为销售或者以其他方法掩饰、隐瞒的，处三年以下有期徒刑、拘役或者管制，并处或者单处罚金；情节严重的，处三年以上七年以下有期徒刑，并处罚金。

单位犯前款罪的，对单位判处罚金，并对其直接负责的主管人员和其他直接责任人员，依照前款的规定处罚。

第三百一十三条[③]　**【拒不执行判决、裁定罪】**　对人民法院的判决、裁定有能力执行而拒不执行，情节严重的，处三年以下有期徒刑、拘役或者罚金；情节特别严重的，处三年以上七年以下有期徒刑，并处罚金。

单位犯前款罪的，对单位判处罚金，并对其直接负责的主管人员和其他直接责任人员，依照前款的规定处罚。

---

① 本条经2015年8月29日《刑法修正案（九）》第三十八条修改。

1997年刑法第三一十一条原规定："明知他人有间谍犯罪行为，在国家安全机关向其调查有关情况、收集有关证据时，拒绝提供，情节严重的，处三年以下有期徒刑、拘役或者管制。"

② 本条经2006年6月29日《刑法修正案（六）》第十九条、2009年2月28日《刑法修正案（七）》第十条两次修改。

1997年刑法第三百一十二条原规定："明知是犯罪所得的赃物而予以窝藏、转移、收购或者代为销售的，处三年以下有期徒刑、拘役或者管制，并处或者单处罚金。"

《刑法修正案（六）》第十九条对其修改后，形成本条第一款规定；《刑法修正案（七）》第十条增加本条第二款规定。

③ 本条经2015年8月29日《刑法修正案（九）》第三十九条修改。

1997年刑法第三一十三条原规定："对人民法院的判决、裁定有能力执行而拒不执行，情节严重的，处三年以下有期徒刑、拘役或者罚金。"

第三百一十四条 【非法处置查封、扣押、冻结的财产罪】 隐藏、转移、变卖、故意毁损已被司法机关查封、扣押、冻结的财产，情节严重的，处三年以下有期徒刑、拘役或者罚金。

第三百一十五条 【破坏监管秩序罪】 依法被关押的罪犯，有下列破坏监管秩序行为之一，情节严重的，处三年以下有期徒刑：

（一）殴打监管人员的；

（二）组织其他被监管人破坏监管秩序的；

（三）聚众闹事，扰乱正常监管秩序的；

（四）殴打、体罚或者指使他人殴打、体罚其他被监管人的。

第三百一十六条 【脱逃罪】 依法被关押的罪犯、被告人、犯罪嫌疑人脱逃的，处五年以下有期徒刑或者拘役。

【劫夺被押解人员罪】 劫夺押解途中的罪犯、被告人、犯罪嫌疑人的，处三年以上七年以下有期徒刑；情节严重的，处七年以上有期徒刑。

第三百一十七条 【组织越狱罪】 组织越狱的首要分子和积极参加的，处五年以上有期徒刑；其他参加的，处五年以下有期徒刑或者拘役。

【暴动越狱罪】【聚众持械劫狱罪】 暴动越狱或者聚众持械劫狱的首要分子和积极参加的，处十年以上有期徒刑或者无期徒刑；情节特别严重的，处死刑；其他参加的，处三年以上十年以下有期徒刑。

第三节 妨害国（边）境管理罪

第三百一十八条 【组织他人偷越国（边）境罪】 组织他人偷越国（边）境的，处二年以上七年以下有期徒刑，并处罚金；有下列情形之一的，处七年以上有期徒刑或者无期徒刑，并处罚金或者没收财产：

（一）组织他人偷越国（边）境集团的首要分子；

（二）多次组织他人偷越国（边）境或者组织他人偷越国（边）境人数众多的；

（三）造成被组织人重伤、死亡的；

（四）剥夺或者限制被组织人人身自由的；

（五）以暴力、威胁方法抗拒检查的；

（六）违法所得数额巨大的；

（七）有其他特别严重情节的。

犯前款罪，对被组织人有杀害、伤害、强奸、拐卖等犯罪行为，或者对检查人员有杀害、伤害等犯罪行为的，依照数罪并罚的规定处罚。

第三百一十九条　【骗取出境证件罪】　以劳务输出、经贸往来或者其他名义，弄虚作假，骗取护照、签证等出境证件，为组织他人偷越国（边）境使用的，处三年以下有期徒刑，并处罚金；情节严重的，处三年以上十年以下有期徒刑，并处罚金。

单位犯前款罪的，对单位判处罚金，并对其直接负责的主管人员和其他直接责任人员，依照前款的规定处罚。

第三百二十条　【提供伪造、变造的出入境证件罪】【出售出入境证件罪】　为他人提供伪造、变造的护照、签证等出入境证件，或者出售护照、签证等出入境证件的，处五年以下有期徒刑，并处罚金；情节严重的，处五年以上有期徒刑，并处罚金。

第三百二十一条　【运送他人偷越国（边）境罪】　运送他人偷越国（边）境的，处五年以下有期徒刑、拘役或者管制，并处罚金；有下列情形之一的，处五年以上十年以下有期徒刑，并处罚金：

（一）多次实施运送行为或者运送人数众多的；

（二）所使用的船只、车辆等交通工具不具备必要的安全条件，足以造成严重后果的；

（三）违法所得数额巨大的；

（四）有其他特别严重情节的。

在运送他人偷越国（边）境中造成被运送人重伤、死亡，或者以暴力、威胁方法抗拒检查的，处七年以上有期徒刑，并处罚金。

犯前两款罪，对被运送人有杀害、伤害、强奸、拐卖等犯罪行为，或者对检查人员有杀害、伤害等犯罪行为的，依照数罪并罚的规定处罚。

第三百二十二条[①] **【偷越国（边）境罪】** 违反国（边）境管理法规，偷越国（边）境，情节严重的，处一年以下有期徒刑、拘役或者管制，并处罚金；为参加恐怖活动组织、接受恐怖活动培训或者实施恐怖活动，偷越国（边）境的，处一年以上三年以下有期徒刑，并处罚金。

第三百二十三条 **【破坏界碑、界桩罪】【破坏永久性测量标志罪】** 故意破坏国家边境的界碑、界桩或者永久性测量标志的，处三年以下有期徒刑或者拘役。

第四节　妨害文物管理罪

第三百二十四条 **【故意损毁文物罪】** 故意损毁国家保护的珍贵文物或者被确定为全国重点文物保护单位、省级文物保护单位的文物的，处三年以下有期徒刑或者拘役，并处或者单处罚金；情节严重的，处三年以上十年以下有期徒刑，并处罚金。

【故意损毁名胜古迹罪】 故意损毁国家保护的名胜古迹，情节严重的，处五年以下有期徒刑或者拘役，并处或者单处罚金。

【过失损毁文物罪】 过失损毁国家保护的珍贵文物或者被确定为全国重点文物保护单位、省级文物保护单位的文物，造成严重后果的，处三年以下有期徒刑或者拘役。

第三百二十五条 **【非法向外国人出售、赠送珍贵文物罪】** 违反文物保护法规，将收藏的国家禁止出口的珍贵文物私自出售或者私自赠送给外国人的，处五年以下有期徒刑或者拘役，可以并处罚金。

单位犯前款罪的，对单位判处罚金，并对其直接负责的主管人员和其他直接责任人员，依照前款的规定处罚。

第三百二十六条 **【倒卖文物罪】** 以牟利为目的，倒卖国家禁止经营的文物，情节严重的，处五年以下有期徒刑或者拘役，并处

---

① 本条经2015年8月29日《刑法修正案（九）》第四十条修改。

1997年刑法第三百二十二条原规定：“违反国（边）境管理法规，偷越国（边）境，情节严重的，处一年以下有期徒刑、拘役或者管制，并处罚金。”

罚金；情节特别严重的，处五年以上十年以下有期徒刑，并处罚金。

单位犯前款罪的，对单位判处罚金，并对其直接负责的主管人员和其他直接责任人员，依照前款的规定处罚。

第三百二十七条　【非法出售、私赠文物藏品罪】　违反文物保护法规，国有博物馆、图书馆等单位将国家保护的文物藏品出售或者私自送给非国有单位或者个人的，对单位判处罚金，并对其直接负责的主管人员和其他直接责任人员，处三年以下有期徒刑或者拘役。

第三百二十八条[①]　**【盗掘古文化遗址、古墓葬罪】**　盗掘具有历史、艺术、科学价值的古文化遗址、古墓葬的，处三年以上十年以下有期徒刑，并处罚金；情节较轻的，处三年以下有期徒刑、拘役或者管制，并处罚金；有下列情形之一的，处十年以上有期徒刑或者无期徒刑，并处罚金或者没收财产：

（一）盗掘确定为全国重点文物保护单位和省级文物保护单位的古文化遗址、古墓葬的；

（二）盗掘古文化遗址、古墓葬集团的首要分子；

（三）多次盗掘古文化遗址、古墓葬的；

（四）盗掘古文化遗址、古墓葬，并盗窃珍贵文物或者造成珍贵文物严重破坏的。

【盗掘古人类化石、古脊椎动物化石罪】　盗掘国家保护的具有科学价值的古人类化石和古脊椎动物化石的，依照前款的规定处罚。

第三百二十九条　【抢夺、窃取国有档案罪】　抢夺、窃取国家所有的档案的，处五年以下有期徒刑或者拘役。

---

① 本条第一款经2011年2月25日《刑法修正案（八）》第四十五条修改。

1997年刑法第三百二十八条第一款原规定："盗掘具有历史、艺术、科学价值的古文化遗址、古墓葬的，处三年以上十年以下有期徒刑，并处罚金；情节较轻的，处三年以下有期徒刑、拘役或者管制，并处罚金；有下列情形之一的，处十年以上有期徒刑、无期徒刑或者死刑，并处罚金或者没收财产：

"（一）盗掘确定为全国重点文物保护单位和省级文物保护单位的古文化遗址、古墓葬的；

"（二）盗掘古文化遗址、古墓葬集团的首要分子；

"（三）多次盗掘古文化遗址、古墓葬的；

"（四）盗掘古文化遗址、古墓葬，并盗窃珍贵文物或者造成珍贵文物严重破坏的。"

【擅自出卖、转让国有档案罪】 违反档案法的规定，擅自出卖、转让国家所有的档案，情节严重的，处三年以下有期徒刑或者拘役。

有前两款行为，同时又构成本法规定的其他犯罪的，依照处罚较重的规定定罪处罚。

第五节 危害公共卫生罪

第三百三十条 **【妨害传染病防治罪】** 违反传染病防治法的规定，有下列情形之一，引起甲类传染病传播或者有传播严重危险的，处三年以下有期徒刑或者拘役；后果特别严重的，处三年以上七年以下有期徒刑：

（一）供水单位供应的饮用水不符合国家规定的卫生标准的；

（二）拒绝按照卫生防疫机构提出的卫生要求，对传染病病原体污染的污水、污物、粪便进行消毒处理的；

（三）准许或者纵容传染病病人、病原携带者和疑似传染病病人从事国务院卫生行政部门规定禁止从事的易使该传染病扩散的工作的；

（四）拒绝执行卫生防疫机构依照传染病防治法提出的预防、控制措施的。

单位犯前款罪的，对单位判处罚金，并对其直接负责的主管人员和其他直接责任人员，依照前款的规定处罚。

甲类传染病的范围，依照《中华人民共和国传染病防治法》和国务院有关规定确定。

第三百三十一条 **【传染病菌种、毒种扩散罪】** 从事实验、保藏、携带、运输传染病菌种、毒种的人员，违反国务院卫生行政部门的有关规定，造成传染病菌种、毒种扩散，后果严重的，处三年以下有期徒刑或者拘役；后果特别严重的，处三年以上七年以下有期徒刑。

第三百三十二条 **【妨害国境卫生检疫罪】** 违反国境卫生检疫规定，引起检疫传染病传播或者有传播严重危险的，处三年以下有期徒刑或者拘役，并处或者单处罚金。

单位犯前款罪的，对单位判处罚金，并对其直接负责的主管人员和其他直接责任人员，依照前款的规定处罚。

第三百三十三条 【非法组织卖血罪】【强迫卖血罪】 非法组织他人出卖血液的，处五年以下有期徒刑，并处罚金；以暴力、威胁方法强迫他人出卖血液的，处五年以上十年以下有期徒刑，并处罚金。

【故意伤害罪】 有前款行为，对他人造成伤害的，依照本法第二百三十四条的规定定罪处罚。

第三百三十四条 【非法采集、供应血液、制作、供应血液制品罪】 非法采集、供应血液或者制作、供应血液制品，不符合国家规定的标准，足以危害人体健康的，处五年以下有期徒刑或者拘役，并处罚金；对人体健康造成严重危害的，处五年以上十年以下有期徒刑，并处罚金；造成特别严重后果的，处十年以上有期徒刑或者无期徒刑，并处罚金或者没收财产。

【采集、供应血液、制作、供应血液制品事故罪】 经国家主管部门批准采集、供应血液或者制作、供应血液制品的部门，不依照规定进行检测或者违背其他操作规定，造成危害他人身体健康后果的，对单位判处罚金，并对其直接负责的主管人员和其他直接责任人员，处五年以下有期徒刑或者拘役。

第三百三十五条 【医疗事故罪】 医务人员由于严重不负责任，造成就诊人死亡或者严重损害就诊人身体健康的，处三年以下有期徒刑或者拘役。

第三百三十六条 【非法行医罪】 未取得医生执业资格的人非法行医，情节严重的，处三年以下有期徒刑、拘役或者管制，并处或者单处罚金；严重损害就诊人身体健康的，处三年以上十年以下有期徒刑，并处罚金；造成就诊人死亡的，处十年以上有期徒刑，并处罚金。

【非法进行节育手术罪】 未取得医生执业资格的人擅自为他人进行节育复通手术、假节育手术、终止妊娠手术或者摘取宫内节育器，情节严重的，处三年以下有期徒刑、拘役或者管制，并处或者单处罚金；严重损害就诊人身体健康的，处三年以上十年以下有期徒刑，并处罚金；造成就诊人死亡的，处十年以上有期徒刑，并处罚金。

第三百三十七条[①] **【妨害动植物防疫、检疫罪】** 违反有关动植物防疫、检疫的国家规定，引起重大动植物疫情的，或者有引起重大动植物疫情危险，情节严重的，处三年以下有期徒刑或者拘役，并处或者单处罚金。

单位犯前款罪的，对单位判处罚金，并对其直接负责的主管人员和其他直接责任人员，依照前款的规定处罚。

第六节 破坏环境资源保护罪

第三百三十八条[②] **【污染环境罪】** 违反国家规定，排放、倾倒或者处置有放射性的废物、含传染病病原体的废物、有毒物质或者其他有害物质，严重污染环境的，处三年以下有期徒刑或者拘役，并处或者单处罚金；后果特别严重的，处三年以上七年以下有期徒刑，并处罚金。

第三百三十九条[③] **【非法处置进口的固体废物罪】** 违反国家规定，将境外的固体废物进境倾倒、堆放、处置的，处五年以下有期徒刑或者拘役，并处罚金；造成重大环境污染事故，致使公私财产遭受重大损失或者严重危害人体健康的，处五年以上十年以下有期徒刑，并处罚金；后果特别严重的，处十年以上有期徒刑，并处罚金。

---

① 本条第一款经2009年2月28日《刑法修正案（七）》第十一条修改。

1997年刑法第三百三十七条第一款原规定：“违反进出境动植物检疫法的规定，逃避动植物检疫，引起重大动植物疫情的，处三年以下有期徒刑或者拘役，并处或者单处罚金。”

② 本条经2011年2月25日《刑法修正案（八）》第四十六条修改。

1997年刑法第三百三十八条原规定：“违反国家规定，向土地、水体、大气排放、倾倒或者处置有放射性的废物、含传染病病原体的废物、有毒物质或者其他危险废物，造成重大环境污染事故，致使公私财产遭受重大损失或者人身伤亡的严重后果的，处三年以下有期徒刑或者拘役，并处或者单处罚金；后果特别严重的，处三年以上七年以下有期徒刑，并处罚金。”

③ 本条第三款经2002年12月28日《刑法修正案（四）》第五条修改。

1997年刑法第三百三十九条第三款原规定：“以原料利用为名，进口不能用作原料的固体废物的，依照本法第一百五十五条的规定定罪处罚。”

【擅自进口固体废物罪】　未经国务院有关主管部门许可，擅自进口固体废物用作原料，造成重大环境污染事故，致使公私财产遭受重大损失或者严重危害人体健康的，处五年以下有期徒刑或者拘役，并处罚金；后果特别严重的，处五年以上十年以下有期徒刑，并处罚金。

以原料利用为名，进口不能用作原料的固体废物、液态废物和气态废物的，依照本法第一百五十二条第二款、第三款的规定定罪处罚。

第三百四十条　【非法捕捞水产品罪】　违反保护水产资源法规，在禁渔区、禁渔期或者使用禁用的工具、方法捕捞水产品，情节严重的，处三年以下有期徒刑、拘役、管制或者罚金。

第三百四十一条　【非法猎捕、杀害珍贵、濒危野生动物罪】【非法收购、运输、出售珍贵、濒危野生动物、珍贵、濒危野生动物制品罪】　非法猎捕、杀害国家重点保护的珍贵、濒危野生动物的，或者非法收购、运输、出售国家重点保护的珍贵、濒危野生动物及其制品的，处五年以下有期徒刑或者拘役，并处罚金；情节严重的，处五年以上十年以下有期徒刑，并处罚金；情节特别严重的，处十年以上有期徒刑，并处罚金或者没收财产。

【非法狩猎罪】　违反狩猎法规，在禁猎区、禁猎期或者使用禁用的工具、方法进行狩猎，破坏野生动物资源，情节严重的，处三年以下有期徒刑、拘役、管制或者罚金。

第三百四十二条[①]　**【非法占用农用地罪】**　违反土地管理法规，非法占用耕地、林地等农用地，改变被占用土地用途，数量较大，造成耕地、林地等农用地大量毁坏的，处五年以下有期徒刑或者拘役，并处或者单处罚金。

---

① 本条经2001年8月31日《刑法修正案（二）》修改。

1997年刑法第三百四十二条原规定：“违反土地管理法规，非法占用耕地改作他用，数量较大，造成耕地大量毁坏的，处五年以下有期徒刑或者拘役，并处或者单处罚金。”

第三百四十三条[①] **【非法采矿罪】** 违反矿产资源法的规定，未取得采矿许可证擅自采矿，擅自进入国家规划矿区、对国民经济具有重要价值的矿区和他人矿区范围采矿，或者擅自开采国家规定实行保护性开采的特定矿种，情节严重的，处三年以下有期徒刑、拘役或者管制，并处或者单处罚金；情节特别严重的，处三年以上七年以下有期徒刑，并处罚金。

【破坏性采矿罪】 违反矿产资源法的规定，采取破坏性的开采方法开采矿产资源，造成矿产资源严重破坏的，处五年以下有期徒刑或者拘役，并处罚金。

第三百四十四条[②] **【非法采伐、毁坏国家重点保护植物罪】【非法收购、运输、加工、出售国家重点保护植物、国家重点保护植物制品罪】** 违反国家规定，非法采伐、毁坏珍贵树木或者国家重点保护的其他植物的，或者非法收购、运输、加工、出售珍贵树木或者国家重点保护的其他植物及其制品的，处三年以下有期徒刑、拘役或者管制，并处罚金；情节严重的，处三年以上七年以下有期徒刑，并处罚金。

---

① 本条第一款经2011年2月25日《刑法修正案（八）》第四十七条修改。

1997年刑法第三百四十三条第一款原规定："违反矿产资源法的规定，未取得采矿许可证擅自采矿的，擅自进入国家规划矿区、对国民经济具有重要价值的矿区和他人矿区范围采矿的，擅自开采国家规定实行保护性开采的特定矿种，经责令停止开采后拒不停止开采，造成矿产资源破坏的，处三年以下有期徒刑、拘役或者管制，并处或者单处罚金；造成矿产资源严重破坏的，处三年以上七年以下有期徒刑，并处罚金。"

② 本条经2002年12月28日《刑法修正案（四）》第六条修改。

1997年刑法第三百四十四条原规定："违反森林法的规定，非法采伐、毁坏珍贵树木的，处三年以下有期徒刑、拘役或者管制，并处罚金；情节严重的，处三年以上七年以下有期徒刑，并处罚金。"

第三百四十五条[①] **【盗伐林木罪】** 盗伐森林或者其他林木，数量较大的，处三年以下有期徒刑、拘役或者管制，并处或者单处罚金；数量巨大的，处三年以上七年以下有期徒刑，并处罚金；数量特别巨大的，处七年以上有期徒刑，并处罚金。

【滥伐林木罪】 违反森林法的规定，滥伐森林或者其他林木，数量较大的，处三年以下有期徒刑、拘役或者管制，并处或者单处罚金；数量巨大的，处三年以上七年以下有期徒刑，并处罚金。

【非法收购、运输盗伐、滥伐的林木罪】 非法收购、运输明知是盗伐、滥伐的林木，情节严重的，处三年以下有期徒刑、拘役或者管制，并处或者单处罚金；情节特别严重的，处三年以上七年以下有期徒刑，并处罚金。

盗伐、滥伐国家级自然保护区内的森林或者其他林木的，从重处罚。

第三百四十六条 单位犯本节第三百三十八条至第三百四十五条规定之罪的，对单位判处罚金，并对其直接负责的主管人员和其他直接责任人员，依照本节各该条的规定处罚。

第七节 走私、贩卖、运输、制造毒品罪

第三百四十七条 **【走私、贩卖、运输、制造毒品罪】** 走私、贩卖、运输、制造毒品，无论数量多少，都应当追究刑事责任，予以刑事处罚。

---

① 本条经2002年12月28日《刑法修正案（四）》第七条修改。

1997年刑法第三百四十五条原规定："盗伐森林或者其他林木，数量较大的，处三年以下有期徒刑、拘役或者管制，并处或者单处罚金；数量巨大的，处三年以上七年以下有期徒刑，并处罚金；数量特别巨大的，处七年以上有期徒刑，并处罚金。

"违反森林法的规定，滥伐森林或者其他林木，数量较大的，处三年以下有期徒刑、拘役或者管制，并处或者单处罚金；数量巨大的，处三年以上七年以下有期徒刑，并处罚金。

"以牟利为目的，在林区非法收购明知是盗伐、滥伐的林木，情节严重的，处三年以下有期徒刑、拘役或者管制，并处或者单处罚金；情节特别严重的，处三年以上七年以下有期徒刑，并处罚金。

"盗伐、滥伐国家级自然保护区内的森林或者其他林木的，从重处罚。"

走私、贩卖、运输、制造毒品，有下列情形之一的，处十五年有期徒刑、无期徒刑或者死刑，并处没收财产：

（一）走私、贩卖、运输、制造鸦片一千克以上、海洛因或者甲基苯丙胺五十克以上或者其他毒品数量大的；

（二）走私、贩卖、运输、制造毒品集团的首要分子；

（三）武装掩护走私、贩卖、运输、制造毒品的；

（四）以暴力抗拒检查、拘留、逮捕，情节严重的；

（五）参与有组织的国际贩毒活动的。

走私、贩卖、运输、制造鸦片二百克以上不满一千克、海洛因或者甲基苯丙胺十克以上不满五十克或者其他毒品数量较大的，处七年以上有期徒刑，并处罚金。

走私、贩卖、运输、制造鸦片不满二百克、海洛因或者甲基苯丙胺不满十克或者其他少量毒品的，处三年以下有期徒刑、拘役或者管制，并处罚金；情节严重的，处三年以上七年以下有期徒刑，并处罚金。

单位犯第二款、第三款、第四款罪的，对单位判处罚金，并对其直接负责的主管人员和其他直接责任人员，依照各该款的规定处罚。

利用、教唆未成年人走私、贩卖、运输、制造毒品，或者向未成年人出售毒品的，从重处罚。

对多次走私、贩卖、运输、制造毒品，未经处理的，毒品数量累计计算。

第三百四十八条　【非法持有毒品罪】　非法持有鸦片一千克以上、海洛因或者甲基苯丙胺五十克以上或者其他毒品数量大的，处七年以上有期徒刑或者无期徒刑，并处罚金；非法持有鸦片二百克以上不满一千克、海洛因或者甲基苯丙胺十克以上不满五十克或者其他毒品数量较大的，处三年以下有期徒刑、拘役或者管制，并处罚金；情节严重的，处三年以上七年以下有期徒刑，并处罚金。

第三百四十九条　【包庇毒品犯罪分子罪】【窝藏、转移、隐瞒毒品、毒赃罪】　包庇走私、贩卖、运输、制造毒品的犯罪分子的，为犯罪分子窝藏、转移、隐瞒毒品或者犯罪所得的财物的，处三年以下有期徒刑、拘役或者管制；情节严重的，处三年以上十年以下有期徒刑。

缉毒人员或者其他国家机关工作人员掩护、包庇走私、贩卖、运输、制造毒品的犯罪分子的，依照前款的规定从重处罚。

犯前两款罪，事先通谋的，以走私、贩卖、运输、制造毒品罪的共犯论处。

第三百五十条①　**【非法生产、买卖、运输制毒物品、走私制毒物品罪】**　违反国家规定，非法生产、买卖、运输醋酸酐、乙醚、三氯甲烷或者其他用于制造毒品的原料、配剂，或者携带上述物品进出境，情节较重的，处三年以下有期徒刑、拘役或者管制，并处罚金；情节严重的，处三年以上七年以下有期徒刑，并处罚金；情节特别严重的，处七年以上有期徒刑，并处罚金或者没收财产。

明知他人制造毒品而为其生产、买卖、运输前款规定的物品的，以制造毒品罪的共犯论处。

单位犯前两款罪的，对单位判处罚金，并对其直接负责的主管人员和其他直接责任人员，依照前两款的规定处罚。

第三百五十一条　**【非法种植毒品原植物罪】**　非法种植罂粟、大麻等毒品原植物的，一律强制铲除。有下列情形之一的，处五年以下有期徒刑、拘役或者管制，并处罚金：

（一）种植罂粟五百株以上不满三千株或者其他毒品原植物数量较大的；

（二）经公安机关处理后又种植的；

（三）抗拒铲除的。

非法种植罂粟三千株以上或者其他毒品原植物数量大的，处五年以上有期徒刑，并处罚金或者没收财产。

非法种植罂粟或者其他毒品原植物，在收获前自动铲除的，可以

---

①　本条第一款、第二款经2015年8月29日《刑法修正案（九）》第四十一条修改。1997年刑法第三百五十条第一款、第二款原规定："违反国家规定，非法运输、携带醋酸酐、乙醚、三氯甲烷或者其他用于制造毒品的原料或者配剂进出境的，或者违反国家规定，在境内非法买卖上述物品的，处三年以下有期徒刑、拘役或者管制，并处罚金；数量大的，处三年以上十年以下有期徒刑，并处罚金。

"明知他人制造毒品而为其提供前款规定的物品的，以制造毒品罪的共犯论处。"

免除处罚。

第三百五十二条　【非法买卖、运输、携带、持有毒品原植物种子、幼苗罪】　非法买卖、运输、携带、持有未经灭活的罂粟等毒品原植物种子或者幼苗，数量较大的，处三年以下有期徒刑、拘役或者管制，并处或者单处罚金。

第三百五十三条　【引诱、教唆、欺骗他人吸毒罪】　引诱、教唆、欺骗他人吸食、注射毒品的，处三年以下有期徒刑、拘役或者管制，并处罚金；情节严重的，处三年以上七年以下有期徒刑，并处罚金。

【强迫他人吸毒罪】　强迫他人吸食、注射毒品的，处三年以上十年以下有期徒刑，并处罚金。

引诱、教唆、欺骗或者强迫未成年人吸食、注射毒品的，从重处罚。

第三百五十四条　【容留他人吸毒罪】　容留他人吸食、注射毒品的，处三年以下有期徒刑、拘役或者管制，并处罚金。

第三百五十五条　【非法提供麻醉药品、精神药品罪】　依法从事生产、运输、管理、使用国家管制的麻醉药品、精神药品的人员，违反国家规定，向吸食、注射毒品的人提供国家规定管制的能够使人形成瘾癖的麻醉药品、精神药品的，处三年以下有期徒刑或者拘役，并处罚金；情节严重的，处三年以上七年以下有期徒刑，并处罚金。

【贩卖毒品罪】　向走私、贩卖毒品的犯罪分子或者以牟利为目的，向吸食、注射毒品的人提供国家规定管制的能够使人形成瘾癖的麻醉药品、精神药品的，依照本法第三百四十七条的规定定罪处罚。

单位犯前款罪的，对单位判处罚金，并对其直接负责的主管人员和其他直接责任人员，依照前款的规定处罚。

第三百五十六条　因走私、贩卖、运输、制造、非法持有毒品罪被判过刑，又犯本节规定之罪的，从重处罚。

第三百五十七条　本法所称的毒品，是指鸦片、海洛因、甲基苯丙胺（冰毒）、吗啡、大麻、可卡因以及国家规定管制的其他能够使人形成瘾癖的麻醉药品和精神药品。

毒品的数量以查证属实的走私、贩卖、运输、制造、非法持有毒品的数量计算，不以纯度折算。

第八节 组织、强迫、引诱、容留、介绍卖淫罪

第三百五十八条[①] **【组织卖淫罪】【强迫卖淫罪】** 组织、强迫他人卖淫的，处五年以上十年以下有期徒刑，并处罚金；情节严重的，处十年以上有期徒刑或者无期徒刑，并处罚金或者没收财产。

组织、强迫未成年人卖淫的，依照前款的规定从重处罚。

犯前两款罪，并有杀害、伤害、强奸、绑架等犯罪行为的，依照数罪并罚的规定处罚。

【协助组织卖淫罪】 为组织卖淫的人招募、运送人员或者有其他协助组织他人卖淫行为的，处五年以下有期徒刑，并处罚金；情节严重的，处五年以上十年以下有期徒刑，并处罚金。

第三百五十九条 **【引诱、容留、介绍卖淫罪】** 引诱、容留、介绍他人卖淫的，处五年以下有期徒刑、拘役或者管制，并处罚金；情节严重的，处五年以上有期徒刑，并处罚金。

---

① 本条经2011年2月25日《刑法修正案（八）》第四十八条、2015年8月29日《刑法修正案（九）》第四十二条两次修改。

1997年刑法第三百五十八条原规定：“组织他人卖淫或者强迫他人卖淫的，处五年以上十年以下有期徒刑，并处罚金；有下列情形之一的，处十年以上有期徒刑或者无期徒刑，并处罚金或者没收财产：

“（一）组织他人卖淫，情节严重的；

“（二）强迫不满十四周岁的幼女卖淫的；

“（三）强迫多人卖淫或者多次强迫他人卖淫的；

“（四）强奸后迫使卖淫的；

“（五）造成被强迫卖淫的人重伤、死亡或者其他严重后果的。

“有前款所列情形之一，情节特别严重的，处无期徒刑或者死刑，并处没收财产。

“协助组织他人卖淫的，处五年以下有期徒刑，并处罚金；情节严重的，处五年以上十年以下有期徒刑，并处罚金。”

《刑法修正案（八）》第四十八条将1997年刑法第三百五十八条第三款修改为：“为组织卖淫的人招募、运送人员或者有其他协助组织他人卖淫行为的，处五年以下有期徒刑，并处罚金；情节严重的，处五年以上十年以下有期徒刑，并处罚金。”

《刑法修正案（九）》第四十二条对本条作了再次修改。

【引诱幼女卖淫罪】 引诱不满十四周岁的幼女卖淫的，处五年以上有期徒刑，并处罚金。

第三百六十条[①] **【传播性病罪】** 明知自己患有梅毒、淋病等严重性病卖淫、嫖娼的，处五年以下有期徒刑、拘役或者管制，并处罚金。

第三百六十一条 旅馆业、饮食服务业、文化娱乐业、出租汽车业等单位的人员，利用本单位的条件，组织、强迫、引诱、容留、介绍他人卖淫的，依照本法第三百五十八条、第三百五十九条的规定定罪处罚。

前款所列单位的主要负责人，犯前款罪的，从重处罚。

第三百六十二条 **【包庇罪】** 旅馆业、饮食服务业、文化娱乐业、出租汽车业等单位的人员，在公安机关查处卖淫、嫖娼活动时，为违法犯罪分子通风报信，情节严重的，依照本法第三百一十条的规定定罪处罚。

第九节　制作、贩卖、传播淫秽物品罪

第三百六十三条 **【制作、复制、出版、贩卖、传播淫秽物品牟利罪】** 以牟利为目的，制作、复制、出版、贩卖、传播淫秽物品的，处三年以下有期徒刑、拘役或者管制，并处罚金；情节严重的，处三年以上十年以下有期徒刑，并处罚金；情节特别严重的，处十年以上有期徒刑或者无期徒刑，并处罚金或者没收财产。

【为他人提供书号出版淫秽书刊罪】【出版淫秽物品牟利罪】 为他人提供书号，出版淫秽书刊的，处三年以下有期徒刑、拘役或者管制，并处或者单处罚金；明知他人用于出版淫秽书刊而提供书号的，依照前款的规定处罚。

第三百六十四条 **【传播淫秽物品罪】** 传播淫秽的书刊、影

---

① 本条经2015年8月29日《刑法修正案（九）》第四十三条修改。

1997年刑法第三百六十条第二款原规定：“嫖宿不满十四周岁的幼女的，处五年以上有期徒刑，并处罚金。”

《刑法修正案（九）》第四十三条删去该款。

片、音像、图片或者其他淫秽物品，情节严重的，处二年以下有期徒刑、拘役或者管制。

【组织播放淫秽音像制品罪】 组织播放淫秽的电影、录像等音像制品的，处三年以下有期徒刑、拘役或者管制，并处罚金；情节严重的，处三年以上十年以下有期徒刑，并处罚金。

制作、复制淫秽的电影、录像等音像制品组织播放的，依照第二款的规定从重处罚。

向不满十八周岁的未成年人传播淫秽物品的，从重处罚。

第三百六十五条　【组织淫秽表演罪】 组织进行淫秽表演的，处三年以下有期徒刑、拘役或者管制，并处罚金；情节严重的，处三年以上十年以下有期徒刑，并处罚金。

第三百六十六条 单位犯本节第三百六十三条、第三百六十四条、第三百六十五条规定之罪的，对单位判处罚金，并对其直接负责的主管人员和其他直接责任人员，依照各该条的规定处罚。

第三百六十七条 本法所称淫秽物品，是指具体描绘性行为或者露骨宣扬色情的诲淫性的书刊、影片、录像带、录音带、图片及其他淫秽物品。

有关人体生理、医学知识的科学著作不是淫秽物品。

包含有色情内容的有艺术价值的文学、艺术作品不视为淫秽物品。

第七章　危害国防利益罪

第三百六十八条　【阻碍军人执行职务罪】 以暴力、威胁方法阻碍军人依法执行职务的，处三年以下有期徒刑、拘役、管制或者罚金。

【阻碍军事行动罪】 故意阻碍武装部队军事行动，造成严重后果的，处五年以下有期徒刑或者拘役。

第三百六十九条[①] **【破坏武器装备、军事设施、军事通信罪】** 破坏武器装备、军事设施、军事通信的，处三年以下有期徒刑、拘

① 本条第二款为2005年2月28日《刑法修正案（五）》第三条增加。

役或者管制；破坏重要武器装备、军事设施、军事通信的，处三年以上十年以下有期徒刑；情节特别严重的，处十年以上有期徒刑、无期徒刑或者死刑。

【过失破坏武器装备、军事设施、军事通信罪】 过失犯前款罪，造成严重后果的，处三年以下有期徒刑或者拘役；造成特别严重后果的，处三年以上七年以下有期徒刑。

战时犯前两款罪的，从重处罚。

第三百七十条 **【故意提供不合格武器装备、军事设施罪】** 明知是不合格的武器装备、军事设施而提供给武装部队的，处五年以下有期徒刑或者拘役；情节严重的，处五年以上十年以下有期徒刑；情节特别严重的，处十年以上有期徒刑、无期徒刑或者死刑。

【过失提供不合格武器装备、军事设施罪】 过失犯前款罪，造成严重后果的，处三年以下有期徒刑或者拘役；造成特别严重后果的，处三年以上七年以下有期徒刑。

单位犯第一款罪的，对单位判处罚金，并对其直接负责的主管人员和其他直接责任人员，依照第一款的规定处罚。

第三百七十一条 **【聚众冲击军事禁区罪】** 聚众冲击军事禁区，严重扰乱军事禁区秩序的，对首要分子，处五年以上十年以下有期徒刑；对其他积极参加的，处五年以下有期徒刑、拘役、管制或者剥夺政治权利。

【聚众扰乱军事管理区秩序罪】 聚众扰乱军事管理区秩序，情节严重，致使军事管理区工作无法进行，造成严重损失的，对首要分子，处三年以上七年以下有期徒刑；对其他积极参加的，处三年以下有期徒刑、拘役、管制或者剥夺政治权利。

第三百七十二条 **【冒充军人招摇撞骗罪】** 冒充军人招摇撞骗的，处三年以下有期徒刑、拘役、管制或者剥夺政治权利；情节严重的，处三年以上十年以下有期徒刑。

第三百七十三条 **【煽动军人逃离部队罪】【雇用逃离部队军人罪】** 煽动军人逃离部队或者明知是逃离部队的军人而雇用，情节严重的，处三年以下有期徒刑、拘役或者管制。

第三百七十四条 **【接送不合格兵员罪】** 在征兵工作中徇私

舞弊，接送不合格兵员，情节严重的，处三年以下有期徒刑或者拘役；造成特别严重后果的，处三年以上七年以下有期徒刑。

第三百七十五条[①]　**【伪造、变造、买卖武装部队公文、证件、印章罪】【盗窃、抢夺武装部队公文、证件、印章罪】**　伪造、变造、买卖或者盗窃、抢夺武装部队公文、证件、印章的，处三年以下有期徒刑、拘役、管制或者剥夺政治权利；情节严重的，处三年以上十年以下有期徒刑。

【非法生产、买卖武装部队制式服装罪】　非法生产、买卖武装部队制式服装，情节严重的，处三年以下有期徒刑、拘役或者管制，并处或者单处罚金。

【伪造、盗窃、买卖、非法提供、非法使用武装部队专用标志罪】　伪造、盗窃、买卖或者非法提供、使用武装部队车辆号牌等专用标志，情节严重的，处三年以下有期徒刑、拘役或者管制，并处或者单处罚金；情节特别严重的，处三年以上七年以下有期徒刑，并处罚金。

单位犯第二款、第三款罪的，对单位判处罚金，并对其直接负责的主管人员和其他直接责任人员，依照各该款的规定处罚。

第三百七十六条　**【战时拒绝、逃避征召、军事训练罪】**　预备役人员战时拒绝、逃避征召或者军事训练，情节严重的，处三年以下有期徒刑或者拘役。

【战时拒绝、逃避服役罪】　公民战时拒绝、逃避服役，情节严重的，处二年以下有期徒刑或者拘役。

第三百七十七条　**【战时故意提供虚假敌情罪】**　战时故意向武装部队提供虚假敌情，造成严重后果的，处三年以上十年以下有期

---

①　本条第二、三、四款经2009年2月28日《刑法修正案（七）》第十二条修改。

1997年刑法第三百七十五条第二款原规定：“非法生产、买卖武装部队制式服装、车辆号牌等专用标志，情节严重的，处三年以下有期徒刑、拘役或者管制，并处或者单处罚金。”第三款原规定：“单位犯第二款罪的，对单位判处罚金，并对其直接负责的主管人员和其他责任人员，依照该款的规定处罚。”

《刑法修正案（七）》第十二条对本条第二款作出修改，增加一款作为第三款，并对原第三款规定进行修改后改列为第四款。

徒刑；造成特别严重后果的，处十年以上有期徒刑或者无期徒刑。

第三百七十八条　【战时造谣扰乱军心罪】　战时造谣惑众，扰乱军心的，处三年以下有期徒刑、拘役或者管制；情节严重的，处三年以上十年以下有期徒刑。

第三百七十九条　【战时窝藏逃离部队军人罪】　战时明知是逃离部队的军人而为其提供隐蔽处所、财物，情节严重的，处三年以下有期徒刑或者拘役。

第三百八十条　【战时拒绝、故意延误军事订货罪】　战时拒绝或者故意延误军事订货，情节严重的，对单位判处罚金，并对其直接负责的主管人员和其他直接责任人员，处五年以下有期徒刑或者拘役；造成严重后果的，处五年以上有期徒刑。

第三百八十一条①　【战时拒绝军事征收、征用罪】　战时拒绝军事征收、征用，情节严重的，处三年以下有期徒刑或者拘役。

第八章　贪污贿赂罪

第三百八十二条　【贪污罪】　国家工作人员利用职务上的便利，侵吞、窃取、骗取或者以其他手段非法占有公共财物的，是贪污罪。

受国家机关、国有公司、企业、事业单位、人民团体委托管理、经营国有财产的人员，利用职务上的便利，侵吞、窃取、骗取或者以其他手段非法占有国有财物的，以贪污论。

与前两款所列人员勾结，伙同贪污的，以共犯论处。

---

① 本条经2009年8月27日第十一届全国人民代表大会常务委员会第十次会议通过的《全国人民代表大会常务委员会关于修改部分法律的决定》第二条第一项第12目修改。

1997年刑法第三百八十一条原规定：“战时拒绝军事征用，情节严重的，处三年以下有期徒刑或者拘役。”

第三百八十三条[1]　对犯贪污罪的，根据情节轻重，分别依照下列规定处罚：

（一）贪污数额较大或者有其他较重情节的，处三年以下有期徒刑或者拘役，并处罚金。

（二）贪污数额巨大或者有其他严重情节的，处三年以上十年以下有期徒刑，并处罚金或者没收财产。

（三）贪污数额特别巨大或者有其他特别严重情节的，处十年以上有期徒刑或者无期徒刑，并处罚金或者没收财产；数额特别巨大，并使国家和人民利益遭受特别重大损失的，处无期徒刑或者死刑，并处没收财产。

对多次贪污未经处理的，按照累计贪污数额处罚。

犯第一款罪，在提起公诉前如实供述自己罪行、真诚悔罪、积极退赃，避免、减少损害结果的发生，有第一项规定情形的，可以从轻、减轻或者免除处罚；有第二项、第三项规定情形的，可以从轻处罚。

犯第一款罪，有第三项规定情形被判处死刑缓期执行的，人民法院根据犯罪情节等情况可以同时决定在其死刑缓期执行二年期满依法减为无期徒刑后，终身监禁，不得减刑、假释。

第三百八十四条　【挪用公款罪】　国家工作人员利用职务上

---

① 本条经2015年8月29日《刑法修正案（九）》第四十四条修改。

1997年刑法第三百八十三条原规定：“对犯贪污罪的，根据情节轻重，分别依照下列规定处罚：

“（一）个人贪污数额在十万元以上的，处十年以上有期徒刑或者无期徒刑，可以并处没收财产；情节特别严重的，处死刑，并处没收财产。

“（二）个人贪污数额在五万元以上不满十万元的，处五年以上有期徒刑，可以并处没收财产；情节特别严重的，处无期徒刑，并处没收财产。

“（三）个人贪污数额在五千元以上不满五万元的，处一年以上七年以下有期徒刑；情节严重的，处七年以上十年以下有期徒刑。个人贪污数额在五千元以上不满一万元，犯罪后有悔改表现、积极退赃的，可以减轻处罚或者免予刑事处罚，由其所在单位或者上级主管机关给予行政处分。

“（四）个人贪污数额不满五千元，情节较重的，处二年以下有期徒刑或者拘役；情节较轻的，由其所在单位或者上级主管机关酌情给予行政处分。

“对多次贪污未经处理的，按照累计贪污数额处罚。”

的便利，挪用公款归个人使用，进行非法活动的，或者挪用公款数额较大、进行营利活动的，或者挪用公款数额较大、超过三个月未还的，是挪用公款罪，处五年以下有期徒刑或者拘役；情节严重的，处五年以上有期徒刑。挪用公款数额巨大不退还的，处十年以上有期徒刑或者无期徒刑。

挪用用于救灾、抢险、防汛、优抚、扶贫、移民、救济款物归个人使用的，从重处罚。

第三百八十五条　【受贿罪】　国家工作人员利用职务上的便利，索取他人财物的，或者非法收受他人财物，为他人谋取利益的，是受贿罪。

国家工作人员在经济往来中，违反国家规定，收受各种名义的回扣、手续费，归个人所有的，以受贿论处。

第三百八十六条　对犯受贿罪的，根据受贿所得数额及情节，依照本法第三百八十三条的规定处罚。索贿的从重处罚。

第三百八十七条　【单位受贿罪】　国家机关、国有公司、企业、事业单位、人民团体，索取、非法收受他人财物，为他人谋取利益，情节严重的，对单位判处罚金，并对其直接负责的主管人员和其他直接责任人员，处五年以下有期徒刑或者拘役。

前款所列单位，在经济往来中，在账外暗中收受各种名义的回扣、手续费的，以受贿论，依照前款的规定处罚。

第三百八十八条　【受贿罪】　国家工作人员利用本人职权或者地位形成的便利条件，通过其他国家工作人员职务上的行为，为请托人谋取不正当利益，索取请托人财物或者收受请托人财物的，以受贿论处。

第三百八十八条之一①　【利用影响力受贿罪】　国家工作人员的近亲属或者其他与该国家工作人员关系密切的人，通过该国家工作人员职务上的行为，或者利用该国家工作人员职权或者地位形成的便利条件，通过其他国家工作人员职务上的行为，为请托人谋取不正当利益，索取请托人财物或者收受请托人财物，数额较大或者有其他较

① 本条为2009年2月28日《刑法修正案（七）》第十三条增加。

重情节的，处三年以下有期徒刑或者拘役，并处罚金；数额巨大或者有其他严重情节的，处三年以上七年以下有期徒刑，并处罚金；数额特别巨大或者有其他特别严重情节的，处七年以上有期徒刑，并处罚金或者没收财产。

离职的国家工作人员或者其近亲属以及其他与其关系密切的人，利用该离职的国家工作人员原职权或者地位形成的便利条件实施前款行为的，依照前款的规定定罪处罚。

第三百八十九条　【行贿罪】　为谋取不正当利益，给予国家工作人员以财物的，是行贿罪。

在经济往来中，违反国家规定，给予国家工作人员以财物，数额较大的，或者违反国家规定，给予国家工作人员以各种名义的回扣、手续费的，以行贿论处。

因被勒索给予国家工作人员以财物，没有获得不正当利益的，不是行贿。

第三百九十条①　对犯行贿罪的，处五年以下有期徒刑或者拘役，并处罚金；因行贿谋取不正当利益，情节严重的，或者使国家利益遭受重大损失的，处五年以上十年以下有期徒刑，并处罚金；情节特别严重的，或者使国家利益遭受特别重大损失的，处十年以上有期徒刑或者无期徒刑，并处罚金或者没收财产。

行贿人在被追诉前主动交待行贿行为的，可以从轻或者减轻处罚。其中，犯罪较轻的，对侦破重大案件起关键作用的，或者有重大立功表现的，可以减轻或者免除处罚。

第三百九十条之一②　**【对有影响力的人行贿罪】**　为谋取不正当利益，向国家工作人员的近亲属或者其他与该国家工作人员关系密切的人，或者向离职的国家工作人员或者其近亲属以及其他与其关系

---

①　本条经2015年8月29日《刑法修正案（九）》第四十五条修改。

1997年刑法第三百九十条原规定：“对犯行贿罪的，处五年以下有期徒刑或者拘役；因行贿谋取不正当利益，情节严重的，或者使国家利益遭受重大损失的，处五年以上十年以下有期徒刑；情节特别严重的，处十年以上有期徒刑或者无期徒刑，可以并处没收财产。

“行贿人在被追诉前主动交待行贿行为的，可以减轻处罚或者免除处罚。”

②　本条为2015年8月29日《刑法修正案（九）》第四十六条增加。

密切的人行贿的，处三年以下有期徒刑或者拘役，并处罚金；情节严重的，或者使国家利益遭受重大损失的，处三年以上七年以下有期徒刑，并处罚金；情节特别严重的，或者使国家利益遭受特别重大损失的，处七年以上十年以下有期徒刑，并处罚金。

单位犯前款罪的，对单位判处罚金，并对其直接负责的主管人员和其他直接责任人员，处三年以下有期徒刑或者拘役，并处罚金。

第三百九十一条[①]　**【对单位行贿罪】**　为谋取不正当利益，给予国家机关、国有公司、企业、事业单位、人民团体以财物的，或者在经济往来中，违反国家规定，给予各种名义的回扣、手续费的，处三年以下有期徒刑或者拘役，并处罚金。

单位犯前款罪的，对单位判处罚金，并对其直接负责的主管人员和其他直接责任人员，依照前款的规定处罚。

第三百九十二条[②]　**【介绍贿赂罪】**　向国家工作人员介绍贿赂，情节严重的，处三年以下有期徒刑或者拘役，并处罚金。

介绍贿赂人在被追诉前主动交待介绍贿赂行为的，可以减轻处罚或者免除处罚。

第三百九十三条[③]　**【单位行贿罪】**　单位为谋取不正当利益而行贿，或者违反国家规定，给予国家工作人员以回扣、手续费，情节严重的，对单位判处罚金，并对其直接负责的主管人员和其他直接责任

---

① 本条第一款经2015年8月29日《刑法修正案（九）》第四十七条修改。

1997年刑法第三百九十一条第一款原规定："为谋取不正当利益，给予国家机关、国有公司、企业、事业单位、人民团体以财物的，或者在经济往来中，违反国家规定，给予各种名义的回扣、手续费的，处三年以下有期徒刑或者拘役。"

② 本条第一款经2015年8月29日《刑法修正案（九）》第四十八条修改。

1997年刑法第三百九十二条第一款原规定："向国家工作人员介绍贿赂，情节严重的，处三年以下有期徒刑或者拘役。"

③ 本条经2015年8月29日《刑法修正案（九）》第四十九条修改。

1997年刑法第三百九十三条原规定："单位为谋取不正当利益而行贿，或者违反国家规定，给予国家工作人员以回扣、手续费，情节严重的，对单位判处罚金，并对其直接负责的主管人员和其他直接责任人员，处五年以下有期徒刑或者拘役。因行贿取得的违法所得归个人所有的，依照本法第三百八十九条、第三百九十条的规定定罪处罚。"

任人员，处五年以下有期徒刑或者拘役，并处罚金。因行贿取得的违法所得归个人所有的，依照本法第三百八十九条、第三百九十条的规定定罪处罚。

第三百九十四条 【贪污罪】 国家工作人员在国内公务活动或者对外交往中接受礼物，依照国家规定应当交公而不交公，数额较大的，依照本法第三百八十二条、第三百八十三条的规定定罪处罚。

第三百九十五条① **【巨额财产来源不明罪】** 国家工作人员的财产、支出明显超过合法收入，差额巨大的，可以责令该国家工作人员说明来源，不能说明来源的，差额部分以非法所得论，处五年以下有期徒刑或者拘役；差额特别巨大的，处五年以上十年以下有期徒刑。财产的差额部分予以追缴。

【隐瞒境外存款罪】 国家工作人员在境外的存款，应当依照国家规定申报。数额较大、隐瞒不报的，处二年以下有期徒刑或者拘役；情节较轻的，由其所在单位或者上级主管机关酌情给予行政处分。

第三百九十六条 【私分国有资产罪】 国家机关、国有公司、企业、事业单位、人民团体，违反国家规定，以单位名义将国有资产集体私分给个人，数额较大的，对其直接负责的主管人员和其他直接责任人员，处三年以下有期徒刑或者拘役，并处或者单处罚金；数额巨大的，处三年以上七年以下有期徒刑，并处罚金。

【私分罚没财物罪】 司法机关、行政执法机关违反国家规定，将应当上缴国家的罚没财物，以单位名义集体私分给个人的，依照前款的规定处罚。

第九章 渎职罪

第三百九十七条 【滥用职权罪】【玩忽职守罪】 国家机关工

① 本条第一款经2009年2月28日《刑法修正案（七）》第十四条修改。

1997年刑法第三百九十五条第一款原规定：“国家工作人员的财产或者支出明显超过合法收入，差额巨大的，可以责令说明来源。本人不能说明其来源是合法的，差额部分以非法所得论，处五年以下有期徒刑或者拘役，财产的差额部分予以追缴。”

作人员滥用职权或者玩忽职守，致使公共财产、国家和人民利益遭受重大损失的，处三年以下有期徒刑或者拘役；情节特别严重的，处三年以上七年以下有期徒刑。本法另有规定的，依照规定。

国家机关工作人员徇私舞弊，犯前款罪的，处五年以下有期徒刑或者拘役；情节特别严重的，处五年以上十年以下有期徒刑。本法另有规定的，依照规定。

第三百九十八条　【故意泄露国家秘密罪】【过失泄露国家秘密罪】　国家机关工作人员违反保守国家秘密法的规定，故意或者过失泄露国家秘密，情节严重的，处三年以下有期徒刑或者拘役；情节特别严重的，处三年以上七年以下有期徒刑。

非国家机关工作人员犯前款罪的，依照前款的规定酌情处罚。

第三百九十九条[①]　**【徇私枉法罪】**　司法工作人员徇私枉法、徇情枉法，对明知是无罪的人而使他受追诉、对明知是有罪的人而故意包庇不使他受追诉，或者在刑事审判活动中故意违背事实和法律作枉法裁判的，处五年以下有期徒刑或者拘役；情节严重的，处五年以上十年以下有期徒刑；情节特别严重的，处十年以上有期徒刑。

【民事、行政枉法裁判罪】　在民事、行政审判活动中故意违背事实和法律作枉法裁判，情节严重的，处五年以下有期徒刑或者拘役；情节特别严重的，处五年以上十年以下有期徒刑。

【执行判决、裁定失职罪】【执行判决、裁定滥用职权罪】　在执行判决、裁定活动中，严重不负责任或者滥用职权，不依法采取诉讼保全措施、不履行法定执行职责，或者违法采取诉讼保全措施、强制执行措施，致使当事人或者其他人的利益遭受重大损失的，处五年

---

① 本条经2002年12月28日《刑法修正案（四）》第八条修改。

1997年刑法第三百九十九条原规定："司法工作人员徇私枉法、徇情枉法，对明知是无罪的人而使他受追诉、对明知是有罪的人而故意包庇不使他受追诉，或者在刑事审判活动中故意违背事实和法律作枉法裁判的，处五年以下有期徒刑或者拘役；情节严重的，处五年以上十年以下有期徒刑；情节特别严重的，处十年以上有期徒刑。

"在民事、行政审判活动中故意违背事实和法律作枉法裁判，情节严重的，处五年以下有期徒刑或者拘役；情节特别严重的，处五年以上十年以下有期徒刑。

"司法工作人员贪赃枉法，有前两款行为的，同时又构成本法第三百八十五条规定之罪的，依照处罚较重的规定定罪处罚。"

以下有期徒刑或者拘役；致使当事人或者其他人的利益遭受特别重大损失的，处五年以上十年以下有期徒刑。

司法工作人员收受贿赂，有前三款行为的，同时又构成本法第三百八十五条规定之罪的，依照处罚较重的规定定罪处罚。

第三百九十九条之一① **【枉法仲裁罪】** 依法承担仲裁职责的人员，在仲裁活动中故意违背事实和法律作枉法裁决，情节严重的，处三年以下有期徒刑或者拘役；情节特别严重的，处三年以上七年以下有期徒刑。

第四百条 【私放在押人员罪】 司法工作人员私放在押的犯罪嫌疑人、被告人或者罪犯的，处五年以下有期徒刑或者拘役；情节严重的，处五年以上十年以下有期徒刑；情节特别严重的，处十年以上有期徒刑。

【失职致使在押人员脱逃罪】 司法工作人员由于严重不负责任，致使在押的犯罪嫌疑人、被告人或者罪犯脱逃，造成严重后果的，处三年以下有期徒刑或者拘役；造成特别严重后果的，处三年以上十年以下有期徒刑。

第四百零一条 【徇私舞弊减刑、假释、暂予监外执行罪】 司法工作人员徇私舞弊，对不符合减刑、假释、暂予监外执行条件的罪犯，予以减刑、假释或者暂予监外执行的，处三年以下有期徒刑或者拘役；情节严重的，处三年以上七年以下有期徒刑。

第四百零二条 【徇私舞弊不移交刑事案件罪】 行政执法人员徇私舞弊，对依法应当移交司法机关追究刑事责任的不移交，情节严重的，处三年以下有期徒刑或者拘役；造成严重后果的，处三年以上七年以下有期徒刑。

第四百零三条 【滥用管理公司、证券职权罪】 国家有关主管部门的国家机关工作人员，徇私舞弊，滥用职权，对不符合法律规定条件的公司设立、登记申请或者股票、债券发行、上市申请，予以批准或者登记，致使公共财产、国家和人民利益遭受重大损失的，处五年以下有期徒刑或者拘役。

---

① 本条为2006年6月29日《刑法修正案（六）》第二十条增加。

上级部门强令登记机关及其工作人员实施前款行为的，对其直接负责的主管人员，依照前款的规定处罚。

第四百零四条　【徇私舞弊不征、少征税款罪】　税务机关的工作人员徇私舞弊，不征或者少征应征税款，致使国家税收遭受重大损失的，处五年以下有期徒刑或者拘役；造成特别重大损失的，处五年以上有期徒刑。

第四百零五条　【徇私舞弊发售发票、抵扣税款、出口退税罪】　税务机关的工作人员违反法律、行政法规的规定，在办理发售发票、抵扣税款、出口退税工作中，徇私舞弊，致使国家利益遭受重大损失的，处五年以下有期徒刑或者拘役；致使国家利益遭受特别重大损失的，处五年以上有期徒刑。

【违法提供出口退税凭证罪】　其他国家机关工作人员违反国家规定，在提供出口货物报关单、出口收汇核销单等出口退税凭证的工作中，徇私舞弊，致使国家利益遭受重大损失的，依照前款的规定处罚。

第四百零六条　【国家机关工作人员签订、履行合同失职被骗罪】　国家机关工作人员在签订、履行合同过程中，因严重不负责任被诈骗，致使国家利益遭受重大损失的，处三年以下有期徒刑或者拘役；致使国家利益遭受特别重大损失的，处三年以上七年以下有期徒刑。

第四百零七条　【违法发放林木采伐许可证罪】　林业主管部门的工作人员违反森林法的规定，超过批准的年采伐限额发放林木采伐许可证或者违反规定滥发林木采伐许可证，情节严重，致使森林遭受严重破坏的，处三年以下有期徒刑或者拘役。

第四百零八条　【环境监管失职罪】　负有环境保护监督管理职责的国家机关工作人员严重不负责任，导致发生重大环境污染事故，致使公私财产遭受重大损失或者造成人身伤亡的严重后果的，处三年以下有期徒刑或者拘役。

第四百零八条之一①　**【食品监管渎职罪】**　负有食品安全监

① 本条为2011年2月25日《刑法修正案（八）》第四十九条增加。

督管理职责的国家机关工作人员，滥用职权或者玩忽职守，导致发生重大食品安全事故或者造成其他严重后果的，处五年以下有期徒刑或者拘役；造成特别严重后果的，处五年以上十年以下有期徒刑。

徇私舞弊犯前款罪的，从重处罚。

第四百零九条　【传染病防治失职罪】　从事传染病防治的政府卫生行政部门的工作人员严重不负责任，导致传染病传播或者流行，情节严重的，处三年以下有期徒刑或者拘役。

第四百一十条[①]　**【非法批准征收、征用、占用土地罪】【非法低价出让国有土地使用权罪】**　国家机关工作人员徇私舞弊，违反土地管理法规，滥用职权，非法批准征收、征用、占用土地，或者非法低价出让国有土地使用权，情节严重的，处三年以下有期徒刑或者拘役；致使国家或者集体利益遭受特别重大损失的，处三年以上七年以下有期徒刑。

第四百一十一条　【放纵走私罪】　海关工作人员徇私舞弊，放纵走私，情节严重的，处五年以下有期徒刑或者拘役；情节特别严重的，处五年以上有期徒刑。

第四百一十二条　【商检徇私舞弊罪】　国家商检部门、商检机构的工作人员徇私舞弊，伪造检验结果的，处五年以下有期徒刑或者拘役；造成严重后果的，处五年以上十年以下有期徒刑。

【商检失职罪】　前款所列人员严重不负责任，对应当检验的物品不检验，或者延误检验出证、错误出证，致使国家利益遭受重大损失的，处三年以下有期徒刑或者拘役。

第四百一十三条　【动植物检疫徇私舞弊罪】　动植物检疫机关的检疫人员徇私舞弊，伪造检疫结果的，处五年以下有期徒刑或者

---

① 本条经2009年8月27日第十一届全国人民代表大会常务委员会第十次会议通过的《全国人民代表大会常务委员会关于修改部分法律的决定》第二条第一项第12目修改。

1997年刑法第四百一十条原规定："国家机关工作人员徇私舞弊，违反土地管理法规，滥用职权，非法批准征用、占用土地，或者非法低价出让国有土地使用权，情节严重的，处三年以下有期徒刑或者拘役；致使国家或者集体利益遭受特别重大损失的，处三年以上七年以下有期徒刑。"

拘役；造成严重后果的，处五年以上十年以下有期徒刑。

【动植物检疫失职罪】 前款所列人员严重不负责任，对应当检疫的检疫物不检疫，或者延误检疫出证、错误出证，致使国家利益遭受重大损失的，处三年以下有期徒刑或者拘役。

第四百一十四条 【放纵制售伪劣商品犯罪行为罪】 对生产、销售伪劣商品犯罪行为负有追究责任的国家机关工作人员，徇私舞弊，不履行法律规定的追究职责，情节严重的，处五年以下有期徒刑或者拘役。

第四百一十五条 【办理偷越国（边）境人员出入境证件罪】【放行偷越国（边）境人员罪】 负责办理护照、签证以及其他出入境证件的国家机关工作人员，对明知是企图偷越国（边）境的人员，予以办理出入境证件的，或者边防、海关等国家机关工作人员，对明知是偷越国（边）境的人员，予以放行的，处三年以下有期徒刑或者拘役；情节严重的，处三年以上七年以下有期徒刑。

第四百一十六条 【不解救被拐卖、绑架妇女、儿童罪】 对被拐卖、绑架的妇女、儿童负有解救职责的国家机关工作人员，接到被拐卖、绑架的妇女、儿童及其家属的解救要求或者接到其他人的举报，而对被拐卖、绑架的妇女、儿童不进行解救，造成严重后果的，处五年以下有期徒刑或者拘役。

【阻碍解救被拐卖、绑架妇女、儿童罪】 负有解救职责的国家机关工作人员利用职务阻碍解救的，处二年以上七年以下有期徒刑；情节较轻的，处二年以下有期徒刑或者拘役。

第四百一十七条 【帮助犯罪分子逃避处罚罪】 有查禁犯罪活动职责的国家机关工作人员，向犯罪分子通风报信、提供便利，帮助犯罪分子逃避处罚的，处三年以下有期徒刑或者拘役；情节严重的，处三年以上十年以下有期徒刑。

第四百一十八条 【招收公务员、学生徇私舞弊罪】 国家机关工作人员在招收公务员、学生工作中徇私舞弊，情节严重的，处三年以下有期徒刑或者拘役。

第四百一十九条 【失职造成珍贵文物损毁、流失罪】 国家机关工作人员严重不负责任，造成珍贵文物损毁或者流失，后果严重的，处三年以下有期徒刑或者拘役。

第十章 军人违反职责罪

第四百二十条 军人违反职责，危害国家军事利益，依照法律应当受刑罚处罚的行为，是军人违反职责罪。

第四百二十一条 【战时违抗命令罪】 战时违抗命令，对作战造成危害的，处三年以上十年以下有期徒刑；致使战斗、战役遭受重大损失的，处十年以上有期徒刑、无期徒刑或者死刑。

第四百二十二条 【隐瞒、谎报军情罪】【拒传、假传军令罪】 故意隐瞒、谎报军情或者拒传、假传军令，对作战造成危害的，处三年以上十年以下有期徒刑；致使战斗、战役遭受重大损失的，处十年以上有期徒刑、无期徒刑或者死刑。

第四百二十三条 【投降罪】 在战场上贪生怕死，自动放下武器投降敌人的，处三年以上十年以下有期徒刑；情节严重的，处十年以上有期徒刑或者无期徒刑。

投降后为敌人效劳的，处十年以上有期徒刑、无期徒刑或者死刑。

第四百二十四条 【战时临阵脱逃罪】 战时临阵脱逃的，处三年以下有期徒刑；情节严重的，处三年以上十年以下有期徒刑；致使战斗、战役遭受重大损失的，处十年以上有期徒刑、无期徒刑或者死刑。

第四百二十五条 【擅离、玩忽军事职守罪】 指挥人员和值班、值勤人员擅离职守或者玩忽职守，造成严重后果的，处三年以下有期徒刑或者拘役；造成特别严重后果的，处三年以上七年以下有期徒刑。

战时犯前款罪的，处五年以上有期徒刑。

第四百二十六条[①] **【阻碍执行军事职务罪】** 以暴力、威胁方

---

① 本条经2015年8月29日《刑法修正案（九）》第五十条修改。

1997年刑法第四百二十六条原规定："以暴力、威胁方法，阻碍指挥人员或者值班、值勤人员执行职务的，处五年以下有期徒刑或者拘役；情节严重的，处五年以上有期徒刑；致人重伤、死亡的，或者有其他特别严重情节的，处无期徒刑或者死刑。战时从重处罚。"

法，阻碍指挥人员或者值班、值勤人员执行职务的，处五年以下有期徒刑或者拘役；情节严重的，处五年以上十年以下有期徒刑；情节特别严重的，处十年以上有期徒刑或者无期徒刑。战时从重处罚。

第四百二十七条　【指挥部属违反职责罪】　滥用职权，指使部属进行违反职责的活动，造成严重后果的，处五年以下有期徒刑或者拘役；情节特别严重的，处五年以上十年以下有期徒刑。

第四百二十八条　【违令作战消极罪】　指挥人员违抗命令，临阵畏缩，作战消极，造成严重后果的，处五年以下有期徒刑；致使战斗、战役遭受重大损失或者有其他特别严重情节的，处五年以上有期徒刑。

第四百二十九条　【拒不救援友邻部队罪】　在战场上明知友邻部队处境危急请求救援，能救援而不救援，致使友邻部队遭受重大损失的，对指挥人员，处五年以下有期徒刑。

第四百三十条　【军人叛逃罪】　在履行公务期间，擅离岗位，叛逃境外或者在境外叛逃，危害国家军事利益的，处五年以下有期徒刑或者拘役；情节严重的，处五年以上有期徒刑。

驾驶航空器、舰船叛逃的，或者有其他特别严重情节的，处十年以上有期徒刑、无期徒刑或者死刑。

第四百三十一条　【非法获取军事秘密罪】　以窃取、刺探、收买方法，非法获取军事秘密的，处五年以下有期徒刑；情节严重的，处五年以上十年以下有期徒刑；情节特别严重的，处十年以上有期徒刑。

【为境外窃取、刺探、收买、非法提供军事秘密罪】　为境外的机构、组织、人员窃取、刺探、收买、非法提供军事秘密的，处十年以上有期徒刑、无期徒刑或者死刑。

第四百三十二条　【故意泄露军事秘密罪】【过失泄露军事秘密罪】　违反保守国家秘密法规，故意或者过失泄露军事秘密，情节严重的，处五年以下有期徒刑或者拘役；情节特别严重的，处五年以上十年以下有期徒刑。

战时犯前款罪的，处五年以上十年以下有期徒刑；情节特别严重的，处十年以上有期徒刑或者无期徒刑。

第四百三十三条[①] **【战时造谣惑众罪】** 战时造谣惑众，动摇军心的，处三年以下有期徒刑；情节严重的，处三年以上十年以下有期徒刑；情节特别严重的，处十年以上有期徒刑或者无期徒刑。

第四百三十四条 【战时自伤罪】 战时自伤身体，逃避军事义务的，处三年以下有期徒刑；情节严重的，处三年以上七年以下有期徒刑。

第四百三十五条 【逃离部队罪】 违反兵役法规，逃离部队，情节严重的，处三年以下有期徒刑或者拘役。

战时犯前款罪的，处三年以上七年以下有期徒刑。

第四百三十六条【武器装备肇事罪】 违反武器装备使用规定，情节严重，因而发生责任事故，致人重伤、死亡或者造成其他严重后果的，处三年以下有期徒刑或者拘役；后果特别严重的，处三年以上七年下有期徒刑。

第四百三十七条 【擅自改变武器装备编配用途罪】 违反武器装备管理规定，擅自改变武器装备的编配用途，造成严重后果的，处三年以下有期徒刑或者拘役；造成特别严重后果的，处三年以上七年以下有期徒刑。

第四百三十八条 【盗窃、抢夺武器装备、军用物资罪】 盗窃、抢夺武器装备或者军用物资的，处五年以下有期徒刑或者拘役；情节严重的，处五年以上十年以下有期徒刑；情节特别严重的，处十年以上有期徒刑、无期徒刑或者死刑。

【盗窃、抢夺枪支、弹药、爆炸物罪】 盗窃、抢夺枪支、弹药、爆炸物的，依照本法第一百二十七条的规定处罚。

第四百三十九条 【非法出卖、转让武器装备罪】 非法出卖、转让军队武器装备的，处三年以上十年以下有期徒刑；出卖、转让大量武器装备或者有其他特别严重情节的，处十年以上有期徒刑、无期

---

① 本条经2015年8月29日《刑法修正案（九）》第五十一条修改。

1997年刑法第四百三十三条原规定：“战时造谣惑众，动摇军心的，处三年以下有期徒刑；情节严重的，处三年以上十年以下有期徒刑。

“勾结敌人造谣惑众，动摇军心的，处十年以上有期徒刑或者无期徒刑；情节特别严重的，可以判处死刑。”

徒刑或者死刑。

第四百四十条 【遗弃武器装备罪】 违抗命令，遗弃武器装备的，处五年以下有期徒刑或者拘役；遗弃重要或者大量武器装备的，或者有其他严重情节的，处五年以上有期徒刑。

第四百四十一条 【遗失武器装备罪】 遗失武器装备，不及时报告或者有其他严重情节的，处三年以下有期徒刑或者拘役。

第四百四十二条 【擅自出卖、转让军队房地产罪】 违反规定，擅自出卖、转让军队房地产，情节严重的，对直接责任人员，处三年以下有期徒刑或者拘役；情节特别严重的，处三年以上十年以下有期徒刑。

第四百四十三条 【虐待部属罪】 滥用职权，虐待部属，情节恶劣，致人重伤或者造成其他严重后果的，处五年以下有期徒刑或者拘役；致人死亡的，处五年以上有期徒刑。

第四百四十四条 【遗弃伤病军人罪】 在战场上故意遗弃伤病军人，情节恶劣的，对直接责任人员，处五年以下有期徒刑。

第四百四十五条 【战时拒不救治伤病军人罪】 战时在救护治疗职位上，有条件救治而拒不救治危重伤病军人的，处五年以下有期徒刑或者拘役；造成伤病军人重残、死亡或者有其他严重情节的，处五年以上十年以下有期徒刑。

第四百四十六条 【战时残害居民、掠夺居民财物罪】 战时在军事行动地区，残害无辜居民或者掠夺无辜居民财物的，处五年以下有期徒刑；情节严重的，处五年以上十年以下有期徒刑；情节特别严重的，处十年以上有期徒刑、无期徒刑或者死刑。

第四百四十七条 【私放俘虏罪】 私放俘虏的，处五年以下有期徒刑；私放重要俘虏、私放俘虏多人或者有其他严重情节的，处五年以上有期徒刑。

第四百四十八条 【虐待俘虏罪】 虐待俘虏，情节恶劣的，处三年以下有期徒刑。

第四百四十九条 在战时，对被判处三年以下有期徒刑没有现实危险宣告缓刑的犯罪军人，允许其戴罪立功，确有立功表现时，可以撤销原判刑罚，不以犯罪论处。

第四百五十条　本章适用于中国人民解放军的现役军官、文职干部、士兵及具有军籍的学员和中国人民武装警察部队的现役警官、文职干部、士兵及具有军籍的学员以及执行军事任务的预备役人员和其他人员。

第四百五十一条　本章所称战时，是指国家宣布进入战争状态、部队受领作战任务或者遭敌突然袭击时。

部队执行戒严任务或者处置突发性暴力事件时，以战时论。

附　则

第四百五十二条　本法自 1997 年 10 月 1 日起施行。

列于本法附件一的全国人民代表大会常务委员会制定的条例、补充规定和决定，已纳入本法或者已不适用，自本法施行之日起，予以废止。

列于本法附件二的全国人民代表大会常务委员会制定的补充规定和决定予以保留。其中，有关行政处罚和行政措施的规定继续有效；有关刑事责任的规定已纳入本法，自本法施行之日起，适用本法规定。

附件一

全国人民代表大会常务委员会制定的下列条例、补充规定和决定，已纳入本法或者已不适用，自本法施行之日起，予以废止：

1. 中华人民共和国惩治军人违反职责罪暂行条例
2. 关于严惩严重破坏经济的罪犯的决定
3. 关于严惩严重危害社会治安的犯罪分子的决定
4. 关于惩治走私罪的补充规定
5. 关于惩治贪污罪贿赂罪的补充规定
6. 关于惩治泄露国家秘密犯罪的补充规定
7. 关于惩治捕杀国家重点保护的珍贵、濒危野生动物犯罪的补充规定
8. 关于惩治侮辱中华人民共和国国旗国徽罪的决定
9. 关于惩治盗掘古文化遗址古墓葬犯罪的补充规定

10. 关于惩治劫持航空器犯罪分子的决定
11. 关于惩治假冒注册商标犯罪的补充规定
12. 关于惩治生产、销售伪劣商品犯罪的决定
13. 关于惩治侵犯著作权的犯罪的决定
14. 关于惩治违反公司法的犯罪的决定
15. 关于处理逃跑或者重新犯罪的劳改犯和劳教人员的决定

附件二

全国人民代表大会常务委员会制定的下列补充规定和决定予以保留，其中，有关行政处罚和行政措施的规定继续有效；有关刑事责任的规定已纳入本法，自本法施行之日起，适用本法规定：

1. 关于禁毒的决定
2. 关于惩治走私、制作、贩卖、传播淫秽物品的犯罪分子的决定
3. 关于严惩拐卖、绑架妇女、儿童的犯罪分子的决定
4. 关于严禁卖淫嫖娼的决定
5. 关于惩治偷税、抗税犯罪的补充规定
6. 关于严惩组织、运送他人偷越国（边）境犯罪的补充规定
7. 关于惩治破坏金融秩序犯罪的决定
8. 关于惩治虚开、伪造和非法出售增值税专用发票犯罪的决定

全国人民代表大会常务委员会

关于惩治骗购外汇、逃汇和非法买卖外汇犯罪的决定

（1998年12月29日第九届全国人民代表大会常务委员会第六次会议通过　1998年12月29日中华人民共和国主席令第14号公布　自公布之日起施行）

为了惩治骗购外汇、逃汇和非法买卖外汇的犯罪行为，维护国家外汇管理秩序，对刑法作如下补充修改：

一、有下列情形之一，骗购外汇，数额较大的，处五年以下有期徒刑或者拘役，并处骗购外汇数额百分之五以上百分之三十以下罚金；数额巨大或者有其他严重情节的，处五年以上十年以下有期徒刑，并处骗购外汇数额百分之五以上百分之三十以下罚金；数额特别巨大或者有其他特别严重情节的，处十年以上有期徒刑或者无期徒刑，并处骗购外汇数额百分之五以上百分之三十以下罚金或者没收财产：

（一）使用伪造、变造的海关签发的报关单、进口证明、外汇管理部门核准件等凭证和单据的；

（二）重复使用海关签发的报关单、进口证明、外汇管理部门核准件等凭证和单据的；

（三）以其他方式骗购外汇的。

伪造、变造海关签发的报关单、进口证明、外汇管理部门核准件等凭证和单据，并用于骗购外汇的，依照前款的规定从重处罚。

明知用于骗购外汇而提供人民币资金的，以共犯论处。

单位犯前三款罪的，对单位依照第一款的规定判处罚金，并对其直接负责的主管人员和其他直接责任人员，处五年以下有期徒刑或者拘役；数额巨大或者有其他严重情节的，处五年以上十年以下有期徒刑；数额特别巨大或者有其他特别严重情节的，处十年以上有期徒刑或者无期徒刑。

二、买卖伪造、变造的海关签发的报关单、进口证明、外汇管理部门核准件等凭证和单据或者国家机关的其他公文、证件、印章的，依照刑法第二百八十条的规定定罪处罚。

三、将刑法第一百九十条修改为：公司、企业或者其他单位，违反国家规定，擅自将外汇存放境外，或者将境内的外汇非法转移到境外，数额较大的，对单位判处逃汇数额百分之五以上百分之三十以下罚金，并对其直接负责的主管人员和其他直接责任人员处五年以下有期徒刑或者拘役；数额巨大或者有其他严重情节的，对单位判处逃汇数额百分之五以上百分之三十以下罚金，并对其直接负责的主管人员和其他直接责任人员处五年以上有期徒刑。

四、在国家规定的交易场所以外非法买卖外汇，扰乱市场秩序，情节严重的，依照刑法第二百二十五条的规定定罪处罚。

单位犯前款罪的，依照刑法第二百三十一条的规定处罚。

五、海关、外汇管理部门以及金融机构、从事对外贸易经营活动的公司、企业或者其他单位的工作人员与骗购外汇或者逃汇的行为人通谋，为其提供购买外汇的有关凭证或者其他便利的，或者明知是伪造、变造的凭证和单据而售汇、付汇的，以共犯论，依照本决定从重处罚。

六、海关、外汇管理部门的工作人员严重不负责任，造成大量外汇被骗购或者逃汇，致使国家利益遭受重大损失的，依照刑法第三百九十七条的规定定罪处罚。

七、金融机构、从事对外贸易经营活动的公司、企业的工作人员严重不负责任，造成大量外汇被骗购或者逃汇，致使国家利益遭受重大损失的，依照刑法第一百六十七条的规定定罪处罚。

八、犯本决定规定之罪，依法被追缴、没收的财物和罚金，一律上缴国库。

九、本决定自公布之日起施行。

中华人民共和国刑法修正案

（1999年12月25日第九届全国人民代表大会常务委员会第十三次会议通过　1999年12月25日中华人民共和国主席令第27号公布　自公布之日起施行）

为了惩治破坏社会主义市场经济秩序的犯罪，保障社会主义现代化建设的顺利进行，对刑法作如下补充修改：

一、第一百六十二条后增加一条，作为第一百六十二条之一："隐匿或者故意销毁依法应当保存的会计凭证、会计账簿、财务会计报告，情节严重的，处五年以下有期徒刑或者拘役，并处或者单处二万元以上二十万元以下罚金。

"单位犯前款罪的，对单位判处罚金，并对其直接负责的主管人员和其他直接责任人员，依照前款的规定处罚。"

二、将刑法第一百六十八条修改为："国有公司、企业的工作人员，由于严重不负责任或者滥用职权，造成国有公司、企业破产或者严重损失，致使国家利益遭受重大损失的，处三年以下有期徒刑或者拘役；致使国家利益遭受特别重大损失的，处三年以上七年以下有期徒刑。

"国有事业单位的工作人员有前款行为，致使国家利益遭受重大损失的，依照前款的规定处罚。

"国有公司、企业、事业单位的工作人员，徇私舞弊，犯前两款罪的，依照第一款的规定从重处罚。"

三、将刑法第一百七十四条修改为："未经国家有关主管部门批准，擅自设立商业银行、证券交易所、期货交易所、证券公司、期货经纪公司、保险公司或者其他金融机构的，处三年以下有期徒刑或者拘役，并处或者单处二万元以上二十万元以下罚金；情节严重的，处三年以上十年以下有期徒刑，并处五万元以上五十万元以下罚金。

“伪造、变造、转让商业银行、证券交易所、期货交易所、证券公司、期货经纪公司、保险公司或者其他金融机构的经营许可证或者批准文件的，依照前款的规定处罚。

“单位犯前两款罪的，对单位判处罚金，并对其直接负责的主管人员和其他直接责任人员，依照第一款的规定处罚。”

四、将刑法第一百八十条修改为：“证券、期货交易内幕信息的知情人员或者非法获取证券、期货交易内幕信息的人员，在涉及证券的发行，证券、期货交易或者其他对证券、期货交易价格有重大影响的信息尚未公开前，买入或者卖出该证券，或者从事与该内幕信息有关的期货交易，或者泄露该信息，情节严重的，处五年以下有期徒刑或者拘役，并处或者单处违法所得一倍以上五倍以下罚金；情节特别严重的，处五年以上十年以下有期徒刑，并处违法所得一倍以上五倍以下罚金。

“单位犯前款罪的，对单位判处罚金，并对其直接负责的主管人员和其他直接责任人员，处五年以下有期徒刑或者拘役。

“内幕信息、知情人员的范围，依照法律、行政法规的规定确定。”

五、将刑法第一百八十一条修改为：“编造并且传播影响证券、期货交易的虚假信息，扰乱证券、期货交易市场，造成严重后果的，处五年以下有期徒刑或者拘役，并处或者单处一万元以上十万元以下罚金。

“证券交易所、期货交易所、证券公司、期货经纪公司的从业人员，证券业协会、期货业协会或者证券期货监督管理部门的工作人员，故意提供虚假信息或者伪造、变造、销毁交易记录，诱骗投资者买卖证券、期货合约，造成严重后果的，处五年以下有期徒刑或者拘役，并处或者单处一万元以上十万元以下罚金；情节特别恶劣的，处五年以上十年以下有期徒刑，并处二万元以上二十万元以下罚金。

“单位犯前两款罪的，对单位判处罚金，并对其直接负责的主管人员和其他直接责任人员，处五年以下有期徒刑或者拘役。”

六、将刑法第一百八十二条修改为：“有下列情形之一，操纵证券、期货交易价格，获取不正当利益或者转嫁风险，情节严重的，处五年以下有期徒刑或者拘役，并处或者单处违法所得一倍以上五倍以下罚金：

（一）单独或者合谋，集中资金优势、持股或者持仓优势或者利用信息优势联合或者连续买卖，操纵证券、期货交易价格的；

（二）与他人串通，以事先约定的时间、价格和方式相互进行证券、期货交易，或者相互买卖并不持有的证券，影响证券、期货交易价格或者证券、期货交易量的；

（三）以自己为交易对象，进行不转移证券所有权的自买自卖，或者以自己为交易对象，自买自卖期货合约，影响证券、期货交易价格或者证券、期货交易量的；

（四）以其他方法操纵证券、期货交易价格的。

"单位犯前款罪的，对单位判处罚金，并对其直接负责的主管人员和其他直接责任人员，处五年以下有期徒刑或者拘役。"

七、将刑法第一百八十五条修改为："商业银行、证券交易所、期货交易所、证券公司、期货经纪公司、保险公司或者其他金融机构的工作人员利用职务上的便利，挪用本单位或者客户资金的，依照本法第二百七十二条的规定定罪处罚。

"国有商业银行、证券交易所、期货交易所、证券公司、期货经纪公司、保险公司或者其他国有金融机构的工作人员和国有商业银行、证券交易所、期货交易所、证券公司、期货经纪公司、保险公司或者其他国有金融机构委派到前款规定中的非国有机构从事公务的人员有前款行为的，依照本法第三百八十四条的规定定罪处罚。"

八、刑法第二百二十五条增加一项，作为第三项："未经国家有关主管部门批准，非法经营证券、期货或者保险业务的；"原第三项改为第四项。

九、本修正案自公布之日起施行。

中华人民共和国刑法修正案（二）

(2001 年 8 月 31 日第九届全国人民代表大会常务委员会第二十三次会议通过　2001 年 8 月 31 日中华人民共和国主席令第 56 号公布　自公布之日起施行)

为了惩治毁林开垦和乱占滥用林地的犯罪，切实保护森林资源，将刑法第三百四十二条修改为：

“违反土地管理法规，非法占用耕地、林地等农用地，改变被占用土地用途，数量较大，造成耕地、林地等农用地大量毁坏的，处五年以下有期徒刑或者拘役，并处或者单处罚金。”

本修正案自公布之日起施行。

中华人民共和国刑法修正案（三）

（2001 年 12 月 29 日第九届全国人民代表大会常务委员会第二十五次会议通过　2001 年 12 月 29 日中华人民共和国主席令第 64 号公布　自公布之日起施行）

为了惩治恐怖活动犯罪，保障国家和人民生命、财产安全，维护社会秩序，对刑法作如下补充修改：

一、将刑法第一百一十四条修改为：“放火、决水、爆炸以及投放毒害性、放射性、传染病病原体等物质或者以其他危险方法危害公共安全，尚未造成严重后果的，处三年以上十年以下有期徒刑。”

二、将刑法第一百一十五条第一款修改为：“放火、决水、爆炸以及投放毒害性、放射性、传染病病原体等物质或者以其他危险方法致人重伤、死亡或者使公私财产遭受重大损失的，处十年以上有期徒刑、无期徒刑或者死刑。”

三、将刑法第一百二十条第一款修改为：“组织、领导恐怖活动组织的，处十年以上有期徒刑或者无期徒刑；积极参加的，处三年以上十年以下有期徒刑；其他参加的，处三年以下有期徒刑、拘役、管制或者剥夺政治权利。”

四、刑法第一百二十条后增加一条，作为第一百二十条之一：“资助恐怖活动组织或者实施恐怖活动的个人的，处五年以下有期徒刑、拘役、管制或者剥夺政治权利，并处罚金；情节严重的，处五年以上有期徒刑，并处罚金或者没收财产。

“单位犯前款罪的，对单位判处罚金，并对其直接负责的主管人员和其他直接责任人员，依照前款的规定处罚。”

五、将刑法第一百二十五条第二款修改为：“非法制造、买卖、运输、储存毒害性、放射性、传染病病原体等物质，危害公共安全的，依照前款的规定处罚。”

六、将刑法第一百二十七条修改为：“盗窃、抢夺枪支、弹药、爆炸物的，或者盗窃、抢夺毒害性、放射性、传染病病原体等物质，危害公共安全的，处三年以上十年以下有期徒刑；情节严重的，处十年以上有期徒刑、无期徒刑或者死刑。

“抢劫枪支、弹药、爆炸物的，或者抢劫毒害性、放射性、传染病病原体等物质，危害公共安全的，或者盗窃、抢夺国家机关、军警人员、民兵的枪支、弹药、爆炸物的，处十年以上有期徒刑、无期徒刑或者死刑。”

七、将刑法第一百九十一条修改为：“明知是毒品犯罪、黑社会性质的组织犯罪、恐怖活动犯罪、走私犯罪的违法所得及其产生的收益，为掩饰、隐瞒其来源和性质，有下列行为之一的，没收实施以上犯罪的违法所得及其产生的收益，处五年以下有期徒刑或者拘役，并处或者单处洗钱数额百分之五以上百分之二十以下罚金；情节严重的，处五年以上十年以下有期徒刑，并处洗钱数额百分之五以上百分之二十以下罚金：（一）提供资金账户的；（二）协助将财产转换为现金或者金融票据的；（三）通过转账或者其他结算方式协助资金转移的；（四）协助将资金汇往境外的；（五）以其他方法掩饰、隐瞒犯罪的违法所得及其收益的来源和性质的。

“单位犯前款罪的，对单位判处罚金，并对其直接负责的主管人员和其他直接责任人员，处五年以下有期徒刑或者拘役；情节严重的，处五年以上十年以下有期徒刑。”

八、刑法第二百九十一条后增加一条，作为第二百九十一条之一：“投放虚假的爆炸性、毒害性、放射性、传染病病原体等物质，或者编造爆炸威胁、生化威胁、放射威胁等恐怖信息，或者明知是编造的恐怖信息而故意传播，严重扰乱社会秩序的，处五年以下有期徒刑、拘役或者管制；造成严重后果的，处五年以上有期徒刑。”

九、本修正案自公布之日起施行。

中华人民共和国刑法修正案（四）

（2002 年 12 月 28 日第九届全国人民代表大会常务委员会第三十一次会议通过　2002 年 12 月 28 日中华人民共和国主席令第 83 号公布　自公布之日起施行）

为了惩治破坏社会主义市场经济秩序、妨害社会管理秩序和国家机关工作人员的渎职犯罪行为，保障社会主义现代化建设的顺利进行，保障公民的人身安全，对刑法作如下修改和补充：

一、将刑法第一百四十五条修改为：“生产不符合保障人体健康的国家标准、行业标准的医疗器械、医用卫生材料，或者销售明知是不符合保障人体健康的国家标准、行业标准的医疗器械、医用卫生材料，足以严重危害人体健康的，处三年以下有期徒刑或者拘役，并处销售金额百分之五十以上二倍以下罚金；对人体健康造成严重危害的，处三年以上十年以下有期徒刑，并处销售金额百分之五十以上二倍以下罚金；后果特别严重的，处十年以上有期徒刑或者无期徒刑，并处销售金额百分之五十以上二倍以下罚金或者没收财产。”

二、在第一百五十二条中增加一款作为第二款：“逃避海关监管将境外固体废物、液态废物和气态废物运输进境，情节严重的，处五年以下有期徒刑，并处或者单处罚金；情节特别严重的，处五年以上有期徒刑，并处罚金。”

原第二款作为第三款，修改为：“单位犯前两款罪的，对单位判处罚金，并对其直接负责的主管人员和其他直接责任人员，依照前两款的规定处罚。”

三、将刑法第一百五十五条修改为：“下列行为，以走私罪论处，依照本节的有关规定处罚：（一）直接向走私人非法收购国家禁止进口物品的，或者直接向走私人非法收购走私进口的其他货物、物品，数额较大的；（二）在内海、领海、界河、界湖运输、收购、贩卖国家禁止进出口物品的，或者运输、收购、贩卖国家限制进出口货物、物品，数额较大，没有合法证明的。”

四、刑法第二百四十四条后增加一条，作为第二百四十四条之一：“违反劳动管理法规，雇用未满十六周岁的未成年人从事超强度体力劳动的，或者从事高空、井下作业的，或者在爆炸性、易燃性、放射性、毒害性等危险环境下从事劳动，情节严重的，对直接责任人员，处三年以下有期徒刑或者拘役，并处罚金；情节特别严重的，处三年以上七年以下有期徒刑，并处罚金。

“有前款行为，造成事故，又构成其他犯罪的，依照数罪并罚的规定处罚。”

五、将刑法第三百三十九条第三款修改为：“以原料利用为名，进口不能用作原料的固体废物、液态废物和气态废物的，依照本法第一百五十二条第二款、第三款的规定定罪处罚。”

六、将刑法第三百四十四条修改为：“违反国家规定，非法采伐、毁坏珍贵树木或者国家重点保护的其他植物的，或者非法收购、运输、加工、出售珍贵树木或者国家重点保护的其他植物及其制品的，处三年以下有期徒刑、拘役或者管制，并处罚金；情节严重的，处三年以上七年以下有期徒刑，并处罚金。”

七、将刑法第三百四十五条修改为：“盗伐森林或者其他林木，数量较大的，处三年以下有期徒刑、拘役或者管制，并处或者单处罚金；数量巨大的，处三年以上七年以下有期徒刑，并处罚金；数量特别巨大的，处七年以上有期徒刑，并处罚金。

“违反森林法的规定，滥伐森林或者其他林木，数量较大的，处三年以下有期徒刑、拘役或者管制，并处或者单处罚金；数量巨大的，处三年以上七年以下有期徒刑，并处罚金。

“非法收购、运输明知是盗伐、滥伐的林木，情节严重的，处三年以下有期徒刑、拘役或者管制，并处或者单处罚金；情节特别严重的，处三年以上七年以下有期徒刑，并处罚金。

“盗伐、滥伐国家级自然保护区内的森林或者其他林木的，从重处罚。”

八、将刑法第三百九十九条修改为："司法工作人员徇私枉法、徇情枉法，对明知是无罪的人而使他受追诉、对明知是有罪的人而故意包庇不使他受追诉，或者在刑事审判活动中故意违背事实和法律作枉法裁判的，处五年以下有期徒刑或者拘役；情节严重的，处五年以上十年以下有期徒刑；情节特别严重的，处十年以上有期徒刑。

"在民事、行政审判活动中故意违背事实和法律作枉法裁判，情节严重的，处五年以下有期徒刑或者拘役；情节特别严重的，处五年以上十年以下有期徒刑。

"在执行判决、裁定活动中，严重不负责任或者滥用职权，不依法采取诉讼保全措施、不履行法定执行职责，或者违法采取诉讼保全措施、强制执行措施，致使当事人或者其他人的利益遭受重大损失的，处五年以下有期徒刑或者拘役；致使当事人或者其他人的利益遭受特别重大损失的，处五年以上十年以下有期徒刑。

"司法工作人员收受贿赂，有前三款行为的，同时又构成本法第三百八十五条规定之罪的，依照处罚较重的规定定罪处罚。"

九、本修正案自公布之日起施行。

中华人民共和国刑法修正案（五）

（2005年2月28日第十届全国人民代表大会常务委员会第十四次会议通过　2005年2月28日中华人民共和国主席令第32号公布　自公布之日起施行）

一、在刑法第一百七十七条后增加一条，作为第一百七十七条之一："有下列情形之一，妨害信用卡管理的，处三年以下有期徒刑或者拘役，并处或者单处一万元以上十万元以下罚金；数量巨大或者有其他严重情节的，处三年以上十年以下有期徒刑，并处二万元以上二十万元以下罚金：

"(一) 明知是伪造的信用卡而持有、运输的，或者明知是伪造的空白信用卡而持有、运输，数量较大的；

"(二) 非法持有他人信用卡，数量较大的；

"(三) 使用虚假的身份证明骗领信用卡的；

"(四) 出售、购买、为他人提供伪造的信用卡或者以虚假的身份证明骗领的信用卡的。

"窃取、收买或者非法提供他人信用卡信息资料的，依照前款规定处罚。

"银行或者其他金融机构的工作人员利用职务上的便利，犯第二款罪的，从重处罚。"

二、将刑法第一百九十六条修改为："有下列情形之一，进行信用卡诈骗活动，数额较大的，处五年以下有期徒刑或者拘役，并处二万元以上二十万元以下罚金；数额巨大或者有其他严重情节的，处五年以上十年以下有期徒刑，并处五万元以上五十万元以下罚金；数额特别巨大或者有其他特别严重情节的，处十年以上有期徒刑或者无期徒刑，并处五万元以上五十万元以下罚金或者没收财产：

“（一）使用伪造的信用卡，或者使用以虚假的身份证明骗领的信用卡的；

“（二）使用作废的信用卡的；

“（三）冒用他人信用卡的；

“（四）恶意透支的。

“前款所称恶意透支，是指持卡人以非法占有为目的，超过规定限额或者规定期限透支，并且经发卡银行催收后仍不归还的行为。

“盗窃信用卡并使用的，依照本法第二百六十四条的规定定罪处罚。”

三、在刑法第三百六十九条中增加一款作为第二款，将该条修改为：“破坏武器装备、军事设施、军事通信的，处三年以下有期徒刑、拘役或者管制；破坏重要武器装备、军事设施、军事通信的，处三年以上十年以下有期徒刑；情节特别严重的，处十年以上有期徒刑、无期徒刑或者死刑。

“过失犯前款罪，造成严重后果的，处三年以下有期徒刑或者拘役；造成特别严重后果的，处三年以上七年以下有期徒刑。

“战时犯前两款罪的，从重处罚。”

四、本修正案自公布之日起施行。

中华人民共和国刑法修正案（六）

（2006年6月29日第十届全国人民代表大会常务委员会第二十二次会议通过 2006年6月29日中华人民共和国主席令第51号公布 自公布之日起施行）

一、将刑法第一百三十四条修改为："在生产、作业中违反有关安全管理的规定，因而发生重大伤亡事故或者造成其他严重后果的，处三年以下有期徒刑或者拘役；情节特别恶劣的，处三年以上七年以下有期徒刑。

"强令他人违章冒险作业，因而发生重大伤亡事故或者造成其他严重后果的，处五年以下有期徒刑或者拘役；情节特别恶劣的，处五年以上有期徒刑。"

二、将刑法第一百三十五条修改为："安全生产设施或者安全生产条件不符合国家规定，因而发生重大伤亡事故或者造成其他严重后果的，对直接负责的主管人员和其他直接责任人员，处三年以下有期徒刑或者拘役；情节特别恶劣的，处三年以上七年以下有期徒刑。"

三、在刑法第一百三十五条后增加一条，作为第一百三十五条之一："举办大型群众性活动违反安全管理规定，因而发生重大伤亡事故或者造成其他严重后果的，对直接负责的主管人员和其他直接责任人员，处三年以下有期徒刑或者拘役；情节特别恶劣的，处三年以上七年以下有期徒刑。"

四、在刑法第一百三十九条后增加一条，作为第一百三十九条之一："在安全事故发生后，负有报告职责的人员不报或者谎报事故情况，贻误事故抢救，情节严重的，处三年以下有期徒刑或者拘役；情节特别严重的，处三年以上七年以下有期徒刑。”

五、将刑法第一百六十一条修改为：“依法负有信息披露义务的公司、企业向股东和社会公众提供虚假的或者隐瞒重要事实的财务会计报告，或者对依法应当披露的其他重要信息不按照规定披露，严重损害股东或者其他人利益，或者有其他严重情节的，对其直接负责的主管人员和其他直接责任人员，处三年以下有期徒刑或者拘役，并处或者单处二万元以上二十万元以下罚金。”

六、在刑法第一百六十二条之一后增加一条，作为第一百六十二条之二：“公司、企业通过隐匿财产、承担虚构的债务或者以其他方法转移、处分财产，实施虚假破产，严重损害债权人或者其他人利益的，对其直接负责的主管人员和其他直接责任人员，处五年以下有期徒刑或者拘役，并处或者单处二万元以上二十万元以下罚金。”

七、将刑法第一百六十三条修改为：“公司、企业或者其他单位的工作人员利用职务上的便利，索取他人财物或者非法收受他人财物，为他人谋取利益，数额较大的，处五年以下有期徒刑或者拘役；数额巨大的，处五年以上有期徒刑，可以并处没收财产。

“公司、企业或者其他单位的工作人员在经济往来中，利用职务上的便利，违反国家规定，收受各种名义的回扣、手续费，归个人所有的，依照前款的规定处罚。

“国有公司、企业或者其他国有单位中从事公务的人员和国有公司、企业或者其他国有单位委派到非国有公司、企业以及其他单位从事公务的人员有前两款行为的，依照本法第三百八十五条、第三百八十六条的规定定罪处罚。”

八、将刑法第一百六十四条第一款修改为：“为谋取不正当利益，给予公司、企业或者其他单位的工作人员以财物，数额较大的，处三年以下有期徒刑或者拘役；数额巨大的，处三年以上十年以下有期徒刑，并处罚金。”

九、在刑法第一百六十九条后增加一条，作为第一百六十九条之一：“上市公司的董事、监事、高级管理人员违背对公司的忠实义务，利用职务便利，操纵上市公司从事下列行为之一，致使上市公司利益遭受重大损失的，处三年以下有期徒刑或者拘役，并处或者单处罚金；致使上市公司利益遭受特别重大损失的，处三年以上七年以下有期徒刑，并处罚金：

“（一）无偿向其他单位或者个人提供资金、商品、服务或者其他资产的；

“（二）以明显不公平的条件，提供或者接受资金、商品、服务或者其他资产的；

“（三）向明显不具有清偿能力的单位或者个人提供资金、商品、服务或者其他资产的；

“（四）为明显不具有清偿能力的单位或者个人提供担保，或者无正当理由为其他单位或者个人提供担保的；

“（五）无正当理由放弃债权、承担债务的；

“（六）采用其他方式损害上市公司利益的。

“上市公司的控股股东或者实际控制人，指使上市公司董事、监事、高级管理人员实施前款行为的，依照前款的规定处罚。

“犯前款罪的上市公司的控股股东或者实际控制人是单位的，对单位判处罚金，并对其直接负责的主管人员和其他直接责任人员，依照第一款的规定处罚。”

十、在刑法第一百七十五条后增加一条，作为第一百七十五条之一：“以欺骗手段取得银行或者其他金融机构贷款、票据承兑、信用证、保函等，给银行或者其他金融机构造成重大损失或者有其他严重情节的，处三年以下有期徒刑或者拘役，并处或者单处罚金；给银行或者其他金融机构造成特别重大损失或者有其他特别严重情节的，处三年以上七年以下有期徒刑，并处罚金。

“单位犯前款罪的，对单位判处罚金，并对其直接负责的主管人员和其他直接责任人员，依照前款的规定处罚。”

十一、将刑法第一百八十二条修改为：“有下列情形之一，操纵证券、期货市场，情节严重的，处五年以下有期徒刑或者拘役，并处或者单处罚金；情节特别严重的，处五年以上十年以下有期徒刑，并处罚金：

"（一）单独或者合谋，集中资金优势、持股或者持仓优势或者利用信息优势联合或者连续买卖，操纵证券、期货交易价格或者证券、期货交易量的；

"（二）与他人串通，以事先约定的时间、价格和方式相互进行证券、期货交易，影响证券、期货交易价格或者证券、期货交易量的；

"（三）在自己实际控制的账户之间进行证券交易，或者以自己为交易对象，自买自卖期货合约，影响证券、期货交易价格或者证券、期货交易量的；

"（四）以其他方法操纵证券、期货市场的。

"单位犯前款罪的，对单位判处罚金，并对其直接负责的主管人员和其他直接责任人员，依照前款的规定处罚。"

十二、在刑法第一百八十五条后增加一条，作为第一百八十五条之一："商业银行、证券交易所、期货交易所、证券公司、期货经纪公司、保险公司或者其他金融机构，违背受托义务，擅自运用客户资金或者其他委托、信托的财产，情节严重的，对单位判处罚金，并对其直接负责的主管人员和其他直接责任人员，处三年以下有期徒刑或者拘役，并处三万元以上三十万元以下罚金；情节特别严重的，处三年以上十年以下有期徒刑，并处五万元以上五十万元以下罚金。

"社会保障基金管理机构、住房公积金管理机构等公众资金管理机构，以及保险公司、保险资产管理公司、证券投资基金管理公司，违反国家规定运用资金的，对其直接负责的主管人员和其他直接责任人员，依照前款的规定处罚。"

十三、将刑法第一百八十六条第一款、第二款修改为："银行或者其他金融机构的工作人员违反国家规定发放贷款，数额巨大或者造成重大损失的，处五年以下有期徒刑或者拘役，并处一万元以上十万元以下罚金；数额特别巨大或者造成特别重大损失的，处五年以上有期徒刑，并处二万元以上二十万元以下罚金。

“银行或者其他金融机构的工作人员违反国家规定，向关系人发放贷款的，依照前款的规定从重处罚。”

十四、将刑法第一百八十七条第一款修改为：“银行或者其他金融机构的工作人员吸收客户资金不入账，数额巨大或者造成重大损失的，处五年以下有期徒刑或者拘役，并处二万元以上二十万元以下罚金；数额特别巨大或者造成特别重大损失的，处五年以上有期徒刑，并处五万元以上五十万元以下罚金。”

十五、将刑法第一百八十八条第一款修改为：“银行或者其他金融机构的工作人员违反规定，为他人出具信用证或者其他保函、票据、存单、资信证明，情节严重的，处五年以下有期徒刑或者拘役；情节特别严重的，处五年以上有期徒刑。”

十六、将刑法第一百九十一条第一款修改为：“明知是毒品犯罪、黑社会性质的组织犯罪、恐怖活动犯罪、走私犯罪、贪污贿赂犯罪、破坏金融管理秩序犯罪、金融诈骗犯罪的所得及其产生的收益，为掩饰、隐瞒其来源和性质，有下列行为之一的，没收实施以上犯罪的所得及其产生的收益，处五年以下有期徒刑或者拘役，并处或者单处洗钱数额百分之五以上百分之二十以下罚金；情节严重的，处五年以上十年以下有期徒刑，并处洗钱数额百分之五以上百分之二十以下罚金：

“（一）提供资金账户的；

“（二）协助将财产转换为现金、金融票据、有价证券的；

“（三）通过转账或者其他结算方式协助资金转移的；

“（四）协助将资金汇往境外的；

“（五）以其他方法掩饰、隐瞒犯罪所得及其收益的来源和性质的。”

十七、在刑法第二百六十二条后增加一条，作为第二百六十二条之一：“以暴力、胁迫手段组织残疾人或者不满十四周岁的未成年人乞讨的，处三年以下有期徒刑或者拘役，并处罚金；情节严重的，处三年以上七年以下有期徒刑，并处罚金。”

十八、将刑法第三百零三条修改为：“以营利为目的，聚众赌博或者以赌博为业的，处三年以下有期徒刑、拘役或者管制，并处罚金。

“开设赌场的，处三年以下有期徒刑、拘役或者管制，并处罚金；情节严重的，处三年以上十年以下有期徒刑，并处罚金。”

十九、将刑法第三百一十二条修改为：“明知是犯罪所得及其产生的收益而予以窝藏、转移、收购、代为销售或者以其他方法掩饰、隐瞒的，处三年以下有期徒刑、拘役或者管制，并处或者单处罚金；情节严重的，处三年以上七年以下有期徒刑，并处罚金。”

二十、在刑法第三百九十九条后增加一条，作为第三百九十九条之一：“依法承担仲裁职责的人员，在仲裁活动中故意违背事实和法律作枉法裁决，情节严重的，处三年以下有期徒刑或者拘役；情节特别严重的，处三年以上七年以下有期徒刑。”

二十一、本修正案自公布之日起施行。

中华人民共和国刑法修正案（七）

（2009年2月28日第十一届全国人民代表大会常务委员会第七次会议通过　2009年2月28日中华人民共和国主席令第10号公布　自公布之日起施行）

一、将刑法第一百五十一条第三款修改为："走私珍稀植物及其制品等国家禁止进出口的其他货物、物品的，处五年以下有期徒刑或者拘役，并处或者单处罚金；情节严重的，处五年以上有期徒刑，并处罚金。"

二、将刑法第一百八十条第一款修改为："证券、期货交易内幕信息的知情人员或者非法获取证券、期货交易内幕信息的人员，在涉及证券的发行，证券、期货交易或者其他对证券、期货交易价格有重大影响的信息尚未公开前，买入或者卖出该证券，或者从事与该内幕信息有关的期货交易，或者泄露该信息，或者明示、暗示他人从事上述交易活动，情节严重的，处五年以下有期徒刑或者拘役，并处或者单处违法所得一倍以上五倍以下罚金；情节特别严重的，处五年以上十年以下有期徒刑，并处违法所得一倍以上五倍以下罚金。"

增加一款作为第四款："证券交易所、期货交易所、证券公司、期货经纪公司、基金管理公司、商业银行、保险公司等金融机构的从业人员以及有关监管部门或者行业协会的工作人员，利用因职务便利获取的内幕信息以外的其他未公开的信息，违反规定，从事与该信息相关的证券、期货交易活动，或者明示、暗示他人从事相关交易活动，情节严重的，依照第一款的规定处罚。"

三、将刑法第二百零一条修改为："纳税人采取欺骗、隐瞒手段进行虚假纳税申报或者不申报，逃避缴纳税款数额较大并且占应纳税额百分之十以上的，处三年以下有期徒刑或者拘役，并处罚金；数额巨大并且占应纳税额百分之三十以上的，处三年以上七年以下有期徒刑，并处罚金。

“扣缴义务人采取前款所列手段，不缴或者少缴已扣、已收税款，数额较大的，依照前款的规定处罚。

“对多次实施前两款行为，未经处理的，按照累计数额计算。

“有第一款行为，经税务机关依法下达追缴通知后，补缴应纳税款，缴纳滞纳金，已受行政处罚的，不予追究刑事责任；但是，五年内因逃避缴纳税款受过刑事处罚或者被税务机关给予二次以上行政处罚的除外。”

四、在刑法第二百二十四条后增加一条，作为第二百二十四条之一：“组织、领导以推销商品、提供服务等经营活动为名，要求参加者以缴纳费用或者购买商品、服务等方式获得加入资格，并按照一定顺序组成层级，直接或者间接以发展人员的数量作为计酬或者返利依据，引诱、胁迫参加者继续发展他人参加，骗取财物，扰乱经济社会秩序的传销活动的，处五年以下有期徒刑或者拘役，并处罚金；情节严重的，处五年以上有期徒刑，并处罚金。”

五、将刑法第二百二十五条第三项修改为：“未经国家有关主管部门批准非法经营证券、期货、保险业务的，或者非法从事资金支付结算业务的；”

六、将刑法第二百三十九条修改为：“以勒索财物为目的绑架他人的，或者绑架他人作为人质的，处十年以上有期徒刑或者无期徒刑，并处罚金或者没收财产；情节较轻的，处五年以上十年以下有期徒刑，并处罚金。

“犯前款罪，致使被绑架人死亡或者杀害被绑架人的，处死刑，并处没收财产。

“以勒索财物为目的偷盗婴幼儿的，依照前两款的规定处罚。”

七、在刑法第二百五十三条后增加一条，作为第二百五十三条之一:“国家机关或者金融、电信、交通、教育、医疗等单位的工作人员,违反国家规定,将本单位在履行职责或者提供服务过程中获得的公民个人信息,出售或者非法提供给他人,情节严重的,处三年以下有期徒刑或者拘役,并处或者单处罚金。

“窃取或者以其他方法非法获取上述信息,情节严重的,依照前款的规定处罚。

“单位犯前两款罪的,对单位判处罚金,并对其直接负责的主管人员和其他直接责任人员,依照各该款的规定处罚。”

八、在刑法第二百六十二条之一后增加一条,作为第二百六十二条之二:“组织未成年人进行盗窃、诈骗、抢夺、敲诈勒索等违反治安管理活动的,处三年以下有期徒刑或者拘役,并处罚金;情节严重的,处三年以上七年以下有期徒刑,并处罚金。”

九、在刑法第二百八十五条中增加两款作为第二款、第三款:“违反国家规定,侵入前款规定以外的计算机信息系统或者采用其他技术手段,获取该计算机信息系统中存储、处理或者传输的数据,或者对该计算机信息系统实施非法控制,情节严重的,处三年以下有期徒刑或者拘役,并处或者单处罚金;情节特别严重的,处三年以上七年以下有期徒刑,并处罚金。

“提供专门用于侵入、非法控制计算机信息系统的程序、工具,或者明知他人实施侵入、非法控制计算机信息系统的违法犯罪行为而为其提供程序、工具,情节严重的,依照前款的规定处罚。”

十、在刑法第三百一十二条中增加一款作为第二款:“单位犯前款罪的,对单位判处罚金,并对其直接负责的主管人员和其他直接责任人员,依照前款的规定处罚。”

十一、将刑法第三百三十七条第一款修改为:“违反有关动植物防疫、检疫的国家规定,引起重大动植物疫情的,或者有引起重大动植物疫情危险,情节严重的,处三年以下有期徒刑或者拘役,并处或者单处罚金。”

十二、将刑法第三百七十五条第二款修改为:“非法生产、买卖武装部队制式服装，情节严重的，处三年以下有期徒刑、拘役或者管制，并处或者单处罚金。”

增加一款作为第三款：“伪造、盗窃、买卖或者非法提供、使用武装部队车辆号牌等专用标志，情节严重的，处三年以下有期徒刑、拘役或者管制，并处或者单处罚金；情节特别严重的，处三年以上七年以下有期徒刑，并处罚金。”

原第三款作为第四款，修改为：“单位犯第二款、第三款罪的，对单位判处罚金，并对其直接负责的主管人员和其他直接责任人员，依照各该款的规定处罚。”

十三、在刑法第三百八十八条后增加一条作为第三百八十八条之一：“国家工作人员的近亲属或者其他与该国家工作人员关系密切的人，通过该国家工作人员职务上的行为，或者利用该国家工作人员职权或者地位形成的便利条件，通过其他国家工作人员职务上的行为，为请托人谋取不正当利益，索取请托人财物或者收受请托人财物，数额较大或者有其他较重情节的，处三年以下有期徒刑或者拘役，并处罚金；数额巨大或者有其他严重情节的，处三年以上七年以下有期徒刑，并处罚金；数额特别巨大或者有其他特别严重情节的，处七年以上有期徒刑，并处罚金或者没收财产。

“离职的国家工作人员或者其近亲属以及其他与其关系密切的人，利用该离职的国家工作人员原职权或者地位形成的便利条件实施前款行为的，依照前款的规定定罪处罚。”

十四、将刑法第三百九十五条第一款修改为：“国家工作人员的财产、支出明显超过合法收入，差额巨大的，可以责令该国家工作人员说明来源，不能说明来源的，差额部分以非法所得论，处五年以下有期徒刑或者拘役；差额特别巨大的，处五年以上十年以下有期徒刑。财产的差额部分予以追缴。”

十五、本修正案自公布之日起施行。

中华人民共和国刑法修正案（八）

（2011 年 2 月 25 日第十一届全国人民代表大会常务委员会第十九次会议通过 2011 年 2 月 25 日中华人民共和国主席令第 41 号公布 自 2011 年 5 月 1 日起施行）

一、在刑法第十七条后增加一条，作为第十七条之一：“已满七十五周岁的人故意犯罪的，可以从轻或者减轻处罚；过失犯罪的，应当从轻或者减轻处罚。”

二、在刑法第三十八条中增加一款作为第二款：“判处管制，可以根据犯罪情况，同时禁止犯罪分子在执行期间从事特定活动，进入特定区域、场所，接触特定的人。”

原第二款作为第三款，修改为：“对判处管制的犯罪分子，依法实行社区矫正。”

增加一款作为第四款：“违反第二款规定的禁止令的，由公安机关依照《中华人民共和国治安管理处罚法》的规定处罚。”

三、在刑法第四十九条中增加一款作为第二款：“审判的时候已满七十五周岁的人，不适用死刑，但以特别残忍手段致人死亡的除外。”

四、将刑法第五十条修改为：“判处死刑缓期执行的，在死刑缓期执行期间，如果没有故意犯罪，二年期满以后，减为无期徒刑；如果确有重大立功表现，二年期满以后，减为二十五年有期徒刑；如果故意犯罪，查证属实的，由最高人民法院核准，执行死刑。

“对被判处死刑缓期执行的累犯以及因故意杀人、强奸、抢劫、绑架、放火、爆炸、投放危险物质或者有组织的暴力性犯罪被判处死刑缓期执行的犯罪分子，人民法院根据犯罪情节等情况可以同时决定对其限制减刑。”

五、将刑法第六十三条第一款修改为："犯罪分子具有本法规定的减轻处罚情节的，应当在法定刑以下判处刑罚；本法规定有数个量刑幅度的，应当在法定量刑幅度的下一个量刑幅度内判处刑罚。"

六、将刑法第六十五条第一款修改为："被判处有期徒刑以上刑罚的犯罪分子，刑罚执行完毕或者赦免以后，在五年以内再犯应当判处有期徒刑以上刑罚之罪的，是累犯，应当从重处罚，但是过失犯罪和不满十八周岁的人犯罪的除外。"

七、将刑法第六十六条修改为："危害国家安全犯罪、恐怖活动犯罪、黑社会性质的组织犯罪的犯罪分子，在刑罚执行完毕或者赦免以后，在任何时候再犯上述任一类罪的，都以累犯论处。"

八、在刑法第六十七条中增加一款作为第三款："犯罪嫌疑人虽不具有前两款规定的自首情节，但是如实供述自己罪行的，可以从轻处罚；因其如实供述自己罪行，避免特别严重后果发生的，可以减轻处罚。"

九、删去刑法第六十八条第二款。

十、将刑法第六十九条修改为："判决宣告以前一人犯数罪的，除判处死刑和无期徒刑的以外，应当在总和刑期以下、数刑中最高刑期以上，酌情决定执行的刑期，但是管制最高不能超过三年，拘役最高不能超过一年，有期徒刑总和刑期不满三十五年的，最高不能超过二十年，总和刑期在三十五年以上的，最高不能超过二十五年。

"数罪中有判处附加刑的，附加刑仍须执行，其中附加刑种类相同的，合并执行，种类不同的，分别执行。"

十一、将刑法第七十二条修改为："对于被判处拘役、三年以下有期徒刑的犯罪分子，同时符合下列条件的，可以宣告缓刑，对其中不满十八周岁的人、怀孕的妇女和已满七十五周岁的人，应当宣告缓刑：

"（一）犯罪情节较轻；

"（二）有悔罪表现；

"（三）没有再犯罪的危险；

"（四）宣告缓刑对所居住社区没有重大不良影响。

"宣告缓刑，可以根据犯罪情况，同时禁止犯罪分子在缓刑考验期限内从事特定活动，进入特定区域、场所，接触特定的人。

“被宣告缓刑的犯罪分子，如果被判处附加刑，附加刑仍须执行。”

十二、将刑法第七十四条修改为：“对于累犯和犯罪集团的首要分子，不适用缓刑。”

十三、将刑法第七十六条修改为：“对宣告缓刑的犯罪分子，在缓刑考验期限内，依法实行社区矫正，如果没有本法第七十七条规定的情形，缓刑考验期满，原判的刑罚就不再执行，并公开予以宣告。”

十四、将刑法第七十七条第二款修改为：“被宣告缓刑的犯罪分子，在缓刑考验期限内，违反法律、行政法规或者国务院有关部门关于缓刑的监督管理规定，或者违反人民法院判决中的禁止令，情节严重的，应当撤销缓刑，执行原判刑罚。”

十五、将刑法第七十八条第二款修改为：“减刑以后实际执行的刑期不能少于下列期限：

“（一）判处管制、拘役、有期徒刑的，不能少于原判刑期的二分之一；

“（二）判处无期徒刑的，不能少于十三年；

“（三）人民法院依照本法第五十条第二款规定限制减刑的死刑缓期执行的犯罪分子，缓期执行期满后依法减为无期徒刑的，不能少于二十五年，缓期执行期满后依法减为二十五年有期徒刑的，不能少于二十年。”

十六、将刑法第八十一条修改为：“被判处有期徒刑的犯罪分子，执行原判刑期二分之一以上，被判处无期徒刑的犯罪分子，实际执行十三年以上，如果认真遵守监规，接受教育改造，确有悔改表现，没有再犯罪的危险的，可以假释。如果有特殊情况，经最高人民法院核准，可以不受上述执行刑期的限制。

“对累犯以及因故意杀人、强奸、抢劫、绑架、放火、爆炸、投放危险物质或者有组织的暴力性犯罪被判处十年以上有期徒刑、无期徒刑的犯罪分子，不得假释。

“对犯罪分子决定假释时，应当考虑其假释后对所居住社区的影响。”

十七、将刑法第八十五条修改为：“对假释的犯罪分子，在假释考验期限内，依法实行社区矫正，如果没有本法第八十六条规定的情形，假释考验期满，就认为原判刑罚已经执行完毕，并公开予以宣告。”

十八、将刑法第八十六条第三款修改为：“被假释的犯罪分子，在假释考验期限内，有违反法律、行政法规或者国务院有关部门关于假释的监督管理规定的行为，尚未构成新的犯罪的，应当依照法定程序撤销假释，收监执行未执行完毕的刑罚。”

十九、在刑法第一百条中增加一款作为第二款：“犯罪的时候不满十八周岁被判处五年有期徒刑以下刑罚的人，免除前款规定的报告义务。”

二十、将刑法第一百零七条修改为：“境内外机构、组织或者个人资助实施本章第一百零二条、第一百零三条、第一百零四条、第一百零五条规定之罪的，对直接责任人员，处五年以下有期徒刑、拘役、管制或者剥夺政治权利；情节严重的，处五年以上有期徒刑。”

二十一、将刑法第一百零九条修改为：“国家机关工作人员在履行公务期间，擅离岗位，叛逃境外或者在境外叛逃的，处五年以下有期徒刑、拘役、管制或者剥夺政治权利；情节严重的，处五年以上十年以下有期徒刑。

“掌握国家秘密的国家工作人员叛逃境外或者在境外叛逃的，依照前款的规定从重处罚。”

二十二、在刑法第一百三十三条后增加一条，作为第一百三十三条之一：“在道路上驾驶机动车追逐竞驶，情节恶劣的，或者在道路上醉酒驾驶机动车的，处拘役，并处罚金。

“有前款行为，同时构成其他犯罪的，依照处罚较重的规定定罪处罚。”

二十三、将刑法第一百四十一条第一款修改为：“生产、销售假药的，处三年以下有期徒刑或者拘役，并处罚金；对人体健康造成严重危害或者有其他严重情节的，处三年以上十年以下有期徒刑，并处罚金；致人死亡或者有其他特别严重情节的，处十年以上有期徒刑、无期徒刑或者死刑，并处罚金或者没收财产。”

二十四、将刑法第一百四十三条修改为：“生产、销售不符合食品安全标准的食品，足以造成严重食物中毒事故或者其他严重食源性疾病的，处三年以下有期徒刑或者拘役，并处罚金；对人体健康造成严重危害或者有其他严重情节的，处三年以上七年以下有期徒刑，并处罚金；后果特别严重的，处七年以上有期徒刑或者无期徒刑，并处罚金或者没收财产。”

二十五、将刑法第一百四十四条修改为：“在生产、销售的食品中掺入有毒、有害的非食品原料的，或者销售明知掺有有毒、有害的非食品原料的食品的，处五年以下有期徒刑，并处罚金；对人体健康造成严重危害或者有其他严重情节的，处五年以上十年以下有期徒刑，并处罚金；致人死亡或者有其他特别严重情节的，依照本法第一百四十一条的规定处罚。”

二十六、将刑法第一百五十一条修改为：“走私武器、弹药、核材料或者伪造的货币的，处七年以上有期徒刑，并处罚金或者没收财产；情节特别严重的，处无期徒刑或者死刑，并处没收财产；情节较轻的，处三年以上七年以下有期徒刑，并处罚金。

“走私国家禁止出口的文物、黄金、白银和其他贵重金属或者国家禁止进出口的珍贵动物及其制品的，处五年以上十年以下有期徒刑，并处罚金；情节特别严重的，处十年以上有期徒刑或者无期徒刑，并处没收财产；情节较轻的，处五年以下有期徒刑，并处罚金。

“走私珍稀植物及其制品等国家禁止进出口的其他货物、物品的，处五年以下有期徒刑或者拘役，并处或者单处罚金；情节严重的，处五年以上有期徒刑，并处罚金。

“单位犯本条规定之罪的，对单位判处罚金，并对其直接负责的主管人员和其他直接责任人员，依照本条各款的规定处罚。”

二十七、将刑法第一百五十三条第一款修改为：“走私本法第一百五十一条、第一百五十二条、第三百四十七条规定以外的货物、物品的，根据情节轻重，分别依照下列规定处罚：

“（一）走私货物、物品偷逃应缴税额较大或者一年内曾因走私被给予二次行政处罚后又走私的，处三年以下有期徒刑或者拘役，并处偷逃应缴税额一倍以上五倍以下罚金。

“（二）走私货物、物品偷逃应缴税额巨大或者有其他严重情节的，处三年以上十年以下有期徒刑，并处偷逃应缴税额一倍以上五倍以下罚金。

“（三）走私货物、物品偷逃应缴税额特别巨大或者有其他特别严重情节的，处十年以上有期徒刑或者无期徒刑，并处偷逃应缴税额一倍以上五倍以下罚金或者没收财产。”

二十八、将刑法第一百五十七条第一款修改为：“武装掩护走私的，依照本法第一百五十一条第一款的规定从重处罚。”

二十九、将刑法第一百六十四条修改为：“为谋取不正当利益，给予公司、企业或者其他单位的工作人员以财物，数额较大的，处三年以下有期徒刑或者拘役；数额巨大的，处三年以上十年以下有期徒刑，并处罚金。

“为谋取不正当商业利益，给予外国公职人员或者国际公共组织官员以财物的，依照前款的规定处罚。

“单位犯前两款罪的，对单位判处罚金，并对其直接负责的主管人员和其他直接责任人员，依照第一款的规定处罚。

“行贿人在被追诉前主动交待行贿行为的，可以减轻处罚或者免除处罚。”

三十、将刑法第一百九十九条修改为：“犯本节第一百九十二条规定之罪，数额特别巨大并且给国家和人民利益造成特别重大损失的，处无期徒刑或者死刑，并处没收财产。”

三十一、将刑法第二百条修改为：“单位犯本节第一百九十二条、第一百九十四条、第一百九十五条规定之罪的，对单位判处罚金，并对其直接负责的主管人员和其他直接责任人员，处五年以下有期徒刑或者拘役，可以并处罚金；数额巨大或者有其他严重情节的，处五年以上十年以下有期徒刑，并处罚金；数额特别巨大或者有其他特别严重情节的，处十年以上有期徒刑或者无期徒刑，并处罚金。”

三十二、删去刑法第二百零五条第二款。

三十三、在刑法第二百零五条后增加一条，作为第二百零五条之一：“虚开本法第二百零五条规定以外的其他发票，情节严重的，处二年以下有期徒刑、拘役或者管制，并处罚金；情节特别严重的，处二年以上七年以下有期徒刑，并处罚金。

“单位犯前款罪的，对单位判处罚金，并对其直接负责的主管人员和其他直接责任人员，依照前款的规定处罚。”

三十四、删去刑法第二百零六条第二款。

三十五、在刑法第二百一十条后增加一条，作为第二百一十条之一：“明知是伪造的发票而持有，数量较大的，处二年以下有期徒刑、拘役或者管制，并处罚金；数量巨大的，处二年以上七年以下有期徒刑，并处罚金。

“单位犯前款罪的，对单位判处罚金，并对其直接负责的主管人员和其他直接责任人员，依照前款的规定处罚。”

三十六、将刑法第二百二十六条修改为：“以暴力、威胁手段，实施下列行为之一，情节严重的，处三年以下有期徒刑或者拘役，并处或者单处罚金；情节特别严重的，处三年以上七年以下有期徒刑，并处罚金：

“（一）强买强卖商品的；

“（二）强迫他人提供或者接受服务的；

“（三）强迫他人参与或者退出投标、拍卖的；

“（四）强迫他人转让或者收购公司、企业的股份、债券或者其他资产的；

“（五）强迫他人参与或者退出特定的经营活动的。”

三十七、在刑法第二百三十四条后增加一条，作为第二百三十四条之一：“组织他人出卖人体器官的，处五年以下有期徒刑，并处罚金；情节严重的，处五年以上有期徒刑，并处罚金或者没收财产。

“未经本人同意摘取其器官，或者摘取不满十八周岁的人的器官，或者强迫、欺骗他人捐献器官的，依照本法第二百三十四条、第二百三十二条的规定定罪处罚。

“违背本人生前意愿摘取其尸体器官，或者本人生前未表示同意，违反国家规定，违背其近亲属意愿摘取其尸体器官的，依照本法第三百零二条的规定定罪处罚。”

三十八、将刑法第二百四十四条修改为：“以暴力、威胁或者限制人身自由的方法强迫他人劳动的，处三年以下有期徒刑或者拘役，并处罚金；情节严重的，处三年以上十年以下有期徒刑，并处罚金。

“明知他人实施前款行为，为其招募、运送人员或者有其他协助强迫他人劳动行为的，依照前款的规定处罚。

“单位犯前两款罪的，对单位判处罚金，并对其直接负责的主管人员和其他直接责任人员，依照第一款的规定处罚。”

三十九、将刑法第二百六十四条修改为：“盗窃公私财物，数额较大的，或者多次盗窃、入户盗窃、携带凶器盗窃、扒窃的，处三年以下有期徒刑、拘役或者管制，并处或者单处罚金；数额巨大或者有其他严重情节的，处三年以上十年以下有期徒刑，并处罚金；数额特别巨大或者有其他特别严重情节的，处十年以上有期徒刑或者无期徒刑，并处罚金或者没收财产。”

四十、将刑法第二百七十四条修改为：“敲诈勒索公私财物，数额较大或者多次敲诈勒索的，处三年以下有期徒刑、拘役或者管制，并处或者单处罚金；数额巨大或者有其他严重情节的，处三年以上十年以下有期徒刑，并处罚金；数额特别巨大或者有其他特别严重情节的，处十年以上有期徒刑，并处罚金。”

四十一、在刑法第二百七十六条后增加一条，作为第二百七十六条之一：“以转移财产、逃匿等方法逃避支付劳动者的劳动报酬或者有能力支付而不支付劳动者的劳动报酬，数额较大，经政府有关部门责令支付仍不支付的，处三年以下有期徒刑或者拘役，并处或者单处罚金；造成严重后果的，处三年以上七年以下有期徒刑，并处罚金。

“单位犯前款罪的，对单位判处罚金，并对其直接负责的主管人员和其他直接责任人员，依照前款的规定处罚。

“有前两款行为，尚未造成严重后果，在提起公诉前支付劳动者的劳动报酬，并依法承担相应赔偿责任的，可以减轻或者免除处罚。”

四十二、将刑法第二百九十三条修改为：“有下列寻衅滋事行为之一，破坏社会秩序的，处五年以下有期徒刑、拘役或者管制：

“（一）随意殴打他人，情节恶劣的；

“（二）追逐、拦截、辱骂、恐吓他人，情节恶劣的；

“（三）强拿硬要或者任意损毁、占用公私财物，情节严重的；

“（四）在公共场所起哄闹事，造成公共场所秩序严重混乱的。

“纠集他人多次实施前款行为，严重破坏社会秩序的，处五年以上十年以下有期徒刑，可以并处罚金。”

四十三、将刑法第二百九十四条修改为：“组织、领导黑社会性质的组织的，处七年以上有期徒刑，并处没收财产；积极参加的，处三年以上七年以下有期徒刑，可以并处罚金或者没收财产；其他参加的，处三年以下有期徒刑、拘役、管制或者剥夺政治权利，可以并处罚金。

“境外的黑社会组织的人员到中华人民共和国境内发展组织成员的，处三年以上十年以下有期徒刑。

“国家机关工作人员包庇黑社会性质的组织，或者纵容黑社会性质的组织进行违法犯罪活动的，处五年以下有期徒刑；情节严重的，处五年以上有期徒刑。

“犯前三款罪又有其他犯罪行为的，依照数罪并罚的规定处罚。

“黑社会性质的组织应当同时具备以下特征：

“(一）形成较稳定的犯罪组织，人数较多，有明确的组织者、领导者，骨干成员基本固定；

“(二）有组织地通过违法犯罪活动或者其他手段获取经济利益，具有一定的经济实力，以支持该组织的活动；

“(三）以暴力、威胁或者其他手段，有组织地多次进行违法犯罪活动，为非作恶，欺压、残害群众；

“（四）通过实施违法犯罪活动，或者利用国家工作人员的包庇或者纵容，称霸一方，在一定区域或者行业内，形成非法控制或者重大影响，严重破坏经济、社会生活秩序。”

四十四、将刑法第二百九十五条修改为：“传授犯罪方法的，处五年以下有期徒刑、拘役或者管制；情节严重的，处五年以上十年以下有期徒刑；情节特别严重的，处十年以上有期徒刑或者无期徒刑。”

四十五、将刑法第三百二十八条第一款修改为：“盗掘具有历史、艺术、科学价值的古文化遗址、古墓葬的，处三年以上十年以下有期徒刑，并处罚金；情节较轻的，处三年以下有期徒刑、拘役或者管制，并处罚金；有下列情形之一的，处十年以上有期徒刑或者无期徒刑，并处罚金或者没收财产：

“（一）盗掘确定为全国重点文物保护单位和省级文物保护单位的古文化遗址、古墓葬的；

“（二）盗掘古文化遗址、古墓葬集团的首要分子；

“（三）多次盗掘古文化遗址、古墓葬的；

“（四）盗掘古文化遗址、古墓葬，并盗窃珍贵文物或者造成珍贵文物严重破坏的。”

四十六、将刑法第三百三十八条修改为：“违反国家规定，排放、倾倒或者处置有放射性的废物、含传染病病原体的废物、有毒物质或者其他有害物质，严重污染环境的，处三年以下有期徒刑或者拘役，并处或者单处罚金；后果特别严重的，处三年以上七年以下有期徒刑，并处罚金。”

四十七、将刑法第三百四十三条第一款修改为：“违反矿产资源法的规定，未取得采矿许可证擅自采矿，擅自进入国家规划矿区、对国民经济具有重要价值的矿区和他人矿区范围采矿，或者擅自开采国家规定实行保护性开采的特定矿种，情节严重的，处三年以下有期徒刑、拘役或者管制，并处或者单处罚金；情节特别严重的，处三年以上七年以下有期徒刑，并处罚金。”

四十八、将刑法第三百五十八条第三款修改为：“为组织卖淫的人招募、运送人员或者有其他协助组织他人卖淫行为的，处五年以下有期徒刑，并处罚金；情节严重的，处五年以上十年以下有期徒刑，并处罚金。”

四十九、在刑法第四百零八条后增加一条，作为第四百零八条之一：“负有食品安全监督管理职责的国家机关工作人员，滥用职权或者玩忽职守，导致发生重大食品安全事故或者造成其他严重后果的，处五年以下有期徒刑或者拘役；造成特别严重后果的，处五年以上十年以下有期徒刑。

“徇私舞弊犯前款罪的，从重处罚。”

五十、本修正案自2011年5月1日起施行。

中华人民共和国刑法修正案（九）

（2015年8月29日第十二届全国人民代表大会常务委员会第十六次会议通过　2015年8月29日中华人民共和国主席令第30号公布　自2015年11月1日起施行）

一、在刑法第三十七条后增加一条，作为第三十七条之一："因利用职业便利实施犯罪，或者实施违背职业要求的特定义务的犯罪被判处刑罚的，人民法院可以根据犯罪情况和预防再犯罪的需要，禁止其自刑罚执行完毕之日或者假释之日起从事相关职业，期限为三年至五年。

"被禁止从事相关职业的人违反人民法院依照前款规定作出的决定的，由公安机关依法给予处罚；情节严重的，依照本法第三百一十三条的规定定罪处罚。

"其他法律、行政法规对其从事相关职业另有禁止或者限制性规定的，从其规定。"

二、将刑法第五十条第一款修改为："判处死刑缓期执行的，在死刑缓期执行期间，如果没有故意犯罪，二年期满以后，减为无期徒刑；如果确有重大立功表现，二年期满以后，减为二十五年有期徒刑；如果故意犯罪，情节恶劣的，报请最高人民法院核准后执行死刑；对于故意犯罪未执行死刑的，死刑缓期执行的期间重新计算，并报最高人民法院备案。"

三、将刑法第五十三条修改为："罚金在判决指定的期限内一次或者分期缴纳。期满不缴纳的，强制缴纳。对于不能全部缴纳罚金的，人民法院在任何时候发现被执行人有可以执行的财产，应当随时追缴。

"由于遭遇不能抗拒的灾祸等原因缴纳确实有困难的，经人民法院裁定，可以延期缴纳、酌情减少或者免除。”

四、在刑法第六十九条中增加一款作为第二款：“数罪中有判处有期徒刑和拘役的，执行有期徒刑。数罪中有判处有期徒刑和管制，或者拘役和管制的，有期徒刑、拘役执行完毕后，管制仍须执行。”

原第二款作为第三款。

五、将刑法第一百二十条修改为：“组织、领导恐怖活动组织的，处十年以上有期徒刑或者无期徒刑，并处没收财产；积极参加的，处三年以上十年以下有期徒刑，并处罚金；其他参加的，处三年以下有期徒刑、拘役、管制或者剥夺政治权利，可以并处罚金。

“犯前款罪并实施杀人、爆炸、绑架等犯罪的，依照数罪并罚的规定处罚。”

六、将刑法第一百二十条之一修改为：“资助恐怖活动组织、实施恐怖活动的个人的，或者资助恐怖活动培训的，处五年以下有期徒刑、拘役、管制或者剥夺政治权利，并处罚金；情节严重的，处五年以上有期徒刑，并处罚金或者没收财产。

“为恐怖活动组织、实施恐怖活动或者恐怖活动培训招募、运送人员的，依照前款的规定处罚。

“单位犯前两款罪的，对单位判处罚金，并对其直接负责的主管人员和其他直接责任人员，依照第一款的规定处罚。”

七、在刑法第一百二十条之一后增加五条，作为第一百二十条之二、第一百二十条之三、第一百二十条之四、第一百二十条之五、第一百二十条之六：

“第一百二十条之二　有下列情形之一的，处五年以下有期徒刑、拘役、管制或者剥夺政治权利，并处罚金；情节严重的，处五年以上有期徒刑，并处罚金或者没收财产：

“（一）为实施恐怖活动准备凶器、危险物品或者其他工具的；

“（二）组织恐怖活动培训或者积极参加恐怖活动培训的；

“（三）为实施恐怖活动与境外恐怖活动组织或者人员联络的；

“（四）为实施恐怖活动进行策划或者其他准备的。

“有前款行为，同时构成其他犯罪的，依照处罚较重的规定定罪处罚。

“第一百二十条之三　以制作、散发宣扬恐怖主义、极端主义的图书、音频视频资料或者其他物品，或者通过讲授、发布信息等方式宣扬恐怖主义、极端主义的，或者煽动实施恐怖活动的，处五年以下有期徒刑、拘役、管制或者剥夺政治权利，并处罚金；情节严重的，处五年以上有期徒刑，并处罚金或者没收财产。

“第一百二十条之四　利用极端主义煽动、胁迫群众破坏国家法律确立的婚姻、司法、教育、社会管理等制度实施的，处三年以下有期徒刑、拘役或者管制，并处罚金；情节严重的，处三年以上七年以下有期徒刑，并处罚金；情节特别严重的，处七年以上有期徒刑，并处罚金或者没收财产。

“第一百二十条之五　以暴力、胁迫等方式强制他人在公共场所穿着、佩戴宣扬恐怖主义、极端主义服饰、标志的，处三年以下有期徒刑、拘役或者管制，并处罚金。

“第一百二十条之六　明知是宣扬恐怖主义、极端主义的图书、音频视频资料或者其他物品而非法持有，情节严重的，处三年以下有期徒刑、拘役或者管制，并处或者单处罚金。”

八、将刑法第一百三十三条之一修改为：“在道路上驾驶机动车，有下列情形之一的，处拘役，并处罚金：

“(一) 追逐竞驶，情节恶劣的；

“(二) 醉酒驾驶机动车的；

“(三) 从事校车业务或者旅客运输，严重超过额定乘员载客，或者严重超过规定时速行驶的；

“(四) 违反危险化学品安全管理规定运输危险化学品，危及公共安全的。

“机动车所有人、管理人对前款第三项、第四项行为负有直接责任的，依照前款的规定处罚。

“有前两款行为，同时构成其他犯罪的，依照处罚较重的规定定罪处罚。”

九、将刑法第一百五十一条第一款修改为：“走私武器、弹药、核材料或者伪造的货币的，处七年以上有期徒刑，并处罚金或者没收财产；情节特别严重的，处无期徒刑，并处没收财产；情节较轻的，处三年以上七年以下有期徒刑，并处罚金。”

十、将刑法第一百六十四条第一款修改为：“为谋取不正当利益，给予公司、企业或者其他单位的工作人员以财物，数额较大的，处三年以下有期徒刑或者拘役，并处罚金；数额巨大的，处三年以上十年以下有期徒刑，并处罚金。”

十一、将刑法第一百七十条修改为：“伪造货币的，处三年以上十年以下有期徒刑，并处罚金；有下列情形之一的，处十年以上有期徒刑或者无期徒刑，并处罚金或者没收财产：

“（一）伪造货币集团的首要分子；

“（二）伪造货币数额特别巨大的；

“（三）有其他特别严重情节的。”

十二、删去刑法第一百九十九条。

十三、将刑法第二百三十七条修改为：“以暴力、胁迫或者其他方法强制猥亵他人或者侮辱妇女的，处五年以下有期徒刑或者拘役。

“聚众或者在公共场所当众犯前款罪的，或者有其他恶劣情节的，处五年以上有期徒刑。

“猥亵儿童的，依照前两款的规定从重处罚。”

十四、将刑法第二百三十九条第二款修改为：“犯前款罪，杀害被绑架人的，或者故意伤害被绑架人，致人重伤、死亡的，处无期徒刑或者死刑，并处没收财产。”

十五、将刑法第二百四十一条第六款修改为：“收买被拐卖的妇女、儿童，对被买儿童没有虐待行为，不阻碍对其进行解救的，可以从轻处罚；按照被买妇女的意愿，不阻碍其返回原居住地的，可以从轻或者减轻处罚。”

十六、在刑法第二百四十六条中增加一款作为第三款：“通过信息网络实施第一款规定的行为，被害人向人民法院告诉，但提供证据确有困难的，人民法院可以要求公安机关提供协助。”

十七、将刑法第二百五十三条之一修改为：“违反国家有关规定，向他人出售或者提供公民个人信息，情节严重的，处三年以下有期徒刑或者拘役，并处或者单处罚金；情节特别严重的，处三年以上七年以下有期徒刑，并处罚金。

“违反国家有关规定，将在履行职责或者提供服务过程中获得的公民个人信息，出售或者提供给他人的，依照前款的规定从重处罚。

“窃取或者以其他方法非法获取公民个人信息的，依照第一款的规定处罚。

“单位犯前三款罪的，对单位判处罚金，并对其直接负责的主管人员和其他直接责任人员，依照各该款的规定处罚。”

十八、将刑法第二百六十条第三款修改为：“第一款罪，告诉的才处理，但被害人没有能力告诉，或者因受到强制、威吓无法告诉的除外。”

十九、在刑法第二百六十条后增加一条，作为第二百六十条之一：“对未成年人、老年人、患病的人、残疾人等负有监护、看护职责的人虐待被监护、看护的人，情节恶劣的，处三年以下有期徒刑或者拘役。

“单位犯前款罪的，对单位判处罚金，并对其直接负责的主管人员和其他直接责任人员，依照前款的规定处罚。

“有第一款行为，同时构成其他犯罪的，依照处罚较重的规定定罪处罚。”

二十、将刑法第二百六十七条第一款修改为：“抢夺公私财物，数额较大的，或者多次抢夺的，处三年以下有期徒刑、拘役或者管制，并处或者单处罚金；数额巨大或者有其他严重情节的，处三年以上十年以下有期徒刑，并处罚金；数额特别巨大或者有其他特别严重情节的，处十年以上有期徒刑或者无期徒刑，并处罚金或者没收财产。”

二十一、在刑法第二百七十七条中增加一款作为第五款：“暴力袭击正在依法执行职务的人民警察的，依照第一款的规定从重处罚。”

二十二、将刑法第二百八十条修改为：“伪造、变造、买卖或者盗窃、抢夺、毁灭国家机关的公文、证件、印章的，处三年以下有期徒刑、拘役、管制或者剥夺政治权利，并处罚金；情节严重的，处三年以上十年以下有期徒刑，并处罚金。

“伪造公司、企业、事业单位、人民团体的印章的，处三年以下有期徒刑、拘役、管制或者剥夺政治权利，并处罚金。

“伪造、变造、买卖居民身份证、护照、社会保障卡、驾驶证等依法可以用于证明身份的证件的，处三年以下有期徒刑、拘役、管制或者剥夺政治权利，并处罚金；情节严重的，处三年以上七年以下有期徒刑，并处罚金。”

二十三、在刑法第二百八十条后增加一条作为第二百八十条之一：“在依照国家规定应当提供身份证明的活动中，使用伪造、变造的或者盗用他人的居民身份证、护照、社会保障卡、驾驶证等依法可以用于证明身份的证件，情节严重的，处拘役或者管制，并处或者单处罚金。

“有前款行为，同时构成其他犯罪的，依照处罚较重的规定定罪处罚。”

二十四、将刑法第二百八十三条修改为：“非法生产、销售专用间谍器材或者窃听、窃照专用器材的，处三年以下有期徒刑、拘役或者管制，并处或者单处罚金；情节严重的，处三年以上七年以下有期徒刑，并处罚金。

“单位犯前款罪的，对单位判处罚金，并对其直接负责的主管人员和其他直接责任人员，依照前款的规定处罚。”

二十五、在刑法第二百八十四条后增加一条，作为第二百八十四条之一：“在法律规定的国家考试中，组织作弊的，处三年以下有期徒刑或者拘役，并处或者单处罚金；情节严重的，处三年以上七年以下有期徒刑，并处罚金。

“为他人实施前款犯罪提供作弊器材或者其他帮助的，依照前款的规定处罚。

“为实施考试作弊行为，向他人非法出售或者提供第一款规定的考试的试题、答案的，依照第一款的规定处罚。

“代替他人或者让他人代替自己参加第一款规定的考试的，处拘役或者管制，并处或者单处罚金。”

二十六、在刑法第二百八十五条中增加一款作为第四款：“单位犯前三款罪的，对单位判处罚金，并对其直接负责的主管人员和其他直接责任人员，依照各该款的规定处罚。”

二十七、在刑法第二百八十六条中增加一款作为第四款："单位犯前三款罪的，对单位判处罚金，并对其直接负责的主管人员和其他直接责任人员，依照第一款的规定处罚。"

二十八、在刑法第二百八十六条后增加一条，作为第二百八十六条之一："网络服务提供者不履行法律、行政法规规定的信息网络安全管理义务，经监管部门责令采取改正措施而拒不改正，有下列情形之一的，处三年以下有期徒刑、拘役或者管制，并处或者单处罚金：

"（一）致使违法信息大量传播的；

"（二）致使用户信息泄露，造成严重后果的；

"（三）致使刑事案件证据灭失，情节严重的；

"（四）有其他严重情节的。

"单位犯前款罪的，对单位判处罚金，并对其直接负责的主管人员和其他直接责任人员，依照前款的规定处罚。

"有前两款行为，同时构成其他犯罪的，依照处罚较重的规定定罪处罚。"

二十九、在刑法第二百八十七条后增加二条，作为第二百八十七条之一、第二百八十七条之二：

"第二百八十七条之一　利用信息网络实施下列行为之一，情节严重的，处三年以下有期徒刑或者拘役，并处或者单处罚金：

"（一）设立用于实施诈骗、传授犯罪方法、制作或者销售违禁物品、管制物品等违法犯罪活动的网站、通讯群组的；

"（二）发布有关制作或者销售毒品、枪支、淫秽物品等违禁物品、管制物品或者其他违法犯罪信息的；

"（三）为实施诈骗等违法犯罪活动发布信息的。

"单位犯前款罪的，对单位判处罚金，并对其直接负责的主管人员和其他直接责任人员，依照第一款的规定处罚。

"有前两款行为，同时构成其他犯罪的，依照处罚较重的规定定罪处罚。

"第二百八十七条之二　明知他人利用信息网络实施犯罪，为其犯罪提供互联网接入、服务器托管、网络存储、通讯传输等技术支持，或者提供广告推广、支付结算等帮助，情节严重的，处三年以下有期徒刑或者拘役，并处或者单处罚金。

“单位犯前款罪的，对单位判处罚金，并对其直接负责的主管人员和其他直接责任人员，依照第一款的规定处罚。

“有前两款行为，同时构成其他犯罪的，依照处罚较重的规定定罪处罚。”

三十、将刑法第二百八十八条第一款修改为：“违反国家规定，擅自设置、使用无线电台（站），或者擅自使用无线电频率，干扰无线电通讯秩序，情节严重的，处三年以下有期徒刑、拘役或者管制，并处或者单处罚金；情节特别严重的，处三年以上七年以下有期徒刑，并处罚金。”

三十一、将刑法第二百九十条第一款修改为：“聚众扰乱社会秩序，情节严重，致使工作、生产、营业和教学、科研、医疗无法进行，造成严重损失的，对首要分子，处三年以上七年以下有期徒刑；对其他积极参加的，处三年以下有期徒刑、拘役、管制或者剥夺政治权利。”

增加二款作为第三款、第四款：“多次扰乱国家机关工作秩序，经行政处罚后仍不改正，造成严重后果的，处三年以下有期徒刑、拘役或者管制。

“多次组织、资助他人非法聚集，扰乱社会秩序，情节严重的，依照前款的规定处罚。”

三十二、在刑法第二百九十一条之一中增加一款作为第二款：“编造虚假的险情、疫情、灾情、警情，在信息网络或者其他媒体上传播，或者明知是上述虚假信息，故意在信息网络或者其他媒体上传播，严重扰乱社会秩序的，处三年以下有期徒刑、拘役或者管制；造成严重后果的，处三年以上七年以下有期徒刑。”

三十三、将刑法第三百条修改为：“组织、利用会道门、邪教组织或者利用迷信破坏国家法律、行政法规实施的，处三年以上七年以下有期徒刑，并处罚金；情节特别严重的，处七年以上有期徒刑或者无期徒刑，并处罚金或者没收财产；情节较轻的，处三年以下有期徒刑、拘役、管制或者剥夺政治权利，并处或者单处罚金。

“组织、利用会道门、邪教组织或者利用迷信蒙骗他人，致人重伤、死亡的，依照前款的规定处罚。

“犯第一款罪又有奸淫妇女、诈骗财物等犯罪行为的，依照数罪并罚的规定处罚。”

三十四、将刑法第三百零二条修改为：“盗窃、侮辱、故意毁坏尸体、尸骨、骨灰的，处三年以下有期徒刑、拘役或者管制。”

三十五、在刑法第三百零七条后增加一条，作为第三百零七条之一：“以捏造的事实提起民事诉讼，妨害司法秩序或者严重侵害他人合法权益的，处三年以下有期徒刑、拘役或者管制，并处或者单处罚金；情节严重的，处三年以上七年以下有期徒刑，并处罚金。

“单位犯前款罪的，对单位判处罚金，并对其直接负责的主管人员和其他直接责任人员，依照前款的规定处罚。

“有第一款行为，非法占有他人财产或者逃避合法债务，又构成其他犯罪的，依照处罚较重的规定定罪从重处罚。

“司法工作人员利用职权，与他人共同实施前三款行为的，从重处罚；同时构成其他犯罪的，依照处罚较重的规定定罪从重处罚。”

三十六、在刑法第三百零八条后增加一条，作为第三百零八条之一：“司法工作人员、辩护人、诉讼代理人或者其他诉讼参与人，泄露依法不公开审理的案件中不应当公开的信息，造成信息公开传播或者其他严重后果的，处三年以下有期徒刑、拘役或者管制，并处或者单处罚金。

“有前款行为，泄露国家秘密的，依照本法第三百九十八条的规定定罪处罚。

“公开披露、报道第一款规定的案件信息，情节严重的，依照第一款的规定处罚。

“单位犯前款罪的，对单位判处罚金，并对其直接负责的主管人员和其他直接责任人员，依照第一款的规定处罚。”

三十七、将刑法第三百零九条修改为：“有下列扰乱法庭秩序情形之一的，处三年以下有期徒刑、拘役、管制或者罚金：

“(一) 聚众哄闹、冲击法庭的；

“(二) 殴打司法工作人员或者诉讼参与人的；

“(三) 侮辱、诽谤、威胁司法工作人员或者诉讼参与人，不听法庭制止，严重扰乱法庭秩序的；

“（四）有毁坏法庭设施，抢夺、损毁诉讼文书、证据等扰乱法庭秩序行为，情节严重的。”

三十八、将刑法第三百一十一条修改为：“明知他人有间谍犯罪或者恐怖主义、极端主义犯罪行为，在司法机关向其调查有关情况、收集有关证据时，拒绝提供，情节严重的，处三年以下有期徒刑、拘役或者管制。”

三十九、将刑法第三百一十三条修改为：“对人民法院的判决、裁定有能力执行而拒不执行，情节严重的，处三年以下有期徒刑、拘役或者罚金；情节特别严重的，处三年以上七年以下有期徒刑，并处罚金。

“单位犯前款罪的，对单位判处罚金，并对其直接负责的主管人员和其他直接责任人员，依照前款的规定处罚。”

四十、将刑法第三百二十二条修改为：“违反国（边）境管理法规，偷越国（边）境，情节严重的，处一年以下有期徒刑、拘役或者管制，并处罚金；为参加恐怖活动组织、接受恐怖活动培训或者实施恐怖活动，偷越国（边）境的，处一年以上三年以下有期徒刑，并处罚金。”

四十一、将刑法第三百五十条第一款、第二款修改为：“违反国家规定，非法生产、买卖、运输醋酸酐、乙醚、三氯甲烷或者其他用于制造毒品的原料、配剂，或者携带上述物品进出境，情节较重的，处三年以下有期徒刑、拘役或者管制，并处罚金；情节严重的，处三年以上七年以下有期徒刑，并处罚金；情节特别严重的，处七年以上有期徒刑，并处罚金或者没收财产。

“明知他人制造毒品而为其生产、买卖、运输前款规定的物品的，以制造毒品罪的共犯论处。”

四十二、将刑法第三百五十八条修改为：“组织、强迫他人卖淫的，处五年以上十年以下有期徒刑，并处罚金；情节严重的，处十年以上有期徒刑或者无期徒刑，并处罚金或者没收财产。

“组织、强迫未成年人卖淫的，依照前款的规定从重处罚。

“犯前两款罪，并有杀害、伤害、强奸、绑架等犯罪行为的，依照数罪并罚的规定处罚。

“为组织卖淫的人招募、运送人员或者有其他协助组织他人卖淫行为的，处五年以下有期徒刑，并处罚金；情节严重的，处五年以上十年以下有期徒刑，并处罚金。”

四十三、删去刑法第三百六十条第二款。

四十四、将刑法第三百八十三条修改为：“对犯贪污罪的，根据情节轻重，分别依照下列规定处罚：

“（一）贪污数额较大或者有其他较重情节的，处三年以下有期徒刑或者拘役，并处罚金。

“（二）贪污数额巨大或者有其他严重情节的，处三年以上十年以下有期徒刑，并处罚金或者没收财产。

“（三）贪污数额特别巨大或者有其他特别严重情节的，处十年以上有期徒刑或者无期徒刑，并处罚金或者没收财产；数额特别巨大，并使国家和人民利益遭受特别重大损失的，处无期徒刑或者死刑，并处没收财产。

“对多次贪污未经处理的，按照累计贪污数额处罚。

“犯第一款罪，在提起公诉前如实供述自己罪行、真诚悔罪、积极退赃，避免、减少损害结果的发生，有第一项规定情形的，可以从轻、减轻或者免除处罚；有第二项、第三项规定情形的，可以从轻处罚。

“犯第一款罪，有第三项规定情形被判处死刑缓期执行的，人民法院根据犯罪情节等情况可以同时决定在其死刑缓期执行二年期满依法减为无期徒刑后，终身监禁，不得减刑、假释。”

四十五、将刑法第三百九十条修改为：“对犯行贿罪的，处五年以下有期徒刑或者拘役，并处罚金；因行贿谋取不正当利益，情节严重的，或者使国家利益遭受重大损失的，处五年以上十年以下有期徒刑，并处罚金；情节特别严重的，或者使国家利益遭受特别重大损失的，处十年以上有期徒刑或者无期徒刑，并处罚金或者没收财产。

“行贿人在被追诉前主动交待行贿行为的，可以从轻或者减轻处罚。其中，犯罪较轻的，对侦破重大案件起关键作用的，或者有重大立功表现的，可以减轻或者免除处罚。”

四十六、在刑法第三百九十条后增加一条，作为第三百九十条之一："为谋取不正当利益，向国家工作人员的近亲属或者其他与该国家工作人员关系密切的人，或者向离职的国家工作人员或者其近亲属以及其他与其关系密切的人行贿的，处三年以下有期徒刑或者拘役，并处罚金；情节严重的，或者使国家利益遭受重大损失的，处三年以上七年以下有期徒刑，并处罚金；情节特别严重的，或者使国家利益遭受特别重大损失的，处七年以上十年以下有期徒刑，并处罚金。

"单位犯前款罪的，对单位判处罚金，并对其直接负责的主管人员和其他直接责任人员，处三年以下有期徒刑或者拘役，并处罚金。"

四十七、将刑法第三百九十一条第一款修改为："为谋取不正当利益，给予国家机关、国有公司、企业、事业单位、人民团体以财物的，或者在经济往来中，违反国家规定，给予各种名义的回扣、手续费的，处三年以下有期徒刑或者拘役，并处罚金。"

四十八、将刑法第三百九十二条第一款修改为："向国家工作人员介绍贿赂，情节严重的，处三年以下有期徒刑或者拘役，并处罚金。"

四十九、将刑法第三百九十三条修改为："单位为谋取不正当利益而行贿，或者违反国家规定，给予国家工作人员以回扣、手续费，情节严重的，对单位判处罚金，并对其直接负责的主管人员和其他直接责任人员，处五年以下有期徒刑或者拘役，并处罚金。因行贿取得的违法所得归个人所有的，依照本法第三百八十九条、第三百九十条的规定定罪处罚。"

五十、将刑法第四百二十六条修改为："以暴力、威胁方法，阻碍指挥人员或者值班、值勤人员执行职务的，处五年以下有期徒刑或者拘役；情节严重的，处五年以上十年以下有期徒刑；情节特别严重的，处十年以上有期徒刑或者无期徒刑。战时从重处罚。"

五十一、将刑法第四百三十三条修改为："战时造谣惑众，动摇军心的，处三年以下有期徒刑；情节严重的，处三年以上十年以下有期徒刑；情节特别严重的，处十年以上有期徒刑或者无期徒刑。"

五十二、本修正案自 2015 年 11 月 1 日起施行。

全国人民代表大会常务委员会
关于《中华人民共和国刑法》第九十三条第二款的解释[①]

(2000年4月29日第九届全国人民代表大会常务委员会第十五次会议通过)

全国人民代表大会常务委员会讨论了村民委员会等村基层组织人员在从事哪些工作时属于刑法第九十三条第二款规定的“其他依照法律从事公务的人员”，解释如下：

村民委员会等村基层组织人员协助人民政府从事下列行政管理工作，属于刑法第九十三条第二款规定的“其他依照法律从事公务的人员”：

（一）救灾、抢险、防汛、优抚、扶贫、移民、救济款物的管理；

（二）社会捐助公益事业款物的管理；

（三）国有土地的经营和管理；

（四）土地征收、征用补偿费用的管理；

（五）代征、代缴税款；

（六）有关计划生育、户籍、征兵工作；

（七）协助人民政府从事的其他行政管理工作。

村民委员会等村基层组织人员从事前款规定的公务，利用职务上的便利，非法占有公共财物、挪用公款、索取他人财物或者非法收受他人财物，构成犯罪的，适用刑法第三百八十二条和第三百八十三条贪污罪、第三百八十四条挪用公款罪、第三百八十五条和第三百八十六条受贿罪的规定。

现予公告。

---

① 本解释经2009年8月27日《全国人民代表大会常务委员会关于修改部分法律的决定》第二条第一项第12目修改。

全国人民代表大会常务委员会
关于《中华人民共和国刑法》第二百二十八条、第三百四十二条、第四百一十条的解释[①]

（2001年8月31日第九届全国人民代表大会常务委员会第二十三次会议通过）

全国人民代表大会常务委员会讨论了刑法第二百二十八条、第三百四十二条、第四百一十条规定的“违反土地管理法规”和第四百一十条规定的“非法批准征收、征用、占用土地”的含义问题，解释如下：

刑法第二百二十八条、第三百四十二条、第四百一十条规定的“违反土地管理法规”，是指违反土地管理法、森林法、草原法等法律以及有关行政法规中关于土地管理的规定。

刑法第四百一十条规定的“非法批准征收、征用、占用土地”，是指非法批准征用、占用耕地、林地等农用地以及其他土地。

现予公告。

① 本解释经2009年8月27日《全国人民代表大会常务委员会关于修改部分法律的决定》第二条第一项第12目修改。

全国人民代表大会常务委员会
关于《中华人民共和国刑法》第三百八十四条第一款的解释

(2002年4月28日第九届全国人民代表大会常务委员会第二十七次会议通过)

全国人民代表大会常务委员会讨论了刑法第三百八十四条第一款规定的国家工作人员利用职务上的便利，挪用公款“归个人使用”的含义问题，解释如下：

有下列情形之一的，属于挪用公款“归个人使用”：

(一) 将公款供本人、亲友或者其他自然人使用的；

(二) 以个人名义将公款供其他单位使用的；

(三) 个人决定以单位名义将公款供其他单位使用，谋取个人利益的。

现予公告。

全国人民代表大会常务委员会
关于《中华人民共和国刑法》
第二百九十四条第一款的解释

（2002 年 4 月 28 日第九届全国人民代表大会常务委员会第二十七次会议通过）

全国人民代表大会常务委员会讨论了刑法第二百九十四条第一款规定的“黑社会性质的组织”的含义问题，解释如下：

刑法第二百九十四条第一款规定的“黑社会性质的组织”应当同时具备以下特征：

（一）形成较稳定的犯罪组织，人数较多，有明确的组织者、领导者，骨干成员基本固定；

（二）有组织地通过违法犯罪活动或者其他手段获取经济利益，具有一定的经济实力，以支持该组织的活动；

（三）以暴力、威胁或者其他手段，有组织地多次进行违法犯罪活动，为非作恶，欺压、残害群众；

（四）通过实施违法犯罪活动，或者利用国家工作人员的包庇或者纵容，称霸一方，在一定区域或者行业内，形成非法控制或者重大影响，严重破坏经济、社会生活秩序。

现予公告。

全国人民代表大会常务委员会
关于《中华人民共和国刑法》
第三百一十三条的解释

（2002年8月29日第九届全国人民代表大会常务委员会第二十九次会议通过）

全国人民代表大会常务委员会讨论了刑法第三百一十三条规定的“对人民法院的判决、裁定有能力执行而拒不执行，情节严重”的含义问题，解释如下：

刑法第三百一十三条规定的“人民法院的判决、裁定”，是指人民法院依法作出的具有执行内容并已发生法律效力的判决、裁定。人民法院为依法执行支付令、生效的调解书、仲裁裁决、公证债权文书等所作的裁定属于该条规定的裁定。

下列情形属于刑法第三百一十三条规定的“有能力执行而拒不执行，情节严重”的情形：

（一）被执行人隐藏、转移、故意毁损财产或者无偿转让财产、以明显不合理的低价转让财产，致使判决、裁定无法执行的；

（二）担保人或者被执行人隐藏、转移、故意毁损或者转让已向人民法院提供担保的财产，致使判决、裁定无法执行的；

（三）协助执行义务人接到人民法院协助执行通知书后，拒不协助执行，致使判决、裁定无法执行的；

（四）被执行人、担保人、协助执行义务人与国家机关工作人员通谋，利用国家机关工作人员的职权妨害执行，致使判决、裁定无法执行的；

（五）其他有能力执行而拒不执行，情节严重的情形。

国家机关工作人员有上述第四项行为的，以拒不执行判决、裁定罪的共犯追究刑事责任。国家机关工作人员收受贿赂或者滥用职权，有上述第四项行为的，同时又构成刑法第三百八十五条、第三百九十七条规定之罪的，依照处罚较重的规定定罪处罚。

现予公告。

全国人民代表大会常务委员会
关于《中华人民共和国刑法》第九章渎职罪主体适用问题的解释

（2002年12月28日第九届全国人民代表大会常务委员会第三十一次会议通过）

全国人大常委会根据司法实践中遇到的情况，讨论了刑法第九章渎职罪主体的适用问题，解释如下：

在依照法律、法规规定行使国家行政管理职权的组织中从事公务的人员，或者在受国家机关委托代表国家机关行使职权的组织中从事公务的人员，或者虽未列入国家机关人员编制但在国家机关中从事公务的人员，在代表国家机关行使职权时，有渎职行为，构成犯罪的，依照刑法关于渎职罪的规定追究刑事责任。

现予公告。

全国人民代表大会常务委员会
关于《中华人民共和国刑法》有关信用卡规定的解释

（2004 年 12 月 29 日第十届全国人民代表大会常务委员会第十三次会议通过）

全国人民代表大会常务委员会根据司法实践中遇到的情况，讨论了刑法规定的“信用卡”的含义问题，解释如下：

刑法规定的“信用卡”，是指由商业银行或者其他金融机构发行的具有消费支付、信用贷款、转账结算、存取现金等全部功能或者部分功能的电子支付卡。

现予公告。

全国人民代表大会常务委员会

关于《中华人民共和国刑法》有关出口退税、抵扣税款的其他发票规定的解释

(2005年12月29日第十届全国人民代表大会常务委员会第十九次会议通过)

全国人民代表大会常务委员会根据司法实践中遇到的情况，讨论了刑法规定的“出口退税、抵扣税款的其他发票”的含义问题，解释如下：

刑法规定的“出口退税、抵扣税款的其他发票”，是指除增值税专用发票以外的，具有出口退税、抵扣税款功能的收付款凭证或者完税凭证。

现予公告。

全国人民代表大会常务委员会
关于《中华人民共和国刑法》有关文物的规定适用于具有科学价值的古脊椎动物化石、古人类化石的解释

（2005年12月29日第十届全国人民代表大会常务委员会第十九次会议通过）

全国人民代表大会常务委员会根据司法实践中遇到的情况，讨论了关于走私、盗窃、损毁、倒卖或者非法转让具有科学价值的古脊椎动物化石、古人类化石的行为适用刑法有关规定的问题，解释如下：

刑法有关文物的规定，适用于具有科学价值的古脊椎动物化石、古人类化石。

现予公告。

全国人民代表大会常务委员会
关于《中华人民共和国刑法》第三十条的解释

(2014年4月24日第十二届全国人民代表大会
常务委员会第八次会议通过)

全国人民代表大会常务委员会根据司法实践中遇到的情况，讨论了刑法第三十条的含义及公司、企业、事业单位、机关、团体等单位实施刑法规定的危害社会的行为，法律未规定追究单位的刑事责任的，如何适用刑法有关规定的问题，解释如下：

公司、企业、事业单位、机关、团体等单位实施刑法规定的危害社会的行为，刑法分则和其他法律未规定追究单位的刑事责任的，对组织、策划、实施该危害社会行为的人依法追究刑事责任。

现予公告。

全国人民代表大会常务委员会
关于《中华人民共和国刑法》第一百五十八条、第一百五十九条的解释

（2014 年 4 月 24 日第十二届全国人民代表大会常务委员会第八次会议通过）

全国人民代表大会常务委员会讨论了公司法修改后刑法第一百五十八条、第一百五十九条对实行注册资本实缴登记制、认缴登记制的公司的适用范围问题，解释如下：

刑法第一百五十八条、第一百五十九条的规定，只适用于依法实行注册资本实缴登记制的公司。

现予公告。

全国人民代表大会常务委员会
关于《中华人民共和国刑法》
第二百六十六条的解释

（2014年4月24日第十二届全国人民代表大会常务委员会第八次会议通过）

全国人民代表大会常务委员会根据司法实践中遇到的情况，讨论了刑法第二百六十六条的含义及骗取养老、医疗、工伤、失业、生育等社会保险金或者其他社会保障待遇的行为如何适用刑法有关规定的问题，解释如下：

以欺诈、伪造证明材料或者其他手段骗取养老、医疗、工伤、失业、生育等社会保险金或者其他社会保障待遇的，属于刑法第二百六十六条规定的诈骗公私财物的行为。

现予公告。

全国人民代表大会常务委员会
关于《中华人民共和国刑法》第三百四十一条、第三百一十二条的解释

（2014 年 4 月 24 日第十二届全国人民代表大会常务委员会第八次会议通过）

全国人民代表大会常务委员会根据司法实践中遇到的情况，讨论了刑法第三百四十一条第一款规定的非法收购国家重点保护的珍贵、濒危野生动物及其制品的含义和收购刑法第三百四十一条第二款规定的非法狩猎的野生动物如何适用刑法有关规定的问题，解释如下：

知道或者应当知道是国家重点保护的珍贵、濒危野生动物及其制品，为食用或者其他目的而非法购买的，属于刑法第三百四十一条第一款规定的非法收购国家重点保护的珍贵、濒危野生动物及其制品的行为。

知道或者应当知道是刑法第三百四十一条第二款规定的非法狩猎的野生动物而购买的，属于刑法第三百一十二条第一款规定的明知是犯罪所得而收购的行为。

现予公告。

最高人民法院参与《刑法修正案(九)》及有关立法解释工作情况

刑法、刑事诉讼法是国家的基本法律。最高人民法院高度重视刑法修改完善和刑事立法解释，积极配合立法机关做好有关工作。2013年6月，最高人民法院成立了刑法修改工作小组，由沈德咏常务副院长担任召集人，主管刑事审判、研究室和司法体制改革工作的院领导为小组成员，各刑庭、审监庭、研究室、司改办各指派一位领导担任小组成员。刑法修改工作小组下设办公室。办公室设在研究室，由研究室主任兼任办公室主任，由研究室刑事处负责日常工作，各刑庭、审监庭、司改办各指派一位联络员。在院领导、审委会委员的领导下，在院内相关业务部门的大力协助下，经广泛征求、认真听取各方面意见，反复、深入调研论证，圆满完成了参与刑法修改和刑事立法解释的有关工作。主要过程如下：

1. 2013年5月16日下午，全国人大常委会法工委刑法室在京召开座谈会，就修改刑法总则的有关问题听取我院相关业务部门的意见。会议由法工委刑法室副主任藏铁伟主持，我院刑一庭孟伟、刑二庭李萍和研究室黄应生参加了座谈。

2. 2013年8月19日至20日，全国人大常委会法工委刑法室在京召开座谈会，听取中央有关部门对刑法修改完善的意见。会议由刑法室主任王尚新主持，中央纪委法规室、中央政法委司改办、中央610办一局、最高人民检察院研究室、侦监厅、公诉厅、反贪总局、国务院法制办政法司、公安部法制局、治安局、网安局、司法部法制司、国家林业局保护司、森林公安局、全国妇联权益部等部门有关同志参加会议。我院刑一庭王卫审判长、刑二庭李萍同志、研究室周加海处长、喻海松同志与会。

3. 2013 年 9 月 10 日，刑法修改工作小组办公室向各省、自治区、直辖市高级人民法院和部分中级人民法院发出传真，要求通过组织座谈等形式，在广泛听取一线办案法官意见的基础上，对审判实践反映的、带有一定普遍性的立法问题进行认真、全面梳理，研究提出刑法修法建议。

4. 2013 年 9 月 18 日，刑法修改工作小组召开第一次工作会议，小组成员和联络员与会，结合人民法院刑事审判实践，围绕我院关于《刑法修正案（九）》制定的意见进行研究。

5. 2013 年 10 月 17 日，刑法修改工作小组召开法院系统座谈会，征求关于《刑法修正案（九）》制定的意见和建议。会议由胡云腾同志主持，北京、河北、辽宁、上海、江苏、浙江、河南、广东、四川、陕西等地的二十余名高、中级法院和基层法院代表与会。

6. 2013 年 10 月 20 日下午，全国人大常委会法工委刑法室在京召开座谈会，听取中央政法部门对《关于刑法有关规定的解释》的意见。会议由刑法室王尚新主任主持，我院研究室胡伟新副主任、最高人民检察院法律政策研究室韩耀元副主任、公安部法制局李文胜副局长、司法部法制司韩梦桃副司长等参加会议。我院研究室黄应生副处长、喻海松同志陪同与会。

7. 根据各方面意见，经认真研究，最高人民法院刑法修改工作小组办公室拟写了报告，并根据院领导批示，送刑法修改工作小组各成员单位征求意见，并根据反馈意见作了认真修改，最终形成了《最高人民法院关于刑法修改完善的建议（稿）》。2013 年 12 月 17 日、19 日，最高人民法院审判委员会刑事专业委员会对建议稿进行了审议。根据审议情况对建议稿修改完善后，经周强院长批准，正式向全国人大常委会法制工作委员会报送了《最高人民法院关于刑法修改完善的建议》。

8. 2013 年 12 月 12 日下午，全国人大常委会法工委刑法室在京召开座谈会，听取中央政法部门对《关于刑事诉讼法有关规定的解释》的意见。会议由刑法室王尚新主任主持，我院研究室胡伟新副主任、最高人民检察院法律政策研究室陈国庆主任、公安部法制局陈敏处长、司法部法制司韩秀桃副司长等参加会议。我院研究室黄应生副处长陪同与会。

9. 2014 年 1 月 6 日至 8 日，全国人大常委会法工委在京召开座谈会，听取中央有关部门和专家学者对制定《刑法修正案（九）》及刑法、刑事诉讼法有关立法解释的意见。会议由全国人大常委会法工委副主任郎胜主持，中央政法委司改办黄太云副主任、最高人民检察院法律政策研究室韩耀元副主任、公安部法制局李文胜副局长、网络技术侦查中心许剑卓主任、司法部法制司王磊处长，以及高铭暄、储槐植、赵秉志、陈兴良等九位刑法学专家参加会议。我院研究室周加海处长、李晓高级法官、喻海松同志与会。

10. 2014 年 4 月 24 日，第十二届全国人民代表大会常务委员会第八次会议通过《关于〈中华人民共和国刑法〉第三十条的解释》等四个刑法立法解释和《关于〈中华人民共和国刑事诉讼法〉第七十九条第三款的解释》等三个刑事诉讼法立法解释。

11. 2014 年 5 月，我院向全国人大常委会法工委报送《最高人民法院办公厅关于就如何落实“逐步减少适用死刑罪名”改革任务征求意见的复函》。

12. 2014 年 6 月 17 日至 18 日，全国人大常委会法工委在京召开座谈会，听取中央有关部门和专家学者对制定《刑法修正案（九）》的意见。会议由全国人大常委会法工委副主任郎胜主持，我院研究室胡伟新副主任、最高人民检察院法律政策研究室韩耀元副主任、公安部法制局孙茂利局长，以及高铭暄、赵秉志、陈兴良等六位刑法学专家参加会议。我院研究室周加海处长、喻海松同志陪同与会。

13. 2014 年 7 月 17 日至 18 日，全国人大常委会法工委再次在京召开座谈会，听取部分全国人大代表和中央有关部门对制定《刑法修正案（九）》的意见。会议由全国人大常委会法工委副主任郎胜主持，法工委刑法室原主任王尚新、主任王爱立、副主任臧铁伟、雷建斌，全国人大代表张仙蕊、秦希燕、张富民，我院研究室胡伟新副主任、最高人民检察院法律政策研究室韩耀元副主任、公安部法制局孙萍副局长、国家安全局法制办张青主任，以及国务院法制办、司法部、教育部、工业和信息化部、监察部、海关总署、中国人民银行、解放军总政治部、解放军军事法院、解放军军事检察院、全国妇联等部门的相关负责同志参加会议。我院研究室黄应生副处长陪同与会。

14. 2014 年 11 月 29 日上午，中国法学会研究部、中国刑法学研究会在京组织召开“《刑法修正案（九）（草案）》研讨会”。会议邀请二十余位理论与实务部门的专家学者参会。我院研究室黄应生副处长与会。

15. 2014 年 12 月，我院向全国人大常委会法工委报送《最高人民法院关于〈中华人民共和国刑法修正案（九）（草案）〉意见的复函》。

16. 2015 年 7 月 15 日上午，全国人大常委会法工委刑法室在京召开座谈会，听取中央有关部门对《刑法修正案（九）》（草案二次审议稿）的意见。会议由全国人大常委会法工委刑法室王爱立主任、臧铁伟副主任主持，我院研究室高级法官李晓、最高人民检察院法律政策研究室卢宇蓉处长、公安部法制局李文胜副局长、司法部法制司薛春喜副司长、律师公证司邱征副巡视员参加会议。我院研究室喻海松同志陪同与会。

17. 2015 年 7 月 17 日，我院向全国人大常委会法制工作委员会报送《最高人民法院关于〈刑法修正案（九）（草案二次审议稿）〉的修改完善建议》。

18. 2015 年 8 月 29 日，十二届全国人大常委会第十六次会议审议通过《刑法修正案（九）》。

19. 为深入学习《刑法修正案（九）》，确保修改后刑法在人民法院刑事审判工作中得到有效贯彻执行，我院于 2015 年 10 月 14 日下午在京召开专题辅导报告会，请全国人大常委会法工委郎胜副主任作辅导报告。李少平副院长主持并作重要讲话，全体在京分管刑事审判的院领导出席，最高人民法院各审判庭和研究室全体刑事审判法官，以及有条件开通视频的地方各级人民法院刑事审判法官参加。

20. 2015年10月19日最高人民法院审判委员会第1664次会议通过《最高人民法院关于〈中华人民共和国刑法修正案（九）〉时间效力问题的解释》（法释〔2015〕19号），2015年10月19日最高人民法院审判委员会第1664次会议、2015年10月21日最高人民检察院第十二届检察委员会第42次会议通过《最高人民法院、最高人民检察院关于执行〈中华人民共和国刑法〉确定罪名的补充规定（六）》（法释〔2015〕20号）。

后　记

全国人民代表大会常务委员会于2015年8月29日审议通过了《刑法修正案（九）》。这是1997年刑法施行以来条文最多的修正案，也是内容最为丰富、意义最为重大的修正案之一。《刑法修正案（九）》深入贯彻落实党的十八大和十八届三中、四中全会精神，科学总结我国与刑事犯罪作斗争的实践经验，充分回应社会关切，对刑法作了又一次较大幅度的修订，对于更好发挥刑法惩罚犯罪、保护人民的功能，切实维护国家安全、社会稳定，扎实推进平安中国、法治中国建设，具有重大意义。

《刑法修正案（九）》已于2015年11月1日起施行。为贯彻落实《刑法修正案（九）》，最高人民法院于2015年10月单独或者会同最高人民检察院先后出台了《最高人民法院关于〈中华人民共和国刑法修正案（九）〉时间效力问题的解释》（法释〔2015〕19号）、《最高人民法院、最高人民检察院关于执行〈中华人民共和国刑法〉确定罪名的补充规定（六）》（法释〔2015〕20号）。为帮助各级人民法院法官正确理解和适用《刑法修正案（九）》及配套司法解释，也为了社会各界及时了解和掌握相关内容，最高人民法院刑法修改工作小组办公室根据院领导的要求，组织参与立法修改、司法解释起草等工作的同志撰写了《〈刑法修正案（九）〉条文及配套司法解释理解与适用》一书（以下简称“本书”）。

本书由最高人民法院党组副书记、常务副院长沈德咏大法官担任主编，最高人民法院审判委员会专职委员、第二巡回法庭庭长、原研究室主任胡云腾担任副主编。最高人民法院研究室主任颜茂昆、副主任胡伟新审稿。本书撰写人员分工如下（以内容先后为序）：

喻海松：《刑法修正案（九）》第一、三、四、八、十三、十五至十九、二十四至三十、三十二、三十四、三十五、三十七、三十九、四十二、四十三条。

周加海：《刑法修正案（九）》第二条、罪名解释理解与适用。

周海洋：《刑法修正案（九）》第五至七、二十二、二十三、三十三、三十八、四十条。

黄应生：《刑法修正案（九）》第九、十一、十二、二十、二十一、三十六、五十至五十二条，时间效力解释理解与适用。

李洪江：《刑法修正案（九）》第十、十四、三十一、四十一、四十四至四十九条。

由于编写本书的时间较为仓促及编写人员水平所限，书中的疏漏和错误之处在所难免，恳请广大读者批评指正。

本书编写组

二〇一五年十一月